MW01255787

# Les Femmes et la tradition littéraire

# Les Femmes et la tradition littéraire

## Anthologie du Moyen Âge à nos jours

*Première partie: XII$^{e}$–XVIII$^{e}$ siècles*

*Vicki Mistacco*

*Yale University Press · New Haven and London*

Copyright © 2006 by Vicki Mistacco.
All rights reserved. This book may not be reproduced, in whole or in part, including illustrations, in any form (beyond that copying permitted by Sections 107 and 108 of the U.S. Copyright Law and except by reviewers for the public press), without written permission from the publishers.

Publisher: Mary Jane Peluso
Development Editor: Brie Kluytenaar
Manuscript Editor: Noreen O'Connor-Abel
Production Editor: Ann-Marie Imbornoni
Production Controller: Aldo Cupo
Marketing Manager: Timothy Shea

Set in Scala type by Duke & Company, Devon, Pennsylvania.
Printed in the United States of America.

Library of Congress Cataloging-in-Publication Data
Les femmes et la tradition littéraire : anthologie du Moyen Age à nos jours / Vicki Mistacco.
p. cm.
Includes bibliographical references.
Contents: 1re. pt. XII^e^–XVIII^e^ siècles
ISBN 0-300-11443-5 (alk. paper)—
ISBN 0-300-10844-3 (pbk. : alk. paper)
1. French literature—Women authors. I. Mistacco, Vicki, 1942–
PQ1107.F46 2006
840.8'09287—dc22 2005049917

A catalogue record for this book is available from the British Library.

The paper in this book meets the guidelines for permanence and durability of the Committee on Production Guidelines for Book Longevity of the Council on Library Resources.

10 9 8 7 6 5 4 3 2 1

*À la mémoire de ma mère, Lucia Lalli Mistacco, couseuse et brodeuse de mon enfance, qui m'a fait venir à la parole en m'écoutant*

*À mon père, en reconnaissance de son soutien infaillible*

# Table des matières

Préface xi

Philomèle et les sœurs de Procné 1
Note: La critique féministe, Philomèle et la femme écrivain 55

*Point de départ?* 59

Simone de Beauvoir 61
*Le Deuxième sexe* 67
*La Force des choses* 71

Le Moyen Âge

Marie de France 75
*Lais* 82
Prologue 82
*Guigemar* 83
*Le Laüstic* 106

Les Trobairitz 109
La Comtesse de Die 114
Castelloza 119
Domna H. 122

La Béguine anonyme 125
*Dit de l'âme* 129

Chanson de malmariée 132
«Pourquoi me bat mon mari…» 133

Christine de Pizan 135
Poésie lyrique 144
*L'Épître au Dieu d'Amour* 150
*Le Livre de la Mutacion de Fortune* 154
*Le Livre de la Cité des Dames* 157

XVI^e^ SIÈCLE

Pernette du Guillet 165
*Rymes* 171

Louise Labé 177
*Œuvres de Louise Labé, Lyonnaise*
«Épître dédicatoire» 184
Sonnets 187

Hélisenne de Crenne 191
*Les Angoisses douloureuses qui procèdent d'amours* 196

Marguerite de Navarre 215
*L'Heptaméron* 224

XVII^e^ SIÈCLE

La Préciosité et les salons 245

Madeleine de Scudéry 249
*Les Femmes illustres* 256

*Artamène, ou Le Grand Cyrus* 261
*Clélie, histoire romaine* 265

Marie-Madeleine de Lafayette 268
*La Princesse de Clèves* 278

Ninon de Lenclos 292
Mots, maximes et pensées 296
*La Coquette vengée* 298
Lettres à Saint-Évremond 299

Marie de Sévigné 301
*Lettres* 309

Marie-Catherine d'Aulnoy 321
*L'Oiseau bleu* 325

Catherine Bernard 354
*Riquet à la Houppe* 360

## XVIIIe Siècle

Jeanne Marie Le Prince de Beaumont 367
*La Belle et la Bête* 373

Gabrielle de Villeneuve 385
*La Jeune Américaine et les Contes marins* 389
*La Belle et la Bête* 392

Françoise de Graffigny 408
*Lettres d'une Péruvienne* 418

Isabelle de Charrière 440
*Lettres écrites de Lausanne* 453

*Documents et lectures complémentaires*

Julie de Lespinasse 473

*Lettres de Julie de Lespinasse au Comte de Guibert* 478

Sophie de Condorcet 485

*Lettres sur la sympathie* 489

Anne-Thérèse de Lambert 494

*Avis d'une mère à sa fille* 501

*Réflexions nouvelles sur les femmes* 501

Olympe de Gouges 510

*Déclaration des droits de la femme et de la citoyenne* 521

Bibliographie choisie 535

Crédits 570

# Préface

Quelle est l'anthologie qui ne représente pas un choix? Quel est le choix qui n'est pas motivé par les intérêts intellectuels et subjectifs de son auteur? Toute anthologie est partielle et partiale. En choisissant les textes, j'ai voulu mettre en lumière une tradition d'écriture de femmes et faire porter sur elle ce qui est déjà une tradition de critique féministe, à savoir, une réflexion critique sur la constitution du canon et sur la place des femmes écrivains dans l'histoire littéraire. Cette réflexion est souvent entamée par les écrivaines elles-mêmes dans les œuvres sélectionnées. Elle est inséparable d'une considération des conditions sociales et historiques de l'écriture des femmes en France à des époques différentes, conditions que j'ai pour cette raison soulignées dans les introductions critiques. On trouvera ici des auteurs bien connues comme Marie de France ou Colette, d'autres moins connues comme Catherine Bernard ou Louise Ackermann, des œuvres canoniques comme *La Princesse de Clèves* de Lafayette et non canoniques comme *La Belle et la Bête* de Gabrielle de Villeneuve, des genres canoniques comme le roman et la poésie et non-canoniques comme la lettre familière ou les contes de fées. Qui dit tradition semble dire aussi monolithe: j'espère avoir témoigné au contraire de la *diversité* qui marque ce continuum d'écrits de femmes en faisant côtoyer Simone de Beauvoir et Hélène Cixous, Ninon de Lenclos et Madeleine de Scudéry, Monique Wittig et Chantal Chawaf, Julie de Lespinasse et Sophie de Condorcet, George Sand et Louise Ackermann, Joyce Mansour et Anna de Noailles. Cependant, je ne prétends aucunement à l'exhaustivité. J'ai dû omettre des auteurs que certain(e)s regretteront sans doute, comme l'humaniste féministe Marie de Gournay ou Marie-Catherine Desjardins de Villedieu, auteur influent de nouvelles historiques au XVIIe siècle, ou des écrivaines francophones d'aujourd'hui, telle que la magnifique Assia Djebar. Pour ce qui est de la francophonie, je m'en suis tenue d'ailleurs à des femmes publiant en France. Cette anthologie n'a pas été conçue non plus comme une opération de sauvetage d'œuvres ou d'auteurs menacées par l'oubli. Elle se donne pour une introduction, une carte géographique mobile permettant de multiples parcours, permettant de tisser des liens entre les auteurs, de faire des contrastes et des comparaisons. C'est un point de départ qui s'ouvre à la fin, avec des écrivaines comme Joyce Mansour et Andrée Chedid, vers une vision globale de la littérature féminine d'expression française. C'est l'esquisse d'un vaste territoire et une invitation à partir, soutenues par ces «femmes de tous les temps» (Chedid), à la découverte d'autres femmes écrivains de langue française—présentes, passées et à venir.

Par un pur hasard il se trouve que j'ai recueilli des œuvres de quarante auteurs. Ce total s'est avéré symbolique et j'y tiens maintenant. Ces Quarante Immortelles constituent une sorte de contre-Académie traversant les siècles, le pendant ironique des Quarante Immortels de l'Académie Française, exclusivement masculins depuis le commencement de cette institution en 1635 jusqu'à l'admission de la première femme, Marguerite Yourcenar, en 1980. Si le choix se limite à quarante, cette gaine éclate pourtant dans l'introduction générale qui s'ouvre délibérément vers d'autres écrivaines et d'autres œuvres et invite à poursuivre l'étude au-delà de ces volumes. Il n'est pas question ici d'établir un canon féminin ni de reproduire la clôture et l'exclusivité du canon traditionnel. Si parallèle il y a, c'est dans l'idée de changement. De même que la composition de l'Académie Française change avec le passage du temps, de même nous devrions penser à cette sélection comme provisoire, comme une parmi d'autres sélections possibles, à modifier de plus au fur et à mesure que l'histoire de l'écriture des femmes est enrichie par de nouveaux intérêts, de nouvelles perspectives critiques et de nouvelles découvertes.

Pour l'ordre des chapitres, j'ai plus ou moins suivi la chronologie, en pleine conscience pourtant que la périodicité traditionnelle est sujette à caution lorsqu'il s'agit des femmes, comme l'a si bien démontré Joan Kelly-Gadol, en répondant par la négative à la question posée dans le titre de son essai influent «Did Women Have a Renaissance?» («Les Femmes ont-elles eu une Renaissance?»). Je dis plus ou moins car il y a des anomalies. À commencer par les deux textes en quelque sorte liminaires qui se font pendant: des extraits du *Deuxième sexe* (1949) de Simone de Beauvoir servent d'entrée en matière, avant même les *Lais* de Marie de France, première femme écrivain française connue, et des extraits du «Rire de la Méduse» (1975) d'Hélène Cixous ouvrent la partie consacrée aux XX^e^ et XXI^e^ siècles. Simone de Beauvoir représente une des deux grandes approches du féminisme moderne en France: c'est le féminisme de l'égalité qui maintient que la position sociale de la femme comme l'autre de l'homme sujet est un fait de culture et non de nature. Dans quelle mesure les femmes écrivains ont-elles été complices de cette vision culturelle comme Beauvoir le leur reproche? En ouvrant le recueil par Beauvoir, je lui conserve son rôle de levain, de provocation à la réflexion. Cixous représente l'autre approche majeure, le féminisme de la différence qui revendique contre les valeurs et la pensée dites masculines une spécificité féminine et une écriture féminine qui exprimerait cette spécificité. Ces deux approches tenues pour irréconciliables ont incité au même titre la réflexion, la création littéraire et l'action politique au XXe siècle. Placée en position de charnière entre deux siècles, Cixous résume des thèmes rencontrés chez les écrivaines du XIXe siècle, telle que Marceline Desbordes-Valmore, et elle fournit un cadre utile à l'étude d'auteurs du XXe siècle comme Colette qui l'ont précédée. Au milieu du parcours, c'est-à-dire au début du second volume, à sa place chronologique pourtant, Germaine de Staël offre avec *De la littérature* (1800) une autre perspective stimulante et controversée sur les rapports entre les femmes et l'écriture.

J'ai regroupé les chapitres par genres pour faciliter les contrastes et les comparaisons et pour mettre en relief une évolution. Ainsi, les chapitres sur la poésie médiévale sont immédiatement suivis, au mépris de la stricte chronologie, de deux chapitres sur les poètes de la Renaissance, Pernette du Guillet et Louise Labé. De même, aux chapitres sur la fiction d'Hélisenne de Crenne et de Marguerite de Navarre s'enchaînent ceux sur l'œuvre romanesque de Scudéry et Lafayette, et aux contes de fées de Marie-Catherine d'Aulnoy et de Catherine Bernard s'enchaînent les deux versions de *La Belle et la Bête* de Le Prince de Beaumont (1756) et Villeneuve (1740). Pour ces deux dernières conteuses, j'ai préféré donner en premier lieu et dans son intégralité la version beaucoup plus courte du conte de fées par Le Prince de Beaumont pour que des lectrices et des lecteurs d'aujourd'hui qui connaissent surtout la version de Disney puissent avoir une vue d'ensemble de l'histoire telle qu'elle fut conçue au XVIIIe siècle en France. Ce cadre permet de mieux apprécier la première version écrite par Villeneuve dont, vu sa longueur excessive, je ne présente que d'importants extraits. Mes étudiantes ont jugé ce renversement de la chronologie efficace. Cependant, tous les chapitres sont indépendants et, si l'on préfère, on peut toujours les lire dans l'ordre chronologique ou dans quelque ordre qui convienne.

Clôturant les sélections du XVIIIe siècle et le premier volume on trouvera quatre chapitres hors chronologie conçus comme des lectures complémentaires. Il s'agit d'une mise au point de la situation de la femme écrivain à un moment stratégique où le canon littéraire est en train de se mettre en place (*Réflexions nouvelles sur les femmes* d'Anne-Thérèse de Lambert) et d'un portrait de la situation et des espoirs de la femme en général au moment de la Révolution (*Déclaration des droits de la femme et de la citoyenne* d'Olympe de Gouges). De même, les vraies lettres d'amour de Julie de Lespinasse, très belles mais conformes à l'idée qu'on se faisait alors de l'écriture des femmes, et les lettres philosophiques de Sophie de Condorcet, type d'écrit que la culture avait plus de mal à admettre comme étant du ressort d'une femme, peuvent être mises en parallèle avec les lettres fictives dans les romans de Graffigny et de Charrière pour éclairer les intentions de ces romancières.

À la fin du deuxième volume, des textes de Monique Wittig, Chantal Chawaf et Andrée Chedid proposent de trois points de vue différents un retour sur les contes de fées et les mythes et, par là même, une réflexion ultime sur toute la tradition littéraire. La coupure entre les deux volumes se fait après la Révolution, moment de transition politique qui signale pour les femmes une fin—la fin de leurs propres espoirs révolutionnaires comme de certains privilèges littéraires et sociaux dont elles avaient joui sous l'Ancien Régime—et une énorme régression. Le romantisme de Staël, Sand et Desbordes-Valmore marque un redémarrage culturel mais sur de nouvelles bases et dans un contexte bien plus misogyne qu'avant[1].

Pourquoi une anthologie tellement tournée vers le passé? Aujourd'hui, il existe déjà de bons recueils de littérature récente et contemporaine[2]. Mais cette raison n'est pas la seule, ni la plus importante. Le choix de mettre l'accent sur le passé est motivé en bonne partie par un défaut souvent de conscience historique chez les jeunes d'aujourd'hui. Après les grandes vagues de féminisme du dernier quart du XX^e^ siècle, la période de lutte et de recouvrement de la mémoire leur semble plus ou moins vague et plus ou moins révolue. Les droits et les possibilités dont les femmes jouissent aujourd'hui semblent être des acquis, comme s'il n'était plus possible de revenir en arrière. Dans un tel climat de confiance il semble important de rappeler la lutte de celles qui nous ont précédé(e)s et qui ont précédé les écrivaines que nous lisons et admirons sans problème aujourd'hui. En observant les femmes affronter au cours des siècles les mêmes obstacles, les mêmes attaques misogynes, et retrouver les mêmes arguments pour y répondre, on se rend compte que rien n'est acquis de façon définitive. Mais, s'il fallait attribuer une forme à cette évolution dans le temps de la conscience féministe et de la littérature féminine, ce ne serait tout de même pas un cercle délimitant un parcours qui revient toujours au même point. On n'a pas tourné en rond. Il faudrait plutôt l'image d'une spirale ascendante, comme on en trouve dans *Les Guérillères* de Monique Wittig[3], car s'il y a eu des mouvements à rebours—il suffit de penser au sort des femmes après la Révolution et après le Code Napoléon—des régressions vers un point plus bas, c'est néanmoins le mouvement ascendant qui prime. On ne tourne pas en rond; mais c'est à condition de rester vigilante. Gerda Lerner dont la vision de l'histoire du féminisme comme une répétition du geste futile de «réinventer la roue» a énormément inspiré ce travail d'anthologie[4], elle, aujourd'hui est optimiste. Maintenant que nous avons une histoire des femmes, pense-t-elle, la vigilance est sans doute moins nécessaire. Mais il suffit de regarder autour de nous pour voir le progrès rogné par des lois rétrogrades, ou par des tentatives pour les promulguer. Quant à la pédagogie, si aux États-Unis les programmes universitaires font sans sourciller la place, et souvent une très grande place, aux contributions des femmes à la culture, c'est bien moins le cas en France. Il en va de même au lycée[5]. En France la recherche féministe bénéficie rarement d'appuis institutionnels[6]. Et la critique féministe des auteurs masculins canoniques, est-elle prise en compte dans les cours en France? Sans même parler du sort des femmes dans certains pays non-occidentaux, la vigilance semble encore de mise; et c'est une des leçons qui peut être tirée de cette anthologie. Si elle se tourne volontairement vers le passé, c'est afin que nous comprenions mieux notre présent et que nous continuions à aller de l'avant. Le travail de mémoire est toujours urgent, voire plus urgent aujourd'hui que dans la grande période de fouilles et de découvertes dans la mesure où la jeune génération vit dans le présent sans trop se soucier de quels efforts passés ont rendu possible ce présent ni de ce qui pourrait le mettre en péril. La mémoire des femmes du passé et le sentiment de continuité et de communauté qu'elle a conféré aux femmes qui les ont suivies ont été pour celles-ci le long des siècles des sources de force et de créativité. L'isolement mène au doute de soi et à la stérilité. L'isolement mène à la répétition futile que Gerda Lerner a observée dans l'histoire des femmes. «Quand les femmes découvrent leur histoire», conclut-elle dans un livre récent, «et apprennent leur lien au passé et au dessein social de l'humanité, leur conscience est inévitablement et dramatiquement transformée. Pour elles, cette expérience est transcendante, dans la mesure où elle leur permet de percevoir ce qu'elles partagent et ont toujours partagé avec d'autres femmes. [...] Être humain signifie penser et sentir; cela signifie réfléchir sur le passé et imaginer l'avenir. Nous vivons des expériences; nous leur prêtons une voix; d'autres y réfléchissent et leur donnent une forme nouvelle. Cette forme nouvelle, à son tour, influence et façonne la manière dont les générations suivantes éprouvent leur vie. Voilà l'importance de l'histoire»[7].

Comment désigne-t-on une femme écrivain? Et par quel genre? Femme écrivain ou écrivain femme? Quand j'ai entamé ce travail, le problème était encore très contrariant en France mais pas tellement dans d'autres pays francophones où le mot *écrivaine* était non seulement couramment admis mais dans certains cas officiellement requis, comme au Québec. M'étant penchée longtemps sur la question, j'ai adopté la solution suivante: *femme écrivain* pour mettre en relief la tension entre le genre et le métier, *écrivaine* pour reconnaître le genre de la personne qui écrit mais sans y insister. Le document récent *Femme, j'écris ton nom . . . : guide d'aide à la féminisation des noms de métiers, titres, grades et fonctions*[8] produit par une équipe de linguistes du Centre National de la Recherche Scientifique (CNRS) et de l'Institut National de la Langue Française (INALF) m'a confirmée dans le choix d'*écrivaine*[9]. Pour *auteur,* j'ai gardé la forme épicène en la mettant au féminin, conformément à un des choix proposés dans ce guide: soit *une auteur*[10]. Il en va de même pour *une poète*[11]. Quand ces formes sont jumelées dans mon texte avec le mot *femme,* j'entends encore marquer une tension ou une incompatibilité culturelle. Aujourd'hui cette querelle commence à s'apaiser en France, et on y voit de plus en plus ces formes employées dans des publications sérieuses. Ou disons plutôt que cela ne fait plus autant tiquer les Français, car une certaine résistance perdure nonobstant les efforts des commissions et des circulaires sur la féminisation des noms de métiers. Mais les «Madame de» et «Mademoiselle de» sont plus dures à déraciner, comme on peut le constater, parfois même dans des ouvrages critiques féministes, en regardant simplement la bibliographie. Pourtant personne ne dit aujourd'hui Monsieur de La Fontaine. Pourquoi alors faudrait-il dire Madame de Lafayette? Pour les femmes de l'Ancien Régime, j'ai donc autant que possible supprimé les «Madame (de)» et «Mademoiselle (de)» pour ne retenir que le patronyme (Scudéry, Lafayette, Charrière, Graffigny, Staël) après avoir donné le nom en entier (Madeleine de Scudéry, Marie-Madeleine de Lafayette, Françoise de Graffigny...)[12]. Pour la période antérieure au XVII$^{e}$ siècle, il est d'usage d'appeler une femme noble par le prénom (Christine pour Christine de Pizan, Pernette pour Pernette du Guillet) mais d'utiliser le nom de famille pour une bourgeoise (Labé pour Louise Labé)[13].

Cette anthologie s'inspire du travail important de découverte et de réévaluation des femmes écrivains accompli au cours de ces dernières décennies. Pour les introductions aux écrivaines, que je n'ai pas voulu alourdir de notes, je suis redevable aux critiques cités dans la bibliographie. J'en suis venue à comprendre l'importance du mythe de Philomèle en étudiant Marie de France et Marceline Desbordes-Valmore et en lisant les essais respectifs de Michelle Freeman et de Michael Danahy sur ces auteurs. Petit à petit, en poursuivant mon travail j'en ai trouvé des échos chez d'autres écrivaines. L'étude inaugurale de Patricia Klindienst Joplin sur Philomèle, «The Voice of the Shuttle Is Ours», m'a ensuite confirmée dans l'importance que j'accordais à ce mythe pour apprécier la tradition littéraire féminine. À cet égard, les études de Jane Marcus, de Nancy K. Miller, et d'Ann Rosalind Jones citées dans la note «La critique féministe, Philomèle, et la femme écrivain» m'ont été également très précieuses.

Quand j'ai entrepris ce projet, je n'aurais jamais deviné que pendant plus d'une décennie j'allais vivre passionnément avec ces femmes écrivains, *mes dames,* comme j'aime à les appeler. L'une après l'autre, je suis tombée amoureuse d'elles: de leur vie, de leur courage, de leurs magnifiques écrits. Cette passion m'a soutenue dans les moments de découragement où l'énormité de la tâche m'accablait, où j'éprouvais devant ma volonté de cerner huit siècles de littérature féminine un sentiment intense d'*hubris.* L'enthousiasme de mes étudiantes à Wellesley College m'a poussée en avant. C'est pour elles d'abord que j'ai conçu ce travail. Voulant les attirer vers l'étude de la littérature française, j'ai proposé à mon collègue Michel Grimaud, alors chef du département, de créer un cours d'introduction, un survol, où nous n'étudierions que des œuvres de femmes. C'était à l'automne 1989. Je n'y avais jamais pensé avant. C'était une espèce de boutade, mais Michel l'a prise au sérieux, me répondant, enthousiaste: «Fais-le!» Je regrette que sa mort prématurée me prive du plaisir de lui dire combien je lui sais gré d'être devenu ainsi le père spirituel de ce projet. Sans le savoir, j'étais embarquée. Vu l'essor des études féministes, j'étais sûre de trouver un manuel tout prêt. Il n'en était rien. Les deux recueils que j'ai repérés, auxquels un troisième est venu s'ajouter pendant que j'écrivais, étaient du genre «morceaux choisis»: trop peu de textes et trop peu de contextes. Je voulais un ensemble cohérent avec suffisamment de matière pour permettre une étude approfondie des auteurs. J'ai décidé de créer mes propres livrets et de choisir mes textes en fonction du thème capital pour les études littéraires féministes des rapports entre les femmes écrivains et la tradition littéraire.

Première étape de l'aventure: par où commencer? Je tiens à remercier les libraires de La Librairie des Femmes à Paris, aujourd'hui disparue, de m'avoir signalé la mise au point remarquable d'Évelyne Wilwerth, *Visages de la littérature féminine* (1987), qui m'a fait découvrir certaines écrivaines, m'a suggéré des pistes de lecture, et a servi de première charpente. Au bout d'un an de fouilles et de découvertes à Paris et aux États-Unis suivi d'un travail fiévreux avec des ciseaux et de la colle, mes deux livrets—rose vif, bien entendu—étaient prêts et j'ai pu enseigner pour la première fois cette matière au printemps 1991. Commence alors la deuxième étape. Le vif intérêt manifesté par mes étudiantes et l'encouragement chaleureux de mes collègues de Wellesley et d'autres universités m'ont convaincue qu'il fallait mettre ce travail à la portée d'un public plus vaste en le publiant. Je tenais à ce que ce livre soit, comme les livrets, richement illustré par des portraits des auteurs et par d'autres images susceptibles de faire vivre leurs écrits pour des lectrices et des lecteurs d'aujourd'hui, qu'il mette en évidence l'existence d'une communauté littéraire féminine, qu'il suscite l'admiration pour les œuvres, que ce soit un livre qu'on aurait envie de feuilleter, de savourer et de garder. Bien des éditeurs ont trouvé le projet beau, mais trop coûteux. Je remercie vivement Judith Calvert, alors éditrice à la Yale University Press, d'avoir accueilli ma proposition en 1992 et de l'avoir soutenue l'année suivante devant le comité de rédaction. Je suis également reconnaissante à mon éditrice actuelle, Mary Jane Peluso, pour sa patience et sa confiance pendant que je menais à bien le projet, ainsi qu'à ses collègues, Brie Kluytenaar, Ann-Marie Imbornoni, Noreen O'Connor-Abel et Mykan White, pour leur aide assidue pendant les dernières étapes de la préparation du manuscrit pour la publication. Je tiens aussi à remercier pour leurs suggestions utiles les lecteurs qui ont évalué mon manuscrit pour la presse: Marilyn R. Schuster, Joan Hinde Stewart, Elaine Marks, Faith E. Beasley, Catherine Labio, Andrea Loselle et Tom Conley.

Au printemps 1993 commence donc la troisième étape, la plus longue, la plus dure, mais aussi, ô combien, la plus passionnante: la rédaction des introductions sur les auteurs et l'établissement des textes. J'ai vite appris l'énorme différence qu'il y a entre créer des livrets pour un cours et préparer un livre pour la publication. Amenée à faire des recherches dans des domaines inhabituels pour moi, je n'aurais jamais pu venir à bout de mon projet sans les généreux conseils prodigués par des collègues et amis. Je remercie tout particulièrement Christine Reno pour son aide sur Christine de Pizan et pour ses superbes traductions avec Sylviane Richardot de textes de Christine non encore disponibles en français moderne. Je leur ai demandé—comme si de rien n'était—de traduire en décasyllabes et octosyllabes à rimes plates respectivement les extraits de *L'Épître au Dieu d'Amour* et du *Livre de la Mutacion de Fortune* et de conserver la forme de la ballade «Ni beaucoup ni peu», et elles ont réussi à merveille cette prouesse! Matilda Tomaryn Bruckner, médiéviste aussi, a été d'une aide inestimable, en particulier pour la traduction de l'ancien provençal des poèmes des trobairitz. Je la remercie d'avoir généreusement partagé avec moi les épreuves de son anthologie, *Songs of the Women Troubadours*, et de m'avoir communiqué des suggestions bibliographiques précieuses, notamment sur les chansons de femmes et Marie de France. Je suis reconnaissante à Vincent Pollina et à Leyla Ezdinli de leurs conseils importants sur le choix des textes du Moyen Âge et de George Sand, respectivement. Pour les poètes de la Renaissance Pernette du Guillet et Louise Labé, j'ai bénéficié des conseils généreux d'Ann Rosalind Jones lors d'une discussion téléphonique inoubliable. Je remercie Elizabeth Wanning Harries pour son aide sur les conteuses du XVIIe siècle. Sur Renée Vivien, Anna de Noailles et Colette j'ai eu des échanges très stimulants avec Tama Lea Engelking; je la remercie tout particulièrement de m'avoir communiqué ses travaux avant leur publication et un portrait de Renée Vivien. Mary Lefkowitz a gracieusement répondu à mes questions sur l'Antiquité, spécialement sur Sapho et les femmes poètes grecques: je tiens à lui témoigner ici toute ma gratitude. Joan Hinde Stewart m'a soutenue et aidée tout le long de ce projet, et non seulement en tant que spécialiste des romancières et des conteuses du XVIIIe siècle; je la remercie d'avoir été en toute occasion une amie sur qui je pouvais compter et d'avoir eu la gentillesse de lire et de critiquer certains chapitres de mon manuscrit. Je suis profondément reconnaissante à Marilyn Schuster de m'avoir appuyée chaleureusement depuis le début de mon long périple; elle reste pour moi un modèle d'amitié, de générosité et d'érudition. Je remercie Chantal Chawaf d'avoir eu la bienveillance de lire et de critiquer certains chapitres du manuscrit et de m'avoir toujours aiguillonnée par sa vive conviction de l'importance de ce projet. J'aurais tant voulu offrir ce livre en reconnaissance à Elaine Marks, mon mentor et mon soutien depuis mes premières études universitaires, décédée en octobre 2001: son enthousiasme et son aide quand ce projet était encore à ses débuts ont été inestimables.

Tant d'autres personnes me sont venues à l'appui auxquelles j'adresse ici mes sincères remerciements: les bibliothécaires de Wellesley College; mes collègues du département de français toujours prêts à répondre à mes questions de langue, de culture ou de littérature; mes amies écrivaines Lorraine Roses, Mei-Mei Ellerman, Peggy McIntosh et Margaret Ward; mes amis bibliophiles Catherine Noury et Xavier Lucas des Chats Ivres; Joseph Gibaldi qui m'a conseillée utilement au moment où je cherchais un éditeur. Je suis reconnaissante à Véronique Guarino, Rebecca Ruquist et Elizabeth Pierre pour leur aide dans la préparation du manuscrit et à Margaret Samu pour avoir été une assistante de recherches idéale. Un grand merci surtout à mes étudiantes. Elles ont été mes premières lectrices et mes premières critiques; ce livre est pour elles. Au fur et à mesure de la rédaction j'ai énormément bénéficié de leurs avis intelligents sur l'appareil critique et l'intérêt des sélections. Les mots ne suffisent pas pour exprimer ma profonde gratitude à ma collègue et amie Marie-Paule Tranvouez, conseillère pour la langue française, engagée sans s'en rendre compte dans un travail qui allait durer plus de dix ans. Elle a apporté à ses suggestions sur les introductions, les notes et les questions son sens de l'élégance, de l'organisation et de la clarté.

À mon cher ami Clifford Green j'adresse ma profonde reconnaissance: sans son attention bienveillante, son écoute intelligente, son exemple, son encouragement dans les moments difficiles et ses sages conseils toujours je ne sais pas comment j'aurais pu terminer ce travail.

Finalement, je tiens à manifester ma gratitude à Wellesley College pour des congés sabbatiques le semestre d'automne de 1994, 1996 et 2000 qui m'ont permis de faire de grands pas en avant et à la National Endowment for the Humanities pour la Fellowship for College Teachers en soutien de mon travail sur ce projet durant mon congé de 1994.

## Notes

1. Dans les renvois [I] se réfère au premier volume et [II] se réfère au second. Pour les «annexes», petit choix de textes d'auteurs masculins essentiels pour comprendre la démarche de certaines écrivaines, l'on se reportera au supplément à cette anthologie sur Internet: <www.yalebooks.com/lesfemmes>. L'on y trouvera également des questions sur les sélections dans l'anthologie.

2. Pour une excellente anthologie d'écrits du XXe siècle comprenant un riche éventail de textes d'écrivaines d'autres pays francophones aussi bien que de la France, voir Mary Ann Caws, Mary Jean Green, Marianne Hirsch et Ronnie Scharfman, éd., *Écritures de femmes: nouvelles cartographies* (1996).

3. «Elles disent, comment interpréter ces monuments dont le plan de base est le cercle avec toutes ses modalités? [...] on passe aux quatre points cardinaux devant celles de l'est qui sont en train de naître, on passe devant celles du sud qui désignent la lumière et dont les visages la renvoient. À l'ouest on passe devant celles qui ont triomphé et imposé leur loi, on passe au nord devant celles qui recueillent les récits. Après qu'on a passé un nombre de fois incalculable devant toutes celles-là, on arrive par le chemin ascendant au zénith, jusqu'à celles qui enregistrent ce qu'elles font à l'est au sud à l'ouest au nord. Leur inscription est une immense portée musicale que des instruments déchiffrent au fur et à mesure. C'est ce qu'on a appelé la musique des spheres» (196).

4. Voir surtout *The Creation of Feminist Consciousness: From the Middle Ages to Eighteen-seventy* (1993).

5. Dans un passé pourtant tout récent, Ségolène Royal, alors ministre déléguée chargée de l'enseignement scolaire en France, cherchant à «rendre aux femmes leur place légitime [dans les manuels scolaires], correspondant au rôle qu'elles ont joué

dans la littérature, l'histoire, les sciences ou les arts» avait encore à se poser ces vieilles questions: «Pourquoi étudie-t-on moins George Sand que Flaubert ou Stendhal? Quel livre accorde une place à Olympe de Gouges, qui a écrit la "Déclaration des droits de la femme et de la citoyenne"?» (interview, *Elle*, no. 2806, 11 octobre 1999, 22).

6. La philosophe Michèle Le Doeuff a raconté à Brown University (États-Unis) en 1993 qu'elle a dû organiser un colloque en 1989 sur Simone de Beauvoir sans aucun soutien financier, bien que le colloque, réalisé tout de même sans argent, ait attiré 800 personnes. À la même occasion, l'historienne Michelle Perrot a souligné pareillement que si le retentissement en France de *L'Histoire des femmes en Occident* a été énorme, le retentissement parmi les historiens a été bien moins fort. Voir aussi ses remarques plus récentes dans *Les Femmes ou les silences de l'histoire* (1998): «l'histoire des femmes n'a, par ailleurs changé ni la démarche historique, réservée, ni les institutions universitaires, qui répugnent à lui faire une place, même modeste. Les inévitables conflits de territoire conduisent parfois à des tensions [...]. Et la France, sous cet angle, paraît plus archaïque que la plupart de ses voisins» (xvii).

7. Gerda Lerner, *Why History Matters: Life and Thought* (1997), 210–11 (nous traduisons). La preuve du bien fondé de la pensée de Lerner quant à la valeur d'une conscience historique, cette phrase extraite d'un livre encore plus récent (2003) sur le féminisme en France depuis 1981: «[ces jeunes militantes] tendent à se méfier du modèle féministe des années 1970 comme étant trop séparatiste et trop peu soucieux des questions de race et d'ethnie, bien que, paradoxalement, *la plupart d'entre elles conviennent que faute de "transmission" historique elles savent en fait peu de ces mouvements et qu'il arrive peut-être parfois qu'elles "réinventent la roue"*» (Roger Célestin, Éliane DalMolin et Isabelle de Courtivron, introduction, *Beyond French Feminisms*, 7, nous traduisons et soulignons).

8. Annie Becquer, Bernard Cerquiglini, Nicole Cholewka et al. (Paris: La Documentation française, 1999). Préface de Lionel Jospin, premier ministre: «Je souhaite que ce guide facilite une démarche dont la légitimité n'est plus à démontrer» (6).

9. Voir les pages 23 et 83. On rencontre parfois dans des publications de Français(es) de France *une* écrivain, au féminin, mais cette solution n'est pas envisagée par les auteurs du guide et je ne l'ai pas adoptée non plus.

10. «Pour les termes *auteur, docteur* et *pasteur*, les formes morphologiques régulières et attestées en *-trice* ou en *-oresse* (*autrice, aut(h)oresse, doctrice, pastoresse*) ne sont plus acceptées aujourd'hui. On conservera la forme identique au masculin, avec le choix d'ajouter ou non un *-e* à la finale, comme pour *assesseur, censeur*, etc.: une *auteur(e)*, une *docteur(e)*, une *pasteur(e)*» (25). Voir aussi: «En Suisse, *auteur, autrice*. Les formes *auteuse, autrice* et *aut(h)oresse* sont attestées mais rares» (67n).

11. «Certains noms ont été féminisés depuis longtemps à l'aide du suffixe *-esse*: [...] *poétesse*... Ce suffixe étant aujourd'hui senti comme désuet, voire dévalorisant, on a préféré ne plus y avoir recours. [...] les emplois encore partiellement en usage sont toujours admis, à côté des formes épicènes proposées ou déjà concurrentes dans l'usage: [...] une *poète* ou *poétesse*» (22).

12. En entier selon les normes d'aujourd'hui. Car en fait pour désigner Lafayette, par exemple, par son nom entier, il faudrait dire Marie-Madeleine Pioche de la Vergne, comtesse de Lafayette. Les signatures de femmes écrivains des XVIIe et XVIIIe siècles étant extrêmement variables, il est difficile d'y avoir recours pour résoudre le problème de la nomination.

13. Sur les difficultés et les dangers—perte ou confusion d'identité, oubli total du prénom—de la nomination conventionnelle en Madame ou Mademoiselle (de) plus patronyme et pour la justification du choix pourtant malaisé de désigner les femmes écrivains par le seul nom de famille, voir Joan DeJean, *Tender Geographies* (1991), 1–5, et Joan Hinde Stewart, *Gynographs* (1993), 15–18. Sur les noms de femmes à la Renaissance, voir Ann Rosalind Jones, *The Currency of Eros* (1990), 10.

# Philomèle et les sœurs de Procné

Le mythe de Philomèle et Procné hante l'imaginaire féminin. De Marie de France au XIIe siècle à Marceline Desbordes-Valmore au XIXe, d'Isabelle de Charrière au XVIIIe à Colette et à Monique Wittig au XXe, la littérature féminine en France a trouvé dans ce mythe une métaphore de la situation de la femme écrivain et une mise en scène des stratégies qu'elle emprunte pour contourner la demande patriarcale de silence. Évoqué explicitement ou non par les écrivaines et se métamorphosant lui-même au gré de nouveaux contextes culturels et des changements de mentalités, ce mythe peut servir de fil conducteur pour aborder un ensemble de textes de femmes, production de plus de huit siècles, témoignant d'une tradition littéraire féminine aussi riche que tenace.

Quel est ce mythe? Parmi toutes les versions, celle d'Ovide est certainement la mieux connue et la plus influente. Voici donc l'histoire terrible des sœurs Philomèle et Procné telle qu'Ovide la raconte dans *Les Métamorphoses*[1]. La vierge Philomèle, fille de Pandion, roi d'Athènes, est violée et emprisonnée par son beau-frère Térée, roi de Thrace, alors qu'il l'amène dans son pays pour rendre visite à Procné, épouse que Pandion lui a accordée en reconnaissance de son aide dans une guerre contre Thèbes. Après cinq ans de mariage Procné a eu envie de revoir sa sœur. «Rejetant toute pudeur», Philomèle jure de se venger en dévoilant le crime barbare. Qu'elle aille devant le peuple ou qu'il lui faille se faire entendre de sa prison (une bergerie au milieu d'une forêt), elle jure que «[s]a voix sera entendue du ciel et des dieux, s'il en est qui l'habitent». Pris de colère et de crainte de voir son crime exposé au grand jour, Térée lui coupe sauvagement la langue et l'abandonne dans la bergerie, entourée de murailles et de gardes qui lui interdisent toute fuite. En rentrant, il annonce à Procné la mort de sa sœur.

Mais, nous rappelle Ovide, «l'ingéniosité de la douleur est infinie et le malheur fait naître l'adresse». Confectionnant un métier barbare, Philomèle «tisse à travers ses fils blancs des lettres de pourpre qui dénoncent le crime»[2], puis signifie par gestes à une femme de porter l'étoffe à sa maîtresse Procné. Celle-ci parvient à déchiffrer «l'affreuse inscription qui lui apprend son infortune» et, «prête à violer toutes les lois du bien et du mal», elle médite en silence quel sera le châtiment du tyran. Cette nuit-là, sous le couvert d'une fête célébrant les mystères de Bacchus, revêtue du costume rituel et suivie de ses compagnes, elle se rend dans la forêt, délivre Philomèle de sa prison, la recouvre des insignes de Bacchus, et l'amène ainsi déguisée dans son palais. La vue de sa malheureuse sœur ne fait qu'augmenter sa colère; elle se dit «prête à tous les crimes» et «à la plus épouvantable vengeance», sans encore savoir laquelle. C'est alors que survient Itys, son fils. Saisie par sa ressemblance avec son père, elle surmonte toute velléité maternelle, l'entraîne vers un endroit caché du palais et le tue d'un coup d'épée. Philomèle lui tranche la gorge. Les deux sœurs dépècent alors le corps de l'enfant et, dans la chambre toute ensanglantée, en font cuire les morceaux. Puis, sous prétexte d'une cérémonie religieuse que lui seul peut célébrer, Procné écarte les compagnons et les serviteurs de Térée et lui sert cet horrible festin. Après avoir consommé à son insu la chair de son propre fils, le tyran commande: «Amenez-moi Itys.» À quoi Procné, de joie, répond «Tu as avec toi [...] celui que tu demandes» et Philomèle, faute de pouvoir s'exprimer par sa langue, se venge en lui jetant à la figure la tête sanglante d'Itys. Hors de lui, l'épée à la main, Térée se lance à la poursuite des deux sœurs qui s'échappent, leurs corps «portés par des ailes», par quoi Ovide signale leur métamorphose en oiseaux, Philomèle en rossignol et Procné en hirondelle[3]. Affublé d'un heaume—ou d'une couronne?—parodique sous forme d'aigrette et d'un bec qui lui tient lieu d'épée, Térée, lui, est changé en huppe, oiseau rebutant dont il est dit qu'il souille son propre nid.

À première vue, ce mythe angoissant de la suppression brutale de la voix féminine et du châtiment qui s'abat sur la femme qui se venge semble assez mal s'accorder avec l'existence d'un corpus important d'écrits de femmes. En quête pendant des siècles de modèles positifs dans une culture qui s'acharnait à les leur dénier, comment les femmes écrivains auraient-elles pu s'inspirer de l'exemple de Philomèle et Procné? Ovide n'accorde en effet que trois vers au tissage astucieux de Philomèle, forme initiale d'expression de soi malgré sa langue coupée, ébauche d'un texte autobiographique, et il ne dit absolument rien du chant des femmes-oiseaux ni ne nomme les oiseaux en question, alors qu'il précise que Térée est métamorphosé en huppe. De plus, il accorde plus de place au meurtre d'Itys qu'au viol de Philomèle (14 vers contre 12), bien que les deux crimes soient décrits quasiment dans les mêmes termes. Chaque victime tend les bras ou les mains dans un geste de supplication, chacune est comparée à un animal vulnérable aux prises avec une bête de proie: Philomèle frissonne comme «une agnelle épouvantée» devant un loup, Itys ressemble au «petit qu'une biche nourrissait de son lait» entraîné par une tigresse. Mais le corps mutilé de Philomèle—«la racine de la langue s'agite au fond de la bouche; la langue elle-même tombe et, *toute frémissante, murmure encore* sur la terre noire de sang; comme frétille la queue d'un serpent mutilé, *elle palpite* et, en mourant, elle cherche à rejoindre le reste de la personne à qui elle appartient»—est finalement remplacé dans le texte et déplacé par le corps morcelé d'Itys—«le souffle de la vie *animait encore* ses membres que déjà toutes les deux les mettaient en pièces» (nous soulignons). L'horreur de l'infanticide («meurtre abominable» souligne Ovide), de la rupture de la séquence patriarcale et de la perversion de la maternité efface en quelque sorte l'horreur du viol. Le dénouement laisse pourtant intact le patriarcat: seul Térée est puni, mais, étant un barbare de Thrace, il était déjà une figure marginale par rapport à la culture valorisée d'Athènes, incarnée par Pandion, figure paternelle légitime. Si celui-ci meurt aussitôt de douleur, il est vite remplacé par un autre roi, père lui aussi, cette fois «de quatre fils et d'autant de filles». Et le cycle de la violence barbare contre l'autorité paternelle légitime ayant pour enjeu le corps d'une femme se répète: l'une des filles est enlevée par le dieu du vent Borée, dont les Athéniens se méfient parce que lui aussi est un habitant de Thrace comme Térée. À la fin du mythe de Procné et Philomèle, deux femmes sont punies, deux femmes victimes dont Ovide souligne au contraire la culpabilité, la violence de leur vengeance étant dépeinte comme encore plus monstrueuse que celle de Térée.

Les femmes écrivains, pour leur part, vont déchiffrer dans ce mythe précisément ce qui est occulté chez Ovide: la résistance et la voix des femmes exprimées par le tissage et par le chant. Loin d'illustrer simplement le versant négatif de l'histoire, l'état de victime de la femme écrivain face à la répression patriarcale, son isolement et l'exiguïté de son champ créateur, ce mythe en vient à suggérer dans les écrits de femmes, non seulement une longue tradition de sédition et de résistance plus ou moins camouflées, mais une évolution positive, la libération progressive de la voix féminine, délivrée à la fin de la référence au patriarcat elle-même—référence au viol et au silence forcé—et la constitution patiente d'un lectorat «sororal» capable de déchiffrer, de remémorer/remembrer et d'alimenter le corpus de la littérature des femmes. D'un point de vue féministe, le mythe peut se lire positivement en termes du triomphe d'une communauté et d'une continuité féminines sur la répression violente de la voix des femmes et sur les falsifications de leur histoire[4]. La tisseuse Philomèle devient alors l'emblème de la femme artiste transformant un art féminin en une parole alternative et recouvrant sa voix et son pouvoir narratif[5]. Sa communication secrète de femme à femme se mue enfin en un chant destiné à tous. Au cours des siècles, certains éléments du mythe s'estomperont, tandis que d'autres, comme le vol et le chant de Philomèle-rossignol, seront valorisés. Une écrivaine comme Monique Wittig (*Les Guérillères,* 1969) ira très loin dans sa réécriture du mythe, supprimant le viol et la broderie/tapisserie et jusqu'à la métamorphose en oiseau, pour déplacer la métamorphose vers les mots—la broderie deviendra un nom propre inventé, Philomèle *Sarte* (jeu probable sur le latin *sartor,* tailleur), production littéraire, comme les *ailes* deviendront des *elles*—et pour mettre en relief l'existence d'une communauté féminine qui assure la continuité du chant/de la parole (portés par des *elles*) d'une Philomèle entière, bien corporelle et bien humaine[6].

Ni clef qui ouvrirait toutes les portes, ni explication totalisante, le mythe de Philomèle et Procné rassemble néanmoins certains motifs récurrents qui expriment les rapports entre les femmes et la tradition littéraire. Ses composantes—la pudeur, la langue coupée, la ruse, le tissage, le déchiffrement, le chant du rossignol, l'envol, composantes qui parfois s'en détachent, s'agglutinent à d'autres mythes, à d'autres traditions et d'autres motifs littéraires—permettront d'éclairer le statut, les conditions et quelques-unes des particularités de l'écriture des femmes à différentes époques historiques.

## «Rejetant toute pudeur»

Jusqu'au XIX$^{e}$ siècle et même au-delà, parler pour une femme signifie une atteinte à la pudeur, une forme d'exhibitionnisme. Aux yeux de la société, la pudeur d'une femme manifeste son honneur et sa vertu, qualités qui se réduisent à son parfait respect des normes de chasteté et de fidélité conjugale, à sa sexualité domptée et passée sous silence, y compris dans le cas d'un viol. C'est ainsi que le silence d'une femme en vient à s'assimiler à son honneur et à sa vertu.

Le Moyen Âge, malgré l'influence inhibitrice de l'église et d'une culture empreinte de misogynie, fut une période relativement accueillante envers la parole des femmes: la puissance accordée à la dame par l'amour courtois, le ton assuré de Marie de France, la franchise sexuelle des trobairitz (femmes troubadours, compositrices de poèmes lyriques en provençal) et leurs allusions à une communauté de femmes poètes, les chansons de malmariées allègres et défiantes, les écrits confiants de femmes mystiques et, avant tout, l'engagement féministe de Christine de Pizan et l'énorme corpus de ses écrits en attestent amplement. La proscription de la parole publique des femmes ne commencera à se faire durement sentir qu'à la Renaissance. Au moment même où l'humanisme incite les hommes à rechercher la gloire en publiant, les livres de bonne conduite précisent en revanche qu'une femme doit garder le silence et, au cas où elle aurait fait des études, renfermer son savoir et ses talents dans le cercle privé de sa famille. Pour une femme, parler en public revient à exhiber scandaleusement son corps[7]. Préjugé tenace qui brimera les vocations littéraires féminines des siècles durant. En 1675 Hortense Mancini le rappellera dans ses *Mémoires*: «Je sais que la gloire d'une femme consiste à ne faire point parler d'elle.» Au début du XIXe siècle, l'apothéose littéraire d'une femme à l'instar de toute une lignée d'hommes poètes illustres, le couronnement au Capitole de la «poète, écrivain, improvisatrice» Corinne, héroïne du roman éponyme de Germaine de Staël (1807) et incarnation des conflits de celle-ci à l'égard de l'écriture, devra être en quelque sorte rachetée—et sera à la longue effacée—par sa «modestie», sa «douceur», et sa vulnérabilité toutes féminines[8]. Encore à la fin du XIXe siècle, la poète Louise Ackermann assumera ce préjugé comme une chose allant de soi: «Mon mari n'eût pas souffert que sa femme se décolletât, à plus forte raison lui eût-il défendu de publier des vers. Écrire, pour une femme, c'est se décolleter; seulement il est peut-être moins indécent de montrer ses épaules que son cœur» (*Pensées d'une solitaire,* 1882). Publier, se vendre, c'est se prostituer. Ce n'est pas un hasard si, pendant toute la Renaissance, époque où cette équivalence s'enracine dans les mentalités, il n'y eut qu'une vingtaine de femmes écrivains publiées de leur vivant en France[9]. Ce n'est pas non plus un hasard si, écrivant pendant cette même période, la jeune poète lyonnaise Pernette du Guillet ne peut dissocier son vœu poétique d'un fantasme exhibitionniste: dans Élégie II (1545), son chant poétique rêvé est littéralement conjugué à un déshabillage sous les yeux du poète-amant. Quant à sa contemporaine Louise Labé, elle fut traitée de vulgaire prostituée («plebeia meretrix») par Calvin et de courtisane par d'autres pour avoir publié des poèmes d'amour brûlants, pour avoir fait «saillie» (sonnet XVIII) sur la scène publique et montré «signe d'amante» (sonnet XIV), exhibant sans pudeur non seulement ses désirs intimes mais aussi sa maîtrise de la rhétorique pétrarquiste et son savoir humaniste[10]. Et, dans *Les Angoisses douloureuses qui procèdent d'amours* (1538), seul le prétexte allégué par la narratrice Hélisenne de se donner en exemple négatif aux «dames d'honneur» peut excuser la peinture et la publication de ses «amours impudiques», de ce qui est «plus digne d'être conservé en profond silence», par Hélisenne de Crenne auteur. C'est plutôt la Romaine Lucrèce qui préféra le suicide devant son père et son mari à la honte d'avoir été violée, et non *la femme éloquente*—résistante, justicière ou vengeresse—qui est proposée en modèle par les gardiens de l'ordre du temps d'Hélisenne et même longtemps après[11].

Philomèle ferait alors figure d'anti-Lucrèce: au lieu de se suicider, elle résiste à la norme patriarcale, la défie, en voulant dénoncer publiquement, «rejetant toute pudeur» (comme si c'était elle la coupable), le crime commis par Térée contre elle. Elle suggère ainsi un autre aspect de l'impudeur de dire et d'écrire quand on est femme. Parler pour la femme écrivain, aux yeux de la culture dominante, reviendrait à dévoiler un crime sexuel, un acte violent commis contre elle en tant que femme par une figure ou une institution patriarcale. Parler serait impudique dans la mesure aussi où cette action met en évidence l'obscénité du patriarcat et menace ses fondements: l'inégalité et la domination. Voilà pourquoi un livre comme *Le Deuxième sexe* (1949), réquisitoire dressé par Simone de Beauvoir contre la constitution culturelle de la femme comme l'Autre, subordonnée à l'homme, a scandalisé des lecteurs de tous bords, de gauche comme de droite. Parmi la foule d'attaques qu'il a suscitées, la réplique indignée de l'éminent écrivain François Mauriac est particulièrement probante quant au rejet de l'obscénité sur la femme qui écrit: cet ouvrage, dit-il, lui a «tout appris sur le vagin» de l'auteur[12].

Pendant des siècles, la littérature des femmes a emprunté des voies plus obliques pour ne pas faire outrage à la pudeur et s'exposer à ce genre d'attaque; elle a porté seulement un témoignage voilé sur leur sort malheureux aux mains du patriarcat. Ainsi, dans la nouvelle trente-deux de *L'Heptaméron* (1559), sous le couvert de la condamnation morale de l'adultère et sous prétexte de l'exhortation chrétienne à l'humilité et à la pénitence, la reine Marguerite de Navarre compose un tableau effrayant de la condition féminine à son époque, peignant l'humiliation et la soumission forcée de l'épouse d'un gentilhomme[13]. Réduite brutalement au silence par son mari jaloux et violent, elle est condamnée—telle une nouvelle Écho plutôt qu'une Philomèle insoumise—à répéter seulement l'humble discours «de femme» qu'il lui octroie; elle est tondue, dénudée par lui, pour mieux montrer qu'elle a perdu «l'honneur de la chasteté et de la pudicité» et pour retrouver ainsi son rôle traditionnel de corps-signe dans son système de signification à lui.

La radicalité d'une telle dénonciation, aussi oblique soit-elle, et d'un tel contournement par la femme écrivain de l'exigence de pudeur devient évidente quand on considère comment des auteurs masculins de renom ont traité le viol et des figures féminines à la parole «impudique». Prenons l'exemple de Shakespeare[14]. Deux héroïnes shakespeariennes renvoient explicitement à l'archétype de Philomèle et illustrent à quelle fin est vouée celle qui, sous régime patriarcal, a l'impudeur de dire le viol: Lucrèce dans le poème dramatique *Le Viol de Lucrèce* (1594) et Lavinia dans la tragédie *Titus Andronicus* (1594). Lucrèce, violée par Tarquin, trouve en Philomèle un modèle de conduite. Ce n'est pas la Philomèle tisseuse et rusée qu'elle imite, mais la Philomèle dolente, celle qui chante son mal, la poitrine appuyée sur une épine[15]. Une fois qu'elle a révélé le crime à son mari et reçu l'assurance qu'elle sera vengée, d'un coup de couteau—nouvel avatar et de l'épine associée à son modèle féminin et de l'épée dont Tarquin l'avait menacée—accablée de honte et dans l'espoir de recouvrer son honneur, devant son mari et son père elle se donne la mort. Lucrèce s'offre ainsi en modèle aux femmes chastes, refusant de vivre pour ne pas devenir par son exemple «l'excuse» des autres dames. Sa réintégration sociale est à ce prix. Désormais muet, son corps sanglant servira de propagande politique: promené dans Rome par ses justiciers, il incitera les Romains à expulser les Tarquins.

Le cas de Lavinia est encore plus éloquent. Ses ravisseurs, après l'avoir violée, lui coupent non seulement la langue mais les mains. Dès que son oncle Marcus Andronicus l'aperçoit ainsi mutilée, se référant à l'histoire de Philomèle et Procné, il comprend qu'elle a été violée. Mais le sort de Lavinia est pire que celui de Philomèle, puisque toute forme de communication lui est interdite. Faute de mains, elle ne pourra pas, à l'exemple de celle-ci, tisser son histoire. Elle ne pourra ni parler ni écrire. Plus explicitement que Philomèle elle incarne la femme artiste, car, tout en la privant de sa chasteté, les violeurs l'ont privée de la capacité de démontrer ses talents artistiques: elle ne pourra plus, se lamente son oncle, exprimer ses pensées avec une «éloquence si agréable» ni chanter comme un «oiseau mélodieux» des «notes douces, variées», enchanteresses; elle ne pourra plus jouer du luth. Objet du regard et de la parole des hommes, le corps de Lavinia devient le signe obscur de son histoire et de ses pensées; les hommes l'interpréteront et raconteront son histoire à sa place, surtout Titus Andronicus, son père. «Je comprends ses signes:/ Si elle avait une langue pour parler, or elle dirait [...]» (III, 1). Dans sa violence, l'acte d'interprétation paternel s'assimile à un second viol: des gestes et des signes du corps de Lavinia, il «arrachera un alphabet» et s'entraînera à comprendre, avec la certitude de le maîtriser, «son sens» (III, 2)[16]. Lavinia ne peut se dire qu'à travers les textes et les interprétations des hommes. Elle est condamnée à la répétition d'une intrigue canonique: quand elle ouvre les *Métamorphoses* d'Ovide à l'endroit du mythe de Philomèle, son père, lisant à sa place, «comprend» ce qui lui est arrivé. Traçant dans le sable à l'aide d'un bâton guidé par ses pieds et par sa bouche, son oncle la presse alors de l'imiter pour y «imprimer clairement ses peines» en livrant les noms des «traîtres»[17]. Comme pour souligner sa répétition de l'écrit d'Ovide, Lavinia inscrit *en latin* dans le sable le seul texte qui lui soit désormais octroyé: «Stuprum, Chiron, Demetrius» (IV, 1)[18]. Ainsi, elle est prise dans l'intrigue de la vengeance paternelle. Il ne reste plus qu'à mener jusqu'au bout la suppression de sa voix. Une fois la vengeance accomplie, invoquant «le précédent» et l'autorité de Virginius qui a tué sa fille violée[19] pour qu'elle ne survive pas à sa honte et qu'elle ne puisse plus par sa présence renouveler la douleur de son père, Titus Andronicus supprime Lavinia (V, 3). Aucune «sœur» comme Procné n'ayant lu son histoire, aucune alternative positive au destin de la femme «souillée», ni chant ni envol, ne peut s'envisager pour Lavinia; elle sera écrasée jusqu'à la mort sous le poids des textes du patriarcat, étouffée par des stéréotypes qui ne servent qu'à dissimuler les anxiétés des hommes à l'égard de sa sexualité et de son art.

La Lavinia de George Sand, héroïne de la nouvelle éponyme publiée en 1833, au moment où Sand elle-même constituait son identité d'écrivaine, serait-elle sa riposte féministe à la Lavinia de Shakespeare? Entendait-elle dans sa nouvelle restituer la langue—et la vie—à ce personnage, retrouvant ainsi la suite du mythe de Philomèle omise par Shakespeare: l'écriture interdite dissimulée d'abord sous un art féminin se muant à la fin en un chant pour tous? Cela semble possible, vu que Sand connaissait bien le théâtre de Shakespeare. Femme séduite et abandonnée, «décriée pour l'erreur de sa jeunesse», souillée par «la tache cruelle qui couvre une femme délaissée», l'héroïne de Sand passe de l'écriture de lettres d'amour à des billets à l'ancien amant pour redemander ces lettres, deux formes d'écriture correspondant au stéréotype de la féminité et aux conventions d'une «vieille histoire» amoureuse[20], jusqu'à la longue lettre finale dans laquelle elle refuse avec force de s'asservir aux vieilles intrigues des pères. Cette lettre signale sa venue à une écriture différente, dissidente, écriture qui remplace aussi les arts féminins par lesquels elle avait d'abord tenté d'exprimer sa singularité et son indépendance vis-à-vis de la convention: la danse et la décoration. Ce chant de liberté triste de Lavinia sera finalement déplacé chez Sand par le chant joyeux d'une Isidora-Philomèle (*Isidora,* 1846), écrivaine s'identifiant aux rossignols «enivrés de liberté» dont les «intarissables mélodies montaient comme un hymne vers les étoiles brillantes», annonçant l'apparition de «l'oiseau-artiste» dans l'autobiographie de l'auteur (*Histoire de ma vie*, 1854–55)[21].

## Le châtiment: la langue coupée

Le long des siècles les exemples de la suppression brutale de la voix féminine mis en scène par les écrivaines ne manqueront pas. Déjà au XIIe siècle, au moyen d'une évocation discrète du mythe de Philomèle dans son lai *Le Laüstic*, Marie de France, la première femme écrivain française connue, souligne la violence et la barbarie d'un mari jaloux qui tue un rossignol, symbole à la fois de la voix de l'amant de son épouse et de celle de cette dame dans la mesure où le chant du rossignol est également l'expression de son désir à elle: «"J'ai pris au piège le rossignol qui vous a tant fait veiller. Désormais vous pouvez rester couchée tranquillement: il ne vous réveillera plus." En l'entendant parler ainsi, la dame est triste et peinée. Elle demande le rossignol à son mari, mais lui le tue par méchanceté. De ses deux mains, il lui brise le cou. Ce fut là le geste d'un homme ignoble. Puis il jette le corps sur la dame, si bien qu'il tache d'un peu de sang sa tunique par devant, au niveau de la poitrine»[22]. Il est remarquable que dans un texte si court dont l'une des caractéristiques essentielles est une très grande économie de moyens, Marie ait choisi de figurer doublement, de façon redondante, la perte de la voix féminine: et par le rossignol mort et par la tache. Le mari inscrit ce signe sur le corps de sa femme pour que ce corps n'exprime plus que son discours à lui: la femme adultère coupable et punie. Mais la narratrice intervient pour guider notre interprétation de ce signe vers un ailleurs dissident et féminin. Au XVIe siècle, cette scène violente se répète chez Hélisenne de Crenne au moment où le mari de l'héroïne découvre sa correspondance amoureuse, première expression écrite de son désir et de son histoire à elle: «ce lui fut cause d'augmentation de fureur, et fort indigné s'approcha de moi, et me donna si grand coup sur la face que violemment me fit baiser la terre, dont je ne me pus lever soudainement». Plus tard, il brûlera «la piteuse complainte qu'auparavant [elle avait] de sa main écrite» et l'enfermera dans une tour pour la punir, ce qui ne l'empêchera pas de recommencer à (s')écrire, «estimant que ce [lui] sera très heureux labeur».

Parfois dans leurs écrits les femmes dénoncent plus explicitement les tactiques dont se servent les critiques et les historiens de la littérature pour leur couper symboliquement la langue. Ainsi, Marie de France incrimine ceux qui calomnient les auteurs de talent, *hommes ou femmes* (elle n'avait pas peur de poser en principe l'égalité des sexes face à l'écriture):

> quand un pays possède
> un homme ou une femme de grand mérite,
> les envieux
> se répandent en calomnies
> pour diminuer sa gloire:
> ils se mettent à jouer le rôle
> du chien méchant, lâche et perfide,
> qui mord traîtreusement les gens. (Prologue de *Guigemar*)

Elle ne doute pas que des clercs iraient jusqu'à s'attribuer ses œuvres (*Fables*). Et Marie de les narguer tous: «Malgré tout je ne renoncerai pas,/ même si les railleurs et les médisants/ veulent dénigrer mon entreprise:/ libre à eux de dire du mal!» (Prologue de *Guigemar*).

Ces propos de Marie révèlent en même temps deux autres stratégies employées au cours des siècles par la culture dominante pour priver la femme de sa voix: *l'attribution de ses œuvres à un homme* et *le ridicule*. À la fin du Moyen Âge, Christine de Pizan lui fera écho pour revendiquer son autorité d'écrivaine en faisant dire à Dame Opinion que certains déclarent que ses œuvres sont dues à des clercs ou à des religieux, «car de sentiment de femme venir ne pourraient» (*L'Advision-Cristine*, 1405). Ce problème sera exacerbé par la pratique courante de l'anonymat chez les femmes écrivains, notamment aux XVII^e^ et XVIII^e^ siècles. Le chef-d'œuvre que publia anonymement Marie-Madeleine de Lafayette, *La Princesse de Clèves* (1678), fut souvent attribué en tout ou en partie à des auteurs masculins qui appartenaient à son cercle intime. L'article d'A. Niderst sur Catherine Bernard dans le récent *Dictionnaire des littératures de langue française* montre que ce travail de sape continue: «La qualité maîtresse [de ces œuvres] est, au fond, la rigueur—peu de complaisances, peu de mollesse ou de facilité. *Il est probable* que cette rigueur doit quelque chose à Fontenelle. *Il est évident*, en tout cas, que romans, tragédies, poèmes de Catherine Bernard sont également conformes aux théories du philosophe [...] qui se retrouvent dans tous ces écrits et en *expliquent* la cohérence et l'originalité»[23]. D'hypothèse en certitude une femme écrivain distinguée du siècle de Louis XIV se trouve, aujourd'hui encore, spoliée de son œuvre. Au XVIII^e^ siècle, ce sera le tour de Françoise de Graffigny de voir son chef-d'œuvre à elle, *Lettres d'une Péruvienne* (1747), attribué à des collaborateurs qui l'avaient seulement aidée à remédier à ses insuffisances en grammaire, en ponctuation et en orthographe, insuffisances dues d'ailleurs à la mauvaise éducation qui était encore à son époque le lot des femmes.

Quant au ridicule, ce fut une tactique privilégiée pour rabaisser la production des femmes à commencer par le premier mouvement littéraire créé par elles: la préciosité (XVII^e siècle). Les détracteurs de ce mouvement foncièrement féministe profitèrent du succès de la comédie de Molière, *Les Précieuses ridicules* (1659), satire des fausses précieuses, pour caricaturer tout le mouvement. La réputation de Madeleine de Scudéry, en particulier, dont les romans héroïques *Artamène, ou le Grand Cyrus* (1649–53) et *Clélie, histoire romaine* (1654–60) avaient connu un succès éclatant et à qui l'on doit la réorientation du roman français vers l'analyse psychologique et la peinture de la vie intérieure, en pâtit. Elle fut ridiculisée en sa personne et en ses écrits. Et rien qu'en les décrétant oubliées, des détracteurs influents parmi ses contemporains consacrèrent en effet à l'oubli et à la méconnaissance ses œuvres. Anne-Thérèse de Lambert, elle qui voudra au début du XVIII^e siècle ressusciter la préciosité tout en l'adaptant à la nouvelle philosophie des Lumières, regrettera et dénoncera dans ses *Réflexions nouvelles sur les femmes* (publiées en 1727) l'influence dévastatrice du ridicule sur l'appréciation des écrits de femmes comme sur les mœurs de son temps (ses *Réflexions* furent composées pendant la Régence, 1715–23, tenue pour une époque de mœurs dissolues). «Il a paru, depuis quelque temps, des romans faits par des dames, dont les ouvrages sont aussi aimables qu'elles: l'on ne peut mieux les louer. Quelques personnes, au lieu d'en examiner les grâces, ont cherché à y jeter du ridicule. Il est devenu si redoutable, ce ridicule, qu'on le craint plus que le déshonorant. Il a tout déplacé, et met où il lui plaît la honte et la gloire. Le laisserons-nous», demande-t-elle, «le maître et l'arbitre de notre réputation? [...] Il est purement arbitraire [...]. Il varie et relève, comme les modes, du seul caprice. Il a pris le savoir en aversion. [...] Si l'on passe aux hommes l'amour des lettres, on ne le pardonne pas aux femmes. On dira que je prends un ton bien sérieux pour défendre les enfants de la reine de Lydie; mais qui ne serait blessé de voir attaquer des femmes aimables qui s'occupent innocemment, quand elles pourraient employer leur temps suivant l'usage d'à présent? [...] La honte n'est plus pour les vices, elle se garde pour ce qui s'appelle le ridicule». Et elle se plaint qu'«Un Hôtel de Rambouillet[24], si honoré dans le siècle passé, serait le ridicule du nôtre»[25]. À l'issue du siècle des Lumières la situation sera encore pire. Étudiant après la Révolution dans *De la littérature* (1800, première grande contribution par une femme à la théorie littéraire) le sort des femmes qui cultivent les lettres sous différents régimes politiques, Germaine de Staël ne peut aboutir qu'à cette conclusion du plus noir pessimisme: «Dans les monarchies, elles ont à craindre le ridicule, et dans les républiques la haine».

L'éthos misogyne de la période post-révolutionnaire et napoléonienne suscitera des réactions de défense chez les femmes auteurs en même temps qu'un mouvement collectif d'émancipation féminine. Il nourrira bien des vocations littéraires au XIX^e siècle. Le nombre de femmes qui écrivent se voit multiplié par vingt par rapport au siècle précédent[26]. Effrayée par cette prolifération et par le bouleversement social qu'elle représente, la critique masculine réagira à son tour en s'attaquant à la sexualité des femmes écrivains, en les traitant de «bas-bleus» ou de «prudes», femmes viriles ayant tué leur sexe, ou bien de dépravées. Dans tous les cas, elles sont données pour monstrueuses et leurs écrits pour le fruit de leur anormalité sexuelle[27]. Ces attaques ne sont pas neuves. Déjà au XVII^e siècle on avait ridiculisé de même la «femme savante». Madeleine de Scudéry s'était efforcée de contourner ce préjugé en idéalisant la femme cultivée «qui sait tant de choses différentes», mais qui les sait «sans faire la savante»[28]. Et au XVIII^e siècle, si fécond en romancières, l'écrivain Restif de la Bretonne avait exprimé son antipathie en des termes qui annoncent ceux des critiques du siècle suivant: «Que je plains la femme auteur ou savante! [...] Elle a perdu le charme de son sexe; c'est un homme parmi les femmes, et ce n'est pas un homme parmi les hommes.»[29] Cet argument se retrouvera encore au début du XX^e siècle, entre autres chez le critique Paul Flat. Alarmé par le foisonnement de femmes auteurs aux alentours de 1900, il s'acharne à prouver non seulement que la femme de lettres est «un monstre», le contraire du «type normal» à vocation purement maternelle, mais «qu'elle reproduit, comme en un saisissant microcosme, la plupart des ferments de dégénérescence qui travaillent notre monde moderne». «Dès l'instant qu'elle prend en main la plume, conclut-il, elle se révèle comme un ferment d'anarchie.»[30]

Mais la tactique sans doute la plus efficace pour «couper la langue» à la femme écrivain est de ne pas en parler du tout. C'est ce qu'on a pu appeler le sexisme par l'absence, phénomène que l'historienne Michelle Perrot désigne comme «les silences de l'Histoire»[31]. Une fois que le canon littéraire commence à se préciser au XVIII^e siècle, à partir d'anthologies ou de manuels pédagogiques, tel que celui de Jean-François de La Harpe, *Lycée, ou cours de littérature ancienne et moderne* (16 volumes, 1797–1803), destinés à former le goût de la jeunesse masculine et à lui apprendre «la francité», les écrits de femmes sont pratiquement exclus. Les rares femmes qu'on peut trouver dans ces recueils ou manuels pédagogiques sont présentées de façon à marginaliser leur œuvre[32] ou bien, comme ce fut le cas pour le style brillant de l'épistolière Marie de Sévigné dans le *Cours de belles-lettres* de l'abbé Batteux (1747), de façon à nier leur valeur de modèle pour des jeunes gens «vigoureux». D'autres femmes y sont mentionnées simplement pour dire que personne ne les lit plus[33]. C'est ainsi que même des femmes écrivains de renom comme Christine de Pizan, Pernette du Guillet, Madeleine de Scudéry, Marie-Catherine d'Aulnoy ou Françoise de Graffigny furent condamnées au silence et à l'oubli. L'un des buts de la critique féministe de ces dernières décennies a été justement de redécouvrir cette tradition féminine engloutie et de mettre en lumière la production continue, envers et contre tout, d'écrits de femmes.

## Transformation du châtiment: d'un lieu d'enfermement à un lieu d'écriture

Philomèle parvient à convertir sa prison, bergerie isolée au milieu d'une forêt, en une «chambre à soi» (Virginia Woolf), lieu d'une production artistique par laquelle elle recouvre la voix et recrée sa capacité de communiquer. Nombreux sont les personnages féminins calqués sur ce schéma au Moyen Âge et au début de l'époque moderne qui mettent ainsi en scène la situation de la femme écrivain œuvrant à l'intérieur des contraintes d'une culture patriarcale. La dame dans *Guigemar* de Marie de France, par exemple, enfermée par son vieux mari jaloux dans une tour où elle est surveillée par un religieux, transforme la tour en un lieu où son désir se manifeste non seulement par son amour pour le héros mais par le récit qu'elle lui fait de sa vie, récit parfaitement redondant d'ailleurs pour le lecteur ou la lectrice, dans la mesure où la narratrice a déjà raconté tous ces détails (v. 209–60; 337–58). Cette redondance sert ici encore à mettre en relief les conditions de l'expression féminine au temps de Marie. Pareillement, le mari d'Hélisenne dans *Les Angoisses douloureuses qui procèdent d'amours* a beau l'enfermer dans une «grosse tour» pour l'empêcher de donner libre cours à son «effrénée lascivité» et d'exercer sa «vulpine subtilité féminine», la tour deviendra précisément le lieu de production du texte autobiographique que nous lisons, «œuvre présente» adressée non seulement aux «honnêtes dames» à qui l'héroïne s'offre, suivant la règle morale, comme exemple négatif, mais aussi à l'ami dans l'espoir au contraire de satisfaire son amour et d'enfreindre l'interdiction conjugale. Car, si le manuscrit tombe entre les mains de son ami, il pourra la retrouver, la libérer et ramener la joie. Pour ce public voulu en même temps féminin et masculin, la narratrice déploie depuis sa tour toute son éloquence et toute sa «subtilité féminine», faisant triompher et dans la sphère publique (les dames) et dans la sphère privée (l'ami) l'expression de soi sur le silence auquel son mari l'a condamnée en brûlant son premier manuscrit, puis en l'enfermant dans la tour.

Christine de Pizan, rendue «seulette» et confinée dans un espace exigu («Seulette suis, blottie dans un coin, / [...] Seulette suis en ma chambre enfermée») par la mort de son mari bien aimé et par l'isolement social qui est en son temps le sort de la veuve, choisit cette solitude. Elle choisit sa petite étude ornée d'une riche bibliothèque non seulement par fidélité posthume à son époux mais comme lieu de travail intellectuel et d'écriture, renversant de la sorte les conséquences de sa situation sociale contraignante et faisant entendre une voix unique au Moyen Âge. Au XVIIIe siècle, la captivité d'abord physique puis linguistique de la princesse péruvienne Zilia dans le roman de Graffigny est transformée de même en espace d'apprentissage: d'une nouvelle langue, le français, et d'une écriture aussi philosophique que «féminine».

Au XVIIe siècle, en réaction à la sédition politique fomentée par les précieuses dans leurs salons et entretenue par l'action extraordinaire de certaines «femmes fortes» sur les lieux de bataille mêmes pendant la Fronde (soulèvement des nobles contre la monarchie absolue pendant la minorité de Louis XIV, 1648–53), les autorités royales, ayant triomphé, renvoyèrent les femmes aux confins des salons, seule sphère où leur activité fut désormais tolérée. Des femmes comme Madeleine de Scudéry y cultiveront l'art de la conversation et l'analyse du cœur humain, elles s'y affirmeront et y exerceront leur autorité culturelle. Elles présideront surtout à un travail d'écriture collective, «l'écriture des salons»[34]. Bref, elles feront des salons, non une prison, mais un lieu d'expression personnelle, de revendication féministe et de créativité littéraire. De l'esthétique et de l'éthique élaborées dans les salons naîtront le roman moderne et le chef-d'œuvre de Lafayette, *La Princesse de Clèves*. C'est également dans des salons présidés par des femmes (Aulnoy, Lhéritier, Murat...) que naîtra à la fin du siècle un genre littéraire nouveau: le conte de fées écrit, genre inauguré en 1690 par Marie-Catherine d'Aulnoy et expression, sous le couvert de la fantaisie, de leur vision du monde et de leurs désirs subversifs[35]. Soutenues par leur collaboration dans les salons, les conteuses de la fin du XVIIe siècle réussirent à s'affirmer individuellement et à faire reconnaître leur identité personnelle d'auteur[36].

## La ruse: «l'ingéniosité de la douleur est infinie et le malheur fait naître l'adresse»

Grâce à la ruse Philomèle et ses avatars trouvent des «sorties»[37] et s'inventent une parole alternative, séditieuse. Par la ruse, de victimes passives muettes elles se font sujets du discours et de l'action. Tant que les femmes, pour écrire, ont à se heurter à une forte prohibition patriarcale, tant qu'elles se sentent généralement opprimées et réduites à l'état d'objet, elles trouvent des ruses pour affirmer leur subjectivité, pour faire entendre leur voix et faire passer leurs écrits. La ruse est la ressource des opprimés. À la fin du XVIII$^{e}$ siècle, au moment où les espoirs révolutionnaires des femmes s'éteignent, la féministe ardente Constance de Salm le reconnaîtra pour en déplorer la nécessité dans sa défense passionnée du droit de la femme d'être auteur: «Ce qu'il nous faut de plus! un pouvoir légitime./ La ruse est le recours d'un être qu'on opprime./ Cessez de nous forcer à ces indignes soins» («Épître aux femmes», 1797)[38]. Elle lut cette défense au Lycée républicain devant une société littéraire jadis fermée aux femmes.

Chez Ovide, les substituts de la langue perdue enfantés par la ruse sont évidemment le tissage, occupation féminine innocente muée en travail subversif, motif capital sur lequel nous reviendrons à l'instant, et la tête sanglante d'Itys. Assis sur le trône de ses ancêtres, Térée a consommé la chair de son propre fils. Cet acte signale une rupture de la chaîne patriarcale et Philomèle fait de la tête sanglante d'Itys le signe triomphal de cette rupture: «Philomèle a bondi en avant et lancé la tête sanglante d'Itys à la figure de son père; à aucun moment elle ne souhaita davantage de pouvoir s'exprimer et témoigner sa joie par des paroles trop méritées.» Elle a déjoué la répétition, la perpétuation du même: la lignée patriarcale a été décapitée car elle a tué celui qui ressemblait à son père et qui en aurait pris vraisemblablement la relève. La tête d'Itys, signe d'une généalogie masculine, se transforme en signe d'une rupture de la séquence par les femmes créant la possibilité d'une autre conception de la généalogie—féminine et, sinon matrilinéaire, du moins sororale. De plus, le signifiant de Philomèle, la tête d'Itys, s'est substitué au signifiant du tyran, la langue coupée. Mais l'horreur et la violence se perpétuent tant que le discours alternatif de Philomèle ne sert que de riposte à la violence masculine, tant qu'il ne dépasse pas le stade des représailles, et tant que l'adresse demeure exclusivement sororale. Pourtant, grâce à cette parole alternative née de la ruse, Philomèle parvient à exprimer sa vengeance mais aussi—et c'est là surtout qu'elle servira néanmoins de modèle positif aux femmes écrivains—à briser la séquence du *discours* patriarcal.

La ruse ourdit chez les femmes écrivains des stratégies diverses dont plusieurs sont ébauchées dans le mythe de Philomèle et Procné. Sans doute la plus complexe est le recours pour se dire aux arts dits féminins: filer, tisser, broder, coudre.

## «Pauvres petites broderies de femme» (Marceline Desbordes-Valmore)

La Philomèle d'Ovide tisse son histoire. L'association entre le tissage et l'écriture est très ancienne. Dans la littérature grecque de l'Antiquité, le tissage est une image courante pour évoquer la création du chant poétique[39]. Le poète Alcée rend hommage à Sapho, l'appelant «tisseuse de violettes» et Sapho elle-même nomme ainsi les Muses. Érinne, poète renommée de l'époque helléniste (fin du -IVe siècle), composa un long poème en hexamètres communément appelé «La Quenouille» évoquant l'action de filer et de tisser. Ce poème chante une relation entre femmes: une amitié enfantine et le deuil du sujet lyrique à la mort de son amie. Rien n'empêche de penser qu'Érinne le composa tout en tissant. Le tissage faisait partie de la vie normale d'une femme en Grèce et d'autres femmes poètes se réfèrent concrètement à cette activité. Les hommes poètes y renvoient seulement dans un sens métaphorique[40]. Aucune inquiétude à l'égard de l'acte d'écrire ne se décèle chez ces femmes poètes qui pouvaient s'identifier aux Muses, comme Sapho qui fut surnommée la dixième Muse. À l'époque classique, vu la métaphore du tissage et l'importance attribuée aux Muses, le travail de création littéraire était connoté féminin[41]. Le latin et le français qui en dérive ne font que renforcer ces associations entre textes, textiles et femmes, puisque les mots *texte* et *tissu* ont une étymologie commune: *texte* vient du latin *textus*, du verbe *texere* («tisser»); *textus* signifie «tissu» ou «trame», d'où «enchaînement d'un récit, texte»[42]. Dans les cultures très anciennes, avant l'avènement de l'écriture, c'étaient des textiles qui transmettaient les histoires et les symboles d'une société. Comme le plus souvent c'étaient les femmes qui produisaient ces textiles, on a pu affirmer qu'il existait une relation primordiale entre les femmes et la production textuelle[43].

Cependant, chez Ovide, le tissage de Philomèle ou d'Arachné[44] représente la création par une femme d'un texte rebelle sous le couvert d'une activité féminine. Des femmes écrivains françaises du Moyen Âge vont exploiter ce subterfuge et parfois le refléter chez leurs héroïnes. Ainsi, la dame du *Laüstic* chez Marie de France brodera son histoire et «l'aventure» du meurtre brutal du rossignol par son mari et elle enverra son message, le rossignol mort enveloppé de sa broderie, à son ami. Si elle a dû renoncer à vivre l'amour, elle n'a pas renoncé à le dire ni à se dire et, pour ce, sans se soucier de l'autorité de son mari, elle emprunte ce moyen féminin en le détournant de sa fonction féminine purement artisanale. Les *chansons de toile* anonymes que les femmes sont censées avoir composées lorsqu'elles se trouvaient ensemble pour filer, tisser, coudre ou broder comportent aussi chez leurs héroïnes une bonne part de rébellion et brouillent certaines distinctions décrétées absolues par la culture dominante, notamment entre le masculin et le féminin[45]. Et la Béguine anonyme n'abrite-t-elle pas elle aussi sous une analogie textile—les béguines gagnaient souvent leur vie en travaillant dans le domaine textile—sa vision mystique du Christ et l'autorité de l'exprimer, ceci nonobstant les objections de la hiérarchie ecclésiastique? «Et tout ainsi que de la laine/ Qu'on plonge en écarlate teinte/ Pour en mieux fixer la couleur,/ Ainsi Dieu l'âme traite et mène,/ Par adversité et par peine,/ Pour être de plus grand' valeur» (*Dit de l'âme,* XIII<sup>e</sup> siècle).

La réaction culturelle contre ces textes-textiles rebelles va être de séparer le *texte* du *textile,* l'art de l'artisanat, et de renvoyer les femmes aux arts purement domestiques. Presciente comme toujours, Christine de Pizan énonce déjà dans *La Cité des Dames* (1405) ce poncif misogyne de la Querelle des Femmes qui éclatera au siècle suivant: «En somme, l'opinion couramment admise par les hommes est que les femmes n'ont jamais servi à rien et n'ont d'autre utilité pour la société que de porter des enfants et de filer la laine». À quoi Christine n'a qu'à opposer l'exemple de Carmenta qui inventa l'alphabet latin; non seulement les femmes sont capables d'écrire en plus de filer et d'enfanter, mais l'une d'entre elles est à l'origine même de l'écriture européenne.

Les femmes écrivains de la Renaissance vont, elles aussi, refuser la disjonction entre texte et textile et la limitation forcée au domaine traditionnellement féminin et privé du textile. Hélisenne de Crenne fera écho à Christine de Pizan dans sa *Quatrième épître invective* (1539) adressée, avec un sarcasme ancré dans l'érudition, à un critique borné et misogyne: «En parlant en général tu dis que femmes sont de rudes et obnubilés esprits, par quoi tu conclus qu'autre occupation ne doivent avoir que filer. Ce m'est une chose admirable de ta promptitude en cette détermination. J'ai évidence certaine par cela que, si en ta faculté était, tu prohiberais le bénéfice littéraire au sexe féminin, l'improperant de n'être capable de bonnes lettres. Si tu avais été bien studieux en diversité de livres, autre serait ton opinion.» Et Louise Labé, en 1555, devra négocier l'accès des femmes à la même gloire littéraire que les hommes humanistes toujours en termes de l'opposition socialement irréductible entre texte et textile: elle exhortera donc «les vertueuses Dames» à l'étude et à l'écriture en les priant «d'élever un peu leurs esprits par-dessus leurs quenouilles et fuseaux», de dépasser au moins «un peu» leur vocation traditionnelle purement textile («Épître dédicatoire» à Clémence de Bourges).

L'opposition à la Renaissance entre le fuseau et la plume ou entre la quenouille et la lyre[46] trouve une résolution originale dans la poésie de l'une des deux bourgeoises poitevines, Madeleine Neveu (1520–87) et Catherine

Fragonnet (1542–87), mère et fille respectivement, signant leurs œuvres les Dames des Roches. Très érudite, la mère instruisit sa fille et lui servit de mentor, ambitionnant pour elle la gloire et l'immortalité littéraires, et la fille renonça au mariage pour se consacrer avec sa mère à l'étude et à la littérature. Elles vécurent ensemble et tinrent un salon à Poitiers sans doute inspiré par les cénacles humanistes à Lyon, à Paris et en Italie. Elles publièrent en 1578 un recueil de leurs *Œuvres* traversé par le souci de leur renommée[47], puis en 1583 leurs *Secondes Œuvres* et en 1586 *Les Missives* (première correspondance privée publiée en France par des femmes). Elles moururent le même jour de 1587, abattues par la peste. Toutes deux dénoncent les contraintes de la condition féminine en faveur de la vie de l'esprit. En tant que bourgeoises elles étaient doublement exclues de cette vie, car le loisir de l'étude n'appartenait qu'à l'élite[48]. Dans une première ode Madeleine reprend l'opposition texte-textile pour se plaindre des obstacles érigés contre ses aspirations littéraires par son éducation de jeune fille puis par ses tâches quotidiennes de jeune ménagère bourgeoise: «Nos parents ont de louables coutumes,/ Pour nous tollir l'usage de raison,/ De nous tenir closes dans la maison/ Et nous donner le fuseau pour la plume./ [...] Au temps heureux de ma saison passée,/ J'avais bien l'aile unie à mon côté:/ Mais en perdant ma jeune liberté,/ Avant le vol ma plume fut cassée». Et dans une autre ode, contrairement à l'opinion des médisants qu'«une femme est assez sage/ Qui file et fait son ménage», elle réclame pour «la dame poitevine» à la place de beaux habits, autre occupation féminine traditionnelle, «quelque chose plus digne», «l'encre et la plume/ Pour l'employer doctement». Pour sa part, elle avoue: «j'aime mieux écrire que filer» (sonnet 8). Cependant c'est Catherine des Roches qui semble réussir, non sans ambiguïté, la réconciliation du fuseau et de la plume dans un sonnet célèbre, «À ma quenouille» (1578):

> Quenouille mon souci, je vous promets et jure
> De vous aimer toujours, et jamais ne changer
> Votre honneur domestiqu(e) pour un bien étranger
> Qui erre inconstamment et fort peu de temps dure.
>
> Vous ayant au côté je suis beaucoup plus sûre
> Que si encre et papier se venaient arranger
> Tout à l'entour de moi; car pour me revenger,
> Vous pouvez bien plutôt repousser une injure.
>
> Mais quenouille m'amie, il ne faut pas pourtant
> Que pour vous estimer, et pour vous aimer tant,
> Je délaisse du tout cette honnête coutume

D'écrire quelquefois; en écrivant ainsi
J'écris de vos valeurs, quenouille mon souci,
Ayant dedans la main, le fuseau, et la plume.

La ruse est efficace. Chanter la quenouille la situe dans une tradition de poètes masculins renommés qui ont composé des poèmes à la quenouille, tradition qui comprend un nom illustre de l'Antiquité, Théocrite, et un poète illustre de la Renaissance française, émule des Anciens, Pierre de Ronsard[49]. En composant un poème sur le même sujet, bien qu'ayant un contenu très différent, elle se donne droit de cité dans la république des lettres à l'égal de ces prédecesseurs et de ses contemporains humanistes alors même qu'elle loue le symbole de la domesticité, celui précisément de l'enfermement féminin dans la sphère privée[50]. De plus, sous un conservatisme apparent, ne se servir de la plume que pour chanter la quenouille, elle accomplit tout de même comme ses aïeules insoumises la métamorphose interdite du textile en texte et elle revendique malgré tout le droit à l'écriture. À la logique de l'alternative—ou l'un ou l'autre—elle oppose comme beaucoup de femmes écrivains une logique de l'inclusion—et l'un et l'autre. En même temps, elle met en œuvre une stratégie employée par bien des femmes écrivains à travers les siècles: reproduire le rôle, les attitudes et les thèmes féminins convenus pour faire passer la transgression que signifie pour elles l'acte d'écrire tout en illustrant, pour qui sait les déchiffrer, leur distance critique. Subterfuge que la théoricienne féministe Luce Irigaray qualifiera plus tard de mimétisme ou répétition ludique:

> Jouer de la mimésis, c'est donc, pour une femme, tenter de retrouver le lieu de son exploitation par le discours, sans s'y laisser simplement réduire. C'est se resoumettre [...] à des «idées», notamment d'elle, élaborées dans/par une logique masculine, mais pour faire «apparaître», par un effet de répétition ludique, ce qui devait rester occulté: le recouvrement d'une possible opération du féminin dans le langage. C'est aussi «dévoiler» le fait que, si les femmes miment si bien, c'est qu'elles ne se résorbent pas simplement dans cette fonction. *Elles restent aussi ailleurs*: autre insistance de «matière», mais aussi de «jouissance». (*Ce Sexe qui n'en est pas un*, 1977)

L'alternative entre le fuseau et la plume finira par se démoder; celle entre la maternité et la plume évoquée déjà par Christine de Pizan aura la vie plus longue. Constance de Salm s'efforcera d'en démontrer l'illogisme dans son «Épître aux femmes» au moment post-révolutionnaire où, sous l'influence des idées exprimées par Jean-Jacques Rousseau dans *Émile* (1762), la jeune république française revalorise pour la femme le rôle exclusif d'épouse et de mère: «Il nous crie: "Arrêtez, femmes, vous êtes mères!/ À tout autre plaisir rendez-vous étrangères;/ De l'étude et des arts la douce volupté/ Deviendrait un larcin à la maternité." ... / Disons tout. En criant: *Femmes, vous êtes mères!/* Cruels, vous oubliez que les hommes sont pères...» Des femmes comme Marie de Sévigné au XVIIe siècle (lettres à sa fille, Françoise-Marguerite de Grignan) et Anne-Thérèse de Lambert au XVIIIe (*Avis d'une mère à sa fille,* 1728) trouveront néanmoins dans l'écriture de leur maternité le moyen de s'exprimer. Cette stratégie se reflète également dans des œuvres fictives, telles que *Lettres écrites de Lausanne* d'Isabelle de Charrière (1785), roman où une mère soucieuse de l'avenir de sa fille non encore mariée se confie à une cousine et ce faisant livre sa vision utopique féminine et sa critique du mariage comme seule intégration sociale pour une femme dans le système patriarcal. Ces mères réelles et fictives inscrivent en filigrane dans leurs textes une vision dissidente, à contre-courant de la norme sociale.

Mais la métaphore textile ne disparaîtra pas tout à fait et des femmes écrivains y auront encore recours soit pour «excuser» leurs écrits, telle Marceline Desbordes-Valmore en 1853 qualifiant sa poésie, genre littéraire tenu en son temps pour viril, de «pauvres petites broderies de femme»[51]; soit pour affronter les ambiguïtés sexuelles de leur vocation littéraire en assimilant l'acte d'écrire à des travaux d'aiguille, comme Colette[52]; soit pour exprimer un féminin refoulé par la culture patriarcale en renouant avec un art féminin menacé d'extinction, pour le réactualiser et le rendre à la fois littéraire et textile, comme Chantal Chawaf: «Je colle grain à grain chaque mot, chaque prononciation, chaque geste, c'est du travail au petit-point» (*Fées de toujours,* 1988)[53]. Renée Vivien, au début du XXe siècle, tentera de récupérer le sens originel grec de l'image des «tisseuses de violettes» sans tenir compte des connotations conventionnellement domestiques voire textiles du tissage afin de se réclamer d'une tradition féminine uniquement poétique et lesbienne inaugurée par Sapho et les femmes poètes grecques[54]. Dans «Faste des tissus» (1904), où le textile proprement dit apparaît, il devient pour la poète les étoffes variées qui recouvrent le corps de sa bien-aimée, favorisant son rêve saphique à la fois poétique et érotique:

> Le givre et le brouillard des pâles broderies,
> Où les tisseuses ont tramé leurs rêveries,
>
> Parèrent savamment ta savante impudeur
> Et ton corps où le rut a laissé sa tiédeur.
>
> Ressuscite pour moi le lumineux cortège
> De visions, et sois l'arc-en-ciel et la neige, [...]

Mes rêves chanteront dans l'ombre des étoffes,
Plus souples que les flots, plus graves que les strophes.

## Ouvrages de dames

La culture dominante reconnaîtra à certaines époques l'aptitude particulière des femmes pour certains types d'expression verbale. Précisément parce que les femmes y excellent, on jugera cette production *féminine*—et par conséquent *mineure*—et on les laissera faire. Au XVII$^{e}$ siècle, par exemple, c'est la lettre familière qu'on leur accorde. Faute d'éducation formelle, elles sont, pense-t-on, plus naturelles, plus spontanées, stylistiquement plus libres que les hommes qui, eux, sont (dé)formés par leur éducation et par leur asservissement aux manuels et aux règles épistolaires. Marie de Sévigné occupera magistralement ce terrain concédé aux femmes réalisant plus que nul(le) autre l'idéal de la lettre familière, à savoir, d'en faire une conversation écrite. Bien des romancières du siècle suivant, dont Françoise de Graffigny, Marie-Jeanne Riccoboni, Isabelle de Charrière, Jeanne Marie Le Prince de Beaumont, adopteront la forme épistolaire pour leurs romans; à l'abri de ce genre dit féminin et privé elles peuvent faire carrière littéraire et exprimer publiquement leur point de vue dissident[55]. Inauguré en grande partie par des femmes, le roman par lettres deviendra une mode. Les hommes vont s'approprier ce genre et dans l'histoire littéraire deux chefs-d'œuvres masculins, *La Nouvelle Héloïse* de Rousseau (1761) et *Les Liaisons dangereuses* de Choderlos de Laclos (1782), finiront par éclipser ces romans novateurs de femmes et les vouer à l'oubli[56].

Les femmes excellent, dit-on, dans l'art de la conversation. On leur accorde même la supériorité dans ce domaine. Alors, des femmes écrivains tiennent des salons où elle brillent, depuis Madeleine de Scudéry et Ninon de Lenclos au XVII$^{e}$ siècle jusqu'à Anna de Noailles au début du XX$^{e}$. Ninon de Lenclos triomphe sur le mode éphémère: elle n'a pas mis par écrit ses fameux bons mots irrévérencieux et ceux qui nous sont parvenus furent simplement rapportés par ses hôtes avec tous les aléas quant à l'exactitude que cela comporte. Scudéry, par contre, transforme le prestige éphémère de la conversation brillante en une gloire durable. Elle fait pénétrer dans le roman l'art de la conversation élaboré dans les salons et réoriente ainsi le genre vers la vie intérieure; tard dans sa vie elle publie des recueils de conversations tirées en partie de ses romans qui sont très appréciés du public. Ces conversations écrites deviennent le véhicule de son éthique précieuse féministe[57].

Les femmes sont censées être d'excellentes pédagogues. Depuis les «miroirs des princes» de Christine de Pizan au début du XVe siècle destinés à former un prince parfait et, à la fin du siècle, *Les Enseignements* d'Anne de Beaujeu destinés à sa fille qui en se mariant devient princesse[58], elles profiteront de ce point de vue social pour rédiger des traités d'éducation et d'autres ouvrages éducatifs très souvent à l'intention des jeunes filles, dont Anne-Thérèse de Lambert, *Avis d'une mère à sa fille*; Jeanne Marie Le Prince de Beaumont, *Éducation complète*, 1752–53, et *Le Magasin des enfants*, 1756, entre autres; Louise d'Épinay, *Conversations d'Émilie*, 1774–82; Stéphanie-Félicité de Genlis, *Adèle et Théodore, ou Lettres sur l'éducation*, 1782; les romans d'Isabelle de Charrière, *Lettres écrites de Lausanne, Trois femmes*, 1796, et *Sir Walter Finch et son fils William*, posthume, 1806. On n'a pas toujours reconnu à ces textes, surtout ceux qui abordent l'éducation des filles, leur aspect caché et séditieux: l'inscription d'une utopie féminine et la transmission de secrets et de codes non pas, comme on pourrait le croire, dans le simple but social de former la jeune fille pour son rôle futur d'épouse et de mère mais pour qu'elle se ménage une marge de liberté et d'autonomie, une part de bonheur dans un monde qui s'acharne à les lui refuser. Paule Constant, qui a consacré à la pédagogie féminine destinée aux Demoiselles, «expression la plus glorieuse de l'éducation des filles» (12), un livre merveilleux, *Un monde à l'usage des Demoiselles* (1987), le souligne: «Instruites de leur différence, ce qu'apprennent les jeunes filles sous la direction des femmes qui ont fait leurs armes de façon extraordinaire, c'est à conquérir le monde entre les pièges des hommes et les traquenards de la société. Pendant tout le temps de leur éducation, des éducatrices guerrières et créatrices ont armé leur corps, affermi leur esprit et trempé leurs âmes» (15). Et elle conclut:

> la véritable voix des femmes est ignorée, car cette voix fut secrète et étouffée. Elle s'exprime dans les propos de cercles de femmes, dans les conseils de mère à fille, dans les conversations du couvent, dans les testaments moraux, dans les règlements particuliers, dans les correspondances privées. [...] Que savons-nous de ces œuvres collectives que furent les règlements d'éducation? Que savons-nous des grands textes à la gloire des femmes, pendants effacés des textes misogynes? [...] D'un bout à l'autre de l'histoire, la parole secrète des femmes reste misandre et misanthrope. Misandre pour marquer la différence avec un sexe étranger et adverse, misanthrope par le refus d'appartenir à un monde régi par des valeurs masculines. La parole secrète n'est pas comme on a pu le croire simple jeu langagier, parole en l'air, flux incontrôlé, mais source de perpétuelle sédition. (360–61)

Parfois c'est moins le genre que le *thème* choisi qui permet à certaines femmes écrivains de mimer le féminin tout en faisant apparaître leur perspective dissidente, tout en restant «ailleurs»," selon le processus de mimétisme ludique décrit par Luce Irigaray. À part la maternité, les thèmes concédés aux femmes et tenus pour féminins sont, bien sûr, l'amour et la nature. Retrouvés dans la poésie de Marceline Desbordes-Valmore et d'Anna de Noailles, par exemple, comme dans les romans de Colette, ces thèmes afficheront la féminité, une féminité théâtralisée pour faire passer l'écriture, mais ils seront traités de façon bien peu conventionnelle.

## Bagatelles

Autre ruse pour déjouer la malveillance du public et légitimer la transgression de l'écriture: affecter une modestie toute féminine. Dans les textes liminaires surtout (préfaces, avis au lecteur, épîtres dédicatoires), parfois dans sa correspondence, l'écrivaine prétendra que ses écrits ne sont que des «bagatelles» (Aulnoy), «un honnête passe-temps et moyen de fuir oisiveté», «œuvre rude et mal bâti» (Labé), «mes débauches d'esprit», «amusements de mon loisir» (Lambert)[59]. Dans son épitre dédicatoire «à toutes honnêtes dames» Hélisenne de Crenne priera humblement la Vierge Marie «de vouloir aider à [s]a triste mémoire et soutenir [s]a faible main, pour vous le savoir bien écrire» et elle protestera dans sa conclusion que sa «petite» œuvre est «de rude et obnubilé esprit au respect de celles que [vous] pouvez avoir lues, [...] mais en cela [lui] doit servir d'excuse que notre condition féminine n'est [pas] tant scientifique que naturellement sont les hommes». Et dans un poème où elle se félicite d'avoir écrit cent ballades «toutes de [s]a manière», Christine de Pizan se croit néanmoins obligée d'ajouter cette excuse: «Qu'on considère cela comme une distraction/ Sans gloser méchamment là-dessus». Quatre siècles plus tard, dans sa préface à *La Jeune Américaine et les Contes marins* (1740–41, roman contenant la première version écrite de *La Belle et la Bête*), Gabrielle de Villeneuve reproduira la même acrobatie mentale, virevoltant entre le désir ou la fierté d'écrire et de «rendre publics» ses écrits, d'une part, et l'humilité de mise selon l'idée culturelle de la féminité, humilité qui devrait la pousser plutôt à «les laisser dans le cabinet», d'autre part: «l'on mendie une honteuse indulgence; mais mon sexe a toujours eu des privilèges particuliers, c'est dire assez que je suis femme, et je souhaite que l'on ne s'en aperçoive pas trop à la longueur d'un livre, composé avec plus de rapidité que de justesse. Il est honteux d'avouer ainsi ses fautes, je crois qu'il aurait mieux valu ne les pas publier. Mais le moyen de supprimer l'envie de se faire imprimer, et d'ailleurs lira qui voudra: c'est encore plus l'affaire du lecteur que la mienne». Ces textes liminaires, point de rencontre entre l'œuvre et le public et mise en condition des lecteurs, portent un témoignage précieux sur le statut de l'écriture des femmes à l'époque en question et sur les stratégies qu'elles adoptent pour orienter la lecture vers un au-delà des préjugés et donner droit de cité à leurs œuvres. Cela ne se voit nulle part mieux que dans «L'Avertissement» aux *Lettres d'une Péruvienne* où l'écrivaine travestie en éditeur masculin manifeste tout ensemble son anxiété et sa témérité, s'efforçant à travers sa rhétorique quelque peu tourmentée de justifier aux yeux du public la perspective originale de l'héroïne et son «singulier ouvrage»: «Si la vérité, qui s'écarte du vraisemblable, perd ordinairement son crédit aux yeux de la raison, ce n'est pas sans retour; mais pour peu qu'elle contrarie le préjugé, rarement elle trouve grâce devant son tribunal. Que ne doit donc pas craindre l'éditeur de cet ouvrage, en présentant au public les lettres d'une jeune Péruvienne, dont le style et les pensées ont si peu de rapport à l'idée médiocrement avantageuse qu'un injuste préjugé nous a fait prendre de sa nation».

Toutes ces ruses entraînent la duplicité au sens propre: *deux* voix ou *deux* textes. Sous des dehors apparemment «féminins», que ce soit le genre choisi, le thème traité ou la pose d'humilité adoptée, se perçoit néanmoins un sujet qui s'affirme[60].

## Culpabilité

L'ingéniosité et l'insoumission n'excluent pas le sentiment de culpabilité. Parce que transgressive, l'écriture des femmes est souvent une activité clandestine, cela jusqu'au XXe siècle. La jeune Marguerite Duras ne brûlait-elle pas ses manuscrits «pour effacer le crime [...], pour atténuer l'indécence d'écrire quand on était une femme» (*La Vie matérielle*, 1987), pour faire disparaître les traces de la transgression? Et près de deux siècles avant Duras, Germaine de Staël n'écrivait-elle pas pour des raisons semblables debout et à la sauvette, ne se permettant de satisfaire son envie d'avoir «une grande table» pour écrire qu'à quarante ans passés, une fois sa célébrité assurée? Louise Ackermann ne cacha-t-elle pas à son mari le fait qu'elle avait composé des vers? Sentiment de culpabilité qu'Hélène Cixous décrit très bien dans sa grande exhortation aux femmes d'écrire, «Le Rire de la Méduse» (1975), comme celui d'une transgression sexuelle: «D'ailleurs tu as un peu écrit, mais en cachette. Et ce n'était pas bon, mais parce que c'était en cachette, et que tu te punissais d'écrire, que tu n'allais pas jusqu'au bout; ou qu'écrivant, irrésistiblement, comme nous nous masturbions en cachette, c'était non pas pour aller plus loin, mais pour atténuer un peu la tension, juste assez pour que le trop cesse de tourmenter. Et puis dès qu'on a joui, on se dépêche de se culpabiliser—pour se faire pardonner; ou d'oublier, d'enterrer, jusqu'à la prochaine».

## Lui servir sa propre chair

Dans le mythe de Philomèle et Procné, en consommant la chair de son fils, Térée est forcé de manger sa propre chair. Pour servir leur cause les deux femmes retournent en quelque sorte les outils du patriarcat contre le patriarcat. Pareillement, dans ses écrits polémiques la féministe Christine de Pizan prouvera par la raison, la logique et l'érudition, outils codés masculins, et en s'appuyant comme les clercs sur l'autorité de la Bible que «nature de femme est débonnaire» (*L'Épître au dieu d'amour*, 1399), contrairement à ce que clament clercs, prêcheurs et tous les livres d'homme. Au cours des siècles d'autres femmes auront recours à cette tactique, parfois de façon spectaculaire, comme Hélisenne de Crenne (*Épîtres familières et invectives*), Madeleine de Scudéry (*Les Femmes illustres*), Olympe de Gouges (*Déclaration des droits de la femme et de la citoyenne*, 1791, décalque ironique de la *Déclaration des droits de l'homme et du citoyen*, 1789), et Simone de Beauvoir (*Le Deuxième sexe*). D'autres fois, elle opère plus discrètement, comme dans un poème de Marceline Desbordes-Valmore en réponse à un poème d'éloge ambigu d'un écrivain renommé, «À M. Alphonse de Lamartine».

## «Le bris de séquence»
(Virginia Woolf, via Louky Bersianik)

Dans *Une Chambre à soi* (1929), Virginia Woolf évoque l'écriture novatrice d'une romancière contemporaine fictive, Mary Carmichael, et le sentiment d'étrangeté, de déroute, qu'elle provoque, car «Mary touche à la séquence attendue. D'abord elle a rompu la phrase: maintenant elle a rompu la séquence». Elle a «rompu la séquence—l'ordre attendu»[61]. En tuant Itys, Philomèle et Procné rompent la séquence patriarcale: elles bouleversent la syntaxe de l'intrigue patriarcale attendue. Woolf suggère que dans leurs fictions les femmes ordonneraient la syntaxe, les événements et les expériences autrement que les hommes. Les femmes écrivains françaises, particulièrement les romancières du XVIIe siècle et après, ont souvent provoqué la même perplexité chez le public que celle imaginée par Woolf à l'égard du livre de Carmichael. Leurs intrigues ont pu paraître «singulières»—«singulier» et «singularité», ces mots péjoratifs sous la plume des critiques masculins, reviennent souvent sous celle des écrivaines pour exprimer au contraire une qualité recherchée. Elles ont pu paraître invraisemblables, surtout si l'héroïne à la fin ne subit pas l'un des seuls destins attendus: le mariage, la mort, ou le couvent. Les héroïnes indépendantes de Scudéry, de Lafayette, de Graffigny, et de Sand ne manquèrent pas de susciter des controverses. Sujet d'une querelle littéraire sans précédent à l'époque, les choix peu conventionnels de l'héroïne de *La Princesse de Clèves* furent jugés extravagants. Au siècle suivant les *Lettres d'une Péruvienne* de Graffigny frustrèrent des lecteurs autrement enthousiastes: pour donner au roman la clôture attendue, on lui accola des suites mariant l'héroïne soit à l'un soit à l'autre de ses prétendants, tellement la vie indépendante consacrée à l'étude et à l'écriture qu'elle se choisit leur semblait inachevée[62]. C'est précisément la notion contraignante de vraisemblance que ces romancières entendent mettre en question; elles s'efforcent d'élargir la notion culturelle de vraisemblance pour qu'elle comprenne d'autres dénouements pour une femme. Une romancière comme Isabelle de Charrière protestera à sa manière à elle contre les limites imposées à une vie de femme: en laissant tout simplement les choses en suspens. À la question «Ma pauvre Cécile, que deviendra-t-elle?» posée par la mère au début des *Lettres écrites de Lausanne,* elle ne donnera pas de réponse. Ouverture, inachèvement, invraisemblance, singularité: autant de critiques des contraintes de la condition féminine, autant de vœux de liberté.

Au XXe siècle, Marguerite Duras imaginera un narrateur masculin contaminé par ce rêve d'un destin de femme ouvert: «Je nie la fin qui va venir probablement nous séparer, sa facilité, sa simplicité désolante, car du moment où je la nie, celle-là, j'accepte l'autre, celle qui est à inventer, que je ne connais pas, que personne encore n'a inventée: la fin sans fin, le commencement sans fin de Lol V. Stein» (*Le Ravissement de Lol V. Stein,* 1964).

Le bris de séquence se manifeste enfin par le refus général d'exclure, de conclure, de clôturer, par l'ouverture maintenue à l'*autre,* à des «différences» refoulées dans la culture dominante (la culture populaire, l'oralité, le folklore, d'autres races, d'autres classes, d'autres cultures...), par une conception non hiérarchique de l'identité. Ce sont des traits récurrents de l'écriture des femmes, depuis Marie de France qui ouvre le champ de la littérature à la culture populaire bretonne, à des sources orales, et à la langue française jusqu'à l'écriture de la différence chez Hélène Cixous, Chantal Chawaf, Andrée Chedid et Marguerite Duras. Dans le mythe d'Ovide une guerre à propos de frontières motive au début les deux figures patriarcales, les rois Pandion et Térée, et à l'issue de cette guerre l'échange de Procné contre l'aide reçue de Térée est censé garantir les frontières du royaume de Pandion contre la violence future du barbare de Thrace lui-même[63]. Au cours des siècles, par la double entente, par la duplicité, par le jeu entre orthodoxie et sédition, entre dissimulation et révélation, par leur notion fluide de l'identité, relayant Procné et Philomèle, des femmes écrivains brouilleront dans leurs œuvres les frontières et les distinctions dont dépend le bon déroulement de la séquence patriarcale pour délivrer les femmes du rôle d'objets d'échange entre hommes et de garants du pouvoir masculin, pour mettre fin au cycle de la violence et de la domination.

## Déchiffrement et tradition

Au cours des siècles, pour recouvrer leur histoire, les femmes ont dû procéder à un travail minutieux de déchiffrement, travail auquel les convie encore en 1982 l'écrivaine québécoise Louky Bersianik: «À défaut d'histoire propre, nous devons interroger la mémoire mythologique, nous devons questionner les personnages féminins qui s'y trouvent, non pour déifier la femme, non pour la replacer sur le trône monothéiste de la Grande Déesse qui était la Reine du Ciel, mais pour lui donner la chance de capter une certaine mémoire très ancienne, encore inutilisée et chargé à bloc d'énergie potentielle comme la pile Wonder qui ne s'use que si on s'en sert... Même si elles ont été conçues par les hommes [...] certaines de ces figures ont des traits de *gynilité* facilement repérables»[64]. À un premier niveau, le déchiffrement qui permet de déceler une tradition enfouie de femmes agissantes et résistantes se pratique sur les textes des hommes. D'où la valorisation du mythe de Philomèle, par exemple, revu et corrigé en mythe positif pour la femme. Cette relecture et la réécriture qu'elle entraîne s'exerce sur les mythes mais aussi sur les figures féminines tirées de toutes sortes d'autres sources servant normalement à appuyer le discours misogyne: l'histoire, la Bible, les légendes, la littérature ancienne. C'est encore Christine de Pizan qui fait figure ici de pionnière en réhabilitant des personnages tels qu'Ève ou Médée, et en récrivant dans une perspective féministe la célèbre compilation de Boccace de femmes de renom dans l'Antiquité, *De claris mulieribus* (*Des Femmes illustres,* écrit entre 1360 et 1362)[65]. Dans des œuvres comme *L'Épître au Dieu d'Amour* et *La Cité des Dames,* Christine est la première à pratiquer une lecture sororale des textes canoniques, la première à savoir lire ce que le silence imposé aux femmes ne saurait cacher, la première à transmettre cette histoire féministe. Elle sera relayée par des écrivaines comme Hélisenne de Crenne, Louise Labé et Pernette du Guillet à la Renaissance, Madeleine de Scudéry au siècle de Louis XIV, et, plus près de nous, Renée Vivien, Hélène Cixous, Andrée Chedid, et Monique Wittig. Le travail de Christine devra être répété de siècle en siècle; l'histoire qu'elle voulait mettre au jour étant à chaque fois effacée ou menacée de l'être, d'autres femmes se verront obligées de la redécouvrir, parfois de l'inventer pour elles-mêmes («Fais un effort pour te souvenir. Ou, à défaut, invente», Wittig, *Les Guérillères*)[66]. Ceci jusqu'à la fin du XXe siècle[67].

Si Philomèle figure la femme écrivain, Procné incarne sa lectrice, une lectrice avisée capable de déchiffrer le message secret, «l'affreuse inscription» qui cache et révèle à la fois le malheur de sa sœur et le sien: «qu'elle le puisse, c'est étonnant», remarque Ovide, sans avoir l'air lui-même de comprendre l'histoire de communication entre femmes renfermée dans son récit[68]. À un second niveau, alors, une lecture sororale se pratique par les sœurs spirituelles de Procné sur des textes de femmes pour mettre au jour et poursuivre une tradition de subversion difficile à déchiffrer parce que subreptice ou bien marginalisée par la culture dominante. «Les livres se continuent, en dépit de notre habitude de les juger séparément», assure Virginia Woolf (*Une Chambre à soi*). Surtout à partir du XVIIe siècle, les femmes auteurs se lisent, se déchiffrent, se comprennent à mots couverts et, en ajoutant elles-mêmes à la tradition de subversion cachée, se perpétuent. Elles écrivent non seulement dans le contexte de la littérature dominante mais encore dans celui d'une communication ténue de femme à femme, d'une communauté féminine fragile. On constate dans les écrits de Lafayette, Aulnoy, Bernard, Lambert, Graffigny, Charrière, Staël, Sand, Wittig et Chawaf[69] un phénomène de transmission et de transformation de cette tradition féminine, tradition souterraine et le plus souvent oubliée par la culture dominante, tradition de critique des contraintes de la condition féminine et parfois de sorties utopiques vers d'autres valeurs et d'autres possibilités pour la femme, comme dans les dénouements dits invraisemblables des romancières. Dans son conte de fées *Riquet à la Houppe* (1696), par exemple, Catherine Bernard emprunte à la vision pessimiste de l'amour des précieuses, vision qui colore la nouvelle classique féminine après le déclin de la préciosité (Marie-Catherine Desjardins de Villedieu, *Les Désordres de l'amour*, 1675; Lafayette, *La Princesse de Clèves*), l'inspiration immédiate de ses propres nouvelles: *Les Malheurs de l'amour, première nouvelle, Éléonor d'Yvrée* (1687), *Le Comte d'Amboise, histoire galante* (1688), *Inès de Cordoue, nouvelle espagnole* (1696) où est enchâssé ce conte de fées. L'un des contes de fées les plus noirs qu'on puisse imaginer, *Riquet à la Houppe* relit et propage la critique de l'amour et du mariage caractéristique de ces écrits de femmes comme des contes de fées contemporains d'Aulnoy ou de

Murat, redevables eux aussi à la préciosité. Bref, il relit et propage *la désillusion,* tout en paraissant, pour celui qui ne sait pas déchiffrer «en femme» ses vérités secrètes, une condamnation en règle de la femme qui brigue l'esprit et une justification de son oppression. Le contraste avec le conte de fées bien civilisé de Charles Perrault est frappant: dans son *Riquet à la Houppe* à lui, la fin est heureuse car c'est justement *l'illusion* amoureuse qui triomphe, illusion qui occulte la soumission réussie de l'héroïne à un époux monstrueux. Tous ces textes féminins parviennent à transmettre une histoire secrète qui autrement serait passée sous silence, une histoire lisible par d'autres femmes, sœurs avisées de Procné, qui à leur tour écrivent et la transmettent aux femmes du futur[70].

## Recueillir, accumuler, emmagasiner, préserver, transmettre

Qu'ont fait alors les sœurs spirituelles de Procné à travers les siècles pour empêcher la voix de Philomèle de se perdre? Elles ont recueilli, accumulé, compilé, emmagasiné, conservé, enrichi et transmis les témoignages d'une tradition littéraire féminine. Elles ont archivé cette production continue d'écrits de femmes. Pour se légitimer elles-mêmes en tant qu'écrivaines, pour démontrer les capacités féminines dans l'éternelle Querelle des Femmes, pour habiliter l'écriture des femmes à venir en leur transmettant cet héritage. À travers les siècles, les femmes font figure de gardiennes d'une mémoire à tout moment menacée d'extinction par la culture dominante. D'abord, comme Christine de Pizan récrivant Boccace, elles dressent des *listes*: listes de femmes illustres de l'Antiquité, de la Bible, de l'ère moderne, listes de saintes et de femmes laïques, de femmes qui se sont illustrées non seulement en littérature mais dans tous les domaines dits masculins. Pendant quatre siècles, ces listes de femmes illustres ont servi de «preuves» pour réfuter la misogynie ambiante et d'*exempla,* modèles à suivre pour les femmes du présent. À la Renaissance, la passion des listes rencontre celle de l'érudition; des hommes et des femmes dressent des listes de femmes illustres pour servir la cause féministe et pour étaler leur savoir humaniste[71]. Ils prennent appui sur les listes de leurs prédécesseurs, tout en y ajoutant de nouveaux noms, celui de Marguerite de Navarre ou d'Hélisenne de Crenne, par exemple, ou encore de Christine de Pizan elle-même. Mais pour se faire une idée de la fragilité de la transmission proprement féminine de cette mémoire, il suffit de constater que quand les femmes dressent ces listes, elles se basent en général non sur celles des femmes qui les ont précédées mais sur celles des hommes, revenant souvent à Boccace[72]. Autrement dit, comme nous l'avons vu, elles repartent à zéro, comme si aucune autre n'avait jamais accompli le même travail de mémoire[73].

Les métaphores éloquentes qui disent l'importance de ces mnémothèques ou trésors de la mémoire[74], de ces listes ou compilations faites par des femmes, sont celles de la cueillette et du magasin, celle de la citadelle ou du monument, celles qui expriment l'idée d'un continuum entre femmes du passé et femmes du présent. «Or je suis comme cell' qui entre en un jardin/ Pour cueillir un bouquet quand ce vient au matin. [...]/ Tout ainsi je ne sais laquelle je dois prendre/ [...] Tant la France est fertile en si nobles esprits»[75], écrit en 1581 Marie de Romieu dans son *Brief discours* après avoir dressé sa propre liste de femmes illustres. Et quatre siècles plus tard Chantal Chawaf empruntera la même métaphore pour faire valoir dans cette habitude de ramasser et de cueillir inculquée de tout temps aux femmes l'aspect de sauvetage littéraire vital:

> sorcières, savantes et poétesses, [...] elles cueillent les définitions, la narration, l'élocution, les styles, les figures, la démonstration, la communication, l'apostrophe, la description, l'exclamation, l'interrogation, la métaphore, l'allégorie, l'allusion, la périphrase, la répétition comme elles cueillent les coquelicots, les marguerites, les épis de blé, les primevères, les boutons d'or, les violettes, les iris. [...] Les dames de littérature faisaient des bouquets de rimes, de vers; elles récupéraient, nostalgiques, les vieux poèmes, les cahiers d'école, les débris de légendes, les amours oubliées, les végétaux, elles ne jetaient rien, elles accumulaient, conservaient, accrochaient au mur les mots par ordre alphabétique; d'abord les *a*, les *b*, les *c*, les algues, la ciboulette fleurie, les *f*: freezia. (*Fées de toujours*)

Ce fut avec un même sentiment d'urgence et de mission féminine sacrée que la britannique Julia Kavanagh compila en 1862 ses esquisses biographiques de romancières françaises: «en partie parce que je pensais qu'une femme pouvait employer dignement tel pouvoir que Dieu lui a accordé à sauver de l'oubli les labeurs et les noms une fois honorés et célébrés d'autres femmes, j'ai entrepris ce travail»[76]. Et les divers *Magasins* (*des enfants, des adolescentes, des pauvres, artisans, domestiques et gens de la campagne...*) ou entrepôts composés par Jeanne Marie Le Prince de Beaumont au XVIII^e^ siècle n'ont pas d'autre but que de conserver et de transmettre eux aussi, pour ainsi dire maternellement, une nourriture vitale à l'âme: «Un magasin, dans la langue, désigne aussi un panier, là où les femmes recueillent ce que le temps a mûri pour l'apprêter selon la leçon des aînées. Plus que les siècles qui l'avaient précédé, le XVIII^e^ siècle voulait—exacerbant le modèle de la Renaissance—faire l'inventaire des objets et de tous les mots du monde. [...] Un magasin est un endroit où l'on peut aller aviver son désir et puiser de quoi l'apaiser»[77].

Opérations de sauvetage, si ces recueils ont pour mission de nourrir, ils cherchent aussi à garantir du temps les accomplissements des femmes illustres qu'ils célèbrent. Christine de Pizan voulut faire de sa *Cité des dames* une citadelle où les femmes seraient pour toujours à l'abri de la misogynie. Près de cinq siècles plus tard, à la veille de la Révolution, Louise de Keralio conçut en des termes analogues son projet ambitieux d'une anthologie en trente-six volumes des «meilleurs ouvrages français composés par des femmes» «dont on ne pourrait recueillir les œuvres détachées qu'avec beaucoup de peine, des frais considérables, et des recherches souvent inutiles»: elle entendait ainsi «élever un monument à la gloire des Femmes françaises distinguées dans la littérature» pour la mettre à l'abri du temps[78]. Élever un monument, construire une citadelle de pierre, rêve impossible de pérenniser une structure ressentie comme infiniment fragile[79].

Au cœur de ces entreprises, il y a le désir d'affirmer un lien, un continuum, d'établir une communauté de femmes écrivains, le même désir qui motiva les femmes de la Renaissance à adresser ou dédier leurs œuvres à d'autres femmes. Marguerite Buffet présente son projet dans *Éloge des femmes savantes, tant anciennes que modernes* (*Observations sur la langue française*, 1668), dédié à Anne d'Autriche, précisément en ces termes: «J'y fais encore revivre les plus illustres Dames des siècles passés pour les *joindre* aux plus savantes et aux plus vertueuses de votre Cour, et de toute l'Europe»[80]. Aliénées à double titre de l'écriture par leur sexe et par un héritage littéraire presque exclusivement masculin, les femmes ont cherché pendant des siècles des modèles littéraires féminins, une généalogie féminine, pour se sentir moins solitaires, moins monstrueuses, et pour autoriser leur écriture. Elles ont cherché chez les femmes écrivains du passé une force et une inspiration. Andrée Chedid reconnaît en écrivant un sonnet en 1972 l'inspiration qui la relie, elle, Française d'origine libanaise née au XX<sup>e</sup> siècle en Egypte, à Louise Labé, poète de la Renaissance lyonnaise, dont les sonnets sont une des merveilles de la poésie française: «Avec tes mains, avec tes mots,/ Avec ce monde entre tes tempes:/ Tu entres, vive, au creux des terres/ Et les ans s'entassent par-dessus! / [...] Avec tes plaines au fond des yeux/ Et dans la force de tes genoux:/ Elles t'ont saisie, les terres éteintes!/ Mais sur nos rives provisoires,/ Où l'aube nous fait encore fête:/ En nous, ton chant s'anime, parfois» («Pour saluer Louise Labbé»). Chantant à Lyon la même aïeule, la voix moins confiante de Marceline Desbordes-Valmore, elle aussi en quête de modèles mais en ce XIX<sup>e</sup> siècle si peu propice aux femmes poètes, évoque plutôt les effets néfastes sur son art de la solitude de la femme poète: «Mais tu vivais d'une flamme/ Raillée en ce froid séjour [...]/ Oui! les arts dédaignés meurent en chrysalides,/ Quand la douce chaleur de caressants regards/ Fait pousser par degrés leurs ailes invalides./ Telle, étonnée et triste au bord de son réveil,/ Quelque jeune Louise, ignorant sa couronne,/ N'ose encore révéler à l'air qui l'environne/ Qu'une âme chante et pleure autour de son sommeil»[81].

La tradition des listes et des compilations n'a pas disparu, même si ce genre d'inventaire ne semble plus nécessaire à certain(e)s[82]. Outre les nombreux dictionnaires, encyclopédies et recueils qui ont paru au cours de ces dernières décennies (pour les titres les plus importants, voir la bibliographie), il faut signaler l'apport des nouvelles technologies: plusieurs sites internet présentent des listes de femmes écrivains et parfois même des liens permettant l'accès immédiat à leurs œuvres[83]. Les projets de redécouverte, d'accumulation et de transmission se poursuivent, simplement c'est souvent sous une forme différente, adaptée à notre ère. Et les listes se retrouvent même dans les œuvres d'avant-garde: le roman de Monique Wittig, *Les Guérillères,* est en effet scandé par des listes de prénoms de femmes, libérés du patronyme et inscrits en bloc sur la page blanche comme sur une stèle antique[84]. Toutes ces listes sont ouvertes, infiniment expansibles; si elles assurent aux femmes écrivains d'aujourd'hui et à venir un passé qui, en leur montrant d'où elles viennent, les pousse en avant, elles conservent une tradition féminine *plurielle.* Le continuum dont elles témoignent implique la diversité dans l'unité. Anti-canoniques, elles forgent par-delà les siècles une communauté accueillante.

C'est ainsi que la langue amputée de Philomèle cherche à rejoindre son corps. Ce travail de remembrement, Ovide l'avait obscurément pressenti: «elle palpite et, en mourant, elle cherche à rejoindre le reste de la personne à qui elle appartient». Remémorer pour remembrer[85], pour recomposer le corpus des femmes écrivains, pour restituer le fil qui relie les modernes aux anciennes. De même qu'à travers les âges des femmes écrivains telles que Renée Vivien ont cherché à remembrer le corp(u)s poétique de Sapho, pour se faire vivre en la faisant revivre. En les traduisant, Vivien a fait passer les fragments de la poésie de Sapho jusqu'à nous, elle les a enrichis en s'en inspirant pour créer ses propres poèmes (*Sapho*), et par sa propre poésie elle a rendu à Sapho la voix: «Psappha revit, par la vertu des harmonies» («Psappha revit», *À l'Heure des Mains jointes,* 1906).

Le mouvement répétitif de la navette de Philomèle et de ses descendantes n'a jamais cessé d'accroître le tissu: il rythme en vérité la construction progressive d'un texte-textile indestructible et jamais achevé[86].

## L'indomptable voix de Philomèle

Cette fois l'emblème de la femme écrivain à la langue coupée ne s'appelle pas vraiment Philomèle, mais Sainte Christine. C'est encore l'exemplaire et merveilleuse Christine de Pizan qui raconte son histoire dans *La Cité des Dames*[87]. Peut-être Christine l'écrivaine s'est-elle inspirée pour son propre courage à (se) dire du martyre de sa sainte patronne[88]?

Sainte Christine de Tyr était la fille d'Urbain, gouverneur de la ville. Il avait fait construire un oratoire païen près de sa chambre pour qu'elle puisse adorer les idoles, mais à l'âge de douze ans elle avait reçu la révélation de la foi chrétienne et elle refusa. En l'apprenant, son père lui mit des chaînes pour la punir et la promena dans la ville en la flagellant, puis la jeta au fond d'un cachot. Successivement écartelée, battue, mise sur une roue et brûlée, arrosée d'huile bouillante sous ses ordres, elle ne céda point. Un ange vint la sauver en détruisant les instruments de torture et en éteignant le feu. Et de nouveau elle tint tête à son père en professant devant lui sa foi inébranlable en Jésus-Christ. Quand il essaya ensuite de se débarrasser d'elle en la jetant à la mer avec une grosse pierre attachée à son cou, elle fut de nouveau sauvée par des anges. Son père mourut dans la même nuit, mais elle fut ramenée dans sa prison. Pour parachever son martyre Christine subit les tortures d'un nouveau juge. Jetée tête en bas dans une cuve d'huile et de poix brûlants, «cette sainte vierge chantait mélodieusement les louanges de Dieu et se moquait de ses bourreaux». Le «faux juge» la fit pendre alors par les cheveux, et les femmes accoururent pour la pleurer et pour protester contre lui. Alors, par une ruse, le juge essaya de lui faire adorer Jupiter. Mais elle fit sortir le diable de l'idole qui, avec l'aide qu'elle demanda à Dieu, tomba et fut réduite en miettes. Un troisième juge nommé Julien se crut capable de venir à bout de sa résistance. Il fit construire autour d'elle un bûcher; le feu brûla pendant trois jours au cours desquels en émanèrent «les mélodies les plus suaves». De nouveau, Christine en sortit indemne. Julien fit jeter sur elle deux aspics au venin mortel, mais ces serpents, au lieu de la mordre, lui rendirent hommage. De rage, Julien lui fit arracher les seins; elle continuait néanmoins à invoquer le nom de Jésus-Christ. Auquel point «Julien lui fit couper la langue, mais cela ne l'empêcha pas de parler mieux qu'avant». Prête à recevoir la récompense des martyres, Christine continuait à louer le Seigneur. Alors, «le mécréant Julien reprit les bourreaux, disant qu'ils n'avaient pas coupé d'assez près la langue de Christine; il leur ordonna donc de la trancher de façon à l'empêcher de parler à son Christ. Ils lui tirèrent alors la langue et la coupèrent jusqu'à la racine, mais Christine cracha sa langue au visage du tyran et lui creva un œil. Puis elle lui dit, plus clairement que jamais:

"À quoi cela te sert-il, tyran, de m'avoir coupé la langue pour l'empêcher de bénir le Seigneur [...]. *Puisque tu n'as pas cru en ma parole, il était juste que tu sois aveuglé par ma langue*"» (nous soulignons).

Quel parabole de la résistance tenace du sujet parlant/écrivant féminin! Quel retournement de la castration symbolique contre le bourreau castrateur! Quel symbole de la victoire inéluctable de la parole féminine sur les embûches du patriarcat! À l'instar de celle de la sainte, la voix des femmes écrivains fut et continue à être irrépressible. Seulement, le modèle proposé dans cette histoire par Christine de Pizan appartient à d'autres époques que la nôtre. Car si Sainte Christine convertit sa langue amputée en une arme contre les forces de l'idéologie dominante qui s'évertuent à supprimer sa voix, elle ne fait que *réagir* contre ces forces, que *résister.* Elle reste prise dans le schéma ovidien de la mutilation et des représailles violentes, prise dans un schéma patriarcal. Quelles nouvelles métaphores les femmes écrivains ont-elles su forger pour signifier qu'elle partaient d'ailleurs et qu'elles dépassaient l'enceinte du mythe d'Ovide?

## Au-delà d'Ovide: les roses et le rossignol s'envolent et chantent

Elles ont délivré Philomèle et Procné: ensemble elles s'envolent et elles chantent maintenant en toute liberté. Des femmes écrivains récentes ont privilégié des métaphores de vol, d'envol, de voix délivrée et de chant libre pour proclamer leur nouvelle image et leurs nouveaux rapports à la tradition littéraire, non conditionnés par le patriarcat. Elles se sont progressivement débarrassées de l'apanage violent du mythe: le viol, la mutilation, la vengeance. Le travail de broderie et de tissage, symbole contraignant de la féminité, a cédé au travail sur les mots, comme dans *Les Guérillères* de Monique Wittig. Les métamorphoses qui garantissent la liberté de Philomèle et Procné, la femme écrivain et la lectrice-écrivaine, portent maintenant sur des mots. Elles portent aussi sur les identités et les identifications. Et le chant du rossignol lui-même s'est métamorphosé, passant de la complainte d'une victime à la joie d'une femme sujet libre.

Le point tournant de ce développement se situe au XIX^e^ siècle dans la poésie romantique de Marceline Desbordes-Valmore. La poésie de Desbordes-Valmore est traversée d'images d'oiseaux, invariablement liées au chant poétique. Parmi ces oiseaux, les hirondelles et les rossignols ont un statut privilégié, et dans un poème, «La Voix perdue», où elle raconte l'histoire d'un rossignol sortant de la tête d'une jeune fille et la laissant muette, il est clair que la poète se réfère au mythe de Philomèle[89]. En effet, l'on peut dire que sa poésie est hantée par ce mythe dont les éléments subissent des permutations constantes, comme si elle voulait se dégager de ses identités rigides. Ainsi, le rossignol et l'hirondelle figurent de façon interchangeable, au masculin et au féminin, la poète. Tantôt le rossignol-poète est muet («Du rossignol ému le chant semblait mourir», Élégie), tantôt il chante («Rossignol, il chantait aux errantes étoiles», «La Voix perdue»). L'hirondelle figure tantôt la poète «l'aile blessée» chantant sa plainte à une âme sœur («Je te cherchais, comme par la campagne,/ Quelque hirondelle, échappée aux autans,/ Monte rapide au toit d'une compagne/ Lui raconter ses secrets palpitants», «À Pauline Duchambge») ou à son amant («Ne te détourne point s'il passe une hirondelle/ Par le chemin,/ Car je crois que c'est moi qui passerai, fidèle,/ Toucher ta main», «Une lettre de femme»), tantôt une lectrice sororale, nouvelle Procné, seule à se souvenir d'elle et à chanter sur sa tombe en hommage à ses dons de poète («Et sur ma tombe, l'hirondelle/ Frappera seule d'un coup d'aile/ L'air harmonieux comme toi», «À M. Alphonse de Lamartine»). Bien que positives en général quant à la production du chant poétique, bien que sexuellement mobiles et libres accordant le chant aux deux sexes et aux deux sœurs, ces diverses identifications gardent néanmoins un aspect élégiaque et plaintif, renvoyant toujours vaguement au souvenir malheureux du viol de Philomèle, à la menace de silence qui pèse sur la femme poète et explicitement à l'indifférence générale dont elle souffre[90]. Dans son poème le plus célèbre, «Les Roses de Saadi»[91], Desbordes-Valmore semble sortir enfin du cadre patriarcal qui détermine ces connotations négatives:

> J'ai voulu ce matin te rapporter des roses;
> Mais j'en avais tant pris dans mes ceintures closes
> Que les nœuds trop serrés n'ont pu les contenir.
>
> Les nœuds ont éclaté. Les *roses envolées*
> Dans le vent, à la mer s'en sont toutes allées.
> Elles ont suivi l'eau pour ne plus revenir.
>
> La vague en a paru rouge et comme enflammée.
> Ce soir, ma robe encore en est toute embaumée...
> Respires-en sur moi l'odorant souvenir.
> —(*Poésies inédites,* 1860, nous soulignons)

Phonétiquement rapprochées du rossignol et symboles traditionnels de la femme, ce sont maintenant les roses qui s'envolent. Par ce jumelage implicite du rossignol et des roses Desbordes-Valmore restitue à l'oiseau, symbole usuel du poète *masculin,* son symbolisme initial féminin[92]. Grâce à «l'odorant souvenir» conservé dans le poème, les roses, délivrées de toute contrainte, chantent symboliquement pour d'autres: pour ce «tu» intime, mais anonyme et non sexué, pouvant être n'importe quel objet aimé, même le public, à qui le «je» poétique a voulu en faire don, et pour les sœurs spirituelles qui les recueilleront un jour, telle la poète Renée Vivien, de l'autre côté de la mer: «Des roses sur la mer, des roses dans le soir,/ Et toi qui viens de loin, les mains lourdes de roses!/ J'aspire ta beauté. [...]/ J'attends [...]/ Devant la mer [...]/ Et te voici venue en m'apportant des roses...» («Roses du soir», *Évocations,* 1903). Aspirant leur beauté, Renée Vivien reçoit l'inspiration du chant de Desbordes-Valmore. Ces roses envolées et «chantantes»—vivifiantes—maintenant recueillies par Vivien marquent la perpétuation d'une tradition poétique gynocentrique libérée enfin de la référence patriarcale[93]. Comme les listes de femmes illustres qui préservent la diversité dans l'unité, ces roses sont plurielles. Aussi débordent-elles les contraintes de la métaphore univoque de la femme-rose dans la poésie masculine: fleur unique et éphémère, objet passif et silencieux à l'essence immuable, immortalisée seulement dans le chant du poète. Elles suggèrent des femmes sujets libres—«envolées»—en devenir et en métamorphose.

Les roses et le rossignol réapparaissent dans la poésie d'Anna de Noailles pour marquer de même le passage voluptueux de la voix poétique vers une plénitude au-delà des identités sexuelles étroites. Plus qu'au mythe de Philomèle, ils renvoient à la légende orientale des amours du rossignol et de la rose racontée aussi par Saadi dans *Le Gulistan*[94]. Dans toute une série de poèmes, la voix lyrique s'identifie tantôt au rossignol tantôt à la rose, tous deux sujets chantants exprimant ses désirs, et elle attribue à chacun des traits alternativement masculins et féminins. À travers ces identifications mobiles et interchangeables, elle signifie son rêve nietzschéen d'un au-delà des rôles sexuels prescrits, le vœu d'un *plus,* d'un excès, où les oppositions se dissolvent et les catégories sont débordées, où elle pourra «atteindre [...] à quelque chose qui est plus que la femme et l'homme» (cahier, 1907)[95]. La mutation devient chez Noailles ferveur et liberté, ouverture permanente à l'autre, et la métamorphose délivrance.

Dans un très beau texte de 1908, *Les Vrilles de la vigne,* sorte de poème en prose, Colette raconte à travers la légende de la naissance du chant du rossignol celle de sa propre voix d'écrivaine. Une nuit de printemps, le rossignol qui dormait debout sur un jeune sarment se trouva pris dans les vrilles de la vigne qui avaient poussé pendant son sommeil. Évadé avec mille peines, il jura de ne plus s'endormir de crainte d'être de nouveau attrapé et tous les nuits de printemps, il chanta. S'éprenant de sa voix, il varia son thème, «devint un chanteur éperdu, enivré et haletant» et oublia même les origines de son magnifique chant: «Il chante pour chanter, il chante de si belles choses qu'il ne sait plus ce qu'elles veulent dire». Pareillement, la narratrice chante pour ne plus tomber dans le sommeil sans défiance où, dans son printemps à elle, elle a été prise par des «fils tors qui déjà tenaient à [s]a chair». Et elle précise: «Quand la torpeur d'une nouvelle nuit de miel a pesé sur mes paupières, j'ai craint les vrilles de la vigne et j'ai jeté tout haut une plainte qui m'a révélé ma voix!...». La complainte ancienne disant sa peur d'être prise de nouveau au piège a révélé la voix de l'écrivaine. Les nuits de printemps elle écoute maintenant le son de sa voix, mais «une sage main fraîche», une main maternelle, l'empêche vers l'aube de continuer à ressasser cette vieille histoire. Ce qui reste, comme pour le rossignol, c'est la voix de l'écrivaine, délivrée de la plainte et retrouvant, grâce au soutien d'une autre femme, la volubilité de l'enfant. Si la voix est née de la plainte, les raisons de la plainte sont maintenant dépassées. Le chant n'est plus pris dans le vieux piège tendu à la femme-artiste-rossignol: «Je ne connais plus le somme heureux, mais je ne crains plus les vrilles de la vigne...»[96]. Parlant dans *Une Chambre à soi* de l'écriture novatrice de l'imaginaire Mary Carmichael, Virginia Woolf traduit parfaitement cette libération de la référence à l'homme: «elle écrivait comme une femme, mais comme une femme qui a oublié qu'elle est femme, de sorte que ses pages étaient pleines de cette qualité sexuelle curieuse qui n'apparaît que quand le sexe est inconscient de lui-même» (96, nous traduisons).

Finalement, les nouvelles écritures de femmes ont cherché des sorties, l'effraction des structures phallocentriques et de l'enfermement mythique, en privilégiant un vol et une voix dont la liberté dépend non plus de la métamorphose des corps mais de celle des mots et des textes: «la phrase-femelle, phrase-mère, avançait, l'âme tendue à travers l'obscurité, vers la phrase, [...] la phrase n'avait jamais été aussi simple et belle et claire et facile à lire dans la nuit, et il ne lui manquait plus que la voix hirondelle, [...] il ne manquait plus à la phrase que le souffle de sa voix délivrée»; «Âmes métamorphosées en phrases. Poignantes comme des hirondelles font le ciel. [...] Phrases pures: hirondelles»; «J'écrirai une phrase libre. Toutes les questions iront d'elle à leurs réponses, sans détours» (Hélène Cixous, *Limonade tout était si infini*, 1982)[97]. C'est pareillement à travers des calembours et un travail poétique sur les sens pluriels des mots *voler, vol, volées, voleur, voleuses* que, élidant *violées*, dans son important manifeste littéraire, «Le Rire de la Méduse», Cixous lie l'envol à la délivrance de la voix féminine, qu'elle évoque la naissance d'un sujet féminin nouveau, en effraction dans la langue, à la fois femme, voleur/voleuse, et oiseau. «*Voler*, c'est le geste de la femme, voler dans la langue, la faire voler»[98]. Et «les porteuses de fables» de l'âge de gloire imaginé par Monique Wittig et Sande Zeig (*Brouillon pour un dictionnaire des amantes*), changeant sans arrêt de place, racontent elles aussi les métamorphoses des mots, car en évitant «pour les mots une fixation de sens» elles assurent de même leur liberté.

Les femmes écrivant aujourd'hui en France ne cherchent plus comme la Philomèle d'Ovide à dire le manque, à faire connaître le viol et la langue coupée. Elles ne cherchent plus à travers des ruses «féminines» à contourner un silence imposé. Elles ont oublié la vieille complainte. Reste leur chant de plénitude et de liberté. L'âme résistante de Philomèle et de Procné survit dans ce chant; elle survit dans les métamorphoses des textes et des mots, dans les déplacements de sens qui figurent la sortie ultime de la contrainte patriarcale et la libération d'une voix féminine plurielle, en devenir perpétuel.

> Les nœuds ont éclaté. Les roses envolées
> Dans le vent, à la mer s'en sont toutes allées.
> Elles ont suivi l'eau pour ne plus revenir.

## Notes

1. Livre VI, v. 412–674. Les citations du mythe sont tirées de la traduction de Georges Lafaye (Ovide, *Les Métamorphoses*, Jean-Pierre Néraudau, éd. [Paris: Gallimard, 1992]), reproduite intégralement dans les annexes.

2. Sur la nature exacte et le support de la représentation textile du crime par Philomèle, il y a une certaine hésitation selon la traduction ou la version du mythe adoptée (Sophocle, Ovide, Apollodore, Chaucer, Shakespeare, Marie de France, Isabelle de Charrière, Colette...): tapisserie ou broderie? représentation visuelle ou verbale? étoffe ou robe ou écharpe? Sur l'ambiguïté des «purpureasque notas» («lettres de pourpre» selon Lafaye) de Philomèle chez Ovide et sur les variantes de ce motif du mythe dans l'Antiquité, voir Robert T. Cargo, «Marie de France's *Le Laüstic* and Ovid's *Metamorphoses*» (164–65). Michelle A. Freeman discute les conclusions de Cargo dans «Marie de France's Poetics of Silence: The Implications for a Feminine *Translatio*» (880–91). Chez Apollodore (*Bibliothèque*, 3.14.8), le terme *grammata* employé pour décrire la forme du message tissé par Philomèle est également ambigu: il peut se lire soit comme une représentation picturale soit comme de l'écriture.

3. Ovide ne nomme pas explicitement ces oiseaux et ne précise pas non plus laquelle des deux sœurs devient quel oiseau. Cependant, l'association entre Philomèle et le rossignol est préparée par la menace de Philomèle après le viol de remplir la forêt de ses plaintes. Dans la tradition grecque originelle, les associations sont renversées, Philomèle devenant l'hirondelle et Procné le rossignol. Ainsi, c'est une hirondelle que Sapho évoque

pour apostropher très probablement Philomèle: «Pourquoi, fille de Pandion, aimable hirondelle, me...?» (fragment traduit par Renée Vivien, *Sapho*, 1903, Vivien, *Œuvres poétiques complètes*, 156; mais dans le poème que ce fragment lui inspire, Vivien suit la tradition postérieure à Sapho qui assimile l'hirondelle à Procné). En rapprochant la complainte de Philomèle, malgré sa langue coupée, du chant plaintif du rossignol, la tradition latine paraît plus conforme à la vérité psychologique du mythe. (Voir aussi la note 5 à ce mythe dans les annexes.) Au Moyen Âge, dans la tradition littéraire européenne, ces associations sont tellement courantes que le rossignol n'est souvent désigné que du seul nom de «philomèle», ou de son équivalent, «Philomène». Pour les métamorphoses du mythe de Philomèle et de l'image du rossignol dans la littérature européenne du Moyen Âge, voir Wendy Pfeffer, *The Change of Philomel: The Nightingale in Medieval Literature* (1985), et J. L. Baird, «Introductory Essay on the Nightingale Tradition» (1978).

4. Rappelant l'injonction de Virginia Woolf aux femmes de se penser à la fois «en arrière», en continuité avec leurs mères, et «obliquement», en direction de leurs sœurs, Jane Marcus évoque la réinterprétation du mythe de Philomèle et Procné par Woolf dans un roman posthume, *Between the Acts*. Prenant le contrepied de Swinburne qui, dans son poème «Itylus», esquive le viol et souligne en revanche la culpabilité des sœurs pour le meurtre de l'enfant, Woolf fait du viol le symbole d'une atteinte à la relation sororale, et de la vengeance des sœurs une attaque motivée contre la famille patriarcale («Liberty, Sorority, Misogyny», 1983).

5. Pour l'arrière-plan théorique de l'analogie entre Philomèle et la femme écrivain et entre les arts textiles et l'écriture des femmes, voir la note «La critique féministe, Philomèle et la femme écrivain», ci-dessous.

6. Sur cette allusion au mythe et sur le jeu de mots complexe contenu dans le nom Philomèle Sarte, voir l'introduction à Wittig et *Les Guérillères* [II].

7. Dans son influent traité de bonne conduite *De re uxoria*, Francesco Barbaro (1416, traduit en italien en 1548) prône pour la femme noble le silence éloquent, car, d'après lui, la parole publique d'une femme n'est pas moins dangereuse que la nudité de ses membres (cité par Ann Rosalind Jones, *The Currency of Eros*, 21).

8. Voir le chapitre «Corinne au Capitole» [II]. Dans «Des femmes qui cultivent les lettres» (*De la littérature*, 1800 [II]), Staël avait déjà déploré les contraintes que la destinée féminine, l'obligation «naturelle» de modestie, faisait peser sur les ambitions de la femme écrivain: «La gloire même peut être reprochée à une femme, parce qu'il y a contraste entre la gloire et sa destinée naturelle. L'austère vertu condamne jusqu'à la célébrité de ce qui est bien en soi, comme portant une sorte d'atteinte à la perfection de la modestie».

9. Évelyne Berriot-Salvadore, *Les Femmes dans la société française de la Renaissance*, 476; Madeleine Lazard, *Les Avenues de fémynie*, 233. L'historienne Joan Kelly-Godol met en lumière la codification des rôles sexuels pendant la Renaissance, l'évolution vers une séparation de plus en plus rigoureuse entre le domaine public, masculin, et le

domaine privé, féminin, et à la question si les femmes, au même titre et en même temps que les hommes, ont eu une Renaissance, elle répond «non» («Did Women Have a Renaissance?»).

10. Gisèle Mathieu-Castellani voit en filigrane dans les textes «résistants»/exhibitionnistes des femmes écrivains de la Renaissance, Pernette du Guillet, Louise Labé, Hélisenne de Crenne et Marie de Romieu (*Brief discours que l'excellence de la femme surpasse celle de l'homme,* 1581), la trace de la figure de Phryné, «entre histoire et légende [...] emblème d'une séduction physique plus éloquente que l'éloquence» (*La Quenouille et la lyre,* 197). Au tribunal Phryné échappe à la condamnation en ôtant sa tunique devant ses juges pour montrer son beau corps nu, tactique autrement efficace que la plaidoirie éloquente de son avocat (anecdote rapportée par Quintilien, *De l'institution oratoire,* et au XVIe siècle par Montaigne, «De la physionomie», *Essais*). «Nouvelles Phrynés», conclut Mathieu-Castellani, «les femmes écrivains de la Renaissance dévoilent ce corps que les ténébreux misogynes enferment au gynécée, mais ce corps se donne à voir dans leurs écrits [...]. Elles n'ignorent point la rhétorique, ni les stéréotypes, ni les codes littéraires, mais elles parviennent à dire ce qu'elles ont à dire à côté de la rhétorique, ou contre elle» (200). Au XXe siècle, par contraste, Marguerite Duras revendiquera sans détours et sans vergogne l'indécence, l'inconvenance, le droit de scandaliser par sa parole, et elle se réclamera précisément de l'analogie entre femme écrivain et prostituée, attitude qui ne manquera pas de lui attirer l'hostilité des lecteurs. L'intensité des attaques *ad feminam,* les efforts demesurés de la part de certains critiques pour la ridiculiser, démontrent que le préjugé contre la parole libre et la publication des femmes continue à opérer—plus ou moins insidieusement et avec plus ou moins de force selon les milieux—même de nos jours.

11. Sur la figure de Lucrèce, voir Hélisenne de Crenne, *Les Angoisses douloureuses qui procèdent d'amours,* note 80 [I]. L'exemple de Lucrèce sera encore proposée aux femmes à la fin du XVIIIe siècle: voir *Lettres écrites de Lausanne* (1785) d'Isabelle de Charrière, note 8 [I].

12. *Le Figaro littéraire,* cité par l'historienne Michelle Perrot dans une interview de Béatrice Vallaeys à l'occasion du cinquantenaire de la publication du *Deuxième sexe* («Sa pensée devint une arme et une réalité», dossier spécial, *Libération,* 19 janvier 1999). Avec *Le Deuxième sexe,* déclara Mauriac, «la littérature de Saint-Germain-des-Prés [...] a atteint les limites de l'abject» (*Le Figaro littéraire,* cité par Annette Lévy-Willard, «"Le deuxième sexe" ne faiblit pas», *Libération,* 19 janvier 1999).

13. Comme Procné prétextant pour se venger les mystères de Bacchus ou les coutumes d'une cérémonie religieuse, Marguerite de Navarre et Hélisenne de Crenne expriment sous le couvert de la religion les vrais désirs et la véritable histoire des femmes. L'orthodoxie réelle ou feinte masque souvent la sédition, surtout chez les écrivaines de l'Ancien Régime.

14. A. J. Dingley («The Misfortunes of Philomel») souligne l'attrait du «récit déplaisant» du viol de Philomèle pour les lecteurs élisabéthains et les métamorphoses parfois

étonnantes du mythe ovidien au contact du motif du rossignol issu de la tradition provençale chez des poètes et des dramaturges de l'époque. Ainsi, dans le poème «Philomela» (1598) de Sir Philip Sidney, le viol se mue en surabondance d'amour, euphémisme remarquable. À côté de la peine et du chant du poète en manque d'amour, le chagrin de Philomèle-rossignol et sa complainte printanière n'ont plus de sens: «Alas! she hath no other cause of anguish/ But Tereus' love [...]/ But I, who, daily craving, /Cannot have to content me,/ Have more cause to lament me,/ Since wanting is more woe than too much having» («Hélas, elle n'a d'autre motif d'angoisse/ Que l'amour de Térée [...]/ Mais moi, qui, tous les jours affamé,/ Ne puis me rassasier,/ J'ai plus de raisons de me lamenter,/ Car manquer fait plus de peine que trop avoir»). Dans ce concours poétique et amoureux, c'est l'homme qui remporte la victoire: en même temps que le viol, c'est en effet la voix de la femme qui est élidée. Pareillement, dans «Philomel», poème de Richard Barnefield (1547–1627), la complainte du rossignol, la poitrine pressée contre une épine, ne sert finalement que de repoussoir au chagrin solitaire du poète: «poor bird, like thee,/ None alive will pity me» («pauvre oiseau, comme toi,/ Aucun vivant n'aura pitié de moi»).

15. Le motif du rossignol, la poitrine pressée contre une épine pour mieux chanter sa plainte, ne se trouve pas chez Ovide. Ce n'est qu'au Moyen Âge, sans doute grâce à l'emploi courant du nom «philomèle» pour désigner l'oiseau, que ce motif tiré de la poésie amoureuse en langue vulgaire s'infiltre dans le mythe. Sur le traitement du mythe de Philomèle par Shakespeare dans *Le Viol de Lucrèce,* voir aussi Patricia Klindienst Joplin, «The Voice of the Shuttle Is Ours», 31–32.

16. Nous traduisons. «Hark, Marcus, what she says:/ I can interpret all her martyr'd signs:/ [...]/ Speechless complainer, I will learn thy thought,/ In thy dumb action will I be as perfect/ As begging hermits in their holy prayers:/ Thou shalt not sigh, nor hold thy stumps to heaven,/ Nor wink, nor nod, nor kneel, nor make a sign,/ But I of these will wrest an alphabet/ And by still practise learn to know thy meaning» (III, 2). («Écoute, Marcus, ce qu'elle dit,—je puis interpréter tous les signes de son martyre [...]. Muette plaignante, j'étudierai ta pensée;—je serai aussi exercé à tes gestes silencieux—que les ermites mendiants à leurs saints prières.—Tu ne pousseras pas un soupir, tu ne lèveras pas tes moignons au ciel,—tu ne feras pas un clignement d'yeux, un mouvement de tête, une génuflexion, un signe,—que je n'en torde un alphabet—et que je n'apprenne, par une incessante pratique, à connaître ton idée», trad. François-Victor Hugo, *Les Apocryphes,* vol. 1, dans *Œuvres complètes de W. Shakespeare* [Paris: Pagnerre, 1866], 144–45.)

17. «Write thou good niece; [...];/ Heaven guide thy pen to print thy sorrows plain,/ That we may know the traitors and the truth!» (IV, 1).

18. Discutant cette pièce et le mythe de Philomèle, Jane Marcus met en relief ces limites que la culture patriarcale impose à l'expression féminine: «Because man wishes to repress her power to accuse him and to remake the world, he has also repressed all her powers of celebration and limited her expression to the depiction of the scene of raping

and the naming of her oppressors. Male patriarchal writing in its aggressiveness often rings with guilt for its history of robbing women of language and art» («Still Practice», 81).

19. En fait, d'après la légende romaine, Virginius aurait coupé la tête à sa fille Virginia, objet de la luxure d'Appius Claudius, non parce qu'elle a été violée, mais pour la garder vierge. L'histoire est racontée par Tite-Live; souvent reprise, elle figure au Moyen Âge dans *Le Roman de la Rose* de Jean de Meun et dans les *Contes de Cantorbéry* de Chaucer.

20. C'est le titre de la nouvelle en 1833: *Une vieille histoire* (sous-titrée, avec une insistance remarquable, *An Old Tale*). Lorsqu'elle la reprend en volume en 1834, Sand introduit le nom de l'héroïne dans le titre définitif: *Lavinia, An Old Tale*.

21. Voir Annabelle M. Rea, «*Isidora*: An Enabling Exercise for *Histoire de ma vie*?» 160. Je remercie Annabelle Rea de m'avoir communiqué cette étude et de m'avoir signalé aussi, dans la biographie récente d'Elizabeth Harlan, une référence importante à l'influence du mythe de Philomèle sur la venue à l'écriture et sur la posture générale d'écrivaine de George Sand (261–65). Harlan relève une première allusion au mythe de Philomèle et Procné dans «Manuscrit trouvé», texte rédigé sans doute par la jeune Aurore Dudevant (future George Sand) elle-même après octobre 1828 et inséré dans son *Voyage en Auvergne* (1829). L'évocation de ce sombre mythe du silence violemment imposé à la femme renverrait à une angoisse primordiale chez l'écrivaine. Bien qu'elle se réfère à un mythe différent, Isabelle Naginski souligne de même le rôle fondateur de la phobie du silence dans l'impulsion à écrire chez Sand.

22. Pour une excellente analyse de ce lai comme réécriture du mythe ovidien de Philomèle et comme expression de la situation de la femme écrivain, voir Michelle A. Freeman, «Marie de France's Poetics of Silence».

23. Jean-Pierre de Beaumarchais, Daniel Couty, et Alain Rey, éd., 1994 (nous soulignons). Notez le recours à des stéréotypes sexuels («rigueur», «peu de mollesse») ici encore comme «preuves" que «de sentiment de femme venir ne pourraient». Le critique revient à la charge dans «À propos de Catherine Bernard» (1999); tout en clarifiant ostensiblement sa position («elle est sa collaboratrice, ou, si l'on préfère, Fontenelle est son collaborateur», 428), il insiste encore sur la part appréciable du philosophe dans plusieurs œuvres de Catherine Bernard. Il est significatif que, dans cet article pourtant copieusement documenté, aucune mention n'est faite de l'ouvrage indispensable de Joan DeJean sur «l'écriture des salons», les romancières et la notion d'auteur au XVII^e^ siècle, *Tender Geographies: Women and the Origins of the Novel in France* (1991).

24. La «Chambre bleue» de la marquise de Rambouillet fut le lieu de naissance de la préciosité. Voir «La Préciosité et les salons» [I].

25. De nos jours, plutôt que de ridiculiser la préciosité et les précieuses afin d'en minorer l'impact littéraire et la portée féministe, la tactique consiste tout simplement à nier—non sans dérision pour qui y croit—l'existence d'un mouvement précieux et d'une littérature précieuse. Voir, par exemple, Roger Duchêne (*Les Précieuses ou comment*

*l'esprit vint aux femmes,* 2001): «Des précieuses, vraies et fausses, ont existé aux yeux de leurs contemporains. On se trompe cependant en voulant faire d'elles une réalité sociologique, une sorte de parti cohérent, voire une cabale active» (187). Duchêne s'en prend en particulier à la critique féministe, visant tout spécialement l'étude récente de Myriam Maître, *Les Précieuses: naissance des femmes de lettres en France au XVII^e^ siècle* (1999): «Tout un chacun, s'il a de l'esprit, peut sans peine improviser sa théorie de la préciosité, et montrer à quel point, né dans les salons précieux, l'art bien français de la conversation a renouvelé la littérature. [...] Il suffit, pour être dans le vent de l'actualité, d'y ajouter une touche féministe. On cherchera donc maintenant dans la préciosité les causes et les moyens de la naissance de la femme de lettres [...]. Dans une préciosité qui n'a jamais existé que dans l'imagination des critiques» (253). Maître, pour sa part, démontre que, cet héritage littéraire «irremplaçable» occulté, les femmes de lettres qui ont suivi les précieuses ont été privées d'une «généalogie des femmes auteurs moins courte et moins ridicule qu'on l'a complaisamment répété» (644–45). Si les précieuses ont été attaquées avec une virulence disproportionnée à leur concurrence réelle aux littérateurs, c'est, suggère-t-elle, qu'elles mettaient en question la définition même de la littérature: «Par leur extériorité même au monde des littérateurs, les femmes qui écrivent gardent ouvertes d'autres définitions de l'institution et des pratiques littéraires. [...] À mesure donc que, de retentissantes querelles aidant, la littérature se sépare de ses origines et légitime son autonomie, les relations des auteurs avec les femmes qui écrivent deviennent plus ambiguës: conflictuelles lorsque les femmes manifestent des ambitions professionnelles, teintées d'admiration et de condescendance à la fois lorsqu'elles se contentent d'être, avec grâce et esprit, celles chez qui la gloire vient dîner» (416). Dans son étude magistrale, *L'Accès des femmes à la culture (1598–1715)* (1993), Linda Timmermans se voit obligée, elle aussi, de récuser la négation de l'existence historique des précieuses par certains critiques, notamment Jean-Michel Pelous, *Amour précieux, amour galant (1654–1675)* (1980). Elle démontre que «les précieuses s'inscrivent clairement dans l'évolution des préoccupations féminines au cours de la première moitié du XVII^e^ siècle» (94); la caricature des précieuses, affirme-t-elle, «n'a de sens que si elle renvoie à une réalité ou, tout au moins, à un idéal» (93).

26. Paule Constant, «Qu'est-ce qu'une femme qui écrit?» conférence à Wellesley College, 5 avril 2000. L'essor des femmes écrivains débute avec le règne de Louis-Philippe (1830–48), «époque [qui] connaît autant de femmes écrivains que tout le XVIII^e^ siècle» (Maïté Albistur et Daniel Armogathe, *Histoire du féminisme français,* 380). Les années 1830, en particulier, voient l'irruption de la scandaleuse George Sand sur la scène littéraire aux côtés de toute une foule de romancières. Sand consulta sur ses projets d'écriture un certain M. de Kératry, député monarchiste et écrivain médiocre, qui jouissait alors d'une certaine renommée littéraire; il lui rappela qu'«une femme ne doit pas écrire» et lui conseilla: «Ne faites pas de livres, faites des enfants» (anecdote symbolique quelque peu embellie par Sand dans *Histoire de ma vie, Œuvres autobiographiques,* II, 150).

27. Sur la femme auteur comme type, «comme une construction idéologique et

fantasmatique» (17), et comme une figure monstrueuse, un être hybride, ni femme ni homme, au XIXe siècle, voir l'excellent essai de Christine Planté, *La Petite Sœur de Balzac: essai sur la femme auteur,* 1989. Selon Planté, le retournement contre la femme auteur date à peu près des années 1840 et se fait particulièrement virulent sous la Troisième République (1870–1939). De nombreux écrits furent consacrés par des critiques masculins au dénigrement de cette figure inquiétante, notamment *Les Bas-Bleus* de Barbey d'Aurevilly (1878), mais aussi *La Physiologie du bas-bleu* de Frédéric Soulié (1841) et *Bas-Bleus* d'Albert Cim (1891). Il faut dire que le terrain avait été préparé, bien avant la Révolution, par Jean-Jacques Rousseau: «Une femme bel esprit est le fléau de son mari, de ses enfants, de ses amis, de ses valets, de tout le monde. De la sublime élévation de son beau génie, elle dédaigne tous ses devoirs de femme, et commence toujours par se faire homme à la manière de mademoiselle de l'Enclos [Ninon de Lenclos]» (*Émile,* 1762).

28. Portrait de Sapho dans *Artamène, ou le Grand Cyrus* [I]. Voir aussi dans ce roman le portrait de Cléomire. Effet des bienséances inhibitrices et du «grand renfermement» des femmes dans la seconde moitié du siècle (Albistur et Armogathe, *Histoire du féminisme français,* 196), ce compromis fait contraste avec les arguments beaucoup plus ouvertement féministes de Sapho pour inciter Érinne à étudier et à écrire dans *Les Femmes illustres* (1642), une des premières œuvres de Scudéry: «Quelle bienséance peut-il y avoir à mépriser ce qui est honnête et quelle raison peut tomber d'accord que ce qui est infiniment louable de soi devienne mauvais et condamnable dès qu'il est en nous? [...] Vous me direz, peut-être, que tous les hommes ne sont pas si rigoureux et que quelques-uns consentent que les femmes emploient leur esprit à la connaissance des belles-lettres, pourvu qu'elles ne se mêlent pas de vouloir elles-mêmes composer des ouvrages. Mais que ceux qui sont de cette opinion se souviennent que, si Mercure et Apollon sont de leur sexe, Minerve et les Muses sont du nôtre».

29. Cité par Raymond Trousson, Préface, *Romans de femmes du XVIIIe siècle,* ix. D'où cette réflexion amère de Stéphanie-Félicité de Genlis: «Enfin, on veut au vrai nous persuader que, dès qu'une femme s'écarte de la route commune qui lui est naturellement tracée, alors même qu'elle ne fait que des choses glorieuses, et qu'elle conserve toutes les vertus de son sexe, elle ne doit plus être regardée que comme un homme, et qu'elle n'a aucun droit à un respect particulier: par conséquent, madame Dacier, qui traduisit Homère avec une si profonde érudition; la maréchale de Guébriant, qui remplit les fonctions d'ambassadeur, et qui en eut le titre, n'étaient au vrai que des espèces de *monstres!*» («Réflexions préliminaires sur les femmes», *De l'influence des femmes sur la littérature française comme protectrices des lettres et comme auteurs,* 1811, xxxiii).

30. Flat, *Nos Femmes de lettres* (1909), 218, 233.

31. Perrot, *Les Femmes ou les silences de l'Histoire,* 1998.

32. Parmi les nombreuses techniques de marginalisation employées ultérieurement, voire jusqu'à présent, dans les histoires littéraires et les manuels, citons les rubriques (romans de femmes, romans d'amour par lettres, le roman sentimental, poésie de

femme, etc.), les appellations (poétesses), le classement (présentation de Sand, par exemple, comme une romancière idéaliste alors que le roman réaliste est prisé), le décret de non-francité (Anna de Noailles et Renée Vivien reléguées parmi les *étrangères* à une époque où l'identité nationale est vantée et l'altérité est suspecte, doublement marginalisées à la fois comme *femmes* poètes et comme *étrangères*).

33. L'influence de ces anthologies, destinées non à des adultes mais à la jeunesse, sur l'exclusion des femmes du canon a été admirablement démontrée par Joan DeJean dans son étude inaugurale, «Classical Reeducation: Decanonizing the Feminine» (1988). Les anthologies mondaines pour adultes des XVIIe et XVIIIe siècles, explique-t-elle, vouées à présenter à des lecteurs cultivés les auteurs de renom sur la scène littéraire, incluaient en revanche une large part de femmes. Et l'une d'entre elles, *Recueil des plus belles pièces des poètes français depuis Villon jusqu'à M. de Benserade* (1692), publiée anonymement et attribuée à Fontenelle, fut peut-être en fait composée par une femme, Marie-Catherine d'Aulnoy (27). Pour DeJean, la compilation de La Harpe «représente peut-être le mieux la vision du canon que le XIXe siècle hérita du XVIIIe» (37, nous traduisons). Elle fut réimprimée de nombreuses fois pendant la première moitié du XIXe siècle et prépara la voie à la révision du canon des années 1820. Au début du XIXe siècle, la tradition des anthologies mondaines, par contre, était déjà plus ou moins éteinte, éclipsée par l'essor de la tradition pédagogique.

34. L'expression est empruntée à Joan DeJean (*Tender Geographies*).

35. Sur les rapports entre la conversation dans les salons et l'esthétique des contes de fées, voir l'excellente étude d'Elizabeth Wanning Harries, *Twice Upon a Time: Women Writers and the History of the Fairy Tale* (2001), et Patricia Hannon, *Fabulous Identities: Women's Fairy Tales in Seventeenth-Century France* (1998).

36. «As regards the *conteuses*, group solidarity seems paradoxically to have enhanced the formation of separate authorial identities»; «One might surmise that the primary effect of salon collaboration in the later seventeenth-century was to encourage women to seek individual authorial responsibility for their works» (Hannon, *Fabulous Identities*, 178, 209).

37. Terme employé par Hélène Cixous («Sorties», *La Jeune née*, 1975) pour évoquer des passages, grâce à *l'écriture féminine* théorisée par elle, hors des confins de la pensée binaire patriarcale qui opère toujours au détriment de l'autre, donc de la femme.

38. Constance de Salm (1767–1845), née Constance-Marie de Théis, devint en se mariant Constance Pipelet (nom sous lequel elle publia cette épître), puis après son divorce en 1799 et son remariage en 1803, Princesse de Salm-Dyck. Elle pratiqua plusieurs genres littéraires: poésie, chansons patriotiques et autres, autobiographie en vers, roman par lettres, tragédies, pensées, épîtres et essais sur la condition féminine. Elle se réclama du titre de *femme philosophe* et fut une des rares femmes admises comme membres des Lycées de l'époque révolutionnaire, sociétés destinées à l'échange d'idées entre hommes de lettres et à la diffusion des Lumières. Son «Épître aux femmes», illustration du débat post-révolutionnaire sur l'égalité des sexes, est une réponse polémique

au poète Ponce Denis Écouchard-Lebrun, alias Lebrun-Pindare, qui ne voulait pas que les femmes soient poètes («Voulez-vous ressembler aux Muses?/ Inspirez, mais n'écrivez pas») et un plaidoyer fervent en faveur de l'égalité. L'époque post-révolutionnaire fut caractérisée par un durcissement de la part des républicains mêmes contre la demande d'égalité des femmes qui amena leur exclusion de la sphère publique et un antagonisme accru contre la femme auteur. Dans l'avertissement, Salm situe sa défense des droits des femmes «sans nuire à ceux des hommes» dans ce nouveau contexte culturel: «Dans tous les temps les hommes ont cherché à nous éloigner de l'étude et de la culture des beaux arts; mais aujourd'hui cette opinion est devenue plus que jamais une espèce de mode».

39. Jane McIntosh Snyder, *The Woman and the Lyre: Women Writers in Classical Greece and Rome* (1989), 3.

40. Snyder, *Woman and the Lyre,* 98.

41. Snyder, *Woman and the Lyre,* 155. Voir aussi Karen E. Rowe, «To Spin a Yarn: The Female Voice in Folkore and Fairy Tale» (1986).

42. Le Petit Robert. De même, dans la langue des Dogons, un même mot, *soy,* signifie à la fois *tissu* et *parole*; car, tout en filant et en tissant, les femmes dans cette culture tissent aussi des contes.

43. Pour le lien entre tisseuses, textiles et textes à travers les âges, voir Kathryn Sullivan Kruger, *Weaving the Word: The Metaphorics of Weaving and Female Textual Production* (2001). Encore de nos jours, dans ses contes de fées post-modernes, l'écrivaine anglaise A. S. Byatt associe «le tissage et la broderie et la tapisserie avec l'art narratif» («Fairy Stories: The Djinn in the Nightingale's Eye», 1995; nous traduisons).

44. Le mythe d'Arachné comme celui de Philomèle et Procné est raconté au Livre VI des *Métamorphoses.* Sur ce mythe et sur Arachné comme une figure de la femme artiste, voir «La critique féministe, Philomèle et la femme écrivain» ci-dessous. L'on trouve une illustration de l'analogie Arachné-tisseuse-artiste dans un poème de la peintre et poète Charlotte Calmis: «Ne suis-je dentellière de l'ombre/ qu'araignée au tissage secret/ peau tatouée (façon que j'ai de broder-main la connaissance) / [...] Quel secret dort noir au cœur de mes dentelles?» («Ne suis-je dentellière de l'ombre», 1977, dans Domna C. Stanton, éd., *The Defiant Muse,* 196).

45. Dans «Medieval Women and the Politics of Poetry» (1991) Stephen G. Nichols discute la création par les femmes, dont les auteurs anonymes des *chansons de toile,* d'une littérature qui inscrit le féminin comme «une présence qui contrôle» (108, nous traduisons).

46. Pour une excellente introduction à ce débat au XVIe siècle, voir Mathieu-Castellani, *La Quenouille et la lyre.*

47. La première édition fut vite épuisée. Une seconde édition augmentée suivit en 1579. Voir l'édition critique des *Œuvres* de 1579 préparée par Anne R. Larsen (Genève: Droz, 1993). Pour les citations des poèmes, nous avons modernisé l'orthographe.

48. Voir aussi Louise Labé, «Épître dédicatoire» [I].

49. Les fragments du poème d'Érinne qu'on a coutume d'appeler «La Quenouille» ne furent découverts qu'en 1928, mais ce poème est mentionné dans des sources anciennes. L'humaniste Catherine des Roches en avait-elle entendu parler?

50. La féministe autodidacte Marie de Gournay (1565–1645) proteste de même contre «cet arrêt irréfragable [...] à la quenouille seule» qui voue les femmes à l'infériorité dans *L'Égalité des hommes et des femmes* (1622). Elle poursuit sa vive défense des droits de son sexe dans *Le Grief des dames* (1626). Dans «Apologie pour celle qui écrit» (*L'Ombre de la Damoiselle de Gournay,* 1626), elle se plaint du ridicule dont elle est l'objet, étant «femme clairvoyante et savante»: «Parmi notre vulgaire, on fagotte, à fantaisie en général et sans exception, l'image d'une femme lettrée: c'est-à-dire, on compose d'elle une fricassée d'extravagances et de chimères: quelle que soit après celle de ce nom qui se présente [...] ne la voit-on plus qu'avec des présomptions injurieuses, et sous la forme de cet épouvantail» (cité par Madeleine Lazard, *Les Avenues de Fémynie,* 479).

51. De même les quipos-lettres d'amour de la princesse inca dans *Lettres d'une Péruvienne* de Françoise de Graffigny, sous leur apparence d'«ouvrage de dame», camouflent un roman philosophique. Les quipos étaient des cordons employés par les Incas en lieu d'écriture. Les premières lettres de l'héroïne sont «écrites» en faisant de ces cordons des *nœuds,* ce qui n'est pas sans suggérer une activité textile, sorte de tissage, qui occupait les loisirs des femmes en France au XVIIIe siècle. Sur les nœuds ou quipos comme emblème du statut complexe de l'écriture des femmes au XVIIIe siècle, voir surtout Nancy K. Miller, «The Knot, the Letter, and the Book» (1988).

52. Voir l'introduction à *Sido* (1929) [II].

53. À propos de la conjonction texte-textile, il est intéressant de noter que Louise d'Alq (Alquié de Rieupeyroux), auteur en 1893 d'une rare anthologie de «femmes écrivains, poètes et prosateurs depuis l'origine de la langue française jusqu'à nos jours» est également l'auteur d'un *Traité de la dentelle au fuseau* (1879). Elle signa pareillement des écrits «maternels». La même année que son anthologie elle fit paraître *Notes d'une mère: cours d'éducation maternelle.* Elle fut aussi propriétaire et directrice du journal hebdomadaire *Les Causeries familières, dédiées aux jeunes filles et aux mères de famille* (1895–1900).

54. Renée Vivien apprit le grec pour traduire les fragments alors connus de la poésie de Sapho (*Sapho*); elle traduisit également les autres femmes poètes grecques (*Les Kitharèdes,* 1904).

55. Cet emploi stratégique de la forme épistolaire se retrouve au siècle suivant dans le poème de Marceline Desbordes-Valmore, «Une lettre de femme» [II].

56. Le roman aussi est, en quelque sorte, un genre féminin. Ce sont en effet les femmes qui motivent depuis le début les grands tournants du genre (Marie de France, Hélisenne de Crenne, Marguerite de Navarre, Madeleine de Scudéry, Marie-Madeleine de Lafayette, Françoise de Graffigny, Nathalie Sarraute). Aussi ce genre sera-t-il longtemps discrédité. Le succès des romans de Rousseau et de Laclos signale sans doute un revirement et le début de l'ascendance masculine qui caractérisera l'histoire du roman au siècle suivant. Car l'histoire littéraire retiendra surtout pour le roman du XIXe siècle les

noms de Balzac, de Stendhal, de Flaubert et de Zola au dépens de ceux, parmi d'autres, de George Sand et de Germaine de Staël.

57. Ce passage de l'oral à l'écrit, de la conversation mondaine dédiée à l'analyse du cœur humain à la littérature, s'annonce au siècle précédent dans la conversation conteuse des devisants du recueil de Marguerite de Navarre, *L'Heptaméron,* conversation qui subvertit également l'ordre en place dans la mesure où la diversité des voix et des opinions à propos des histoires racontées mine l'autorité d'un sens unique et immuable.

58. Cité par Paule Constant dans *Un monde à l'usage des Demoiselles.* Titre complet: *Les Enseignements d'Anne de France, duchesse de Bourbonnais et d'Auvergne, à sa fille Suzanne de Bourbon.* «À la requête de très haute et puissante princesse madame Suzanne de Bourbon, femme de très illustre et puissant prince monseigneur Charles, duc de Bourbon et d'Auvergne et de Chastellerault, connétable, pair et chambrier de France, et fille de très haute et très excellente dame madame Anne de France, duchesse des dits duchés, fille et sœur des rois Louis XI et Charles VII».

59. Sur les stratégies mises en œuvre dans les textes liminaires par les femmes écrivains de la Renaissance voir Anne R. Larsen, «"Un honneste passetems": Strategies of Legitimation in French Renaissance Women's Prefaces» (1990). Outre le topos d'humilité, Larsen souligne le fait que ces préfaces sont souvent adressées à des femmes, ceci dans l'espoir de légitimer leurs œuvres en faisant appel à une communauté encourageante de lectrices amies (17). Voir aussi Madeleine Lazard, *Les Avenues de Fémynie,* 233–38.

60. Analysant une lettre anonyme en anglais parue en 1832 dans *Atkinson's Casket,* Susan S. Lanser suggère que le style dit féminin est parfois une caricature qu'une femme écrivain endosse pour masquer une voix plus sûre, une voix qui s'adresse en vérité à une autre femme mais sous les yeux vigilants d'un homme («Toward a Feminist Narratology»). Un personnage féminin de Monique Wittig relève avec humour cette duplicité, forme d'intelligence chez «les âmes damnées», à savoir, les femmes hétérosexuelles dans le patriarcat: «les plus grandes intelligences humaines se trouvent chez les âmes damnées. La raison en est qu'une fois qu'elles ont l'intelligence de ce qui se passe elles sont mises au défi de l'exercer par toutes les lois qui régissent leur monde et du coup la développent dans beaucoup plus de directions que ce qui est requis dans le camp dominant. De plus, il leur faut faire avec une pensée double et cette duplicité les mène quelquefois comme tu as vu à développer deux têtes. [...] c'est presque de la passion que j'éprouve pour l'intelligence aux prises avec elle-même et qui ne lâche pas» (*Virgile, non,* 1985).

61. *A Room of One's Own,* 85; 95 (nous traduisons). C'est l'écrivaine québécoise Louky Bersianik qui traduit élégamment comme «bris de séquence» la célèbre formule de Woolf. («Pour rompre la séquence s'inscrire dans la mémoire du futur», communication faite à Wellesley College lors du symposium international, «Breaking the Sequence: Women, Literature, and the Future», 1981.) Chez Woolf la séquence rompue par Mary

Carmichael est non seulement celle du patriarcat mais aussi celle des romancières qui l'ont précédée. C'est surtout le premier type de rupture qui nous intéresse ici.

62. L'une des suites, *Lettres d'Aza* par Hugary de Lamarche-Courmont (1749), fut même publiée avec le roman sans l'autorisation de la romancière. Il va sans dire qu'aucune de ces suites ne fut rédigée ni approuvée par Graffigny.

63. Pour une discussion plus étendue des implications de la question des frontières, de la violence, et de l'échange des femmes entre rois dans ce mythe, voir Joplin, «The Voice of the Shuttle Is Ours».

64. Louky Bersianik, *Les Agénésies du vieux monde,* 21. La *gynilité* est pour Bersianik la contrepartie féminine de la virilité, terme préféré à celui de *féminité* pour traduire la puissance des femmes, «leur spécificité féminine et humaine sans référence à la masculinité» (16n).

65. La traduction en français de 1493, *Des cleres et nobles femmes,* aura une influence déterminante sur les champion(ne)s du sexe féminin dans la Querelle des Femmes à la Renaissance.

66. Gerda Lerner souligne cette répétition futile à travers les siècles des mêmes «preuves» et des mêmes arguments en faveur des droits des femmes dans *The Creation of Feminist Consciousness: From the Middle Ages to Eighteen-seventy* (1993). Dans «Early Feminist Theory and the *Querelle des Femmes,* 1400–1789» (1982), Joan Kelly relève aussi le caractère réitératif des arguments féministes à partir de Christine de Pizan, qu'elle considère comme «la première femme moderne» (*Women, History, and Theory,* 69–79). Joan Wallach Scott met également en relief les «contradictions intraitables, les répétitions obsessionnelles qui condamnent une génération à revivre les dilemmes de ses prédécesseurs» (*Only Paradoxes to Offer: French Feminists and the Rights of Man,* 1996, 1; nous traduisons).

67. La monumentale *Histoire des femmes en Occident* éditée par Michelle Perrot et Georges Duby ne date en effet que de 1991–92.

68. Cf. Joplin, «The Voice of the Shuttle Is Ours», 52: «Philomèle et son métier à tisser nous parlent parce qu'ensemble ils représentent une affirmation de la volonté de survie en dépit de tout ce qui menace de nous réduire au silence, y compris la tradition littéraire masculine et ses critiques qui ont préservé la "voix" de Philomèle sans savoir ce qu'elle dit» (nous traduisons).

69. Dans *Fées de toujours,* Chawaf puise à la tradition oubliée des conteuses du XVII^e^ siècle et, à celle, plus ancienne, des contes folkloriques oraux, «gauloises», «païens», racontés autrefois en milieu rural par des femmes. Le prix de cet héritage et le danger d'en perdre tout à fait la mémoire ressortent des tentatives d'une mère moderne pour transmettre ces histoires vivifiantes à sa petite fille malade et ainsi la guérir: «Tu as trois ans, quatre ans, cinq ans, six ans et inlassablement je te perpétue les contes, je t'en lis, je t'en invente et je déforme, je te dis ce qu'il m'en vient encore, ce que l'hiver, le printemps, l'été, l'automne m'apportent encore comme des réminiscences primitives».

70. Dans *Brouillon pour un dictionnaire des amantes* (1976) Monique Wittig et Sande

Zeig imaginent des récitantes et des «porteuses de fables», garantes de la transmission orale puis écrite de l'histoire censurée lesbienne: «Les conteuses qui depuis l'âge d'argent ont choisi une vie errante et se sont déplacées de communauté en communauté, de place en place, de ville en ville, s'appelaient des récitantes, ce pouvait être des poétesses, des musiciennes qui récitaient en s'accompagnant d'un instrument et même en chantant, ce pouvait être de simples narratrices qui parlaient sans mimiques et sans gestes. Elles ont d'une façon générale évité les grandes cités des mères où elles n'étaient pas très bien accueillies. [...] Depuis l'âge de gloire les porteuses de fables ont repris leur tradition» (206).

71. Parmi les listes de femmes illustres dressées par des hommes à la Renaissance, signalons *De nobilitate et praecellentia foeminei sexus* de Henri Cornélius Agrippa de Nettesheim (1509, traduit en français en 1537), *De memorabilibus et claris mulieribus* de Jean Tixier de Ravisy (1521), et *Le Fort inexpugnable de l'honneur du sexe féminin* de François de Billon (1555).

72. Lerner, *Why History Matters*, 210, et *The Creation of Feminist Consciousness*, 146, 261. Cela s'explique non seulement par leur ignorance de ces œuvres de femmes, mais sans doute aussi parce qu'il y avait plus de prestige à se montrer l'émule et l'égale d'hommes illustres. C'est en effet l'imitation de modèles littéraires masculins qui assure la gloire des écrivains de la Renaissance.

73. Les exceptions sont tardives et attestent aussi de la nature ténue, jusqu'à très récemment, de ce fil de la mémoire. Ainsi, Louise d'Alq rend hommage en 1893 dans son *Anthologie féminine* à la «laborieuse oubliée», Louise Félicité Guinemet de Keralio, qui tenta un siècle avant elle une entreprise semblable (*Collection des meilleurs ouvrages français composés par des femmes*, 1786–89): «ses nombreux travaux littéraires n'ont guère laissé de trace qu'à la Bibliothèque nationale, où l'un des d'eux [*sic*] surtout est souvent consulté; c'est de cette façon que je l'ai découverte».

74. Mathieu-Castellani appelle ainsi les listes de femmes illustres de la Renaissance (*La Quenouille et la lyre*, 36).

75. Stanton, *The Defiant Muse*, 58.

76. *French Women of Letters: Biographical Sketches*, v–vi (nous traduisons).

77. Élisabeth Lemirre, introduction, *Le Magasin des enfants* (1995), 5–6. «Il y a», précise-t-elle, «dans l'idée de "magasin" une peur qui se cache, celle de ne rien perdre et certainement un souhait, celui de recueillir, de transmettre et donc de nourrir» (5). Il ne faudrait sans doute pas limiter le sens de *nourrir*, comme le fait Lemirre, à celui, ancien, d'élever et d'instruire. Recueillir, préserver, transmettre et nourrir, contribuer à la survie de futures générations en leur fournissant matière à réflexion, c'étaient déjà les buts de la première écrivaine française connue, Marie de France, dans ses *Lais* (Prologue).

78. *Collection des meilleurs ouvrages français composés par des femmes*, I, vi, ix. L'anthologie est dédiée à sa mère et aux femmes de sa nation.

79. Keralio n'acheva que douze volumes de son anthologie. Dans «"L'Ombre du classicisme": The French Novel's First Feminism», Joan DeJean raisonne que si Keralio

ne reprit pas son projet après la Révolution, c'est qu'elle avait déjà compris que «toutes ces galeries critiques, ces anthologies et ces dictionnaires étaient des rêves critiques impossibles, alimentés par le désir d'accumuler de plus en plus d'informations sur un nombre toujours grandissant de femmes écrivains, [rêves] qui allaient à l'encontre des réalités à la fois de la publication et de la pédagogie. [...] peut-être à l'origine de ce désir [y a-t-il] le besoin de préserver chaque parcelle d'information possible à propos d'une tradition littéraire féminine qui, même dans ses moments de gloire comme les années 1650, et même à ses partisans les plus dévoués, devait sembler une création fragile» (53–54, nous traduisons).

80. Cité dans Faith E. Beasley, *Revising Memory: Women's Fiction and Memoirs in Seventeenth-Century France* (1990), 56 (nous soulignons).

81. «Louise Labé», *Les Pleurs* (1833), dans *Œuvres poétiques*, M. Bertrand, éd., I, 229–30.

82. «Vingt ans de recherches féministes ont porté leurs fruits. Nous ne sommes plus dans l'urgence des inventaires, comme le prouvent de récentes encyclopédies», prétendait avec optimisme Marcelle Marini en 1992 («La Place des femmes dans la production culturelle: l'exemple de la France», *Histoire des femmes en Occident*, V, 283).

83. Il y a, par exemple, l'«ARTFL Project on French Women Writers» de l'Université de Chicago aux États-Unis, base de données contenant des titres et des œuvres, renommées et non-canoniques, de femmes écrivains françaises du XVI^e^ au XIX^e^ siècle, et une ressource électronique semblable a été établie par l'Université de Pennsylvanie («A Celebration of Women Writers: Writers from France»). On trouve également en appendice à *Tender Geographies*, étude de Joan DeJean sur les origines féminines du roman en France parue en 1991, une liste de toutes les femmes de la période 1640–1715 dont les œuvres furent publiées ou qui sont mentionnées en tant qu'auteurs par des contemporains (201–19). Certaines ne firent circuler leurs œuvres qu'en manuscrit; d'autres furent réputées pour leur conversation brillante et ne laissèrent pas de traces écrites de leur génie. Il est évident que nous avons toujours besoin de cataloguer, d'emmagasiner, afin de préserver et de transmettre cette tradition encore méconnue et fragile. Michelle Perrot souligne en histoire aussi l'actualité de cette démarche: «Rendre visible, accumuler des données, instituer des lieux de mémoire (archives de femmes, dictionnaires...) ont été les soucis d'une histoire des femmes en plein essor, depuis une quinzaine d'années» (*Les Femmes ou les silences de l'Histoire*, 19).

84. Pour une appréciation récente de ces listes en termes de stèles ou de «monuments de blanche mémoire» (155), voir Françoise Armengaud, «L'Entreprise littéraire de Monique Wittig: une réélaboration utopiste du contrat social?» dans *Parce que les lesbiennes ne sont pas des femmes*, Marie-Hélène Bourcier et Suzette Robichon, éd. (2002), 137–60.

85. *Remembrer*: Rassembler (des parcelles) en un seul domaine. *Biens remembrés*. *Remémorer*: (a éliminé *remembrer*): *Littér.* remettre en mémoire (*Le Petit Robert*).

86. Il existe des parallèles remarquables entre l'histoire de la broderie féminine et celle de l'écriture des femmes. Tout comme leur écriture, au cours des siècles, la broderie

peut signifier à la fois l'auto-suffisance de la brodeuse et sa soumission à l'idéologie de la féminité, pouvoir et manque de pouvoir, individualité et conformisme. Elle peut révéler un rapport conflictuel avec l'idéal social féminin. Elle peut créer des liens entre femmes, comme le fait encore aujourd'hui le travail en commun de patchwork. Broderie et écriture se relaient à différentes époques dans une commune célébration des femmes. Ainsi, de même que pour leurs écrits, les femmes de la Renaissance puisent dans les *Métamorphoses* d'Ovide et le *De claris mulieribus* de Boccace pour broder des femmes illustres. La reine Élisabeth d'Angleterre brode elle-même la reliure pour sa traduction en latin du *Miroir de l'âme pécheresse* de Marguerite de Navarre, son illustre contemporaine. Au XVIIe siècle, les femmes poursuivent leur broderie d'héroïnes qui témoignent des qualités de leur sexe. Plus tard, leurs broderies illustrent les rapports mère-fille. Les hippies des années 1960 feront de la broderie un acte de défi et le mouvement de libération des femmes revendiquera la broderie tout en repensant la féminité. La broderie pénétrera enfin dans l'art d'avant-garde avec l'œuvre monumentale de Judy Chicago, *The Dinner Party* (1979), où reparaissent en même temps les listes de femmes illustres (999 femmes de cultures et d'époques différentes). Trente-neuf femmes de l'Antiquité à l'ère moderne, dont Sapho, Aliénor d'Aquitaine, Christine de Pizan, Emily Dickinson et Virginia Woolf, ont leur place à une table triangulaire. Chaque place est ornée d'une broderie-calligraphie faisant figure de chemin de table dans le style de l'époque où la convive a vécu. De façon spectaculaire, la broderie—littéralement ici, texte-textile—s'est transmuée en un art qui célèbre notre héritage féminin. L'histoire fascinante de la résistance cachée des femmes aux contraintes de la féminité au moyen des travaux d'aiguille est tracée par Rozsika Parker dans *The Subversive Stitch: Embroidery and the Making of the Feminine* (1984). La conclusion de Parker pourrait s'appliquer tout aussi bien à l'écriture des femmes en France: «Réduites à un art exercé avec du fil et une aiguille, les femmes ont néanmoins brodé un point subversif—elles ont trouvé le moyen de créer leurs propres significations dans le médium même destiné à leur apprendre à s'effacer» (215, nous traduisons).

87. Troisième partie, chapitre dix, 256–61.

88. Dans «Allegory and the Textual Body: Female Authority in Christine de Pizan's *Livre de la Cité des Dames*», Maureen Quilligan démontre qu'en fait Christine de Pizan récrit sa source pour l'histoire de Sainte Christine, le *Miroir historial* de Vincent de Beauvais, afin justement d'étayer l'autorité et l'efficacité politique de sa propre parole. «Christine de Pizan se recrée comme sa propre figure d'autorité, attirant l'attention par un calembour [Christ/Christine] sur l'autorité divine de son propre nom lorsqu'elle met en scène l'attribution du nom de baptême de sa sainte patronne» (291, nous traduisons). Kevin Brownlee présente le martyre de Sainte Christine comme une réécriture aussi du mythe ovidien de Philomèle suivant le modèle hagiographique à l'œuvre dans *La Cité des Dames* qui permet à la femme réduite au silence de parler, la voix miraculeuse de la sainte martyrisée devenant, comme chez Quilligan, le modèle positif qui autorise celle de la femme écrivain, qui illustre et légitime le pouvoir de la voix de Christine de Pizan

elle-même («Martyrdom and the Female Voice: Saint Christine in the *Cité des Dames*», 127–30).

89. Michael Danahy relève le parallele entre «La Voix perdue» et le mythe de Philomèle dans «Marceline Desbordes-Valmore and the Engendered Canon» (138–39).

90. Il en va de même dans un poème narratif où la référence au mythe est on ne peut plus délibérée, «Le ver luisant», publié pour la première fois en 1819 dans *L'Hommage aux Dames* et réimprimé plusieurs fois dans ce journal féminin et dans d'autres, dont la *Guirlande des Dames* (1829), avant d'être recueilli dans *Poésies* de 1830 (M. Bertrand, éd., *Les Œuvres poétiques de Marceline Desbordes-Valmore*, 330). Cependant le ton est plus narquois. Une nuit de juin un ver luisant hautain, se prenant pour un roi illuminant sa cour, déverse son mépris pour «ces vers roturiers qui rampent au grand jour, / [...] Cette plèbe des champs [...] / Nés pour un sort vulgaire et des soins insipides». Le jeu de mots transparent sur «vers roturiers» et le masculin du mot «ver» font vite comprendre que ce ver luisant figure le Poète, célèbre, aristocratique et pompeux. Les «vers roturiers» et «la plèbe» feraient allusion alors aux origines populaires de la poète, de même que les «champs» évoqueraient un de ses sujets privilégiés: la nature. Vingt-six vers sur quarante-quatre sont consacrés au soliloque grandiloquent où le ver luisant se proclame une «étincelle échappée à la source divine», un «phare» qui «éclaire tout» et attire jusqu'à l'envie des rois: «rien dans leur couronne/ N'offre l'éclat vivant dont seul je m'environne!» Il reconnaît en d'autres vers luisants ses «frères», c'est-à-dire une confrérie de poètes renommés, «diamants rangés en phares gracieux» qui se promènent comme lui dans les cieux (peut-être une allusion ironique au symbolisme prétentieux adopté par les poètes, tous masculins aussi, de la Pléiade). À la dernière strophe la voix narrative nous ramène aux dimensions réelles du «petit ver» et introduit Philomèle. «Amante de ses pleurs et de la solitude» chantant son «hymne de deuil», «mélodieuse encore dans son inquiétude», une Philomèle—le rossignol n'est désigné que par ce nom et par le féminin comme pour souligner la référence à la femme poète—fait alors du ver luisant, presque distraitement, sa pâture: «Elle descend à la lueur/ Qui sert de fanal pour l'atteindre;/ Et, sans même goûter de plaisir à l'éteindre,/ S'en nourrit, pour chanter plus longtemps sa douleur». Il y aurait beaucoup à dire sur ce que ce poème suggère des rapports entre Desbordes-Valmore-Philomèle et la tradition poétique, sur sa publication dans le cadre de la presse féminine, et sur l'affirmation ironique de la femme poète qu'il recèle. Desbordes-Valmore se dira plus tard une «indigente glaneuse» («À M. Alphonse de Lamartine» [II]), retournant pareillement à son profit l'image modeste qu'un glorieux poète aristocratique lui assigne dans un poème d'hommage condescendant («À Madame Desbordes-Valmore», voir les annexes). (Je remercie Annabelle Rea de m'avoir rappelé l'allusion à Philomèle dans «Le ver luisant». Sur le jeu entre genre, classe et écriture de femmes dans ce poème, voir Alison Finch, *Women's Writing in Nineteenth-Century France*, 58. Voir aussi Vicki Mistacco, «The Metamorphoses of Philomel», 211–12.)

91. Saadi: poète persan du XIII^e^ siècle, auteur du *Gulistan* (*Le Jardin des roses*), dans lequel il raconte l'extase mystique et le rêve de roses d'un sage.

92. Au Moyen Âge dans la poésie des troubadours, le rossignol, mot masculin, renvoie à l'*homme* poète, la référence au mythe de Philomèle étant élidée.

93. Ce poème reflète sans doute aussi l'inspiration grecque de Vivien, rappelant les «roses de Psappha» qu'elle évoque ailleurs et celles de Piéria, terre des Muses, chantées par Sapho. Toutes ces associations appuient l'idée que c'est une tradition poétique féminine qui se perpétue avec les roses. Voir aussi l'introduction à Renée Vivien [II]. (Jean-Paul Goujon suggère le rapprochement avec «Les Roses de Saadi» dans Renée Vivien, *Œuvre poétique complète*, 490.) Dans «À propos de Marceline Desbordes-Valmore» (*Les Nouvelles littéraires*, 5 février 1927), la poète Gérard d'Houville (pseudonyme de Marie de Régnier, 1875–1963), évoquant aussi «Les Roses de Saadi» disséminées dans le vent, se situe pareillement dans une sororité de poètes qui les recueillent. Et d'Houville de conclure, en empruntant la rhétorique de Desbordes-Valmore, comme l'avait fait Vivien, «nous respirons sur votre âme, l'arôme immortel» (cité par Aimée Boutin, «Marceline Desbordes-Valmore and the Sorority of Poets», 175). Son affirmation d'une tradition gynocentrique est d'autant plus remarquable que d'Houville était elle-même fille et épouse de poètes, le parnassien José-Maria de Heredia et le symboliste Henri de Régnier, respectivement.

94. Avec l'orientalisme, les amours du rossignol et de la rose sont un sujet à la mode à la fin du XIXe et au début du XXe siècle. Un conte de fées du Danois Hans Christian Andersen, «Une rose de la tombe d'Homère» (1872), et un autre d'Oscar Wilde, «Le rossignol et la rose» (1888), variantes modernes de la légende, ont ravivé le goût pour ce thème oriental. Le conte de Wilde fut traduit en français par Marcel Schwob en 1891 et mis en musique par Camille Saint-Saëns en 1902 dans le drame lyrique *Parysatis*. Il inspira sans doute aussi Colette (Michel Mercier, Notice, *Les Vrilles de la vigne*, Colette, *Œuvres*, I, 1532–34). Noailles est l'auteur de la préface d'une nouvelle traduction française du *Gulistan* (1913); le motif des amours du rossignol et de la rose apparaît souvent dans sa poésie (voir l'introduction à Noailles [II]).

95. Cité par Catherine Perry, dans «In the Wake of Decadence: Anna de Noailles' Revaluation of Nature and the Feminine», 97. Voir aussi de la même auteur, «Retour au mythe païen dans l'œuvre d'Anna de Noailles» et *Persephone Unbound*.

96. Colette, *Les Vrilles de la vigne*, *Œuvres* I, 959–61. Dans sa belle étude, *Le Génie féminin* (tome III, *Colette*, 2002), Julia Kristeva pressent obscurément le fond mythique de cette fable de la venue à l'écriture de Colette, «fragment d'on ne sait quel mythe englouti, d'un La Fontaine immémorial» (121). Fragment délivré du mythe englouti de Philomèle.

97. Cixous, *Limonade tout était si infini*, 169–71, 301, 305.

98. Cixous développera l'équivalence femmes-oiseaux-écriture pour contester la pensée «biblique» de l'immonde dans «The School of Roots: 1. Birds, Women, and Writing» (*Three Steps on the Ladder of Writing*, 1993, 111–20) et «Unmasked!» (*Stigmata: Escaping Texts*, 1998, 131–38).

## Note: La critique féministe, Philomèle et la femme écrivain

La théorie féministe américaine des années 1980 a élaboré le parallèle entre Philomèle—et d'autres tisseuses de l'Antiquité, comme Arachné et Pénélope—et la femme artiste en réaction d'abord à un essai de Geoffrey H. Hartman, «The Voice of the Shuttle: Language from the Point of View of Literature» (1970; trad. «La Voix de la navette», 1976). Glosant la métaphore «la voix de la navette» qu'Aristote rapporte de *Térée,* tragédie de Sophocle aujourd'hui perdue, Hartman l'universalise: il la donne pour l'archétype de la reconnaissance inévitable de la vérité et du triomphe de la conscience humaine dans «toutes les histoires dans la mesure où celles-ci révèlent quelque chose» (trad., 388). Transcendant la légende de la tisseuse Philomèle et le contexte immédiat du viol, «la voix de la navette» en vient à symboliser pour lui la parole oraculaire de la Destinée: «Derrière Philomèle, celle qui tisse, se profile, telle une ombre oraculaire et archétypique, la silhouette de la Destinée. La Destinée, elle aussi, file. [...] Seule la Destinée pourrait tout dire, et Philomèle, après avoir retrouvé une voix par son art, participe un instant de la divinité» (trad., 410–11). Des critiques féministes comme Patricia Klindienst Joplin, Jane Marcus et Nancy K. Miller ont insisté en revanche sur la spécificité féminine et humaine de la voix de la navette et sur les implications de cette spécificité pour l'interprétation du mythe comme pour une éventuelle poétique féministe. Ainsi, Patricia Klindienst Joplin, dans «The Voice of the Shuttle Is Ours» (1984), suggère que Philomèle élève l'activité artisanale féminine du tissage à un *art* de la résistance (voir aussi Patricia Klindienst, «Epilogue to "The Voice of the Shuttle Is Ours"», 1996, atténuation de sa critique d'Hartman) et, dans «Still Practice, A/Wrested Alphabet: Toward a Feminist Aesthetic» (1984), Jane Marcus donne Procné pour le modèle de la lectrice féministe (voir aussi «Liberty, Sorority, Misogny»). Dans «Arachnologies: The Woman, the Text, and the Critic» (*Subject to Change,* 1988), Nancy K. Miller met en valeur non pas Philomèle mais la féministe dissidente Arachné (Ovide, *Les Métamorphoses,* Livre VI), l'opposant à la figure d'Ariane—séduite et abandonnée, image masculine de l'autre féminin. Miller présente l'histoire d'Arachné comme une figuration de la relation entre la production artistique de la femme et la culture dominante (80), comme «une parabole de l'écriture des femmes, un modèle pour comprendre comment elle a été lue traditionnellement» (94, nous traduisons). Ainsi, pour avoir rivalisé en tissage avec la déesse Pallas (Minerve) et représenté l'abus des femmes (Europe, Léda, Danaé...) par des dieux déguisés pour satisfaire leurs désirs coupables, Arachné est transformée par sa rivale en araignée. De plus, la tapisserie-protestation d'Arachné est détruite par cette déesse gardienne de l'ordre divin au profit de la sienne, représentation contraire du pouvoir des dieux et de leur punition des mortels qui les bravent. La punition d'Arachné la consigne à un tissage simplement «féminin», «naturel», hors du champ de la représentation et donc coupé de l'art. En contrepoint, Miller propose la «surlecture» comme approche des écrits de femmes: à savoir, la recherche des traces cachées de leur signature, comme celle d'Arachné tissée/cachée entre les fleurs et le lierre dans le bord de sa tapisserie, et le repérage des signes des conditions de production sexuellement spécifiques de leur art. Ceci dans le but de restaurer le lien entre la femme artiste réelle et son œuvre, entre la tisseuse et sa toile, et de mettre en lumière une tradition d'écrivaines féministes.

Pour Karen E. Rowe («To Spin a Yarn: The Female Voice in Folktale and Fairy Tale», 1986), la Philomèle tisseuse et rossignol mise en scène par Ovide incarne l'archétype de la femme conteuse; elle serait le point de départ paradigmatique d'une longue lignée de conteuses qui mène à des femmes auteurs de contes de fées, comme Marie-Catherine d'Aulnoy et Marie-Jeanne Lhéritier au XVIIe siècle et Jeanne Marie Le Prince de Beaumont au XVIIIe, ainsi qu'aux romancières, en passant par les vieilles et les sages femmes, tisseuses et conteuses des veillées rurales. Relevant dans l'Antiquité chez les poètes masculins grecs et chez Ovide l'analogie, d'origine indo-européenne, entre tisser/filer et raconter une histoire, Rowe signale leur appropriation de cet art féminin et de la voix féminine; Basile, Charles Perrault, les frères Grimm et d'autres conteurs masculins européens auraient accompli, selon elle, un acte d'appropriation comparable d'un art essentiellement féminin: les contes de fées et les contes folkloriques.

Elaine Showalter («Piecing and Writing», 1986) se montre plus sceptique envers la valorisation de l'analogie entre les travaux d'aiguille et l'écriture des femmes. Interrogeant non le mythe de Philomèle et la voix de la navette mais la métaphore du patchwork dans la poétique féministe des années 1970 et dans la fiction féminine américaine du XIXe siècle, elle met en garde contre l'idéalisation sentimentale de cette tradition littéraire et culturelle féminine qui, pour la femme écrivain et la critique féministe du XXe siècle, peut représenter un fardeau autant qu'un trésor. Carla Kaplan exprime des réserves semblables dans «The Language of Crisis in Feminist Theory» (1992); la métaphore du patchwork dans la théorie féministe récente traduirait à son avis la nostalgie d'une cohérence et d'une solidarité perdues en même temps qu'un malaise devant le surgissement à l'intérieur du féminisme de différences et de conflits rendant problématique la catégorie même de «femme». Voir aussi la remarque désabusée d'Anne (Rivière) dans la revue *Sorcières* au moment même où le mouvement féministe est à son apogée en France: «Le jour où il nous sera accordé une "écriture féminine", elle risque fort de se retrouver du côté de la dentelle et de la tapisserie» (*Sorcières* 7, «Écritures», 1977, 7). Inversement, Béatrice Slama met en garde contre la méconnaissance des subversions opérées dans les écrits de femmes du passé quand elles ne répondent pas aux pratiques et aux métaphores théoriques de l'écriture féminine moderne: «Les ouvertures et les limites sont aussi celles d'une époque. Sans doute faut-il comprendre celles d'hier pour reconnaître celles d'aujourd'hui: retrouver ses racines même s'il faut les couper» («De la "littérature féminine" à "l'écrire-femme"», 1981, 62). En effet, dans le numéro de la revue féministe *Sorcières* déjà cité, l'on peut lire en face du texte moqueur d'Anne, le rêve de F./Françoise P. de «pouvoir écrire comme on coud, comme on tisse. J'aimerais faire un patchwork de cette page, écrire en rond, assembler. [...] Je me sens comme une artisane» (*Sorcières* 7, 6). Cherchant à reconstituer l'histoire perdue des femmes, l'écrivaine féministe québécoise Louky Bersianik, dans un essai qui date de 1980, trouvait de même dans le patchwork une métaphore toujours pertinente pour figurer un travail urgent de mémoire, et donc de narration: «Nous n'aurons pas encore tiré notre épingle du jeu quand notre mémoire aura été montée de toutes pièces comme une étoffe. Une étoffe qui ne conviendra peut-être à quelques-unes d'entre nous et non au plus grand nombre. Et quels tissus, quels épisodes choisis, cette épingle servira-t-elle à lier, à attacher ensemble, à fixer pour la postérité?» (*Les Agénésies du vieux monde*, 14).

Dans «Surprising Fame» (1986), *The Currency of Eros* (1990), et surtout «New Songs for the Swallow: Ovid's Philomela in Tullia d'Aragona and Gaspara Stampa» (1991), Ann Rosalind Jones montre comment les poètes italiennes de la Renaissance Gaspara Stampa et Tullia d'Aragona, s'identifiant à Philomèle et Procné, récrivent ce mythe du silence féminin imposé et ses adaptations par les hommes poètes (chez ceux-ci, viol sublimé, culpabilité déplacée du violeur aux victimes, édulcoration de la complainte des sœurs-oiseaux en fioriture poétique, simple annonce au poète-amant mélancolique de la venue du printemps) pour souligner en revanche le chant en commun d'une souffrance partagée, les thèmes donc de la voix recouvrée et de la solidarité féminine, et pour exprimer un vœu poétique («Cantate meco, Progne e Filomena [...] / Io piangerò 'l vostro [dolore] a tutte l'ore/ con quanto stile ed arte potrò farlo»; «Chantez avec moi, Procné et Philomène [...]/ Je pleurerai la vôtre [douleur] à toute heure/ avec autant de style et d'art que je puisse le faire», Gaspara Stampa, sonnet 173, *Rime*, Venise, 1554, nous traduisons) ainsi qu'un fantasme de liberté (chez Tullia d'Aragona, identification avec Philomèle envolée).

Chez les critiques féministes l'intérêt pour ce mythe ne semble pas avoir diminué. Dans *Weaving the Word* (2001), Kathryn Sullivan Kruger aborde la tapisserie de Philomèle et la vengeance des deux sœurs par le biais des théories de Julia Kristeva sur le sémiotique et le symbolique. Relevant du sémiotique, associé au préœdipien et au maternel, la tapisserie et la vengeance ébranlent l'autorité de l'ordre symbolique, l'ordre du Père, subvertissant les rôles traditionnellement féminins de tisseuse, de mère, et de cuisinière. Sa lecture du dénouement est plutôt négative: la métamorphose de Philomèle la priverait en fin de compte du pouvoir de signifier que sa tapisserie révolutionnaire illustre; elle montrerait l'échec de son texte-tapisserie rebelle à être assimilé par l'ordre du Père, les cultures d'Athènes et de Thrace, donc à changer la société patriarcale et la place que cette société lui réserve (Kruger, chapitre trois). Sur les textes-tapisseries de Philomèle et Arachné, elle conclut: «Les deux mythes, d'Arachné et de Philomèle, transforment le *travail* du tissage en l'art de la création du sens. [...] Pendant qu'elles tissent, Philomèle et Arachné sont élevées par leur art et leur art les rend remarquables; tant qu'elles actionnent leur métier à tisser, elles représentent la femme artiste. Cependant, une fois qu'elles cessent de tisser, Arachné et Philomèle perdent leur qualité d'agents du sens, elles sont métamorphosées en créatures sous-humaines incapables de signifier. Tant que l'histoire est centrée sur le tissage, le récit continue à se dérouler, la poète continue à parler; mais une fois que l'accent se déplace vers le textile, l'histoire s'achève et la signification s'arrête» (71, nous traduisons).

# Point de départ?

# *Simone de Beauvoir*

(1908–1986)

On ne naît pas femme: on le devient.
—Simone de Beauvoir, *Le Deuxième sexe*

Figure littéraire, philosophique, politique, féministe, Simone de Beauvoir est la femme intellectuelle la plus en vue au milieu du XX$^{e}$ siècle. Avec son essai capital, *Le Deuxième sexe* (1949), publié vingt ans avant la naissance du mouvement de libération des femmes et vilipendé à sa parution par les bien-pensants de gauche comme de droite, elle ouvre la voie au féminisme moderne

Simone de Beauvoir (Roger Viollet)

tant à l'étranger qu'en France. Si cette étude a pu être contestée depuis, son retentissement sur la vie et sur le regard des femmes a été incalculable et se fait encore sentir aujourd'hui.

Refusant de se tenir à sa place de «jeune fille rangée» (*Mémoires d'une jeune fille rangée*, premier volet de son autobiographie, 1958) ou de femme bourgeoise, Simone de Beauvoir provoque ou dérange. D'où son emplacement dans ce recueil, au mépris de la chronologie, à l'orée d'un parcours à travers la littérature française écrite par des femmes depuis le XIIe siècle jusqu'à nos jours, emplacement qui conserve à Simone de Beauvoir son rôle de provocatrice, de levain, pour inciter la réflexion sur la situation et la production de ces femmes écrivains. Elle pourra ainsi fournir un premier cadre pour aborder cette littérature. En retour, les lectures qui suivent *Le Deuxième sexe* permettront d'évaluer l'opinion de Simone de Beauvoir sur la condition féminine en général et sur celle de la femme écrivain à travers les siècles en particulier. *Le Deuxième sexe* fait pendant à *De la littérature* (1800) de Germaine de Staël qui ouvre le second volume de cette anthologie et au «Rire de la Méduse» (1975) d'Hélène Cixous, texte liminaire, encore de façon anachronique, de la dernière section, consacrée aux XXe et XXIe siècles, pour offrir trois perspectives divergentes et controversées sur la condition et la tradition littéraire féminines à des moments décisifs de l'histoire des femmes.

Simone de Beauvoir naît à Paris le 9 janvier 1908 dans une famille bourgeoise aisée, d'une mère pieuse et traditionaliste et d'un père, «ni seigneur ni roturier» (*Mémoires d'une jeune fille rangée*), avocat distingué et bon vivant, agnostique et brillant. Sa sœur, Hélène, surnommée Poupette, naît en 1910. Élève sérieuse, douée et croyante, Simone fréquente le cours Désir, école catholique privée, mais elle perdra la foi à l'âge de quinze ans. Athée, elle sera habitée par l'angoisse de la mort; la hantise de la mort deviendra en effet la clef de voûte de sa philosophie existentialiste et un thème majeur de ses écrits. Jeune fille, elle a déjà le sentiment d'appartenir à une élite, la volonté farouche de garder son autonomie en refusant, en faveur d'une carrière, les «servitudes» de la maternité et du rôle de ménagère dans une famille bourgeoise traditionnelle; elle a déjà le désir de s'approprier le monde à travers la création littéraire. Passant outre aux préjugés de son milieu à l'égard d'un destin de femme, elle fait des études à la Sorbonne et à l'École Normale Supérieure et obtient une agrégation de philosophie (1929). C'est en préparant l'agrégation que, seule femme admise dans un groupe d'étude masculin, elle fait la connaissance d'un autre étudiant en philosophie, Jean-Paul Sartre (1905–1980), qui deviendra son compagnon de plus d'un demi-siècle, «l'homme prédestiné» qui lui «garantirait [s]on existence sans lui ôter sa souveraineté», avec qui elle pourrait «toujours tout partager» (*Mémoires d'une jeune fille rangée*). Refusant le mariage, elle conclut avec lui un «pacte renouvelable» selon lequel leur relation serait essentielle mais libre et n'exclurait pas des amours «contingentes». Agrégée, elle enseigne dans des lycées, à Marseille, à Rouen, et enfin à Paris en 1938. Après la publication d'un premier roman, *L'Invitée,* en 1943, inspiré d'une relation triangulaire (mal) vécue avec une de ses étudiantes et Sartre, elle abandonne l'enseignement pour se consacrer entièrement à l'écriture. Pendant l'Occupation, Sartre est arrêté et détenu dans un camp de prisonniers. À son retour, elle s'engage avec lui dans la Résistance.

Après la Libération, elle explore les thèmes existentialistes de la liberté et de la responsabilité dans une pièce de théâtre, *Les Bouches inutiles* (1945), des romans dont *Le Sang des autres* (1945), et des essais philosophiques dont le plus important est *Pour une morale de l'ambiguïté* (1947). Elle fait paraître *L'Amérique au jour le jour* (1948), journal d'un voyage en Amérique au cours duquel elle a fait une tournée de conférences dans les universités et commencé une liaison de quatre ans avec l'écrivain américain Nelson Algren. Elle collabore également aux *Temps modernes,* revue fondée avec Sartre en 1945 sur un programme de littérature engagée, où paraîtront dès 1948 des pages du *Deuxième sexe,* déclenchant un tollé général et pour le livre un succès de scandale, attribuable en partie à sa description sans euphémisme du corps féminin et de la sexualité. Fruit de vastes recherches à la Bibliothèque Nationale sur l'histoire, la biologie, les mythes et la littérature concernant les femmes, l'essai est en avance sur son temps, arrivant précisément au moment où les femmes, ayant acquis le droit de vote (1944) et remplacé au travail les hommes partis à la guerre, sont renvoyées au foyer et à leur «féminité», mais déjà il apporte à beaucoup de femmes des éléments de libération et il est destiné à devenir la bible des féministes des années soixante et soixante-dix. Le couple Sartre-Beauvoir, philosophes de l'existence et de la liberté du sujet, règne désormais sur la vie intellectuelle française, populairement identifiée au Saint-Germain-des-Prés «existentialiste» de l'après-guerre. En 1954, le roman de Beauvoir *Les Mandarins,* racontant la désillusion des intellectuels français de gauche après la Libération, reçoit le prestigieux Prix Goncourt.

Conformément à sa politique de gauche, à son éthique de la responsabilité envers les autres, comme à sa croyance que les mots sont pour l'intellectuel(le) des armes et des moyens d'action, Simone de Beauvoir témoigne contre toute forme d'oppression: elle milite en faveur de l'indépendance algérienne (guerre d'indépendance, 1954–62) et contre la politique des États-Unis au Vietnam; elle participe aux soulèvements des étudiants en mai 68; et, à partir de 1970, elle s'engage de plus en plus radicalement dans les causes féministes. De l'analyse théorique du *Deuxième sexe,* elle passe à l'action concrète, se déclarant enfin féministe: elle signe le manifeste des 343 pour le droit à l'avortement (1971), milite en faveur de la contraception, participe aux réunions de divers groupes féministes, devient présidente en 1974 de la nouvelle Ligue du droit des femmes et directrice de publication d'une nouvelle revue *Questions féministes* en 1977, écrivant de nombreux articles dans les journaux et les revues sur différents aspects de la condition et de la lutte des femmes, lutte à laquelle elle donne maintenant la priorité sur la lutte des classes, car elle ne parie plus sur le triomphe éventuel du socialisme pour instaurer l'égalité des sexes. Mais les problèmes de la «féminité» et du rôle de la femme dans la société traversent en vérité toute son œuvre, figurant déjà au premier plan du roman *Les Belles images* (1966) et des nouvelles recueillies dans *La Femme rompue* (1967).

Avec les *Mémoires d'une jeune fille rangée,* Beauvoir entame en 1958 un grand cycle autobiographique comprenant *La Force de l'âge* (1960), *La Force des choses* (1963) et *Tout compte fait* (1972); l'ensemble, dont le succès est immense, porte un témoignage précieux sur la vie intellectuelle, politique et artistique de son temps, ceci de la part d'une femme intellectuelle *engagée* au même titre que les hommes et en prise directe sur les événements. À ce cycle se joindront *Une Mort très douce* (1964), récit insoutenable de l'agonie de sa mère et réflexion sur l'âge et sur la mort (sujet tabou du corps mortel et de la décrépitude qu'elle traitera plus tard dans un essai sociologique qui fait pendant au *Deuxième sexe, La Vieillesse,* 1970), et *La Cérémonie des adieux* (1981), récit circonstancié et bouleversant—qui lui est reproché par certains comme un scandale et comme une trahison de leur intimité—de la déchéance de Sartre au cours des dix dernières années de sa vie.

Elle aura pour compagne et confidente à la fin de sa vie Sylvie le Bon, professeur de philosophie au lycée rencontrée en 1960 et devenue sa fille adoptive. Sylvie le Bon s'occupera des manuscrits et de l'œuvre de Beauvoir après sa mort qui survient le 14 avril 1986. Simone de Beauvoir est enterrée au Cimetière Montparnasse, dans la même tombe que Sartre. Ses *Lettres à Sartre* seront publiées en 1990. En 1997, Sylvie le Bon de Beauvoir fera paraître ses *Lettres à Nelson Algren.*

*Le Deuxième sexe* comprend deux volumes très touffus, le premier sur «Les faits et les mythes» et le second sur «L'expérience vécue». Partant du postulat existentialiste de la liberté humaine dans un monde sans essences ni nature a priori, après avoir écarté les données de la biologie, le point de vue psychanalytique et celui du matérialisme historique pour expliquer la condition inférieure des femmes, Beauvoir passe en revue les rôles traditionnels que les femmes ont joués au fil des siècles («Histoire») alors que «les hommes ont toujours détenu tous les pouvoirs concrets». Ceci l'amène à évoquer les images mythiques dont les a revêtues la religion et la littérature. Ces mythes, conclut-elle, ont fait de la femme la figure de l'Autre (passive et dominée) face à laquelle l'homme a pu s'affirmer comme sujet transcendant et actif. Dans le deuxième volume, après avoir étudié la formation et la situation des femmes et certains rôles inauthentiques qu'elles ont assumés pour justifier leur existence ("Justifications" comprend des chapitres sur «La narcissiste», «L'amoureuse» et «La mystique»), elle ouvre des perspectives d'avenir dans la dernière section («Vers la libération»). La femme indépendante sera celle qui exercera un travail rémunéré et qui, ayant adopté les mêmes valeurs de transcendance que lui, pourra se poser en sujet égal à l'homme. À travers toute son étude, malgré son appréciation négative des réalisations des femmes du passé et sa vision pessimiste de la complicité dans leur subordination chez ses contemporaines, Beauvoir ne se lasse pas de répéter que la condition inférieure des femmes n'est pas un fait de nature mais de *culture*, une donnée de leur situation socio-historique et que cette situation peut par conséquent changer. C'est sa contribution capitale au féminisme moderne.

En lisant les œuvres représentant huit siècles d'écriture de femmes qui suivent ces extraits du *Deuxième sexe*, il convient de se demander si, par le passé, les femmes écrivains n'ont jamais su contourner le préjugé culturel contre leur sexe pour s'affirmer en tant que sujets. Il convient aussi de s'interroger sur le présupposé chez Beauvoir que l'égalité sexuelle adviendra quand les femmes auront assumé les valeurs connotées viriles, les seules authentiquement humaines de son point de vue existentialiste: «Quand enfin il sera possible à tout être humain de placer son orgueil par-delà la différenciation sexuelle, dans la difficile gloire de la libre existence, alors seulement la femme pourra confondre son histoire, ses problèmes, ses doutes, ses espoirs, avec ceux de l'humanité [...]. Il n'est pas sûr que ses "mondes d'idées" soient différents de ceux des hommes puisque c'est en s'assimilant à eux qu'elle s'affranchira; pour savoir dans quelle mesure elle demeurera singulière, dans quelle mesure ces singularités garderont de l'importance, il faudrait se hasarder à des anticipations bien hardies» («Vers la libération»).

«Fille de son temps, elle nie que les femmes aient une histoire. Ce que récusent aujourd'hui les historiennes» (Michelle Perrot, historienne, *Libération*, 19 janvier 1999). Dans ses remarques sur la situation de la femme écrivain il est sûr que Beauvoir met le doigt sur les contraintes qui ont réellement pesé sur elle: aux yeux du patriarcat, la femme qui écrit est soit une prude, un bas-bleu qui a renoncé à sa féminité (ainsi, au XVII^e siècle, l'idéal féminin d'une Madeleine de Scudéry sera celui d'une femme instruite en tout mais qui se gardera de «faire la savante»), soit une débauchée qui ne respecte pas la modestie qui convient à son sexe (nombreuses seront les protestations d'humilité et de modestie qu'on rencontrera dans les préfaces, les avant-propos, les épîtres dédicatoires et autres textes liminaires pour faire passer la transgression de l'écriture). Faut-il pour autant conclure avec Beauvoir que les femmes écrivains à travers les siècles, ont seulement misé «sur les valeurs sûres du conformisme» pour éviter ce genre d'attaques, n'osant pas «déranger, explorer, exploser»? Certes, jusqu'au dernier quart du XX^e siècle, les femmes ont pu se sentir «écrasées par l'univers de la culture parce que c'est un univers d'hommes», parce qu'il leur manquait pour légitimer leur écriture des références féminines. Celles-ci, oubliées, effacées par l'histoire officielle, étaient à chaque fois à redécouvrir, à désensabler, par un véritable travail d'archéologue qui ne sera enfin entrepris sérieusement que bien après l'époque où Beauvoir écrivait *Le Deuxième sexe*—d'où pour perpétuer la mémoire d'une tradition féminine les listes de femmes illustres qui scandent depuis Christine de Pizan au début du XV^e siècle (*Le Livre de la Cité des Dames*) cette production féminine, et cela jusqu'à récemment, comme le montre encore en 1969 *Les Guérillères* de Monique Wittig. Faut-il en conclure pour autant que les femmes écrivains du passé n'ont fait que «balbutier» ou bien qu'étouffer leur «singularité», imitant les hommes pour être acceptées? Par ses fouilles impressionnantes mais néanmoins partielles et partiales dans *Le Deuxième sexe,* Simone de Beauvoir a sans aucun doute ouvert la voie à une nouvelle appréciation de l'histoire des femmes et de leur place dans la tradition littéraire, même si pour des raisons personnelles (elle aimait être une femme exceptionnelle), philosophiques (le préjugé viril de l'existentialisme) et historiques (Beauvoir ne remet pas en question les critères de sélection du canon littéraire dont les femmes étaient essentiellement exclues; aucune histoire «agréée» ne consacrait leur apport positif et continu à la culture, une vraie tradition de créativité féminine), elle n'a pas su percevoir des femmes écrivains singulières—et souvent comme elle dérangeantes—s'affirmer comme sujets depuis les marges où les reléguait la culture patriarcale.

# Le Deuxième sexe
(Extraits)

## TOME I: LES FAITS ET LES MYTHES

### *Introduction*

J'ai longtemps hésité à écrire un livre sur la femme. Le sujet est irritant, surtout pour les femmes; et il n'est pas neuf. La querelle du féminisme a fait couler assez d'encre, à présent elle est à peu près close: n'en parlons plus. On en parle encore cependant. Et il ne semble pas que les volumineuses bêtises débitées pendant ce dernier siècle aient beaucoup éclairé le problème. D'ailleurs y a-t-il un problème? Et quel est-il? Y a-t-il même des femmes? Certes la théorie de l'éternel féminin compte encore des adeptes; ils chuchotent: «Même en Russie, *elles* restent bien femmes»; mais d'autres gens informés—et les mêmes aussi quelquefois—soupirent: «La femme se perd, la femme est perdue». On ne sait plus bien s'il existe encore des femmes, s'il en existera toujours, s'il faut ou non le souhaiter, quelle place elles occupent en ce monde, quelle place elles devraient y occuper. «Où sont les femmes?» demandait récemment un magazine intermittent[1]. Mais d'abord: qu'est-ce qu'une femme? «*Tota mulier in utero:* c'est une matrice», dit l'un. Cependant parlant de certaines femmes, les connaisseurs décrètent: «Ce ne sont pas des femmes» bien qu'elles aient un utérus comme les autres. Tout le monde s'accorde à reconnaître qu'il y a dans l'espèce humaine des femelles; elles constituent aujourd'hui comme autrefois à peu près la moitié de l'humanité; et pourtant on nous dit que «la féminité est en péril»; on nous exhorte: «Soyez femmes, restez femmes, devenez femmes». Tout être humain femelle n'est donc pas nécessairement femme: il lui faut participer à cette réalité mystérieuse et menacée qu'est la féminité. [...]

Si la fonction de femelle ne suffit pas à définir la femme, si nous refusons aussi de l'expliquer par «l'éternel féminin» et si cependant nous admettons que, fût-ce à titre provisoire, il y a des femmes sur terre, nous avons donc à nous poser la question: qu'est-ce qu'une femme?

[...] Le rapport des deux sexes n'est pas celui de deux électricités, de deux pôles: l'homme représente à la fois le positif et le neutre au point qu'on dit en français «les hommes» pour désigner les êtres humains [...]. La femme apparaît comme le négatif si bien que toute détermination lui est imputée comme limitation, sans réciprocité. [...] Pratiquement, de même que pour les

1. Il est mort aujourd'hui, il s'appelait *Franchise*. [Note de Beauvoir.]

anciens il y avait une verticale absolue, il y a un type humain absolu qui est le type masculin. La femme a des ovaires, un utérus; voilà des conditions singulières qui l'enferment dans sa subjectivité; on dit volontiers qu'elle pense avec ses glandes. L'homme oublie superbement que son anatomie comporte aussi des hormones, des testicules. Il saisit son corps comme une relation directe et normale avec le monde qu'il croit appréhender dans son objectivité, tandis qu'il considère le corps de la femme comme alourdie par tout ce qui le spécifie: un obstacle, une prison. [...] L'humanité est mâle et l'homme définit la femme non en soi mais relativement à lui; elle n'est pas considérée comme un être autonome. [...] Et elle n'est rien d'autre que ce que l'homme en décide; ainsi on l'appelle «le sexe» voulant dire par là qu'elle apparaît essentiellement au mâle comme un être sexué: pour lui, elle est sexe, donc elle l'est absolument. Elle se détermine et se différencie par rapport à l'homme et non celui-ci par rapport à elle; elle est l'inessentiel en face de l'essentiel. Il est le Sujet, il est l'Absolu: elle est l'Autre[2].

[...] Pourquoi les femmes ne contestent-elles pas la souveraineté mâle? Aucun sujet ne se pose d'emblée et spontanément comme l'inessentiel; ce n'est pas l'Autre qui se définissant comme Autre définit l'Un. Mais pour que le retournement de l'Autre à l'Un ne s'opère pas, il faut qu'il se soumette à ce point de vue étranger. D'où vient en la femme cette soumission?

[...] En vérité pas plus que la réalité historique la nature n'est un donné immuable. Si la femme se découvre comme l'inessentiel qui jamais ne retourne à l'essentiel, c'est qu'elle n'opère pas elle-même ce retour. Les prolétaires disent «nous». Les Noirs aussi. Se posant comme sujets ils changent en «autres» les bourgeois, les Blancs. Les femmes—sauf en certains congrès qui restent des manifestations abstraites—ne disent pas «nous»; les hommes disent "les femmes" et elles reprennent ces mots pour se désigner elles-mêmes; mais elles ne se posent pas authentiquement comme Sujet. [...]

[...] En effet, à côté de la prétention de tout individu à s'affirmer comme

2. Cette idée a été exprimée sous sa forme la plus explicite par E. Lévinas dans son essai sur *Le Temps et l'Autre*. Il s'exprime ainsi: «N'y aurait-il pas une situation où l'altérité serait portée par un être à un titre positif, comme essence? Quelle est l'altérité qui n'entre pas purement et simplement dans l'opposition des deux espèces du même genre? Je pense que le contraire absolument contraire, dont la contrariété n'est affectée en rien par la relation qui peut s'établir entre lui et son corrélatif, la contrariété qui permet au terme de demeurer absolument autre, c'est le féminin. Le sexe n'est pas une différence spécifique quelconque... La différence des sexes n'est pas non plus une contradiction...

sujet, qui est une prétention éthique, il y a aussi en lui la tentation de fuir sa liberté et de se constituer en chose: c'est un chemin néfaste car passif, aliéné, perdu, il est alors la proie de volontés étrangères, coupé de sa transcendance, frustré de toute valeur. Mais c'est un chemin facile: on évite ainsi l'angoisse et la tension de l'existence authentiquement assumée. L'homme qui constitue la femme comme un *Autre* rencontrera donc en elle de profondes complicités. Ainsi, la femme ne se revendique pas comme sujet parce qu'elle n'en a pas les moyens concrets, parce qu'elle éprouve le lien nécessaire qui la rattache à l'homme sans en poser la réciprocité, et parce que souvent elle se complaît dans son rôle d'*Autre*.

[...] Mais il y a de profondes analogies entre la situation des femmes et celle des Noirs: les unes et les autres s'émancipent aujourd'hui d'un même paternalisme et la caste naguère maîtresse veut les maintenir à «leur place», c'est-à-dire à la place qu'elle a choisie pour eux; dans les deux cas elle se répand en éloges plus ou moins sincères sur les vertus du «bon Noir» à l'âme inconsciente, enfantine, rieuse, du Noir résigné, et de la femme «vraiment femme», c'est-à-dire frivole, puérile, irresponsable, la femme soumise à l'homme. Dans les deux cas elle tire argument de l'état de fait qu'elle a créé.

[...] Or, ce qui définit d'une manière singulière la situation de la femme, c'est que, étant comme tout être humain, une liberté autonome, elle se découvre et se choisit dans un monde où les hommes lui imposent de s'assumer contre l'Autre: on prétend la figer en objet, et la vouer à l'immanence puisque sa transcendance sera perpétuellement transcendée par une autre conscience essentielle et souveraine. Le drame de la femme, c'est ce conflit entre la revendication fondamentale de tout sujet qui se pose toujours comme l'essentiel et les exigences d'une situation qui la constitue comme inessentielle.

---

(Elle) n'est pas non plus la dualité de deux termes complémentaires car deux termes complémentaires supposent un tout préexistant... L'altérité s'accomplit dans le féminin. Terme du même rang mais de sens opposé à la conscience».

Je suppose que M. Lévinas n'oublie pas que la femme est aussi pour soi conscience. Mais il est frappant qu'il adopte délibérément un point de vue d'homme sans signaler la réciprocité du sujet et de l'objet. Quand il écrit que la femme est mystère, il sous-entend qu'elle est mystère pour l'homme. Si bien que cette description qui se veut objective est en fait une affirmation du privilège masculin. [Note de Beauvoir.]

## TOME II: L'EXPÉRIENCE VÉCUE

### *Première partie: Formation*

### Chapitre premier: Enfance

On ne naît pas femme: on le devient. Aucun destin biologique, psychique, économique, ne définit la figure que revêt au sein de la société la femelle humaine: c'est l'ensemble de la civilisation qui élabore ce produit intermédiaire entre le mâle et le castrat, qu'on qualifie de féminin. Seule la médiation d'autrui peut constituer un individu comme un *Autre*. [...]

### *Quatrième partie: Vers la libération*

### Chapitre XIV: La femme indépendante

[La situation de la femme écrivain, d'après Beauvoir.]

[...] Plaire est son plus grand souci; et souvent elle a déjà peur, du seul fait qu'elle écrit, de déplaire en tant que femme: le mot de bas-bleu, bien qu'un peu éculé, éveille encore de désagréables résonances; elle n'a pas le courage de déplaire encore en tant qu'écrivain. L'écrivain original, tant qu'il n'est pas mort, est toujours scandaleux; la nouveauté inquiète et indispose; la femme est encore étonnée et flattée d'être admise dans le monde de la pensée, de l'art, qui est un monde masculin: elle s'y tient bien sage; elle n'ose pas déranger, explorer, exploser; il lui semble qu'elle doit se faire pardonner ses prétentions littéraires par sa modestie, son bon goût; elle mise sur les valeurs sûres du conformisme; [...] il ne faut pas compter sur elle pour s'aventurer sur des chemins inédits. Ce n'est pas que les femmes dans leurs conduites, leurs sentiments, manquent d'originalité; il en est de si singulières qu'il faut les enfermer; dans l'ensemble, beaucoup d'entre elles sont plus baroques, plus excentriques que les hommes dont elles refusent les disciplines. Mais c'est dans leur vie, leur conversation, leur correspondance qu'elles font passer leur bizarre génie; si elles essaient d'écrire, elles se sentent écrasées par l'univers de la culture parce que c'est un univers d'hommes: elles ne font que balbutier. Inversement, la femme qui choisit de raisonner, de s'exprimer selon les techniques masculines aura à cœur d'étouffer une singularité dont elle se défie; comme l'étudiante, elle sera facilement appliquée et pédante; elle imitera la rigueur, la vigueur virile. Elle pourra devenir une excellente théoricienne, acquérir un solide talent; mais elle se sera imposé de répudier tout ce qu'il y avait en elle de «différent». Il y a des femmes qui sont folles et il y a des femmes de talent: aucune n'a cette folie dans le talent qu'on appelle le génie. [...]

[...] Comment les femmes auraient-elles jamais eu du génie alors que toute possibilité d'accomplir une œuvre géniale—ou même une œuvre tout court—leur était refusée?

## La Force des choses
(Extrait)

[Simone de Beauvoir explique comment elle en est venue à écrire *Le Deuxième sexe*.]

En fait, j'avais envie de parler de moi. [...] Je commençai à y rêver, à prendre quelques notes, et j'en parlai à Sartre. Je m'avisai qu'une première question se posait: qu'est-ce que ça avait signifié pour moi d'être une femme? J'ai d'abord cru pouvoir m'en débarrasser vite. Je n'avais jamais eu de sentiment d'infériorité, personne ne m'avait dit: «Vous pensez ainsi parce que vous êtes une femme»; ma féminité ne m'avait gênée en rien. «Pour moi, dis-je à Sartre, ça n'a pour ainsi dire pas compté.—Tout de même, vous n'avez pas été élevée de la même manière qu'un garçon: il faudrait y regarder de plus près.» Je regardai et j'eus une révélation: ce monde était un monde masculin, mon enfance avait été nourrie de mythes forgés par les hommes et je n'y avais pas du tout réagi de la même manière que si j'avais été un garçon. Je fus si intéressée que j'abandonnai le projet d'une confession personnelle pour m'occuper de la condition féminine dans sa généralité. J'allai faire des lectures à la Nationale[3] et j'étudiai les mythes de la féminité.

3. La Bibliothèque Nationale.

# Le Moyen Âge

# *Marie de France*

(XIIe siècle)

Me numerai pur remembrance:
Marie ai nun, si sui de France.

Je me nommerai pour qu'on se souvienne:
Marie est mon nom, je suis de France.
—*Fables*

Marie de France: ce nom émerge du passé lointain signalant la première femme écrivain de l'histoire de la littérature française dont l'œuvre nous est

---

Marie de France (Roger Viollet)

parvenue et la première de toute l'Europe occidentale à avoir écrit des poèmes narratifs en langue vulgaire. Première femme à composer, en cette renaissance culturelle de la seconde moitié du XII^e^ siècle, des contes d'amour et d'aventure, elle inaugure, avec Chrétien de Troyes et Thomas, auteurs de romans courtois, la grande tradition romanesque du monde occidental. Ses *Lais* (1160–70?), contes ou nouvelles en vers, marquent en même temps le début d'une relation privilégiée—fondatrice—que les femmes écrivains françaises entretiendront à travers les siècles avec l'art narratif. À chaque grand tournant de son évolution, elles apparaîtront, et le plus souvent comme Marie elles feront figure de pionnières (telles Hélisenne de Crenne et Marguerite de Navarre au XVI^e^ siècle, Madeleine de Scudéry et Marie-Catherine d'Aulnoy au XVII^e^, Nathalie Sarraute au XX^e^).

Qui était cette Marie que nous avons coutume d'appeler Marie de France d'après les vers de ses *Fables* (1167–89?) cités en épigraphe? Son identité est d'abord liée à ce nom et à l'écriture. Dans le prologue de *Guigemar* l'auteur des *Lais* se nomme aussi Marie (v. 3, «Oëz, seignur, ke dit Marie», «Ecoutez donc, seigneurs, les récits de Marie»). Une «Marie» signe également l'*Espurgatoire saint Patrice* (après 1189?), traduction en «roman» (c'est-à-dire français) d'un texte en latin, à l'usage des laïcs qui ignoraient cette langue. Ces trois «Marie» désignent-elles la même femme? Malgré les doutes de certains érudits concernant leur identité et jusqu'au sexe de l'auteur qui s'appelle par ce nom, il est généralement admis qu'une même «Marie de France» écrivit ces trois œuvres et qu'il s'agit effectivement d'une femme. (Il est possible, de plus, que la «Marie» qui signa *La Vie de sainte Audrée* soit bien aussi la même.) Une même personnalité semble marquer ces textes, un même désir chez «Marie» de sauver de l'oubli ses sources écrites ou orales et d'assurer sa propre renommée littéraire.

Mais, en dehors de son nom, de ces titres, des dates probables de son activité littéraire (1160–1215), nous savons très peu d'elle. Originaire probablement de l'Île-de-France ou de la Normandie, elle vivait sans doute en Angleterre, peut-être à la cour de Londres, vu qu'elle s'exprime en dialecte anglo-normand, la langue parlée dans les cours anglaises après la conquête normande, et que ses textes comportent des mots anglais et des références à l'Angleterre. Le «noble roi» à qui elle dédie les *Lais* dans le prologue général est probablement Henri II Plantagenêt (1133–89), puissant mécène qui attira à sa cour des intellectuels et une nouvelle classe d'écrivains en langue vulgaire. Avec sa femme, la célèbre Aliénor d'Aquitaine (1122–1204), qui répandit dans le nord la doctrine provençale de la *fin'amor* (amour courtois), il favorisa l'éclosion de la littérature courtoise, c'est-à-dire d'une littérature écrite pour le nouveau public cultivé et raffiné qui vivait à la cour. La cour d'Henri II et d'Aliénor d'Aquitaine était en son temps le plus brillant foyer culturel du monde occidental.

À en juger par l'étendue remarquable de ses connaissances, Marie de France était probablement noble. Car si les portes des écoles étaient fermées à leur sexe, les femmes de l'aristocratie avaient néanmoins accès aux livres; elles pouvaient donc étudier et devenir lettrées. Marie de France savait plusieurs langues: le français, le latin, l'anglais (elle prétend avoir traduit ses *Fables* d'une version anglaise des *Fables* d'Ésope), peut-être aussi le breton. Elle connaissait les auteurs classiques: dans *Guigemar* elle se réfère explicitement à Ovide et *Le Laüstic* semble en partie inspiré des histoires de Pyrame et Thisbé et de Philomèle qu'Ovide raconte dans *Les Métamorphoses*. Les *Fables* montrent qu'elle connaissait non seulement la tradition ésopique tant en grec qu'en latin, mais aussi le *Roman de Renart*, les fabliaux et d'autres sources populaires. Ses œuvres suggèrent qu'elle avait lu l'*Historia regum Brittaniae* (vers 1136) de Geoffroi de Monmouth ainsi que son adaptation en langue vulgaire, le *Roman de Brut* de Wace (1155), sources de la légende arthurienne, et qu'elle connaissait quelque(s) version(s) de l'histoire de Tristan et Iseut. Marie souligne sa vaste culture dans le Prologue général aux *Lais*, faisant mention du grammairien latin Priscien et de la littérature antique en général, en même temps qu'elle distingue son entreprise littéraire de celle des auteurs contemporains de romans d'antiquité (comme le *Roman de Thèbes* et le *Roman d'Énéas*), adaptations en langue romane d'épopées latines. Elle connaissait donc et la tradition des clercs et la nouvelle littérature en langue vulgaire qui se développait face à cette culture officielle en latin; et les traditions écrites et la tradition orale, celle-ci donnée par Marie comme point de départ des lais. Ses œuvres mettent bien en évidence sa maîtrise de la rhétorique et des traditions littéraires de son temps, mais aussi son originalité: novatrices comme les *Lais*, ses *Fables* sont le premier exemple connu d'un *Isopet* en français, de même que la descente au purgatoire dans l'*Espurgatoire saint Patrice* est un des plus anciens témoignages en langue vulgaire de la tradition visionnaire qui inspirera *La Divine Comédie* de Dante.

Les *Fables* et les *Lais* furent très populaires. Dans sa *Vie de saint Edmond le roi* (1190–1200?), Denis Piramus raconte que comtes, barons, et chevaliers chérissent les lais et les rimes de «dame Marie», prenant plaisir à se les faire lire souvent, et que les dames surtout—très influentes comme public et mécènes dans ce nouveau contexte social des cours—éprouvent de la joie à les écouter car ils conviennent à leurs désirs. De nombreuses traductions ou adaptations en plusieurs langues attestent aussi du succès des *Lais* au Moyen Âge.

Qu'est-ce qu'un lai? D'après le prologue général du recueil et les prologues et épilogues des douze lais de Marie, les lais, à l'origine, auraient été des chansons composées par des jongleurs bretons pour commémorer des aventures qu'ils avaient entendu raconter. Une *aventure* bretonne ou celtique ancienne aurait fait naître un *conte oral* «vrai» (*Guigemar,* v. 20) destiné à perpétuer le souvenir de cette matière légendaire et, par l'intermédiaire de cette tradition orale bretonne, un *lai* celtique, composition musicale «qu'on joue sur la harpe et la rote» (*Guigemar,* v. 885). Sous la plume de Marie, le mot lai désigne généralement la composition musicale, parfois le conte oral, les deux étant étroitement liés, le conte oral servant peut-être de prélude au lai musical. Marie prétend qu'elle a simplement transposé ces lais en vers pour ne «pas les laisser perdre dans l'oubli» (Prologue), mais en réalité elle a puisé aussi à bien des sources écrites en latin et en langue vulgaire pour élaborer ses propres *lais narratifs,* lançant *un genre littéraire français* nouveau qui donne pour la première fois une forme écrite à cette matière folklorique orale. Dans chaque lai, elle cite avec grand soin le titre, allant jusqu'à le donner en breton, en français et en anglais (*Le Laüstic*), comme pour s'assurer que le public reconnaît le lien avec le lai originel, car le titre sert de garant à l'authenticité, peut-être fictive, de ce processus de transmission. Il renferme en un mot ou deux l'essence du lai primitif—le nom d'un personnage (*Guigemar*) ou d'un objet symbolique (*Le Laüstic*)—et devient à son tour le point de départ de la glose, élaboration poétique de ses multiples couches de signification, que représente le lai de Marie. Le titre satisfait ainsi l'obligation chez l'auteur médiéval d'autoriser son œuvre originale en la rattachant à une tradition connue.

Ayant choisi le genre de la nouvelle plutôt que celui du roman pratiqué par d'autres auteurs écrivant en langue vulgaire, Marie cultive la brièveté et l'économie des moyens (peu d'action, peu de personnages): ses lais en octosyllabes rimés acquièrent ainsi la simplicité, la concision et la densité énigmatique d'un poème. Il lui suffit le plus souvent d'un geste, d'un signe, d'un épisode symboliques pour faire deviner le sens, pour suggérer les sentiments ou révéler les caractères. Des lais courts alternent avec des lais plus longs (leur longueur varie entre 118 et 1,184 vers), mais même dans un lai comme *Guigemar* qui comporte une suite d'épisodes, Marie ne retient que ce qui est indispensable pour évoquer poétiquement l'essence de l'aventure: la maturation sentimentale et sociale de Guigemar grâce à sa découverte de l'amour.

Thème littéraire redécouvert aussi par les auteurs de romans d'antiquité et les romanciers et poètes courtois au milieu du XIIe siècle, à un moment où l'esprit courtois l'emportait sur l'esprit féodal et sur l'influence de l'Église, l'amour est au centre des *Lais.* L'œuvre se présente dans sa diversité comme une réflexion ouverte sur la nature du sentiment amoureux, bonheur suprême recherché par l'individu mais bonheur indissociable de la souffrance car l'amour se heurte inévitablement à un monde hostile, chaque lai traitant ce thème d'un point de vue différent, sans que Marie défende une doctrine particulière (amour courtois ou amour dans le mariage) ni une morale uniforme. À la lectrice, au lecteur, de découvrir dans le jeu des contrastes et des répétitions dans et parmi les lais la nature du véritable amour. Si en général Marie attire notre pitié sur les souffrances des amants prisonniers de situations oppressives, elle suggère que l'amour n'absout pas tout. Un dénouement heureux, la réunion des amants après une séparation imposée par des forces contraires à leur amour, n'est possible que s'ils le méritent par la générosité, la loyauté, le courage, le sacrifice, l'astuce pour triompher des obstacles, par une souffrance purificatrice et un dévouement réciproque.

Marie se distingue de la plupart des romanciers courtois en subordonnant l'aventure à l'amour et à la vie intérieure des personnages, mais sa grande originalité consiste à présenter, aussi bien que ceux du chevalier, les besoins personnels et la perspective de la dame. Plusieurs lais, dont *Guigemar* et *Le Laüstic,* mettent en scène une malmariée, véritable prisonnière d'un mari jaloux, captive d'un mariage sans amour ni communication, qui trouve dans l'amour adultère le moyen d'une libération—à un degré qui dépend cependant de la qualité et de la profondeur de son amour. Ainsi, à la joie du couple réuni après bien des souffrances et bien des épreuves à la fin de *Guigemar* s'oppose la mélancolie finale des amants sans volonté dont l'amour a été brimé par le mari jaloux et violent dans *Le Laüstic.* Marie ne porte pas de jugement moral sur l'adultère en soi; tout dépend du contexte et d'une certaine idée de justice.

Le merveilleux favorise souvent la libération des amants: dans *Guigemar* un navire magique transporte littéralement le héros dans un autre monde, celui de la femme et de l'amour, monde qui s'oppose au milieu masculin et chevaleresque où il est enfermé au début du lai. Puisé dans le folklore breton, le merveilleux crée un univers féerique, un ailleurs, qui permet à Marie d'explorer les possibilités de l'amour, mais il s'intègre toujours au cadre réaliste du monde courtois et aristocratique du XII$^{e}$ siècle et tend à être rationalisé par la psychologie des personnages. Quelquefois ce merveilleux n'apparaît pas du tout. Dans *Le Laüstic* c'est un objet symbolique mais réel, le rossignol, qui y supplée, renvoyant par son appellation en breton à la tradition folklorique et motivant à lui seul, sans qu'il faille recourir à une aventure extérieure, la peinture de l'amour chez les trois personnages du lai.

Marie de France met bien en valeur son rôle de femme écrivain et ses responsabilités envers le public. Une voix confiante émerge de ses œuvres, celle d'une femme assez sûre de ses talents et du mérite de sa création pour braver les propos des médisants jaloux (prologue de *Guigemar*) ou pour craindre que des clercs ne tentent de s'attribuer son travail (*Fables*), voix qui trouvera un écho en celle de Christine de Pizan, l'autre grande figure féminine de la littérature médiévale française. Fièrement, Marie proclame son nom: qu'on n'oublie pas que c'est elle qui a créé ces œuvres originales et qui mérite donc une place parmi les grands auteurs de son temps, que c'est elle seule dans les *Lais* qui sert d'intermédiaire entre cette matière orale bretonne et nous. Précieux témoignage, en ce début d'une longue tradition littéraire féminine française, sur la situation spécifique de la femme écrivain vis-à-vis de la culture dominante et sur les stratégies qu'elle met en œuvre pour résister à l'exclusion culturelle. Ainsi, Marie de France s'efforce de garantir sa renommée en insistant sur sa signature et sur son originalité littéraire. Tout en déployant ses compétences culturelles dans le prologue des *Lais,* elle proclame qu'elle ne s'est pourtant pas bornée à imiter le travail des hommes, mais qu'elle s'est servie de son talent et de ses connaissances pour faire œuvre nouvelle. Ce que la première femme écrivain de la littérature française affirme en somme, comme le feront tant d'autres après elle, c'est à la fois son égalité et sa différence par rapport aux auteurs masculins, à la fois son appartenance aux traditions en place et sa réécriture de ces traditions.

Préfigurant bien des femmes écrivains qui la suivront, Marie de France prétend donc ouvrir la littérature à *l'autre,* à ce que la culture dominante relègue d'habitude à une position marginale et inférieure. Son geste féminin inaugural consiste à donner un statut culturel à cette matière exclue. Dans le prologue des *Lais,* elle annonce un programme littéraire audacieux qui subvertit les hiérarchies, les séparations et les exclusions instituées par la culture, tissant librement ensemble culture latine antique et culture moderne en langue vulgaire, tradition des clercs et celle des laïcs, tradition française et tradition bretonne, écriture et oralité, poésie philosophique et folklore, culture aristocratique des cours et culture populaire, masculin et féminin.

Plusieurs héroïnes des *Lais* sont aussi des narratrices, mimant l'acte accompli par Marie de transmettre, de transformer, et d'écrire des histoires en dépit des tentatives masculines pour réprimer leur parole et l'expression de leur expérience. Les dames dans *Guigemar* et *Le Laüstic,* par exemple, quoique condamnées par leur mari à la non-communication, trouvent néanmoins dans les récits furtifs qu'elles adressent à leur amant le moyen de se dire et d'apaiser leur souffrance. Quand elles ne peuvent se servir de mots, Marie laisse entendre qu'elles empruntent des moyens détournés pour raconter leur expérience, la transformant en art: peintures murales pour traduire des désirs refoulés dans *Guigemar,* broderie pour communiquer «l'aventure» à l'amant dans *Le Laüstic.*

Dans *Le Laüstic,* Marie récapitule symboliquement, à travers les métamorphoses du rossignol en tant qu'objet et en tant que signe, les étapes par lesquelles «l'aventure»—celle qui a donné lieu au lai breton oral de même que celle qui est vécue par la dame—est transmuée par une femme en art, lai écrit ou broderie. Ce processus interdit de transmission destinée à perpétuer le souvenir de l'aventure, mais aussi de transformation destinée à donner à ce vécu une forme artistique digne de l'interprétation des générations futures, est suggéré au moyen d'un mythe implicite bien connu à l'époque, celui de Philomèle, où sont développés la plupart des grands motifs du lai: femme, violence masculine, silence, parole, broderie, métamorphose, rossignol. Ovide raconte dans *Les Métamorphoses* comment Térée, roi de Thrace et beau-frère de Philomèle, la viole puis lui coupe la langue pour l'empêcher de parler. Philomèle parvient néanmoins à le dénoncer à sa sœur Procné, épouse de Térée, en envoyant à celle-ci une tapisserie où elle a brodé l'aventure. Procné se venge et quand Térée se lance à la poursuite des deux sœurs, les dieux les sauvent en transformant Procné en hirondelle, Philomèle en rossignol. Réduite au silence quand le mari tue l'oiseau, la dame du *Laüstic* fait de la broderie un usage analogue. Grâce à ce mythe que Marie fait jouer avec le symbolisme traditionnel du rossignol comme chantre de l'amour dans la nuit finissante, le rossignol en vient à figurer la femme poète résistant au mutisme imposé brutalement par la culture patriarcale, trouvant en des arts «féminins» une parole féminine alternative, mais sachant aussi bien adapter à ses propres besoins d'expression les œuvres artistiques et les signes propagés par les hommes. La figure mythique de Philomèle-rossignol servira d'emblème à bien d'autres femmes écrivains à travers les âges et inspirera tout particulièrement Marceline Desbordes-Valmore, poète du XIXe siècle.

Elle-même préoccupée d'origines et de continuités féminines, Marie de France anticipe dans sa diversité toute une lignée de femmes écrivains. À la fin du Moyen Âge Christine de Pizan prendra sa relève pour revendiquer le statut culturel de la femme écrivain face aux clercs et aux autres hommes qui font autorité. Le XVIe siècle verra Marguerite de Navarre rassembler des nouvelles et les organiser comme Marie en un recueil cohérent et novateur, *L'Heptaméron.*

Surtout Marie annonce toutes celles qui œuvreront de même aux confins de l'oral et de l'écrit pour ouvrir la littérature à ce qu'elle prétend exclure: Madeleine de Scudéry qui importera dans le roman du XVII^e siècle l'art de la conversation; Marie-Catherine d'Aulnoy qui sera la première à écrire un conte de fées à la fin du XVII^e siècle et sa contemporaine Catherine Bernard qui proposera des règles destinées à donner un statut culturel à ce genre nouveau; enfin toutes celles qui, depuis Marceline Desbordes-Valmore jusqu'à des écrivaines récentes comme Hélène Cixous, feront naître leurs œuvres d'une voix et d'un corps de femme que la culture patriarcale voudrait étouffer.

«Et maintenant écoutez le commencement!»

## Lais

### PROLOGUE

Celui à qui Dieu a donné du savoir et un talent de conteur n'a pas le droit de garder le silence ni de demeurer caché et il ne doit pas hésiter à se montrer. Lorsqu'un beau fait est connu de quantité de gens, alors le récit qu'on en tire commence à fleurir, puis lorsque les éloges suivent en abondance, voilà que ses fleurs s'épanouissent. Selon le témoignage de Priscien[1], les auteurs anciens avaient autrefois coutume dans leurs ouvrages de laisser leurs idées dans une ombre assez épaisse pour que les générations suivantes qui devraient les étudier aient la possibilité de commenter le texte et de l'enricher avec leur propre interprétation. Les philosophes le savaient et comprenaient d'eux-mêmes que plus le temps passerait, plus les hommes affineraient leurs pensées et plus ils seraient capables de survivre dans l'avenir. Celui qui veut se protéger du vice doit étudier et s'appliquer à entreprendre une tâche difficile. Par ce moyen il peut davantage s'écarter du mal et se libérer d'une grande souffrance. C'est pourquoi je me suis mise à former le projet d'écrire quelque belle histoire et de

1. Grammairien du VI^e siècle. Priscien était souvent cité par les auteurs du XII^e siècle pour affirmer que les modernes, venant après les anciens, les dépassaient en subtilité d'esprit, tout en s'appuyant sur eux. Il est intéressant de trouver cet argument sous la plume d'une femme; normalement il exprimait le rapport des *hommes* avec l'héritage de leurs illustres prédécesseurs, suivant la célèbre formule de Bernard de Chartres, philosophe platonicien du XII^e siècle: «Nous sommes des nains juchés sur les épaules de géants. Nous voyons ainsi davantage et plus loin qu'eux, non parce que notre vue est plus aiguë ou notre taille plus haute, mais parce qu'ils nous portent en l'air et nous élèvent de toute leur hauteur gigantesque.»

la traduire du latin en langue commune[2]. Mais ce travail ne m'aurait pas valu grande estime car tant d'autres l'avaient déjà fait! Alors j'ai songé aux lais que j'avais entendus. Je ne doutais pas, et même j'étais certaine, que leurs premiers auteurs et propagateurs les avaient composés pour perpétuer le souvenir des aventures qu'ils avaient entendu raconter. J'ai entendu le récit d'un certain nombre et je ne veux pas les laisser perdre dans l'oubli. J'en ai donc fait des contes en vers[3], ce qui m'a coûté bien des veilles!

En votre honneur, noble roi, vous si valeureux et si courtois, devant qui toute joie s'incline et dans le cœur duquel toutes les qualités prennent racine, j'ai entrepris de recueillir ces lais puis d'en composer des récits en vers[4]. Je pensais et me disais en moi-même, sire, que je vous les offrirais en hommage. Si vous voulez bien les accepter, vous me causerez une très grande joie qui me rendra heureuse à jamais. Ne me jugez pas présomptueuse si j'ai l'audace de vous offrir ce présent. Et maintenant écoutez le commencement!
(Traduction de Pierre Jonin.)

## GUIGEMAR

| *Texte original (à titre d'exemple)* | *Traduction en français moderne* | |
|---|---|---|
| Ki de bone matire traite, | Quand la matière est riche, | |
| mult li peise, se bien n'est faite. | l'auteur est désolé de ne pas lui rendre justice. | |
| Oëz, seignur, que dit Marie, | Écoutez donc, seigneurs, les récits de Marie, | |
| ki en sun tens pas ne s'oblie. | qui tient sa place parmi les auteurs de son temps. | |
| Celui deivent la genz loër, | On doit faire l'éloge | 5 |
| ki en bien fait de sei parler. | de celui qui a une bonne réputation. | |
| Mais quant il a en un païs | Pourtant quand un pays possède | |
| hume ne femme de grant pris, | un homme ou une femme de grand mérite, | |
| cil ki de sun bien unt envie | les envieux | |
| sovent en diënt vileinie. | se répandent en calomnies | 10 |
| Sun pris li vuelent abaissier: | pour diminuer sa gloire: | |
| pur ceo comencent le mestier | ils se mettent à jouer le rôle | |

2. En langue vulgaire, c'est-à-dire, en français.

3. «Rimé en ai e fait ditié»: je les ai donc mis en rimes et j'en ai fait une œuvre poétique (tr. Alexandre Micha).

4. «M'entremis des lais assembler/ Par rime faire e reconter». Marie souligne deux aspects originaux de son travail poétique: rassembler les lais pour en faire un recueil cohérent, une sorte de cycle, et leur donner une forme littéraire aussi bien que d'autres couches de signification en les écrivant en vers.

del malvais chien coart, felun,
ki mort la gent par traïsun.
15 Nel vueil mie pur ceo laissier,
se jangleür u losengier
le me vuelent a mal turner;
ceo est lur dreiz de mesparler.

du chien méchant, lâche et perfide,
qui mord traîtreusement les gens.
Malgré tout je ne renoncerai pas,
même si les railleurs et les médisants
veulent dénigrer mon entreprise:
libre à eux de dire du mal!

Les contes que jo sai verais,
20 dunt li Bretun unt fait les lais,
vos conterai assez briefment.
El chief de cest comencement
sulunc la letre e l'escriture
vos mosterrai une aventure,
25 ki en Bretaigne la Menur
avint al tens anciënur.

Je vais vous raconter, en peu de mots,
les contes dont je sais qu'ils sont vrais,
les contes dont les Bretons ont tiré leurs lais.
Au terme de ce prologue[5],
conformément au texte écrit,
voici une aventure
survenue, il y a bien longtemps,
en petite Bretagne[6].

En ce temps-là régnait Hoël
et sa terre connaissait la guerre aussi souvent que la paix.
Parmi ses barons,
30 le seigneur de Léon
nommé Oridial,
était très aimé du roi:
c'était un valeureux chevalier.
Son épouse lui avait donné deux enfants,
35 un fils et une fille d'une grande beauté,
nommée Noguent.
Quant au jeune homme, Guigemar,
il n'y avait pas plus beau dans tout le royaume.
Sa mère le chérissait,
40 tout comme son père,
qui décida, quand Guigemar fut en âge de le quitter,
de l'envoyer servir le roi.
Le jeune homme était sage et vaillant
et gagnait l'amitié de tous.
45 Quand il eut assez
d'âge et de raison,

5. Premier lai du recueil, *Guigemar* s'ouvre sur ce court prologue où Marie justifie son écriture et présente son projet. Le grand prologue-dédicace lui est sans doute postérieur.

6. La Bretagne continentale (l'Armorique), par contraste avec la Grande-Bretagne.

le roi l'adouba
et lui offrit un riche équipement avec les armes de son choix.
Guigemar alors quitta la cour,
non sans s'être répandu en largesses. 50
En quête de renommée, il gagna la Flandre,
où il y avait toujours batailles et guerres.
Qu'on aille en Lorraine ou en Bourgogne,
en Anjou ou en Gascogne,
on ne pouvait alors trouver 55
si bon chevalier.
Et pourtant la Nature avait commis une faute en le formant:
il était indifférent à l'amour.
Nulle dame, nulle demoiselle,
si belle et si noble fût-elle, 60
ne lui aurait refusé son amour
s'il le lui avait demandé.
D'ailleurs plus d'une le lui offrit;
mais elles ne l'intéressaient pas.
Il ne donnait pas même l'impression 65
de vouloir connaître l'amour.
Et ce refus lui était reproché comme une tare
par les étrangers comme par ses propres amis.
Dans tout l'éclat de sa gloire,
il revient dans son pays 70
pour rendre visite à son père et seigneur,
à sa douce mère et à sa sœur
qui languissaient après lui.
Il est demeuré avec eux
un mois entier, je crois. 75
Un jour l'envie le prend d'aller chasser.
Le soir même, il convoque ses chevaliers,
ses veneurs et ses rabatteurs
et dès le matin, il entre dans la forêt:
Guigemar est un chasseur passionné. 80
On se lance à la poursuite d'un grand cerf
et on lâche les chiens.
Les veneurs courent devant,
le jeune homme s'attarde en arrière.
Un serviteur porte son arc, 85
son couteau et son chien
car il espère avoir l'occasion de décocher une flèche

avant de quitter la forêt.
Alors, au plus profond d'un épais buisson,
90 il voit une biche avec son faon.
La bête était toute blanche
et portait des bois de cerf[7].
Les aboiements du chien la font bondir.
Guigemar tend son arc, décoche une flèche
95 et l'atteint au front.
Elle s'abat immédiatement
mais la flèche rebondit
et vient traverser
la cuisse de Guigemar si profondément qu'elle atteint le cheval.
100 Il doit aussitôt mettre pied à terre
et tombe sur l'herbe épaisse,
près de la biche qu'il a atteinte.
La biche souffrait de sa blessure
et gémissait.
105 Elle se mit alors à parler:
«Hélas, je vais mourir!
Et toi, chevalier, toi qui m'as blessée,
voici ta destinée:
puisses-tu ne jamais trouver de remède!
110 Nulle herbe, nulle racine,
nul médecin, nulle potion
ne guériront jamais
la plaie de ta cuisse
tant qu'une femme ne viendra pas la guérir,
115 une femme qui souffrira pour l'amour de toi
plus de peines et de douleurs
que nulle autre amoureuse.
Et toi, tu souffriras tout autant pour elle.
Et votre amour émerveillera
120 tous ceux qui aiment, qui ont aimé
et qui aimeront.
Maintenant va-t'en, laisse-moi en paix!»

Guigemar, cruellement blessé,
est bouleversé par ces paroles.

7. La biche blanche est un motif folklorique. Le blanc, couleur des bêtes mythiques, souligne l'aspect surnaturel de cette rencontre.

Il se demande 125
dans quel pays se rendre
pour faire guérir sa plaie
car il ne veut pas se laisser mourir.
Il sait bien, et il se le répète,
qu'il n'a jamais vu femme 130
qu'il puisse aimer
et qui puisse le guérir et le soulager.
Il fait venir son serviteur devant lui:
«Mon ami, pars vite au galop
et fais revenir mes compagnons: 135
je veux leur parler!»
Le serviteur part au galop et lui reste seul,
gémissant de douleur.
De sa chemise bien serrée
il panse solidement sa plaie 140
puis remonte à cheval et s'en va,
pressé de s'éloigner
de peur que l'un des siens n'arrive
et ne tente de le retenir.
À travers la forêt, 145
un chemin verdoyant l'a mené
au-delà de la lande. Dans la plaine
il découvre une rivière
qui court au pied de la montagne
et devient un bras de mer où se trouve un port. 150
Au port, un seul navire[8],
dont il aperçoit la voile,
un navire prêt à prendre la mer,
calfaté en dehors et en dedans
sans qu'on puisse voir la moindre jointure. 155
Pas une cheville, pas un crampon
qui ne soient d'ébène:
il n'est rien de si précieux!
La voile, toute de soie,
se déploie magnifiquement. 160
Pourtant le chevalier, tout étonné,
n'avait jamais entendu dire
qu'un navire pût aborder

8. Motif folklorique de la nef merveilleuse.

dans la région.
165 Il avance, descend de cheval
pour monter à grand-peine dans le navire.
Il croyait y trouver des hommes
chargés de le garder.
Mais il n'en trouve pas trace.
170 Au milieu du navire, il découvre un lit
dont les montants et les côtés
étaient d'or gravé selon l'art de Salomon
et incrusté
de cyprès et d'ivoire blanc[9].
175 Une étoffe de soie brochée d'or
recouvrait le lit.
Quant aux draps, je ne saurais les évaluer
mais pour l'oreiller, je peux bien vous dire son pouvoir:
il aurait suffi d'y poser sa tête
180 pour se voir épargner les cheveux blancs.
La couverture de zibeline
était doublée de pourpre d'Alexandrie.
À la proue du navire,
deux candélabres d'or fin
185 dont le moins précieux valait un trésor,
garnis de deux cierges allumés.
Guigemar, émerveillé,
s'est appuyé sur le lit
pour se reposer car il souffre.
190 Il se relève, veut partir
mais c'est impossible:
déjà le navire est en haute mer
et file vers le large avec lui.
Le temps est beau, le vent souffle,
195 le retour est impossible.
Il se désole, impuissant.
Rien d'étonnant à ce qu'il soit épouvanté!
Sa plaie le fait cruellement souffrir.
Mais il lui faut pourtant subir cette aventure.
200 Il implore Dieu de le protéger
et, dans sa puissance, de l'amener à bon port
et de lui épargner la mort.

9. L'œuvre Salomon est une technique de gravure apparentée à celle du champlevé.

Il se couche dans le lit et s'endort.
Le plus dur est maintenant passé:
avant le soir, il atteindra 205
la terre où l'attend la guérison,
au pied d'une vieille cité,
capitale de ce royaume.

Le seigneur de cette terre
était un vieillard qui avait épousé 210
une dame de haut rang,
noble, courtoise, belle et sage.
La jalousie le dévorait:
c'est dans la nature
des vieillards d'être jaloux 215
car personne ne supporte l'idée d'être cocu[10].
Mais l'âge vous oblige à en passer par là.
La pauvre femme n'était pas l'objet d'une surveillance pour rire.
Dans un jardin, au pied du donjon,
il y avait un enclos tout entouré 220
d'un mur de marbre vert
bien épais et bien haut.
Il n'existait qu'une seule entrée,
gardée nuit et jour.
De l'autre côté, c'est la mer qui isolait le jardin: 225
impossible d'y entrer ou d'en sortir
sinon par bateau,
lorsque le besoin s'en faisait sentir au château.
À l'intérieur de la muraille, le seigneur avait fait construire,
pour mettre sa femme en sûreté, 230
une chambre, la plus belle qu'on puisse imaginer.
La chapelle était à l'entrée.
Des peintures couvraient tous les murs de la chambre.
On y voyait Vénus, déesse de l'amour,
admirablement représentée: 235
elle y montrait les caractères et la nature
de l'amour
et comment l'amour est un devoir qui impose un service loyal.
Quant au livre d'Ovide, où il enseigne
à lutter contre l'amour, 240

10. Peinture traditionnelle du mari jaloux dans la littérature courtoise.

elle le jetait en un feu ardent
et excommuniait tous ceux
qui oseraient le lire
et suivre ses leçons[11].
245 C'est là que la dame était enfermée.
Son époux avait mis à son service
une jeune fille
noble et courtoise,
sa nièce, la fille de sa sœur.
250 Une grande amitié liait les deux femmes et la jeune fille
vivait avec la dame quand le seigneur était en voyage.
Avant le retour du maître,
nulle créature n'aurait eu le droit
de franchir ces murailles ou d'en sortir[12].
255 Seul un vieux prêtre tout chenu
possédait la clef de la porte.
Mais il était impuissant[13]:
jamais sinon on ne lui aurait fait confiance.
Il disait l'office divin à la dame
260 et la servait à ses repas.

Ce jour-là, tôt dans l'après-midi,
la dame était allée au jardin.
Elle avait dormi après le repas
et venait se distraire,
265 avec la jeune fille pour seule compagne.
Elles regardent au loin le rivage
et voient le navire qui, porté par la marée montante,
fait voile vers le port.
Mais elles ne voient pas le moindre pilote.
270 La dame, tout naturellement effrayée,
rouge de peur,
veut prendre la fuite.
Mais la suivante, sage

11. Ce livre d'Ovide est probablement les *Remedia Amoris.*

12. Personnage traditionnel, issu de la poésie lyrique (voir plus loin «La joie d'amour courtois me procure allégresse» de la Comtesse de Die et la chanson de malmariée) et récurrent dans la littérature des femmes, la malmariée réapparaît dans *Le Laüstic* et d'autres lais de Marie de France.

13. C'était un eunuque («Les plus bas membres out perduz»).

et plus courageuse,
la réconforte et la rassure. 275
Elles courent vers le port.
La jeune fille enlève son manteau
et pénètre dans le beau navire
où elle ne trouve âme qui vive,
à l'exception du chevalier endormi. 280
Elle s'arrête, l'examine,
le voit tout pâle, le croit mort
et retourne vite sur ses pas
pour appeler la dame.
Elle lui raconte l'aventure 285
et se lamente sur le mort.
La dame répond: «Allons-y vite!
S'il est mort, nous l'enterrerons
avec l'aide de notre prêtre;
s'il est vivant, il nous racontera tout!» 290
Elles repartent ensemble sans plus tarder.
La dame pénètre la première
dans le navire,
s'arrête devant le lit,
regarde le chevalier. 295
Devant sa beauté, elle plaint son triste sort;
pleine de tristesse,
elle s'apitoie sur sa jeunesse brisée.
Mais voici qu'elle pose la main sur sa poitrine,
qu'elle trouve chaude, 300
et sent battre son cœur.
Le chevalier endormi
s'éveille et la voit.
Il la salue, plein d'allégresse,
car il sait qu'enfin il a touché le rivage. 305
La dame, en pleurs et chagrinée,
lui rend courtoisement son salut
et l'interroge:
comment est-il venu? de quelle terre?
est-il chassé par la guerre? 310
«Dame, répond-il, il n'en est rien.
Je vous conterai volontiers mon aventure,
sans rien vous en cacher,
si elle vous intéresse.

315 Je suis de Petite Bretagne.
Aujourd'hui je suis allée chasser dans la forêt.
J'ai atteint une biche blanche.
Mais la flèche a rebondi
et m'a blessé si profondément à la cuisse
320 que je n'espère plus retrouver la santé.
La biche s'est mise à gémir et à parler.
Elle m'a maudit et a émis le vœu
que jamais je ne trouve la guérison,
sinon des mains d'une jeune femme,
325 que je ne sais où trouver.
Entendant cette prophétie,
j'ai vite quitté la forêt,
j'ai vu ce navire dans un port
et, comme un fou, j'y suis monté:
330 le navire est parti avec moi.
Sur quel rivage ai-je abordé?
quel est le nom de cette cité? je ne le sais pas.
Belle dame, au nom de Dieu,
aidez-moi, par pitié!
335 Je ne sais où aller
et je suis incapable de diriger ce navire!
—Noble et cher seigneur, répond la dame,
je vous viendrai bien volontiers en aide.
Cette cité appartient à mon époux,
340 ainsi que tout le pays alentour.
C'est un homme puissant et de noble lignage.
Mais il est très vieux
et terriblement jaloux,
je vous l'assure.
345 Il me tient prisonnière dans cet enclos.
Il n'y a qu'une seule entrée,
gardée par un vieux prêtre:
que Dieu le maudisse!
Nuit et jour je suis enfermée
350 et jamais je n'oserai
sortir d'ici si le prêtre ne me l'ordonne,
à la demande de mon époux.
J'ai là ma chambre, ma chapelle
et cette jeune fille qui vit avec moi.
355 Si vous désirez séjourner avec nous

jusqu'à ce que vous puissiez reprendre votre voyage,
nous vous garderons volontiers près de nous
et vous servirons de bon cœur.»
À ces mots,
Guigemar remercie courtoisement la dame 360
et accepte son offre.
Il se lève du lit et se met debout,
soutenu à grand-peine par les deux femmes.
La dame le mène dans sa chambre
et le fait se coucher 365
sur le lit de la jeune fille,
derrière un panneau
qui divisait la pièce.
Elles apportent de l'eau dans deux bassins d'or
pour laver la plaie de sa cuisse. 370
Avec une belle étoffe de lin blanc,
elles essuient le sang autour de la blessure
qu'elles entourent d'un pansement bien serré.
Guigemar est l'objet de tous leurs soins.
Le soir, quand on apporte le repas, 375
la jeune fille prend suffisamment de nourriture
pour le chevalier:
il a bien mangé et bien bu.
Mais l'amour l'a frappé au vif,
son cœur est désormais un champ de bataille. 380
La dame l'a si bien blessé
qu'il a tout oublié de son pays.
Sa plaie ne le fait plus souffrir
et pourtant il soupire douloureusement[14].
Il prie la jeune fille, qui doit le servir, 385
de le laisser dormir.
Recevant son congé,
elle le laisse
et retourne auprès de sa dame,
qui commence à brûler du feu 390
que ressent Guigemar,
un feu qui enflamme et embrase son propre cœur.

14. Comme bien d'autres écrivains de sa génération, Marie s'inspire du *Roman d'Énéas* (1160) pour peindre les premiers émois et les souffrances de l'amour dans les *Lais*.

Le chevalier, resté seul,
s'interroge anxieusement:
395 il ne connaît pas encore son mal
mais il comprend bien
que si la dame ne le guérit pas,
il est sûr et certain de mourir.
«Hélas, dit-il, que faire?
400 J'irai à elle
et implorerai sa pitié
pour le malheureux privé de ressources que je suis.
Si elle repousse ma prière
et se montre orgueilleuse et fière,
405 il ne me reste plus qu'à mourir de chagrin
ou languir à tout jamais de ce mal.»
Il soupire. Mais bientôt
il change d'avis
et se dit qu'il lui faut endurer sa souffrance,
410 car il n'a pas le choix.
Toute la nuit s'est ainsi écoulée dans la veille,
les soupirs, les tourments.
Il se rappelle sans cesse
les paroles de la dame et sa beauté,
415 revoit ses yeux brillants, sa belle bouche
dont la douceur touche son cœur.
À mi-voix il lui demande pitié
et est près de l'appeler son amie.
S'il avait connu ses sentiments
420 et les souffrances qu'elle endurait pour l'amour de lui,
je crois qu'il s'en serait réjoui
et que la douleur
qui faisait pâlir son visage
s'en serait quelque peu apaisée.
425 Car s'il souffre pour l'amour d'elle,
elle-même n'est pas dans une situation plus enviable.
De bon matin, avant même le lever du jour,
elle est levée
et se plaint de n'avoir pas trouvé le sommeil:
430 c'est l'amour qui la torture.
Sa compagne
a bien compris, à son visage,
qu'elle est éprise

du chevalier que toutes deux soignent
et hébergent dans la chambre. 435
Mais elle ignore si cet amour est partagé.
Tandis que la dame est à l'église,
la jeune fille rejoint le chevalier
et s'assied devant son lit.
Il l'appelle et l'interroge: 440
«Mon amie, où donc s'en est allée ma dame?
Pourquoi s'est-elle si tôt levée?»
Puis il se tait et se met à soupirer.
La jeune fille prend alors la parole:
«Seigneur, vous aimez! 445
Prenez garde de trop dissimuler!
Vous pouvez aimer
en choisissant dignement l'objet de votre amour.
Celui qui voudrait aimer ma dame
devrait la tenir en grande estime. 450
Cet amour serait parfait
si vous demeuriez des amants fidèles;
car vous êtes aussi beau qu'elle est belle.
—L'amour qui m'enflamme est si fort,
répond-il à la jeune fille, 455
qu'il m'arrivera malheur
si l'on ne vient pas à mon secours!
Aidez-moi donc, ma douce amie!
Que dois-je faire pour mon amour?»
La jeune fille, courtoise et bonne, 460
a réconforté le chevalier
avec douceur
et lui a promis de faire de son mieux
pour l'aider.

Après l'office, 465
la dame revient sur ses pas sans tarder.
Elle veut savoir comment va
celui qui tourmente son cœur,
s'il veille ou s'il dort.
Justement la jeune fille l'appelle 470
et l'amène au chevalier:
elle pourra ainsi à loisir
lui révéler ses sentiments,

qu'il en résulte pour elle profit ou dommage.
475 Ils se saluent tous deux,
aussi bouleversés l'un que l'autre.
Il n'osait pas lui demander son amour;
parce qu'il était étranger,
il craignait, en se dévoilant,
480 d'encourir sa haine et d'être chassé.
Mais ce n'est pas en cachant son mal
qu'on peut espérer retrouver la santé.
L'amour est une blessure intérieure
qui n'apparaît pas au-dehors.
485 C'est une maladie tenace
que la nature elle-même nous envoie.
Bien des gens s'en moquent,
comme ces amants de pacotille,
qui papillonnent un peu partout
490 puis se vantent de leurs succès:
on ne reconnaît pas là l'amour, mais la folie,
la fausseté et la débauche.
Celle qui peut trouver un loyal amant
a toutes les raisons de le servir, de l'aimer
495 et d'exaucer ses vœux.
Guigemar est éperdument amoureux:
il faut qu'il trouve un prompt secours,
ou qu'il se mette à vivre contrairement à ses désirs.
L'amour lui donne du courage:
500 il révèle à la dame ses sentiments.
«Dame, je meurs pour vous;
mon cœur est plein d'angoisse.
Si vous refusez de me guérir,
je ne puis échapper à la mort.
505 Je vous demande votre amour,
belle dame, ne me repoussez pas!»
Elle l'a bien écouté
et lui répond gracieusement,
en souriant: «Mon ami,
510 ce serait une décision bien hâtive
que d'accéder à votre prière:
telle n'est pas ma coutume!
—Dame, au nom de Dieu, pitié!
Ne vous courroucez pas de mes paroles!

Une femme à la conduite légère 515
doit se faire prier longtemps,
pour donner plus de prix à ses faveurs et empêcher son amant
de croire qu'elle se donne facilement.
Mais la dame avisée,
pleine de mérite et de sagesse, 520
qui trouve un amant à sa convenance,
ne se montrera pas trop cruelle:
elle l'aimera et connaîtra les joies de l'amour.
Avant que l'on surprenne leur secret,
ils auront bien employé leur temps! 525
Belle dame, cessons donc ce débat!»
La dame comprend qu'il dit vrai
et sans plus tarder, elle lui accorde
son amour, avec un baiser.
Désormais, Guigemar connaît le bonheur. 530
Ils s'allongent l'un contre l'autre,
s'enlacent, échangent bien des serments et des baisers.
Quant au reste, quant aux pratiques qui sont d'ordinaire
celles des autres amants, c'est leur affaire!

Guigemar partagea avec la dame 535
un an et demi
de bonheur, je crois.
Mais la Fortune n'oublie jamais son rôle
et a tôt fait de tourner sa roue,
plaçant les uns en haut, les autres en bas[15]. 540
C'est le sort qui les attendait:
bien vite ils furent découverts.

C'était un matin d'été,
la dame, couchée près du jeune homme,
lui embrasse la bouche et le visage. 545
Elle lui dit alors: «Mon beau, mon doux ami,
mon cœur me dit que je vais vous perdre;
on va nous voir et nous surprendre.
Si vous mourez, je veux mourir!

15. La déesse Fortune qui tourne une roue, les yeux bandés, élevant et abaissant les humains sans règle apparente, est une image fréquente dans la littérature et l'art du Moyen Âge.

550 Mais si vous me quittez, vivant,
vous retrouverez un autre amour
et moi, je resterai avec ma douleur!
—Dame, ne parlez pas ainsi!
Que plus jamais je ne connaisse la joie et le repos,
555 si jamais je me tourne vers une autre!
Vous n'avez rien à craindre!
—Ami, donnez-moi alors un gage de votre fidélité!
Remettez-moi votre chemise:
je ferai un nœud au pan de dessous.
560 Je vous autorise, où que ce soit,
à aimer celle qui saura défaire le nœud
et déplier la chemise!»
Guigemar lui remet la chemise et lui prête serment:
elle y fait un nœud
565 que nulle femme ne saurait défaire
sans ciseaux ou couteau.
Elle lui rend sa chemise.
Mais lui exige à son tour
qu'elle le rassure sur sa propre fidélité
570 en portant une ceinture,
dont lui-même entoure sa chair nue,
en lui serrant un peu les flancs.
Celui qui pourra ouvrir la boucle
sans briser ni déchirer la ceinture,
575 cet homme, il la prie de lui accorder son amour!
Puis il l'embrasse et les choses en restent là.

Le jour même, ils furent découverts
et surpris
par un chambellan sournois,
580 envoyé par le seigneur
qui voulait parler à la dame.
Ne pouvant pénétrer dans la chambre,
il voit les amants par la fenêtre,
et va tout dire à son maître,
585 qui n'a jamais appris plus fâcheuse nouvelle
que ce jour-là.
Le seigneur, accompagné de trois de ses familiers,
se précipite vers la chambre,
fait enfoncer la porte

et découvre le chevalier à l'intérieur. 590
Sous le coup de la fureur,
il ordonne qu'on le mette à mort.
Mais Guigemar, impavide,
se lève,
saisit une grosse perche de sapin 595
sur laquelle on faisait sécher le linge,
et les attend de pied ferme:
il compte bien en chagriner quelques-uns.
Avant de se laisser approcher,
il les aura tous mis à mal. 600
Le seigneur l'examine
et lui demande
qui il est, d'où il vient
et comment il a pu s'introduire dans la place.
Guigemar lui raconte comment il est arrivé, 605
comment la dame l'a gardé près d'elle;
il lui parle de la prophétie
de la biche blessée,
du navire, de sa plaie.
Il se voit maintenant au pouvoir du seigneur de ces lieux. 610
Ledit seigneur lui répond qu'il ne croit pas à son histoire.
Pourtant, si c'était là la vérité
et s'il pouvait retrouver le navire,
il aurait tôt fait de remettre Guigemar à la mer:
il serait bien désolé de le voir survivre 615
et compte bien sur sa noyade!
Marché conclu!
Ils se rendent ensemble au port,
trouvent le navire, y font monter Guigemar,
qui fait voile, 620
rapidement, vers son pays.
Le chevalier soupire et pleure,
il ne cesse de regretter sa dame
et implore Dieu tout-puissant
de lui envoyer vite la mort 625
et de ne pas le laisser toucher au port
s'il ne peut revoir son amie,
qu'il aime bien plus que sa vie.
Tout à sa douleur,
il vogue jusqu'au port 630

où il avait découvert le navire,
tout près de son pays.
Il débarque aussitôt.
Et voilà qu'il rencontre un jeune homme qu'il a lui-même élevé
635 et qui faisait route, à la recherche d'un chevalier,
menant par la bride un destrier.
Il le reconnaît, l'appelle:
le jeune homme se retourne,
voit son seigneur et met pied à terre
640 pour venir lui offrir le cheval.
Ils font route ensemble.
Tous ses amis sont joyeux de le retrouver,
tous les habitants du pays le couvrent d'honneurs;
mais lui ne sort pas de sa tristesse.
645 On veut le marier;
mais lui oppose toujours le même refus:
jamais la richesse ni l'amour
ne lui feront prendre femme,
à l'exception de celle qui pourra défaire
650 le nœud de sa chemise sans la déchirer.
La nouvelle court dans toute la Bretagne:
dames et demoiselles
accourent toutes tenter l'épreuve.
Mais nulle ne réussit à dénouer la chemise.

655 Revenons à la dame
que Guigemar aime tant.
Son époux, sur le conseil d'un de ses barons,
l'a emprisonnée
dans une tour de marbre bis.
660 Elle souffre le jour et la nuit plus encore.
Comment dire
la grande peine et le martyre,
l'angoisse et la douleur
qu'elle endure dans la tour?
665 Elle y resta deux ans et même plus, je crois,
sans jamais connaître joie ni plaisir,
ne cessant de pleurer son ami:
«Guigemar, cher seigneur, c'est pour mon malheur que je vous ai rencontré!
Plutôt mourir tout de suite
670 que continuer à endurer cette souffrance!

Ami, si je peux m'échapper,
j'irai me noyer là même où vous avez été livré aux flots!»
Elle se lève alors,
tout égarée, s'approche de la porte,
n'y trouve ni clef ni serrure 675
et s'en va, à l'aventure,
sans rencontrer nul obstacle.
Elle arrive au port, trouve le navire
amarré au rocher,
là même où elle voulait se noyer. 680
Elle y pénètre
mais à l'idée
que son ami s'est ici noyé,
elle ne tient plus sur ses jambes:
si elle avait pu parvenir jusqu'au bastingage, 685
elle se serait laissée tomber par-dessus bord,
tant elle souffre.
Mais le navire s'en va et l'emporte vite
en Bretagne, dans un port,
au pied d'un fier château fort 690
dont le seigneur
se nommait Mériaduc.
Il était en guerre contre un de ses voisins
et s'était levé de bon matin
pour envoyer ses hommes 695
en expédition contre son ennemi.
Debout à la fenêtre,
il voit le navire accoster,
s'empresse de descendre
en appelant son chambellan 700
et de rejoindre le navire.
Ils s'introduisent à bord par l'échelle
et découvrent la dame à l'intérieur,
belle comme une fée.
Mériaduc la saisit par le manteau[16] 705
et l'emmène dans son château,
tout réjoui de sa découverte,
car la dame est merveilleusement belle.
Il sait bien, quel que soit celui qui l'a laissée dans ce navire,

16. Le sens premier de *saisir* est *prendre possession de.*

710 qu'elle est de noble naissance
et se prend pour elle d'un amour
qu'il n'a jamais éprouvé pour aucune femme.
Il mène la dame à sa jeune sœur,
dans une fort belle chambre,
715 et la lui confie.
La dame est bien servie et honorée,
richement vêtue et parée;
mais toujours elle demeure triste et sombre.
Mériaduc s'entretient souvent avec elle
720 car il l'aime de tout son cœur.
Il sollicite son amour; mais elle ne s'en soucie guère.
Elle lui montre la ceinture
et lui explique qu'elle n'aimera jamais que l'homme
capable de l'ouvrir
725 sans la déchirer.
Il lui répond alors, furieux:
«Il y a aussi dans ce pays
un valeureux chevalier
qui refuse de prendre femme
730 au nom d'une chemise,
dont le pan droit est plié:
on ne peut la dénouer
sans couteau ou ciseaux.
N'auriez-vous pas fait ce nœud vous-même?»
735 À ces mots, elle soupire
et manque de s'évanouir.
Mériaduc la reçoit dans ses bras
et coupe les lacets de sa robe;
il voulait ouvrir la ceinture,
740 mais en vain.
Plus tard il fit tenter l'épreuve
par tous les chevaliers du pays.

Le temps s'écoula ainsi
jusqu'à un tournoi
745 que Mériaduc organisa
pour y rencontrer son ennemi.
Il y convia bien des chevaliers
et, en premier lieu, Guigemar,
son ami et son compagnon

qui, en échange de services rendus, 750
lui devait bien aide
et assistance en ce besoin.
Guigemar est donc venu, en superbe équipage,
avec plus de cent chevaliers.
Mériaduc lui offre une riche hospitalité 755
dans son donjon:
il convoque sa sœur
et lui fait dire par deux chevaliers
qu'elle se pare et se présente à lui,
accompagnée de la dame qu'il aime tant. 760
La jeune fille obéit
et les deux femmes, magnifiquement vêtues,
entrent dans la grande salle en se tenant par la main.
La dame, pensive et pâle,
entend le nom de Guigemar. 765
Elle ne peut plus se soutenir
et serait tombée
si son amie ne l'avait retenue.
Le chevalier se lève pour venir à leur rencontre.
Il voit la dame, examine 770
son visage et son allure
et recule:
«Serait-ce ma douce amie,
mon espérance, mon cœur, ma vie,
la belle dame qui m'a aimé? 775
D'où vient-elle? qui l'a amenée?
Mais je suis fou!
Je sais bien que ce n'est pas elle!
Les femmes se ressemblent beaucoup.
J'ai tort de penser à elle. 780
Mais elle ressemble tant à celle
pour qui mon cœur soupire et tremble
que je veux lui parler!»
Le chevalier s'avance donc,
donne un baiser à la dame et la fait asseoir près de lui; 785
mais après cette requête,
il ne lui adresse plus la parole.
Mériaduc les observe
avec inquiétude
et appelle Guigemar en souriant: 790

«Seigneur, dit-il en désignant sa sœur, vous devriez
laisser cette jeune fille tenter
de dénouer votre chemise,
pour voir si elle réussit!»
795 Guigemar accepte la proposition,
appelle le chambellan
qui a la garde de la chemise
et lui ordonne de l'apporter.
On la remet à la jeune fille
800 qui ne parvient pas à la dénouer.
La dame reconnaît bien le nœud.
Elle est au supplice
car elle tenterait bien l'épreuve
si elle pouvait et osait.
805 Mériaduc, plein de tristesse,
s'en aperçoit:
«Dame, voyez donc
si vous pourriez défaire le nœud!»
À cette demande,
810 elle saisit le pan de la chemise
et le dénoue sans difficulté.
Émerveillé,
le chevalier la reconnaît
mais n'arrive pas à y croire.
815 «Amie, dit-il,
douce dame,
est-ce bien vous? Dites-moi la vérité,
laissez-moi voir si vous portez
la ceinture que je vous ai mise!»
820 Il touche alors sa taille
et trouve la ceinture.
«Belle, dit-il, c'est une merveilleuse aventure
qui m'a permis de vous retrouver ici!
Qui vous a donc amenée?»
825 La dame lui raconte ses souffrances
et ses épreuves
en prison,
l'aventure qui lui a permis
de s'échapper
830 quand elle voulait se noyer, comment elle a trouvé le navire,
y est montée, a débarqué dans ce port,

où le chevalier l'a retenue.
Mériaduc l'a entourée d'honneurs
mais il ne cessait de lui demander son amour.
Maintenant sa joie est revenue: 835
«Ami, emmenez la femme que vous aimez!»
Alors Guigemar s'est levé.
«Seigneurs, écoutez-moi!
Je viens de retrouver mon amie,
que je croyais avoir perdue. 840
J'implore Mériaduc
de me la rendre, par pitié!
Je deviendrai son homme lige
et je le servirai pendant deux années ou même trois,
avec cent chevaliers et même plus!» 845
Mais Mériaduc lui répond:
«Guigemar, mon bon ami,
je ne suis pas démuni
et harcelé par cette guerre
au point que vous puissiez me faire cette requête! 850
J'ai trouvé cette dame, je la garderai
et je la défendrai contre vous!»

À ces mots, Guigemar ordonne en hâte
à ses hommes de monter à cheval
et s'en va, défiant Mériaduc, 855
désolé de devoir abandonner son amie.
De tous les chevaliers venus en ville
pour le tournoi,
il n'en est pas un qui ne suive Guigemar
et ne lui jure fidélité: 860
ils l'accompagneront, où qu'il aille.
Honte à celui qui lui refuse son aide!
Le soir même, ils sont au château
du seigneur qui faisait la guerre à Mériaduc.
Le châtelain leur offre l'hospitalité, 865
tout heureux
de l'aide que lui apporte Guigemar:
il comprend que la guerre est finie.
Dès le lendemain, de bon matin, tous se lèvent,
s'équipent dans leurs logis 870
et quittent la ville bruyamment

sous la conduite de Guigemar.
Parvenus au château de Mériaduc, ils lancent un assaut
qui échoue, car la place était bien fortifiée.
875 Alors Guigemar assiège la ville:
il ne partira pas avant de l'avoir prise.
Le nombre de ses amis et de ses chevaliers augmente si bien
qu'il réduit tous les assiégés à la famine.
Il s'empare donc du château, le détruit,
880 tue le seigneur.
Tout joyeux, il emmène son amie:
ses épreuves sont finies désormais.

Du conte que vous venez d'entendre
on a tiré le lai de *Guigemar*,
885 qu'on joue sur la harpe et la rote[17]:
la musique en est douce à entendre.
(Traduction de Laurence Harf-Lancner.)

## LE LAÜSTIC

Je vais vous raconter une aventure dont les Bretons ont fait un lai. On le nomme *le Laüstic* et je crois bien qu'ils l'appellent ainsi dans leur pays. Cela correspond à «rossignol» en français et à «nihtegale» en bon anglais.

Il y avait dans la région de Saint-Malo une ville réputée. Deux chevaliers demeuraient là, dans deux maisons fortifiées. Les qualités des deux barons avaient fait la réputation de la ville. L'un d'eux était marié à une femme pleine de sens, courtoise et avenante. Elle se faisait estimer au plus haut point en conformant sa conduite aux usages et aux bonnes manières. L'autre était un jeune chevalier célibataire, bien connu entre ses pairs pour sa prouesse et sa grande valeur. Il aimait à mener le train d'un chevalier fastueux: il participait à de nombreux tournois, dépensait beaucoup, et donnait généreusement. Il s'éprit de la femme de son voisin. Ses multiples sollicitations, ses multiples prières, autant que ses grands mérites firent qu'elle l'aima plus que tout au monde, à la fois pour tout le bien qu'elle entendit raconter de lui, et parce qu'il était son voisin. Leur amour fut prudent et profond[18]. Il prirent grand soin de se cacher, veillant à n'être pas découverts ni dérangés ni soupçonnés. C'était pour eux chose aisée, car leurs

17. Instrument de musique médiéval, à cordes pincées.
18. Littéralement, «Sagement et bien s'entraimèrent». Ce vers comporte l'idée de prudence et de discrétion.

demeures étaient proches. Voisines étaient leurs maisons ainsi que les grandes salles de leurs donjons. Pas d'autre obstacle, pas d'autre séparation qu'un grand mur de pierre grise[19]. De l'appartement où elle couchait, la dame pouvait, se mettant à la fenêtre, parler à son ami de l'autre côté, et lui à elle. Ils pouvaient échanger des cadeaux en les jetant ou en se les lançant. Ils n'ont pas de sujet de mécontentement et sont tous deux fort heureux, à cela près seulement qu'ils ne peuvent être ensemble quand cela leur plaît, car la dame est l'objet d'une étroite surveillance quand son ami se trouve dans le pays. Ils ont du moins en compensation la possibilité de se parler de nuit comme de jour. Personne ne peut les empêcher d'aller à la fenêtre et de s'y voir. Pendant longtemps ils se sont aimés ainsi, jusqu'à la venue d'un printemps où les bosquets et les prés ont retrouvé leur verdure et les jardins leurs fleurs. Les petits oiseaux du printemps, par leurs chants pleins de douceur, expriment leur joie au sommet des arbres en fleurs. Il n'est pas étonnant alors que celui qui aime selon son cœur s'abandonne à l'amour. Quant au chevalier, je vous dirai la vérité: il s'y abandonne autant qu'il peut, et la dame aussi, et en paroles et en regards. La nuit, quand la lune luisait et que son mari était couché, souvent elle le quittait pour se lever, passait son manteau et allait se mettre à la fenêtre pour son ami, dont elle savait qu'il en faisait tout autant, et passait la plus grande partie de la nuit à veiller. Ils avaient du plaisir à se voir, faute de mieux. Mais tant de stations à la fenêtre, tant de levers nocturnes finirent par irriter le mari et, à maintes reprises, il lui demanda pourquoi elle se levait et où elle était allée. «Seigneur, lui répond la dame, il ne connaît pas la joie en ce monde celui qui n'entend pas chanter le rossignol[20]. C'est pour cela que je vais me placer ici, à la fenêtre. J'écoute son chant si doux, la nuit, que j'en éprouve une très grande joie. J'y prends une telle volupté et je désire tellement l'entendre que je ne peux fermer l'œil». Le mari, entendant ces paroles, a un ricanement furieux et sarcastique. Il mûrit un projet: il prendra le rossignol au piège. Tous les domestiques de la maison confectionnent pièges, filets et lacets, qu'ils disposent ensuite dans le jardin. Il n'y a ni coudrier ni châtaignier, où ils ne placent des lacets ou de la glu, si bien qu'à la fin, ils prennent le rossignol et le gardent. Une fois pris, ils le remettent vivant entre les mains du seigneur. Tout joyeux de le tenir, il

19. Souvenir de l'histoire de Pyrame et Thisbé racontée par Ovide. Leurs parents s'opposant à leur amour, ils ne peuvent communiquer qu'à travers une fissure dans le mur qui sépare leurs maisons.

20. D'ici jusqu'à la fin du lai, Marie se sert du mot breton *laüstic* là où le traducteur donne le français *rossignol*.

se rend à l'appartement de la dame. «Dame, dit-il, où êtes-vous? Approchez, venez donc me parler! J'ai pris au piège le rossignol qui vous a tant fait veiller. Désormais vous pouvez rester couchée tranquillement: il ne vous réveillera plus.» En l'entendant parler ainsi, la dame est triste et peinée. Elle demande le rossignol à son mari, mais lui le tue par méchanceté. De ses deux mains, il lui brise le cou. Ce fut là le geste d'un homme ignoble. Puis il jette le corps sur la dame, si bien qu'il tache d'un peu de sang sa tunique par devant, au niveau de la poitrine. Après quoi, il sort de la chambre. La dame, elle, prend le petit oiseau mort, pleure à chaudes larmes et maudit alors ceux qui par traîtrise se sont emparés du rossignol en confectionnant pièges et lacets, car ils lui ont enlevé une grande joie. «Hélas, dit-elle, quel malheur pour moi! Je ne pourrai plus me lever pendant la nuit, ni aller me tenir à la fenêtre où j'ai l'habitude de voir mon ami. Mais il y a une chose dont je suis bien sûre, c'est qu'il va croire que je l'abandonne et il me faut prendre des mesures. Je lui enverrai le rossignol et lui ferai savoir ce qui est arrivé[21].» Dans une pièce de brocart, avec leur histoire brodée en fils d'or, elle enveloppe l'oiselet. Elle fait venir un de ses domestiques, lui confie le message et l'envoie à son ami. Le domestique arrive chez le chevalier, lui fait part des salutations de sa dame et après avoir délivré tout son message, il lui offre le rossignol. Quand il lui a tout dit et raconté, le chevalier, qui l'avait écouté avec attention, resta peiné de ce qui était arrivé. Mais en homme courtois et prompt, il fait forger un coffret non en fer ni acier, mais tout d'or pur et enrichi de pierres précieuses de grande valeur. Dans le coffret, dont le couvercle ferme très bien, il place le rossignol. Puis il fait sceller la châsse[22] qu'il fait toujours porter avec lui.

On raconta cette aventure qui ne put rester longtemps cachée. Les Bretons en ont fait un lai qu'on nomme le *Laüstic*.

(Traduction de Pierre Jonin.)

21. Ce qui est arrivé: dans l'original, «l'aventure». Marie écrit: «l'aventure li manderai!»
22. Coffre, souvent richement orné, qui contient le corps ou les reliques d'un saint.

# Les Trobairitz

Les *trobairitz* sont des femmes troubadours vivant dans le sud de la France, en Occitanie, aux XII^e et XIII^e siècles. En occitan (ou langue d'oc, communément appelée provençal) le terme «trobairitz» est formé sur le verbe *trobar,* qui veut dire «trouver», dans le sens de trouver des vers ou composer. Dérivé du latin «tropare», c'est-à-dire, «composer des tropes», le verbe désigne l'activité poétique en général. Le suffixe *-airitz* indique le féminin, par contraste avec *-ador* dans *trobador* (troubadour) pour le masculin. Une trobairitz est donc une femme qui compose des vers. Nous ne connaissons de nom qu'une vingtaine de trobairitz dont l'activité poétique semble s'étendre de 1170 à 1260 environ. Certains poèmes anonymes sont aussi attribués à des femmes. Les trobairitz étaient sans doute plus nombreuses et leur production était probablement plus vaste que les quelques poèmes qui nous sont parvenus. Seules la Comtesse de Die et Castelloza ont laissé plus d'un seul poème. Quoique la doctrine et les formes de la poésie des troubadours, née en Occitanie, se soient répandues dans tous les pays voisins, ce n'est que cette partie de la France qui a produit des femmes troubadours. Ce sont donc les seuls témoins féminins du développement de la *fin'amor,* origine de l'amour courtois, moment décisif dans l'évolution de la culture occidentale.

La parution en plein mouvement féministe du livre de Meg Bogin, *The Women Troubadours* (1976; traduction française, *Les Femmes troubadours,* 1978), marque un tournant dans la réception de la poésie des trobairitz. Auparavant, quoique certains spécialistes aient reconnu par moments l'existence et l'importance de cette œuvre féminine, l'histoire littéraire avait surtout mis en valeur la poésie des troubadours, comme si, malgré leur condition sociale et sexuelle autre, les femmes n'avaient rien apporté de particulier ni de différent à cette littérature en langue vulgaire qui s'épanouissait face à la culture officielle en latin. Le nouvel intérêt suscité par cette poésie féminine contribue à rectifier l'impression que la littérature médiévale en langue vulgaire est essentiellement le fait des hommes et que les rares femmes écrivains du Moyen Âge se sont simplement bornées à les imiter.

À part leurs noms et leurs poèmes, nous avons peu de renseignements sur la vie des trobairitz. C'étaient des femmes de l'aristocratie, pour la plupart mariées. Elles connaissaient sans doute les troubadours et elles adoptèrent les conventions de leur poésie amoureuse tout en les déplaçant afin d'exprimer leur point de vue de femme. Ce que nous savons de leur vie provient surtout des *vidas,* biographies très abrégées qui précèdent leurs poèmes dans certains manuscrits, et des *razos,* commentaires en prose présentés au public en guise d'introduction à leurs chants par des jongleurs. Mais les renseignements fournis par les *vidas* et les *razos* sont souvent plus littéraires qu'historiques.

Des facteurs sociaux et historiques particuliers favorisèrent sans doute l'apparition de femmes poètes en Occitanie: un statut légal plus autonome, y compris le droit à l'héritage, pendant cette renaissance féminine qu'on a appelée «la parenthèse dorée» (1180–1230), intermède entre deux époques de subjugation; un pouvoir exceptionnel et une indépendance dus à l'absence de leurs maris partis aux croisades; et leur appartenance à une élite aristocratique, ce qui leur assurait une grande culture et leur attirait la vénération de chevaliers de moindre rang selon la doctrine de la *fin'amor.*

La *fin'amor* chantée par les troubadours exalte la femme. Il s'agit cependant d'un point de vue masculin sur la femme, objet du désir et d'une vénération de plus en plus sublimée. Certaines explications récentes de ce mouvement suggèrent que cette exaltation de la femme était peut-être plus formelle qu'effective et qu'elle transposait simplement la situation inférieure du troubadour vis-à-vis du seigneur, mari de la dame, et son ambition sociale. En effet, le vocabulaire qui décrit les rapports amoureux entre le troubadour et la *domna* (dame) est précisément celui des liens de fidélité entre seigneur et vassal. L'amant est «l'homme lige» de sa dame. En échange de sa soumission il s'attend à une élévation sociale, économique—le seigneur et sa femme étaient de puissants mécènes—ou morale. Par discrétion, vu qu'il s'agit d'un amour conçu en dehors du mariage, il désigne la dame par un nom de code (*senhal*), parfois *Mi dons,* terme androgyne réunissant le possessif féminin *mi* (ma) au masculin *dons* (seigneur). Ainsi éclate toute l'ambiguïté de cette vénération pour la dame qui ne paraît servir en fin de compte qu'à articuler des rapports sociaux et économiques entre hommes. La femme dans cette situation est une intermédiaire passive et silencieuse, un objet d'échange qui permet de transmettre le prestige et la protection de son mari au troubadour: elle est même appelée *res* (chose). Plutôt que d'être envisagée dans sa réalité concrète, elle devient symbole, type idéal, prétexte au poème où le troubadour s'adresse surtout à d'autres hommes et au public. Elle est souveraine, supérieure par sa classe, malgré son infériorité sexuelle «naturelle». Inversement, l'amant, supérieur par son sexe, est inférieur par son rang social ce qui établit une égalité précaire et surtout symbolique entre les partenaires. Cette philosophie de la *fin'amor,* loin donc de rehausser la femme, ne serait en fait qu'un moyen de concilier des exigences sociales contradictoires à l'égard de sa sexualité, celles du mariage qui réclament la chasteté et par conséquent l'inaccessibilté sexuelle de la femme pour assurer la légitimité des héritiers, et celles du mécénat qui nécessitent l'exploitation sexuelle de la femme pour répandre l'influence et le pouvoir de sa famille.

En prenant la parole dans leurs poèmes les trobairitz perturbent et dévoilent ces présupposés sociaux et sexuels de la *fin'amor.* La femme-objet devient sujet. Elle réclame le droit de s'exprimer, de dire ouvertement sa sexualité, de se représenter elle-même plutôt que d'être représentée par des hommes, de connaître comme le troubadour l'équivalence entre amour et chant et le plaisir d'écrire des poèmes. Ce renversement des rôles sexuels entraîne des déplacements dans les conventions et la rhétorique de la *fin'amor.* Ainsi, la femme prend la place de l'homme, assume son rôle de suppliant, face à un amant inaccessible, absent, souvent infidèle, qu'elle essaie de persuader, de convaincre, pour le ramener ou pour le retenir. Le monologue narcissique qui exclut la perspective féminine devient tentative de dialogue quand la dame s'adresse directement à l'ami. Mais l'échange de rôles ne garantit en rien la puissance de la femme, d'où le motif de l'hésitation à parler, car silence pour la femme n'est pas forcément synonyme d'impuissance, du moins dans la rhétorique des troubadours. Par contre, l'ami, à cause de son inaccessibilité, semble détenir le pouvoir sur la femme, encore qu'il soit, selon la convention, de moindre rang et, chez les trobairitz, moralement inférieur. Car l'ami se fait déconsidérer en «trahissant» son amour, alors que c'est la fidélité à toute épreuve de la femme qui garantit sa supériorité morale. Supplier un homme de rang inférieur, c'est pour la trobairitz constater non seulement son infidélité en amour mais son comportement peu courtois, et avouer des frustrations et des privations, un échec social et sexuel humiliant, qu'elle semble vouloir racheter par la finesse amoureuse et la noblesse du cœur. Et si, comme Castelloza, elle essaie de contester la règle du jeu, de faire coïncider la hiérarchie des classes et des sexes en choisissant d'aimer un homme de rang supérieur, la rhétorique devient tendue, alambiquée, à force d'être chargée d'un message qu'elle n'est pas faite pour communiquer. La poésie des trobairitz constitue alors une interrogation passionnée des hiérarchies sociales et sexuelles et de l'éthique de la *fin'amor* même si elle se réfère au schéma des rapports amoureux hérité des troubadours. Au moyen d'un code masculin, elle affirme l'action féminine, représentant la femme à la fois comme poète-amante-sujet et comme *domna,* objet du désir.

Si dans la poésie des troubadours la dame n'est qu'une abstraction idéalisée, ici elle demande à être reconnue dans son individualité, dévoilant, comme les héroïnes des chansons de femmes (voir «Pourquoi me bat mon mari...»), une sexualité franche et précise. En cela aussi, comme on le voit dans les poèmes de la Comtesse de Die et de Domna H., la trobairitz expose les contradictions et les frustrations de la *fin'amor*: alors que celle-ci peut exiger une épreuve, l'*asag* (essai), nuit d'amour où le chevalier pour mériter la dame doit faire preuve de retenue et rester en deçà de la consommation sexuelle, elle exalte le plaisir érotique, la «joie».

En général, le style des trobairitz est plus direct, plus concret, et plus simple que celui des troubadours, moins un jeu formel. Mais la Comtesse de Die et Castelloza produisent parfois des structures plus élaborées, et Castelloza semble situer explicitement son poème par rapport à une tradition poétique—féminine aussi bien que masculine—comme l'envoi à Dame Almucs (sans doute la trobairitz Almucs de Castelnou) le suggère. Dans les envois de son poème, Domna H. se réfère de même au contexte poétique féminin. Il est d'usage d'associer le style «simple» des trobairitz à l'expression de leurs sentiments personnels, d'insister sur l'aspect «autobiographique» en comparant leur poésie à un journal intime, et d'opposer leur pratique poétique à l'art complexe des troubadours. Il est temps de dépasser ces vieux stéréotypes sexuels pour reconnaître enfin qu'il s'agit non d'un art inférieur mais d'un art différent et pour apprendre à apprécier cette différence.

Les trobairitz pratiquent des genres à une voix et des genres dialogués. La *canso* (chanson) est le mode privilégié de l'expression amoureuse dans la poésie provençale. C'est un poème à une voix comportant cinq ou six strophes (*coblas*) de huit ou neuf vers, suivies en général d'un envoi (*tornada*) ou couplet final plus court. La *tenso* est un poème dialogué ou débat, souvent sur un problème de casuistique amoureuse; les interlocuteurs font alterner leurs strophes selon un schéma établi de rimes. Tous les poèmes reproduits ici sont des *cansos* sauf celui de Domna H. qui est une *tenso*. Comme ceux des troubadours, les poèmes des trobairitz étaient accompagnés de musique. Malheureusement, il ne nous est parvenu qu'une seule mélodie de trobairitz, celle de la Comtesse de Die pour la *canso* «Chanter je dois...» («A chantar m'er...»).

# *La Comtesse de Die*

L'identité de cette trobairitz, la plus célèbre de toutes, est tout à fait incertaine. Elle vécut dans la seconde moitié du XIIe siècle. Selon les *vidas* elle épousa Guillem de Poitiers, Comte de Valentinois. Elle eut peut-être pour fils le Comte de Die (dans la Drôme); elle aurait pris le nom de Comtesse de Die après la mort de ce fils. Les *vidas* indiquent que son amant était Raimbaut d'Orange, mais il n'est pas sûr que ce soit une allusion au troubadour plutôt qu'à son petit neveu qui s'appelait aussi Raimbaut. Quatre *cansos* de cette trobairitz nous sont parvenues.

---

La Comtesse de Die (ms. Fr 854, fol. 141, XIIIe siècle; Bibliothèque nationale de France)

## J'ai été dans une dure angoisse...
## (Estat ai en greu cossirier)

I. J'ai été dans une dure angoisse
pour un chevalier que j'ai eu
et je veux qu'il soit su en tous les temps
que je l'aimais par-dessus tout.
Mais je vois que je suis trahie
car je ne lui donnai pas mon amour.
j'ai été en grande erreur
au lit comme toute vêtue.

II. Je voudrais tant mon chevalier
tenir un soir entre mes bras, nu.
et qu'il se trouve comblé
que je lui serve de coussin.
Je suis plus amoureuse de lui
que jamais Flore de Blanchefleur[1].
Je lui donne mon cœur, mon amour,
Mon sens, mes yeux et ma vie.

III. Bel ami, charmant et bon,
quand vous tiendrai-je en mon pouvoir,
quand coucherai-je avec vous un soir,
vous donnant un baiser amoureux?
Sachez que j'ai grand désir
de vous à la place du mari,
pourvu que vous m'ayez promis
de faire tout à mon bon vouloir.
(Traduction de Jacqueline Cerquiglini, d'après celle de
Jacques Roubaud, dans *Poètes du Moyen Âge*, 1987.)

1. Allusion au conte de *Floire et Blancheflor*, histoire de l'amour contrarié de deux jeunes gens. Ayant triomphé de tous les obstacles, ils finiront par s'épouser. Notez qu'en comparant son amour à celui de Flore et Blanchefleur, la Comtesse assume le rôle de l'homme.

## Chanter je dois de ce que je voudrais taire (A chantar m'er de so q'ieu no volria)

I. Chanter je dois de ce que je voudrais taire,
tant j'en veux à celui de qui je suis l'amie
et que plus que tout, je chéris;
que lui font ma bonté et mes belles manières?
ma beauté, mon mérite, et mon entendement?
Aussi bien ai-je été abusée et trompée
comme je le devrais, si j'étais sans attraits.

II. De n'avoir point failli en aucune façon,
à votre égard, ami, me vient consolation;
je vous aime même plus que Seguin n'a jamais aimé Valence[2]
et il me plaît bien de vous vaincre en aimant,
vous qui, ô mon ami, êtes le plus vaillant;
vos actes et vos mots me montrent arrogance,
alors qu'envers autrui vous êtes si charmant.

III. Je m'étonne de l'orgueil de votre cœur
envers moi, ami, et j'ai lieu de m'en plaindre;
il n'est pas juste qu'une autre me vole votre amour,
quel que soit mon accueil et quels que soient mes dires.
Et souvenez-vous du commencement
de notre amour; Dieu garde
que par ma faute nous soyons désunis.

IV. Cette grande prouesse que votre cœur abrite
et votre riche éclat pour moi sont inquiétants,
car je ne connais point de dame, ni proche ni lointaine,
qui, voulant aimer, pour vous n'aurait un penchant;
mais vous, ami, qui savez tant,
devez savoir assez laquelle est la plus fine,
alors, souvenez-vous de notre accord.

V. Mon mérite et ma naissance devraient bien ici m'aider,
et ma beauté et encore plus mon cœur fin;
Je vous adresse donc là où vous demeurez

2. Héros et héroïne d'un roman médiéval perdu.

ce chant, en guise de message,
et je voudrais savoir, mon ami bel et noble,
pourquoi vous vous montrez aussi rude et sauvage.
Est-ce orgueil?... je ne sais... Ou est-ce cruauté?

VI. Mais surtout, dis-lui bien, message,
Que par excès d'orgueil, maintes gens sont blessés.
(Traduction de Jeanne Faure-Cousin dans Meg Bogin, *Les Femmes troubadours*, 1978, adaptée par Matilda Tomaryn Bruckner et Vicki Mistacco.)

## La joie d'amour courtois me procure allégresse (Fin ioi me dona alegranssa)

I. La joie d'amour courtois me procure allégresse,
et me fait chanter plus gaiement,
ils ne me pèsent aucunement
ni en rien ne m'embarrassent
ces menteurs lauzengiers[3] truands
qui, je le sais, veulent me nuire;
Leur vil propos, sans m'effrayer,
double au contraire ma gaieté.

II. Jamais ils n'obtiendront de moi aucune confiance
ces calomniateurs lauzengiers.
Qui pourrait se dire honoré
qui avec eux fait alliance?
Ils sont pareils à la nuée
qui de telle sorte s'épand
que le soleil en perd ses rais;
c'est pourquoi je n'aime pas les méchants.

3. Les lauzengiers ou médisants, personnages omniprésents dans la poésie d'amour des troubadours, sont des rivaux en amour ou des espions et des délateurs parfois au service du seigneur, mari de la dame. Ils s'ingénient à contrarier les amants courtois et tentent souvent de les séparer.

III. Et vous, jaloux bavard mari[4],
ne pensez pas que je renonce,
que joie et jeunesse[5] m'ennuient,
quand même il vous en vient dépit.
(Traduction de Jeanne Faure-Cousin dans Meg Bogin,
*Les Femmes troubadours*, 1978, adaptée par Vicki Mistacco.)

4. «Gelos mal parlan» en provençal. «Gelos» sert conventionnellement à désigner le mari jaloux dans la relation triangulaire de la *fin'amor*.

5. «Joie et jeunesse», valeurs psycho-poétiques chez les troubadours, figure de l'amour courtois qui renvoie au début du poème.

# Castelloza

La poésie de Castelloza date du début du XIIIe siècle. Née vers 1200, dans la région du Puy, en Auvergne, cette trobairitz fut probablement la femme d'un noble qui participa à la Quatrième Croisade. Il nous reste quatre de ses *cansos,* l'une étant d'attribution douteuse.

## De chanter je devrais avoir ma suffisance (Ia de chantar non degra aver talan)

I. De chanter je devrais avoir ma suffisance
car plus je vais chantant
et plus mon sort empire,
plus larmes et tourments
font de moi leur empire.
Car en situation sans merci
j'ai mis mon cœur et moi-même;
et si bientôt l'on ne me retient
j'aurai attendu trop longtemps.

II. Bel ami, d'un beau semblant
offrez-moi au moins l'image
avant que de mal je ne meure.
Les autres amoureux
vous tiennent pour sauvage;
car aucune joie ne me vient
de vous que je ne manque pas

d'aimer en bonne foi
en tout temps, d'un cœur jamais volage.

III. Jamais envers vous je n'aurai un cœur infidèle
ni plein de tromperie,
bien que de vous je n'obtienne que le pire;
car dans mon cœur
je l'estime un honneur;
et même, je pense, quand je me souviens
du haut rang que vous occupez,
que vous méritez
une dame mieux que moi née.

IV. Depuis que je vous ai vu, je vous suis soumise,
et cela, pourtant, ami,
ne m'a rien apporté:
vous ne m'avez adressé
ni message ni courrier;
et quant à vous tourner vers moi,
ami, vous n'en faites rien!
Puisque nulle joie ne me porte,
je suis presque folle de douleur.

V. Si cela m'était utile, je vous rappellerais,
chantant, que j'avais votre gant
que je vous volai en tremblant;
puis je fus effrayée
que vous puissiez être blâmé
par celle à présent qui vous aime,
ami, alors très vite
je l'ai rendu, car je sais bien
que je n'ai sur vous nulle puissance.

VI. Je connais des chevaliers qui font leur malheur
à prier les dames
plus qu'elles ne les prient,
n'en tirant aucun avantage,
ni nulle souveraineté;
alors, quand il arrive qu'une dame
aime, c'est elle qui devrait prier

le chevalier, si en lui elle a décelé
prouesse et vaillance.

VII. Dame Almucs[6], j'aime toujours
ce dont le mal me vient,
car celui qui soutient l'honneur
n'a pour moi qu'un cœur volage.

VIII. Beau Nom[7], jamais je ne renoncerai
à vous aimer,
car je vis en bonne foi,
en bonté et en constance.
(Traduction de Vicki Mistacco et Matilda Tomaryn Bruckner,
adaptée de celle de Jeanne Faure-Cousin dans Meg Bogin,
*Les Femmes troubadours*, 1978.)

6. Probablement Almucs de Castelnou, trobairitz du début du XIIIe siècle.
7. Nom de code ou *senhal* de l'ami.

# Domna H.

On a émis plusieurs hypothèses sur l'identité de cette trobairitz, y compris récemment celle d'une certaine Huguette des Baux dont, comme d'autres troubadours, Blacatz fait l'éloge dans ses poèmes, mais aucune ne paraît définitive: les noms commençant par H sont trop nombreux. L'œuvre de Domna H. fut composée entre 1220 et 1240. Seule cette *tenso,* dont nous reproduisons ici des extraits, nous est parvenue. Ce type de *tenso,* appelé *partimen,* est un poème-débat où, selon la règle, l'initiateur propose à l'adversaire un choix entre deux hypothèses et défend ensuite l'hypothèse non choisie. Plutôt qu'un vrai nom, Rofin est vraisemblablement un *senhal,* signifiant peut-être voyou ou libertin, ce qui ajoute à l'ironie du poème. Certains manuscrits donnent plutôt Rosin, abréviation possible de *rosinhol* (rossignol). Mais ni l'un ni l'autre ne permettent d'identifier les deux interlocuteurs ni de préciser les circonstances du poème.

## Rofin, dites-moi tout de bon
## (Domna H. et Rofin, «Rofin, digatz m'ades de quors»)
(Extraits)

I. Rofin, dites-moi tout de bon,
qui fit le mieux, car vous savez beaucoup de choses:
une dame noble et charmante
que je connais, a deux amants,
et veut que l'un et l'autre lui jurent et lui promettent
(avant qu'elle ne veuille les admettre à coucher près d'elle)
que rien de plus que l'étreindre et l'embrasser
ils ne feront; et l'un s'empresse
d'aller au fait, car il méprise son serment;
tandis que l'autre n'ose rien.

II. Dame, elle est d'autant plus extrême
la folie de celui qui désobéit
à sa dame, qu'il n'apparaît pas
qu'un amant, possédé d'amour,
doive, par la force de sa volonté,
enfreindre les vœux de sa dame.
Aussi dis-je que, sans espoir,
il doit être privé de la suprême joie
celui qui a manqué à sa foi,
et l'autre, lui, doit trouver merci.

III. Un authentique ami, jamais pareille crainte
Rofin, ne le retient de prendre volupté;
son désir et son ardeur excessive
le torturent tant, que malgré les clameurs
de sa dame chère,
il ne peut les supporter ni se dominer.
Car quand il l'admire couchée à son côté,
son cœur s'embrase à tel degré
qu'il n'entend ni ne voit plus rien,
et ne sait s'il fait mal ou bien.

VI. [...] Dame, sachez plutôt que ce fut grande prouesse
et bon jugement qui gardèrent l'ami de faillir,
dans l'espoir du secours de sa dame.
Et l'autre agit comme un forcené,
qui osa forcer son amante;
et celui qui le défend sait bien peu de l'amour;
un amant, sous l'effet d'une passion pure et vive[8],
craint sa dame et croit
tout ce qu'elle dit, comme il convient.

VII. Or je sais bien ce qu'il en est,
Rofin, quand je vous entends blâmer
le fin amant et défendre le mauvais;
car vous-même agiriez aussi mal.

8. Passion pure et vive: en provençal, *fin'amors viva*.

Maintenant, que Dame Agnesina
nous dise ce qu'elle en pense.

VIII. Que je me prononce ou non,
vous pouvez discerner le vrai,
Dame, si cela vous plaît; et cela me convient bien
que Dame Agnesina, en qui la vertu s'anime,
en appelle
à Dame Désireuse-de-tout-bien[9].
(Traduction de Jeanne Faure-Cousin dans Meg Bogin,
*Les Femmes troubadours,* 1978, adaptée par Vicki Mistacco.)

9. La seconde *tornada* est particulièrement obscure. Peut-être s'agit-il d'une situation précise dont nous ne pouvons pénétrer le sens à cause du *trobar clus,* style fermé ou hermétique, caractéristique de la poésie des troubadours. Ainsi, par la forme comme par le fond, Rofin semble incarner le troubadour conventionnel.

# La Béguine anonyme

S'il y a un domaine où la prééminence des femmes est depuis longtemps acquise, c'est la littérature religieuse et mystique du Moyen Âge en Europe. De grandes mystiques, dont certaines de langue française comme la béguine Marguerite Porete, auteur du *Miroir des simples âmes* (fin du XIII^e siècle), laissèrent des témoignages remarquables de leur spiritualité. Cette littérature offrait aux femmes un terrain d'accès privilégié à un statut culturel. Au XIII^e siècle la production de ces textes devint si abondante qu'on peut parler d'une véritable floraison culturelle féminine. Pourtant ces œuvres, souvent d'une haute teneur littéraire, ne figurent presque jamais dans les anthologies, les manuels et les histoires de la littérature française. Ainsi toute une tradition littéraire féminine a été effacée. Le texte suivant, tiré d'un des trois *Dits de l'âme* composés vers la fin du XIII^e siècle par une Béguine anonyme du nord de la France, dite aussi Béguine française, donnera un aperçu de ce corpus important de littérature féminine. L'original, en dialecte picard, comporte vingt-et-une strophes de douze vers octosyllabiques.

Les béguines vivaient en communauté et elles obéissaient à des règles écrites, mais elles ne prononçaient pas de vœux définitifs. Ce mouvement religieux laïque spécifique aux femmes naquit au début du XIII^e siècle aux Pays-Bas et se répandit vite en Rhénanie, en Flandre, en Brabant, et dans le nord de la France. Il prit la relève de sectes hérétiques victimes de l'Inquisition, comme les Cathares, qui avaient attiré les femmes en reconnaissant leur égalité avec les hommes, ceci à une époque où le rôle des clercs instruits devenait plus important dans la vie religieuse et celui des femmes sombrait dans l'invisibilité du fait de leur peu d'instruction et de leur prétendue «inaptitude» à la clergie. À l'imitation du Christ, les béguines se consacraient à la chasteté, à la pauvreté, à la pénitence, et à la prière. Mais elles n'étaient pas pour autant coupées du monde, même si leur écriture met surtout en valeur leur subjectivité et leur vie intérieure. Elles gagnaient des salaires modestes en soignant les pauvres et les malades ou en exerçant des activités artisanales, notamment dans le domaine textile, ce qui les mit souvent en conflit avec les corporations auxquelles elles faisaient concurrence. L'essor des communautés de béguines fut sans doute facilité par un excédent de femmes à cette époque, car elles offraient à celles-ci une alternative au mariage et une vie indépendante de célibataire. Les béguinages admettaient donc des femmes de toutes les classes et de toutes les conditions économiques, alors que les abbayes du passé étaient surtout peuplées de femmes nobles et doctes. Et comme les langues vulgaires avaient détrôné le latin dans les béguinages, des femmes dites «illettrées»—quoique non dépourvues de connaissances théologiques et bibliques—purent s'y faire entendre et y exprimer leur expérience spirituelle. Ce développement favorisa la production littéraire des béguines.

S'épanouissant hors des hiérarchies ecclésiastiques, du latin, de la parole et de l'éducation institutionnelles, le mouvement des béguines ne fut pas sanctionné par l'Église. Leur ferveur religieuse et leurs dons prophétiques furent souvent accueillis avec scepticisme, soupçon, ou raillerie par les autorités ecclésiastiques. Ce qui les rendait surtout suspectes, c'était le rapport direct qu'elles revendiquaient avec Dieu, en la personne du Christ ou de l'Esprit, sans la médiation de l'Église officielle. C'était aussi leur façon de transformer leur faiblesse féminine et leur marginalité—leur simplicité, leur manque d'éducation, et leur exclusion du rang des prêtres—en force. Ces mystiques prétendaient en effet que c'était précisément pour ces raisons que Dieu les avait élues comme instruments du salut. Il n'est donc pas étonnant qu'elles aient été soupçonnées d'hérésie, voire de sorcellerie. Marguerite Porete, elle, paya de sa vie cette indépendance à l'égard des prescriptions patriarcales: elle mourut en 1310, condamnée au bûcher par l'Inquisition.

La spiritualité de ces mystiques représente donc un mode de perception et de pensée autre que celui de la pensée dominante. Il ne s'agit pas de rationalité mais d'une forme sensorielle et transcendante de connaissance, provenant de certaines pratiques corporelles, comme la mortification de la chair et les larmes, de visions, et d'intuitions fulgurantes du Divin. Le but ultime de la mystique, c'est la fusion spirituelle avec le Christ, l'expérience personnelle et intense de sa Passion, vécue comme amour et souffrance à la fois; c'est l'expérience d'une extase dont les termes se confondent souvent, comme chez la Béguine anonyme, avec ceux de la jouissance érotique. La femme mystique estime qu'elle a le droit, et même le devoir, de parler et de partager cette connaissance—avec ses sœurs avant tout, mais aussi avec tous: «Savez-vous ce qu'est béguinage? [...] Béguines qui ces vers oyez....» Sa parole s'autorise de Dieu lui-même qui l'a choisie pour faire connaître au monde ses mystères.

De même que chez les trobairitz amoureuses, on trouve chez la Béguine une forte personnalité dont le moi glorieux se déploie et triomphe au sein d'une humilité apparente. Mais ici l'ami est remplacé par le Christ. Guère «illettrée», la Béguine traduit sa quête d'absolu en empruntant ses termes à tout un héritage poétique, courtois surtout, mais aussi chevaleresque (voir la comparaison âme/épée). Ainsi, s'assimilant à la souffrance amoureuse courtoise, la souffrance amoureuse mystique se présente comme un bien, car elle purifie et élève l'âme et permet d'affirmer un autre système de valeurs, supérieur au système social: «Fine amour sait merveilles faire,/ elle sait larmes du corps traire/ et fait jeûner et veiller,/ être en oraisons, vêtir haire,/ et prier pour son adversaire/ et l'aimer et tenir cher», assure la Béguine dans un autre dit. Mais comment dire l'indicible? Aucun discours amoureux ne paraît suffire pour exprimer cet absolu et ce dépassement du moi dans la fusion avec l'Autre qu'éprouvent et que tentent de communiquer les mystiques du Moyen Âge. «Penser ne vaut ici plus rien/ Ni œuvrer, ni parler» (Marguerite Porete, *Miroir des simples âmes*). À travers leurs tentatives pour créer un nouveau discours, ancré dans leur expérience de femmes et de mystiques, elles semblent annoncer de loin la recherche d'une «écriture féminine» au XX^e^ siècle, ainsi que toute la problématique amoureuse et langagière d'une Marguerite Duras.

Gian Lorenzo Bernini, *L'Extase de Sainte Thérèse,* Chapelle Cornaro, Santa Maria della Vittoria, Rome (Scala/Art Resource, NY)

## Dit de l'âme
(Extraits)

I. Savez-vous ce qu'est béguinage?
C'est garder conscience peu lâche,
Pieuse et dévote affection,
Ôter de son cœur tout l'herbage
Qui à l'esprit fait grand dommage
Et sentir Dieu dans l'oraison.
Deux larmes de contrition
Et trois de grand' compassion
Valent tout l'or qui en mer nage;
Mais celui de dévotion
Ne saurait estimer nul hom[1],
S'il ne fait de Dieu son manage[2].

IV. [...] Béguines qui ces vers oyez,
Si vous gémissez et pleurez
De ce que vous n'êtes lassus[3],
Par Dieu soyez réconfortées!
Sachez que c'est sa volonté
Que soyez encore ici jus[4].
D'autant que vos cœurs seront plus
En amour brûlant, com' je fus,
D'autant plus belles en serez;
C'est la couleur qu'il aime plus
Car lui-même en est revêtu.
En cela lui ressemblerez.

V. Et s'il advient réellement
Qu'il réclame son paiement
De certaines qu'il fait souffrir,
Louez-le plus joyeusement
Car le grand bien qu'on en attend

1. Homme.
2. Séjour.
3. Là-haut.
4. Ici-bas.

Doit la patience réjouir.
Oui, tout ainsi qu'on fait reluire
Une épée par le fourbir,
Quand couverte est d'enrouillement,
Ainsi fait Dieu par coup férir,
L'âme très humble resplendir
De l'humble et dévot patient.

VIII. [...] Et tout ainsi que de la laine
Qu'on plonge en écarlate teinte
Pour en mieux fixer la couleur,
Ainsi Dieu l'âme traite et mène,
Par adversité et par peine,
Pour être de plus grand' valeur.
Si elle a patience en douleur
Pour l'amour de son créateur,
Elle prendra beauté souveraine.
Ira en gloire et grand honneur
Dans la vision du Sauveur,
Si pour lui souffre en chair humaine.

XIII. [...] Ô Dieu qu'il ferait bon forger
Ces clous d'amour qui attacher
Font l'âme à Dieu si ardemment!
Sur la croix on prend le baiser
D'amour, pour le cœur partager
Et le navrer plus durement.
Le marteau, c'est contentement
Et l'enclume, l'abattement;
Le cœur ne saurait s'élancer
Vers Dieu par le ravissement
Si veut y être longuement
Et accomplir son désirer.

XIV. Que ces clous poignent doucement!
L'âme qui la pointe en ressent
N'en voudrait pas être sauvée.
Ils offrent baumes et onguents
Du paradis. Si cœur en prend,
Toute douleur est oubliée;
Car plus doux est que miel en rée[5].
Mainte âme s'en est enivrée
Par un très ardent sentiment.
Qu'une âme est ravie et comblée,
Qui par tels clous est transpercée!
(Adaptation et notes de Jeanine Moulin.)

5. Rayons.

# Chanson de malmariée

Quoique «Pourquoi me bat mon mari...» et la majorité des chansons de malmariées qui nous sont parvenues datent du XIIIe siècle, elles développent en fait un thème beaucoup plus ancien et reprennent des refrains puisés dans un répertoire popularisant d'origine féminine. Ainsi, ne sont originaux ni le motif de la malmariée ni peut-être le refrain de cette chanson qui connaîtra elle-même bien des variantes. Car, au Moyen Âge, le talent de la (du) poète se montre dans son habileté à donner une forme nouvelle à des motifs connus, plutôt que dans l'invention de la matière poétique elle-même.

Remontant au Xe siècle, les chansons de femmes, dont la chanson de malmariée est un sous-genre, sont les exemples les plus anciens de lyrisme en langue vulgaire. Selon une vieille hypothèse, les origines féminines de ces chansons de femmes s'expliqueraient non pas tellement par leur sujet lyrique—toujours une femme—mais plutôt par leur nature première de chansons à danser, puisque, pendant longtemps au Moyen Âge, la danse était exclusivement réservée aux femmes. Au départ, des jeunes filles auraient donc composé des chansons où elles peignaient leurs propres sentiments. Ce seraient ces chansons archaïques, propagées oralement, que les chansons écrites imiteraient. Plus récemment, on a cherché les origines des chansons de femmes dans les *khardjas,* refrains en langue romane sans doute tirés d'un répertoire populaire de chansons d'amour de femmes et cités comme pointe finale par les poètes arabes et judéo-arabes de l'Espagne islamique dans leurs *muwwashas* et *zadjals* (1000–1150). Par la suite, d'autres poètes du Moyen Âge—hommes et femmes—auraient développé dans leurs poèmes les thèmes anciens et universels de ces chansons de femmes primitives. Dans «Pourquoi me bat mon mari...», en l'absence d'un cadre où un poète homme se représente à l'écoute des plaintes d'une malmariée, comme on en trouve dans certains de ces poèmes, on peut penser que peut-être «anonyme» est ici bel et bien une femme qui s'inspire d'une tradition transmise oralement par des femmes, ayant des origines féminines enfouies et une motivation sociologique féminine évidente.

Comme le nom l'indique, la chanson de malmariée était destinée à être chantée. Les couplets étaient chantés par un soliste et le refrain était repris par le chœur. À l'encontre des *cansos* aristocratiques des troubadours et des trobairitz, le charme de ces poèmes popularisants et archaïsants vient de leur simplicité. «Pourquoi me bat mon mari...» est de plus, par sa forme, *une ballette,* c'est-à-dire, une pièce chantée, également d'inspiration populaire, destinée à accompagner une ronde dansée. Il est probable que ces chansons dites populaires étaient en fait composées, chantées et appréciées dans tous les milieux sociaux.

Les chansons de malmariées mettent toujours en scène une femme qui se plaint de son époux et qui, joyeusement, se venge (ou veut se venger) de cet homme haïssable en prenant un amant. Avec une insouciance et une légèreté comiques, la malmariée bafoue la morale sociale et exprime une sexualité franche et directe, aucun remords ne venant gâcher son adultère allègre. Quoique le thème soit traditionnel, on peut tout de même voir dans ces poèmes un reflet de la réalité sociale du mariage—institution perçue d'un point de vue féminin comme une prison—et une revanche imaginaire contre cette réalité. Cela explique peut-être la popularité du motif de la malmariée et la raison pour laquelle il s'infiltre un peu partout, non seulement dans des genres dits populaires comme la ballette, mais dans des genres courtois comme la poésie des trobairitz et les *Lais* de Marie de France où l'adultère populaire s'assimile sans peine aux exigences aristocratiques de la *fin'amor.*

## Pourquoi me bat mon mari...

Pourquoi me bat mon mari,
Pauvrette!

Car rien de mal ne lui fis
Ni en rien ai médit de lui,
Sauf d'accoler mon ami
Seulette.
Pourquoi me bat mon mari,
Pauvrette!

Et s'il ne me laisse continuer
Ni bonne vie mener,
Cocu, je le ferai appeler,
Oui certes.
    Pourquoi me bat mon mari,
    Pauvrette!

Je sais bien ce que je ferai
Et comment je m'en vengerai.
Avec mon ami je me coucherai
Nuette.
    Pourquoi me bat mon mari,
    Pauvrette!

(Traduction de Jacqueline Cerquiglini.)

# *Christine de Pizan*

(vers 1364–vers 1431)

Vous qui êtes mortes, vous qui vivez et vous qui viendrez à l'avenir, réjouissez-vous toutes...
—*La Cité des Dames*

Christine de Pizan, quel avènement! Figure de proue dans la tradition littéraire et intellectuelle féminine, c'est la première femme de lettres en France, la première écrivaine professionnelle—devenue veuve, elle écrit pour gagner sa vie et pour subvenir aux besoins de sa famille. C'est la première femme à oser

Christine de Pizan (Harley ms. 4431, fol. 4, British Library, London; Photo Art Resource, NY)

s'attaquer à l'idéologie patriarcale dont sa culture est empreinte, la première à tenter une réécriture du passé et à essayer de constituer à partir d'un point de vue féminin une histoire des femmes, la première féministe à s'engager en faveur de ses sœurs en leur proposant des modèles féminins positifs et des stratégies d'interprétation pour résister à la misogynie ambiante et s'épanouir. Écrivant à la fin du Moyen Âge et à l'aube de la Renaissance, elle inaugure une ère nouvelle de réflexion sur le passé; c'est la première érudite à redécouvrir les auteurs de l'Antiquité, l'une des premières en France à parler de Dante et à répandre les idées de l'humanisme italien. Témoin perspicace de son temps, c'est aussi l'une des premières historiennes: elle écrit à la demande de Philippe de Bourgogne, frère du roi, *Le Livre des faits et bonnes mœurs du sage roi Charles V* (1404), entreprise d'autant plus remarquable qu'en France à cette époque il n'existait presque pas de modèles de biographie laïque. Et avec sa dernière œuvre, *Le Ditié de Jeanne d'Arc* (1429), elle est la première à célébrer cette héroïne nationale, du vivant de celle-ci, dans un long poème en langue vulgaire. Enfin, on la considère comme le premier «auteur» français dans le sens où l'étude de son œuvre est inséparable de celle de sa vie. Ce va-et-vient constant entre son expérience personnelle et son écriture culmine dans des œuvres ouvertement autobiographiques, telles *Le Livre de la Mutacion de Fortune* (1404) et surtout *L'Advision-Cristine* (1405), où elle raconte son éducation, son mariage, son veuvage, et sa venue à l'écriture. C'est la première femme écrivain à nous laisser un témoignage aussi détaillé sur sa vie intérieure.

Italienne de naissance, Christine de Pizan vit le jour vers 1364 à Venise. Son père Tommaso da Pizzano (ou Thomas de Pizan, originaire du village Pizzano, près de Bologne) était diplômé en médecine de l'Université de Bologne où il enseigna pendant quelques années l'astrologie, «science» liée alors à la médecine. Puis il entra au service de la République de Venise, ville prospère fréquentée par des intellectuels comme Pétrarque et Boccace. Tommaso était également un mathématicien et philosophe distingué. Peu de temps après la naissance de Christine, il fut appelé à Paris en qualité de médecin astrologue auprès du roi Charles V dont la cour était un des plus grands foyers intellectuels de l'époque. C'est en effet à Charles V qu'on doit l'établissement d'une bibliothèque royale pour laquelle fut commandée la traduction d'un grand nombre d'œuvres de l'Antiquité. En 1368, ayant décidé de rester au service du roi, Tommaso appela sa famille auprès de lui. Ainsi Christine grandit à l'ombre de la cour dans un milieu intellectuel privilégié, entourée d'hommes savants. Elle eut une jeunesse studieuse, encouragée par son père, malgré les réserves de sa mère qui considérait que l'étude ne convenait pas à une fille. Elle apprit le latin avec ses frères et profita pour s'instruire de conversations avec son père et d'autres érudits. En 1380, à l'âge de quinze ans, elle épousa Étienne du Castel, jeune «écolier gradué» choisi pour elle par son père. Cette année-là, Étienne du Castel devint secrétaire royal, ce qui le mit en contact avec d'autres jeunes intellectuels de la chancellerie royale, ceux qui deviendront plus tard les premiers humanistes français. Christine put donc fréquenter pendant toute sa jeunesse des hommes instruits.

Ce mariage heureux et prospère au cours duquel naquirent trois enfants fut assombri par la mort de Charles V et les troubles politiques qui s'ensuivirent. Vers 1387 le père de Christine mourut lui aussi. Mais ce n'est qu'à la mort soudaine d'Étienne du Castel, emporté en 1390 par une maladie infectieuse, sans doute la peste, que Christine connut pleinement le malheur. Veuve à vingt-cinq ans, ayant la charge de ses trois enfants, ainsi que celle de sa mère et d'une nièce à marier, assaillie de problèmes financiers et forcée pour entrer en possession des biens de son mari d'entamer des procès contre des créanciers malhonnêtes (voir l'extrait du *Livre de la Mutacion de Fortune*), Christine affrontait des responsabilités que rien dans sa formation de femme ne l'avait préparée à assumer.

C'est grâce à son intelligence, à sa vaste culture, et à la force de son caractère, qu'elle sut faire face à cette situation où la plupart des femmes auraient succombé. Pour se consoler, pour oublier les problèmes de son veuvage, et finalement pour vivre, elle se tourna vers l'étude et vers la poésie. Elle disposait d'une «chambre à soi» (Virginia Woolf) et d'une bibliothèque. Dans son étude où plus tard elle se ferait souvent représenter entourée de livres (voir les illustrations), elle puisa dans les bibliothèques héritées de son père et de son mari pour s'instruire. Les bibliothèques royale et ducales lui étaient ouvertes également, ainsi que celles de ses amis humanistes. Il est probable qu'elle eut accès à d'autres livres en exerçant le métier de copiste, un des rares métiers ouverts alors aux femmes. Cette formation permettra à Christine de soigner de près la production de ses propres manuscrits, dont certains sont même écrits de sa main, et la qualité de leurs illustrations. Des manuscrits de ses œuvres richement enluminés entreront dans des bibliothèques princières lui attirant de riches dons, de l'argent et des protecteurs influents.

Elle ne commence à composer des poèmes que dans les années 1390, mais elle rencontre un succès rapide et déjà en 1399–1400 sa renommée s'étend au-delà de la cour de France. Christine de Pizan se fait donc connaître d'abord pour sa poésie lyrique, cultivant les genres à forme fixe, ballades, rondeaux, et virelais, mis à la mode par Guillaume de Machaut au milieu du XIVe siècle et recommandées par le poète Eustache Deschamps dans son *Art de dicter* (1392), formes d'une élégance un peu fanée à l'image de la société qui les apprécie. Pourtant elle expérimente sans arrêt avec ces formes traditionnelles, surtout la ballade et le rondeau, variant la longueur du vers ou de la strophe et la rime. Mais ce qui attire avant tout son public, ce sont ses thèmes: c'est la nouveauté d'une femme écrivant d'un point de vue féminin et prenant pour sujet sa condition de femme. Ses poèmes les plus originaux sont ceux où elle exprime la douleur de son veuvage—«Seulette suis» est sa ballade la plus célèbre—ou chante la douceur du mariage, ceci à une époque où l'idéal de l'amour courtois, ressuscité artificiellement à la cour de Charles VI et dans l'entourage de son frère, le duc d'Orléans, prônait encore l'amour adultère. D'autres poèmes, comme la ballade «Que ferons-nous de ce mari jaloux?» qui reprend le motif traditionnel de la malmariée, développent des thèmes courtois ou conventionnels à la demande d'une clientèle friande de casuistique amoureuse et de sujets amoureux frivoles. Le rondeau «De triste cœur chanter joyeusement» montre que c'est à contrecœur que la veuve se plie aux goûts de son public. Ailleurs elle se défend contre la malveillance éventuelle de ses lecteurs en insistant que ses poèmes d'amour ne sont pas autobiographiques. Mais même cette poésie amoureuse est originale dans la mesure où, comme chez les trobairitz, il ne s'agit pas d'un amour idéalisé. Car ce sont plutôt les illusions et les déceptions de l'amour courtois, surtout pour la femme, que Christine souligne dans des cycles où elle rassemble ces compositions, tels *Cent Ballades* et *Cent Ballades d'Amant et de Dame*. Elle ne cessera de mettre les femmes en garde contre les conventions de l'amour courtois—adultère donc nécessairement néfaste, ayant seule la désillusion pour issue. D'une ampleur remarquable, l'œuvre lyrique de Christine de Pizan comprend près de trois cents ballades et soixante-dix rondeaux, plusieurs virelais, aussi bien que des compositions plus légères, comme ses soixante-dix «jeux à vendre».

De ces poèmes courts elle progresse vers des œuvres plus ambitieuses. *L'Épître au Dieu d'Amour* (1399) est son premier long poème sur un sujet sérieux et son premier poème allégorique. Le cadre est celui d'une pseudo-lettre royale, Christine se présentant avec beaucoup d'humour et d'esprit dans le rôle de secrétaire royale à la cour de Cupidon, Dieu d'Amour. Dans la lettre qu'elle lit à ses sujets, ce souverain répond à des plaintes portées par des dames de toutes conditions contre les hommes trompeurs. À travers cette fiction de la lettre de Cupidon, Christine se moque des courtisans poseurs, déloyaux, et foncièrement misogynes, qui flattent les femmes tout en médisant d'elles, comme ceux qui fréquentaient alors la *Cour amoureuse* à Paris, imitation des cours provençales d'antan où les troubadours soumettaient leurs poèmes au jugement des femmes.

Avant tout dans cette épître elle s'en prend aux détracteurs des femmes. Elle critique les clercs qui proposent à leurs écoliers des textes et des exemples destinés à perpétuer la misogynie. Elle dénonce la mauvaise influence sur les hommes de l'*Art d'aimer* et des *Remèdes d'amour* d'Ovide et surtout de la seconde partie du *Roman de la Rose* écrite vers 1275 par Jean de Meun, œuvre où les femmes étaient calomniées, l'amour courtois tourné en dérision, les traîtres et les rusés portés aux nues, et l'amour réduit à une simple affaire de conquête sexuelle. Il fallait avoir une force de caractère et une conscience de soi extraordinaires pour oser, en femme, prendre la défense de son sexe et s'attaquer à une œuvre aussi prestigieuse que *Le Roman de la Rose* de Jean de Meun qui servait de bible à tout un discours misogyne, discours appuyé par les autorités tant religieuses que laïques et qui semblait aller de soi. Mais Christine n'hésite pas à ridiculiser Jean de Meun, prenant plaisir à se moquer des efforts exagérés et des stratagèmes mis en œuvre dans son livre pour séduire par «fraude et cautèle [fourberie]» une simple «pucelle». Et elle a l'audace d'affirmer—en guise de Cupidon toujours—son autorité de femme, se servant de son bon sens, de son expérience personnelle, aussi bien que de la logique et de l'érudition (les outils mêmes des hommes pour diffamer les femmes) pour conclure, à l'encontre des clercs, des prêcheurs, et de tous les livres, que «nature de femme est débonnaire» et que la femme mérite le respect. Ce faisant, elle pratique une lecture personnelle de la Bible—retour aux textes qui annonce l'esprit nouveau de la Renaissance—et elle réhabilite la figure d'Ève, dont se justifiaient les théologiens du Moyen Âge pour prouver la faiblesse et l'infériorité de la femme. En somme, première critique féministe, Christine de Pizan relit en femme les textes sur les femmes et en réfute l'idéologie patriarcale. Elle s'ouvre en même temps, à côté de ces textes canoniques d'hommes, un espace pour écrire, insistant que si les femmes avaient écrit les livres, ils seraient bien différents.

*L'Épître au Dieu d'Amour,* qui connut un succès immédiat, anticipe la Querelle de la Rose, premier débat littéraire en France, concernant les mérites du *Roman de la Rose.* Essentiellement un échange de lettres entre humanistes, le débat fut initié en 1401 par Jean de Montreuil, prévôt de Lille, qui envoya à Christine une copie de son traité élogieux, aujourd'hui perdu, sur Jean de Meun. Christine répondit en dénonçant encore plusieurs aspects du *Roman de la Rose,* notamment la diffamation des femmes. Contre les autorités masculines, elle défend son autorité de femme, revendiquant son droit de participer au débat: «Qu'on ne m'accuse pas de déraison, d'arrogance ou de présomption, d'oser, moi femme, m'opposer et répliquer à un auteur aussi subtil, ni de réduire l'éloge dû à son œuvre, alors que lui, seul homme, a osé entreprendre de diffamer et de blâmer sans exception tout le sexe féminin» (lettre à Jean de Montreuil, été 1401). Christine eut l'appui de Jean Gerson, chancelier de l'Université de Paris. Montreuil, pour sa part, fut soutenu par Pierre et Gontier Col qui emprun-tèrent pour s'adresser à Christine un ton pas toujours poli, mais elle tint bon et persista dans ses opinions. En février 1402, elle eut le génie de présenter des copies des lettres du débat à une autre femme, la reine elle-même, Isabeau de Bavière, sollicitant son jugement sur l'affaire et son soutien. Ceci eut pour effet de confondre ses adversaires, de rendre le débat public, et de contribuer à la renommée de Christine en tant qu'écrivaine et défenseur de son sexe.

Christine quitta le débat en 1402, persuadée de la futilité de ses efforts pour convaincre ses adversaires. Mais par son opposition intellectuelle à la miso-gynie, elle ouvrit la voie à toute une tradition de pensée féministe. Car cette controverse à propos du *Roman de la Rose,* qui deviendrait la Querelle des Femmes pendant la Renaissance, fut le point de départ d'un débat sur le statut de la femme qui durerait quatre siècles. Et la confiance qu'elle acquit pendant le débat en sa capacité de relire les textes canoniques à la lumière de sa propre expérience et de ses propres connaissances, encouragea Christine à entrepren-dre des œuvres encore plus ambitieuses, *Le Livre de la Cité des Dames* (1405) et *Le Livre des trois vertus* ou *Le Trésor de la Cité des Dames* (1405), œuvres engagées adressées maintenant aux femmes.

Ces œuvres représentent l'aboutissement de la réflexion de Christine de Pi-zan sur l'image de la femme. Dans les écrits autobiographiques de cette époque, elle fait voir combien dans la Querelle de la Rose, comme dans sa vie de veuve et dans son écriture, sa propre identité de femme fit problème. Ainsi dans *L'Advi-sion-Cristine,* Dame Opinion affirme à propos des œuvres de Christine que cer-tains disent que «clercs ou religieux» les ont écrites «car de sentiment de femme venir ne pourraient». Et, dans *Le Livre de la Mutacion de Fortune,* longue œuvre allégorique où elle considère ses difficultés personnelles à la lumière de l'his-toire universelle, Christine raconte comment, à la mort de son mari, capitaine de son navire, la déesse Fortune la transmue «en homme» afin qu'elle puisse mener le navire et assumer ses responsabilités familiales. Cette métamorphose étonnante révèle le poids des stéréotypes sexuels qui associent courage, force, et indépendance seulement à la virilité. Adaptation douloureuse aux attentes sociales, elle suggère une perte: «Comm' vous oyez, encor suis homme/ Et ai été déjà la somme/ De plus de treize ans tous entiers,/ Mais mieux me plairait plus du tiers/ Être femme, comme je soulais [j'en avais coutume]...» (*Mutacion*, v. 1395–99). Tout en étant très soucieuse de sa renommée et de son identité littéraire, Christine se voit parfois obligée de camoufler son identité féminine pour se faire entendre, pour avancer sur la scène publique. D'où tout un jeu de cache-cache autour de sa signature, comme dans le refrain de «J'ai ici écrit cent ballades», où une anagramme proclame et dissimule en même temps le nom de Christine. D'où aussi le contraste entre le ton affirmatif d'œuvres comme *L'Épître au Dieu d'Amour* et *La Cité des Dames* et la fiction de figures allégoriques dont Christine ne serait que le porte-parole. Témoignages d'ambivalence féminine face à l'acte d'écrire, ce sont également des stratagèmes habiles, annonçant ceux de tant d'autres écrivaines, qui permettent à l'auteur de se dire tout en s'accommodant aux exigences sociales. Mais l'ensemble de l'œuvre de Christine finira par proposer une nouvelle définition de la féminité, définition qui réunit à des qualités féminines conventionnelles—chaleur, bonté, sensibilité au malheur, désir de paix—des traits moins convenus: bon sens, érudition, civisme, capacités littéraires, politiques, économiques, juridiques, qualités qui pourront s'épanouir si la femme a accès comme l'homme à l'instruction.

C'est à *La Cité des Dames* qu'il revient de récupérer pleinement la perte de sa féminité dont témoigne *Le Livre de la Mutacion de Fortune*, et de réviser la notion d'identité sexuelle. Christine y met d'abord en scène sa crise de conscience: le conflit entre l'autorité des définitions sexuelles masculines et la certitude de sa propre identité. Lectrice, elle est accablée par le poids de la misogynie dont aucun texte ne paraît exempt: «tous semblent parler d'une même voix pour conclure que la femme est foncièrement mauvaise et portée au vice». À cause de ce discours omniprésent, elle en arrive à refuser le témoignage de sa propre expérience ainsi que celle des autres femmes, à intérioriser cette image négative de la femme, donc à se prendre en dégoût, elle et tout son sexe, jusqu'à regretter d'être née femme.

Pour lui apprendre ce qu'il en est vraiment de la nature féminine et la sauver de cette aliénation de soi, surviennent alors dans une vision trois figures allégoriques: Raison, Droiture, et Justice. Celles-ci ont choisi Christine pour «chasser du monde cette erreur dans laquelle [elle était] tombée» et pour construire une cité fortifiée, première utopie féministe, refuge où «les femmes illustres de bonne renommée» seraient à l'abri des calomnies. Au cours de la construction de la cité, dans les dialogues entre la narratrice Christine et les trois dames, l'auteur réfute tous les arguments misogynes. Ainsi, les dames expliquent les motivations des calomniateurs: vices personnels, jalousie, impotence, vantardise. Surtout elles dressent de longues listes de femmes remarquables dans les domaines de la politique, de l'invention, des arts, des lettres, des sciences, de la philosophie, et elles racontent la vie de femmes vertueuses et chastes. En même temps la narratrice se transforme en lectrice féministe; ayant d'abord assimilé l'idée de l'infériorité féminine, elle en arrive à rejeter les mensonges dus au préjugé masculin dans les textes qui—à tort—font autorité.

Si, pour la conception de *La Cité des Dames,* Christine s'inspire de la *Civitas Dei* (*La Cité de Dieu*) de Saint Augustin, les exemples de femmes illustres dont les figures allégoriques se servent pour démonter l'idée de l'incapacité féminine viennent pour la plupart du livre de Boccace, *De claris mulieribus* (*Des Femmes illustres*). Mais alors que celui-ci cite uniquement des femmes de l'Antiquité, Christine ajoute des femmes illustres de l'histoire française et même contemporaine, aussi bien que des héroïnes bibliques et des saintes martyres chrétiennes. Car son intention est tout autre que celle de Boccace: écrire la première histoire universelle des femmes et, ce faisant, réviser tout le savoir d'un point de vue féministe. Alors que Boccace ne célèbre que des femmes *hors pair,* les exceptions qui ont su, selon lui, dépasser l'infériorité de leur sexe, Christine montre, au contraire, que l'excellence dans tous les domaines est dans la nature même du sexe féminin. Elle réinterprète Boccace selon ses buts à elle: recouvrer tout un passé féminin effacé ou déformé dans les livres des hommes et présenter des modèles positifs qui empêcheront les femmes de succomber à l'avenir à la parole masculine, modèles qui leur fourniront une image positive, un espace, et une parole à elles. Le livre lui-même devient alors la cité des dames, inaugurant «l'ère d'un nouveau royaume de Féminie». La première miniature, image double reproduite plus loin, souligne cette association entre livre et citadelle, parole et espace, aussi bien que l'importance de l'étude pour l'épanouissement et l'autonomie des femmes. Pionnière ici aussi, Christine affirme que si les filles recevaient la même éducation que les garçons, elles apprendraient tout aussi bien qu'eux.

*La Cité des Dames* deviendra le modèle de la défense des femmes pour les siècles à venir. Listes de femmes illustres, métaphore de la citadelle, mêmes réponses aux mêmes attaques misogynes, tout cela réapparaîtra chez leurs défenseurs, hommes et femmes, et cela à certains égards jusqu'à nos jours (voir les listes de noms dans *Les Guérillères* de Monique Wittig, 1969 [II]). Comme si l'histoire des femmes et les arguments en faveur de l'égalité sexuelle sombraient à chaque fois dans l'oubli et avaient besoin d'être réinventés ou du moins rappelés avec insistance.

Dans une suite à *La Cité des Dames, Le Livre des trois vertus,* Christine donne des leçons de «prudence mondaine» aux femmes de toutes conditions—

reines et princesses, femmes de marchands et d'agriculteurs et même prostituées—pour qu'elles cultivent leurs qualités dans la sphère publique et méritent ainsi d'habiter la Cité. Forte de son expérience de veuve, elle leur conseille de connaître le métier et les affaires de leur époux afin de pouvoir se substituer à lui le cas échéant. Ce livre fut apprécié par des générations de femmes influentes, y compris Louise de Savoie et sa fille, Marguerite de Navarre.

Témoin de son temps et conseillère des souverains, Christine se lança sur la scène politique en adressant une lettre en 1405 à Isabeau de Bavière pour lui rappeler que le devoir d'une reine est de faire la paix. (À cette époque la France était déchirée par la guerre entre les ducs d'Orléans et de Bourgogne.) Dans la tradition humaniste italienne, elle dédia au dauphin de France, Louis de Guyenne, plusieurs traités d'éducation, «miroirs des princes» destinés à former un prince parfait, dont *Le Livre du corps de policie* (1406–1407), *Le Livre des faits d'armes et de chevalerie* (1410), et *Le Livre de la paix* (1412–1413). Vers la fin de sa vie, elle écrivit également des ouvrages religieux.

Christine quitta Paris en 1418 à la suite des troubles politiques de la guerre civile entre Bourguignons et Armagnacs, et se retira vraisemblablement dans le couvent royal de Poissy où sa fille était religieuse. Sa carrière se termina pourtant sur une note triomphale. Dans son *Ditié de Jeanne d'Arc,* daté du 31 juillet 1429, elle célèbre la sainte guerrière tout de suite après la victoire miraculeuse de cette «fillette de seize ans [...] forte et dure» à Orléans et le sacre de Charles VII à Reims. Elle jubile: «Hé, quel honneur au féminin/ Sexe!» Ainsi, avant de mourir (vers 1431), elle put voir se confirmer en Jeanne d'Arc l'image positive des capacités féminines qu'elle avait passé sa vie à défendre.

Si Christine de Pizan fut célèbre en son temps, la critique moderne commence seulement à reconnaître l'étendue de son influence et l'ampleur de son œuvre. Ce n'est qu'aujourd'hui qu'on en vient—faute pendant longtemps d'éditions suffisantes et de présence dans les manuels—à lui accorder la place qu'elle s'était tracée il y a six siècles parmi les grands auteurs de la tradition littéraire.

# Poésie lyrique
# Ballade

*Texte original*

Doulce chose est que mariage,
Je le puis bien par moy prouver,
Voire a qui mary bon et sage
A, comme Dieu m'a fait trouver.
Louez en soit il qui sauver
Le me veuille, car son grant bien
De fait je puis bien esprouver,
Et certes le doulz m'aime bien.

La premiere nuit du mariage[1]
Tres[2] lors poz je bien esprouver
Son grant bien, car oncques oultrage
Ne me fist, dont me deust grever[3],
Mais, ains qu'il[4] fust temps de lever,
Cent fois baisa, si com je tien,
Sans villennie autre rouver,
Et certes le doulz m'aime bien.

Et disoit, par si doulz langage;
«Dieux m'a fait a vous arriver,
Doulce amie, et pour vostre usage
Je crois, il voulut m'élever.»
Ainsi ne fina de resver
Toute nuit en si fait maintien
Sans autrement soy desriver,
Et certes le doulz m'aime bien.

Princes, d'amours me fait desver
Quant il me dit qu'il est tout mien;
De doulçour me fera crever,
Et certes le doulz m'aime bien.

(*Autres Ballades*, XXVI, *Œuvres poétiques de Christine de Pisan*, éd. Maurice Roy.)

C'est douce chose que mariage
—Je le pourrais par moi prouver—
Pour qui a mari bon et sage
Comme Dieu me l'a fait trouver.
Loué soit celui qui sauver
Me le veuille car son soutien,
Chaque jour je l'ai éprouvé,
Et certes, le doux m'aime bien.

La première nuit du mariage,
Dès ce moment, j'ai pu juger
Sa bonté, car aucun outrage
Ne tenta qui dût me blesser.
Et avant le temps du lever
Cent fois me baisa, m'en souviens,
Sans vilenie dérober,
Et certes, le doux m'aime bien.

Il parlait cet exquis langage:
«Dieu m'a fait vers vous arriver,
Tendre amie, et pour votre usage,
Je croy qu'il me fist eslever.»
Ainsi ne cessa de rêver
Toute la nuit en tel maintien,
Sans nullement en dévier,
Et certes, le doux m'aime bien.

Prince, d'amour peut m'affoler
Quand il me dit qu'il est tout mien;
De douceur me fera crever,
Et certes, le doux m'aime bien.

(Traduction de Jeanine Moulin.)

1. Variante: du mesnage.
2. Depuis.
3. Plaindre, avoir du chagrin.
4. Avant qu'il.

## Ballade

*Texte original*

Seulete suy et seulete vueil[5] estre,
Seulete m'a mon doulz ami laissiée,
Seulete suy, sanz compaignon ne maistre[6],
Seulete suy, dolente et courrouciée,
Seulete suy en languour mesaisiée[7],
Seulete suy plus que nulle esgarée,
Seulete suy sanz ami demourée.

Seulette suis et seulette veux être,
Seulette m'a mon doux ami laissée,
Seulette suis sans compagnon ni maître,
Seulette suis dolente et courroucée,
Seulette suis en langueur malheureuse,
Seulette suis plus qu'aucune autre égarée,
Seulette suis sans ami demeurée.

Seulete suy a huis[8] ou a fenestre,
Seulete suy en un anglet muciée[9],
Seulete suy pour moy de plours repaistre,
Seulete suy, dolente ou apaisiée,
Seulete suy, riens n'est qui tant me siée[10],
Seulete suy en ma chambre enserrée,
Seulete suy sanz ami demourée.

Seulette suis à la porte ou à la fenêtre,
Seulette suis, blottie dans un coin,
Seulette suis pour me repaître de pleurs,
Seulette suis dolente ou apaisée.
Seulette suis, il n'y a rien qui ne me plaise tant,
Seulette suis en ma chambre enfermée,
Seulette suis sans ami demeurée.

Seulete suy partout et en tout estre[11].
Seulete suy, ou je voise ou je siée[12],
Seulete suy plus qu'autre riens[13] terrestre,
Seulete suy de chascun delaissiée,
Seulete suy durement abaissiée,
Seulete suy souvent toute esplourée,
Seulete suy sanz ami demourée.

Seulette suis partout et en toute situation,
Seulette suis que je marche ou sois assise;
Seulette suis plus qu'aucune créature sur la terre,
Seulette suis délaissée de chacun,
Seulette suis durement abaissée,
Seulette suis souvent tout éplorée,
Seulette suis sans ami demeurée.

Princes, or est ma doulour commenciée:
Seulete suy de tout dueil menaciée,

Princes, désormais ma douleur a commencée:
Seulette suis de tous deuils menacée,

5. Je veux.
6. Mari.
7. Mal à l'aise.
8. Porte.
9. Cachée dans un petit coin.
10. Variante du ms. du duc de Berry (Paris, BnF fr. 835): messiée, c'est-à-dire «déplaise».
11. Lieu, logis.
12. Que je marche ou reste assise, que j'aille ou que je m'assoie.
13. Chose.

Seulete suy plus tainte que morée[14],
Seulete suy sanz ami demourée.
(*Cent Ballades*, XI, éd. Maurice Roy.)

Seulette suis toute décolorée[15]:
Seulette suis sans ami demeurée.
(Traduction de Jacqueline Cerquiglini, *Poètes du moyen âge*.)

## Rondeau

*Texte original*

De triste cuer chanter joyeusement
Et rire en deuil c'est chose fort a faire,
De son penser monstrer tout le contraire,
N'yssir[16] doulz ris[17] de doulent[18] sentement,

Ainsi me faut faire communement,
Et me convient, pour celer mon affaire,
De triste cuer chanter joyeusement.

Car en mon cuer porte couvertement[19]
Le deuil qui soit qui plus me puet desplaire,
Et si me fault, pour les gens faire taire,
Rire en plorant et trés amerement
De triste cuer chanter joyeusement.
(*Rondeaux*, XI, éd. Maurice Roy.)

De triste cœur, chanter joyeusement
Et rire en deuil, c'est chose forte à faire.
De son penser, montrer tout le contraire,
Tirer doux ris de dolent sentiment.

Ainsi me faut faire communément,
Et me convient, pour celer mon affaire,
De triste cœur, chanter joyeusement.

Car en mon cœur porte couvertement
Le deuil qui soit qui plus me peut déplaire;
Ainsi me faut, pour les gens faire taire,
Rire en pleurant et très amèrement,
De triste cœur, chanter joyeusement.
(Traduction de Jeanine Moulin.)

## Rondeau

*Texte original*

Je suis vesve, seulete et noir vestue,
A triste vis simplement affulée;
En grant courroux et maniere adoulée
Porte le deuil trés amer qui me tue.

Je suis veuve, seulette et noir vêtue,
De triste vis[20] simplement affublée,
En grand chagrin et l'allure affligée
Porte le deuil très amer qui me tue.

14. Tainte: sombre. Morée: brun foncé; le terme désigne une teinture noire. Plus tainte que morée: plus sombre qu'une teinture noire.

15. Voir plutôt le texte original et la note.

16. Sortir.

17. Rire.

18. Triste.

19. Secrètement.

20. Visage. Note de la traductrice.

Et bien est droit que soye rabatue,
Pleine de plour et petit emparlée[21];
Je suis vesve, seulete et noir vestue.

Puis qu'ay perdu cil[22] par qui ramenteue[23]
M'est la doulour, dont je suis affolée,
Tous mes bons jours et ma joye est alée.
En dur estat ma fortune embatue;
Je suis vesve, seulete et noir vestue.
(*Rondeaux*, III, éd. Maurice Roy.)

Or j'ai le droit d'être bien abattue,
Pleine de pleurs et petit emparlée;
Je suis veuve, seulette et noir vêtue.

Puisqu'ai perdu cil pour qui continue
Cette douleur dont je suis affolée,
Adieux beaux jours! Ma joie s'en est allée,
Ma fortune en dur état rabattue;
Je suis veuve, seulette et noir vêtue.
(Traduction de Jeanine Moulin.)

## Ballade

*Texte original*
Que ferons nous de ce mary jaloux?
Je pry a Dieu qu'on le puist escorchier.
Tant se prent il de près garde de nous
Que ne pouons l'un de l'autre approchier.
A male hart[24] on le puist atachier,
L'ort[25], vil, villain, de goute contrefait,
Qui tant de maulz et tant d'anuis nous fait!

Estranglé puist estre son corps des loups,
Qu'aussi ne sert il, mais que d'empeschier!
A quoy est bon ce vieillart plein de toux,
Fors a tencier, rechigner et crachier?
Dyable le puist amer ne tenir chier,
Je le hé trop, l'arné[27], vieil et deffait,
Qui tant de maulz et tant d'anuis nous fait!

Hé! qu'il dessert bien qu'on le face coux
Le baboïn qui ne fait que cerchier

Que ferons-nous de ce mari jaloux?
Je prie Dieu qu'on le veuille écorcher.
Il monte tant la garde près de nous
Que ne pouvons l'un de l'autre approcher.
À male hart qu'on le puisse attacher,
Le vil vilain, de goutte contrefait
Qui tant de maux et tant d'ennuis nous fait!

S'il pouvait être étranglé par des loups!
À quoi sert-il, sinon à empêcher!
À quoi est bon ce vieillard plein de toux
Fors à tancer, rechigner[26] et cracher?
Veuille le diable l'aimer, le garder!
Je le hais trop, l'arné, vieil et défait
Qui tant de maux et tant d'ennuis nous fait!

Ah! qu'il mérite qu'on le fasse coux[28]
Le babouin qui ne sait que chercher

21. Peu capable de parler. Note de la traductrice.
22. Celui.
23. Rappelée au souvenir.
24. À une mauvaise corde.
25. Sale, dégoûtant.
26. Tancer: quereller, gronder; rechigner: faire des grimaces, grogner.
27. Cassé, épuisé.
28. Cocu. Note de la traductrice.

Par sa maison! hé quel avoir! secoux
Un pou sa pel pour faire aler couchier,
Ou les degrez lui faire, sanz marchier,
Tost avaler au villain plein d'agait[29],
Qui tant de maulz et tant d'anuis nous fait!
(*Cent Ballades,* LXXVIII, éd. Maurice Roy.)

Par la maison—et quoi donc?—puis secou(e)
Un peu sa peau pour s'en aller coucher.
Qu'il dévale d'un coup les escaliers.
Et sans marcher! ce maudit aux aguets
Qui tant de maux et tant d'ennuis nous fait.
(Traduction de Jeanine Moulin.)

## Ballade

*Texte original*

Cent balades ay cy escriptes,
Trestoutes de mon sentement.
Si en sont mes promesses quites
A qui m'en pria chierement.
Nommée m'i suis proprement;
Qui le vouldra savoir ou non,
En la centiesme entierement
En escrit y ay mis mon nom[30].

Si pry ceulz qui les auront littes,
Et qui les liront ensement,
Et partout ou ilz seront dittes,
Qu'on le tiegne a esbatement,
Sanz y gloser mauvaisement;
Car je n'y pense se bien non,
Et au dernier ver proprement
En escrit y ay mis mon nom.

Ne les ay faittes pour merites
Avoir, ne aucun paiement;
Mais en mes pensées eslittes
Les ay, et bien petitement
Souffiroit mon entendement
Les faire dignes de renom,

J'ai ici écrit cent ballades,
Toutes de ma manière.
Ainsi sont acquittées mes promesses
À celui qui m'en pria vivement.
Je my suis nommée clairement.
Qui le voudra savoir ou non,
En la centième entièrement
En écrit j'ai mis mon nom.

Et je prie ceux qui les auront lues,
Et qui les liront aussi,
Et partout où on les récitera,
Qu'on considère cela comme une distraction
Sans gloser méchamment là-dessus;
Car je n'y pense que du bien,
Et au dernier vers clairement
En écrit j'ai mis mon nom.

Je ne les ai pas faites pour avoir
Du mérite, ni aucun paiement;
Mais je les ai choisies
Dans mes pensées, et mon entendement
Suffirait bien peu
À les rendre dignes de renommée,

29. Aguets, pièges, soupçon.

30. Les deux premiers mots du refrain, «en escrit», composent l'anagramme de «Crestine».

Non pour tant desrenierement
En escrit y ay mis mon nom.
(*Cent Ballades*, C, éd. Maurice Roy.)

Et cependant pour finir
En écrit j'ai mis mon nom.
(Traduction de Jacqueline Cerquiglini, *Poètes du moyen âge*.)

## Ballade

*Texte original*

Ne trop ne pou au cuer me sens
  frappée
Des dars d'Amours qu'on dit qui font
  grant guerre
A mainte gent, mais ne suis atrappée
La Dieu mercy, es las ne en la serre
    Du dieu d'Amours.
Je ne lui fais requestes ne clamours,
Je vif sans lui en plaisance et en joye,
Par amours n'aim ne amer ne vouldroie.

Ne n'ay paour que je soie happée
Ne par regars, par dons ne par long erre,
Ne par parler mignot enveloppée,
Car il n'est homs qui mon cuer peust
  acquerre;
    Ne a secours
N'y viengne nul, car escondit le cours
De moy seroit, et tantost lui diroie:
Par amours n'aim ne amer ne vouldroie.

Et beau mocquier m'ay de femme
  atrappée
En tel donger ou mieulx lui vaulsist
  querre
Pour soy tuer ou coustel ou espée.
Car perdu a, du tout, honneur sur terre.
    Pour ce a tousjours,
En cest estat, je pense user mes jours;
A tous diray, s'il avient qu'on m'en proie:
Par amours n'aim ne amer ne vouldroie.

Ni beaucoup ni peu au cœur je ne me sens
  frappée
Des flèches d'amour qui, dit-on, font grande
  guerre
À maintes gens; mais moi, je ne suis attrapée,
Grâce à Dieu, par les lacs ni dans la prison
    Du Dieu d'Amour.
Je ne lui fais ni requête ni clameur.
Je vis sans lui en plaisir et en joie
D'amour je n'aime, ni aimer ne voudrais.

Je n'ai pas peur d'être happée
Par regard, par don ou par long effort,
Ni enveloppée par des paroles caressantes,
Car il n'y a homme qui puisse acquérir
  mon cœur.
    À mon secours
Que nul ne vienne, car sa poursuite
Serait découragée, et je lui dirais tout de suite:
D'amour je n'aime, ni aimer ne voudrais.

J'ai bien sujet de me moquer de femme
  attrapée
En danger tel qu'il lui vaudrait mieux
  chercher
Pour se tuer couteau ou épée.
Car elle a perdu tout honneur sur terre.
    Pour ce, à jamais
En cet état je compte finir mes jours;
À tous je dirai, s'il advient qu'on m'en prie:
D'amour je n'aime, ni aimer ne voudrais.

Prince d'Amours, a vo court, que feroie?
Par amours n'aim ne amer ne vouldroie.
(*Cent Ballades d'Amant et de Dame,* VIII—
La Dame, éd. Jacqueline Cerquiglini.)

Prince d'Amour, à votre cour, que ferais-je?
D'amour je n'aime, ni aimer ne voudrais.
(Traduction de Christine M. Reno et Sylviane
Richardot.)

## L'Épître au[31] Dieu d'Amour
(Extraits)

En vers se disent Adam, David, Samson
Et Salomon, et d'autres a foison
Trompés souvent par femmes tôt ou tard:
Et quel sera donc l'homme qui s'en gard'?
D'autres disent que toutes sont trompeuses?
Cauteleuses, fausses et périlleuses.

D'autres les disent toutes mensongères,
Variables, inconstantes et légères.
D'autres de nombreux vices les accusent,
Les blâmant fort, sans qu'en rien les excusent.
Ainsi font les clercs et soir et matin,
En vers et en français et en latin,
Et se fondent sur je ne sais quels livres
Qui plus disent mensonges qu'un homme ivre.
Ovide en dit, dans un livre qu'il fit,
Assez de maux; en cela il méfit;
Il l'appela *Le Remède d'amour,*
Et joua aux femmes un très méchant tour,
Les disant ordes[32], laides et vilaines [...] . (v. 267–85)

Sans nul tromper et sans extorsion,
Grâce à nous et de par notre action
Plus ne seront les hommes dévoyés
Par subtils clercs ni par tous leurs dittiés[33],
Même si de nombreux livres en parlent
Pour dire que peu de chose elles valent.

31. Du.
32. Sales, répugnantes.
33. Écrits.

Si l'on dit qu'on doive les livres croire
Que firent hommes d'illustre mémoire
Et de grand sens (qui mentir ne daignèrent),
Qui des femmes les malices prouvèrent,
Je réponds ceci: ceux qui ce maintinrent
Dans leurs livres, je trouve qu'ils ne tinrent
Dans leur vie qu'à femmes décevoir[34],
Car ils ne pouvaient assez en avoir
Et tous les jours en voulaient de nouvelles,
Sans loyauté tenir même aux plus belles. (v. 303–18)

Et pourquoi donc, si frêles et légères,
Corruptibles, sottes et peu entières[35]
Sont les femmes, ainsi que clercs le disent,
Veulent ceux qui subissent leur emprise
Tellement les pourchasser de cautèles[36],
Et pourquoi vite ne se rendent-elles
Sans qu'il faille art ou ruse pour les prendre?
Pour château pris faut-il guerre entreprendre?
Le dit même poète aussi subtil
Qu'Ovide, qui se rendit en exil.

Et Jean de Meun, au *Roman de la Rose*:
Quel long procès! Quelle pénible chose!
Et quelles sciences claires et obscures
Ne met-il pas là! Et que d'aventures!
Et que de gens suppliés et priés!
Que de peines et de pièges trouvés
Pour décevoir[37] une simple pucelle:
Voilà le but de leur fraude et cautèle. (v. 379–96)

Puisque art il faut, astuce et grande peine
Pour dévoyer femme noble ou vilaine[38],

34. Tromper.
35. Loyales, fidèles.
36. Tromperies, fourberies.
37. Tromper.
38. Paysanne.

Ne doivent pas être si variables
Que certains le disent, ni si changeables[39].

Qu'on me dise: «Les livres en sont pleins!»
(C'est la réponse de maints dont je me plains),
Je leur réponds que les livres ne firent
Pas les femmes, ni les choses ne mirent
Que l'on y lit contre elles et leurs mœurs.
Ainsi clament à l'aise de leurs cœurs[40]
Ceux qui plaident leur cause sans partie,
Sans opposition, et grande partie
Prennent pour eux, car aisément pourfendent
Les guerriers ceux qui ne se défendent.
Mais si femmes avaient les livres fait,
Je sais bien, moi, qu'autres seraient les faits,
Car savent bien qu'à tort sont inculpées.
Ne sont pas égales les parts coupées:
Les plus forts prennent la plus grande part,
La meilleure à celui qui fait les parts. (v. 403–22)

Et ainsi sont les femmes diffamées
De plusieurs gens et à grand tort blâmées
Tant par bouche que dans plusieurs écrits;
Que ce soit vrai ou non, tel est le cri!

Mais quelque mal qu'on ait dit ou écrit
Je n'en trouve en aucun livre ou écrit
Qui parle de Jésus ou de sa vie
Ou de sa mort provoquée par l'envie;
L'Évangile nul mal d'elles témoigne,
Mais grand bien plutôt, et haute besogne,
Prudence, bon sens et grande constance,
Parfait amour, en foi persévérance,
Grande charité, forte volonté,
Ferme et parfait courage dévoué,
A bien servir Dieu ainsi se montrèrent,
Car, mort ou vif, jamais ne le quittèrent;

39. Changeantes.
40. À cœur joie.

Fors des femmes fut de tous délaissé
Le doux Jésus, honni, mort et blessé. (v. 553–70)

Quel grand mal peut des femmes être dit?
En servant n'ont-elles pas paradis?

(v. 617–18)

Une seule exception n'est pas coutume.
À qui voudra par Bible ou par volume
Me reprendre pour me donner l'exemple
D'une ou de deux ou de plusieurs ensemble
Qui ont été des vices remplies,
Je répondrai qu'elles sont anomalies.
Je parle ici de l'ensemble des femmes,
Et peu d'entre elles méritent le blâme.

(v. 649–60)

Mais sauf le respect dû à ces auteurs,
Je conçois bien qu'elles n'ont pas le cœur
Enclin à ce, ni à cruauté faire,
Car nature de femme est débonnaire[41].

(v. 665–68)

Par ces preuves justes et véritables
Je conclus que tout homme raisonnable
Doit les femmes priser, chérir, aimer
Et ne doit pas avoir cœur à blâmer
Celles de qui tout homme est descendu.
Que ne soit le mal pour le bien rendu,
Car elle est l'être au monde que l'on doit
Aimer le mieux: c'est naturelle loi.

(v. 717–24)

C'est sa mère, sa sœur, c'est son amie;
Il est rare qu'elle soit son ennemie.

(v. 729–30)

(Traduction de Christine M. Reno et Sylviane Richardot, d'après l'éd. établie par Thelma S. Fenster et Mary Carpenter Erler, *Poems of Cupid, God of Love.*)

41. Bonne, clémente, bienfaisante.

## Le Livre de la Mutacion de Fortune

### DES INFORTUNES DES FEMMES (III, 21)

Mais parce que des destinées
A mon avis infortunées
S'abattent souvent sur le sexe
Féminin, il faut que j'annexe
À mon dit un peu de la mal-
Fortune, qui femmes ravale,
Car Nature et Pitié m'y tirent,
Et me font plaindre leur martyre.
Ah Dieu! Quelle triste aventure
Arrive à femme, et longtemps dure
Quand la Fortune lui souhaite
Un mari qui fort la maltraite;
De la battre a-t-il le désir?
Il battra bientôt par plaisir.
Il s'y met pour peu de raisons
Et s'avise à mainte occasion
Comment il pourra chagriner
Sa femme, et puis imaginer
Querelle qui n'a fond ni but;
Il ne survit pas sans dispute.
Par jalousie réelle ou feinte
Tout est chez lui matière à plainte.
Ce n'est pas petite malchance!
D'avoir tel mari—pas de chance!
Et quand il risque tout aux dés
Ou de vin arrive bourré,
Il tonne et gronde et veut tout battre,
Et les enfants braillent dans l'âtre.
Dieu! Quelle vie bienheureuse!
Chaque jour elle est plus peureuse.
Que voilà l'agréable étreinte
De sujétion et de contrainte!
D'autres, à toutes occasions,

Se trouvent blâmées sans raison
Par maris gloutons pleins de vices
(Le feu d'enfer les engloutisse!)
Car par ceux-ci de nombreux blâmes
Sont mis sur hommes et sur femmes
Qui jamais n'en furent coupables;
Ces reproches ne sont que fables.
Hélas! Quelle fortune amère
Poursuit la femme! C'est misère
De perdre un bon mari paisible,
Compagnon attentif, sensible,
Un mari qui la tenait chère!
Ce sort-là ne peut que déplaire.
Elle a raison d'être d'avis
Que Fortune est son ennemie;
Les maux viennent de toute part:
Si elle a parents, d'une part
De ses biens ils cherchent mainmise
S'ils le peuvent; jamais maîtrise
Elle n'aura de son avoir,
Débiteurs menteurs viennent voir
Pour réclamer un ancien prêt
Qu'ils disent que mari a fait,
Sans en donner aucune preuve;
Et ainsi la piteuse veuve
Sera convoquée et traînée
Dans plusieurs cours et malmenée
Par moult ruses et faux usages,
De ses terres et héritages
Dépourvue et déshéritée.
Et celui qui l'avait aidée,
Flattée, qui honneur lui faisait
Et l'assistait dans tous ses faits
Du temps que son mari vivait,
Qui vie aisée toujours menait,
Lui, à présent, le dos lui tourne
Et parfois même la suborne

Par cautèles[42], et fait entendre
Que son mari, que de cœur tendre
Il aimait, fut son obligé!
Souvent il lui avait prêté
Des fonds, soucieux de l'aider:
Il faut ces dettes rembourser,
Être prête à les endosser.
La pauvre femme, qui entrer
En plaid[43] craindra, vite s'accorde
Et paie, pour éviter discorde.
Mais de multiples sortes sont
Les malheurs que les veuves ont,
Leurs réconforts sont pleurs et larmes;
Et si parler comme clerc d'armes[44]
Je dois, j'invoque le Très-Haut:
Qu'Il allège, toujours, leurs maux!
Mais s'il leur arrive d'aller
En cas de vraie nécessité
Plaider leur cause pour le mieux
Et fréquenter différents lieux,
Quels amis y trouveront-elles?
En notre temps, sont demoiselles
Ou dames ou femmes quelconques
Soutenues par rois, ducs ou comtes
Et aidées à avoir leur dû?
Nenni! Elles ne le sont plus.
Et justice, qui favorable
Leur doit être, n'est pas fiable
Alors pour elles. Si coffret
À offrir n'ont, c'est en secret
Qu'on leur donnera des leçons:
Si beau corps ou belle façon
Ont, ou jeunesse seulement,
Bien seront et notablement

42. Tromperies, fourberies.
43. Procès.
44. Parler sans avoir l'expérience de ce dont on parle.

Conseillées; mais un tel conseil
Nullement croire je conseille,
Car conseil à mauvais effet
Ne peut mener à très bon fait;
Ainsi charité morte on trouve,
Bien le sait celle qui l'éprouve! (v. 6943–7052)

(Traduction de Christine M. Reno et Sylviane Richardot d'après l'éd. établie par Suzanne Solente.)

## Le Livre de la Cité des Dames
(Extraits)

*La Cité des Dames* (Bibliothèque nationale de France, ms. Fr. 607 fol. 2)

ICI COMMENCE *LE LIVRE DE LA CITÉ DES DAMES*, DONT LE PREMIER CHAPITRE RACONTE POURQUOI ET SOUS QUELLE IMPULSION CE LIVRE FUT ÉCRIT.

[...] Le lendemain matin, retournant comme à l'accoutumé à mon étude, je n'oubliai pas de mettre à exécution ma décision de parcourir le livre de Mathéole[45].

45. Les Lamentations de Mathéole.

[...] Mais la lecture de ce livre, quoiqu'il ne fasse aucunement autorité, me plongea dans une rêverie qui me bouleversa au plus profond de mon être. Je me demandais quelles pouvaient être les causes et les raisons qui poussaient tant d'hommes, clercs et autres, à médire des femmes et à vitupérer leur conduite soit en paroles, soit dans leurs traités et leurs écrits. [...] [T]ous semblent parler d'une même voix pour conclure que la femme est foncièrement mauvaise et portée au vice.

Retournant attentivement ces choses dans mon esprit, je me mis à réfléchir sur ma conduite, moi qui suis née femme; je pensais aussi aux nombreuses autres femmes que j'ai pu fréquenter, tant princesses et grandes dames que femmes de moyenne et petite condition, qui ont bien voulu me confier leurs pensées secrètes et intimes; je cherchais à déterminer en mon âme et conscience si le témoignage réuni de tant d'hommes illustres pouvait être erroné. Mais j'eus beau tourner et retourner ces choses, les passer au crible, les éplucher, je ne pouvais ni comprendre ni admettre le bien-fondé de leur jugement sur la nature et la conduite des femmes. Je m'obstinais par ailleurs à accuser celles-ci, me disant qu'il serait bien improbable que tant d'hommes illustres, tant de grands docteurs à l'entendement si haut et si profond, si clairvoyants en toutes choses—car il me semble que tous l'aient été—, aient pu parler de façon aussi outrancière, et cela en tant d'ouvrages qu'il m'était quasiment impossible de trouver un texte moral, quel qu'en fût l'auteur, où je ne tombe sur quelque chapitre ou paragraphe blâmant les femmes, avant d'en achever la lecture. Cette seule raison suffisait à me faire conclure qu'il fallait bien que tout ceci fût vrai, même si mon esprit, dans sa naïveté et son ignorance, ne pouvait se résoudre à reconnaître ces grands défauts que je partageais vraisemblablement avec les autres femmes. Ainsi donc, je me rapportais plus au jugement d'autrui qu'à ce que je sentais et savais dans mon être de femme.

[...] C'était une fontaine qui sourdait: un grand nombre d'auteurs me remontaient en mémoire; je les passai en revue les uns après les autres, et je décidai à la fin que Dieu avait fait une chose bien abjecte en créant la femme. Je m'étonnais qu'un si grand ouvrier eût pu consentir à faire un ouvrage si abominable, car elle serait, à les entendre, un vase recelant en ses profondeurs tous les maux et tous les vices. Toutes à ces réflexions je fus submergée par le dégoût et la consternation, me méprisant moi-même et le sexe féminin tout entier, comme si la Nature avait enfanté des monstres. Je me lamentais ainsi:

«Ah! Seigneur! Comment cela se peut-il? [...] [V]oici tant de graves accusations, voire tant d'arrêts, de jugements et de condamnations portés contre elle! Je ne puis comprendre une telle aberration. [...] [H]élas! mon Dieu! pourquoi ne pas m'avoir fait naître mâle afin que mes inclinations aillent à ton service, que je ne me trompe en rien et que j'aie cette grande perfection que les hommes disent avoir! [...]» Je me répandais ainsi en lamentations envers Dieu, disant cela et encore davantage, tristement affligée, car en ma folie je me désespérais que Dieu m'ait fait naître dans un corps de femme.

CHRISTINE DEMANDE À RAISON POURQUOI LES FEMMES SONT EXCLUES DU JUDICIAIRE. RÉPONSE DE RAISON.

[...] «Mais si l'on voulait prétendre que les femmes ne sont pas assez intelligentes pour apprendre le droit, l'expérience prouve manifestement le contraire. Comme nous le verrons plus tard, on a vu de nombreuses femmes—et l'on en trouve encore de nos jours—qui furent de très grandes philosophes et qui purent maîtriser des disciplines autrement plus difficiles et plus nobles que ne sont le droit écrit et les statuts des hommes. D'autre part, si l'on voulait affirmer que les femmes n'ont aucune disposition naturelle pour la politique et le pouvoir, je pourrais te citer l'exemple de beaucoup de femmes illustres qui ont régné par le passé. Et afin que tu te pénètres mieux de cette vérité, je te rappellerai encore quelques-unes de tes contemporaines qui, restées veuves, ont si bien dirigé leurs affaires après la mort de leur mari qu'elles fournissent la preuve irréfutable qu'il n'est aucune tâche trop lourde pour une femme intelligente.»

OÙ IL EST QUESTION DE TOUS LES BIENFAITS QUE CES FEMMES ONT APPORTÉS AU MONDE.

«Ma Dame, je suis en admiration devant ce que vous me dites: tant de bienfaits dus à l'intelligence des femmes! Car les hommes affirment en général que le savoir féminin n'a aucune valeur, et l'on entend souvent dire en reproche, lorsqu'il est question de quelque sottise, que c'est bien là une idée de femme. En somme, l'opinion couramment admise par les hommes est que les femmes n'ont jamais servi à rien et n'ont d'autre utilité pour la société que de porter des enfants et de filer la laine.»

Elle[46] me répondit: «On voit bien l'ingratitude de ceux qui tiennent de tels propos! Ils ressemblent à ceux qui vivent des biens d'autrui et, ne sachant d'où viennent leurs richesses, ne songent jamais à remercier personne. Mais tu peux maintenant comprendre que Dieu, qui ne fait rien sans raison, a voulu montrer aux hommes qu'il n'a pas moins estimé le sexe féminin que le leur. En effet,

46. Dame Raison.

il lui a plu d'accorder à l'intelligence des femmes de si vives lumières qu'elles peuvent non seulement apprendre et assimiler des sciences, mais en inventer des nouvelles, et qui plus est, des sciences si utiles et si profitables à l'humanité qu'on en trouverait difficilement des plus nécessaires. Cette Carmenta dont je t'ai parlé tout à l'heure illustre bien mon propos, elle qui inventa l'alphabet latin; car Dieu a tant favorisé la découverte de cette femme qu'il en a répandu partout l'usage, si bien qu'elle a presque étouffé la gloire des alphabets hébraïque et grec, qui avaient été fort à l'honneur auparavant. L'Europe presque toute entière, c'est-à-dire une grande partie des pays du monde, emploie cet alphabet; une infinité de livres et de volumes en toutes les disciplines sont rédigés en ces caractères, où brillent à tout jamais les exploits des hommes, la splendeur de la puissance divine, les sciences et les arts. Que l'on ne me rétorque pas que mon discours est de parti pris; je rapporte ici les propres paroles de Boccace, dont l'autorité bien connue est tenue pour irréprochable.

«On peut conclure que le bien que cette femme a fait est infini, car grâce à elle, les hommes, même s'ils ne le reconnaissent pas, ont été retirés de l'état d'ignorance et amenés à la culture; grâce à elle encore, ils peuvent envoyer, aussi loin qu'ils le souhaitent, leurs pensées les plus secrètes et communiquer leur volonté, faisant comprendre et savoir partout tout ce qu'ils veulent; ils connaissent ainsi le passé, le présent, parfois même l'avenir. Grâce à l'invention de cette femme, les hommes peuvent encore établir des accords, se lier d'amitié avec des personnes vivant au loin; par les réponses qu'ils se font les uns aux autres, ils peuvent se connaître sans jamais s'être vus. En somme, on ne saurait dire tous les bienfaits dont on est redevable à l'écriture, car elle décrit, fait connaître et comprendre Dieu, les choses célestes, la mer, la terre, tous les êtres et toutes les choses. Je te le demande donc: a-t-il jamais existé un homme à qui l'on doive davantage?»

### OÙ L'ON REPREND LE MÊME SUJET

[...] Alors je lui dis: «[...] Qu'ils se taisent donc! Qu'ils se taisent dorénavant, ces clercs qui médisent des femmes! Qu'ils se taisent, tous leurs complices et alliés qui en disent du mal ou qui en parlent dans leurs écrits ou leurs poèmes! Qu'ils baissent les yeux de honte d'avoir tant osé mentir dans leurs livres, quand on voit que la vérité va à l'encontre de ce qu'ils disent, puisque la noble Carmenta a été pour eux une maîtresse d'école—cela ils ne peuvent le nier—, et qu'ils reçurent de sa haute intelligence la leçon dont ils s'honorent tant et s'enorgueillissent, j'entends la noble écriture latine.» [...]

OÙ L'ON RÉFUTE CEUX QUI AFFIRMENT QU'IL N'EST PAS BON QUE LES FEMMES FASSENT DES ÉTUDES.

«[...] Je m'étonne fort de l'opinion avancée par quelques hommes qui affirment qu'ils ne voudraient pas que leurs femmes, filles ou parentes fassent des études, de peur que leurs mœurs s'en trouvent corrompues.»

Elle[47] me répondit: «Cela te montre bien que les opinions des hommes ne sont pas toutes fondées sur la raison, car ceux-ci ont bien tort. On ne saurait admettre que la connaissance des sciences morales, lesquelles enseignent précisément la vertu, corrompe les mœurs. Il est hors de doute, au contraire, qu'elle les améliore et les ennoblit. Comment pourrait-on penser ou croire que celle qui suit un bon enseignement et une bonne doctrine puisse en être corrompue? Cela est inconcevable et inadmissible. Je ne dis pas qu'il soit bon qu'un homme ou une femme s'adonne à l'art de la sorcellerie ou aux sciences interdites, car ce n'est pas sans raison que la sainte Église en a défendu la pratique. Mais que la connaissance du bien corrompe les femmes, c'est ce que l'on ne saurait admettre.» [...]

(Traduction de Thérèse Moreau et Eric Hicks.)

47. Dame Droiture.

# XVIe Siècle

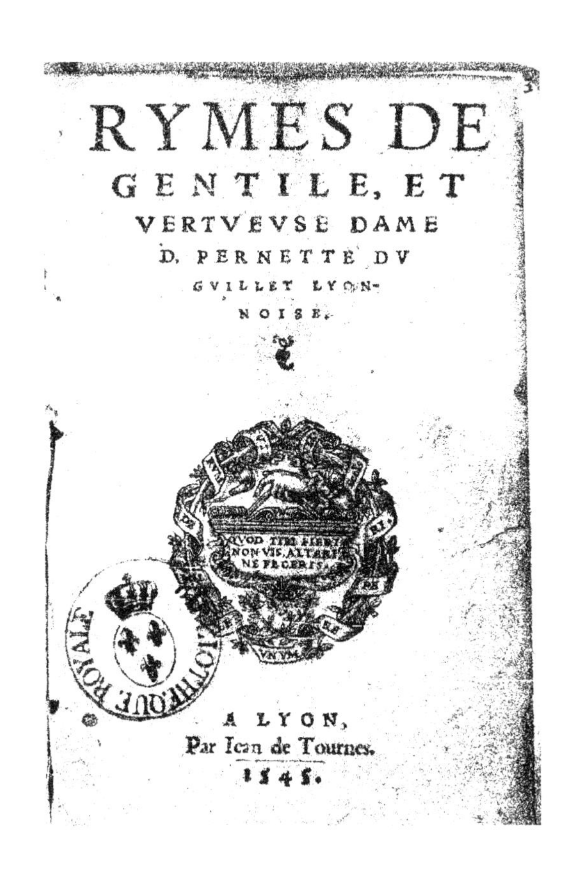

RYMES DE
GENTILE, ET
VERTVEVSE DAME
D. PERNETTE DV
GVILLET LYON-
NOISE.

QVOD TIBI FIERI NON VIS, ALTERI NE FECERIS

A LYON,
Par Jean de Tournes.
1545.

# *Pernette du Guillet*

(1520?–1545)

> Prête-moi donc ton éloquent savoir
> Pour te louer ainsi que tu me loues!
> —Pernette du Guillet, *Rymes*

Dans ce vœu que la virtuosité poétique de son amant et maître en poésie, le célèbre Maurice Scève, inspire à la jeune poète lyonnaise Pernette du Guillet, se lit aujourd'hui l'indice d'un cheminement poétique singulier: une voix féminine

Page de titre, Pernette du Guillet, *Rymes*
(Lyon: Jean de Tournes, 1545; Bibliothèque nationale de France)

personnelle, née du dialogue avec ce poète éblouissant et imitant son exemple, se dégage de la sujétion à ce modèle et s'affirme. Discrètement indocile, l'écolière emprunte pour écrire l'«éloquent savoir» de son maître, échappant par ce geste même à la place qu'assignent à la femme les traditions poétiques masculines que ce maître incarne.

Mais ce fut d'abord grâce à des hommes que la poésie de Pernette du Guillet échappa à l'oubli qui ensevelit l'œuvre, jamais publiée, d'autres femmes qui faisaient partie comme elle du cercle poétique dit «école lyonnaise». En 1545, à sa mort à l'âge de vingt-cinq ans, son «dolent mari» demanda à l'érudit Antoine du Moulin de trier ses papiers. Celui-ci trouva en désordre un «petit amas de rimes» qu'il décida de publier sous le titre *Rymes de gentile, et vertueuse dame D. Pernette du Guillet Lyonnoise* (1545). Titre qui rappelait les célèbres *Rimes* du poète italien Pétrarque, modèle que bien des poètes français de la Renaissance se proposaient d'imiter, en même temps qu'il assurait le public de la conduite irréprochable de cette jeune femme dont l'activité littéraire risquaient d'attirer les médisances. Car, transgressant la norme, elle avait composé des poèmes d'amour comme les poètes masculins et les avait adressés à un homme qui n'était pas son mari. Des anagrammes et des jeux de mots transparents sur son nom identifiant cet homme comme le plus célèbre des poètes lyonnais, Maurice Scève, Pernette survécut grâce un peu à la gloire de son amant. Cette entrée en littérature conditionnée par des hommes explique en grande partie l'image traditionnelle—déformante—d'une Pernette du Guillet chaste, modeste, élève douée, dont la poésie imitative n'égale pourtant pas celle de son maître.

La poésie de Pernette du Guillet était bien connue à Lyon comme à Paris de son vivant et dans les années qui suivirent sa mort. Du Moulin précise qu'elle-même récitait ses rimes «en maintes bonnes compagnies» lyonnaises. Certains poèmes furent mis en musique dès 1540, d'autres recueillis dans des anthologies, et l'une de ses chansons fit l'objet d'un débat littéraire sur le choix des formes poétiques. Quatre éditions des *Rymes* au XVI^e siècle, dont deux à Paris, attestent de sa renommée. Puis elle sombre plus ou moins dans l'oubli jusqu'au XIX^e siècle où trois petites éditions perpétuent sa poésie sans vraiment rehausser sa célébrité. Au début du XX^e siècle un érudit l'identifia comme l'inspiratrice des 449 dizains (poèmes de dix vers) dont se compose l'œuvre majeure de Scève, *Délie, objet de la plus haute vertu* (1544), mais ce n'est qu'en 1944 que la première étude sérieuse de sa poésie sort Pernette du Guillet de l'ombre de Scève, mettant en valeur ses thèmes personnels et son originalité. Plus récemment, la critique féministe, situant son œuvre dans le contexte de celle d'autres femmes poètes de la Renaissance, a souligné les rapports de contestation qu'elle entretient avec les traditions poétiques masculines dominantes. Jointe à de nouvelles éditions des *Rymes,* cette recontextualisation permet enfin de reconnaître dans le mince recueil de Pernette du Guillet une œuvre poétique originale et bien moins «sage» qu'il n'y paraît.

La vie de Pernette du Guillet est mal connue. Née vers 1520 de bonne famille (noblesse ou haute bourgeoisie), elle reçut une éducation soignée digne de son rang. Elle étudia la musique (luth, épinette et autres instruments) et les lettres et acquit des connaissances linguistiques exceptionnelles, même pour une femme cultivée, vu sa maîtrise des langues anciennes (le latin et un peu le grec) et modernes (l'italien et l'espagnol). Elle passa toute sa brève existence à Lyon, alors une ville prospère, lettrée, et favorable à la culture des femmes. Éloignée de Paris, donc de l'influence de la cour et de la Sorbonne, cette ville était ouverte aux idées nouvelles. Grâce à sa situation géographique privilégiée au carrefour des fleuves et des routes qui reliaient la France à ces pays, Lyon avait des échanges culturels et commerciaux importants avec l'Italie, la Suisse, et l'Allemagne. Des imprimeurs allemands s'y étaient installés et l'édition fleurissait, favorisant la production littéraire et la circulation des idées. De l'Italie, Lyon avait accueilli l'humanisme, le respect de la femme lettrée et le néoplatonisme—théorie de l'amour en tant que désir de beauté et quête de l'idéal, relevant de la philosophie de Platon et élaborée au XV^e^ siècle par le Florentin Marsile Ficin dans son *Commentaire sur le «Banquet» de Platon* et au XVI^e^ par Leone Ebreo dans ses *Dialoghi d'amore* (*Dialogues d'amour*). À l'exemple de la société humaniste italienne, la vie intellectuelle et artistique s'épanouissait dans des cercles élégants et raffinés où les femmes, sollicitées pour leurs talents, prenaient une part active au débat des idées et à l'effort commun de traduction et d'«imitation» (émulation) des Italiens et des Anciens. L'éducation de Pernette du Guillet, les thèmes néoplatoniciens et l'existence même de sa poésie doivent certainement beaucoup à sa participation à ces cénacles lyonnais.

Ce fut peut-être dans ce cadre qu'au printemps 1536 elle rencontra Maurice Scève, d'une vingtaine d'années son aîné et déjà réputé dans les cercles lettrés de Lyon pour son «éloquent savoir». Séduite par «sa vertu» (virtuosité, mérite intellectuel et poétique), «sa grâce et faconde» (Épigramme XVII, *Rymes*) plus que par sa beauté (Scève était plutôt laid), animée par une passion intellectuelle, «une ardeur de voir/ Et toujours apprendre/ Quelque haut savoir» (Chanson VIII) bien caractéristique de la Renaissance, et par un désir de spiritualité, elle entama avec lui une liaison platonique et un dialogue d'amour idéalisé sous forme de poèmes d'inspiration néoplatonicienne, dont certains sont des réponses directes à ceux de Scève. De son côté, Scève fit l'éloge de sa beauté et de ses dons musicaux, la dépeignant sous les traits mythiques de Délie (Diane de Délos et anagramme de l'Idée), initiatrice à l'amour et à la connaissance. En 1537 ou 1538 Pernette épousa Monsieur du Guillet dont on ne sait rien de plus que ce patronyme aristocratique, et les désirs du poète durent céder devant les interdictions du mariage. Rien ne suggère dans la poésie de Pernette qu'elle ait jamais dépassé une certaine coquetterie malicieuse mais chaste pour se rendre aux instances de Scève. Mais vu ses dénégations de passion vulgaire et ses protestations d'«amour sainte» dans Chanson VII, sa conduite semble néanmoins avoir provoqué des calomnies. Consacrés désormais à l'expression d'un désir irréalisable et à la quête d'une union spirituelle, leur amitié amoureuse et leur dialogue poétique se poursuivirent jusqu'à la mort de Pernette en juillet 1545, probablement de la peste.

Six semaines plus tard paraissaient les *Rymes* encadrées d'une préface de Du Moulin et d'épitaphes poétiques par Scève et l'érudit Jean de Vauzelles. Louant le «corps chaste» et la «vertu» exemplaire, aussi bien que l'esprit et les «saints propos» de la femme lettrée qui les avait composées, ces textes révèlent bien l'ambivalence culturelle à l'égard de la femme poète que Pernette du Guillet dut affronter. Car, à cette époque où s'intensifiaient les proscriptions sur le corps de la femme, chasteté impliquait *silence*: pour une femme exposer sa parole en public était l'équivalent d'exposer son corps, se donner à lire était synonyme de promiscuité. D'où la valeur stratégique du néoplatonisme dans la poésie de Pernette: cette doctrine d'un amour spirituel transcendant la chair ne heurtait en rien les attentes sociales de chasteté féminine mais lui permettait de contourner la demande de silence. De même, se cantonnant dans un dialogue intime avec Scève et dans une circulation de sa poésie plus ou moins limitée aux cénacles lyonnais, Pernette du Guillet pouvait s'octroyer l'écriture sans enfreindre la norme sexuelle qui renvoyait les femmes à la sphère privée, alors qu'elle appelait les hommes à s'illustrer par leur éloquence sur la scène publique. Les *Rymes* ne connurent donc qu'une publication posthume, mais le fait qu'elles soient si peu nombreuses—soixante-dix poèmes en huit ans—et d'un art si achevé suggère qu'en travaillant son écriture Pernette du Guillet visait elle-même un public autre que Maurice Scève, qu'elle avait des ambitions littéraires dépassant le simple divertissement mondain, que discrètement elle recherchait la même gloire que les hommes.

Cette recherche passait par l'imitation des modèles culturels. Entreprise délicate pour une femme écrivant des poèmes d'amour, puisque tous les modèles—Pétrarque, Ovide, Platon—et les courants lyriques dominants, le pétrarquisme et le néoplatonisme, étaient masculins. Pernette du Guillet devait inscrire sa subjectivité dans les conventions d'une poésie amoureuse où la femme figurait seulement comme objet silencieux du regard et de la parole de l'amant-poète. Porteuse du Bien et du Beau, elle servait d'intermédiaire à l'ascèse spirituelle du poète, à son accès au monde des Essences. Grâce à la médiation de sa bien-aimée, mais seulement au prix d'une sublimation douloureuse de ses désirs sexuels dans l'écriture, sublimation qui faisait encore abstraction du corps de la femme, le poète espérait parvenir à la gloire et à l'immortalité. Écrivant dans le sillage de Scève, se présentant comme son humble disciple, mais assumant dans sa poésie amoureuse le rôle actif de *sujet* du regard, du désir et du discours néoplatonicien, Pernette du Guillet interroge subtilement le point de vue masculin dans son discours à lui. Au nom de l'égalité des amants prônée par le néoplatonisme même, elle refuse l'inégalité et les rapports de pouvoir implicites dans la répartition conventionnelle des rôles sexuels et met en question l'image d'elle-même proposée dans *Délie.*

Là où Scève mélange au discours néoplatonicien la rhétorique pétrarquiste du désir et de la frustration érotique, Pernette pratique un néoplatonisme pur—quoique non dépourvu de sensualité—insistant sur l'amour comme «parfaite amitié», «contentement» (mot clef dans sa poésie signifiant plénitude et tranquillité, satisfaction au-delà du désir), devoir réciproque («deux cœurs en un devoir», Épigramme XIII), recherche commune de connaissance et d'union spirituelle. Si elle loue le poète comme son «Jour» et son «Soleil», celui qui l'a sortie de la nuit de l'ignorance, la faisant naître à elle-même et à la poésie, elle n'hésite pas à lui rappeler, lorsqu'il les oublie, les termes néoplatoniciens de leur amour, ne se soumettant à lui que dans la mesure où il respecte ce code de conduite. Cette conception d'un amour basé sur la raison la différencie de Scève, de même que son autoportrait en amante constante, sereine, désireuse non de domination mais d'échange entre semblables, la distingue fondamentalement de Délie, déesse de la lune, silencieuse et distante, redoutable dans sa toute-puissance et ses caprices cruels, incarnation mythique de l'éternel féminin.

Alors que Scève adopte pour *Délie* un genre unique, l'épigramme, sous la forme invariable du dizain décasyllabique construit sur une même disposition des rimes, parmi les poètes lyonnais, Pernette se distingue par la variété des genres et des formes strophiques et métriques. Si les *Rymes* se composent principalement d'*épigrammes,* poèmes relativement abstraits de quatre à douze vers décasyllabiques, le plus souvent construits sur une antithèse et se terminant par une «pointe» (trait d'esprit piquant), elles sont entrecoupées de *chansons* pleines de grâce, de jeu, de fraîcheur naturelle, parfois même de badinage et de sensualité, d'une grande musicalité, d'*élégies* inspirées des Grecs et, pour leur forme moderne, de Clément Marot (1496–1544), d'*épîtres* satiriques d'inspiration marotique rappelant aussi la verve et les jeux de mots des Rhétoriqueurs du XVe siècle. La variété du recueil montre qu'elle connaissait bien les grands courants poétiques anciens et contemporains, et qu'elle était libre, originale, finalement *peu* imitative, dans son exploration de ces traditions poétiques. Dans ses réponses—tantôt irrévérencieuses, tantôt parodiques, tantôt enjouées, tantôt ironiques—à la poésie amoureuse de Scève, d'Ovide, de Pétrarque, de Marot, et d'autres modèles reconnus, dans le dialogue subtil des textes, s'entend une voix singulière.

On n'entend nulle part plus clairement cette voix que dans l'Élégie II, peut-être son chef-d'œuvre. Poème remarquable qui laisse transparaître ce qui se cache d'habitude sous le masque de l'humilité et sous le voile du platonisme le plus chaste: un fantasme de pouvoir et un fantasme érotique, expressions de son désir de femme poète. Rêvant d'une promenade d'été avec son amant-poète philosophe, elle imagine qu'elle s'écarterait de «ses discours» pour se jeter «toute nue» dans une fontaine et entonner «sur lui une chanson» pour «un peu voir» comment il réagirait. Scène de tentation un peu perverse—épreuve peut-être du platonisme de Scève qu'elle s'imagine attirer et repousser—où le corps et la parole interdits de la femme s'exhibent scandaleusement. Scène qui évoque celle de Diane surprise au bain par le chasseur Actéon, mythe raconté par Ovide dans les *Métamorphoses* et par Pétrarque. Mais en reprenant ce mythe, Pernette s'écarte encore de la tradition poétique masculine: elle le récrit du point de vue de Diane, réinventée à son tour comme une figure bien moins cruelle que la Diane d'Ovide et de Pétrarque et la Diane-Délie de Scève, et avec une exubérance juvénile elle s'identifie avec cette déesse pour traduire son propre rêve de pouvoir et de liberté. Dans cet écart entre citation des modèles et révision, Pernette arrive à dire son propre désir, à mettre en scène son propre plaisir. Pourtant, à la fin du poème, elle renonce au fantasme, reprenant en apparence sa posture d'humble soumission et de chaste obéissance au nom de la continuation de la poésie de Scève. Abnégation devant les interdits littéraires et sociaux ou affirmation d'une autre sorte de pouvoir? Échec inévitable du rêve ou bien stratégie subtile permettant de poursuivre le dialogue poétique avec Scève et toute la tradition masculine, tout en mettant en question les présupposés de cette littérature d'hommes? À vous d'interpréter la fin très discutée de ce célèbre poème, illustration passionnante des ambiguïtés auxquelles est vouée celle qui se veut *femme* et *poète* pendant la Renaissance.

## Rymes[1]

### ÉPIGRAMME XV

Pour contenter celui qui me tourmente,
Chercher ne veux remède à mon tourment:
Car, en mon mal voyant qu'il se contente,
Contente suis de son contentement.

### ÉPIGRAMME XXIV

À qui est plus un Amant obligé[2]:
Ou à Amour, ou vraiment à sa Dame?
Car son service est par eux rédigé[3]
Au rang de ceux qui aiment los[4], et fame[5].
À lui il doit le cœur, à elle l'Âme
Qui est autant comme à tous deux la vie;
L'un à l'honneur, l'autre à bien le convie;
Et toutefois voici un très-grand point,
Lequel me rend ma pensée assouvie:
C'est que sans Dame Amour ne serait point.

### CHANSON II

Quand vous voyez, que l'étincelle
Du chaste Amour sous mon aisselle
Vient tous les jours à s'allumer,
Ne me devez-vous bien aimer?
Quand vous me voyez toujours celle,
Qui pour vous souffre, et son mal cèle,
Me laissant par lui consumer,
Ne me devez-vous bien aimer?

1. Nous citons l'édition en français moderne établie par Françoise Charpentier (Paris: Gallimard, 1983).

2. Pour l'ordre des mots dans ce vers nous suivons l'édition critique des *Rymes* établie par Victor E. Graham (Genève: Droz, 1968).

3. Ramené, réduit.

4. Louange, gloire, honneur.

5. Renommée, réputation.

Quand vous voyez, que pour moins belle
Je ne prends contre vous querelle,
Mais pour mien vous veux réclamer,
Ne me devez-vous bien aimer?
Quand pour quelque autre amour nouvelle[6]
Jamais ne vous serai cruelle,
Sans aucune plainte former,
Ne me devrez-vous bien aimer?
Quand vous verrez que sans cautelle[7]
Toujours vous serai été telle
Que le temps pourra affermer[8],
Ne me devrez-vous bien aimer?

### CHANSON VII

Qui dira ma robe fourrée
De la belle pluie dorée
Qui Daphnés[9] enclose ébranla:
Je ne sais rien moins, que cela.
Qui dira qu'à plusieurs je tends
Pour en avoir mon passetemps,
Prenant mon plaisir çà, et là:
Je ne sais rien moins, que cela.
Qui dira que t'ai révélé
Le feu long temps en moi celé
Pour en toi voir si force il a:
Je ne sais rien moins, que cela.
Qui dira que, d'ardeur commune
Qui les Jeunes gens importune,
De toi je veux... et puis holà!
Je ne sais rien moins, que cela.

6. Le mot *amour* dans les *Rymes* est féminin quand il désigne le sentiment, masculin quand il désigne le dieu.

7. Ruse.

8. Confirmer.

9. Confusion entre Daphné et Danaé. Celle-ci, enfermée par son père dans une tour, fut aimée par Zeus qui parvint jusqu'à elle en se métamorphosant en pluie d'or. Pendant la Renaissance Danaé symbolisait la vénalité féminine.

Qui dira, que d'ardeur commune,
Qui les Ieunes gentz importune,
De toy ie veulx, & puis holà:
Ie ne sçay rien moins, que celà.

Mais qui dira, que la Vertu,
Dont tu es richement vestu,
En ton amour m'estincellà:
Ie ne sçay rien mieulx, que celà.

Mais qui dira, que d'amour saincte
Chastement au cueur suis attaincte,
Qui mon honneur onc ne foulà:
Ie ne sçay rien mieulx, que celà.

Combien de fois ay ie en moy souhaicté
Me rencontrer sur la chaleur d'esté
Tout au plus pres de la clere fontaine,
Ou mon desir auec cil se pourmaine,
Qui exercite en sa philosophie
Son gent esprit, duquel tant ie me fie,
Que ne craindrois, sans aucune maignie,
De me trouuer seule en sa compaignie:
Que dy ie seule? ains bien accompaignee
D'honnesteté, que Vertu à gaignee

A Apollo

A Apollo, Muses, & Nymphes maintes,
Ne s'adonnantz qu'a toutes œuures sainctes:
Là quand i'aurois bien au long veu son cours,
Ie le lairrois faire appart ses discours:
Puis peu a peu de luy m'escarterois,
Et toute nue en l'eau me gecterois:
Mais ie vouldrois lors quant, & quant auoir
Mon petit Luth accordé au debuoir,
Duquel ayant congneu, & pris le son,
I'entonnerois sur luy vne chanson
Pour vn peu veoir, quelz gestes il tiendroit:
Mais si vers moy il s'en venoit tout droict,
Ie le lairrois hardyment approcher:
Et s'il vouloit, tant soit peu, me toucher,
Luy gecterois (pour le moins) ma main pleine
De la pure eau de la clere fontaine,
Luy gectant droict aux yeulx, ou a la face.
O qu'alors eust l'onde telle efficace
De le pouuoir en Acteon muer,
Non toutesfois pour le faire tuer,
Et deuorer a ses chiens, comme Cerf:
Mais que de moy se sentist estre serf,
Et seruiteur transformé tellement,
Qu'ainsi cuydast en son entendement,
Tant que Dyane en eust sur moy enuie,

c 2 De

Pernette du Guillet, *Rymes*
(Lyon: Jean de Tournes, 1545, pp. 34–35; Bibliothèque nationale de France)

Mais qui dira que la Vertu,
Dont tu es richement vêtu,
En ton amour m'étincela:
Je ne sais rien mieux, que cela.
Mais qui dira que d'amour sainte
Chastement au cœur suis atteinte,
Qui mon honneur onc[10] ne foula:
Je ne sais rien mieux, que cela.

10. Jamais.

## ÉLÉGIE II

Combien de fois ai-je en moi souhaité
Me rencontrer sur la chaleur d'été
Tout au plus près de la claire fontaine,
Où mon désir avec cil se pourmène[11]
Qui exercite en sa philosophie
Son gent esprit, duquel tant je me fie
Que ne craindrais, sans aucune maignie[12],
De me trouver seule en sa compagnie:
Que dis-je: seule? ains[13] bien accompagnée
D'honnêteté, que Vertu a gagnée
À Apollo[14], Muses, et Nymphes maintes,
Ne s'adonnant qu'à toutes œuvres saintes.
Là, quand j'aurais bien au long vu son cours,
Je le lairrais[15] faire à part ses discours:
Puis peu à peu de lui m'écarterais,
Et toute nue en l'eau me jetterais:
Mais je voudrais, lors, quant et quant[16] avoir
Mon petit Luth accordé au devoir[17],
Duquel ayant connu, et pris le son,
J'entonnerais sur lui une chanson
Pour un peu voir quels gestes il tiendroit[18]:
Mais si vers moi il s'en venait tout droit,
Je le lairrais hardiment approcher:
Et s'il voulait, tant soit peu, me toucher,
Lui jetterais—pour le moins—ma main pleine
De la pure eau de la claire fontaine,
Lui jetant droit aux yeux, ou à la face.

11. Celui se promène.
12. Escorte.
13. Mais plutôt.
14. Orthographe moderne: Apollon.
15. Laisserais.
16. Quant et quant: également.
17. Comme il faut.
18. Français moderne: tiendrait.

Ô qu'alors eût l'onde telle efficace
De le pouvoir en Actéon[19] muer,
Non toutefois pour le faire tuer,
Et dévorer à ses chiens, comme Cerf:
Mais que de moi se sentît être serf,
Et serviteur transformé tellement
Qu'ainsi cuidât[20] en son entendement,
Tant que Diane en eût sur moi envie,
De lui avoir sa puissance ravie.

Combien heureuse, et grande me dirais!
Certes Déesse être me cuiderais.
Mais, pour me voir contente à mon désir,
Voudrais-je bien faire un tel déplaisir
À Apollo, et aussi à ses Muses,
De les laisser privées, et confuses
D'un, qui les peut toutes servir à gré,
Et faire honneur à leur haut chœur sacré?

Ôtez, ôtez, mes souhaits, si haut point
D'avecques vous: il ne m'appartient point.
Laissez-l'aller les neuf Muses servir,
Sans se vouloir dessous moi asservir,
Sous moi, qui suis sans grâce, et sans mérite.

Laissez-l'aller, qu'Apollo je n'irrite,
Le remplissant de Déité profonde,
Pour contre moi susciter tout le Monde,
Lequel un jour par ses écrits s'attend
D'être avec moi et heureux, et content.

19. Chasseur, Actéon surprit Diane nue au bain; la déesse le métamorphosa en cerf, et il fut dévoré par ses propres chiens. Ovide raconte ce mythe dans les *Métamorphoses* (Livre III). Le mythe d'Actéon et de Diane inspira Pétrarque dans son *Canzoniere* et fut souvent repris pendant la Renaissance.

20. Cuider: croire.

### ÉPIGRAMME XLVIII

Non que je veuille ôter la liberté
À qui est né pour être sur moi maître:
Non que je veuille abuser de fierté,
Qui à lui humble et à tous devrais être:
Non que je veuille à dextre et à senestre[21]
Le gouverner, et faire à mon plaisir:
Mais je voudrais, pour nos deux cœurs repaistre[22],
Que son vouloir fût joint à mon désir.

21. À droite et à gauche.
22. Français moderne: repaître.

# *Louise Labé*

(vers 1520–1566)

je ne puis faire autre chose que prier les vertueuses Dames
d'élever un peu leurs esprits par-dessus leurs quenouilles et fuseaux
—Louise Labé, «Épître dédicatoire», *Œuvres*

Originale par son humanisme féministe, par son appropriation subversive des conventions de la poésie amoureuse du XVI$^{e}$ siècle, par son expression franche et brûlante de la passion féminine, Louise Labé figure parmi les

---

Louise Labé, gravure de Pierre Wœriot
(Bibliothèque nationale de France)

grands écrivains de la Renaissance et ses sonnets constituent l'une des plus remarquables œuvres poétiques de femme en langue française.

Louise Labé bouleversa les présupposés sexuels et littéraires de son temps: elle s'affirma en même temps femme et sujet—de l'amour, de l'écriture, et de la connaissance—et elle incita les autres femmes à s'affirmer comme elle à travers l'étude et l'écriture. Ainsi, sa renommée fut d'abordé assurée—et faussée—par le scandale. Saluée pour son érudition et pour l'éloquence de ses vers amoureux comme la dixième muse ou nouvelle Sapho par des humanistes respectés, elle provoqua de l'hostilité et des médisances dans des milieux moins progressistes—une chanson anonyme de 1557 propagea la légende qu'elle accordait ses faveurs «pour avoir de l'argent» à tous les hommes cultivés ou influents qui fréquentaient sa maison et, en 1560, au cours d'une polémique avec un homme d'église lyonnais, Jean Calvin la traita de «plebeia meretrix», vulgaire prostituée. On ne lui pardonnait pas d'être sortie du silence et de la modestie exigés alors des femmes, d'avoir exhibé et vendu sa parole aussi impudiquement qu'une courtisane son corps. En publiant ses écrits—privilège aristocratique—et en se mêlant aux cercles érudits et raffinés de sa ville de Lyon, la bourgeoise Louise Labé, simple fille de cordier, avait en outre heurté les préjugés de classe: l'envie des bourgeois et des nobles alimenta sûrement les accusations de vénalité. Dans les années qui suivirent sa mort l'étiquette de «courtisane» prit le pas sur les termes louangeurs et resta accolée à son nom, tant et si bien que, jusqu'à très récemment encore, la pudeur et la chasteté de la poète et l'identité de son amant (ou de ses amants) préoccupèrent davantage la critique, même lorsque celle-ci était favorable, que son art. Ainsi, durant quatre siècles, on s'intéressa plus à ses mœurs qu'à son œuvre.

Mais en dehors de sa légende, nous savons en fait bien peu de chose de la vie de celle qu'on surnomma la Belle Cordière, parce qu'elle était fille et femme de cordier. Issue de l'union de Pierre Charly, dit Labé—du nom de sa première femme, veuve de Jacques Humbert, dit Labé, artisan cordier dont il avait repris le commerce—et Étiennette Roybet (ou Deschamps), épousée en secondes noces, Louise Labé naît à Lyon entre 1516 et 1523, date de la mort de sa mère. Artisan réputé et marchand prospère, quoiqu'illettré, Pierre Charly met en valeur sa réussite sociale en offrant à Louise une éducation complète suivant les nouvelles idées humanistes venues d'Italie. Ainsi Louise reçoit une formation remarquable dont peu de femmes de sa condition peuvent alors se vanter. Élevée peut-être dans un couvent, elle aurait acquis non seulement les arts féminins (tisser, broder) et la musique (elle joue du luth et chante à merveille), mais une solide culture classique pareille à celle qu'on donne aux garçons, comprenant l'étude des lettres et des langues: l'italien et le latin, peut-être aussi l'espagnol et un peu le grec. Culture étonnante qui lui facilite sûrement plus tard l'entrée dans les cénacles humanistes lyonnais (sur le statut des femmes et la vie culturelle à Lyon vers le milieu du XVIe siècle, voir l'introduction à Pernette du Guillet). Dans cette éducation ne sont pas non plus négligés les exercices du corps. Elle reçoit des leçons d'équitation et d'escrime, probablement de son frère François, maître d'armes. Ainsi, lors du passage à Lyon de l'armée royale en 1542, elle aurait pris part, sous le nom de Capitaine Loys, au tournoi de Perpignan en l'honneur du dauphin, futur Henri II, d'où la légende de sa participation héroïque, en habits d'homme, au vrai siège de Perpignan où, amoureuse de lui, elle aurait suivi le futur roi!

Elle épouse vers 1543 un cordier, Ennemond Perrin, probablement de trente ans son aîné, et en 1551 ils achètent rue Notre-Dame-du-Confort une maison dotée d'un jardin où, selon la légende, elle tient son célèbre salon. Il est certain qu'à cette époque elle brille dans ces cercles cultivés où hommes et femmes, nobles et bourgeois, se réunissent pour étudier et imiter les Anciens et les Italiens (Platon, Catulle, Ovide, Pétrarque, l'Arioste, Castiglione, Ficin, Ebreo...) et qu'elle compte parmi ses familiers les plus grandes figures du monde littéraire et érudit de Lyon, les poètes Maurice Scève, Pernette du Guillet, et Pontus de Tyard, l'humaniste Jean de Vauzelles, et le prestigieux éditeur, Jean de Tournes, qui publiera ses *Œuvres*. Elle fait aussi la connaissance de voyageurs célèbres de passage dans ce carrefour de l'humanisme, les poètes Olivier de Magny, Clément Marot, Jean-Antoine de Baïf et Jacques Peletier du Mans, parmi d'autres.

Peut-être influencée par la publication posthume des poèmes d'amour de Pernette du Guillet (*Rymes,* 1545), elle commence à écrire vers la même époque. En 1554, elle rencontre Olivier de Magny et entreprend avec lui un dialogue poétique qui rappelle celui de Pernette avec Scève (*Délie,* 1544). Ainsi, le sonnet II de Labé et le sonnet LV des *Soupirs* (1556) de Magny, reprenant les mêmes quatrains et les mêmes motifs pétrarquistes, se font écho. Pourtant, en dehors de leur dialogue poétique, la nature de leur relation demeure incertaine. Le volage Magny s'est sûrement épris d'elle—maints poèmes le suggèrent, en particulier sa méprisable «Ode à Sire Aymon» (1559) où il raille la complaisance d'Ennemond Perrin et souhaite prendre à sa place les «doux plaisirs» de l'amour auprès de la poète. Mais il n'est pas clair qu'elle l'ait aimé en retour. Il n'est certainement pas le seul modèle de l'amant inconstant évoqué par Labé dans ses vers; il ne peut pas non plus avoir exercé sur sa poésie une influence prépondérante, vu qu'au moment de leur rencontre, la composition du recueil devait être bien plus qu'entamée. Car c'est déjà en mars 1555 que, sans passer par son éditeur, elle demande elle-même et obtient le privilège du roi (autorisation exclusive d'imprimer un ouvrage après examen de la censure), rarement accordé aux femmes, et les *Œuvres* sortent en août.

Le recueil comprend une épître dédicatoire (véritable manifeste de l'humanisme et du féminisme), un très original *Débat de Folie et d'Amour* (dialogue mythologique en prose, petit chef-d'œuvre satirique aussi vivant et spirituel qu'érudit, plein d'allusions à des œuvres anciennes et modernes dont l'*Éloge de la Folie* d'Erasme et le *Dialogue des dieux* de Lucien), trois élégies (lettres fictives en vers sur l'amour et le désir) et vingt-quatre sonnets d'amour dans la tradition de Pétrarque. En épilogue, vingt-quatre poèmes d'éloge écrits par des hommes à la gloire de la poète tentent d'orienter en sa faveur la réaction du public et attestent de la célébrité dont elle jouit déjà parmi les humanistes. Le succès des *Œuvres* est rapide; une deuxième édition, revue et corrigée, sort dès l'année suivante, mais les accusations contre «l'impudique Louise» ne cesseront de se multiplier.

Après 1556, Louise Labé mène une existence plus retirée, faisant des séjours fréquents à la campagne en ses terres de Parcieu-en-Dombes, près de Lyon. Ses dernières années sont assombries par la mort de ses proches (Perrin, Magny, Clémence de Bourges...) et par les malheurs qui s'abattent sur sa ville: en 1562, des émeutes sanglantes marquent la prise de Lyon par les protestants et le début du «Règne de l'Évangile»; en 1564 éclate la peste, tuant ou dispersant ses amis. Malade et alitée, elle dicte son testament en 1565 à Lyon, chez son vieil ami et conseiller Thomas Fortin, banquier florentin, laissant un émouvant témoignage de sa générosité envers les pauvres, ses domestiques et ses proches. Elle meurt en 1566 et est inhumée à Parcieu-en-Dombes dans sa propriété. Il ne reste aucune trace de sa tombe.

Reste une œuvre remarquable pour sa transgression hardie des limites et des interdits qui pesaient de son temps sur la femme écrivain. Œuvre polémique et provocatrice, à commencer par sa célèbre épître dédicatoire, document important dans l'histoire du féminisme français. Dans cette préface, qui est un plaidoyer en faveur de l'éducation des femmes et une revendication passionnée de leur droit à l'écriture et à l'égalité, Labé conjugue de manière originale le discours humaniste de la Renaissance et le féminisme. Que les femmes profitent elles aussi de la nouvelle ouverture culturelle et de la liberté de s'instruire dont elles ont été si longtemps privées par les hommes, qu'elles renoncent au rôle d'objet que la société leur assigne et dépassent par l'étude et par l'écriture les occupations féminines traditionnelles—habits et bijoux, «quenouilles et fuseaux», symboles de la domesticité dans laquelle les traités de bonne conduite s'efforçaient encore de les enfermer. Telle Christine de Pizan, Louise Labé s'engage en faveur de son sexe dans la Querelle des Femmes, mais, en les incitant à «mettre [leurs] conceptions par écrit» et à rechercher pour elles-mêmes la gloire jusqu'alors réservée aux hommes, elle exprime des idées nouvelles et audacieuses. Car elle enfreint la séparation sociale entre le public et le privé que même les humanistes étayaient, puisque l'éducation qu'ils prônaient pour les femmes ne devait servir que des buts limités: apprendre à gouverner une maison, à distinguer le bien du mal et à préserver leur chasteté, se cultiver sans avoir d'autre ambition que d'agrémenter la vie familiale. Si une femme écrivait, il ne fallait pas que ses écrits sortent de son cercle intime, ni qu'elle délaisse pour la plume la quenouille et le fuseau. L'étude était en outre plus ou moins réservée aux femmes d'élite, distinction de classe que Labé rejette également. Bref, elle déculpabilise l'étude et l'écriture féminines, les récrivant selon le modèle de l'humanisme «pour les hommes» comme sources de joie, d'autonomie, de dignité—de «contentement de soi»—comme possibilités de triompher du temps.

En dépit de ce ton confiant, le poids de l'hostilité culturelle vis-à-vis de la femme écrivain se fait néanmoins sentir dans l'emploi que fait Labé de certaines stratégies destinées à excuser son écriture, à faire passer les transgressions de sexe et de classe que représente cette publication, et à prévenir les médisances que risquaient de susciter les pages amoureuses d'une femme, manœuvres rhétoriques courantes dans les préfaces de femmes. Voilà qui motive son humilité et sa modestie; son choix d'une jeune aristocrate à la conduite irréprochable, Clémence de Bourges, comme dédicataire et protectrice; l'adresse aux «vertueuses Dames» rappelant «les honnêtes dames» à qui Hélisenne de Crenne dédie son œuvre; l'appel à une solidarité féminine visant la collaboration entre les sexes et le bien de la société entière.

Le même jeu entre interdit culturel et expression personnelle, entre adoption et subversion des discours en place, se voit dans les sonnets. Comme les autres poètes de l'École lyonnaise, c'est en imitant des modèles consacrés—Pétrarque et les pétrarquistes, les néoplatoniciens, des poètes latins comme Catulle et Ovide—que Labé doit faire preuve de génie. Mais en exprimant ses désirs *de femme* à travers cette tradition poétique *masculine* où la femme figure seulement comme objet muet et lointain de la parole et du regard du poète-amant, elle la transforme radicalement. Sa démarche ressemble à celle qu'adopte Pernette du Guillet dans le même contexte poétique, mais sa contestation de la rhétorique amoureuse conventionnelle va beaucoup plus loin; elle fait valoir bien plus aussi le corps féminin et ses désirs.

Là où Pernette imite Scève et les néoplatoniciens, Labé se réfère surtout à l'italien Pétrarque (1304–74) et aux pétrarquistes. Avec son *Canzoniere* (1374), chants d'amour pour une dame idéalisée mais inaccessible, l'immortelle Laure, Pétrarque avait mis à la mode le genre du sonnet—de l'italien, *sonetto,* petite chanson, poème composé de deux quatrains suivis de deux tercets—et toute une rhétorique amoureuse. Chez Pétrarque et ses imitateurs italiens et français se retrouvent métaphores et motifs caractéristiques (feu, blessure, flèches, poison, guerre; regard qui surprend l'amant et communique le mal d'amour, pleurs), antithèses violentes pour traduire les sentiments contradictoires et les souffrances de l'amant (doux venin, amère douceur, brûler/être de glace), hyperboles et expressions paroxystiques (mille maux), formules consacrées pour faire l'éloge de la beauté de la bien-aimée (cheveux d'or, yeux comme des étoiles ou des soleils...).

Dans ses sonnets, Labé se saisit de ce répertoire stylistique et renverse les rôles sexuels pour occuper la place de l'amant-poète pétrarquiste: séparée de son ami, elle loue sa «beauté», se plaint de son indifférence (sonnets II, VII), analyse sa propre souffrance, ses frustrations et ses émotions violemment contrastées (sonnet VIII). Mais, sous la plume d'une femme, les clichés pétrarquistes étonnent, semblent déplacés, attirant l'attention sur l'exclusion du point de vue féminin dans cette poésie, sur l'inégalité des rôles sexuels et sur le manque de réciprocité réelle entre les amants. Ainsi, les descriptions de la «beauté cruelle» de l'amant (sonnets II, VII), qui récrivent au féminin la convention du *blason* (poème détaillant les attraits physiques de la bien-aimée), créent un effet de citation parodique ou ironique et de mise en question. Dans un autre sonnet (XXI), Labé s'interroge ironiquement sur l'absence de critères pour louer la beauté masculine: «Quelle grandeur rend l'homme vénérable?/ Quelle grosseur? quel poil? quelle couleur?» Ailleurs encore (sonnet XXIII), elle mesure la conduite réelle de l'amant contre ses compliments et ses propos convenus, dévoilant son hypocrisie et son intention de la subjuguer: «Las! que me sert que si parfaitement/ Louas jadis et ma tresse dorée,/ Et de mes yeux la beauté comparée/ À deux Soleils [...]?» S'emparant des clichés pétrarquistes depuis sa position féminine en marge du discours amoureux, Labé les baigne dans la lumière neuve de son scepticisme et leur rend leur force primitive (sonnet des antithèses, VIII). À partir d'une parfaite maîtrise de l'art, elle crée une impression de spontanéité et de sincérité.

Contre l'amour solitaire et narcissique de la poésie pétrarquiste, elle réclame un amour réciproque qui refuse les séparations, les polarités et les hiérarchies (homme/femme, corps/âme, même/autre). Le bonheur parfait viendra de

l'union physique et spirituelle des amants; Labé rappelle dans certains poèmes le mythe heureux de l'Androgyne et la théorie platonicienne de l'amour comme quête d'une totalité, d'une unité perdue entre l'âme et le corps (sonnets VII, XVIII). Chez elle les besoins érotiques ne sont jamais sublimés, la violence, la nostalgie, ou la «folie» de son désir charnel de femme étant les sources même de son chant (sonnets V, XIV, XVIII) où le luth s'assimile à un corps. Il n'est guère étonnant que les sonnets, évoquant une toute autre image de l'amante que celle de la dame sévère et inaccessible, aient contribué à sa réputation de courtisane.

Le célèbre sonnet du baiser (XVIII) la montre parfaitement consciente de la valeur de choc de son érotisme franc et de sa féminisation radicale des modèles poétiques masculins. Ici elle s'inspire d'une tradition inaugurée par le poète latin Catulle, mais c'est elle et non l'amant qui demande les baisers, car elle refuse de se contenir dans les limites de bienséances qui feraient obstacle à leur jouissance. Tout le poème repose sur cette ouverture scandaleuse vers l'autre, sur la subversion des distinctions conventionnelles. La sensualité de Catulle se mêle alors audacieusement à la recherche néoplatonicienne de l'union des âmes (v. 9–10), le «je» se mêle au «tu» et la femme et l'homme se mélangent l'un à l'autre, au propre et au figuré, pour mieux créer et se recréer: «folie» amoureuse et poétique qui prend valeur d'utopie.

À cette époque où prédominaient les modèles masculins, Labé trouva néanmoins pour autoriser son chant d'amour de femme un modèle féminin illustre, la poète grecque Sapho (elle se pose en héritière de la lyre de Sapho dans sa première élégie). Elle devint ainsi la première de toute une série d'écrivaines, dont Madeleine de Scudéry, Germaine de Staël et Renée Vivien, à justifier leur écriture et à témoigner ouvertement d'une tradition littéraire féminine à travers leur identification positive à Sapho. Si les efforts de Labé pour construire un public féminin qui s'identifie à elle-même n'aboutiront pas tout de suite, l'exemple intrépide de cette «Nouvelle Sapho» finira pourtant par servir à son tour de modèle positif à bien des femmes écrivains dans leur périlleuse aventure littéraire, y compris Marceline Desbordes-Valmore au XIX^e^ siècle («Et tu chantas l'amour! ce fut ta destinée», «Louise Labé», *Les Pleurs*, 1833) et plus près de nous, Monique Wittig et Sande Zeig (*Brouillon pour un dictionnaire des amantes*, 1976), Marguerite Duras (*L'Amant de la Chine du Nord*, 1991), et Andrée Chedid («En nous, ton chant s'anime, parfois», «Pour saluer Louise Labbé», sonnet, 1972).

# Œuvres de Louise Labé, Lyonnaise[1]

## ÉPÎTRE DÉDICATOIRE[2]

A M.C.D.B.L.[3]

Étant le temps venu, Madamoiselle, que les sévères lois des hommes n'empêchent plus les femmes de s'appliquer aux sciences et disciplines, il me semble que celles qui ont la commodité[4] doivent employer cette honnête liberté, que notre sexe a autrefois tant désirée, à icelles[5] apprendre, et montrer aux hommes le tort qu'ils nous faisaient en nous privant du bien et de l'honneur qui nous en pouvait venir; et si quelqu'une parvient en tel degré que de pouvoir mettre ses conceptions par écrit, le faire soigneusement et non dédaigner la gloire, et s'en parer plutôt que de chaînes, anneaux et somptueux habits, lesquels ne pouvons vraiment estimer nôtres que par usage. Mais l'honneur que la science nous procurera sera entièrement nôtre, et ne nous pourra être ôté, ne[6] par finesse de larron, ne force d'ennemis, ne longueur du temps. Si j'eusse été tant favorisée des Cieux, que d'avoir l'esprit grand assez pour comprendre[7] ce dont il a eu envie, je servirais en cet endroit plus d'exemple que d'admonition[8]. Mais, ayant passé partie de ma jeunesse à l'exercice de la Musique, et, ce qui m'a resté de temps, l'ayant trouvé court pour la rudesse de mon entendement, et ne pouvant de moi-même satisfaire au bon vouloir que je porte à notre sexe, de le voir non en beauté seulement, mais en science et vertu passer[9] ou égaler les hommes, je ne puis faire autre chose que prier les vertueuses[10] Dames d'élever un peu leurs esprits par-dessus leurs quenouilles et fuseaux, et s'employer à faire entendre

1. Nous suivons l'édition des *Œuvres poétiques* en français moderne établie par Françoise Charpentier (Paris: Gallimard, 1983), sauf en deux endroits de l'Épître dédicatoire où nous nous conformons à la leçon donnée par François Rigolot dans son édition critique des *Œuvres complètes* (2004).

2. Préface.

3. À Mademoiselle Clémence de Bourges, Lyonnaise.

4. Qui en ont la possibilité.

5. Les.

6. Ni.

7. Englober, contenir.

8. Je servirais ici d'exemple plutôt que de donner des conseils.

9. Dépasser.

10. Cf. l'italien, *virtù:* force de caractère, excellence; et, dans la même phrase, l'alliance humaniste entre «science et vertu».

au monde que, si nous ne sommes faites pour commander, si[11] ne devons-nous être dédaignées pour compagnes, tant ès[12] affaires domestiques que publiques, de ceux qui gouvernent et se font obéir. Et, outre la réputation que notre sexe en recevra, nous aurons valu au public que les hommes mettront plus de peine et d'étude aux sciences vertueuses, de peur qu'ils n'aient honte de voir précéder[13] celles desquelles ils ont prétendu être toujours supérieurs quasi en tout. Pour ce[14] nous faut-il animer l'une l'autre à si louable entreprise, de laquelle ne devez éloigner ni épargner votre esprit, jà[15] de plusieurs et diverses grâces accompagné, ni votre jeunesse et autres faveurs de fortune[16], pour acquérir cet honneur que les lettres et sciences ont accoutumé porter aux personnes qui les suivent. S'il y a quelque chose recommandable après la gloire et l'honneur, le plaisir que l'étude des lettres a accoutumé donner nous y doit chacune inciter; qui est autre que les autres récréations desquelles, quand on en a pris tant que l'on veut, on ne peut se vanter d'autre chose, que d'avoir passé le temps. Mais celle de l'étude laisse un contentement de soi qui nous demeure plus longuement. Car le passé nous réjouit, et sert plus que le présent; mais les plaisirs des sentiments[17] se perdent incontinent et ne reviennent jamais, et en est quelquefois la mémoire autant fâcheuse, comme les actes ont été délectables. Davantage[18] les autres voluptés sont telles que, quelque souvenir qu'il en vienne, si[19] ne nous peut-il remettre en telle disposition que nous étions; et quelqu'imagination forte que nous imprimions en la tête, si[20] connaissons-nous bien que ce n'est qu'une ombre du passé qui nous abuse et trompe.

11. Pourtant.
12. Aux.
13. L'emporter, marcher les premières.
14. Pour cette raison.
15. Déjà.
16. Jeune aristocrate, Clémence de Bourges était la fille d'un puissant personnage de Lyon. Elle appartient à ce grand nombre de femmes poètes lyonnaises de la Renaissance qui écrivirent sans jamais être imprimées et dont le nom seul a survécu. Il n'y eut en effet qu'une vingtaine de femmes écrivains françaises publiées de leur vivant au XVI^e siècle.
17. Sens, sensations.
18. De plus, en outre.
19. Pourtant.
20. Pourtant.

Mais quand il advient que mettons par écrit nos conceptions, combien que[21], puis après, notre cerveau courre par une infinité d'affaires et incessamment remue, si est-ce que[22], longtemps après reprenant nos écrits, nous revenons au même point et à la même disposition où nous étions. Lors nous redouble notre aise: car nous retrouvons le plaisir passé qu'avons eu, ou en la matière dont écrivions, ou en l'intelligence des sciences où lors étions adonnés. Et outre ce[23], le jugement que font nos secondes conceptions des premières nous rend un singulier contentement. Ces deux biens qui proviennent d'écrire vous y doivent inciter, étant assurée que le premier ne faudra[24] d'accompagner vos écrits, comme il fait tous vos autres actes et façons de vivre. Le second, sera en vous de le prendre ou ne l'avoir point, ainsi que[25] ce dont vous écrirez vous contentera. Quant à moi, tant en écrivant premièrement ces jeunesses[26] qu'en les revoyant depuis, je n'y cherchais autre chose qu'un honnête passe-temps et moyen de fuir oisiveté, et n'avais point intention que personne que moi les dût jamais voir. Mais depuis que quelqu-uns[27] de mes amis ont trouvé moyen de les lire sans que j'en susse rien, et que (ainsi comme aisément nous croyons ceux qui nous louent) ils m'ont fait accroire que les devais mettre en lumière, je ne les ai osé éconduire, les menaçant cependant de leur faire boire la moitié de la honte qui en proviendrait. Et pour ce que les femmes ne se montrent volontiers en public seules, je vous ai choisie pour me servir de guide, vous dédiant ce petit œuvre, que ne vous envoie à autre fin que pour vous acertener[28] du bon vouloir, lequel de long temps je vous porte, et vous inciter et faire venir envie, en voyant ce mien œuvre rude et mal bâti, d'en mettre en lumière un autre qui soit mieux limé et de meilleure grâce.

Dieu vous maintienne en santé.

De Lyon, ce 24 juillet 1555.

Votre humble amie, LOUISE LABÉ.

21. Bien que.
22. Si est-ce que: cependant.
23. Cela.
24. Ne manquera pas.
25. Selon que, dans la mesure où.
26. Œuvres de jeunesse.
27. Quelques-uns.
28. Assurer.

## Sonnets
### II

Ô beaux yeux bruns, ô regards détournés,
Ô chauds soupirs, ô larmes épandues,
Ô noires nuits vainement attendues,
Ô jours luisants vainement retournés!

Ô tristes plaints[29], ô désirs obstinés,
Ô temps perdu, ô peines dépendues[30],
Ô mille morts en mille rets tendues,
Ô pires maux contre moi destinés!

Ô ris[31], ô front, cheveux, bras, mains et doigts!
Ô luth plaintif, viole, archet et voix!
Tant de flambeaux pour ardre[32] une femelle!

De toi me plains, que tant de feux portant,
En tant d'endroits d'iceux[33] mon cœur tâtant,
N'en est sur toi volé quelque étincelle.

### V

Claire Vénus, qui erres par les Cieux,
Entends ma voix qui en plaints chantera,
Tant que ta face au haut du Ciel luira,
Son long travail[34] et souci ennuyeux[35].

Mon œil veillant s'attendrira bien mieux,
Et plus de pleurs te voyant jettera.
Mieux mon lit mol de larmes baignera,
De ses travaux voyant témoins tes yeux.

29. Plaintes.
30. Dépensées.
31. Rire.
32. Brûler, embraser.
33. D'eux (de ces feux).
34. Peine, tourment, souffrance.
35. Au sens fort, oppressant, douloureux.

Donc des humains sont les lassés esprits
De doux repos et de sommeil épris.
J'endure mal tant que le Soleil luit;

Et quand je suis quasi toute cassée,
Et que me suis mise en mon lit lassée,
Crier me faut mon mal toute la nuit.

## VII

On voit mourir toute chose animée
Lors que du corps l'âme subtile part.
Je suis le corps, toi la meilleure part:
Où es-tu donc, ô âme bien aimée?

Ne me laissez par si long temps pâmée,
Pour me sauver après viendrais trop tard.
Las! ne mets point ton corps en ce hasard:
Rends-lui sa part et moitié estimée.

Mais fais, Ami, que ne soit dangereuse
Cette rencontre et revue amoureuse,
L'accompagnant, non de sévérité,

Non de rigueur, mais de grâce amiable,
Qui doucement me rende ta beauté,
Jadis cruelle, à présent favorable.

## VIII

Je vis, je meurs; je me brûle et me noie;
J'ai chaud extrême en endurant froidure;
La vie[36] m'est et trop molle et trop dure;
J'ai grands ennuis entremêlés de joie.

Tout à un coup je ris et je larmoie,
Et en plaisir maint grief[37] tourment j'endure;

36. Vi-e: deux syllabes.
37. Grief (prononcer en une seule syllabe): grave, pénible, lourd.

Mon bien s'en va, et à jamais il dure;
Tout en un coup je sèche et je verdoie.

Ainsi Amour inconstamment me mène;
Et quand je pense avoir plus de douleur,
Sans y penser je me trouve hors de peine.

Puis quand je crois ma joie être certaine
Et être en haut de mon désiré heur[38],
Il me remet en mon premier malheur.

## IX

Tout aussitôt que je commence à prendre
Dans le mol lit le repos désiré,
Mon triste esprit, hors de moi retiré,
S'en va vers toi incontinent se rendre.

Lors m'est avis que dedans mon sein tendre
Je tiens le bien où j'ai tant aspiré,
Et pour lequel j'ai si haut soupiré
Que de sanglots ai souvent cuidé fendre[39].

Ô doux sommeil, ô nuit à moi heureuse!
Plaisant repos, plein de tranquillité,
Continuez toutes les nuits mon songe;

Et si jamais ma pauvre âme amoureuse
Ne doit avoir de bien en vérité,
Faites au moins qu'elle en ait en mensonge.

## XIV

Tant que mes yeux pourront larmes épandre
À l'heur passé avec toi regretter,
Et qu'aux sanglots et soupirs résister
Pourra ma voix, et un peu faire entendre;

38. Bonheur.
39. Cru me briser.

Tant que ma main pourra les cordes tendre
Du mignard luth, pour tes grâces chanter;
Tant que l'esprit se voudra contenter
De ne vouloir rien fors que toi comprendre,

Je ne souhaite encore point mourir.
Mais, quand mes yeux je sentirai tarir,
Ma voix cassée, et ma main impuissante,

Et mon esprit en ce mortel séjour
Ne pouvant plus montrer signe d'amante,
Prierai[40] la mort noircir mon plus clair jour.

## XVIII

Baise m'encor[41], rebaise-moi et baise;
Donne m'en un de tes plus savoureux,
Donne m'en un de tes plus amoureux:
Je t'en rendrai quatre plus chauds que braise.

Las! te plains-tu? Çà, que ce mal j'apaise,
En t'en donnant dix autres doucereux.
Ainsi, mêlant nos baisers tant heureux,
Jouissons-nous l'un de l'autre à notre aise.

Lors double vie à chacun en suivra.
Chacun en soi et son ami vivra.
Permets m'Amour penser quelque folie:

Toujours suis mal, vivant discrètement[42],
Et ne me puis donner contentement
Si hors de moi ne fais quelque saillie.

40. Prie-rai: deux syllabes.
41. Embrasse-moi encore, donne-moi encore un baiser.
42. Séparément *ou* prudemment, sagement, raisonnablement.

# *Hélisenne de Crenne*

(vers 1500–vers 1560)

Qui était Hélisenne de Crenne? Peu connue sauf des spécialistes, elle occupe pourtant une place de pionnière dans l'histoire littéraire française. Avec la publication en 1538 des *Angoisses douloureuses qui procèdent d'amours* elle devient la première en date des romancières françaises et l'auteur du premier roman sentimental français. Ce genre avait été mis à la mode par des traductions de romans sentimentaux espagnols et italiens, notamment la *Fiammetta* de Boccace, l'une des sources de la première partie du roman d'Hélisenne de

---

Hélisenne de Crenne (Bibliothèque nationale de France)

Crenne. *Les Angoisses* marquent donc le début en France d'une longue tradition illustre où figureront *La Princesse de Clèves* de Marie-Madeleine de Lafayette et *Manon Lescaut* de l'abbé Prévost. Récit d'une passion s'étalant sur des centaines de pages, c'est également le seul véritable roman dans une longue période où foisonnent contes, nouvelles, et autres genres narratifs courts. Consciente aussi bien des «angoisses» que des joies de l'écriture, à une époque où l'activité littéraire féminine n'était tolérée que chez des femmes d'élite, telle la reine Marguerite de Navarre, et où, pour la femme, le modèle était plutôt la bonne ménagère chrétienne que l'érudit humaniste puisant aux sources païennes, Hélisenne de Crenne illustre l'ambiguïté de la situation de la femme écrivain en cette première moitié du seizième siècle. «Précieuse et savante que son savoir avait rendue folle» dira son contemporain Bernier, jugement qui résume l'attitude dominante de la Renaissance à l'égard de l'accès des femmes à la culture et annonce la stratégie du ridicule qui réaparaîtra à travers les siècles pour brimer la production littéraire féminine.

Sur sa vie, les renseignements sont rares. Née Marguerite Briet entre 1500 et 1510 à Abbeville en Picardie, fille peut-être d'un échevin de la riche et puissante famille Briet, elle épousa vers 1530 l'écuyer Philippe Fournel, seigneur de Crasnes (aujourd'hui Craonne), près de Coucy dans la région de Compiègne. D'où son nom de plume, Hélisenne de Crenne, qui réunit à la réalité autobiographique «de Crasnes», un prénom romanesque, prénom qu'elle attribue également à son héroïne, faisant du roman—si toutefois la part autobiographique est aussi grande que certains le pensent—le premier journal féminin connu en France et le premier roman autobiographique. Elle eut de Philippe Fournel un fils, jamais mentionné dans ses œuvres. Elle vécut—et brilla—«en cette noble Parisienne cité» (quatrième *Épître invective*) qu'elle exalte en tant que foyer intellectuel et artistique face à la petitesse provinciale. En 1552, après des années de relations orageuses avec son époux et à cette date séparée de lui «quant aux biens», elle fit plusieurs dons à un certain Christophe Le Manyer, écuyer demeurant à Paris, pour ses «bons et agréables services». Celui-ci serait-il le modèle du beau «jouvenceau» qui trouble l'entente conjugale dans *Les Angoisses* et dans *Les Épîtres familières et invectives* (1539, suite de lettres fictives, considérée comme le premier roman épistolaire français)? Après 1552 nous perdons toute trace d'Hélisenne/Marguerite. On situe sa mort, arbitrairement, vers 1560, date à laquelle fut publiée la dernière édition de ses *Œuvres*. Nous savons peu sur son éducation. Peut-être eut-elle des précepteurs comme beaucoup de femmes de la petite noblesse; peut-être fut-elle autodidacte. Ce qui est certain c'est qu'elle avait lu les auteurs classiques et chrétiens (grâce peut-être en partie à son éditeur parisien Denys Janot) et qu'elle était instruite des grandes questions humanistes de son temps. Outre *Les Angoisses* et *Les Épîtres,* ses œuvres majeures, Hélisenne de Crenne est l'auteur d'un *Songe philosophique* (1540), allégorie dans le goût médiéval mais ornée de références mythologiques selon l'esthétique de la Renaissance, ouvrage doctrinal qui prêche l'amour spirituel pour «instiguer toutes personnes de s'aliéner du vice et s'approcher de la vertu». Sa traduction des quatre premiers livres de l'*Énéide* (1541) est la première version en prose française du chef-d'œuvre de Virgile.

De son vivant, Hélisenne de Crenne connut la faveur du public. Huit éditions parues entre 1538 et 1560 témoignent du succès des *Angoisses.* Quatre éditions de ses *Œuvres,* moins la traduction de Virgile, furent publiées entre 1543 et 1560. Ensuite elle sombre plus ou moins dans l'oubli. Des études sur le roman sentimental publiées au début du vingtième siècle et les recherches récentes sur la Renaissance, en particulier sur l'apport culturel des femmes, jointes à de nouvelles éditions de ses œuvres, contribuent à rendre à Hélisenne de Crenne la place qui lui revient dans l'histoire littéraire française.

Dans ses écrits, Hélisenne de Crenne ne cesse d'interroger précisément cette place. Comment se frayer un chemin parmi les chefs-d'œuvre littéraires, parmi ces textes d'hommes l'imitation desquels fait tout le prix d'autres textes d'hommes, ses contemporains? Comment se dire femme dans cette tradition? Comment renouer avec—et valoriser—une tradition féminine? Cette interrogation participe à la fameuse Querelle des Femmes qui sévit à nouveau au début de la Renaissance après un siècle d'oubli relatif dû à l'instabilité politique, et l'œuvre d'Hélisenne de Crenne est au centre du débat tel qu'il pouvait se formuler vers l'année 1540. Ce sont ses *Épîtres familières et invectives* qui articulent de la manière la plus explicite et la plus véhémente ses prises de position, mais les mêmes préoccupations agitent aussi *Les Angoisses.* Quoique publiées un an après le roman, *Les Épîtres* pourraient donc servir de cadre pour le situer. La quatrième *Épître invective* est particulièrement révélatrice. S'adressant à un certain Elenot, critique borné, présomptueux, typiquement misogyne, qui condamne «les dames qui au solacieux ["consolateur", "réconfortant"] exercice littéraire se veulent occuper», la narratrice Hélisenne expose les stratégies de répression nées de «l'invétérée malice» du critique et de son «inimitié» à l'égard des dames: «en te travaillant pour t'exalter, tu t'efforces de totalement déprimer ["rabaisser"] les autres, et en particulier tu increpes ["accuses"] et reprends la muliebre ["de la femme"] condition. En parlant en général tu dis que femmes sont de rudes et obnubilés esprits, par quoi tu conclus qu'autre occupation ne doivent avoir que filer. Ce m'est une chose admirable ["je m'étonne"] de ta promptitude en cette détermination. J'ai évidence certaine par cela que, si en ta faculté était, tu prohiberais le bénéfice littéraire au sexe féminin, l'improperant ["lui reprochant"] de n'être capable de bonnes lettres. Si tu avais été bien studieux en diversité de livres, autre serait ton opinion». Reprenant à son tour l'argument de Christine de Pizan dans *Le Livre de la Cité des Dames* (1405), que les préjugés des hommes et non l'analyse objective soutiennent leurs généralisations misogynes, Hélisenne refuse de limiter la femme à l'activité de filer, à la quenouille et au fuseau, emblèmes de la domesticité auxquels les traités de bonne conduite de l'époque la renvoyaient inlassablement pour l'empêcher de prendre la plume et de s'avancer sur la scène culturelle, maintenant que les deux sexes avaient, en principe, le droit de s'instruire. Scize ans plus tard, dans son «Épître dédicatoire» à Clémence de Bourges, Louise Labé aura encore à prier «les vertueuses Dames d'élever un peu leurs esprits par-dessus leurs quenouilles et fuseaux». Pourtant, cette activité domestique était devenue d'autant plus insignifiante que l'essor du commerce des tissus la rendait anachronique chez les familles aisées. À cette époque, la parole publique d'une femme restait encore synonyme d'impudeur, surtout si, comme chez Hélisenne de Crenne, l'obsession érotique était son propos. Cette attitude sociale nécessitera chez la romancière certaines stratégies pour échapper à la censure, d'où sans doute le ton apologétique de la conclusion de la première partie des *Angoisses*, le choix ostensible d'un public féminin d'«honnêtes dames», et l'insistance dès le titre sur la thèse morale, conforme aux valeurs sociales, pour excuser en quelque sorte la signature: *Les Angoisses douloureuses qui procèdent d'amours, contenant trois parties, composées par dame Hélisenne de Crenne laquelle exhorte toute personne à ne [pas] suivre folle amour.*

Pour réfuter l'argument de l'infériorité intellectuelle des femmes, comme ses prédécesseurs Christine de Pizan et Cornélius Agrippa (auteur d'un traité en latin, *De Nobilitate et praecellentia foeminei sexus*, publié en 1529 et traduit en français dès 1530, sur la noblesse et la supériorité du sexe féminin), Hélisenne cite dans sa lettre toute une série de femmes illustres qui ont su unir l'éloquence à la sagesse, depuis des femmes de l'Antiquité et de l'Ancien Testament jusqu'à sa contemporaine Marguerite de Navarre. Et en publiant elle-même ses lettres comme elle avait déjà publié son roman, elle appuie par son propre exemple la cause féministe qu'elle défend: si elle est instruite, une femme peut écrire aussi bien qu'un homme.

Ce geste de relecture des textes du passé, pour les récrire, pour se constituer des «autorités» et se légitimer, pour subvertir le principe patriarcal de l'exclusion des femmes, s'il reproduit celui de Christine de Pizan, anticipe celui de

Madeleine de Scudéry (*Les Femmes illustres,* 1642) et de Monique Wittig (*Les Guérillères,* 1969), et anime aussi *Les Angoisses.* Tout en se proposant comme exemple moral des dangers de la passion, tout en répétant donc le «texte» social qui voue la femme à la chasteté et à l'obéissance conjugale, Hélisenne parvient néanmoins à *se dire,* à s'écrire, à se démarquer des modèles, et à se donner un statut culturel. À partir de la convention, elle inscrit un contenu nouveau ancré dans son expérience personnelle; elle exprime son point de vue de femme. C'est toute la portée du combat des modèles et des contre-modèles dans la confession au religieux (chapitres XIV–XV). Comment se servir des modèles du passé pour interpréter son expérience tout en échappant aux limites que ce lourd héritage culturel impose? Si l'amoureux Guenelic n'est vraiment pas digne de la passion de l'héroïne, cela aussi permet de réinterpréter la morale sociale: refuser l'amour illicite non pas par souci de chasteté et de fidélité conjugale, mais par souci de dignité personnelle et de liberté. Ce n'est pas sans raison que les deuxième et troisième parties des *Angoisses* ont contribué à l'oubli du roman. Car c'est là que cet amant si original par son caractère déficient tombe dans la convention et le récit avec lui. Devenu narrateur, il part en quête d'Hélisenne séquestrée dans sa tour, comme dans les romans chevaleresques du Moyen Âge, pour se transformer enfin en parfait chevalier digne de l'amour de sa dame. Dans le roman la conciliation entre vertu et amour, entre tradition et nouveauté, se fait par la mort. Guenelic retrouve Hélisenne, mais cet amour ne se consomme jamais, car elle meurt aussitôt (comme tant d'héroïnes dans des romans d'hommes!), non sans l'avoir exhorté de devenir l'amant de son âme, de renoncer à l'amour sensuel en faveur d'un amour spirituel. Conception nouvelle du sentiment amoureux qui annonce toute une tendance platonisante de la Renaissance (qu'on voit chez Marguerite de Navarre et Pernette du Guillet, par exemple) en même temps qu'elle souscrit apparemment à la morale sociale. Enfin, c'est par la sublimation de l'écriture qu'Helisenne-auteur peut présenter l'obsession érotique comme une expression authentique de son moi face à la répression patriarcale sans pour autant succomber elle-même aux dangers de cette obsession. Dans ce roman ambigu, une seule certitude: l'affirmation d'une écriture libératrice, compensatrice des frustrations conjugales et littéraires, capable de transformer la tour de la malmariée en une «chambre à soi», une écriture aussi passionnée qu'érudite.

Fière d'étaler cette érudition et de se montrer l'égale des auteurs masculins quant à la maîtrise de la rhétorique et du savoir humanistes, grisée comme tant d'autres de son époque par le plaisir des mots, Hélisenne de Crenne pousse parfois à l'excès certains traits de la Renaissance: le culte de l'Antiquité avec son goût d'un discours orné, plein de mots rares, de latinismes, et de références mythologiques. Son style, fort apprécié par certains, lui fut reproché par d'autres pour sa «redondance latinicome» (Étienne Pasquier, 1586) et Claude Colet entreprit même—peut-être avec son accord—de le réviser pour l'édition de 1551 de ses *Œuvres* afin de le rendre intelligible à des demoiselles «de médiocre savoir» en le ramenant à «notre propre et familier langage».

## Les Angoisses douloureuses qui procèdent d'amours
(Extraits de la première partie)[1]

Des passages entre crochets [] résumant l'intrigue ont été ajoutés pour faciliter la lecture de ces extraits.

### DÉDICACE

HÉLISENNE AUX LISANTES

Dames d'honneur et belles nymphes
Pleines de vertu et douceur
Qui contemplez les paranymphes[2]
Du regard, de cœurs ravisseur
L'archer non voyant et mal sûr
Vous piquera, prenez-y garde.
Soyez toujours sur votre garde,
Car tel veut prendre qui est pris.
Je vous servirai d'avant-garde
À mes dépens, dommage et prix[3].

1. Texte mis en français moderne à partir des *Angoysses douloureuses qui procedent d'amours*, édition critique établie par Christine de Buzon (Paris: Honoré Champion, 1997) et, pour la ponctuation, le glossaire et les notes, des *Angoysses douloureuses qui procedent d'amours (1538), Première partie*, édition critique établie par Paule Demats (Paris: Les Belles Lettres, 1968).

2. Ici, soupirants; sens courant, garçon (ou fille) d'honneur. *Paranymphe* signifiait aussi celui qui guide ou accompagne, médiateur, partisan.

3. Dizain figurant dans les éditions postérieures à celle de 1538.

Hélisenne de Crenne, *Épistres familières et invectives*
(Paris: Denis Janot, 1539; Bibliothèque nationale de France)

## L'ÉPÎTRE DÉDICATOIRE DE DAME HÉLISENNE À TOUTES HONNÊTES DAMES LEUR DONNANT HUMBLE SALUT. ET LES EXHORTE PAR CELA À BIEN ET HONNÊTEMENT AIMER, EN ÉVITANT TOUTE VAINE ET IMPUDIQUE AMOUR.

Les anxiétés et tristesses des misérables, comme je peux penser et conjecturer, se diminuent quand on peut les déclarer à quelque sien ami fidèle. Parce que je suis certaine par moi-même que les dames naturellement sont inclinées à avoir compassion, c'est à vous, mes nobles dames, que je veux mes extrêmes douleurs être communiquées. Car j'estime que mon infortune vous provoquera à quelques larmes piteuses[4]; qui pourra me donner quelque refrigeration medicamente[5]. Hélas, quand je viens à remémorer les afflictions dont mon

4. Larmes de compassion.
5. Apaisement qui porte remède, qui guérit.

triste cœur a été et est continuellement agité, par infinis désirs et amoureux aiguillonnements, cela me cause une douleur qui excède toutes autres, en sorte que ma main tremblante demeure immobile. Ô très chères dames, quand je considère qu'en voyant comme j'ai été surprise, vous pourrez éviter les dangereux lacs[6] d'amour, en y résistant du commencement sans continuer en amoureuses pensées, je vous prie de vouloir éviter oisiveté, et vous occuper à quelques honnêtes exercices. En ces considérations je viens à me ressaisir et reprendre mes forces, en exhortant celle qui est mère et fille de l'altitonant Plasmateur[7] de vouloir aider à ma triste mémoire et soutenir ma faible main, pour vous le savoir bien écrire.

### CHAPITRE PREMIER. COMMENCEMENT DES ANGOISSES AMOUREUSES DE DAME HÉLISENNE ENDURÉES POUR SON AMI GUENELIC[8].

[De naissance noble, Hélisenne perd son père avant l'âge d'un an et est élevée par sa mère qui la fait instruire «en bonne mœurs et honnêtes coutumes de vivre». Elle est mariée dès l'âge de onze ans à un jeune gentilhomme qu'elle ne connaissait pas auparavant. Les époux s'aiment d'un amour réciproque et Hélisenne s'estime heureuse dans son mariage.]

[...] En persévérant en telles amours[9], ma personne croissait, et avant que je parvinsse au treizième an de mon âge, j'étais de forme élégante, et de tout si bien proportionnée que j'excédais toutes les autres femmes en beauté de corps, et si j'eusse été aussi accomplie en beauté de visage, je m'eusse hardiment osé nommer des plus belles de France. Quand je me trouvais en quelque lieu rempli d'une grande multitude de gens, plusieurs venaient autour de moi pour me regarder comme par admiration, disant tous en général: «Voyez là le plus beau corps que je vis jamais.» Puis après, en me regardant au visage, disaient: «Elle est belle, mais il n'est à comparer au corps.»

6. Pièges, rets.
7. L'altitonant Plasmateur: Dieu.
8. La division en chapitres figure dans toutes les éditions postérieures à 1538.
9. De mon mari.

## CHAPITRE II. L'ORIGINE DU DIVERTISSEMENT D'HÉLISENNE POUR AIMER À REPROCHE. [LA NAISSANCE DE L'AMOUR.]

[...] Et le lendemain [je] me levai assez matin (ce qui n'était ma coutume) et en m'habillant vins ouvrir la fenêtre; et en regardant à l'autre part de la rue, je vis un jeune homme aussi regardant à sa fenêtre, lequel je pris à regarder attentivement. Il me sembla de très belle forme, et selon que je pouvais conjecturer à sa physionomie, je l'estimais gracieux et aimable; il avait le visage riant, la chevelure frisée et plutôt blonde, et sans avoir barbe, [ce] qui était manifeste démonstrance[10] de sa gentille[11] jeunesse. Il était assez honnête en son habit, toutefois sans user d'accoutrements superflus. Et au moyen de[12] la grande chaleur [il] n'avait autre habillement qu'un pourpoint de satin noir. Après l'avoir plus que trop regardé, [je] retirai ma vue, mais par force étais contrainte de retourner mes yeux vers lui. Il me regardait aussi, [ce] dont j'étais fort contente; mais je prenais admiration[13] en moi-même de me trouver ainsi sujette à regarder ce jeune homme, ce que d'autres jamais ne m'était advenu. J'avais accoutumé[14] de prendre et captiver les hommes et ne me faisais que rire d'eux, mais moi-même misérablement je fus prise. Je ne pouvais retirer mes yeux et ne désirais autre plaisir que celui-là.

[...] Las! Je m'efforçai de résister, voulant expulser amour de mon cœur, car le soir quand je fus couchée auprès de mon mari, je vins distinctement à penser à la grande amitié que [je] lui avais toujours portée, et que ma renommée avait (jusqu'à présent) été claire, sans être notée de chose qui pût dénigrer mon honneur. En ces considérations Raison me venait à corroborer, me conseillant d'être ferme et ne me laisser vaincre et me disait: «Comment veux-tu prendre le vilain chemin ord[15] et fétide et laisser la belle sente[16] remplie de fleurs odoriférantes? [...] Ô pauvre dame, veux-tu préférer amour lascif à l'amour matrimonial qui est chaste et pudique, que tu as en si grande observation conservé?» En considérant toutes ces choses, combien que[17] je fusse atteinte et mon entendement fort

10. Signe.
11. Noble.
12. À cause de.
13. Je m'étonnais.
14. J'avais l'habitude.
15. Sale, dégoûtant.
16. Le beau chemin.
17. Bien que.

blessé, au moyen de[18] l'ardent amour dont j'étais possédée, Raison dominait encore en moi, car une bonne pensée m'en amenait une autre, et commençai à considérer et recogiter[19] plusieurs histoires, tant antiques que modernes, faisant mention des malheurs advenus par avoir enfreint et corrompu chasteté, en excédent les bornes de la raison, et me vint souvenir de la Grecque Hélène qui fut cause de la totale destruction de Troie. Puis comparut en ma mémoire, le ravissement de Médée, laquelle pour rémunération et récompense d'avoir préservé de mort son ami Jason, il l'expulsa de son pays, parquoi lui fut nécessaire de mendier, et requérir les suffrages et secours d'autrui, dont advint que la pauvre malheureuse, par un désespoir, de ses propres mains tua ses enfants.[20] Après il me souvint d'Eurial et la belle Lucrèce, lesquels pour un temps en grande hilarité[21] et joyeuseté furent, mais depuis ledit Eurial fut contraint de s'absenter et suivre l'Empereur, qui fut cause de la mort immaturée[22] de sa dame[23]. Plusieurs autres se représentaient en mes tristes pensées, comme Lancelot du Lac et la reine Guenièvre, qui furent cause d'annihiler l'excellente renommée du magnanime roi Arthur, et conséquemment des nobles chevaliers de la Table Ronde. Et en ce même temps, Tristan de Cornouaille et la Reine Iseut souffrirent très graves fatigues, parce que leurs damnables amours étaient venues à la notice du roi Marc[24].

18. À cause de.

19. Méditer longuement sur, considérer.

20. Répudiée par Jason en faveur de Créüse, Médée se venge en égorgeant ses propres enfants, fort ressemblants à leur père. Hélisenne propose une interprétation plutôt indulgente de ce crime monstrueux.

21. Joie, bonheur.

22. Prématurée.

23. Souvenir probable de la traduction française d'un roman d'Aeneas Silvius, plusieurs fois réimprimée à partir de 1497.

24. Tristan et Iseut: héros et héroïne d'une légende médiévale illustrée dans le cycle breton, comme l'histoire de Lancelot et de Guenièvre, femme du roi Arthur, évoquée précédemment. Victimes d'un philtre magique, Tristan et Iseut sont unis par une passion fatale qui les rend coupables envers le roi Marc, mari d'Iseut. La mort elle-même ne saura les désunir.

## CHAPITRE III. HÉLISENNE SURPRISE D'AMOUR EST APERÇUE DE SON MARI.

[Pendant six jours les amants se regardent, chacun à sa fenêtre.] Je ne fus en cette délectation[25] suave, douce et melliflue[26] que jusqu'au sixième jour, parce que mon mari me donna à connaître la suspicion que secrètement et tacitement [il] portait en son triste cœur; car en se venant appuyer à la fenêtre auprès de moi, me vint à prononcer aucunes[27] paroles qui me semblèrent merveilleusement[28] acerbes. Il se tourna vers moi, et en souriant me dit: «m'amie, ce jeune homme-là vous regarde fort; il a ses yeux immobilement sur vous. Je sais que c'est d'amour comme celui qui l'a expérimenté, mais je jugerais et serais d'opinion, selon ses gestes et contenances, qu'il est surpris de votre amour.»

[...]

[Hélisenne, si affligée par ces propos qu'elle est d'abord interdite, fait enfin semblant de rire et se défend en affirmant sa constance. Puis elle se retire, «outrageusement irritée».] J'étais incessamment aiguillonnée de la beauté imaginée et peinte en ma mémoire du plaisant jouvenceau. Mais quand j'eus bien considéré, je commençai à mitiger et tempérer ma fureur, disant en moi-même: «Je ne dois être hors d'espérance d'avoir jouissance de mon ami, car mon mari n'a point de suspicion de moi, mais indubitablement m'estime ferme et constante. S'il s'est aperçu des coutumiers regards de mon ami, je trouverai bien excuse qui aura lieu. Il me faut apprendre à souffrir patiemment, car il n'est si grand travail[29] que par prudence ne soit modéré, ni si acerbe douleur que patience ne dérompe[30]. Et, avec ce[31], [ce] qui se diffère ne s'abolit [pas].» En cette délibération passai encore quatre jours; je n'osais plus regarder à la fenêtre en la présence de mon mari, mais en son absence j'usais des regards accoutumés, pensant que par ce moyen me fût imparti quelque réfrigération[32]; mais cela me causait plus d'ardeurs et enflammements. Un jour entre les autres, je

25. Plaisir.
26. Suave, qui a la douceur du miel.
27. Certaines, quelques.
28. Extrêmement.
29. Peine, souffrance.
30. Brise.
31. En plus.
32. Apaisement.

vis mon ami allant parmi la rue. Il me prit vouloir[33] de m'enquérir de son état et manière de vivre, ce qui me fut exhibé. Il était de basse condition, [ce] dont je fus merveilleusement marrie[34], mais la grande fureur d'amour dont j'étais possédée et seigneuriée[35] m'offusquait et ôtait la connaissance, en sorte que, bien qu'il m'en déplût, l'amour ne diminuait [pas].

## CHAPITRE IV. HÉLISENNE CHANGE DE LOGIS, NON PAS DE CŒUR.

[Le mari jaloux les oblige à changer de maison afin d'éviter tout contact avec le jeune homme. Mais dès le lendemain celui-ci apparaît et le mari, furieux, surprend à nouveau les regards «dissolus et impudiques» de sa femme. Celle-ci se défend en accusant son mari d'avoir de «vaines et inutiles pensées» à son sujet et d'écouter les mauvaises langues. Mais le mari continue à l'accuser d'«amour lascif», d'atteinte à la pudeur et à l'honneur conjugal, la peur du scandale exaspérant sa jalousie. Enhardie par son amour, Hélisenne, elle, continue à mentir: elle proteste que son cœur restera pur à jamais, comme son mari pourrait s'en rendre compte «par longue expérience».]

[...] Et environ l'heure de minuit, [je] m'allai coucher en grande mélancolie, car toutes choses m'étaient déplaisantes, tristes et odieuses. Mais le lendemain matin, [j']allais ouïr les suffrages divins en un petit temple. Et ainsi que[36] [je] voulais retourner, je vis mon ami, lequel me jeta une transperçante œillade qui me fut pénétrative jusqu'au cœur; j'eus si parfaite joie que je mis en oubli tous les tourments et graves douleurs que j'avais soutenus à l'occasion[37] de lui. Je me pris à regarder sans avoir honte ni vergogne, et ne me souciais d'un sien compagnon qui évidemment pouvait apercevoir mes regards impudiques et artificieux. [...]

Ainsi, comme [vous] avez ouï, très chères dames, j'étais traitée en amour, quelquefois par extrême douleur contrainte [de] gémir et lamenter, et quelquefois grande joie et consolation m'était irrigée[38] au moyen du plaisant regard de mon ami. [...]

33. Désir, volonté.
34. Désolée.
35. Maîtrisée, gouvernée.
36. Comme.
37. Cause.
38. Dispensée, donnée.

[À l'église où Hélisenne peut observer son ami, elle constate son indiscrétion.] Et comme je pouvais conférer[39] ou présupposer par signes évidents, il publiait et divulguait nos amours. Et outre plus[40], j'en fus certaine par l'une de mes demoiselles, laquelle l'ouït en devis[41], et [il] disait ainsi à l'un de ses compagnons: «Cette dame-là est merveilleusement amoureuse de moi. Voyez les regards attrayants de ses yeux; je présuppose qu'en continuant de poursuivre, facilement en pourrais avoir jouissance.» Quand ce propos me fut récité, tout subit défaillit la vigueur de mon cœur, et par passionnée fâcherie [j']inclinai mon chef[42] en terre comme fait une violette sa couleur purpurine quand elle est abattue du fort vent Boréas[43]. Je demeurai longtemps fort pensant, puis après redressant ma vue je vis mon ami, lequel je regardai en montrant semblant en manière de plainte, et disais en moi-même: «Las Fortune, que tu m'es âpre, adverse, féroce et cruelle! Je connais à présent que ce n'est que simulation et faintise[44] de celui que j'estimais qu'il m'aimât cordialement[45], mais hélas il ne tend à autre fin qu'à me priver d'honneur pour en tenir ses propos et dérisions. Mais bien que je le connaisse tel, mon cœur est tant à lui qu'il n'est en ma faculté de le retirer; mais dorénavant je n'userai plus de regards, au moins en public, car la bonne renommée est facile à dénigrer, spécialement des gentilles femmes, quand elles ne sont modestes comme à leur honnêteté appartient.» En cette délibération, me départis[46] et vins en ma chambre et me tins tout le jour solitairement. Et au soir quand je fus couchée auprès de mon mari, mon entendement commença à voltiger en composant diverses et nouvelles fantaisies, ce qui me causait une laborieuse peine en sorte que [je] ne pouvais dormir.

## CHAPITRE V. HÉLISENNE SE PASSIONNE POUR SON AMI.

[L'amoureux Guenelic, imprudent, à la fois audacieux et pusillanime, donne la sérénade la nuit sous le balcon d'Hélisenne, ce qui ne manque pas de provoquer la colère du mari et enfin l'*aveu* de sa femme.]

39. Conjecturer.
40. Mieux encore.
41. Entretien, conversation.
42. Ma tête.
43. Borée.
44. Feinte.
45. De tout son cœur.
46. Éloignai.

[...] «Ô maudite femme, tu m'as toujours nié ce que par signes démonstratifs évidemment [je] pouvais connaître, si je n'eusse été de vrai sens aliéné. Je suis certain et le sais indubitablement que c'est ton ami qui amène plusieurs joueurs d'instruments pour te donner rénovation et pour t'induire et faire condescendre à son inique vouloir. Mais s'il connaissait ton cœur aussi bien que moi, il ne s'en travaillerait pas si fort[47]. Car ton effrénée lascivité a bien la puissance de te contraindre à le provoquer lui-même, et s'il était expert en amour, il aurait pu connaître, considérant telles contenances, la grande ardeur qui incessamment[48] te domine. Ton appétit vénérien a envenimé ton cœur, qui auparavant était pur et chaste: tu es si abusée de son amour que tu as changé toutes tes complexions[49], façons, gestes, vouloirs et manières honnêtes en opposite sorte, mais sois assurée que je n'en souffrirai plus, car ta vie désordonnée me cause tant d'ennuis et de passions que contrainte me sera d'user de cruauté et [d']ignominie en ta personne.» Et quand il eut dit cela, il se tut. Et je me levai comme femme furieuse, et sans savoir prononcer la première parole pour lui répondre, je commençai à arracher[50] mes cheveux et à violer et ensanglanter ma face de mes ongles, et de mon tranchant cri féminin pénétrais les oreilles des écoutants. Quand je pus parler, comme femme du tout aliénée de raison je lui dis: «Certes, je crois que quelque esprit familier vous révèle le secret de mes pensées, ce que je pensais être réservé à la divine prescience! Et vraiment je l'aime, effusément et cordialement[51], et avec si grande fermeté qu'autre chose que la mort ne me saurait séparer de son amour. Venez donc avec votre épée, faites transmigrer mon âme de cette infelice[52] prison corporelle, et je vous en prie; car j'aime mieux mourir d'une mort violente que continuer à languir, car mieux vaudrait être étranglée que d'être toujours pendant. [...] Et si vous ne le faites, la fureur et rage qui me tient me pressera et forcera de me précipiter moi-même.» Et en ce disant mes yeux étincelaient de furieuse chaleur et frappais de mon poing contre mon estomac[53] tellement que je fus si lassée que demeurai comme morte.

[...]

47. Il ne se tourmenterait pas tellement.
48. Sans cesse.
49. Manières d'être, comportements.
50. Dans l'original, derompre: déchirer, briser.
51. De tout mon cœur.
52. Malheureuse.
53. Ma poitrine.

[Son mari l'exhorte à abandonner «le fol désir» qu'elle a de son ami.] Et en me faisant telles remontrances, [mon mari] s'approcha de moi pour parvenir au plaisir de Vénus, mais en grande promptitude je me retirai loin de lui, et lui dis: «Mon ami, je vous supplie que me laissez reposer, car au moyen des[54] tristesses et angoisses dont mon misérable cœur est continuellement agité, j'ai une débilitation[55] de tous mes membres, en sorte que [je] n'espère plus vivre sinon en langueur et infirmité.» Et, en ce disant m'assis sur mon lit, feignant d'être très grièvement atteinte de maladie, dont il déplaisait grandement à mon mari, et s'efforçait d'apaiser mes larmes, pleurs, douleurs et soupirs; et quand il pensa m'avoir un peu consolée, il s'endormit jusqu'au jour.

## CHAPITRE VI. LA JALOUSIE DU MARI [...]

[Le mari la conduit à l'église pour observer quelle contenance elle aura en présence de son ami.]

[Mon ami] à cette fois n'usa [pas] de discrétion, parce qu'en présence de mon mari [il] donnait évidente démonstration de son affection par ses regards amoureux et doux attraits, en persévérant de me montrer à ses compagnons, bien qu'il n'eût encore parlé à moi. Et quand je voyais son inconstance, je le regardais d'un regard doux et simple, afin de lui montrer et exhiber par signes que par sa contenance il me causait une grande doléance en mon cœur; mais pour ce [il] ne différa [pas] ses importunités, car il venait passer si près de moi qu'il marchait sur ma cotte de satin blanc. J'étais fort curieuse en habillements[56], c'était la chose où je prenais [un] singulier plaisir, mais nonobstant[57] il ne m'en déplaisait, mais au contraire volontairement et de bon cœur j'eusse baisé le lieu où son pied avait touché.

## CHAPITRE VIII. LES AMANTS POUR N'ÊTRE APERÇUS USENT DE LETTRES.

[Guenelic présente ses lettres à Hélisenne en avouant sa peur de son mari. Hélisenne s'empresse de le rassurer que son mari ne se doute de rien.] À ces mots il me prit à regarder comme par admiration[58], considérant en son

54. À cause des.
55. Extrême fatigue.
56. Je m'intéressais beaucoup aux vêtements.
57. Néanmoins.
58. Étonnement, surprise.

imagination, comme j'ai pu le comprendre depuis, que l'impétuosité d'amour avait rompu en moi les lacs de tempérance et modération, qui me faisait excéder toute audace féminine. [...] [Il] prit congé, et je le conduisais de mes yeux étincelants de désirs amoureux, car j'étais toute embrasée du feu vénérien, et croissait l'amour si puissant en mon cœur que le réciter serait incrédible[59] à ceux qui n'ont expérimenté[60] amour.

### CHAPITRE XI. LE COURROUX DU MARI JALOUX ET L'EXCUSE DE SA FEMME.

[Retirée seule dans sa chambre, Hélisenne prend plaisir à lire les lettres de son ami, puis «le double» des siennes. Enfonçant la porte d'un coup de pied, le mari la surprend et découvre la correspondance.] [Il] prit les lettres que j'avais laissées sur mon lit parce que timeur[61] avait obnubilé la clarté de mon entendement; et quand il les eut lues, ce lui fut cause d'augmentation de fureur, et fort indigné s'approcha de moi, et me donna si grand coup sur la face que violemment me fit baiser la terre, dont je ne me pus lever soudainement.

[...]

[Hélisenne et son mari vont écouter «le divin service de Dieu en un dévot monastère». Son mari lui fait promettre, si son ami est là, de modérer ses désirs et de ne pas le regarder comme elle en a l'habitude. Dans la foule, elle aperçoit Guenelic.] Sans différer de rompre et enfreindre ma promesse, [je] regardai très affectueusement [mon ami], sans réduire en ma mémoire les peines et tourments que mon mari me faisait souffrir à l'occasion[62] de lui; mais comme une femme enceinte laquelle est persécutée de pénibles et excessives douleurs avant la naissance de l'enfant, mais incontinent[63] qu'elle voit son fruit, la parfaite joie et liesse où elle est réduite lui fait oublier les peines précédentes, ainsi la suavité et douceur intrinsèque que je recevais du délectable regard de mon ami me faisait oublier tous mes travaux[64] et fatigues prétérits[65].

59. Incroyable.
60. Éprouvé.
61. La crainte.
62. Cause.
63. Aussitôt.
64. Souffrances.
65. Passés.

## CHAPITRE XIV. PAR SAINTES ADMONESTATIONS, FEMME D'AMOUR PIQUÉE NE VEUT DÉSISTER.

[Hélisenne tente de se suicider. Contrainte par son mari mais toujours impénitente, elle se confesse à un religieux, persuadée du plaisir qu'elle aura à lui parler librement de son ami.]

«Las, les pensées et regrets dont je suis excessivement tourmentée et travaillée ne sont [pas] pour la juste douleur que [je] devrais avoir de mes iniques péchés; mais [ils] me procèdent à l'occasion des innombrables désirs et amoureux aiguillonnements dont je suis oppressée, et [il] m'est impossible d'y savoir résister, car j'aime si ardemment que j'aimerais trop mieux être privée de vie que de la vue de mon ami. [...] Vous m'incitez et exhortez à me retourner à Dieu, en lui faisant dévotes prières et intercessions. Hélas! comment serait-il possible de lui faire requête de me désister d'amour? Car soyez certain que je ne pourrais à cela contraindre mon cœur; bien que, comme je vous ai déjà dit, j'aie eu peines et travaux[66] inestimables, mais il y a eu quelque douceur, toutefois, seulement de sa vue. Mais un seul regard de mon ami, si je suis pâle, il me peut colorer; si je suis triste, il me peut réjouir; si je suis débile[67], il me peut fortifier; si je suis malade, il me peut rendre saine; et si j'étais jusqu'à la mort, il a bien cette puissance de me vivifier[68]. À ces causes je ne saurais avoir vouloir de me retirer de son amour, mais quand ainsi serait que je m'en voudrais désister, je ne suis si présomptueuse et n'estime tant ma pusillanime vertu que je le puisse faire, vu et considéré que nos prédécesseurs les plus expérimentés en science n'ont pu à tel embrasement résister, mais nonobstant la sublimité de leurs entendements[69] se sont rendus humiliés et captifs. David pour jouir de Bethsabée commit homicide[70]. Le sage Salomon sous espèce d'amour fut

66. Souffrances.

67. Faible.

68. Rendre la vie.

69. Connaissances.

70. *Le Deuxième Livre de Samuel* (XI, 1–17) rapporte la faute de David, roi d'Israël, et l'adultère de Bethsabée. Pour épouser Bethsabée, David fit tuer son mari Urie en l'envoyant à la guerre avec ordre de l'exposer à l'ennemi.

idolâtre[71]. Aristote, de naturalité le prince[72], pour la personne de son amie Hermia, adora Amours. [...] veuillez considérer que puisqu'amour a eu si grande puissance sur nos prédécesseurs, elle ne peut défaillir à leurs successeurs. Donc ne serait-ce à moi grande folie si j'estimais supérer[73] l'amour, à quoi les hommes n'ont pu faire résistance? Et pour ce, toute timeur mise arrière, il m'est force d'avoir le désir de ma jeunesse, ou que misérablement je meure [...].»

### CHAPITRE XV. CŒUR DE FEMME OBSTINÉ EN AMOUR, EST IMPOSSIBLE À RÉDUIRE.

[La réponse du religieux.] «Vous dites n'avoir tant de présomption en vous que [vous] pensez suppediter[74] amour, vu et considéré que les hommes n'ont su résister. Pour cela ne devez perdre l'espérance, bien que votre sexe soit plus fragile et moins constant, car les hommes libéralement[75] se soumettent à l'amour, pensant n'être [pas] dignes de répréhension; car entre eux cela n'est estimé pour vice, mais au contraire s'en vantent et glorifient, quand par leurs déceptions, feintes et adulations ils ont circonvenu votre sexe trop crédule et d'écouter trop curieux. [...] Si vous n'avez pitié de votre personne, devez avoir regard à votre honneur qui facilement se pourra dénigrer, et pensez qu'en grande observance se doit conserver et garder la chose que, quand une fois [elle] est perdue, recouvrer ne se peut. Je vous veux remémorer[76] et vous inciter de suivre aucunes[77] dames qui plutôt se sont exposées à la mort que de corrompre chasteté. Et entre autres vous doit souvenir de la continence de

71. Sur l'idolâtrie de Salomon, *Le Premier Livre des Rois* (XI, 1–8) raconte qu'il «eut sept cents épouses de rang princier et trois cent concubines. Quand Salomon fut vieux, ses femmes détournèrent son cœur vers d'autres dieux et son cœur ne fut plus tout entier à Yahvé.»

72. Prince des sciences de la nature, c'est-à-dire de la physique. Aristote fut considéré pendant tout le Moyen Âge comme une victime exemplaire de l'amour et le nom d'Hermias, tyran d'Atarnée, disciple et protecteur du philosophe, fut pris pour celui d'une femme, Hermia.

73. L'emporter sur, vaincre.

74. Dompter.

75. Volontiers.

76. Je veux vous rappeler.

77. Quelques, certaines.

Pénélope, laquelle pour la sincère amour qu'elle portait à son mari Ulysse ne voulut jamais acquiescer aux importunes requêtes dont elle était persuadée[78]. [...] Après ne doit être oubliée la pudicité[79] de Lucrèce romaine, laquelle ne voulut vivre après le faux attouchement qui par force et violence lui avait été fait[80]. Je trouve grande contrariété et différence de votre vouloir à celui de cette noble dame, laquelle était plus estimative de[81] son honneur que de sa vie, et vous, comme plus volontaire que sage, voulez suivre votre sensualité, et plutôt vous priver de vie que de faillir[82] à l'accomplissement de votre voluptueux plaisir et appétit désordonné, sans avoir regard à l'offense que vous faites à Dieu et à votre mari, la crainte duquel devrait être suffisante pour retirer[83] votre cœur invétéré[84] et endurci.» [...]

## CHAPITRE XX. REPROCHES DE L'AMI À SA DAME, POUR TROP LANGUIR.

[Guenelic presse Hélisenne de le récompenser de son amour. Celle-ci avoue qu'elle voudrait bien le contenter, mais des doutes sur la constance de Guenelic et la crainte de perdre sa réputation la retiennent. À l'église où elle se rend pour lui parler, il se moque d'elle en exposant cruellement sa passion au ridicule de ses compagnons. Triste, elle se retire et retourne dans sa chambre.]

Par un amoureux désir assailli de désespoir, de mon vrai sentiment [je] demeurai privée. Car quand je considérais l'inconstance de mon ami, ce m'était un inestimable supplice. Mais toutefois, bien que je le connusse scélérat et

78. Épouse d'Ulysse, Pénélope était régulièrement citée par les défenseurs des femmes dans la Querelle des Femmes comme un exemple de fidélité conjugale. Elle réussit par une ruse à écarter les prétendants qui voulaient l'épouser pendant la longue absence de son mari.

79. La pudeur.

80. Selon la légende, Lucrèce se suicida d'un coup de poignard devant son père et son mari, après avoir été violée par Sextus, fils de Tarquin le Superbe. Son suicide est censé avoir provoqué la chute de la monarchie. Comme la fidélité de Pénélope, la pudeur de Lucrèce était souvent citée en exemple par les défenseurs des femmes.

81. Estimait plus.

82. Manquer.

83. Retenir.

84. Obstiné, opiniâtre.

mauvais, [il] n'était en ma faculté de diminuer l'amour; car elle[85] était si fort imprimée dans mon cœur que continuellement, et jour et nuit, en ma triste mémoire se représentait son simulacre. Dont advint que la nuit suivante, étant couchée auprès de mon mari fort [ennuyée] et lassée [...], je fus de si grand sommeil oppressée que je demeurai vaincue et m'endormis. Et certes le dormir me fut plus gracieux que le veiller, car il me semblait être avec mon ami en un beau jardin plaisant et délectable, et sans aucune timeur[86] [je] le tenais par la main. [...] Oyant[87] ses douces et melliflues[88] paroles, [il] me semblait qu[e j]'interrompais sa voix pour souvent le baiser et accoler[89]. Mais las! que je fus dolente[90]! Car pour donner ordre à quelque affaire de grande importance mon mari m'éveilla, [ce] dont je demeurai fort mélancoliée[91].

[...] Contrainte me fut de me lever, mais je désirais fort que la nuit retournât, afin qu'en dormant me fût imparti le plaisir dont par le veiller j'étais privée. Mais jamais depuis ne pus avoir telle délectation; mais au contraire plusieurs fois me semblait voir le mien ami en forme horrible et épouvantable, tant pâle et décoloré que j'avais horreur de le voir, en telle sorte que plusieurs fois m'écriais hautement, en sorte que mon mari s'éveillait et me demandait d'où me procédaient telles frayeurs et épouvantements. [...] [Hélisenne prend ses cauchemars pour de mauvais présages.]

## CHAPITRE XXII. EXCLAMATION PITEUSE D'HÉLISENNE CONTRE SON AMI.

[...] Ô mes nobles dames, considérant l'extrémité où je suis réduite, pour ne vouloir ressembler aux misérables desquels est le souverain refuge voir les autres de semblables passions oppressés, mais au contraire je me letifie[92] à rédiger par écrit mon infortune, afin qu'il passe en manifeste exemple à toutes dames et demoiselles, en considérant que de noble et renommée dame je suis devenue [servante]. Car bien que celui qui est possesseur de mon cœur ne soit égal à moi en noblesse ni en opulence de biens et de richesses, il m'est sublime et je

85. L'amour, nom féminin au XVIe siècle.
86. Peur, crainte.
87. Entendant.
88. Suaves.
89. Embrasser.
90. Triste.
91. Chagrinée.
92. Je prends plaisir, je me réjouis.

suis basse et infime. Las, qu'il est heureux qui par l'exemple d'autrui évite cet amour sensuel, qui de coutume[93] rend ses servants infelices[94] et malheureux. Amour n'est autre chose qu'une oblivion[95] de raison, qui à personne prudente ne convient, par ce qu'il trouble le conseil[96] et rompt les hauts et généreux esprits; il énerve toute la puissance; il fait la personne lamentable, ireuse[97], prodigue, téméraire, superbe, noisive[98], immémorable[99] de Dieu, du monde et de soi-même. Et finalement les entretient en misère, détresse, langueur et martyre et inhumaine affliction, et le plus souvent les conduit à cruelle mort par un damnable désespoir. Hélas, je n'en parle comme ignorante, mais comme celle qui a le tout expérimenté, si[100] ne reste plus que la mort. Mais nonobstant que je connaisse toutes telles peines et tourments, je ne m'en saurais désister, tant ma pensée, mon sens et libre arbitre sont surpris, soumis et asservis, parce que, du principe[101], sans guère résister me suis laissée aller, et facile est le vaincre qui ne résiste.

[Hélisenne est trahie par une servante qui révèle à son mari qu'elle a mis l'histoire de son amour par écrit. De rage, il enfonce la porte de la chambre de sa femme qui est si troublée qu'elle oublie de cacher ses «écritures», preuves aux yeux de son mari de son «effrénée lascivité». Les serviteurs le retiennent de la tuer et il décide enfin de l'éloigner.]

«Puisque je vois et connais que vous êtes invétérée dans vos iniquités, c'est chose très urgente que j'y remédie en vous faisant absenter, car il serait impossible qu'on se pût garder de cette vulpine[102] subtilité féminine. Je vois que vous êtes à cette heure disposée à aimer, et je suis certain que de plusieurs êtes requise: par quoi, considérant que difficile est la chose à garder qui de plusieurs est désirée, il vous faut obtempérer à ma volonté. Car peut-être quelque jour par vos gestes et contenance tant lascives je serais contraint de prendre la vengeance de vous, sans qu'il fût en ma faculté de savoir refréner ma fureur.

93. D'habitude.
94. Malheureux.
95. Oubli.
96. La raison.
97. Irascible, coléreuse.
98. Querelleuse.
99. Oublieuse.
100. Ainsi.
101. Dès le commencement.
102. Rusée comme le renard.

Et pour ce, regardez de vous préparer, et je m'en vais donner ordre à votre partement[103].» [...]

### CHAPITRE XXIV. REGRETS D'HÉLISENNE POUR ÊTRE TRANSPORTÉE EN LIEU À SOI NON AGRÉABLE.

[...] Incontinent[104] que je fus arrivée, dedans la plus grosse tour je fus mise et enfermée, accompagnée seulement de deux demoiselles dont l'une était fort antique[105], laquelle avait été mandée par mon mari parce qu'elle m'avait servi du commencement que je fus mariée et en son service [je] l'avais trouvée moult[106] fidèle [...].

### CHAPITRE XXVII. LA DÉLIBÉRATION D'HÉLISENNE APRÈS AVOIR ENTENDU LES REMONTRANCES DE L'ANCIENNE DEMOISELLE.

[Hélisenne cherche un moyen d'informer son ami de son infortune.] Mais après plusieurs et diverses imaginations, je ne trouvai moyen plus convenable, que de réduire en ma mémoire la piteuse complainte qu'auparavant j'avais de ma main écrite, laquelle mon mari avait brûlée par l'impétuosité de son ire[107]; et me sembla, si elle pouvait être consignée entre les mains de mon ami, que cela pourrait être cause de mettre fin à mes peines, et donner principe[108] au vivre joyeux. Moi étant en telle délibération, subitement je donnai commencement à l'œuvre présente, estimant que ce me sera très heureux labeur. Et si cette félicité m'est concédée qu'elle tombe entre les mains de mon ami, je lui prie qu'il ne me veuille frustrer de mon espérée et attendue suavité [...].

### CHAPITRE XXVIII. CONCLUSION DU LIVRE.

Très chères et honorées dames, admiration[109] aucune vos chastes cœurs n'émeuve en considérant d'où me procède la hardiesse de m'ingérer[110] d'in-

103. Départ.
104. Aussitôt.
105. Vieille.
106. Très.
107. Colère.
108. Commencement.
109. Étonnement.
110. Me mêler.

tituler l'œuvre présente faisant mention d'amours impudiques, ce que, selon l'opinion d'aucunes[111] dames timides, se pourra juger plus digne d'être conservé en profond silence que d'être publié ou vulgarisé. Mais si bien saviez avec quelle force Amour m'a contrainte et forcée, de nulles je ne serais increpée[112]; et avec ce, comme j'ai déjà dit, et ayant par plusieurs fois laissé la plume, l'affectueux désir que j'ai envers vous, mes nobles dames, a été occasion que [je] me suis évertuée de vous déclarer le tout sans rien réserver. Car par l'expérience de ma furieuse folie, [je] vous puis aviser et donner conseil qui vous sera utile et profitable pour de tel embrasement vous conserver. Bien suis certaine que cette mienne petite œuvre se trouvera de rude et obnubilé esprit au respect de[113] celles que [vous] pouvez avoir lues, qui sont composées par les orateurs et historiographes, lesquels par la sublimité de leurs entendements composent livres dont les matières ne sont pas moins jocondes[114] que difficiles et ardues: mais en cela me doit servir d'excuse que notre condition féminine n'est [pas] tant[115] scientifique[116] que naturellement sont les hommes. Et encore ne suis ni ne veux être si présomptueuse que j'estime supérer[117], ni seulement me comparer à aucunes[118] dames en science de littérature[119]; car comme je crois, il y en a qui sont de si haut esprit douées qu'elles composeraient en langage trop plus élégant, qui rendrait aux bénévoles lecteurs l'œuvre plus acceptable. Mais si mon débile[120] savoir est cause qu'il n'est en langage plus orné et modeste, à lui se doit attribuer la faute, et non au défaut de mon vouloir et aspirant[121] désir, comme celle qui totalement est studieuse et affectée pour[122] vous faire

111. Certaines.

112. Accusée, réprimandée, accablée de reproches.

113. Par rapport à.

114. Agréables.

115. Aussi.

116. Savante.

117. L'emporter sur, surmonter, vaincre.

118. Certaines.

119. Parmi ces dames, Hélisenne pense sans doute à Marguerite de Navarre dont elle fait l'éloge dans la quatrième *Épître invective:* «C'est une chose toute notoire qu'en sa réginale [royale] excellence et sublime personne réside la divinité platonique, la prudence de Caton, l'éloquence de Cicéron et la socratique raison; et à bref parler, sa sincérité est tant accomplie que la splendeur de celle-ci à la condition féminine donne lustre.»

120. Faible.

121. Fervent.

122. Désireuse de.

connaître mon affection[123]. Et pour ce, mes dames, je supplie et requiers l'altitonant Plasmateur[124] qu'il vous octroie à toutes la continence de Pénélope, le conseil[125] de Thétis[126], la modestie d'Argia[127], la constance de Didon[128], la pudicité de Lucrèce, la sobriété et l'épargnée hilarité[129] de Claudia[130], afin que par les moyens de ces dons de grâce puissiez demeurer franches et libres, sans que succombiez en semblables inconvénients.

123. Désir.

124. Dieu créateur qui tonne du haut du ciel.

125. Esprit.

126. Néréide, épouse de Pélée et conseillère attentive de son fils Achille. Pour rendre celui-ci immortel, elle le trempe dans les eaux du Styx en le tenant par le talon, qui devient ainsi le seul point où il est vulnérable. L'allusion d'Hélisenne n'est pas claire.

127. Épouse de Polynice, elle risque sa vie pour rendre les devoirs funèbres à son mari; Argia est un exemple d'amour conjugal et de courage. La référence à sa modestie est obscure.

128. Selon Christine de Buzon, Didon-Elissa, symbole de l'amour malheureux (abandonnée à Carthage par Énée, elle se suicide) et de la force de la plainte amoureuse, serait un des modèles des *Angoisses douloureuses*. Son nom, orthographié Helissa ou Helisa dans les éditions postérieures à celle de 1538, se rapproche de celui d'Hélisenne. Dans la huitième *Épître familière*, Hélisenne loue sa «magnanime constance [qui] fut occasion de changer son nom primitif qui était Helisa. Mais après fut appelée Didon, qui en langage Phénicien est interprété et veut dire Virago, exerçant œuvres viriles. Certainement c'était celle que l'adverse fortune ne pouvait aucunement surmonter [...].» Femme forte et veuve constante et vertueuse, Didon s'était exilée de Phénicie après l'assassinat de son mari, Sichée, et avait fondé Carthage sur la côte africaine. D'une part, victime tragique de la passion et, d'autre part, «Virago, exerçant œuvres viriles», la figure de Didon revêt une importance capitale dans les écrits d'Hélisenne de Crenne. Grâce à la similitude onomastique, la compétence de Didon-Elissa rejaillit sur l'identité littéraire de la femme auteur elle-même, justifiant son écriture, son «œuvre virile» à elle. «L'art féministe de Crenne sert toujours à (r)établir, à (re)créer le nom féminin, à donner un sens mythique aux noms féminins» (Jerry C. Nash, introduction, *Épîtres familières et invectives*, 35).

129. Le bonheur conservé.

130. Claudia Quinta, vierge vestale qui accomplit un miracle pour faire la preuve de sa virginité. Hélisenne raconte cette histoire dans la première *Épître invective* et, dans la seconde, elle fait allusion à l'héroïsme de Claudia. L'histoire de Claudia Quinta est rapportée dans *Le Livre de la Cité des Dames* de Christine de Pizan ainsi que dans les traductions du *De virtutibus mulierum* de Plutarque et du *De claris mulieribus* de Boccace (traduit en 1538).

# *Marguerite de Navarre*

(1492–1549)

Très cultivée, assoiffée de connaissance, imbue du nouvel esprit humaniste, engagée à fond dans la vie culturelle, religieuse, politique et diplomatique de son temps, auteur d'une œuvre abondante et variée (poésie, méditations mystiques, théâtre religieux et profane, nouvelles), la reine Marguerite de Navarre est l'incarnation féminine de la Renaissance française. Sœur du roi, elle échappe en quelque sorte aux limites imposées à son sexe: elle prend une part active à la vie publique et ose non seulement écrire mais concevoir une œuvre et la publier.

---

Marguerite de Navarre (Bibliothèque nationale de France)

Elle deviendra ainsi un modèle pour ses contemporains et leurs héritiers, elle sera souvent citée parmi les «femmes illustres» par les féministes dans la Querelle des Femmes, et son exemple inspirera d'autres femmes qui écrivent, comme Hélisenne de Crenne et les poètes mystiques de la seconde moitié du siècle (Gabrielle de Coignard, Marie de Brabant, Anne de Marquets...). Elle est la plus célèbre et la plus influente des femmes de lettres de la Renaissance.

Fille de Charles d'Angoulême et de Louise de Savoie, Marguerite de Valois naît à Angoulême le 11 avril 1492. Deux ans plus tard naît son frère François qui, de fils de petits princes, deviendra roi de France en 1515, à la mort de Louis XII, décédé sans laisser d'héritier mâle. Quand Marguerite perd son père en 1498, c'est sa mère, femme lettrée et cultivée, qui lui assure à Cognac, puis dans le val de Loire, à Blois et à Amboise, une culture exceptionnelle: élevée aux côtés de son frère, elle reçoit la même éducation soignée que lui. Marguerite apprend le latin, l'hébreu, l'italien, l'espagnol; avec des précepteurs humanistes elle étudie la philosophie ancienne et la «philosophie évangélique qui est la parole de Dieu», l'histoire sainte et les Écritures. Dès son jeune âge, elle dévore les livres de la belle bibliothèque à sa disposition: Platon, Ovide, Pétrarque, Dante, romans de chevalerie, chroniques françaises et livres de piété. Plus tard, à la cour de Louis XII, elle impressionnera les hommes lettrés par son intelligence et son grand savoir. En 1509, Marguerite épouse Charles, duc d'Alençon, homme peu cultivé—«n'ayant jamais lu ni appris», dira-t-elle—sans idéal ni intelligence. Mariage de raison et de politique qui lui apporte un duché et des richesses, mais peu de contentement et point d'enfant. À l'avènement de François Ier, elle satisfera ses goûts intellectuels en faisant des séjours fréquents à la cour où, avec sa mère et son frère, elle règne sur le plus brillant foyer culturel de la Renaissance, entourée de poètes, d'écrivains, d'humanistes, d'artistes, d'hommes de science, recevant des ambassadeurs et les plus grandes personnalités qui traversent la France. Elle sera la grande protectrice des écrivains et des artistes—Clément Marot, Du Bellay, Bonaventure des Périers, Antoine Héroët, Jacques Amyot, Étienne Dolet, parmi bien d'autres—et de ceux qui cherchent à introduire des réformes dans l'Église catholique (Lefèvre d'Étaples, Calvin). Rabelais lui dédiera son *Tiers Livre*. Elle occupe en effet le devant de la scène, éclipsant la reine Claude de France, très effacée, puis Éléonore d'Autriche, seconde épouse du roi. Plus érudite que François, c'est elle qui entretient le climat de ferveur humaniste à la cour et qui incite le roi à fonder le célèbre Collège de France où les humanistes peuvent enseigner des matières interdites à la Sorbonne: l'hébreu, les langues orientales, les mathématiques.

Elle joue un rôle diplomatique important lorsque François Ier, au cours de campagnes militaires en Italie, est fait prisonnier à la bataille de Pavie (1525) et emmené captif à Madrid. Marguerite, qui vient de perdre son mari, blessé à Pavie, se rend alors en Espagne. Elle engage des pourparlers pour la délivrance du roi avec l'ennemi Charles Quint et participe aux négociations du traité de Madrid (1526) qui rétablit la paix et rend enfin la liberté au roi. Elle continuera à s'occuper de politique et négociera en 1529 avec sa mère et Marguerite d'Autriche la Paix des Dames.

En 1527, Marguerite épouse Henri d'Albret, roi de Navarre, dont elle aura une fille, Jeanne, qui sera mère d'Henri IV. Ce mariage politique, destiné à assurer en Navarre les intérêts de la France, perturbera l'harmonie entre le roi et sa sœur, notamment quand François, s'opposant aux projets de Marguerite d'unir sa fille au fils de Charles Quint, forcera Jeanne d'épouser, à l'âge de douze ans, le duc de Clèves. Par des coups et des menaces Marguerite contraindra sa fille à se soumettre. (Mariage jamais consommé, que Marguerite réussira à faire annuler quand le duc aura fait volte-face pour devenir l'allié de l'Espagne.)

Marguerite fera de sa cour à Nérac en Navarre un foyer humaniste éblouissant et le sanctuaire des préréformés, de plus en plus persécutés par les autorités religieuses et civiles à Paris. Profondément pieuse, assaillie toute sa vie de tourments religieux, elle étudie depuis longtemps la Bible et la doctrine de Platon, s'occupe de la réforme des couvents (elle fonde le couvent de Sainte-Claire à Argentan avec la mère de son premier mari). Elle ne quittera jamais l'Église catholique, mais elle est persuadée que l'Église a besoin de réforme et elle éprouve de la sympathie pour les nouvelles idées des humanistes évangéliques. De 1521 à 1524, elle entretient avec l'évêque de Meaux, Guillaume Briçonnet, une correspondance qui aura une influence profonde et durable sur sa pensée religieuse et son œuvre, appuyant sa tendance au mysticisme et au réformisme. Elle se lie aussi à Jacques Lefèvre d'Étaples, créateur du Groupe de Meaux, qui publiera en 1530 une traduction française de la Bible. Condamné pour hérésie, il trouvera asile à Nérac jusqu'à sa mort. Elle use de son influence auprès du roi pour répandre les idées évangéliques du cénacle de Meaux et pour l'abriter de l'hostilité de la Sorbonne. En 1533, elle invite Gérard Roussel à prêcher le carême au Louvre où ses sermons font sensation. Quand la Sorbonne accuse Roussel d'hérésie, le roi intervient et exile les accusateurs. La même année, elle fait paraître une nouvelle édition de son *Miroir de l'âme pécheresse* (1531)—poème dans la tradition mystique de Marguerite Porete (*Le Miroir des simples âmes*, fin du XIII^e siècle)—où elle développe quelques idées évangéliques des plus hardies, comme la lecture personnelle de la Bible en langue vulgaire sans la médiation du clergé, et cite abondamment la nouvelle traduction de Lefèvre d'Étaples. L'ouvrage est violemment attaqué par les théologiens de la Sorbonne et mis sur la liste des livres condamnés. Nouvelle intervention de François Ier qui oblige la Sorbonne à annuler la proscription. Cependant l'Affaire des Placards (1534, affichage à Paris et jusque sur la porte de la chambre du roi à Amboise de placards dénonçant violemment la messe et la communion catholiques) détruira à jamais la tolérance du roi, inaugurant une période de répression brutale des évangéliques et des réformés. Marguerite restera très dévouée à son frère, mais son influence à la cour diminuera petit à petit et, déçue par la politique comme par le climat de persécution religieuse, elle se retirera de plus en plus dans ses états.

Elle consacre les dernières années de sa vie, surtout après la mort de François en 1547, à la spiritualité et à l'écriture. Elle lit Platon (les années 1540 marquent en France l'apogée du néoplatonisme, lecture de Platon, à la lumière du christianisme et de l'amour courtois, comme quête de perfection morale) et correspond avec le Pape Paul III et la poète mystique italienne Vittoria Colonna. Elle est attirée par le mysticisme des libertins spirituels qu'elle accueille à Nérac, ce qui la brouille avec Calvin. Mais Marguerite a toujours gardé un esprit indépendant; sa croyance composite, très personnelle, et toujours en évolution échappe à toute étiquette doctrinaire, comme elle-même reste une figure énigmatique, contradictoire—terrienne et mystique, tournée vers le monde et vers la joie du savoir tout en cultivant un idéal contemplatif de renoncement à ce monde. C'est pendant ces années qu'elle compose l'essentiel de son œuvre: comédies profanes (*Trop, Prou, Peu, Moins; La Comédie de Mont-de-Marsan; La Comédie sur le trépas du roi*), poèmes lyriques d'une intense spiritualité (*Chansons spirituelles, La Navire, Les Prisons*), et les nouvelles comiques et sérieuses, d'inspiration aussi réaliste que mystique, qui seront publiées après sa mort sous le titre *L'Heptaméron*. En 1547, manifestant un engagement littéraire tout à fait exceptionnel à cette époque chez une femme et unique chez une reine, elle rassemble ses principaux poèmes (dont *Le Miroir, La Coche, Le Triomphe de l'Agneau*), des comédies religieuses et profanes et quelques chansons spirituelles et fait paraître à Lyon, chez le prestigieux éditeur Jean de Tournes, les *Marguerites de la Marguerite des Princesses* et la *Suite des Marguerites*. Marguerite de Navarre meurt seule, en 1549, dans son château d'Odos, près de Tarbes.

Figure classique mais secondaire, plus importante pour son rôle de protectrice et de mécène et pour son influence sur l'essor de l'humanisme en France que pour son œuvre, telle fut pendant longtemps l'image de Marguerite de Navarre dans l'histoire littéraire. Ses écrits, disait-on, manquaient d'art, même *L'Heptaméron*, seule œuvre digne d'être retenue, mais œuvre estimée licencieuse et grivoise, d'autant plus choquante que la reine était pieuse. De là à prétendre que la reine ne pouvait pas en être le véritable auteur fut un pas vite franchi. Aujourd'hui, les critiques lui restituent son œuvre, soulignant chez elle une pensée complexe, ambiguë, nourrie de profane et de sacré, de réalisme et d'idéalisme, et reconnaissant son apport original, non seulement à l'écriture romanesque, mais à la poésie et au théâtre.

Marguerite de Navarre est la première poète mystique laïque; elle inaugure une tradition de poésie religieuse qui s'épanouira surtout chez des femmes pendant la seconde moitié du siècle. On la considère aussi comme le premier poète moderne dans le sens où elle puise les sources de son lyrisme dans sa propre vie intérieure, dans ses inquiétudes et les déchirements de son âme: «Mes larmes, mes soupirs, mes cris,/ Dont tant bien je sais la pratique,/ Sont mon parler et mes écrits,/ Car je n'ai autre rhétorique» (*Chansons spirituelles*). Dans *Dialogue en forme de vision nocturne* (1525), long poème de questionnement et de cheminement mystique vers l'amour divin inspiré comme la plupart de ses poèmes par un deuil, elle renouvelle le genre médiéval du débat, imaginant un dialogue sur des sujets évangéliques controversés tels que la grâce et le libre arbitre avec sa nièce Charlotte, morte en 1524 à l'âge de huit ans. Publié en 1533 avec *Le Miroir,* ce poème contribue à la condamnation du livre par la Sorbonne. Le *Dialogue* est un des premiers poèmes en français à emprunter la *terza rima,* forme associée à *La Divine Comédie* de Dante. Dans *La Navire* (1547), Marguerite exhale sa douleur après la mort de François I^er^, médite sur notre condition mortelle et prend conscience des limites de la raison pour atteindre la vérité et aborder Dieu. Elle retrace sa propre odyssée spirituelle dans *Les Prisons* (1547), un des poèmes les plus remarquables du XVI^e^ siècle. Cette vaste allégorie décrit la libération d'un Amant symbolique de trois prisons successives, celle de l'amour humain, celle du monde (le plaisir, l'ambition, l'honneur, la richesse), et enfin celle de la science (temple du savoir dont les piliers sont toutes les disciplines et la Bible le couronnement), mouvement ascendant commandé par l'amour qui culmine dans le ravissement de l'âme qui n'est rien en Dieu qui est Tout. L'influence néoplatonicienne est évidente, de même que le déchirement de la reine qui ne renonce qu'avec peine à la beauté des prisons.

Dans son théâtre, la forme dialoguée favorise le débat des idées et la diversité des points de vue met en valeur sa vision multiple et complexe de la condition humaine. Certaines de ses pièces furent jouées dans sa société intime, dans des couvents ou par des dames de la cour. Marguerite de Navarre est l'auteur de quatre comédies religieuses (*La Nativité, Les Trois Rois, Les Innocents, Le Désert*) inspirées des mystères médiévaux et pourtant originales, car elles anticipent le théâtre d'idées. Qualifiées de «farces» (*Le Malade,* 1535; *L'Inquisiteur,* 1536; *Trop, Prou, Peu, Moins,* 1544) et de «comédies» (dont *Comédie des quatre femmes,* 1542; *Comédie sur le trépas du roi,* 1547; *Comédie de Mont-de-Marsan,* 1548), ses comédies profanes, très vivantes, aussi ironiques et drôles que polémiques et moralisantes, adaptent librement les formes du passé—farces, allégories, moralités—à la mise en scène novatrice d'une théologie radicale. Dans la *Comédie de Mont-de-Marsan,* des quatre figures allégoriques, la Mondaine, qui ne s'occupe que de son corps, la Superstitieuse, qui ne pense qu'à son âme, la Sage, animée par la raison et proche des opinions évangéliques de l'auteur (aimer Dieu humblement, lire la Bible), et la Ravie de Dieu, bergère, c'est celle-ci qui incarne le mysticisme radical auquel tend la reine: «Je ne sais rien sinon aimer./ Ce savoir-là est mon étude,/ C'est mon chemin sans lassitude/[...] D'autre science n'ai besoin.» Idéal de bonheur, de simplicité, d'abandon confiant à Dieu et au monde qui s'associe à un renouveau de l'art du théâtre. Car, avec le chant, le rire, la parole extatique et «folle» de la bergère, Marguerite de Navarre fait exploser le discours rationnel de la Sage et invente un discours nouveau pour mettre en scène l'indicible: le ravissement par l'amour divin.

Mais le chef-d'œuvre de Marguerite de Navarre demeure *L'Heptaméron,* le plus grand recueil de nouvelles de la Renaissance. Dès sa parution il connut un succès prodigieux. Son emploi original du cadre pour développer les commentaires des conteurs fut imité par les auteurs de la plupart des recueils de nouvelles de son temps. À la différence de bien d'autres écrits de femmes, la popularité de *L'Heptaméron* n'a jamais diminué, donnant lieu à de nombreuses éditions et traductions au cours des siècles. Commencée vers 1542, la composition de *L'Heptaméron* fut interrompue en 1549 par la mort de l'auteur. À l'origine de l'œuvre, il y a sans doute le plaisir de la conteuse, le désir de rassembler des contes et des anecdotes pour divertir les familiers de sa petite cour de Nérac, histoires nourries de ses observations de la vie et de la société. Brantôme, dont la grand-mère fut dame d'honneur de la reine, rapporte que Marguerite écrivait les nouvelles dans sa litière, pendant ses nombreux voyages. Plus tard l'exemple du *Décaméron* (1353) de Boccace lui inspire le cadre fictif et l'organisation du livre. C'est le point de départ d'un travail de structuration complexe qui transformera le recueil de simple divertissement en chef-d'œuvre littéraire. L'œuvre qui nous est parvenue ne contient que soixante-douze nouvelles au lieu des cent prévues, d'où le titre *L'Heptaméron* (sept jours, vu qu'il n'existe que deux nouvelles de la huitième journée) donné par l'éditeur Claude Gruget en 1559. Jeanne d'Albret avait demandé à celui-ci de rétablir le texte et le nom de sa mère, après une première édition, incomplète et mutilée, ne portant aucun nom d'auteur, publiée l'année précédente par Pierre Boaistuau sous le titre *Histoires des amants fortunés*.

Le prologue de la première journée donne le cadre et la raison d'être des nouvelles. Cinq dames et cinq gentilshommes se réfugient dans l'abbaye de Notre-Dame de Sarrance dans les Pyrénées à la suite de fortes inondations qui ont coupé les routes et emporté un pont. En attendant la construction d'un nouveau pont, ils décident de se raconter des histoires pour tuer l'ennui. Pendant dix jours chacun racontera une histoire. Ainsi, suggère Parlamente—considérée comme une incarnation de Marguerite—ils pourront réaliser le projet des dames de la cour de faire un *Décaméron* français, à cette différence près, que toutes les histoires soient «véritables», vues par le conteur ou entendues d'un témoin digne de foi. En citant Boccace, Marguerite se met au rang des grands auteurs de la Renaissance: elle situe son œuvre dans une tradition prestigieuse qu'elle imite et transforme. Présentées comme une nourriture autant pour l'âme que pour le corps, ses nouvelles se distinguent de celles de Boccace et recréent en même temps d'autres modèles: les fabliaux du Moyen Âge (contes à rire en vers où l'observation des mœurs s'allie au comique de situation), la tradition des *exempla* (anecdotes à intention édifiante), et surtout l'œuvre des moralistes italiens du XVI^e siècle, en particulier, *Il Cortegiano* (*Le Parfait Courtisan*) de Baldassare Castiglione. Mêlant l'utile à l'agréable, les nouvelles doivent à la fois amuser et servir d'exemples, d'où le souci de véracité. Voilà pourquoi, à la différence des dialogues qui séparent les nouvelles chez Boccace, les fameux débats des devisants (nom par lequel on désigne communément les dix conteurs-auditeurs), destinés à tirer la leçon morale, occupent autant de place, sinon plus, que les histoires elles-mêmes. Mais au terme de cette quête de la vérité, la leçon demeurera ambiguë, puisque chacun(e) l'interprète à sa manière—selon son sexe et son caractère, et même selon ses désirs vis-à-vis d'un(e) autre devisant(e). Conversations animées, sans conclusion définitive, pleines de connivences, de tensions sexuelles et de sous-entendus, qui forment à elles-mêmes une trame.

Dans les noms étranges des devisants on a pu lire des anagrammes de personnes réelles de l'entourage de la reine aussi bien que des sens allégoriques. Ainsi, la veuve Oisille serait sa mère, Louise de Savoie, et incarnerait la foi profonde et les idées évangéliques de Marguerite; son nom évoquerait le mot *oiselle* pour suggérer ses envolées spirituelles. Hircan, époux de Parlamente, serait Henri («Hanric») d'Albret, mari de l'auteur; antiféministe et cynique, il croit que la résistance des femmes ne vise qu'à attiser le désir des hommes et réclame le droit masculin à la satisfaction sexuelle, même au prix du viol. Simontaut et Saffredent sont ses alliés dans ces débats qui reprennent les grands thèmes de la Querelle des Femmes. Dagoucin (calembour sur «de goûts saints»?), par contre, incarne le point de vue idéaliste et néoplatonicien; sa conception de «l'honnête amitié» le range du côté des féministes. Vieux monsieur sympathique, Géburon exprime des idées plutôt modérées. Du côté des femmes, si Oisille et Parlamente défendent des idées féministes et idéalistes, Nomerfide, la plus jeune et la plus gaie, conteuse d'histoires scabreuses, appartiendrait en revanche au parti des réalistes. Longarine et Ennasuite soutiennent les principes moraux d'Oisille et de Parlamente, mais leur expérience personnelle les rend sceptiques à l'égard des relations entre les sexes. Pluralité donc des narrateurs et multiplication des points de vue qui traduisent les contradictions au cœur de la pensée inquiète et chercheuse de Marguerite de Navarre (elle ne se réduit pas simplement à Parlamente) et reflètent son expérience d'une vérité complexe, relative, finalement ambiguë. Ce côté «expérimental» et sceptique, à l'image d'une époque où tout est remis en cause, apparente les nouvelles de *L'Heptaméron* aux *Essais* de Montaigne (première édition, 1580).

La construction de *L'Heptaméron* est très rigoureuse. Chaque journée comprend dix nouvelles et est introduite par un petit prologue. À la fin de chaque histoire, le conteur ou la conteuse tire la leçon, les autres devisants la discutent, puis la parole passe au suivant qui annonce l'orientation de sa nouvelle. Marguerite fait alterner nouvelles gaies et tragiques, brèves et longues, récits d'hommes et récits de femmes. Elle joue habilement sur les contrastes de couleurs et de registres, depuis la farce et le burlesque (nouvelle soixante-et-onze) jusqu'au pathétique et au drame (nouvelle trente-deux), travaillant une matière exceptionnellement riche et variée: avarice, tromperies, viols, incestes, adultères, vengeances, meurtres, satire anti-cléricale, méditation sur les Écritures saintes. Marguerite montre la diversité des mœurs, la grandeur et la misère de l'humanité dans toutes les classes sociales.

Le grand thème de *L'Heptaméron,* c'est l'amour, depuis la concupiscence la plus brutale (nouvelle cinq) et l'inceste (nouvelle trente-trois) jusqu'à l'amour divin (nouvelle soixante-cinq), en passant par «l'honnête amitié» et la fidélité conjugale (nouvelles trente-deux, sur le mode sadique et macabre, et soixante-et-onze). Féministe sans être révolutionnaire, Marguerite défend la dignité de la femme, opposant une image positive de son sexe aux idées préconçues des misogynes. Si elle dénonce l'incompatibilité des définitions sociales de l'honneur—«douceur, patience, chasteté» pour la femme, mais «fureur» et «concupiscence», gloire de vaincre la résistance féminine pour l'homme—elle assume néanmoins cette vision patriarcale de l'honneur féminin et la donne en exemple. Elle propose alors un idéal moral de chasteté et de fidélité. Dans le mariage elle réclame l'égalité et la réciprocité de l'amour. Elle considère que la loi de Dieu contre l'adultère s'applique aussi bien à l'homme qu'à la femme et vante l'amitié conjugale comme sauvegarde de la fidélité. Suivant le courant de la Réforme, elle tente donc de réhabiliter le mariage, qu'elle veut libérateur pour la femme, le lieu où s'affirment, sans heurter la norme patriarcale, son désir et sa dignité. Dans *L'Heptaméron,* elle élabore la théorie du «parfait amour», amour spiritualisé inspiré du platonisme et de la *fin'amor,* qui ouvre la voie à l'idéal des précieuses du XVII<sup>e</sup> siècle. Recherche futile de perfection en ce monde, le parfait amour prépare à l'amour divin: «jamais homme n'aimera parfaitement Dieu qu'il n'ait parfaitement aimé quelque créature en ce monde» (Parlamente). Théorie abstraite sans cesse minée dans les nouvelles par la réalité des désirs charnels. Réaliste et indulgente, Marguerite de Navarre reconnaît que sans la foi et la grâce de Dieu nul ne peut surmonter les faiblesses humaines.

Le thème majeur de la religion recoupe donc celui de l'amour. Dans l'esprit de la Réforme, la reine critique la corruption des institutions religieuses, la vénalité, l'hypocrisie, la débauche, l'ignorance et la paresse du clergé. Suivant la tradition satirique médiévale, elle s'en prend en particulier aux mœurs dépravées des Cordeliers, présentés sans relâche avec des intentions perverses (nouvelles cinq et trente-trois). Sombre tableau où règnent le désordre, les fausses apparences, le langage équivoque. Seule l'éclaire la foi évangélique de la reine: religion pure et profonde, fondée sur la conscience individuelle et les textes sacrés, incarnée le mieux par les êtres les plus humbles et les plus simples, les plus ouverts à la miséricorde et à la grâce de Dieu.

*L'Heptaméron* de Marguerite de Navarre marque un tournant capital dans l'évolution du roman européen, le passage des nouvelles exemplaires au récit romanesque, forme narrative prédominante à partir du XVII<sup>e</sup> siècle. À travers les débats des devisants, il met en scène le moment où l'autorité est minée par le doute, où la voix magistrale cède à des voix multiples et discordantes, à l'incertitude du sens inachevable, toujours à réviser, étant donné la diversité de l'expérience humaine et l'ambiguïté insondable des âmes. Dans *L'Heptaméron* le doute renforce la nécessité de la grâce, car Dieu seul peut juger le cœur et connaître la vérité. L'être humain demeure incompréhensible aux autres: «Parquoi ne faut juger que soi-même», conclut Oisille (nouvelle soixante-cinq).

À cheval sur l'oral et l'écrit, *L'Heptaméron* infléchit de façon décisive une tradition littéraire féminine qui remonte aux *Lais* de Marie de France. Car, si la société conteuse régentée par Parlamente où s'affrontent points de vue féminins et masculins rappelle aussi les cours d'amour du Moyen Âge et les *tensos* des trobairitz, elle donne l'exemple d'un nouvel art de la conversation mondaine consacrée à l'analyse du cœur humain, art qui va s'épanouir dans les salons féminocentriques du XVIIe siècle pour se transmuer de même en littérature et imprimer une nouvelle orientation au roman. *L'Heptaméron* prépare ainsi la voie à Madeleine de Scudéry (*Le Grand Cyrus, La Clélie*) et à Marie-Madeleine de Lafayette (*La Princesse de Clèves*) qui feront de cette analyse du sentiment amoureux née de la conversation mondaine le trait essentiel du roman français et le gage de leur autorité littéraire.

## L'Heptaméron[1]

### PREMIÈRE JOURNÉE: PROLOGUE
(Extrait)

Parlamente , voyant que le sort du jeu était tombé sur elle, leur dit ainsi: «Si je me sentais aussi suffisante[2] que les Anciens qui ont trouvé[3] les arts, j'inventerais quelque passe-temps ou jeu pour satisfaire à la charge que me donnez. Mais, connaissant mon savoir et ma puissance, qui à peine peut remémorer les choses bien faites, je me tiendrais bien heureuse d'ensuivre de près ceux qui ont déjà satisfait à votre demande. Entre autres, je crois qu'il n'y a nul de vous qui n'ait lu les *Cent Nouvelles* de Boccace, nouvellement traduites d'italien en français[4], que le Roi François premier de son nom, monseigneur le Dauphin, madame la Dauphine, madame Marguerite[5] font tant de cas que, si Boccace, du lieu où il était, les eût pu ouïr, il devait ressusciter à la louange de telles personnes. Et à l'heure[6], j'ouïs les deux dames dessus nommées, avec plusieurs autres de la Cour, qui se délibérèrent d'en faire autant, sinon en une chose différente de Boccace: c'est de n'écrire nulle nouvelle qui ne soit véritable histoire. Et promirent lesdites dames, et monseigneur le Dauphin avec, d'en faire chacun dix, et d'assembler jusqu'à dix personnes qu'ils pensaient plus

1. Texte de l'édition établie par Simone de Reyff (Paris: Flammarion, 1982).
2. Compétente, capable.
3. Inventé.
4. *Le Décaméron* de Boccace fut traduit par André Le Maçon à la demande de Marguerite et publié en 1545 avec une dédicace à la reine.
5. Le Dauphin et la Dauphine sont le futur Henri II et sa femme Catherine de Médecis. Madame Marguerite est vraisemblablement Marguerite de Navarre elle-même.
6. Alors.

dignes de raconter quelque-chose, sauf ceux qui avaient étudié et étaient gens de lettres: car monseigneur le Dauphin ne voulait que leur art y fût mêlé, et aussi de peur que la beauté de la rhétorique fît tort en quelque partie à la vérité de l'histoire. Mais les grands affaires survenus au Roi depuis, aussi la paix d'entre lui et le Roi d'Angleterre, l'accouchement de madame la Dauphine et plusieurs autres choses dignes d'empêcher[7] toute la Cour, a fait mettre en oubli du tout[8] cette entreprise, qui par notre long loisir pourra en dix jours être mise à fin, attendant que notre pont soit parfait[9]. Et s'il vous plaît que tous les jours, depuis midi jusqu'à quatre heures, nous allions dedans ce beau pré le long de la rivière du Gave, où les arbres sont si feuillés que le soleil ne saurait percer l'ombre ni échauffer la fraîcheur, là, assis à nos aises, dira chacun quelque histoire qu'il aura vue ou bien ouï dire à quelque personne digne de foi. Au bout de dix jours, aurons parachevé la centaine, et si Dieu fait que notre labeur soit trouvé digne des yeux des seigneurs et dames dessus nommés, nous leur en ferons présent au retour de ce voyage, en lieu d'images[10] ou de patenôtres[11]. Étant assurée que, si quelqu'un trouve quelque chose plus plaisante que ce que je dis, je m'accorderai à son opinion.» Mais toute la compagnie répondit qu'il n'était possible d'avoir mieux avisé, et qu'il leur tardait que le lendemain fût venu pour commencer.

## PREMIÈRE JOURNÉE

### *Cinquième Nouvelle*

*Une batelière s'échappa de deux cordeliers*[12] *qui la voulaient forcer, et fit si bien que leur péché fut découvert à tout le monde.*[13]

Au port de Coulon, près de Niort, y avait une batelière qui jour et nuit ne faisait que passer un chacun. Advint que deux Cordeliers dudit Niort passèrent la rivière tout seuls avec elle. Et pource que le passage est un des plus longs qui soit en France, pour la garder d'ennuyer, vinrent à la prier d'amours. À quoi

7. Occuper.
8. Complètement, entièrement.
9. Achevé.
10. Statuettes.
11. Prières; chapelets.
12. Moines franciscains.
13. Les sommaires en tête des nouvelles furent composés par l'éditeur Claude Gruget.

elle leur fit la réponse qu'elle devait. Mais eux, qui pour[14] le travail[15] du chemin n'étaient lassés, ni pour froidure de l'eau refroidis, ni aussi pour le refus de la femme honteux, se délibérèrent tous deux la prendre par force ou, si elle se plaignait, la jeter dans la rivière. Elle, aussi sage et fine qu'ils étaient fous et malicieux, leur dit: «Je ne suis pas si malgracieuse que j'en fais le semblant[16], mais je vous veux prier de m'octroyer deux choses, et puis vous connaîtrez que j'ai meilleure envie de vous obéir que vous n'avez de me prier.» Les Cordeliers lui jurèrent par leur bon saint François qu'elle ne leur saurait demander chose qu'ils n'octroyassent pour avoir ce qu'ils désiraient d'elle. «Je vous requiers premièrement, dit-elle, que vous me jurez et promettez que jamais à homme vivant nul ne déclarera notre affaire.» Ce que lui promirent très volontiers. Et aussi elle leur dit: «Que l'un après l'autre veuille prendre son plaisir de moi, car j'aurais trop de honte que tous deux me vissent ensemble. Regardez lequel me voudra avoir le premier.» Ils trouvèrent sa requête très juste, et accorda le jeune que le plus vieux commencerait. Et en approchant d'une petite île, elle dit au jeune: «Beau père, dites là vos oraisons, jusqu'à ce que j'aie mené votre compagnon ici devant en une autre île. Et si à son retour il s'étonne[17] de moi, nous le lairons[18] ici et nous irons ensemble.» Le jeune sauta dedans l'île, attendant le retour de son compagnon, lequel la batelière mena en une autre. Et quand ils furent au bord, feignant d'attacher son bateau à un arbre, lui dit: «Mon ami, regardez en quel lieu nous nous mettrons.» Le beau père entra en l'île pour chercher l'endroit qui lui serait plus à propos. Mais sitôt qu'elle le vit à terre, donna un coup de pied contre l'arbre et se retira avec son bateau dedans la rivière, laissant ses deux bons pères aux déserts, auxquels elle cria tant qu'elle put: «Attendez, messieurs, que l'ange de Dieu vous vienne consoler, car de moi n'aurez aujourd'hui chose qui vous puisse plaire[19]!»

Ces deux pauvres religieux, connaissant la tromperie, se mirent à genoux sur le bord de l'eau, la priant ne leur faire cette honte et que, si elle les voulait doucement mener au port, ils lui promettaient de ne lui demander rien. Mais,

14. Malgré, en dépit de.
15. Peine, épreuve, difficulté.
16. Fais apparaître, laisse voir.
17. Se loue.
18. Laisserons.
19. Allusion ironique aux Apophtegmes ou sentences des Pères du Désert qui mettaient l'accent sur le combat contre la luxure. L'ange de Dieu vient fréquemment consoler les saints ermites en proie à la tentation.

en s'en allant toujours, leur disait: «Je serais doublement folle, après avoir échappé de vos mains, si je m'y remettais.» Et en entrant au village, va appeler son mari et ceux de la justice pour venir prendre ces deux loups enragés dont, par la grâce de Dieu, elle avait échappé de leurs dents. Qui y allèrent si bien accompagnés qu'il ne demeura grand ni petit qui ne voulussent avoir part au plaisir de cette chasse. Ces pauvres frères, voyant venir si grande compagnie, se cachaient chacun en son île, comme Adam quand il se vit nu devant la face de Dieu[20]. La honte mit leur péché devant leurs yeux, et la crainte d'être punis les faisait trembler si fort qu'ils étaient demi-morts. Mais cela ne les garda d'être pris et mis prisonniers, qui ne fut sans être moqués et hués d'hommes et femmes. Les uns disaient: «Ces beaux pères qui nous prêchent chasteté, et puis la veulent ôter à nos femmes!» Et les autres disaient: «Sont sépulcres par dehors blanchis, et par dedans pleins de morts et pourriture[21]!» Et puis une autre voix disait: «Par leurs fruits connaissez-vous quels arbres sont[22].» Croyez que tous les passages que l'Évangile dit contre les hypocrites furent allégués contre ces pauvres prisonniers, lesquels par le moyen du gardien furent recous[23] et délivrés, qui en grand diligence les vint demander, assurant ceux de la justice qu'il en ferait plus grande punition que les séculiers n'oseraient faire. Et, pour satisfaire à partie[24], ils diraient tant de messes et de prières qu'on les en voudrait charger. Le juge accorda sa requête et lui donna les prisonniers qui furent si bien chapitrés du gardien, qui était homme de bien, qu'onques puis[25] ne passèrent rivières sans faire le signe de la croix et se recommander à Dieu.

«Je vous prie, mesdames, pensez, si cette pauvre batelière a eu l'esprit de tromper deux si malicieux hommes, que doivent faire celles qui ont tant lu et vu de beaux exemples[26], quand il n'y aurait que la bonté des vertueuses dames qui ont passé devant leurs yeux? En sorte que la vertu des femmes bien nourries[27] serait autant appelée coutume que vertu. Mais de celles qui ne savent

20. *Genèse,* III, 8.

21. *Matthieu,* XXIII, 27.

22. *Matthieu,* XII, 33; *Luc,* VI, 44.

23. Mis en liberté.

24. Faire réparation.

25. Jamais plus.

26. *Exempla,* anecdotes ou contes édifiants dont se servaient les prédicateurs dans leurs sermons. Il en existait des recueils destinés à l'enseignement moral.

27. Élevées, éduquées, instruites.

rien, qui n'ouïssent quasi en tout l'an deux bons sermons, qui n'ont le loisir que de penser à gagner leurs pauvres vies et qui, si fort pressées, gardent soigneusement leur chasteté, c'est là où on connaît la vertu qui est naïvement[28] dedans le cœur; car où le sens et la force de l'homme est estimé moindre, c'est où l'esprit de Dieu fait de plus grandes œuvres. Et bien malheureuse est la dame qui ne garde bien soigneusement le trésor qui lui apporte tant d'honneur, étant bien gardé, et tant de déshonneur au contraire.» Longarine lui dit: «Il me semble, Géburon, que ce n'est pas grand vertu de refuser un Cordelier, mais que plutôt serait chose impossible de les aimer.» —«Longarine, lui répondit Géburon, celles qui n'ont point accoutumé d'avoir de tels serviteurs que vous ne tiennent point fâcheux les Cordeliers, car ils sont hommes aussi beaux, aussi forts et plus reposés que nous autres, qui sommes tout cassés du harnais[29]; et si parlent comme anges et sont importuns comme diables, parquoi celles qui n'ont vu robes que de bureau[30] sont bien vertueuses quand elles échappent de leurs mains.» Nomerfide dit tout haut: «Ah, par ma foi, vous en direz ce que vous voudrez, mais j'eusse mieux aimé être jetée en la rivière que de coucher avec un Cordelier!» Oisille lui dit en riant: «Vous savez donc bien nouer[31]?» Ce que Nomerfide trouva bien mauvais, pensant qu'Oisille n'eût telle estime d'elle qu'elle désirait. Parquoi lui dit en colère: «Il y en a qui ont refusé des personnes plus agréables qu'un Cordelier et n'en ont point fait sonner la trompette.» Oisille, se prenant à rire de la voir courroucée, lui dit: «Encore moins ont-elles fait sonner le tambourin de ce qu'elles ont fait et accordé!» Géburon dit: «Je vois bien que Nomerfide a envie de parler; parquoi je lui donne ma voix, afin qu'elle décharge son cœur sur quelque bonne Nouvelle.» —«Les propos passés me touchent si peu que je n'en puis avoir ni joie ni ennui. Mais puisque j'ai votre voix, je vous prie ouïr la mienne pour vous montrer que, si une femme a été séduite en bien, il y en a qui le sont en mal. Et pource que nous avons juré de dire vérité, je ne la veux celer. Car, tout ainsi que la vertu de la batelière n'honore point les autres femmes si elles ne l'ensuivent, aussi le vice d'une autre ne les peut déshonorer. Écoutez donc.»

28. Naturellement, spontanément.

29. Vieillis sous le harnais, dans le métier d'armes. Allusion à l'opposition médiévale entre le chevalier et le clerc.

30. Bure: étoffe grossière de laine brune.

31. Nager.

## QUATRIÈME JOURNÉE

### *Trente-deuxième Nouvelle*

*Punition plus rigoureuse que la mort d'un mari envers sa femme adultère*[32].

Le Roi Charles, huitième de ce nom, envoya en Allemagne un gentilhomme nommé Bernage[33], sieur de Sivray près Amboise, lequel, pour faire bonne diligence, n'épargnait jour ni nuit pour avancer son chemin; de sorte que, un soir bien tard, arriva en un château d'un gentilhomme où il demanda logis, ce qu'à grand peine put avoir. Toutefois, quand le gentilhomme entendit qu'il était serviteur d'un tel Roi, s'en alla au-devant de lui et le pria de ne se mal contenter de la rudesse de ses gens car, à cause de quelques parents de sa femme qui lui voulaient mal, il était contraint tenir ainsi la maison fermée. Aussi ledit Bernage lui dit l'occasion[34] de sa légation, en quoi le gentilhomme s'offrit de faire tout son service à lui possible au Roi son maître. Et le mena dedans sa maison, où il le logea et festoya honorablement.

Il était heure de souper. Le gentilhomme le mena en une belle salle tendue de belle tapisserie. Et ainsi que la viande[35] fut apportée sur la table, vit sortir de derrière la tapisserie une femme, la plus belle qu'il était possible de regarder; mais elle avait sa tête toute tondue, le demeurant du corps habillé de noir, à l'allemande. Après que ledit seigneur eut lavé[36] avec le seigneur de Bernage, l'on porta l'eau à cette dame qui lava et s'alla seoir au bout de la table, sans parler à nullui[37], ni nul à elle. Le seigneur de Bernage la regarda bien fort, et lui sembla une des plus belles dames qu'il avait jamais vues, sinon qu'elle avait le visage bien pâle et la contenance bien triste. Après qu'elle eut mangé un peu, elle demanda à boire, ce que lui apporta un serviteur de léans[38], dedans

32. Traitement original du thème très ancien de la vengeance conjugale, développant ici le motif de «la tête coupée» qui remonte à la littérature narrative du Moyen Âge. Si le sentiment d'étrangeté créé par l'accueil énigmatique fait au témoin-narrateur rappelle également certains épisodes des romans courtois, la tonalité sombre et cruelle de cette histoire l'empreint en revanche d'une sensibilité nouvelle qui laisse pressentir le roman noir.

33. Un des écuyers de Charles VIII s'appelait effectivement Bernage.

34. Raison, cause.

35. Nourriture.

36. Fait ses ablutions (avant le repas).

37. Personne.

38. Du lieu, de cet endroit.

Illustration, Trente-deuxième nouvelle,
*Contes et nouvelles de Marguerite de Valois, reine de Navarre, faisant suite aux Contes de J. Bocace* (Londres, 1784; Wellesley College Library, Special Collections, Guy W. Walker Foundation)

un émerveillable[39] vaisseau[40], car c'était la tête d'un mort, dont les yeux étaient bouchés d'argent. Et ainsi but deux ou trois fois la demoiselle. Après qu'elle eut soupé et fait laver les mains, fit une révérence au seigneur de la maison et s'en retourna derrière la tapisserie, sans parler à personne. Bernage fut tant ébahi de voir chose si étrange qu'il en devint tout triste et pensif. Le gentilhomme, qui s'en aperçut, lui dit: «Je vois bien que vous vous étonnez de ce que vous

39. Surprenant, étonnant.
40. Récipient, coupe.

avez vu en cette table. Mais, vu l'honnêteté que je trouve en vous, je ne vous veux celer que c'est, afin que vous ne pensiez qu'il y ait en moi telle cruauté sans grande occasion. Cette dame que vous avez vue est ma femme, laquelle j'ai plus aimée que jamais homme pourrait aimer femme, tant que, pour l'épouser, j'oubliai toute crainte, en sorte que je l'amenai ici dedans malgré ses parents. Elle aussi me montrait tant de signes d'amour que j'eusse hasardé dix mille vies pour la mettre céans[41] à son aise et à la mienne, où nous avons vécu un temps à tel repos et contentement que je me tenais le plus heureux gentilhomme de la chrétienté. Mais en un voyage que je fis, où mon honneur me contraignit d'aller, elle oublia tant son honneur, sa conscience et l'amour qu'elle avait en moi qu'elle fut amoureuse d'un jeune gentilhomme que j'avais nourri[42] céans. Dont à mon retour je me cuidai[43] apercevoir; si est-ce que[44] l'amour que je lui portais était si grand que je ne me pouvais défier d'elle jusqu'à la fin que l'expérience me creva les yeux: et vis ce que je craignais plus que la mort. Parquoi l'amour que je lui portais fut convertie en fureur et désespoir, en telle sorte que je la guettai de si près qu'un jour, feignant aller dehors, me cachai en la chambre où maintenant elle demeure, où bientôt après mon partement[45] elle se retira; et y fit venir ce jeune gentilhomme, lequel je vis entrer avec la privauté qui n'appartenait qu'à moi avoir à elle. Mais quand je vis qu'il voulait monter sur le lit auprès d'elle, je saillis[46] dehors et le pris entre ses bras, où je le tuai. Et pource que le crime de ma femme me sembla si grand qu'une telle mort n'était suffisante pour la punir, je lui ordonnai une peine que je pense qu'elle a plus désagréable que la mort: c'est de l'enfermer en ladite chambre où elle se retirait pour prendre ses plus grandes délices, et en la compagnie de celui qu'elle aimait trop mieux que moi. Auquel lieu je lui ai mis dans une armoire tous les os de son ami, tendus comme une chose précieuse en un cabinet. Et afin qu'elle n'en oublie la mémoire, en buvant et mangeant lui fais servir à table, au lieu de coupe, la tête de ce méchant, et là tout devant moi, afin qu'elle voie vivant celui qu'elle a fait son mortel ennemi par sa faute, et mort pour l'amour d'elle celui duquel elle avait préféré l'amitié à la mienne. Et ainsi elle voit à dîner et à souper les deux choses qui plus lui doivent déplaire: l'ennemi

41. Dans cette maison; littéralement, ici dedans.
42. Élevé, éduqué.
43. Pensai.
44. Néanmoins, malgré tout.
45. Départ.
46. Sortis, sautai.

vivant et l'ami mort, et tout par son péché. Au demeurant, je la traite comme moi-même, sinon qu'elle va tondue, car l'arraiement[47] des cheveux n'appartient à l'adultère, ni le voile à l'impudique. Parquoi s'en va rasée, montrant qu'elle a perdu l'honneur de la chasteté et pudicité. S'il vous plaît de prendre la peine de la voir, je vous y mènerai.»

Ce que fit volontiers Bernage; lesquels descendirent à bas, et trouvèrent qu'elle était en une très belle chambre, assise toute seule devant un feu. Le gentilhomme tira un rideau qui était devant une grande armoire, où il vit pendus tous les os d'un homme mort. Bernage avait grande envie de parler à la dame, mais, de peur du mari, il n'osa. Le gentilhomme qui s'en aperçut lui dit: «S'il vous plaît lui dire quelque chose, vous verrez quelle grâce et parole elle a.» Bernage lui dit à l'heure[48]: «Madame, votre patience est égale au tourment: je vous tiens la plus malheureuse femme du monde.» La dame, ayant la larme à l'œil, avec une grâce tant humble qu'il n'était possible de plus, lui dit: «Monsieur, je confesse ma faute être si grande que tous les maux que le seigneur de céans—lequel je ne suis digne de nommer mon mari—me saurait faire ne me sont rien au prix du regret que j'ai de l'avoir offensé.» En disant cela se prit fort à pleurer. Le gentilhomme tira Bernage par le bras et l'emmena. Le lendemain au matin, s'en partit pour aller faire la charge que le Roi lui avait donnée. Toutefois, disant adieu au gentilhomme, ne se put tenir de lui dire: «Monsieur, l'amour que je vous porte et l'honneur et privauté que vous m'avez faite en votre maison me contraignent à vous dire qu'il me semble, vu la grande repentance de votre pauvre femme, que vous lui devez user de miséricorde. Et aussi vous êtes jeune, et n'avez nuls enfants; et serait grand dommage de perdre une si belle maison que la vôtre, et que ceux qui ne vous aiment peut-être point en fussent héritiers.» Le gentilhomme, qui avait délibéré de ne parler jamais à sa femme, pensa longuement aux propos que lui tint le seigneur de Bernage. Et enfin connut qu'il disait vérité, et lui promit que, si elle persévérait en cette humilité, il en aurait quelque fois[49] pitié. Ainsi s'en alla Bernage faire sa charge. Et quand il fut retourné devant le Roi son maître, lui fit tout au long le conte que le prince trouva tel comme il disait. Et entre autres choses, ayant

47. Arrangement.
48. Alors.
49. Un jour.

parlé de la beauté de la dame, envoya son peintre nommé Jean de Paris[50], pour lui rapporter cette dame au vif[51]. Ce qu'il fit après le consentement de son mari, lequel, après longue pénitence, pour[52] le désir qu'il avait d'avoir enfants, et pour la pitié qu'il eut de sa femme qui en si grande humilité recevait cette pénitence, la reprit avec soi. Et en eut depuis beaucoup de beaux enfants.

«Mesdames, si toutes celles à qui pareil cas est advenu buvaient en tels vaisseaux[53], j'aurais grand peur que beaucoup de coupes dorées seraient converties en têtes de morts! Dieu nous en veuille garder, car si sa bonté ne nous retient, il n'y a aucun d'entre nous qui ne puisse faire pis; mais, ayant confiance en lui, il gardera celles qui confessent ne se pouvoir par elles-mêmes garder. Et celles qui se confient en leurs forces sont en grand danger d'être tentées jusqu'à confesser leur infirmité. Et en [ai] vu plusieurs qui ont trébuché en tel cas, dont l'honneur sauvait celles que l'on estimait les moins vertueuses. Et dit le vieux proverbe: "Ce que Dieu garde est bien gardé"[54].» —«Je trouve, dit Parlamente, cette punition autant raisonnable qu'il est possible, car tout ainsi que l'offense est pire que la mort, aussi est la punition pire que la mort.» Dit Ennasuite: «Je ne suis pas de votre opinion, car j'aimerais mieux toute ma vie voir les os de tous mes serviteurs en mon cabinet que de mourir pour eux, vu qu'il n'y a méfait qui ne se puisse amender, mais après la mort n'y a point d'amendement.» —«Comment sauriez-vous amender la honte? dit Longarine, car vous savez que, quelque chose que puisse faire une femme après un tel méfait, ne saurait réparer son honneur.» —«Je vous prie, dit Ennasuite, dites-moi si la Madeleine n'a pas plus d'honneur entre les hommes maintenant, que sa sœur qui était vierge[55]?» —«Je vous confesse, dit Longarine, qu'elle est

50. Jean Perréal, dit de Paris, peintre originaire de Lyon, servit en cette qualité trois rois successifs, Charles VIII, Louis XII, et François Ier. Lui-même poète aussi bien qu'artiste, il fut célébré par plusieurs poètes, dont Clément Marot et Jean Lemaire de Belges.

51. Peinte d'après nature.

52. À cause de, en raison de.

53. Récipients, coupes.

54. Nouvelle racontée par Oisille.

55. Confusion traditionnelle de trois figures: la pécheresse sans nom qui arrose de ses larmes les pieds de Jésus, les essuie avec ses cheveux, les oint de parfum, et, sauvée par sa foi, reçoit l'absolution; Marie de Béthanie, sœur de Marthe et de Lazare, qui accomplit des gestes semblables; Marie-Madeleine «de laquelle étaient sortis sept

louée entre nous de la grande amour qu'elle a portée à Jésus-Christ, et de sa grande pénitence. Mais si[56] lui demeure le nom de pécheresse.» —«Je ne me soucie, dit Ennasuite, quel nom les hommes me donnent; mais que[57] Dieu me pardonne et mon mari aussi, il n'y a rien pourquoi je voulusse mourir.» —«Si cette demoiselle aimait son mari comme elle devait, dit Dagoucin, je m'ébahis comme elle ne mourait de deuil en regardant les os de celui à qui, par son péché, elle avait donné la mort.» —«Comment Dagoucin, dit Simontaut, êtes-vous encore à savoir que les femmes n'ont ni amour ni regret?» —«Je suis encore à le savoir, dit Dagoucin, car je n'ai jamais osé tenter leur amour, de peur d'en trouver moins que j'en désire.» —«Vous vivez donc de foi et d'espérance, dit Nomerfide, comme le pluvier du vent? Vous êtes bien aisé à nourrir!» —«Je me contente, dit-il, de l'amour que je sens en moi, et de l'espoir qu'il y a au cœur des dames; mais si je le savais comme je l'espère, j'aurais si extrême contentement que je ne le saurais porter[58] sans mourir.» —«Gardez-vous bien de la peste, dit Géburon, car de cette maladie-là, je vous en assure![59] Mais je voudrais savoir à qui Mme Oisille donnera sa voix.» —«Je la donne, dit-elle, à Simontaut, lequel je sais bien qu'il n'épargnera personne.» —«Autant vaut, dit-il, que vous mettez à sus[60] que je suis un peu médisant! Si ne lairrai-je à[61] vous montrer que ceux que l'on disait médisants ont dit vérité. Je crois, mesdames, que vous n'êtes pas si sottes que de croire en toutes les nouvelles que l'on vous vient conter, quelque apparence qu'elles puissent avoir de sainteté, si la preuve n'y est si grande qu'elle ne puisse être remise en doute. Aussi, sous telles espèces de miracles, y a souvent des abus. Et pource, j'ai eu envie de vous raconter un

---

démons» (*Marc*, XVI, 9), qui suit Jésus à travers la Judée et assiste à sa mort. Celle-ci, ayant découvert le tombeau vide de Jésus avec une autre Marie, mère de Jacques, est la première à le voir ressuscité et à annoncer la Résurrection. Cette confusion fut dévoilée par Lefèvre d'Étaples et d'autres humanistes à partir d'une lecture attentive de l'Évangile, mais la Sorbonne condamna leur thèse qui allait à l'encontre des croyances populaires en Marie-Madeleine, prostituée repentie et sainte vénérée, que l'Église soutenait. Marguerite elle-même fit avec sa mère un pèlerinage à la Sainte-Baume et à Saint-Maximin, lieux du culte de la sainte, en 1516.

56. Pourtant, toutefois.

57. Pourvu que, à condition que.

58. Supporter.

59. Comprendre: Gardez-vous plutôt de la peste, car je parie que vous ne risquez pas d'éprouver un tel excès de contentement et par conséquent d'en mourir.

60. Accusez, chargez.

61. Renoncerai-je à.

miracle qui ne sera moins à la louange d'un prince fidèle qu'au déshonneur d'un méchant ministre d'église.»

*Trente-troisième Nouvelle*

*Abomination d'un prêtre incestueux qui engrossa sa sœur sous prétexte de sainte vie, et la punition qui en fut faite.*

Le comte Charles d'Angoulême, père du Roi François, prince fidèle et craignant Dieu, était à Cognac que l'on lui raconta qu'en un village près de là, nommé Cherves, y avait une fille vierge vivant si austèrement que c'était chose admirable, laquelle toutefois était trouvée grosse. Ce qu'elle ne dissimulait point, et assurait tout le peuple que jamais elle n'avait connu homme et qu'elle ne savait comme le cas lui était advenu, sinon que ce fût œuvre du Saint-Esprit. Ce que le peuple croyait facilement, et la tenaient et réputaient[62] entre eux comme pour une seconde Vierge Marie, car chacun connaissait que, dès son enfance, elle était si sage que jamais n'eut en elle un seul signe de mondanité[63]. Elle jeûnait non seulement les jeûnes commandés de l'Église, mais plusieurs fois la semaine à sa dévotion, et tant que l'on disait quelque service en l'église elle n'en bougeait. Parquoi sa vie était si estimée de tout le commun que chacun par miracle la venait voir, et était bien heureux qui lui pouvait toucher la robe. Le curé de la paroisse était son frère, homme d'âge et de bien austère vie, aimé et estimé de ses paroissiens, et tenu pour un saint homme; lequel tenait de si rigoureux propos à sadite sœur qu'il la fit enfermer en une maison, dont le peuple était mal content. Et en fut le bruit[64] si grand que, comme je vous ai dit, les nouvelles en vinrent aux oreilles du Comte. Lequel, voyant l'abus[65] où le peuple était, désirant les en ôter, envoya un maître des requêtes et un aumônier, deux fort gens de bien, pour en savoir la vérité. Lesquels allèrent sur le lieu et s'informèrent du cas le plus diligemment qu'ils purent, s'adressant au curé qui était tant ennuyé de cet affaire qu'il les pria d'assister à la vérification laquelle il espérait faire.

Le lendemain ledit curé dès le matin chanta la messe où sa sœur assista, toujours à genoux, bien fort grosse. Et à la fin de la messe, le curé prit le *Corpus*

62. Considérait.
63. Attachement excessif au monde.
64. Réputation, renommée.
65. Erreur.

*Domini* et, en la présence de toute l'assistance, dit à sa sœur: «Malheureuse que tu es, voici Celui qui a souffert mort et passion pour toi, devant lequel je te demande si tu es vierge comme tu m'as toujours assuré!» Laquelle hardiment lui répondit que oui. «Et comment donc est-il possible que tu sois grosse et demeurée vierge?» Elle répondit: «Je n'en puis rendre autre raison sinon que ce soit la grâce du Saint-Esprit qui fait en moi ce qu'il lui plaît. Mais si ne puis-je nier la grâce que Dieu m'a faite de me conserver vierge. Et n'eus jamais volonté d'être mariée.» À l'heure[66] son frère lui dit: «Je te baillerai le corps précieux de Jésus-Christ, lequel tu prendras à ta damnation s'il est autrement que tu me le dis, dont messieurs qui sont ici présents de par monseigneur le comte seront témoins.» La fille, âgée de près de trente ans, jura par tel serment: «Je prends le corps de Notre-Seigneur ici présent à ma damnation devant vous, messieurs, et vous, mon frère, si jamais homme ne m'attoucha non plus que vous.» Et en ce disant reçut le corps de Notre-Seigneur. Le maître des requêtes et aumônier du Comte, ayant vu cela, s'en allèrent tout confus, croyant qu'avec tel serment mensonge ne saurait avoir lieu. Et en firent le rapport au Comte, le voulant persuader à croire ce qu'ils croyaient. Mais lui, qui était sage, après y avoir bien pensé, leur fit derechef dire les paroles du jurement, lesquelles ayant bien pourpensées[67] leur dit: «Elle vous a dit que jamais homme ne lui toucha non plus que son frère. Et je pense, pour vérité, que son frère lui a fait cet enfant, et veut couvrir[68] sa méchanceté sous une si grande dissimulation. Mais nous, qui croyons un Jésus-Christ venu, n'en devons plus attendre d'autre. Parquoi allez-vous en, et mettez le curé en prison: je suis sûr qu'il confessera la vérité.» Ce qui fut fait selon son commandement, non sans grandes remontrances pour[69] le scandale qu'ils faisaient à cet homme de bien. Et sitôt que le curé fut pris, il confessa sa méchanceté, et comme il avait conseillé à sa sœur de tenir les propos qu'elle tenait pour couvrir la vie qu'ils avaient menée ensemble, non seulement d'une excuse légère, mais d'un faux donné à entendre par lequel ils demeuraient honorés de tout le monde. Et dit, quand on lui mit au devant[70] qu'il avait été si méchant de prendre le corps de Notre-Seigneur pour la faire jurer dessus, qu'il n'était pas si hardi et qu'il avait pris un pain non sacré ni bénit.

66. Alors.
67. Méditées.
68. Cacher.
69. À cause de.
70. Accusa.

Le rapport en fut fait au comte d'Angoulême, lequel commanda à la justice de faire ce qu'il appartenait. L'on attendit que sa sœur fut accouchée et, après avoir fait un beau fils, furent brûlés le frère et la sœur ensemble, dont tout le peuple eut un merveilleux ébahissement, ayant vu sous si saint manteau un monstre si horrible, et sous une vie tant louable et sainte régner un si détestable vice.

«Voilà, mesdames, comme la foi du bon Comte ne fut vaincue par signes ni miracles extérieurs, sachant très bien que nous n'avons qu'un Sauveur lequel, en disant *Consumnatum est* a montré qu'il ne laissait point de lieu à un autre successeur pour faire notre salut.» —«Je vous promets, dit Oisille, que voilà une grande hardiesse sous une extrême hypocrisie, de couvrir du manteau de Dieu et des vrais chrétiens un péché si énorme!» —«J'ai ouï dire, dit Hircan, que ceux qui, sous couleur d'une commission de Roi, font cruautés et tyrannies, sont punis doublement pource qu'ils couvrent leur injustice de la justice royale. Aussi voyez-vous les hypocrites, combien qu'ils prospèrent quelque temps sous le manteau de Dieu et de sainteté, si est-ce que[71], quand le Seigneur Dieu lève son manteau, il les découvre et les met tout nus. Et à l'heure leur nudité, ordure et vilenie est d'autant trouvée plus laide que la couverture était honorable.» —«Il n'est rien plus plaisant, dit Nomerfide, que de parler naïvement[72], ainsi que le cœur le pense.» —«C'est pour engraisser[73], répondit Longarine, et je crois que vous donnez votre opinion selon votre condition.» —«Je vous dirai, dit Nomerfide, je vois que les fous, si on ne les tue, vivent plus longuement que les sages, et n'y entends qu'une raison: c'est qu'ils ne dissimulent point leurs passions. S'ils sont courroucés, ils frappent; s'ils sont joyeux, ils rient; et ceux qui cuident[74] être sages dissimulent tant leurs imperfections qu'ils en ont tous les cœurs empoisonnés[75]. » —«Et je pense, dit Géburon, que vous dites vérité et que l'hypocrisie, soit envers Dieu, soit envers les hommes ou la Nature, est cause de tous les maux que nous avons.» —«Ce serait belle chose, dit Parlamente, que notre cœur fût si rempli par foi de Celui qui est toute vertu et toute joie que nous le puissions librement montrer à chacun!» —«Ce sera à l'heure,

71. Néanmoins.

72. Spontanément, sans artifice.

73. Comprendre: c'est pour en tirer profit.

74. Pensent.

75. Éloge des fous et, en général, des gens simples. Par leur spontanéité et leur manque d'artifice, ils incarnent l'esprit évangélique.

dit Hircan, qu'il n'y aura plus de chair sur nos os.» —«Si est-ce, dit Oisille, que[76] l'esprit de Dieu, qui est plus fort que la mort, peut mortifier notre cœur sans mutation ni ruine de corps.» —«Madame, dit Saffredent, vous parlez d'un don de Dieu qui n'est encore commun aux hommes!» —«Il est commun, dit Oisille, à ceux qui ont la foi. Mais pource que cette matière ne se laisserait entendre à ceux qui sont charnels, sachons à qui Simontaut donne sa voix.» —«Je la donne, dit Simontaut, à Nomerfide, car puisqu'elle a le cœur joyeux, sa parole ne sera point triste.» —«Et vraiment, dit Nomerfide, puisque vous avez envie de rire, je vous en vais prêter l'occasion et, pour vous montrer combien la peur et l'ignorance nuit, et que faute d'entendre[77] un propos est souvent cause de beaucoup de mal, je vous dirai ce qu'il advint à deux Cordeliers de Niort, lesquels, pour mal entendre[78] le langage d'un boucher, cuidèrent[79] mourir.»

### SEPTIÈME JOURNÉE

#### *Soixante-cinquième Nouvelle*

*Simplicité d'une vieille qui présenta une chandelle ardente à Saint-Jean de Lyon, et l'attacha contre le front d'un soldat qui dormait en un sépulcre.*

En l'église Saint-Jean de Lyon, y a une chapelle fort obscure et, dedans, un Sépulcre fait de pierre à grands personnages élevés comme le vif[80]; et sont à l'entour du sépulcre plusieurs hommes d'arme couchés[81]. Un jour, un soudard se promenant dans l'église au temps d'été qu'il fait grand chaud, lui prit envie de dormir. Et regardant cette chapelle obscure et fraîche, pensa d'aller garder le Sépulcre en dormant comme les autres, auprès desquels il se coucha. Or advint-il qu'une bonne vieille fort dévote arriva au plus fort de son sommeil et, après qu'elle eut dit ses dévotions, tenant une chandelle ardente en sa main, la voulut attacher au Sépulcre. Et trouvant le plus près d'icelui[82] cet homme endormi, la lui voulut mettre au front, pensant qu'il fût de pierre. Mais la cire

76. Si est-ce que: néanmoins, malgré tout.

77. Comprendre.

78. Pour avoir mal compris.

79. Pensèrent, estimèrent.

80. De grandeur naturelle.

81. Il s'agit de la chapelle du Saint-Sépulcre ou du Vendredi-Saint, fondée en 1401 par Philippe de Thurey, archevêque de Lyon, et son frère le cardinal Pierre de Thurey, et construite par Jacques de Beaujeu.

82. Celui.

ne put tenir contre la chair. La bonne dame, qui pensait que ce fût à cause de la froidure de l'image[83], lui va mettre le feu contre le front pour y faire tenir sa bougie. Mais l'image, qui n'était insensible, commença à crier, dont la bonne femme eut si grand peur que, comme toute hors du sens, se prit à crier miracle, tant que tous ceux qui étaient dedans l'église coururent, les uns à sonner les cloches, les autres à voir le miracle. Et la bonne femme les mena voir l'image qui était remuée; qui donna occasion à plusieurs de rire, mais les plusieurs ne s'en pouvaient contenter[84], car ils avaient bien délibéré de faire valoir ce Sépulcre et en tirer autant d'argent que du crucifix qui est sur le pupitre[85], lequel l'on dit avoir parlé. Mais la comédie prit fin pour[86] la connaissance de la sottise d'une femme.

«Si chacun connaissait quelles sont leurs sottises, elles ne seraient pas estimées saintes, ni leurs miracles vérité. Vous priant, mesdames, dorénavant regarder à quels saints vous baillerez vos chandelles[87]!» —«C'est grande chose, dit Hircan, qu'en quelque sorte que ce soit, il faut toujours que les femmes fassent mal.» —«Est-ce mal fait, dit Nomerfide, de porter des chandelles au Sépulcre?» —«Oui, dit Hircan, quand on met le feu contre le front aux hommes, car nul bien ne se doit dire bien s'il n'est fait avec mal. Pensez que la pauvre femme cuidait[88] avoir fait un beau présent à Dieu d'une petite chandelle!» —«Je ne regarde point, ce dit Mme Oisille, la valeur du présent, mais le cœur qui le présente. Peut-être que cette bonne femme avait plus d'amour à Dieu que ceux qui donnent les grands torches, car, comme dit l'Évangile, elle donnait de sa nécessité[89].» —«Si[90] ne crois-je pas, dit Saffredent, que Dieu, qui est souveraine sapience, sût avoir agréable la sottise des femmes; car nonobstant que la simplicité lui plaît, je vois, par l'Écriture, qu'il déprise[91] l'ignorant. Et s'il commande d'être simple comme la colombe, il ne commande moins d'être

83. Statue.
84. Se satisfaire, être contents.
85. Jubé.
86. À cause de.
87. Nouvelle racontée par Géburon.
88. Croyait.
89. *Luc*, XXI, 2–4: l'obole de la veuve.
90. Cependant, pourtant.
91. Méprise.

prudent comme le serpent[92].» —«Quant est de moi, dit Oisille, je n'estime point ignorante celle qui porte devant Dieu sa chandelle ou cierge ardent, comme faisant amende honorable, les genoux en terre et la torche au poing, devant son souverain Seigneur, auquel confesse sa damnation[93], demandant en ferme espérance la miséricorde et salut.» —«Plût à Dieu, dit Dagoucin, que chacun l'entendît aussi bien que vous, mais je crois que ces pauvres sottes ne le font pas à cette intention.» Oisille leur répondit: «Celles qui moins en savent parler sont celles qui ont plus de sentiment de l'amour et volonté de Dieu. Parquoi ne faut juger que soi-même.» Ennasuite en riant lui dit: «Ce n'est pas chose étrange que d'avoir fait peur à un valet qui dormait, car aussi basses[94] femmes qu'elle ont bien fait peur à de bien grands princes, sans leur mettre le feu au front.» —«Je suis sûr, dit Géburon, que vous en savez quelque histoire que vous voulez raconter. Parquoi, vous tiendrez mon lieu, s'il vous plaît.» —«Le conte ne sera pas long, dit Ennasuite, mais, si je le pouvais représenter tel qu'advint, vous n'auriez point envie de pleurer.»

## HUITIÈME JOURNÉE

### *Soixante-onzième Nouvelle*

*Une femme, étant aux abois de la mort, se courrouça en sorte, voyant que son mari accolait sa chambrière, qu'elle revint en santé.*

En la ville d'Amboise, il y avait un sellier nommé Brimbaudier, lequel était sellier de la Reine de Navarre, homme duquel on pouvait juger la nature, à voir la couleur du visage, être plus serviteur de Bacchus que des prêtres de Diane. Il avait épousé une femme de bien qui gouvernait son ménage très sagement, dont il se contentait[95]. Un jour, on lui dit que sa bonne femme etait malade et en grand danger, dont il montra être autant courroucé[96] qu'il était possible. Il s'en alla en grande diligence pour la secourir, et trouva sa pauvre femme si bas qu'elle avait plus besoin de confesseur que de médecin. Dont il fit un deuil le plus piteux[97] du monde. Mais pour bien le représenter, faudrait parler

92. *Matthieu*, X, 16.
93. Misère, péchés.
94. Humbles.
95. Se réjouissait.
96. Affligé.
97. Triste, émouvant.

gras comme lui, et encore serait-ce plus qui pourrait[98] peindre son visage et sa contenance. Après qu'il lui eut fait tous les services qu'il lui fut possible, elle demanda la croix, qu'on lui fit apporter. Quoi voyant, le bonhomme s'alla jeter sur un lit, tout désespéré, criant et disant avec sa langue grasse: «Hélas, mon Dieu, je perds ma pauvre femme! Que ferai-je, moi, malheureux», et plusieurs telles complaintes. À la fin, regardant qu'il n'y avait personne en la chambre qu'une jeune chambrière, assez belle et en bon point[99], l'appela tout bas à lui en lui disant: «M'amie, je me meurs, je suis pis que trépassé de voir ainsi mourir ta maîtresse! Je ne sais que faire ni que dire, sinon que je me recommande à toi, et te prie prendre le soin de ma maison et de mes enfants. Tiens les clefs que j'ai à mon côté. Donne ordre au ménage, car je n'y saurais plus entendre.» La pauvre fille, qui en eut pitié, le réconforta, le priant de ne se vouloir désespérer et que, si elle perdait sa maîtresse, elle ne perdît son bon maître. Il lui répondit: «M'amie, il n'est possible, car je me meurs. Regarde comme j'ai le visage froid, approche tes joues des miennes, pour les me réchauffer.» Et en ce faisant, il lui mit la main au tétin, dont elle cuida[100] faire quelque difficulté; mais la pria n'avoir point de crainte, car il faudrait bien qu'ils se vissent de plus près. Et sur ces mots la prit entre ses bras, et la jeta sur le lit. Sa femme, qui n'avait compagnie que de la croix et de l'eau bénite, et n'avait parlé depuis deux jours, commença avec sa faible voix de crier le plus haut qu'elle put: «Ha, ha, ha! je ne suis pas encore morte!» Et en le menaçant de la main, disait: «Méchant, vilain, je ne suis pas morte!» Le mari et la chambrière, oyant sa voix, se levèrent; mais elle était si dépite contre eux que la colère consuma l'humidité du catarrhe qui la gardait[101] de parler, en sorte qu'elle leur dit toutes les injures dont elle se pouvait aviser. Et depuis cette heure-là commença de guérir. Qui ne fut sans souvent reprocher à son mari le peu d'amour qu'il lui portait.

«Vous voyez, mesdames, l'hypocrisie des hommes: comme pour un peu de consolation ils oublient le regret de leurs femmes[102]!» —«Que savez-vous, dit Hircan, s'il avait ouï dire que ce fut le meilleur remède que sa femme pouvait avoir? Car, puisque par son bon traitement il ne la pouvait guérir, il voulait essayer si le contraire lui serait meilleur. Ce que très bien il expérimenta. Et m'ébahis comme

98. Si quelqu'un pouvait.
99. En bon état, belle apparence; séduisante.
100. Pensa.
101. Empêchait.
102. Nouvelle racontée par Parlamente.

vous, qui êtes femme, avez déclaré[103] la condition de votre sexe, qui plus amende par dépit que par douceur!» —«Sans point de faute, dit Longarine, cela me ferait bien non seulement saillir[104] du lit, mais d'un sépulcre tel que celui-là.» —«Et quel tort lui faisait-il, dit Saffredent, puisqu'il la pensait morte, de se consoler? Car l'on sait bien que le lien de mariage ne peut durer sinon autant que la vie; et puis après, on est délié.» —«Oui, délié, dit Oisille, du serment et de l'obligation; mais un bon cœur n'est jamais délié de l'amour. Et était bien tôt oublié son deuil de ne pouvoir attendre que sa femme eût poussé le dernier soupir!» —«Mais ce que je trouve le plus étrange, dit Nomerfide, c'est que, voyant la mort et la croix devant ses yeux, il ne perdait la volonté d'offenser Dieu.» —«Voilà une belle raison! dit Simontaut; vous ne vous ébahiriez donc pas de voir faire une folie, mais qu'on[105] soit loin de l'église et du cimetière?» —«Moquez-vous tant de moi que vous voudrez, dit Nomerfide; si est-ce que[106] la méditation de la mort rafroidit bien fort un cœur, quelque jeune qu'il soit.» —«Je serais de votre opinion, dit Dagoucin, si je n'avais ouï dire le contraire à une princesse.» —«C'est donc à dire, dit Parlamente, qu'elle en raconta quelque histoire. Parquoi, s'il est ainsi, je vous donne ma place pour la dire.» [...]

103. Révélé, trahi, exposé.
104. Sauter.
105. Pourvu qu'on, à condition qu'on.
106. Néanmoins.

# XVII$^{e}$ Siècle

# La Préciosité et les salons

Le XVII^e siècle marque l'essor de la préciosité, phénomène social, moral et esthétique dont l'influence fut capitale sur la tradition littéraire féminine et qui, pendant deux siècles, à travers l'institution culturelle des salons, assura aux femmes un rôle décisif dans la république des lettres. Toutes les œuvres du XVII^e siècle recueillies ici et bon nombre de celles du XVIII^e portent, directement ou indirectement, son empreinte. Ce mouvement culturel issu de salons présidés au XVII^e siècle par des femmes, arbitres puissants du bon goût et des belles manières, fut répandu par d'autres femmes—écrivaines et, jusqu'aux années qui suivirent immédiatement la Révolution, salonnières. C'est la seule fois dans l'histoire littéraire française que les femmes sont à l'origine d'un mouvement dont les effets furent si considérables sur la vie littéraire, sociale, intellectuelle, et même politique.

La préciosité et la vie des salons furent des mouvements d'opposition. Premier haut lieu de la dissidence, la «Chambre bleue» de la marquise de Rambouillet, établie en réaction contre la grossièreté des mœurs et du langage à la cour d'Henri IV et de Louis XIII. Dans l'espace privé de la chambre d'apparat de la marquise, devenu espace social, se développe de 1610 à 1648 environ une société alternative, d'un raffinement extrême, qui cultive l'art de la conversation —érigé en valeur suprême—, élabore le concept de *l'honnêteté* comme idéal de conduite sociale, et tente de redéfinir les rapports entre les sexes, prônant la galanterie, entente plus spirituelle que charnelle fondée sur l'estime de la femme.

Les habitués de l'hôtel de Rambouillet comme les précieux qui leur succéderont donnent du *prix* (d'où le terme *précieux*) à des choses par d'autres jugées sans importance: à l'esprit, à la distinction des manières, du langage et des idées, et notamment aux femmes, à qui ils rendent hommage en la personne de l'hôtesse et dont ils apprennent à apprécier la valeur et l'éclat, comme si elles étaient de rares joyaux. *L'alcôve* (espace autour du lit délimité par des rideaux) ou *la ruelle* (espace libre entre le lit et la cloison, terme désignant par métonymie ces réunions, celui de «salon» n'étant inventé qu'au début du XIX^e siècle) où la marquise, installée sur son lit, reçoit ses amis, devient alors le lieu de rencontre d'une élite cultivée, d'hommes et femmes de lettres, où l'on discute littérature et l'on pratique l'analyse subtile du sentiment amoureux. Une littérature spirituelle, adaptée à l'art de la conversation, sert de divertissement: portraits, dialogues, lettres, madrigaux, épigrammes et autres petits poèmes de circonstance (dont la célèbre *Guirlande de Julie* de 1633, œuvre de dix-neuf poètes, offerte en cadeau de nouvel an à Julie d'Angennes, fille de la marquise, par le duc de Montausier, son soupirant de quatorze années) sont à la mode. De grands auteurs comme Corneille y font lecture de leurs nouvelles œuvres, les soumettant au jugement collectif. Bien d'autres s'initieront à la vie littéraire et au bon goût en fréquentant la Chambre bleue (Scudéry, Sévigné, Lafayette, La Rochefoucauld...).

À l'hôtel de Rambouillet comme dans d'autres salons du XVII^e siècle, les femmes veillent à la pureté verbale: elles favoriseront un langage abstrait, parfois maniéré, qui évacue les termes «bas» ou obscènes, ainsi que les mots pédants, archaïques, et techniques. Exclues de l'enseignement du latin, elles sont plus libres, plus inventives dans l'emploi du langage, moins écrasées par la rhétorique et le savoir que les hommes, et elles ont l'oreille plus fine: «dans les doutes du langage, il vaut mieux consulter les femmes et ceux qui n'ont point étudié», écrira Vaugelas en 1647, «parce qu'ils vont tout droit à ce qu'ils ont accoutumé de dire ou d'entendre dire» (*Remarques sur la langue française*).

Bref, ce sont maintenant les femmes qui donnent le ton. Certes, elles avaient déjà présidé des cours d'amour au Moyen Âge et, suivant le modèle des cénacles humanistes italiens, la bourgeoise Louise Labé et des princesses et des reines comme Marguerite de Navarre et Marguerite de Valois avaient pu régner sur des cercles lettrés au XVI^e siècle, mais c'est vraiment avec la Chambre bleue de l'hôtel de Rambouillet que débute la grande tradition féminine des salons, considérés pendant longtemps comme l'essence de la vie culturelle française.

Dans les salons fut fomentée aussi la sédition politique de la Fronde (1648–53). Au cours de ce soulèvement contre la monarchie absolue, certaines grandes figures féminines des salons jouèrent un rôle militaire inouï, allant jusqu'à mener elles-mêmes des batailles—ainsi la Grande Mademoiselle fit tirer le canon à la Bastille contre l'armée royale. Mais, la révolte réprimée et l'autorité royale réaffirmée, l'activité des femmes ne sera plus tolérée au-delà des confins du salon, qui redeviendra alors le lieu privilégié où elles s'affirment, où s'exercent leur pouvoir et leur autorité, là où leur image positive, celle que leurs devancières avaient illustrée pendant la Fronde, peut être restaurée.

Les années 1654–61 marquent l'apogée de la préciosité et des précieuses. La grande figure est maintenant Madeleine de Scudéry, dont les romans représentent tous les aspects du mouvement et dont le salon—les Samedis, voués avant tout à la réflexion littéraire—prend la place de la Chambre bleue, sur le déclin après la Fronde, pour répandre les idées et l'éthique des précieuses (voir l'introduction à Scudéry). Il s'agit d'une éthique féministe. Les précieuses réclament l'indépendance et le droit à l'instruction, mettent en question le mariage, synonyme à leurs yeux de l'asservissement social et sexuel des femmes, et revendiquent le droit de choisir leur partenaire en raison de leur «inclination» et de ses mérites, plutôt que de se plier aux considérations de rang et d'intérêts familiaux. La Carte de Tendre de Scudéry, élaborée au cours de ses Samedis et insérée dans le roman qui illustre le mieux la littérature des salons, *Clélie, histoire romaine* (1654–60), résume parfaitement ces aspirations féministes des précieuses.

On ne saurait sous-estimer l'influence des grands romans héroïques de Madeleine de Scudéry, *Le Grand Cyrus* (1649–53) et *Clélie,* sur le développement du genre romanesque. Non seulement Scudéry a ouvert la voie à d'autres romancières—aux origines du roman moderne, il y a surtout des femmes (Lafayette, Villedieu...)—mais en l'alimentant des activités (conversations et portraits) et des préoccupations (la psychologie amoureuse et les femmes) des salons, elle a imprimé au roman français une orientation nouvelle et durable, l'analyse du cœur humain et la prédominance de la psychologie sur l'action.

Entre 1650 et 1660 la préciosité devint une mode, poussée parfois à l'excès par des imitatrices maniérées et prudes, souvent des bourgeoises ou des provinciales. Elle suscita des polémiques et des satires, dont *Les Précieuses ridicules* de Molière (1659). Quoique Molière, qui partage par ailleurs certaines idées des précieuses sur le mariage, ne s'en prenne qu'à une minorité de «fausses précieuses», le succès retentissant de sa pièce ne fit qu'appuyer la cause de ceux qui en voulaient au féminisme des précieuses authentiques, renforçant l'image caricaturale de la préciosité comme affectation frivole, comme aspiration ridicule au savoir et à l'indépendance chez les femmes.

Aucune femme de l'époque n'ayant elle-même proposé une définition explicite de la préciosité ni revendiqué le titre de «précieuse», l'image de la préciosité transmise par l'histoire littéraire fut puisée en grande partie dans des textes polémiques. Image dénaturée d'un courant sérieux dont les effets sur la littérature française, bien que souvent inavoués, furent profonds et de longue durée. L'essor du roman après Scudéry, le goût des lettres (Marie de Sévigné) et des maximes morales (Ninon de Lenclos, La Rochefoucauld), la vision de l'amour et l'analyse de la psychologie amoureuse dans le roman et la nouvelle classiques (Marie-Madeleine de Lafayette, Catherine Bernard), la virtuosité stylistique d'une Sévigné, le développement des contes de fées (Marie-Catherine d'Aulnoy, Bernard, Marie-Jeanne Lhéritier), la diffusion de la pensée des Lumières chez les salonnières (Julie de Lespinasse, Marie du Deffand, Marie-Thérèse Geoffrin, Claudine Alexandrine Guérin de Tencin) et la publication de leurs réflexions philosophiques au XVIII^e siècle (Anne-Thérèse de Lambert, Sophie de Condorcet), les thèmes et le style d'un Pierre-Carlet de Marivaux (1688–1763), tous sont redevables à la préciosité et aux salons précieux du XVII^e siècle.

# *Madeleine de Scudéry*

(1607–1701)

Madeleine de Scudéry, «admirable Sapho», dotée de «plus de science, de doctrine, et d'esprit que [...] la Sapho des Grecs tant vantée dans l'Antiquité» (Marguerite Buffet, *Nouvelles observations sur la langue française,* 1668), elle, plus que toute autre, légitime en France une tradition littéraire féminine. Aiguillant vers la création littéraire l'art de la conversation perfectionné dans ces foyers culturels féminins que furent les salons précieux, elle fait de «l'anatomie du cœur humain» la matière principale du roman. C'est le début du roman moderne,

Madeleine de Scudéry, gravure anonyme (Bibliothèque nationale de France)

d'une tradition romanesque qui sera dominée à ses origines par des femmes: Scudéry, Lafayette, Villedieu. À elle seule Madeleine de Scudéry incarne la prise de parole féminine dans les salons précieux et dans les premiers romans modernes et la subversion de l'hégémonie masculine en littérature comme dans la vie.

À son époque, son succès fut éclatant. Ses romans furent des best-sellers plusieurs fois réédités et traduits en anglais, en italien, en allemand, en arabe. Hommes et femmes de lettres, La Fontaine, La Bruyère, La Rochefoucauld, Pascal, Sommaize, Huet, Sorel, Lafayette et Sévigné, la louèrent pour ses qualités personnelles et littéraires. Cependant, c'est une image caricaturale d'elle, déterminée par une minorité de détracteurs contemporains, surtout Nicolas Boileau, qui éclipsera dans l'histoire littéraire celle, trop subversive, de la nouvelle Sapho. C'est l'image de la vieille fille laide, pédante et prude, «précieuse ridicule», auteur de romans «tombés dans l'oubli», romans interminables et illisibles ayant pour sujet l'amour et incitant par conséquent leurs lectrices à l'immoralité, romans qui menacent l'ordre social en promouvant l'embourgeoisement et en encourageant la «mollesse» masculine, romans «historiques» coupables d'invraisemblance outrée. Ces attaques et ces stratégies de dégradation, visant à protéger la suprématie culturelle masculine et aristocratique, ont eu pour effet de marginaliser l'exemple romanesque de Scudéry et d'effacer de l'histoire la continuité littéraire féminine dont elle est à la fois le porte-parole et le modèle.

De petite noblesse, Madeleine de Scudéry naît en 1607 d'un père capitaine des ports au Havre, qui, pour arrondir ses gages trop modestes, se fait pirate. Incarcéré au retour d'une expédition, il est condamné à des amendes qui provoquent la ruine de la famille. Désargentée et bientôt orpheline de père, Madeleine est alors élevée avec son frère aîné, Georges, à Rouen par un oncle «honnête homme» qui a vécu à la cour de trois rois et qui possède une vaste bibliothèque. Grâce à lui, elle reçoit une éducation exceptionnelle. Comme il convient à une fille de sa condition, elle apprend l'écriture, l'orthographe, le dessin, la peinture, la danse. Mais, curieuse par nature et d'une intelligence vive, elle étudie également le jardinage, la cuisine, la médecine, prend des leçons de luth, et maîtrise toute seule l'italien et l'espagnol. Elle dévore les livres: des romans français comme *Théagène et Chariclée* et *L'Astrée*, mais aussi Pétrarque, l'Arioste, Marini.

Vers 1637, à la mort de son oncle, elle quitte Rouen pour s'installer à Paris chez son frère avec qui elle vivra jusqu'en 1654. Leur cohabitation n'est pas toujours facile; Georges est jaloux, vantard, ivre de gloire, prodigue et dépensier. Mais, déjà connu dans les milieux littéraires, il l'introduit à l'hôtel de Rambouillet, la célèbre Chambre bleue de Catherine de Vivonne, marquise de Rambouillet. C'est le salon le plus brillant de la première moitié du siècle, celui qui donne le ton de la politesse mondaine et marque de son empreinte la langue et les goûts pour les générations à venir. Là, Madeleine s'initie aux idées et aux mœurs raffinées de la préciosité, prend part à des jeux et des débats littéraires, se fait apprécier pour son esprit sans pédanterie et pour sa conversation enjouée. Elle a beau être pauvre et laide—petite, maigre et brune, elle est tout le contraire d'une beauté canonique—elle séduit par sa vivacité intellectuelle, par sa joie de vivre, par son caractère généreux et loyal.

C'est pendant cette période qu'elle commence à se faire reconnaître dans le monde littéraire: elle publie *Ibrahim, ou l'Illustre Bassa* (1641), roman héroïque en quatre volumes qui rencontre la faveur du public, et *Les Femmes illustres, ou les Harangues héroïques* (1642), signés tous deux du seul nom de son frère. Mais cette signature ne trompe personne et Madeleine est reconnue comme l'auteur principal de ces œuvres. Ses grands romans aussi seront signés «Monsieur de Scudéry», puis, après sa brouille avec son frère en 1660, elle adoptera l'anonymat. Elle ne signe donc aucun de ses livres, bien qu'elle avoue en être l'auteur dans sa correspondance. Que signifie ce jeu de cache-cache? Une réponse est suggérée dans *Le Grand Cyrus*: «il n'y a rien de plus incommode», explique Sapho, «que d'être bel esprit ou d'être traité comme l'étant quand on a le cœur noble et qu'on a quelque naissance. [...] dès qu'on se tire de la multitude par les lumières de son esprit et qu'on acquiert la réputation d'en avoir plus qu'un autre et d'écrire assez bien en vers ou en prose pour pouvoir faire des livres, on perd la moitié de sa noblesse [...].» «Faire des livres», écrire pour se procurer un revenu, c'est choquer les bienséances, c'est surtout déroger à sa naissance, danger d'autant plus à craindre que sa noblesse est mal assurée. Si l'auteur est une femme, les risques se multiplient: car la femme indépendante provoque l'hostilité de la société, la femme «savante», le ridicule, et la femme qui prend pour sujet l'amour, l'accusation d'immoralité. Bien des femmes auteurs, de Lafayette à Sand en passant par Graffigny, joueront ainsi sur l'anonymat et sur les noms d'emprunt comme stratégie de subversion sociale, de protection et d'affirmation de soi.

De 1644 à 1647, Madeleine vit à Marseille où son frère a été nommé gouverneur de Notre-Dame-de-la-Garde, séjour qu'elle ressent comme un exil mais dont elle profite pour écrire. De retour à Paris, elle fait paraître, en pleine Fronde, les premiers tomes d'*Artamène, ou Le Grand Cyrus* (1649–53). Le public s'arrache les dix volumes de ce roman héroïque—les premiers doivent être réédités avant même que paraissent les autres; car, sous la fiction de l'antiquité persane, ce qui passionne les lecteurs, c'est le portrait idéalisé de la belle société de l'hôtel de Rambouillet à son époque la plus glorieuse et la transposition des actualités de la Fronde (1648–53, soulèvement contre Mazarin pendant la minorité de Louis XIV). Cyrus, c'est le prince de Condé, héros de la sédition. Au bout des dix volumes, ayant dû conquérir toute l'Asie pour la retrouver, il épousera Mandane (la duchesse de Longueville, héroïne de la Fronde à qui le roman est dédiée). Dans les derniers tomes, l'action cède de plus en plus aux portraits et aux conversations, reflétant les débats qui avaient lieu dans les salons précieux sur des points précis de la galanterie, code de conduite idéale destiné à régler les rapports entre les sexes. L'analyse subtile du cœur humain prime. Apparaissent alors les habitués de la Chambre bleue, la marquise de Rambouillet (Cléomire), l'écrivain Voiture (Callicrate), Madeleine de Scudéry elle-même (Sapho) et son tendre ami Paul Pellisson (Phaon). Conversations et portraits, les grandes innovations de Scudéry, marquent une orientation nouvelle pour le genre romanesque, de l'action au dialogue, de l'extérieur à l'intérieur. C'est la fin du roman héroïque. Lieu d'action féministe, le salon précieux décidera désormais de la forme et de l'idéologie du roman. *Clélie, histoire romaine* (10 volumes, 1654–60) sera l'aboutissement de ce nouveau romanesque issu des salons.

Vers 1651, Madeleine établit ses Samedis, jour où elle reçoit dans sa maison, rue de Beauce, ses amis lettrés. Ménage, Conrart, Pellisson, Sévigné et Lafayette, des dames nobles et de grandes bourgeoises cultivées viendront maintenant chez elle. Son salon devient le nouveau centre de la préciosité après le déclin de l'hôtel de Rambouillet, un foyer d'innovation littéraire et de critique sociale.

En 1654, sur le point d'être arrêté pour avoir soutenu la famille Condé pendant la Fronde, Georges quitte Paris et s'exile en Normandie où, peu de temps après, il se marie. Enfin soustraite à la tutelle de son frère, Madeleine s'épanouit. Son salon fleurit. Elle éprouve parfois des difficultés pécuniaires, mais recourt à sa plume pour survivre. Elle publie *Clélie*—où figure encore son entourage, cette fois sous des noms romains—et comme *Le Grand Cyrus,* ce roman connaîtra un succès prodigieux. Ses livres feront sa fortune. Sa réputation littéraire et ses amitiés lui attireront également des cadeaux et des pensions—parmi ses bienfaiteurs, Mazarin, Fouquet, la reine Christine de Suède, Louis XIV—qui lui assureront son indépendance. Georges reviendra à Paris en 1660 et voudra reprendre leur vie commune, mais elle refusera net. Après cette date, il ne sera plus jamais question de lui dans sa correspondance.

Délivrée de la jalousie de son frère, elle cultive son amitié avec Pellisson.

Ce jeune académicien de dix-sept ans son cadet n'est vraiment pas beau, mais il est savant et chaleureux, et elle éprouve pour lui de l'estime et une grande affection. De son côté, «Acante» (Pellisson) se fait plus pressant. De «particulier ami» il veut passer à «tendre ami». Éprise de sa liberté nouvellement conquise et voulant rester maîtresse de leur relation, «Sapho» lui impose une épreuve de six mois durant lesquels s'élabore, de samedi en samedi, la célèbre Carte de Tendre (1653, voir plus loin l'illustration) qui figurera ensuite dans le premier tome de *Clélie* (1654) et qui sera une des raisons principales de son succès. Pellisson apparaîtra dans le roman sous le nom d'Herminius. Jeu de salon, «bagatelle» (*Clélie*), divertissement pour les habitués du Samedi qui suivent les progrès de Pellisson dans le pays de Tendre, mise au point ludique de la situation amoureuse de l'amant, cette carte est aussi, sous forme d'un cours de galanterie, l'expression sérieuse du culte de la liberté et des thèmes féministes majeurs de la préciosité. Au bout de six mois de soumission absolue, d'obéissance, de petits soins et de jolis vers, l'amant arrive enfin à Tendre. Sapho le lui annonce ainsi:

> Enfin Acante, il faut se rendre,
> Votre esprit a charmé le mien.
> Je vous fais citoyen de Tendre,
> Mais de grâce n'en dites rien.

La séduction a été purement spirituelle et rien ne suggère qu'il y ait jamais eu de rapport charnel entre eux. Ils ne traverseront point la *Mer dangereuse* et Madeleine restera célibataire et libre, mais leur amour profond et loyal durera quarante ans jusqu'à la mort de Pellisson.

Vers 1660, les goûts du public ayant changé, Scudéry se tourne vers la *nouvelle*, qui va devenir la formule du roman classique et le genre de prédilection des romancières de la deuxième moitié du siècle. Elle publie *Célinte, nouvelle première* (1661), *Mathilde d'Aguilar* (1667), et *La Promenade de Versailles* (1669).

En 1671, elle reçoit le premier prix de l'Académie française pour son *Discours sur la gloire*: reconnaissance tardive et minimale de la part de cette auguste institution qui, n'admettant aucune femme, avait rejeté sa nomination vingt ans auparavant. La pleine reconnaissance de son apport à la littérature viendra de l'Académie des Ricovrati de Padoue; elle y sera reçue en 1684 avec le nom de «l'Universelle».

Elle reprend la plume en 1680 avec ses *Conversations sur divers sujets*, premier volume d'une série de recueils de conversations tirées en partie de ses romans (*Conversations nouvelles sur divers sujets*, 1684; *Conversations morales*, 1686;

*Nouvelles conversations de morale,* 1688; *Entretiens de morale,* 1692). Réflexions morales, considérations littéraires, code des bienséances à l'usage des honnêtes gens, ces conversations animées qui font penser aux propos des «devisants» chez Marguerite de Navarre, rencontrent le goût du public.

Admirée en France comme à l'étranger, Madeleine de Scudéry connaît une vieillesse active et sereine, assombrie seulement par la mort de ses amis et par la surdité qui l'oblige à ne plus communiquer que par écrit. Sa fin à 94 ans sera pieuse et digne. Le 2 juin 1701, étant debout, elle se sent défaillir, et dit: «Il faut mourir.»

La préciosité, authentique mouvement féministe qui a ses racines dans la courtoisie et dans la Querelle des Femmes, infléchit toute la trajectoire littéraire de Madeleine de Scudéry. Dès *Les Femmes illustres* apparaissent les éléments essentiels de la mise en question du patriarcat par les précieuses. Dans cette série de harangues, Scudéry donne la parole ou à des femmes qui ont été réduites au silence par l'histoire ou à celles dont l'image «héroïque», peu conforme aux bienséances, a été falsifiée. Recueil de femmes illustres, contrepartie féminine du *De claris mulieribus* de Boccace et des *Vies des hommes illustres* de Plutarque, le livre est donc l'ébauche, au moyen d'autobiographies fictives, d'une histoire des femmes et une tentative rudimentaire de révision de l'histoire officielle. Répétant le geste inaugural de Christine de Pizan (*La Cité des Dames*), rappelant Hélisenne de Crenne, il anticipe les références à Sapho et aux sibylles chez Germaine de Staël aussi bien que les listes de femmes qui jalonnent *Les Guérillères* de Monique Wittig. L'activisme féministe se résume dans la harangue de Sapho (voir ci-dessous), figure que Scudéry introduit ici pour la première fois et qu'elle dépeint de manière originale, non en femme séduite et abandonnée, se suicidant pour l'amour de Phaon (Ovide, *Les Héroïdes*), mais en femme écrivain, aïeule tournée vers la femme pour l'inciter à suivre son exemple, à s'instruire, à écrire et à continuer la tradition féminine qu'elle inaugure. Auto-portrait de la précieuse Scudéry, Sapho se présente comme la devancière de la femme de lettres du XVIIe siècle.

Scudéry approfondit le thème de l'instruction dans *Le Grand Cyrus* (portraits de Cléomire et de Sapho, propos de Sapho). Elle insiste sur l'idée que les défauts des femmes viennent de leur mauvaise éducation qui n'est qu'un apprentissage frivole des usages mondains sans aucun souci de développement de leur esprit. Par contre, si la femme est instruite, elle doit éviter de «faire la savante». Pour échapper aux attaques misogynes, au mépris et au ridicule, pour ne pas être taxée de «singularité», la précieuse cultivée doit rester une femme modeste. Son indépendance intellectuelle est en effet tributaire de son respect des bienséances à l'égard de son sexe. Solution pratique qui lui permet de «vivre à sa façon sans choquer son prochain» (Nicole Aronson, *Mademoiselle de Scudéry, ou Le Voyage au pays de Tendre,* 1986).

Dans *Le Grand Cyrus* et *Clélie,* Scudéry développe aussi les idées réformistes des précieuses sur l'amour et sur le mariage. Comme ces idées impliquaient la *souveraineté* de la femme, elles suscitèrent encore plus d'hostilité que l'égalitarisme en matière d'éducation, d'où les étiquettes de «jansénistes de l'amour» (Ninon de Lenclos) et de «ridicules» qu'on attribua aux précieuses. Pour elles, la préciosité était en effet une (re)prise de pouvoir, car, après la Fronde et les régences de Marie de Médicis et d'Anne d'Autriche où les femmes avaient joué un rôle politique important, il ne leur restait plus que l'espace privé des salons pour réaffirmer leur droits, pour maintenir leur image, et pour se faire entendre, ce qu'elle firent en élaborant les règles de la galanterie, culte de la femme et nouvel avatar de la *fin'amor,* moins le sexe et moins l'aspect fatal. Il ne s'agit plus en effet d'un amour adultère, mais d'un amour platonique où l'entente spirituelle et affective et la parole remplacent l'union charnelle, la pudeur et la maîtrise des sens devenant l'affirmation glorieuse de la volonté et de la raison. Dans la perspective des précieuses, le mariage apparaît comme une forme d'esclavage. En matière d'amour, elles réclament la liberté de choisir leur partenaire selon leur «inclination» (voir surtout la Carte de Tendre) et selon ses mérites plutôt que son rang, ce qui va redéfinir la notion d'aristocratie.

La préciosité fut un fait civilisateur qui apprit *l'honnêteté* aux hommes, et aux femmes un idéal de vie. Dans la Carte de Tendre et dans l'«Histoire de Sapho» se décèle, en effet, l'ébauche d'une utopie féministe. Ni suicide par amour ni mariage ne met un point final au destin de Sapho. Celle-ci ne refuse pas non plus l'amour de Phaon. Elle choisit en revanche de se retirer avec lui dans le pays des Sauromates, société féminocentrique réglée par les lois de la galanterie, et de continuer à écrire «tous les jours des choses galantes et passionnées». Vision utopique qui offre en même temps un modèle romanesque. Car ce dénouement «invraisemblable» et le nouveau terrain littéraire figuré par la Carte de Tendre, terrain où priment les conversations et la psychologie amoureuse, vont inspirer toute une lignée de romancières, de Lafayette et Villedieu au XVII$^{e}$ siècle jusqu'à Graffigny au XVIII$^{e}$.

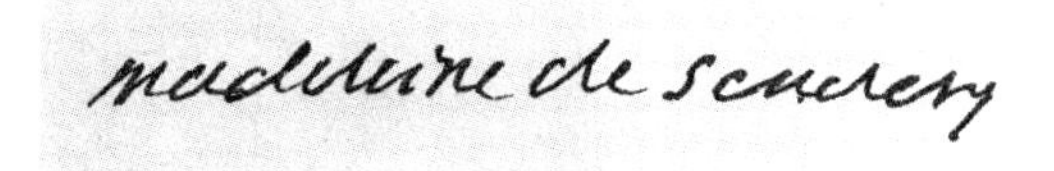

Signature, Madeleine de Scudéry, épigramme «En recevant un portrait de feu Monsieur le Duc de Montausier», fac-similé dans Rathery et Boutron, *Mademoiselle de Scudéry: sa vie, sa correspondence avec un choix de ses poèmes* (Paris: Léon Techener, 1873; Wellesley College Library, Kirk Fund purchase)

## Les Femmes illustres

### SAPHO À ÉRINNE

*Vingtième harangue*
(Extraits)

Argument

Vous allez entendre parler cette illustre femme[1] dont tous les siècles ont tant parlé, que Platon même admirait, dont l'image a été gravée comme celle d'une déesse dans toutes les monnaies d'un grand peuple, dont il nous reste encore une espèce de poésie dont les vers sont appelés saphiques, à cause que ce fut elle

1. *Sapho:* poète grecque (Mytilène, Lesbos, fin du -VII^e siècle–début du -VI^e siècle). Sa vie est mal connue. Elle aurait été exilée ou se serait réfugiée en Sicile pour des raisons politiques. De retour à Mytilène elle aurait enseigné à des jeunes filles nobles, placées sous l'invocation d'Aphrodite et des muses, la poésie, la musique et la danse. Elle fut probablement mère d'une fille, Cléis. En revanche, la célèbre histoire de son amour désésperé pour le passeur Phaon et de son saut suicidaire à Leucade est tout à fait apocryphe. Développant la lyrique monodique, Sapho créa le lyrisme érotique, discours de la passion adopté par tous les poètes suivants, et inventa la strophe dite saphique. Comme l'affirme Scudéry, elle fut très admirée par les Anciens pour la beauté de sa langue et pour son pouvoir d'expression. Malheureusement, à part son *Ode à Aphrodite,* il ne reste que des fragments de ses poèmes. Dès l'Antiquité, et surtout à l'ère chrétienne, ses vers sensuels, d'une grande intensité érotique, célébrant la beauté féminine et la vie des femmes et suggérant ses affinités pour certaines de ses élèves,

qui en inventa la mesure et que deux grands hommes de l'Antiquité grecque et romaine ont appelée la dixième muse. Elle saisit l'occasion d'exhorter son amie à faire des vers comme elle, afin de faire voir que les dames en sont capables et qu'elles ont tort de négliger une si agréable occupation. C'est l'argument de cette harangue que je donne en particulier à la gloire de ce beau sexe, comme en général je lui ai donné tout ce volume.

## SAPHO À ÉRINNE

Il faut, Érinne, il faut que je surmonte aujourd'hui en votre âme cette défiance de vous-même et cette fausse honte qui vous empêchent d'employer votre esprit aux choses dont il est capable. Mais il faut auparavant que de vous parler de votre mérite en particulier, que je vous fasse voir celui de notre sexe en général, afin que par cette connaissance je vous puisse porter plus aisément à

---

firent par moments scandale. L'Église catholique ordonna à plusieurs reprises de les brûler. Par contre, des auteurs comme Ovide (*Les Héroïdes*), en propageant la légende de son suicide pour l'amour de Phaon, contribuèrent à l'image d'une Sapho hétérosexuelle. Au cours des siècles, cette vision de Sapho, plus conforme aux stéréotypes culturels de la féminité, fut parfois renforcée par des traducteurs qui changèrent le genre des pronoms désignant la bien-aimée, remplaçant le féminin par le masculin. La censure, autant que la négligence des textes de l'Antiquité en général, fut donc pour beaucoup dans la perte et la méconnaissance de son œuvre. Scudéry connaissait la version hétérosexuelle de Sapho; ce qu'elle en récuse ici, c'est surtout l'autorité, comme modèle du discours féminin, de la complainte amoureuse que lui prête Ovide. L'ascendance de l'image homosexuelle de Sapho est relativement récente. Au début du XXe siècle, la poète Renée Vivien la traduira en français et s'imaginera aussi en nouvelle Sapho, héritière d'une tradition de poésie amoureuse spécifiquement lesbienne inaugurée par son illustre aïeule grecque (voir son poème «Psappha revit» [II]). Chacune à sa façon, Scudéry et Vivien réinventent la figure de Sapho pour légitimer leur différence des normes de féminité de leur temps. *Érinne:* poète grecque de l'époque helléniste (fin du -IVe siècle). En faisant d'elle la contemporaine de Sapho, Scudéry reproduit une erreur propagée par une source byzantine. Auteur probable d'épigrammes, Érinne doit surtout sa réputation dans l'Antiquité à un long poème en hexamètres, «La Quenouille», dont on ne découvrit des fragments qu'en 1928. À l'époque helléniste elle fut comparée à Homère et à Sapho. L'exemple de Sapho l'inspira sans doute. Des mots du dialecte de Sapho apparaissent dans ses vers et, comme Sapho, elle traite à la première personne le thème des rapports affectifs intenses entre femmes, exprimant notamment le chagrin du «je» à la mort d'une amie.

ce que je veux. Ceux qui disent que la beauté est le partage des femmes et que les beaux-arts, les belles-lettres, et toutes les sciences sublimes et relevées sont de la domination des hommes, sans que nous y puissions prétendre aucune part, sont également éloignés de la justice et de la vérité. Si la chose était ainsi, toutes les femmes seraient nées avec la beauté et tous les hommes avec une forte disposition à devenir savants, autrement la nature serait injuste dans la disposition de ses trésors.

Cependant nous voyons, tous les jours, que la laideur se trouve dans notre sexe et la stupidité dans l'autre. Que s'il était vrai que la beauté fût le seul avantage que nous eussions reçu du Ciel, non seulement toutes les femmes seraient belles, mais je crois, encore, qu'elles le seraient jusqu'à la mort, que le temps respecterait en elles, ce qu'il détruit à tous les moments et que, n'étant envoyées au monde que pour y faire voir leur beauté, elles seraient belles tant qu'elles seraient au monde. [...]

Et, pour en parler raisonnablement, la beauté est en notre sexe ce que la valeur est en celui des hommes: mais comme cette qualité ne les empêche pas d'aimer l'étude des belles-lettres, cet avantage aussi ne nous empêche point de les apprendre et de les savoir. Que s'il y a quelque différence entre les hommes et les femmes, que cela doit être seulement pour les choses de la guerre. C'est à la beauté de mon sexe de conquérir les cœurs et à la valeur et à la force des hommes de conquérir des royaumes. L'intention de la nature paraît si claire, en cette rencontre, qu'on ne s'y peut opposer; je consens donc que nous laissions prendre des villes, donner des batailles et conduire des armées à ceux qui sont nés pour cela, mais pour les choses qui n'ont besoin que de l'imagination, de la vivacité de l'esprit, de la mémoire et du jugement, je ne saurais souffrir que l'on nous en prive. [...]

Vous me direz, peut-être, que [...] je ne pourrai pas encore persuader que la connaissance des belles-lettres soit bienséante à une femme puisque, par un usage que les hommes ont établi de crainte peut-être d'être surmontés par nous, l'étude nous est autant défendue que la guerre. Faire des vers est la même chose que donner des batailles, si nous voulons les croire et, pour tout dire, il semble que l'on ne nous permet que ce que l'on nous devrait plutôt défendre. Quoi, Érinne, nous aurions l'imagination belle, l'esprit clairvoyant, la mémoire heureuse, le jugement solide, et nous n'emploierions toutes ces choses qu'à friser nos cheveux et qu'à chercher des ornements qui peuvent ajouter quelque chose à notre beauté? Non Érinne, ce serait abuser inutilement des faveurs que nous avons recueillies du Ciel. Celles qui sont nées avec des yeux à faire des conquêtes n'ont que faire de joindre l'artifice aux grâces de la nature, et ce serait donner un indigne emploi à l'esprit que de ne le faire agir toute notre vie qu'à de semblables occupations. On pourrait même dire que, si les choses étaient ordonnées comme il faut, l'étude des belles-lettres devrait plutôt être permise aux femmes qu'aux hommes. Car comme ils ont la conduite de l'univers, que les uns sont rois, les autres gouverneurs de provinces, quelques-uns sacrificateurs, les autres magistrats et tous, en général, maîtres de leurs familles, et par conséquent occupés ou aux affaires du public ou aux leurs en particulier, ils ont sans doute peu de temps à donner à cette sorte d'étude. Il faut qu'ils le dérobent à leurs sujets, à leurs amis ou à eux-mêmes: mais, pour nous, notre loisir et notre retraite nous en donnent toute la facilité que nous pourrions souhaiter. Nous ne dérobons rien au public ni à nous-mêmes: au contraire, nous nous enrichissons sans appauvrir les autres, nous illustrons notre patrie en nous rendant illustres, et sans faire tort à personne, nous acquérons beaucoup de gloire. Il est bien juste, ce me semble, puisque nous laissons la domination aux hommes, qu'ils nous laissent du moins la liberté de connaître toutes les choses dont notre esprit est capable. Le désir du bien ne nous doit point être défendu et, par conséquent, ce n'est pas un crime de le pratiquer. Les dieux n'ont rien fait d'inutile en toute la nature, chaque chose suit l'ordre qui lui a été donné, le soleil éclaire et réchauffe l'univers, la terre nous donne tous les ans des fleurs et des fruits, la mer nous donne toutes ses richesses, les rivières arrosent les prairies, les bois nous prêtent leurs ombrages: et toutes choses enfin servent à la société publique. Cela étant ainsi, pourquoi veut-on que nous soyons les seules rebelles et méconnaissantes envers les dieux? Pourquoi veut-on, dis-je, que notre esprit soit si indignement employé ou éternellement inutile?

Quelle bienséance peut-il y avoir à mépriser ce qui est honnête et quelle raison peut tomber d'accord que ce qui est infiniment louable de soi devienne mauvais et condamnable dès qu'il est en nous? Ceux qui ont des esclaves les font instruire pour leur commodité et ceux que la nature ou l'usage nous ont donné pour maîtres veulent que nous éteignions en notre âme toutes les lumières que le Ciel y a mises et que nous vivions dans les plus épaisses ténèbres de l'ignorance. [...]

Vous me direz, peut-être, que tous les hommes ne sont pas si rigoureux et que quelques-uns consentent que les femmes emploient leur esprit à la connaissance des belles-lettres, pourvu qu'elles ne se mêlent pas de vouloir elles-mêmes composer des ouvrages. Mais que ceux qui sont de cette opinion se souviennent que, si Mercure et Apollon sont de leur sexe, Minerve et les Muses sont du nôtre. [...]

Vous êtes née avec de si glorieux avantages que vous seriez ingrate envers ceux qui vous les ont donnés, si vous n'en saviez pas bien user. Vous me demanderez, peut-être, s'il n'est pas assez glorieux à une belle femme que tous les beaux esprits de son temps fassent des vers à sa louange, sans qu'elle se mêle de faire elle-même son portrait? Vous me demanderez, dis-je, si sa gloire n'est pas mieux établie de cette façon que de l'autre, mais j'aurais à vous répondre que, quelques éloges que l'on vous puisse donner, il vous serait plus glorieux d'avoir fait des vers pour tous les illustres de votre siècle, si vous les faisiez mieux qu'ils ne vous les feraient, qu'ils en eussent tous fait pour vous.

Croyez-moi, Érinne, il vaut mieux donner l'immortalité aux autres que de la recevoir d'autrui et trouver sa propre gloire chez soi que de l'attendre d'ailleurs. Les portraits que l'on ferait de vous de cette sorte ne passeraient peut-être un jour dans la postérité que pour des tableaux faits à plaisir. On admirerait plus l'imagination des poètes que votre beauté et les copies, enfin, passeraient pour originaux.

Mais si de votre propre main, vous laissez quelques marques de ce que vous êtes, vous vivrez toujours, avec honneur, en la mémoire de tous les hommes. Ceux de votre siècle qui vous auront louée passeront lors pour véritables et ceux qui ne l'auront pas fait pour stupides ou pour ennuyeux. [...]

Considérez donc encore une fois, je vous en conjure, combien faible et peu durable est la réputation qui se fonde sur la beauté. De tout ce nombre infini de belles femmes qui ont sans doute vécu dans les siècles qui ont précédé le nôtre, à peine avons-nous ouï parler de deux ou trois seulement: et dans ces mêmes siècles, nous voyons la gloire de notre sexe, nous voyons la gloire de plusieurs hommes, solidement établie par les écrits qu'ils nous ont laissés. Faites, Érinne, que le temps, la vieillesse et la mort ne vous dérobent que des roses et qu'ils n'emportent pas toute votre beauté.

Triomphez de ces ennemis de toutes les belles choses: mettez-vous en état de soutenir par votre exemple la gloire de notre sexe: faites avouer, à nos ennemis communs, qu'il nous est aussi facile de vaincre par la force de notre esprit que par la beauté de nos yeux, faites paraître votre jugement par le mépris des sottises que le vulgaire dira de votre résolution, faites voir à toute la terre de si beaux tableaux de votre imagination, de si nobles efforts de votre esprit, de si beaux effets de votre mémoire et de si belles marques de votre jugement que vous seule ayez l'avantage d'avoir rétabli la gloire de toutes les femmes. Ne méprisez donc pas ce que je vous dis: car si, par une fausse honte, vous ne résolvez point à me suivre et que vous fassiez consister toute votre gloire en votre beauté, vous pleurerez de votre vivant la perte de cette beauté. L'on parlera de vous comme si vous aviez été d'un autre siècle, et vous trouverez lors que j'aurais eu raison de vous dire aujourd'hui ce que je pense avoir dit autrefois dans quelques-uns de mes vers:

Les lys, les œillets, les roses,
Et toutes ces belles choses,
Dont votre visage est peint,
L'éclat des yeux et du teint,
Tout perdra forme et matière,
Et vous mourrez toute entière,
Si pour vaincre la Parque, et la fatalité,
Vous n'allez par l'étude à l'immortalité.

## Artamène, ou Le Grand Cyrus
[Portrait de Cléomire]

Cléomire est grande et bien faite; tous les traits de son visage sont admirables; la délicatesse de son teint ne se peut exprimer; la majesté de toute sa personne est digne d'admiration et il sort je ne sais quel éclat de ses yeux qui imprime le respect dans l'âme de tous ceux qui la regardent [...]. Sa physionomie est la plus belle et la plus noble que je vis jamais, et il paraît une tranquillité sur son visage qui fait voir clairement qu'elle est celle de son âme. On voit même en la voyant seulement que toutes ses passions sont soumises à raison et ne font point de guerre intestine dans son cœur; en effet je ne pense pas que l'incarnat qu'on voit sur ses joues ait jamais passé ses limites et se soit épanché sur tout son visage, si ce n'a été par la chaleur de l'été ou par la pudeur, mais jamais par la colère ni par aucun dérèglement de l'âme; ainsi Cléomire étant toujours également tranquille, est toujours également belle. [...]

Au reste, l'esprit et l'âme de cette merveilleuse personne surpassent de beaucoup sa beauté; le premier n'a pas de bornes dans son étendue et l'autre n'a point d'égale en générosité, en constance, en bonté, en justice et en pureté. L'esprit de Cléomire n'est pas un de ces esprits qui n'ont de lumière que celle que la nature leur donne, car elle l'a cultivé soigneusement, et je pense pouvoir dire qu'il n'est point de belles connaissances qu'elle n'ait acquises. Elle sait diverses langues et n'ignore presque rien de tout ce qui mérite d'être su, mais elle le sait sans faire semblant de le savoir et on dirait à l'entendre parler, tant elle est modeste, qu'elle ne parle de toutes choses admirablement comme elle fait, que par le simple sens commun et par le seul usage du monde. Cependant, elle se connaît à tout; les sciences les plus élevées ne passent point sa connaissance;

les arts les plus difficiles sont connus d'elle parfaitement; elle s'est fait faire un palais de son dessin, qui est un des mieux entendus du monde, et elle a trouvé l'art de faire en une place de médiocre grandeur un palais d'une vaste étendue. L'ordre, la régularité, la propreté sont dans tous ses appartements et à tous ses meubles; tout est magnifique chez elle et même particulier; les lampes y sont différentes des autres lieux; ses cabinets sont pleins de mille raretés qui font voir le jugement de celle qui les a choisies; l'air est toujours parfumé dans son palais; diverses corbeilles magnifiques, pleines de fleurs, font un printemps continuel dans sa chambre[2], et le lieu où on la voit d'ordinaire est si agréable et si bien imaginé, qu'on croit être dans un enchantement, lorsqu'on y est auprès d'elle. Au reste, personne n'a eu une connaissance si délicate qu'elle pour les beaux ouvrages de prose ni pour les vers; elle en juge pourtant avec une modération merveilleuse, ne quittant jamais la bienséance de son sexe, quoiqu'elle en soit beaucoup au-dessus.

(Tome VII)

*Histoire de Sapho*
[Portrait de Sapho]

Elle exprime même si délicatement les sentiments les plus difficiles à exprimer; et elle sait si bien faire l'anatomie d'un cœur amoureux, s'il est permis de parler ainsi, qu'elle en sait décrire exactement toutes les jalousies, toutes les inquiétudes, toutes les impatiences, toutes les joies, tous les dégoûts, tous les murmures, tous les désespoirs, toutes les espérances, toutes les révoltes, et tous ces sentiments tumultueux qui ne sont jamais bien connus que de ceux qui les sentent ou qui les ont sentis. Au reste, l'admirable Sapho ne connaît pas seulement tout ce qui dépend de l'amour: car elle ne connaît pas moins bien tout ce qui appartient à la générosité, et elle sait enfin si parfaitement écrire et parler de toutes choses qu'il n'est rien qui ne tombe sous sa connaissance. [...] Sapho a vu tout ce qui est digne de l'être, et elle s'est donné la peine de s'instruire de tout ce qui est digne de curiosité. [...] Mais ce qu'il y a d'admirable, c'est que cette personne qui sait tant de choses différentes, les sait sans faire la savante, sans en avoir aucun orgueil et sans mépriser celles qui ne les savent pas.

2. C'est la célèbre Chambre bleue où la marquise de Rambouillet, allongée sur son lit, recevait ses amis dans sa ruelle (espace entre un côté du lit et le mur) ou dans son alcôve (espace autour du lit, délimité par des rideaux).

[L'éducation des femmes]

Car enfin il faut que j'avoue qu'encore que je sois l'ennemie déclarée de toutes femmes qui font les savantes, je ne laisse pas de trouver l'autre extrémité fort condamnable et d'être souvent épouvantée de voir tant de femmes de qualité avec une ignorance si grossière que selon moi elles déshonorent notre sexe. En effet, ajouta-t-elle, la difficulté de savoir quelque chose avec bienséance ne vient pas tant à une femme de ce qu'elle sait, que de ce que les autres ne savent pas, et c'est sans doute la singularité qui fait qu'il est très difficile d'être comme les autres ne sont point, sans être exposée à être blâmée. [...]

Sérieusement, poursuivit-elle, y a-t-il rien de plus bizarre que de voir comment on agit pour l'ordinaire en l'éducation des femmes? On ne veut point qu'elles soient coquettes ni galantes, et on leur permet pourtant d'apprendre soigneusement tout ce qui est propre à la galanterie, sans leur permettre de savoir rien qui puisse fortifier leur vertu ni occuper leur esprit. [...] Ce qu'il y a de rare est qu'une femme qui ne peut danser avec bienséance que cinq ou six ans de sa vie en emploie dix ou douze à apprendre continuellement ce qu'elle ne doit faire que cinq ou six, et cette même personne qui est obligée d'avoir du jugement jusques à sa mort, et de parler jusques à son dernier soupir, on ne lui apprend rien du tout qui puisse ni la faire parler plus agréablement, ni la faire agir avec plus de conduite; et vu la manière dont il y a des dames qui passent leur vie on dirait qu'on leur a défendu d'avoir de la raison et du bon sens et qu'elles ne sont au monde que pour dormir, pour être grasses, pour être belles, pour ne rien faire et ne dire que des sottises.

[Le mariage, l'amour et la galanterie]

—Il faut donc sans doute, répliqua Tisandre[3], que vous ne regardiez pas le mariage comme un bien.

—Il est vrai, répliqua Sapho, que je le regarde comme un long esclavage.

—Vous regardez donc tous les hommes comme des tyrans? reprit Tisandre.

—Je les regarde du moins comme pouvant le devenir, répliqua-t-elle, dès que je les regarde comme pouvant être maris. [...] Je connais bien ensuite qu'il y a des hommes fort honnêtes gens qui méritent toute mon estime et qui pourraient même acquérir une partie de mon amitié. Mais encore une fois, dès que je les regarde comme maris, je les regarde comme des maîtres, et comme des maîtres si propres à devenir des tyrans, qu'il n'est pas possible que je ne les

3. Rival de Phaon pour l'amour de Sapho.

haïsse dans cet instant-là, et que je ne rende grâces aux dieux de m'avoir donné une inclination fort opposée au mariage.

—Mais s'il y avait quelqu'un d'assez heureux et assez honnête homme pour toucher votre cœur, reprit Tisandre, peut-être changeriez-vous de sentiments.

—Je ne sais si je changerais de sentiments, répliqua-t-elle, mais je sais bien qu'à moins que d'aimer jusques à perdre la raison, je ne perdrais jamais la liberté, et que je ne me résoudrais jamais à faire de mon esclave mon tyran.

[...]

—Vous voulez donc, répliqua Cydnon[4], qu'on vous aime sans espérance?

—Je veux bien qu'on espère d'être aimé, répliqua-t-elle, mais je ne veux pas qu'on espère rien davantage. Car enfin, c'est selon moi la plus grande folie du monde de s'engager à aimer quelqu'un si ce n'est dans la pensée de l'aimer jusqu'à la mort. Or est-il que hors d'aimer de la manière que je l'entends, c'est s'exposer à passer bientôt de l'amour à l'indifférence, et de l'indifférence à la haine et au mépris.

—Mais encore, reprit Cydnon, dites-moi plus précisément comment vous entendez qu'on vous aime, et comment vous entendez aimer?

—J'entends, dit-elle, qu'on m'aime ardemment, qu'on n'aime que moi, et qu'on m'aime avec respect. Je veux même que cette amour[5] soit une amour tendre et sensible, qui se fasse de grands plaisirs de fort petites choses, qui ait la solidité de l'amitié, et qui soit fondée sur l'estime et sur l'inclination. Je veux de plus que cet amant soit fidèle et sincère. Je veux encore qu'il n'ait ni confident ni confidente de sa passion, et qu'il renferme si bien dans son cœur tous les sentiments de son amour que je puisse me vanter à être seule à les savoir. Je veux aussi qu'il me dise tous ses secrets, qu'il partage toutes mes douleurs, que ma conversation et ma vue fassent toute sa félicité, que mon absence l'afflige sensiblement, qu'il ne me dise jamais rien qui puisse me rendre son amour suspecte de faiblesse, et qu'il me dise toujours tout ce qu'il faut pour me persuader qu'elle est ardente et qu'elle sera durable. Enfin, ma chère Cydnon, je veux un amant, sans vouloir un mari. Et je veux un amant qui, se contentant de la possession de mon cœur, m'aime jusqu'à la mort. Car si je n'en trouve un de cette sorte, je n'en veux point.

[...]

4. Amie de Sapho.

5. Mot encore féminin au XVII^e siècle.

Cependant je suis contrainte d'avouer que c'est aux femmes à qui il se faut prendre de la mauvaise galanterie des hommes; car si elles savaient bien se servir de tous les privilèges de leur sexe, elles leur apprendraient à être véritablement galants, et elles n'endureraient pas qu'ils perdissent jamais devant elles le respect qu'ils leur doivent. En effet elles ne leur souffriraient nullement cent familiarités inciviles que la plupart des nouveaux galants veulent introduire dans le monde, car enfin, entre la cérémonie contrainte et l'incivilité, il y a un fort grand intervalle, et si toutes les dames galantes entendaient bien le métier dont elles se mêlent, leurs galants seraient plus respectueux et plus complaisants, et par conséquent plus agréables. [...] Cependant il est certain que si les dames en général savaient bien ménager tous leurs avantages, il serait possible d'introduire dans le monde une galanterie si spirituelle, si agréable, et si innocente tout ensemble, qu'elle ne choquerait ni la prudence, ni la vertu. En effet, si les dames ne voulaient devoir leurs amants qu'à leur propre mérite [...], les hommes seraient plus complaisants, plus soigneux, plus soumis, et plus respectueux qu'ils ne sont, et les femmes seraient aussi moins intéressées, moins lâches, moins fourbes, et moins faibles qu'on ne les voit. De sorte que chacun étant à sa place, c'est-à-dire les maîtresses étant les maîtresses, et les esclaves les esclaves, tous les plaisirs reviendraient en foule dans le monde.

(Tome X)

## Clélie, histoire romaine

### [La Carte de Tendre]

Après cela, madame, il faut, s'il vous plaît, retourner à *Nouvelle Amitié* pour voir par quelle route on va de là à *Tendre-sur-Reconnaissance*. Voyez donc, je vous en prie, comment il faut aller d'abord de *Nouvelle Amitié* à *Complaisance*; ensuite à ce petit village qui se nomme *Soumission* et qui touche à un autre fort agréable qui s'appelle *Petits Soins*. Voyez, dis-je, que de là il faut passer par *Assiduité* pour faire entendre que ce n'est pas assez d'avoir durant quelques jours tous ces petits soins obligeants qui donnent tant de reconnaissance, si on ne les a assidûment. Ensuite vous voyez qu'il faut passer à un autre village qui s'appelle *Empressement*, et ne pas faire comme certains gens tranquilles qui ne se hâtent pas d'un moment, quelque prière qu'on leur fasse, et qui sont incapables d'avoir cet empressement qui oblige quelquefois si fort.

Après cela vous voyez qu'il faut passer par *Grands Services* et que, pour marquer qu'il y a peu de gens qui en rendent de tels, ce village est plus petit que les

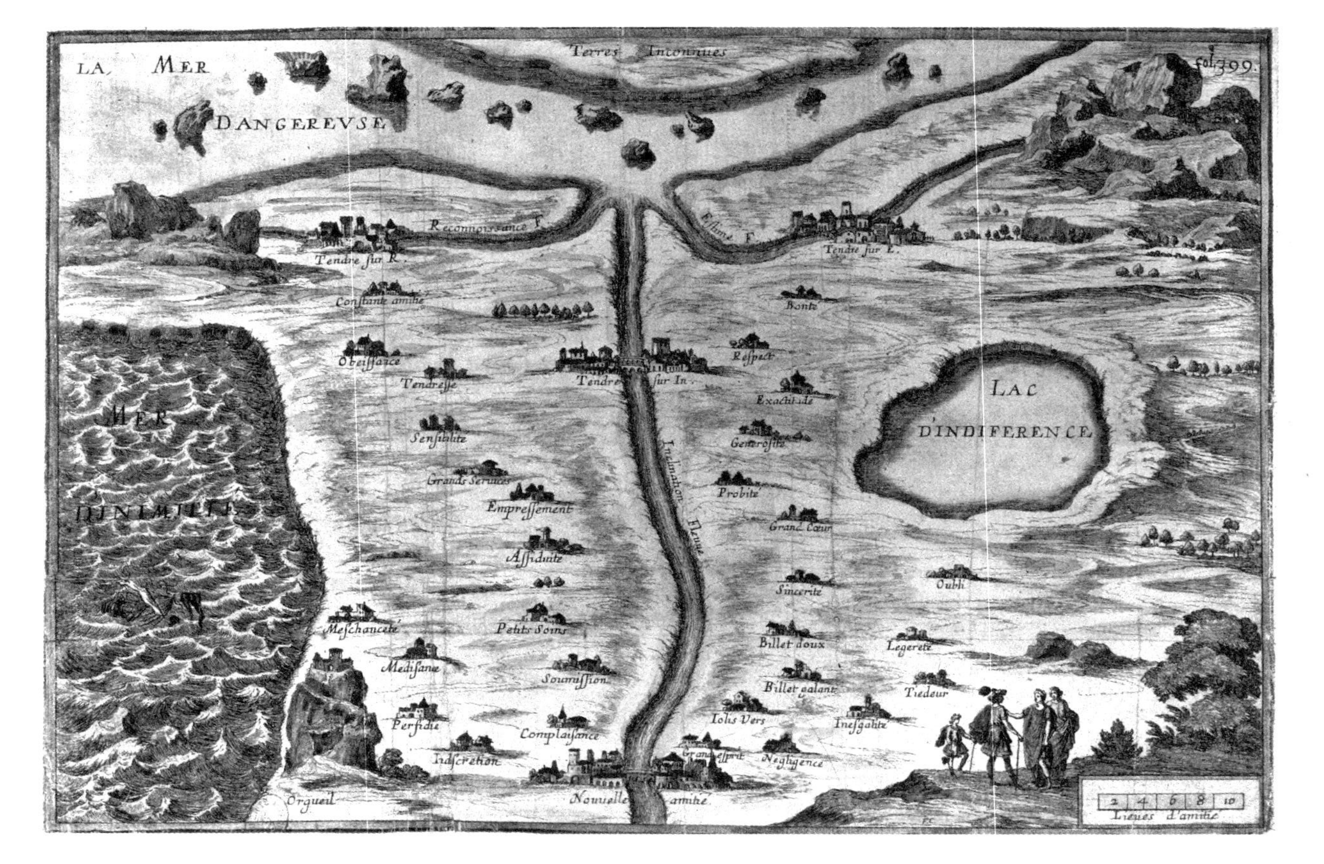


Madeleine de Scudéry, La Carte de Tendre (Bibliothèque nationale de France)

autres. Ensuite il faut passer à *Sensibilité,* pour faire connaître qu'il faut sentir jusques aux plus petites douleurs de ceux qu'on aime. Après il faut, pour arriver à *Tendre,* passer par *Tendresse,* car l'amitié attire l'amitié. Ensuite il faut aller à *Obéissance,* n'y ayant presque rien qui engage plus le cœur de ceux à qui on obéit que de le faire aveuglément; et pour arriver enfin où on veut aller, il faut passer à *Constante Amitié,* qui est sans doute le chemin le plus sûr pour arriver à *Tendre-sur-Reconnaissance.*

Mais madame, comme il n'y a point de chemins où l'on ne puisse s'égarer, Clélie a fait, comme vous le pouvez voir, que si ceux qui sont à *Nouvelle Amitié* prenaient un peu plus à droit ou un peu plus à gauche, il s'égareraient aussi. [...] si au partir de *Nouvelle Amitié* on prenait un peu trop à gauche, et qu'on allait à *Indiscrétion,* à *Perfidie,* à *Orgueil,* à *Médisance,* ou à *Méchanceté,* au lieu de se trouver à *Tendre-sur-Reconnaissance,* on se trouverait à la *Mer d'Inimitié* où tous les vaisseaux font naufrage [...].

Ainsi, elle fait voir par ces routes différentes, qu'il faut avoir mille bonnes qualités pour l'obliger à avoir une tendre amitié, et que ceux qui en ont de mauvaises, ne peuvent avoir part qu'à sa haine ou à son indifférence. Aussi cette sage fille voulant faire connaître sur cette carte qu'elle n'avait jamais eu d'amour et qu'elle n'aurait jamais dans le cœur que de la tendresse, fait que la rivière d'*Inclination* se jette dans une mer qu'on appelle la *Mer dangereuse,* parce qu'il est assez dangereux à une femme d'aller un peu au-delà des dernières bornes de l'amitié, et elle fait ensuite qu'au-delà de cette mer, c'est ce que nous appelons *Terres inconnues,* parce qu'en effet nous ne savons point ce qu'il y a.

(Livre I)

# *Marie-Madeleine de Lafayette*

(1634–1693)

«Ce sont les femmes qui ont donné le ton au roman en France», proclamait en 1789 Louise-Félicité Guinemet de Keralio (*Collection des meilleurs ouvrages français composés par des femmes,* tome V). En évoquant le «caractère de politesse et de galanterie» du roman français, elle rappelait les nombreuses romancières issues des salons qui ont élaboré dans leur œuvre, sous le règne de Louis XIV, le genre romanesque. De nos jours, s'il y a une femme à qui l'observation de

Marie-Madeleine de Lafayette (Marie-Madeleine Pioche de la Vergne; Bibliothèque nationale de France)

Keralio fait penser, c'est Marie-Madeleine de Lafayette, consacrée par la tradition comme l'auteur, avec *La Princesse de Clèves* (1678), du premier roman moderne et du premier roman d'analyse en France (bien qu'Hélisenne de Crenne ait publié dès 1538 *Les Angoisses douloureuses qui procèdent d'amours* et que Madeleine de Scudéry ait déjà mis au premier plan dans ses romans «l'anatomie du cœur humain»). Figure unique, elle est la seule romancière et, à part Marie de Sévigné, la seule femme écrivain parmi les auteurs canoniques du Grand Siècle. Figure mythique aussi, car elle est l'auteur d'un des plus grands romans de la littérature française et mondiale, et, sans conteste, le meilleur roman du XVIIe siècle français: *La Princesse de Clèves.*

Étape décisive dans l'évolution du genre, cette œuvre rencontra un succès retentissant auprès des contemporains de Lafayette qui en reconnurent immédiatement la nouveauté. Car, dans *La Princesse de Clèves,* ce sont la vie intérieure et les sentiments qui déterminent l'action; l'intensité dramatique vient de l'analyse lucide d'une conscience individuelle aux prises avec la passion dans un cadre social et politique qui limite ses choix, cadre authentique et familier aux lecteurs. Préfigurant ainsi tout l'avenir du genre, *La Princesse de Clèves* ne tarda pas à devenir le modèle indépassable du roman français tant pour les historiens de la littérature que pour des générations de romancières et de romanciers depuis son époque jusqu'au XXe siècle. Catherine Bernard, l'abbé Prévost, Claudine-Alexandrine de Tencin (*Mémoires du Comte de Comminge,* 1735), Françoise de Graffigny, Marie Jeanne Riccoboni («Madame *de la Fayette* fut toujours ma maîtresse et mon guide; l'honneur d'approcher d'elle, de la suivre, même à quelque distance, est la louange que je voudrais mériter, et serait un prix bien flatteur de mes faibles essais», *Mercure de France,* mars 1768), Isabelle de Charrière, Crébillon, Jean-Jacques Rousseau (*La Nouvelle Héloïse,* 1761), le marquis de Sade, Germaine de Staël (*Delphine,* 1802), Benjamin Constant (*Adolphe,* 1816), André Gide (*La Porte étroite,* 1909), tous écrivent, chacun à sa manière, dans son sillage.

Malheureusement, le statut exceptionnel du roman, sa perfection mythique, eurent pour effet d'effacer de la mémoire collective la tradition romanesque féminine qui le prépare et qu'il assimile et prolonge. Le contenu subversif du roman, notamment sa peinture du mariage et sa condamnation de la passion, fut occulté aussi, et le roman fut réduit à une histoire sentimentale, vouant toute la fiction féminine qui le suivra à cette catégorie qui la rend forcément inférieure à la production romanesque masculine, décrétée «sérieuse». En effet, à partir de la fin du XVIIe siècle, parmi les chefs-d'œuvre dignes d'être étudiés dans les écoles et lus par des lecteurs cultivés, la tradition littéraire française ne retiendra, en dehors de *La Princesse de Clèves,* que des romans écrits par des hommes.

De son vivant, appelée déjà «l'Incomparable», «la non-pareille», à l'hôtel de Nevers surnommée «le brouillard», qui fut cette femme exceptionnelle et énigmatique? De très petite noblesse, Marie-Madeleine Pioche de La Vergne naît en 1634 à Paris, fille aînée de Marc Pioche, sieur de La Vergne, et d'Isabelle Pena, jeune femme issue d'une famille de savants humanistes et fille du médecin du roi. Son père, capitaine et ingénieur de formation, gouverneur du neveu de Richelieu, est un homme cultivé qui fréquente les meilleurs esprits de l'époque. Il a ses entrées à l'Hôtel de Rambouillet et est lié avec Madeleine de Scudéry. Par ailleurs, son épouse tient un salon réputé dans leur hôtel particulier de la rue de Vaugirard. Elle y reçoit des intellectuels et des précieux comme Chapelain et Voiture et surtout le poète Gilles Ménage qui exercera sur la formation littéraire de Marie-Madeleine une influence capitale. Adolescente, celle-ci acquiert déjà, dans ce milieu raffiné, la réputation de bel esprit qui la suivra toute sa vie: Ménage la célèbre dans ses poèmes et, plus tard, elle figurera en bonne place dans le *Dictionnaire des Précieuses* de Sommaize et dans d'autres recueils de femmes savantes et illustres de l'époque.

À l'âge de quinze ans elle perd son père; l'année suivante, sa mère se remarie avec le chevalier Renaud-René de Sévigné, de bonne noblesse, oncle de la célèbre marquise que Marie-Madeleine a connue à l'Hôtel de Rambouillet et qui sera sa meilleure amie—«la personne du monde que j'ai le plus véritablement aimée» (*Correspondance,* lettre à Marie de Sévigné, 24 janvier 1692). En 1651, Marie-Madeleine est nommée fille d'honneur de la reine Anne d'Autriche et pénètre ainsi dans le cercle de la cour. Elle y fait la connaissance d'Henriette d'Angleterre qui, en épousant le frère de Louis XI, deviendra un personnage influent. L'année suivante, compromis dans la Fronde, son beau-père doit s'exiler; il emmène alors sa famille dans ses terres de Champiré. Cet exil à la campagne permet à Marie-Madeleine de parfaire son éducation et d'exercer sa plume en correspondant avec ses amis à Paris. Ménage, qui lui a voué une amitié amoureuse à vie, lui envoie des livres—le dernier tome du *Grand Cyrus* (1653) de Madeleine de Scudéry l'enchante tout particulièrement—lui apprend le latin et l'italien, lui fait lire Virgile, Pétrarque, le Tasse et des livres d'histoire dont se nourriront ses romans, et veille sur la qualité de son écriture. En récompense, la jeune femme de 19 ans, tout imbue de l'esprit précieux, lui déclare sa méfiance à l'égard de l'amour—«Je suis si persuadée que l'amour est une chose incommode que j'ai de la joie que mes amis et moi en soyons exempts» (18 septembre 1653)—attitude qui la fera passer pour une insensible mais qui éclaire un des aspects les plus controversés de son chef-d'œuvre, le refus final de l'héroïne.

En 1655, de retour à Paris, sa famille la marie au comte François de Lafayette (ou La Fayette), de vieille noblesse auvergnate, veuf et presque deux fois plus âgé qu'elle. Il lui apporte un grand nom et le beau titre de comtesse, elle, sa fortune, car le patrimoine du comte est menacé et la comtesse, qui possède un vrai talent pour les affaires, passera une grande partie de sa vie à s'occuper des innombrables procès de son mari pour le conserver. Elle suit son époux en Auvergne où elle met au monde deux fils (Louis, en 1658, futur abbé, et René-Armand en 1659, futur soldat). Elle profite de ce nouvel «exil» pour se cultiver. Ménage lui fait parvenir les livres d'actualité, notamment les premiers volumes de la *Clélie* de Scudéry, qu'elle se plaint de ne pas recevoir assez vite. Après quelques années partagées entre l'Auvergne et Paris, vers 1661, la comtesse s'installe définitivement à Paris, dans l'hôtel particulier de la rue de Vaugirard, héritage de ses parents. Désormais, sans qu'il y ait eu de rupture, les époux vivront séparément. Jusqu'à sa mort en 1683, le comte s'occupera de ses terres en Auvergne, ne faisant que de rares séjours chez sa femme à Paris.

Malgré son tempérament mélancolique et les migraines et les maladies qui l'assailliront toute sa vie, Lafayette mène à Paris une vie très active: procédures légales pour défendre le bien familial, tractations avec des personnalités influentes pour l'établissement de ses fils, intrigues politiques, fréquentations mondaines. «Jamais une personne, sans sortir de sa place, n'a tant fait de bonnes affaires», s'émerveillera son amie Sévigné, «elle a cent bras, elle atteint partout». Elle est reçue dans le salon de Madeleine de Scudéry, où elle rencontre l'érudit Huet, et dans celui, plutôt janséniste et frondeur, des Du Plessis-Guénégaud à l'Hôtel de Nevers où elle fréquente François de La Rochefoucauld (célèbre auteur des *Maximes,* 1664) qui deviendra son ami le plus intime. Autour de lui et de la marquise de Sévigné elle tient elle-même un salon très prisé où sont accueillis intellectuels et littéraires de renom comme Huet, Segrais, La Fontaine, Retz, l'élite de la cour et de la ville. On y admire *L'Astrée* et *Les Pensées* de Pascal (1670).

Louis XIV l'invite à Versailles et elle doit ses débuts littéraires à ses relations avec la cour: un portrait de Sévigné pour la *Galerie* de portraits de la Grande Mademoiselle, duchesse de Montpensier. C'est sa première œuvre publiée, destinée d'abord à un public restreint, l'entourage de la duchesse, et la seule signée de son nom, bien que sous une forme travestie qui anticipe l'anonymat futur et la stratégie de dénégation de la romancière: «Portrait de Mme la marquise de Sévigné par Mme la comtesse de Lafayette sous le nom d'un inconnu»

(*Divers portraits*, 1659, repris la même année dans *Le Recueil de portraits* de Sercy et Barbin). Signature voilée qui lui permet de s'exprimer en toute liberté et, paradoxalement, d'insister sur son nom: «Vous êtes naturellement tendre et passionnée, mais à la honte de notre sexe, cette tendresse vous a été inutile, et vous l'avez renfermée dans le vôtre en la donnant à Madame de Lafayette.»

En 1662, Lafayette publie, anonymement, pour ne pas déroger («Elle court le monde, mais par bonheur ce n'est pas sous mon nom»), une nouvelle historique, *La Princesse de Montpensier*. Elle marque ainsi une rupture spectaculaire avec les conventions du roman héroïque des années 1640 et 1650 (Scudéry, La Calprenède), consacrant la nouvelle orientation du roman vers la brièveté, la simplicité et le réalisme. En 1657, Segrais avait fait paraître *Les Nouvelles françaises*, inspirées de *L'Heptaméron* de Marguerite de Navarre, et donné la théorie du genre. Par contraste avec le roman, associé à la bienséance et à la poésie, la nouvelle a pour principe la vraisemblance et «doit un peu davantage tenir de l'histoire et s'attacher plutôt à donner les images des choses comme d'ordinaire nous les voyons arriver que comme notre imagination se les figure». Bien que Scudéry elle-même se soit tournée vers ce genre avec *Célinte* (1661), c'est *La Princesse de Montpensier*, très bien accueillie par le public, qui deviendra le modèle de la nouvelle classique, ouvrant la voie à *La Princesse de Clèves*. Les thèmes et la formule du chef-d'œuvre sont déjà esquissés: mariage arrangé; drame de la femme mariée qui éprouve une passion adultère; vision pessimiste de l'amour, source de désordre et de destruction; histoire d'amour inventée, greffée sur un cadre historique, soigneusement reconstituée d'après des sources pour appuyer la vraisemblance du sujet, ici, la cour des Valois au XVI^e siècle au moment des guerres de Religion (époque rapprochée au lieu de l'Antiquité comme dans les romans héroïques); reflet de l'actualité politique (la cour des Valois est à l'image de celle de Louis XIV). Comme dans *La Princesse de Clèves*, le mélange audacieux de personnages et de faits historiques avec la fiction communique une nouvelle vision de l'histoire qui révèle l'enchevêtrement entre événements particuliers et grands mouvements historiques, entre désordres passionnels et bouleversements politiques, et qui privilégie l'expérience et le point de vue des femmes.

Vers la même époque probablement, elle écrit dans la même veine et suivant cette formule qui brouille la distinction entre fiction et réalité, une nouvelle historique très brève, *La Comtesse de Tende*. Publiée à titre posthume en 1724 et attribuée à Lafayette, cette nouvelle est parfois considérée comme une esquisse de *La Princesse de Clèves* à cause de l'aveu de l'héroïne à son mari—inouï dans la littérature du XVII^e siècle—qu'elle est enceinte d'un autre homme. D'un réalisme cruel, *La Comtesse de Tende* dépeint les ravages de la passion en milieu aristocratique et se termine, comme *La Princesse de Montpensier*, par la mort de l'héroïne.

Vu son penchant pour l'histoire, il est naturel que Lafayette contribue également à la vogue des mémoires écrits par des femmes à l'époque classique. Ce genre était traditionnellement réservé aux hommes qui occupaient une place importante dans le gouvernement. Les femmes mémorialistes (Montpensier, la duchesse de Nemours, Motteville, Hortense et Marie Mancini, Catherine Meurdrac de la Guette) apportent un point de vue nouveau sur l'histoire et mettent en valeur des aspects de la vie traditionnellement exclus de l'histoire officielle, notamment les activités des femmes dans la vie privée et sur la scène publique. Beaucoup d'entre elles se réclament de Marguerite de Valois (1553–1615), dont les *Mémoires*, publiés en 1628, adoptent la formule personnelle qu'elles tentent aussi d'élaborer. La plupart des mémoires composés à cette époque par des femmes ne seront publiés qu'après la mort de Louis XIV en 1715. Il en sera de même de ceux rédigés par Lafayette à la demande de la princesse Henriette d'Angleterre, dont elle est devenue la confidente et l'amie: «Vous écrivez bien... Écrivez, je vous fournirai de bons mémoires» (*Histoire d'Henriette d'Angleterre*). Commencée en 1665, interrompue en 1670 par la mort soudaine et prématurée de la princesse, reprise vers 1673 et terminée une dizaine d'années plus tard, son *Histoire d'Henriette d'Angleterre* sera publiée, à titre posthume, seulement en 1720. Lafayette y met en relief le rôle actif joué par la princesse dans la vie politique aussi bien que ses intrigues de cour, celles-ci ayant un aspect romanesque qui ne les empêche pas pour autant d'être historiquement vraies. De même que dans ses fictions historiques, en brouillant ainsi la distinction entre histoire et roman, Lafayette propose comme vraisemblables d'autres comportements féminins que ceux prévus par la société.

*Zaïde, histoire espagnole* (2 vols., 1669, 1671), publiée sous le nom de Segrais et précédée d'un traité de Huet, *Sur l'origine des romans*, semble être un retour en arrière vers le roman héroïque (cadre médiéval hispano-mauresque, histoires intercalées et narrateurs multiples, dénouement «heureux» du mariage—démenti toutefois par le pessimisme des histoires intercalées). Si Lafayette est le véritable auteur de ce roman, elle a sans doute été aidée dans son travail par Segrais, Huet et peut-être La Rochefoucauld, car la notion d'auteur au XVIIe siècle n'était pas ce qu'elle est aujourd'hui. Il était d'usage alors de faire circuler ses manuscrits à des amis avisés, notamment dans les salons, pour les faire revoir et corriger. Ainsi, plutôt qu'une régression surprenante vers une forme romanesque que Lafayette avait elle-même contribué à démoder, on peut voir dans *Zaïde* un ultime hommage aux romans de Madeleine de Scudéry et à l'écriture collective des salons présidés par des femmes que celle-ci incarne.

En 1672, l'éditeur Barbin prend un privilège pour un roman intitulé *Le Prince de Clèves,* mais il faudra six ans de recherches historiques intensives de la part de la romancière avant que paraisse, le 8 mars 1678, encore sans nom d'auteur mais avec grand éclat, la nouvelle historique que nous connaissons sous le titre de *La Princesse de Clèves.* Le roman est reçu—et attaqué—comme quelque chose de radicalement nouveau, qui met en question les attentes des lecteurs: «l'aveu de Madame de Clèves à son mari est extravagant et ne peut se dire que dans une histoire véritable; mais quand on en fait une à plaisir, il est ridicule de donner à son héroïne un sentiment si extraordinaire. L'auteur, en le faisant, a plus songé à ne pas ressembler aux autres romans qu'à suivre le bon sens» (Bussy-Rabutin à la marquise de Sévigné, 26 juin 1678). Effectivement, l'auteur avait voulu se démarquer des autres romans. D'abord Lafayette innove au niveau du genre: elle s'éloigne du «roman» (terme par lequel on désignait à l'époque le roman héroïque), genre discrédité après 1660, méprisé comme «féminin» et associé à l'extravagance, pour se rapprocher de l'histoire, genre respecté, considéré comme «masculin»: «C'est une parfaite imitation du monde de la cour et de la manière dont on y vit. Il n'y a rien de romanesque et de grimpé; aussi n'est-ce pas un roman, c'est proprement des mémoires» (lettre de l'auteur à Lescheraine, 13 avril 1678). En réalité, il s'agit d'un genre nouveau, hybride, qui combine le point de vue de l'historienne et celui de la psychologue, la vraisemblance des nouvelles et des traits narratifs (conversations, portraits, histoires intercalées), des thèmes (le mariage, l'amour et l'inconstance) et l'analyse psychologique qu'on trouve dans le «roman». En situant l'action à la fin du règne d'Henri II, en 1558–59, précisément au moment où paraissent les deux premières éditions posthumes de *L'Heptaméron* de Marguerite de Navarre, seule œuvre littéraire mentionnée dans *La Princesse de Clèves,* Lafayette affirme très délibérément une tradition romanesque féminine; et, en mettant cette référence dans la bouche de Marie Stuart, la reine dauphine, au moment où celle-ci raconte elle-même la vie d'Anne de Boulen, elle invoque une nouvelle notion, féminocentrique, de l'histoire où la femme figure à la fois comme historienne et comme agent. Le roman tend en effet à minimiser l'importance du roi et des activités viriles comme la guerre (ceci au moment même où Louis XIV renforce son pouvoir absolu et écarte les femmes de la vie politique) pour insister sur les femmes comme conteuses et sources de savoir et sur l'influence de femmes fortes, telles Diane de Poitiers et Catherine de Médicis, et de passions secrètes sur la vie politique à la cour des Valois.

Mise en question des normes sociales, tout comme de l'histoire officielle et des règles littéraires, le roman provoque une querelle, sans précédent au XVII$^{e}$ siècle, autour de la notion de vraisemblance. Le comportement «singulier» de l'héroïne est-il vraisemblable? Une femme a-t-elle raison d'avouer à son mari son amour pour un autre que lui? Le journal *Le Mercure galant* lance avec cette dernière question une enquête sur la scène de l'aveu (premier sondage de l'histoire littéraire française) et consacre plusieurs numéros aux réponses des lecteurs. Au nom d'une vraisemblance qui se confond avec la bienséance, la plupart jugent l'aveu *invraisemblable*, c'est-à-dire, non conforme au comportement idéal d'une femme réelle ni d'une héroïne de roman. La polémique suscite aussi des lettres qui circulent dans la bonne société, comme celle déjà citée de Bussy-Rabutin, ainsi que deux livres: Valincour, *Lettres à la marquise de *** sur le sujet de «La Princesse de Clèves»* (1678), condamnation violente au nom du bon goût et des valeurs mondaines des «invraisemblances» du roman (non seulement l'aveu, mais aussi le dénouement controversé, où, après la mort de son mari, la princesse refuse d'épouser le duc de Nemours, l'homme qu'elle aime, choisissant plutôt de se retirer du monde et de la cour) et Charnes, *Conversations sur la critique de «La Princesse de Clèves»* (1679), défense du roman contre les attaques de Valincour en tant que chef-d'œuvre d'un type nouveau. C'est précisément la «singularité» de son héroïne, son caractère exceptionnel, que Lafayette veut mettre en relief, tout en donnant des motivations psychologiques à son comportement pour satisfaire l'exigence de vraisemblance. Elle récrit ainsi la vraisemblance, proposant une intrigue différente de celles de la culture dominante, une intrigue qui traduit une optique féminine et dissidente sur la vie et qui se nourrit de toute une tradition littéraire féminine. «Depuis la Sapho du *Grand Cyrus*», s'écrie Valincour à propos du dénouement, «s'est-il rencontré une femme à qui cette vision soit tombée dans l'esprit?» En effet, l'aveu, le refus final de l'amour et le choix du repos sont parfaitement compréhensibles dans la perspective de la préciosité, comme dans celle d'une Hélisenne de Crenne ou d'une Marguerite de Navarre quand elles exposent les dangers de l'amour, de même que l'aveu lui-même trouve des antécédents dans le roman féminin: *Les Angoisses douloureuses qui procèdent d'amours* d'Hélisenne de Crenne et *Les Désordres de l'amour* (1675) de Villedieu (même si, au moment où le roman de Villedieu est sorti, Lafayette avait peut-être déjà composé cette scène). Avec son roman singulier, Lafayette a provoqué un débat exceptionnel sur la définition du genre et de la vraisemblance, ainsi que sur les valeurs de toute une société.

Lafayette niera toujours avoir écrit *La Princesse de Clèves* et, par conséquent, on l'a souvent attribuée, parfois même de nos jours, entièrement ou en grande partie à un ou à plusieurs de ses collaborateurs masculins (La Rochefoucauld, Segrais...). Certains d'entre eux attesteront pourtant après sa mort que le roman est bien d'elle seule. Comment expliquer son refus d'avouer le roman? Citons les raisons de bienséance relatives au rang et au sexe: un noble ne doit pas «déroger», c'est-à-dire s'abaisser en exerçant un métier rémunéré, préjugé encore plus contraignant lorsqu'on est une dame, et une grande dame qui écrit un roman, genre honni. Lafayette ne veut pas sacrifier son prestige social en se faisant prendre pour «un vrai auteur de profession» (lettre à Huet, 1662). Elle désire aussi que le livre soit jugé sur ses propres mérites et non d'après l'identité de l'auteur: «il demeure donc dans l'obscurité où il est pour laisser les jugements plus libres et plus équitables» (avis du libraire au lecteur). Elle pourra ainsi jouir secrètement du succès du roman sans s'exposer personnellement aux attaques. Dans un jeu subtil de cache-cache, destiné à la fois à la protéger et à affirmer son originalité et son identité d'écrivaine, elle niera le roman pour mieux le vanter, tout en l'avouant à mots couverts: «Pour moi, je suis flattée que l'on me soupçonne [...]. Je le trouve très agréable, bien écrit sans être extrêmement châtié, plein de choses d'une délicatesse admirable et qu'il faut même relire plus d'une fois; [...] c'est proprement des mémoires; et c'était, *à ce que l'on m'a dit,* le titre du livre, mais on l'a changé» (lettre à Lescheraine, 13 avril 1678, nous soulignons). La confidence finale équivaut à une signature.

Pendant ses dernières années, endeuillée (mort de La Rochefoucauld en 1680 et de son vieil ami Ménage en 1692), obligée par la maladie de mener une vie très retirée, Lafayette reste néanmoins très active. Elle arrange le mariage de son fils cadet et après la mort de son mari gère le patrimoine familial. Elle sert d'intermédiaire entre la cour et son amie Jeanne-Baptiste de Nemours, régente de Savoie. Elle rédige ses *Mémoires de la Cour de France pour les années 1688 et 1689* (publication posthume en 1731). Correspondant avec l'abbé de Rancé, elle se tourne vers la religion. Marie-Madeleine de Lafayette meurt le 25 mai 1693. La marquise de Sévigné, qui la veilla pendant sa dernière maladie, rendra justice à son amie—«Il a fallu qu'elle soit morte pour faire voir qu'elle avait raison de ne point sortir et d'être triste»—louant «cette divine raison qui était sa qualité principale».

Les passages de *La Princesse de Clèves* qui suivent permettront de tracer l'évolution de l'héroïne depuis l'éducation inhabituelle qu'elle reçoit de sa mère, à travers son expérience de la passion et ses observations personnelles du monde, épreuves des leçons maternelles, jusqu'au moment culminant de l'aveu, première étape de sa prise de parole et de sa quête du repos et de l'invulnérabilité, et enfin au dénouement. Dans cette évolution, la mère joue un rôle déterminant;

les rapports mère/fille, nouveau thème féminin qui apparaît aussi à l'époque classique dans les lettres de Sévigné, semblent en effet s'offrir en alternative dissidente à l'intrigue amoureuse conventionnelle, intrigue qui prescrit la chute sexuelle («tomber comme les autres femmes») et l'échange des femmes entre des hommes inconstants et infidèles. Mais la mère joue-t-elle un rôle positif ou négatif, libérateur ou inhibiteur, dans la vie de sa fille? Sur cette question, comme sur les motivations de la princesse au moment de l'aveu et au dénouement, les opinions divergent. En dépit de sa rigueur analytique, *La Princesse de Clèves* garde son mystère et son ambiguïté essentielle.

L'aveu laisse pressentir le refus de la passion et la retraite de l'héroïne au dénouement et, semant le désordre dans un univers de mensonges et de fausses apparences, le précipite. Rongé par les soupçons et par la jalousie, le mari se laissera mourir. Monsieur de Nemours, vaniteux et imprudent, racontera cette scène extraordinaire «sous des noms empruntés» et le voile du secret au vidame de Chartres, qui répétera l'histoire à sa maîtresse, qui à son tour la redira à la reine dauphine qui la répétera à la princesse de Clèves elle-même. La retraite apparaîtra peu à peu à l'héroïne comme la seule manière de reprendre la maîtrise de son histoire, de se créer un espace à elle, inviolable, d'affirmer son autonomie et son individualité et se délivrer des intrigues «vraisemblables» («Cette histoire ne me paraît guère vraisemblable», dit-elle à la reine dauphine à propos de l'aveu), de préserver son amour de l'érosion dans le temps, et d'échapper enfin à la répétition. Dénouement déconcertant et imprévu dont se souviendront les romancières du XVIIIe siècle, telles que Graffigny et Charrière: ni mariage, ni mort, ni couvent. Singularité affichée jusqu'au bout de la phrase énigmatique qui clôt le livre mais laisse ouvert le sens, suspendant l'interprétation entre le triomphe de l'héroïne et sa défaite, entre l'affirmation glorieuse de sa différence absolue et la constatation de son suicide stérile: «Elle passait une partie de l'année dans cette maison religieuse et l'autre chez elle; mais dans une retraite et dans des occupations plus saintes que celles des couvents les plus austères; et sa vie, qui fut assez courte, laissa des exemples de vertu inimitables.» «Des exemples de vertu *inimitables*»: tout est dans le non-dit et, telle Marie-Madeleine de Lafayette elle-même, l'héroïne demeure à la fois «le brouillard» et «l'Incomparable». Elle n'a pas fini de nous fasciner.

# La Princesse de Clèves
(Extraits)

## [L'Éducation maternelle]

Il parut alors une beauté à la Cour[1], qui attira les yeux de tout le monde, et l'on doit croire que c'était une beauté parfaite, puisqu'elle donna de l'admiration dans un lieu où l'on était si accoutumé à voir de belles personnes. Elle était de la même maison que le Vidame de Chartres et une des plus grandes héritières de France. Son père était mort jeune, et l'avait laissée sous la conduite de Madame de Chartres, sa femme, dont le bien, la vertu et le mérite étaient extraordinaires. Après avoir perdu son mari, elle avait passé plusieurs années sans revenir à la Cour. Pendant cette absence, elle avait donné ses soins à l'éducation de sa fille; mais elle ne travailla pas seulement à cultiver son esprit et sa beauté, elle songea aussi à lui donner de la vertu et à la lui rendre aimable. La plupart des mères s'imaginent qu'il suffit de ne parler jamais de galanterie devant les jeunes personnes pour les en éloigner. Madame de Chartres avait une opinion opposée; elle faisait souvent à sa fille des peintures de l'amour; elle lui montrait ce qu'il a d'agréable pour la persuader plus aisément sur ce qu'elle lui en apprenait de dangereux; elle lui contait le peu de sincérité des hommes, leurs tromperies et leur infidélité, les malheurs domestiques où plongent les engagements; et elle lui faisait voir, d'un autre côté, quelle tranquillité suivait la vie d'une honnête femme, et combien la vertu donnait d'éclat et d'élévation à une personne qui avait de la beauté et de la naissance. Mais elle lui faisait voir aussi combien il était difficile de conserver cette vertu, que par une extrême défiance de soi-même et par un grand soin de s'attacher à ce qui seul peut faire le bonheur d'une femme, qui est d'aimer son mari et d'en être aimée.

## [Maladie et mort de la mère]

Madame de Chartres n'avait pas voulu laisser voir à sa fille qu'elle connaissait ses sentiments pour ce prince[2], de peur de se rendre suspecte sur les choses qu'elle avait envie de lui dire. Elle se mit un jour à parler de lui; elle lui en dit du bien et y mêla beaucoup de louanges empoisonnées sur la sagesse qu'il avait d'être incapable de devenir amoureux et sur ce qu'il ne se faisait qu'un plaisir et non pas un attachement sérieux du commerce des femmes. «Ce n'est pas, ajouta-t-elle, que l'on ne l'ait soupçonné d'avoir une grande passion pour

1. Mademoiselle de Chartres, future Princesse de Clèves, héroïne du roman.
2. Monsieur de Nemours.

la Reine Dauphine[3]; je vois même qu'il y va très souvent, et je vous conseille d'éviter autant que vous pourrez de lui parler, et surtout en particulier, parce que Madame la Dauphine vous traîtant comme elle fait, on dirait bientôt que vous êtes leur confidente, et vous savez combien cette réputation est désagréable. Je suis d'avis, si ce bruit continue, que vous alliez un peu moins chez Madame la Dauphine, afin de ne vous pas trouver mêlée dans des aventures de galanterie.»

Madame de Clèves n'avait jamais ouï parler de Monsieur de Nemours et de Madame la Dauphine; elle fut si surprise de ce que lui dit sa mère, et elle crut si bien voir combien elle s'était trompée dans tout ce qu'elle avait pensé des sentiments de ce prince, qu'elle en changea de visage. Madame de Chartres s'en aperçut; il vint du monde dans ce moment, Madame de Clèves s'en alla chez elle et s'enferma dans son cabinet.

L'on ne peut exprimer la douleur qu'elle sentit de connaître, par ce que lui venait de dire sa mère, l'intérêt qu'elle prenait à Monsieur de Nemours: elle n'avait encore osé se l'avouer à elle-même. Elle vit alors que les sentiments qu'elle avait pour lui étaient ceux que Monsieur de Clèves lui avait tant demandés; elle trouva combien il était honteux de les avoir pour un autre que pour un mari qui les méritait. Elle se sentit blessée et embarrassée de la crainte que Monsieur de Nemours ne la voulût faire servir de prétexte à Madame la Dauphine et cette pensée la détermina à conter à Madame de Chartres ce qu'elle ne lui avait point encore dit.

Elle alla le lendemain matin dans sa chambre pour exécuter ce qu'elle avait résolu; mais elle trouva que Madame de Chartres avait un peu de fièvre, de sorte qu'elle ne voulut pas lui parler. Ce mal paraissait néanmoins si peu de chose que Madame de Clèves ne laissa pas d'aller l'après-dînée[4] chez Madame la Dauphine. Elle était dans son cabinet avec deux ou trois dames qui étaient le plus avant dans sa familiarité.

«Nous parlions de Monsieur de Nemours, lui dit cette Reine, en la voyant, et nous admirions combien il est changé depuis son retour de Bruxelles. Devant que d'y aller[5], il avait un nombre infini de maîtresses, et c'était même un défaut en lui; car il ménageait également celles qui avaient du mérite et celles qui n'en avaient pas. Depuis qu'il est revenu, il ne connaît ni les unes ni les autres; il

3. Marie Stuart, reine d'Écosse, femme du dauphin de France, le futur François II.

4. L'après-midi, le dîner étant à cette époque le repas de midi.

5. Avant d'y aller.

n'y a jamais eu un si grand changement; je trouve même qu'il y en a dans son humeur, et qu'il est moins gai que de coutume.»

Madame de Clèves ne répondit rien; et elle pensait avec honte qu'elle aurait pris tout ce que l'on disait du changement de ce prince pour des marques de sa passion si elle n'avait point été détrompée. Elle se sentait quelque aigreur contre Madame la Dauphine de lui voir chercher des raisons et s'étonner d'une chose dont apparemment elle savait mieux la vérité que personne. Elle ne put s'empêcher de lui en témoigner quelque chose; et, comme les autres dames s'éloignèrent, elle s'approcha d'elle et lui dit tout bas:

«Est-ce aussi pour moi, Madame, que vous venez de parler, et voudriez-vous me cacher que vous fussiez celle qui a fait changer de conduite à Monsieur de Nemours?

—Vous êtes injuste, lui dit Madame la Dauphine, vous savez que je n'ai rien de caché pour vous. Il est vrai que Monsieur de Nemours, devant que d'aller à Bruxelles, a eu, je crois, l'intention de me laisser entendre qu'il ne me haïssait pas; mais, depuis qu'il est revenu, il ne m'a pas même paru qu'il se souvînt des choses qu'il avait faites, et j'avoue que j'ai de la curiosité de savoir ce qui l'a fait changer. Il sera bien difficile que je ne le démêle, ajouta-t-elle; le Vidame de Chartres, qui est son ami intime, est amoureux d'une personne sur qui j'ai quelque pouvoir et je saurai par ce moyen ce qui a fait ce changement.»

Madame la Dauphine parla d'un air qui persuada Madame de Clèves, et elle se trouva malgré elle dans un état plus calme et plus doux que celui où elle était auparavant.

Lorsqu'elle revint chez sa mère, elle sut qu'elle était beaucoup plus mal qu'elle ne l'avait laissée. La fièvre lui avait redoublé et, les jours suivants, elle augmenta de telle sorte qu'il parut que ce serait une maladie considérable. Madame de Clèves était dans une affliction extrême; elle ne sortait point de la chambre de sa mère; Monsieur de Clèves y passait aussi presque tous les jours, et par l'intérêt qu'il prenait à Madame de Chartres, et pour empêcher sa femme de s'abandonner à la tristesse, mais pour avoir aussi le plaisir de la voir; sa passion n'était point diminuée.

Monsieur de Nemours, qui avait toujours eu beaucoup d'amitié pour lui, n'avait pas cessé de lui en témoigner depuis son retour de Bruxelles. Pendant la maladie de Madame de Chartres, ce prince trouva le moyen de voir plusieurs fois Madame de Clèves en faisant semblant de chercher son mari ou de le venir prendre pour le mener promener. Il le cherchait même à des heures où il savait bien qu'il n'y était pas et, sous le prétexte de l'attendre, il demeurait dans l'antichambre de Madame de Chartres, où il y avait toujours plusieurs personnes de qualité. Madame de Clèves y venait souvent et, pour être affligée, elle n'en paraissait pas moins belle à Monsieur de Nemours. Il lui faisait voir combien il prenait d'intérêt à son affliction et il lui en parlait avec un air si doux et si soumis qu'il la persuadait aisément que ce n'était pas de Madame la Dauphine dont il était amoureux.

Elle ne pouvait s'empêcher d'être troublée de sa vue, et d'avoir pourtant du plaisir à le voir; mais quand elle ne le voyait plus, et qu'elle pensait que ce charme qu'elle trouvait dans sa vue était le commencement des passions, il s'en fallait peu qu'elle ne crût le haïr pour la douleur que lui donnait cette pensée.

Madame de Chartres empira si considérablement que l'on commença à désespérer de sa vie; elle reçut ce que les médecins lui dirent du péril où elle était avec un courage digne de sa vertu et de sa piété. Après qu'il furent sortis, elle fit retirer tout le monde et appeler Madame de Clèves.

«Il faut nous quitter, ma fille, lui dit-elle, en lui tendant la main; le péril où je vous laisse et le besoin que vous avez de moi augmentent le déplaisir que j'ai de vous quitter. Vous avez de l'inclination pour Monsieur de Nemours; je ne vous demande point de me l'avouer: je ne suis plus en état de me servir de votre sincérité pour vous conduire. Il y a déjà longtemps que je me suis aperçue de cette inclination; mais je ne vous en ai pas voulu parler d'abord, de peur de vous en faire apercevoir vous-même. Vous ne la connaissez que trop présentement; vous êtes sur le bord du précipice: il faut de grands efforts et de grandes violences pour vous retenir. Songez ce que vous devez à votre mari; songez ce que vous devez à vous-même, et pensez que vous allez perdre cette réputation que vous vous êtes acquise et que je vous ai tant souhaitée. Ayez de la force et du courage, ma fille, retirez-vous de la Cour, obligez votre mari de vous emmener; ne craignez point de prendre des partis trop rudes et trop difficiles, quelque affreux qu'il vous paraissent d'abord: ils seront plus doux dans les suites que les malheurs d'une galanterie[6]. Si d'autres raisons que celles de la vertu et de votre devoir vous pouvaient obliger à ce que je souhaite, je vous dirais que, si quelque chose était capable de troubler le bonheur que j'espère en sortant de ce monde, ce serait de vous voir tomber comme les autres femmes; mais, si ce malheur vous doit arriver, je reçois la mort avec joie, pour n'en être pas le témoin.»

Madame de Clèves fondait en larmes sur la main de sa mère, qu'elle tenait serrée entre les siennes, et Madame de Chartres se sentant touchée elle-même:

6. Liaison amoureuse.

«Adieu, ma fille, lui dit-elle, finissons une conversation qui nous attendrit trop l'une et l'autre, et souvenez-vous, si vous pouvez, de tout ce que je viens de vous dire.»

Elle se tourna de l'autre côté en achevant ces paroles, et commanda à sa fille d'appeler ses femmes, sans vouloir l'écouter ni parler davantage. Madame de Clèves sortit de la chambre de sa mère en l'état que l'on peut s'imaginer, et Madame de Chartres ne songea plus qu'à se préparer à la mort. Elle vécut encore deux jours, pendant lesquels elle ne voulut plus revoir sa fille, qui était la seule chose à quoi elle se sentait attachée.

Madame de Clèves était dans une affliction extrême; son mari ne la quittait point et, sitôt que Madame de Chartres fut expirée, il l'emmena à la campagne, pour l'éloigner d'un lieu qui ne faisait qu'aigrir sa douleur. On n'en a jamais vu de pareille; quoique la tendresse et la reconnaissance y eussent la plus grande part, le besoin qu'elle sentait qu'elle avait de sa mère pour se défendre contre Monsieur de Nemours ne laissait pas d'y en avoir beaucoup. Elle se trouvait malheureuse d'être abandonnée à elle-même, dans un temps où elle était si peu maîtresse de ses sentiments et où elle eût tant souhaité d'avoir quelqu'un qui pût la plaindre et lui donner de la force. La manière dont Monsieur de Clèves en usait pour elle lui faisait souhaiter plus fortement que jamais de ne manquer à rien de ce qu'elle lui devait. Elle lui témoignait aussi plus d'amitié et plus de tendresse qu'elle n'avait encore fait; elle ne voulait point qu'il la quittât, et il lui semblait qu'à force de s'attacher à lui, il la défendrait contre Monsieur de Nemours.

### [L'aveu]

Il[7] entendit que Monsieur de Clèves disait à sa femme:

«Mais pourquoi ne voulez-vous point revenir à Paris? Qui vous peut retenir à la campagne? Vous avez depuis quelque temps un goût pour la solitude qui m'étonne, et qui m'afflige parce qu'il nous sépare. Je vous trouve même plus triste que de coutume, et je crains que vous n'ayez quelque sujet d'affliction.

—Je n'ai rien de fâcheux dans l'esprit, répondit-elle avec un air embarrassé; mais le tumulte de la Cour est si grand et il y a toujours un si grand monde

7. Sans qu'elle le sache, le duc de Nemours a suivi la Princesse de Clèves à sa maison de campagne à Coulommiers. Caché dans un pavillon sous lequel sont venus s'asseoir les époux, il ne peut résister au plaisir de la voir ni à «la curiosité d'écouter sa conversation avec un mari qui lui donnait plus de jalousie qu'aucun de ses rivaux».

chez vous qu'il est impossible que le corps et l'esprit ne se lassent, et que l'on ne cherche du repos.

—Le repos, répliqua-t-il, n'est guère propre pour une personne de votre âge. Vous êtes, chez vous et dans la Cour, d'une sorte à ne vous pas donner de lassitude et je craindrais plutôt que vous ne fussiez bien aise d'être séparée de moi.

—Vous me feriez une grande injustice d'avoir cette pensée, reprit-elle avec un embarras qui augmentait toujours; mais je vous supplie de me laisser ici. Si vous y pouviez demeurer, j'en aurais beaucoup de joie, pourvu que vous y demeurassiez seul, et que vous voulussiez bien n'y avoir point ce nombre infini de gens qui ne vous quittent quasi jamais.

—Ah! Madame! s'écria Monsieur de Clèves, votre air et vos paroles me font voir que vous avez des raisons pour souhaiter d'être seule, que je ne sais point, et je vous conjure de me les dire.»

Il la pressa longtemps de les lui apprendre sans pouvoir l'y obliger; et, après qu'elle se fut défendue d'une manière qui augmentait toujours la curiosité de son mari, elle demeura dans un profond silence, les yeux baissés; puis tout d'un coup prenant la parole et le regardant:

«Ne me contraignez point, lui dit-elle, à vous avouer une chose que je n'ai pas la force de vous avouer, quoique j'en aie eu plusieurs fois le dessein. Songez seulement que la prudence ne veut pas qu'une femme de mon âge, et maîtresse de sa conduite, demeure exposée au milieu de la Cour.

—Que me faites-vous envisager, Madame, s'écria Monsieur de Clèves. Je n'oserais vous le dire de peur de vous offenser.»

Madame de Clèves ne répondit point; et son silence achevant de confirmer son mari dans ce qu'il avait pensé:

«Vous ne me dites rien, reprit-il, et c'est me dire que je ne me trompe pas.

—Eh bien, Monsieur, lui répondit-elle en se jetant à ses genoux, je vais vous faire un aveu que l'on n'a jamais fait à son mari; mais l'innocence de ma conduite et de mes intentions m'en donne la force. Il est vrai que j'ai des raisons de m'éloigner de la Cour et que je veux éviter les périls où se trouvent quelquefois les personnes de mon âge. Je n'ai jamais donné nulle marque de faiblesse et je ne craindrais pas d'en laisser paraître si vous me laissiez la liberté de me retirer de la Cour ou si j'avais encore Madame de Chartres pour aider à me conduire. Quelque dangereux que soit le parti que je prends, je le prends avec joie pour me conserver digne d'être à vous. Je vous demande mille pardons si j'ai des sentiments qui vous déplaisent; du moins je ne vous déplairai jamais par mes actions. Songez que pour faire ce que je fais, il faut avoir plus d'amitié et plus d'estime pour un mari que l'on n'en a jamais eu; conduisez-moi, ayez pitié de moi, et aimez-moi encore, si vous pouvez.»

Monsieur de Clèves était demeuré, pendant tout ce discours, la tête appuyée sur ses mains, hors de lui-même, et il n'avait pas songé à faire relever sa femme. Quand elle eut cessé de parler, qu'il jeta les yeux sur elle, qu'il la vit à ses genoux le visage couvert de larmes et d'une beauté si admirable, il pensa mourir de douleur, et l'embrassant en la relevant:

«Ayez pitié de moi vous-même, Madame, lui dit-il, j'en suis digne; et pardonnez si, dans les premiers moments d'une affliction aussi violente qu'est la mienne, je ne réponds pas comme je dois à un procédé[8] comme le vôtre. Vous me paraissez plus digne d'estime et d'admiration que tout ce qu'il y a jamais eu de femmes au monde; mais aussi je me trouve le plus malheureux homme qui ait jamais été. Vous m'avez donné de la passion dès le premier moment que je vous ai vue; vos rigueurs et votre possession n'ont pu l'éteindre; elle dure encore. Je n'ai jamais pu vous donner de l'amour, et je vois que vous craignez d'en avoir pour un autre. Et qui est-il, Madame, cet homme heureux qui vous donne cette crainte? Depuis quand vous plaît-il? Qu'a-t-il pour vous plaire? Quel chemin a-t-il trouvé pour aller à votre cœur? Je m'étais consolé en quelque sorte de ne l'avoir pas touché par la pensée qu'il était incapable de l'être. Cependant un autre fait ce que je n'ai pu faire. J'ai tout ensemble la jalousie d'un mari et celle d'un amant. Mais il est impossible d'avoir celle d'un mari après un procédé comme le vôtre. Il est trop noble pour ne me pas donner une sûreté entière; il me console même comme votre amant. La confiance et la sincérité que vous avez pour moi sont d'un prix infini. Vous m'estimez assez pour croire que je n'abuserai pas de cet aveu. Vous avez raison, Madame, je n'en abuserai pas et je ne vous en aimerai pas moins. Vous me rendez malheureux par la plus grande marque de fidélité que jamais une femme ait donnée à son mari. Mais, Madame, achevez et apprenez-moi qui est celui que vous voulez éviter.

—Je vous supplie de ne me le point demander, répondit-elle; je suis résolue de ne vous le pas dire, et je crois que la prudence ne veut pas que je vous le nomme.

—Ne craignez point, Madame, reprit Monsieur de Clèves, je connais trop le monde pour ignorer que la considération d'un mari n'empêche pas que l'on ne soit amoureux de sa femme. On doit haïr ceux qui le sont et non pas s'en plaindre; et encore une fois, Madame, je vous conjure de m'apprendre ce que j'ai envie de savoir.

8. Manière d'agir.

Vous m'en presseriez inutilement, répliqua-t-elle; j'ai de la force pour taire ce que je crois ne pas devoir dire. L'aveu que je vous ai fait n'a pas été par faiblesse; et il faut plus de courage pour avouer cette vérité que pour entreprendre de la cacher.»

Monsieur de Nemours ne perdait pas une parole de cette conversation; et ce que venait de dire Monsieur de Clèves ne lui donnait guère moins de jalousie qu'à son mari. Il était si éperdument amoureux d'elle qu'il croyait que tout le monde avait les mêmes sentiments. Il était véritable aussi qu'il avait plusieurs rivaux; mais il s'en imaginait encore davantage, et son esprit s'égarait à chercher celui dont Madame de Clèves voulait parler. Il avait cru bien des fois qu'il ne lui était pas désagréable et il avait fait ce jugement sur des choses qui lui parurent si légères dans ce moment qu'il ne put s'imaginer qu'il eût donné une passion qui devait être bien violente pour avoir recours à un remède si extraordinaire. Il était si transporté qu'il ne savait quasi ce qu'il voyait, et il ne pouvait pardonner à Monsieur de Clèves de ne pas assez presser sa femme de lui dire ce nom qu'elle lui cachait.

Monsieur de Clèves faisait néanmoins tous ses efforts pour le savoir; et, après qu'il l'en eut pressée inutilement:

«Il me semble, répondit-elle, que vous devez être content de ma sincérité; ne m'en demandez pas davantage et ne me donnez point lieu de me repentir de ce que je viens de faire. Contentez-vous de l'assurance que je vous donne encore qu'aucune de mes actions n'a fait paraître mes sentiments et que l'on ne m'a jamais rien dit dont j'aie pu m'offenser.

—Ah! Madame, reprit tout d'un coup Monsieur de Clèves, je ne vous saurais croire. Je me souviens de l'embarras où vous fûtes le jour que votre portrait se perdit. Vous avez donné, Madame, vous avez donné ce portrait qui m'était si cher et qui m'appartenait si légitimement. Vous n'avez pu cacher vos sentiments; vous aimez, on le sait; votre vertu vous a jusqu'ici garantie du reste.

—Est-il possible, s'écria cette princesse, que vous puissiez penser qu'il y ait quelque déguisement dans un aveu comme le mien, qu'aucune raison ne m'obligeait à vous faire? Fiez-vous à mes paroles; c'est par un assez grand prix que j'achète la confiance que je vous demande. Croyez, je vous en conjure, que je n'ai point donné mon portrait. Il est vrai que je le vis prendre; mais je ne voulus pas faire paraître que je le voyais, de peur de m'exposer à me faire dire des choses que l'on ne m'a encore osé dire[9].

9. Monsieur de Nemours a dérobé le portrait; ces détails lui font comprendre que «c'était lui qu'elle ne haïssait pas».

—Par où vous a-t-on donc fait voir qu'on vous aimait, reprit Monsieur de Clèves, et quelles marques de passion vous a-t-on données?

—Épargnez-moi la peine, répliqua-t-elle, de vous redire des détails qui me font honte à moi-même de les avoir remarqués et qui ne m'ont que trop persuadée de ma faiblesse.

—Vous avez raison, Madame, reprit-il, je suis injuste. Refusez-moi toutes les fois que je vous demanderai de pareilles choses; mais ne vous offensez pourtant pas si je vous les demande.»

Dans ce moment plusieurs de leurs gens, qui étaient demeuré dans les allées, vinrent avertir Monsieur de Clèves qu'un gentilhomme venait le chercher de la part du Roi[10], pour lui ordonner de se trouver le soir à Paris. Monsieur de Clèves fut contraint de s'en aller et il ne put rien dire à sa femme, sinon qu'il la suppliait de venir le lendemain, et qu'il la conjurait de croire que, quoiqu'il fût affligé, il avait pour elle une tendresse et une estime dont elle devait être satisfaite.

Lorsque ce prince fut parti, que Madame de Clèves demeura seule, qu'elle regarda ce qu'elle venait de faire, elle en fut si épouvantée qu'à peine put-elle s'imaginer que ce fût une vérité. Elle trouva qu'elle s'était ôté elle-même le cœur et l'estime de son mari, et qu'elle s'était creusé un abîme dont elle ne sortirait jamais. Elle se demandait pourquoi elle avait fait une chose si hasardeuse, et elle trouvait qu'elle s'y était engagée sans en avoir presque eu le dessein. La singularité d'un pareil aveu, dont elle ne trouvait point d'exemple, lui en faisait voir tout le péril.

Mais quand elle venait à penser que ce remède, quelque violent qu'il fût, était le seul qui la pouvait défendre contre Monsieur de Nemours, elle trouvait qu'elle ne devait point se repentir et qu'elle n'avait point trop hasardé. Elle passa toute la nuit pleine d'incertitude, de trouble et de crainte, mais enfin le calme revint dans son esprit. Elle trouva même de la douceur à avoir donné ce témoignage de fidélité à un mari qui le méritait si bien, qui avait tant d'estime et tant d'amitié pour elle, et qui venait de lui en donner encore des marques par la manière dont il avait reçu ce qu'elle lui avait avoué.

[Le dénouement: les résolutions de la princesse]

«—Comment avez-vous pu découvrir, reprit-elle en rougissant, que j'aie avoué quelque chose à Monsieur de Clèves?

10. Henri II.

—Je l'ai su par vous-même, Madame, répondit-il; mais, pour me pardonner la hardiesse que j'ai eue de vous écouter, souvenez-vous si j'ai abusé de ce que j'ai entendu, si mes espérances en ont augmenté, et si j'ai eu plus de hardiesse à vous parler.»

Il commença à lui conter comme il avait entendu sa conversation avec Monsieur de Clèves; mais elle l'interrompit avant qu'il eût achevé.

«Ne m'en dites pas davantage, lui dit-elle; je vois présentement par où vous avez été si bien instruit. Vous ne me le parûtes déjà que trop chez Madame la Dauphine, qui avait su cette aventure par ceux à qui vous l'aviez confiée.»

Monsieur de Nemours lui apprit alors de quelle sorte la chose était arrivée.

«Ne vous excusez-point, reprit-elle; il y a longtemps que je vous ai pardonné sans que vous m'ayez dit la raison. Mais puisque vous avez appris par moi-même ce que j'avais eu dessein de vous cacher toute ma vie, je vous avoue que vous m'avez inspiré des sentiments qui m'étaient inconnus devant que de[11] vous avoir vu, et dont j'avais même si peu d'idée qu'ils me donnèrent d'abord une surprise qui augmentait encore le trouble qui les suit toujours. Je vous fais cet aveu avec moins de honte, parce que je le fais dans un temps où je le puis faire sans crime et que vous avez vu que ma conduite n'a pas été réglée par mes sentiments.

—Croyez-vous, Madame, lui dit Monsieur de Nemours, en se jetant à ses genoux, que je n'expire pas à vos pieds de joie et de transport?

—Je ne vous apprends, lui répondit-elle en souriant, que ce que vous ne saviez déjà que trop.

—Ah! Madame, répliqua-t-il, quelle différence de le savoir par un effet du hasard ou de l'apprendre par vous-même, et de voir que vous voulez bien que je le sache!

—Il est vrai, lui dit-elle, que je veux bien que vous le sachiez, et que je trouve de la douceur à vous le dire. Je ne sais même si je ne vous le dis point plus pour l'amour de moi que pour l'amour de vous. Car enfin, cet aveu n'aura point de suite, et je suivrai les règles austères que mon devoir m'impose.

—Vous n'y songez pas, Madame, répondit Monsieur de Nemours; il n'y a plus de devoir qui vous lie, vous êtes en liberté; et, si j'osais, je vous dirais même qu'il dépend de vous de faire en sorte que votre devoir vous oblige à conserver les sentiments que vous avez pour moi.

—Mon devoir, répliqua-t-elle, me défend de penser jamais à personne, et

11. Avant de.

moins à vous qu'à qui que se soit au monde, par des raisons qui vous sont inconnues.

—Elles ne me le sont peut-être pas, Madame, reprit-il; mais ce ne sont point de véritables raisons. Je crois savoir que Monsieur de Clèves m'a cru plus heureux que je n'étais, et qu'il s'est imaginé que vous aviez approuvé des extravagances que la passion m'a fait entreprendre sans votre aveu.

—Ne parlons point de cette aventure, lui dit-elle, je n'en saurais soutenir la pensée; elle me fait honte et elle m'est aussi trop douloureuse par les suites qu'elle a eues. Il n'est que trop véritable que vous êtes la cause de la mort de Monsieur de Clèves. Les soupçons que lui a donnés votre conduite inconsidérée lui ont coûté la vie, comme si vous la lui aviez ôtée de vos propres mains. Voyez ce que je devrais faire, si vous en étiez venus ensemble à ces extrémités[12], et que le même malheur en fût arrivé. Je sais bien que ce n'est pas la même chose à l'égard du monde; mais au mien, il n'y a aucune différence, puisque je sais que c'est par vous qu'il est mort, et que c'est à cause de moi.

—Ah! Madame, lui dit Monsieur de Nemours, quel fantôme de devoir opposez-vous à mon bonheur? Quoi! Madame, une pensée vaine et sans fondement vous empêchera de rendre heureux un homme que vous ne haïssez pas? Quoi! j'aurais pu concevoir l'espérance de passer ma vie avec vous; ma destinée m'aurait conduit à aimer la plus estimable personne du monde; j'aurais vu en elle tout ce qui peut faire une adorable maîtresse; elle ne m'aurait pas haï et je n'aurais trouvé dans sa conduite que tout ce qui peut être à désirer dans une femme. Car enfin, Madame, vous êtes peut-être la seule personne en qui ces deux choses se soient jamais trouvées au degré qu'elles sont en vous. Tous ceux qui épousent des maîtresses dont ils sont aimés tremblent en les épousant, et regardent avec crainte, par rapport aux autres, la conduite qu'elles ont eue avec eux. Mais en vous, Madame, rien n'est à craindre, et on ne trouve que des sujets d'admiration. N'aurais-je pas envisagé, dis-je, une si grande félicité que pour vous y voir apporter vous-même des obstacles? Ah! Madame, vous oubliez que vous m'avez distingué du reste des hommes, ou plutôt vous ne m'en avez jamais distingué: vous vous êtes trompée et je me suis flatté.

—Vous ne vous êtes point flatté, lui répondit-elle; les raisons de mon devoir ne me paraîtraient peut-être pas si fortes sans cette distinction dont vous vous doutez, et c'est elle qui me fait envisager des malheurs à m'attacher à vous.

—Je n'ai rien à répondre, Madame, reprit-il, quand vous me faites voir que

12. C'est-à-dire, un duel.

vous craignez des malheurs; mais je vous avoue qu'après tout ce que vous avez bien voulu me dire, je ne m'attendais pas à trouver une si cruelle raison.

—Elle est si peu offensante pour vous, reprit Madame de Clèves, que j'ai même beaucoup de peine à vous l'apprendre.

—Hélas! Madame, répliqua-t-il, que pouvez-vous craindre qui me flatte trop, après ce que vous venez de me dire?

—Je veux vous parler encore avec la même sincérité que j'ai déjà commencé, reprit-elle, et je vais passer par-dessus toute la retenue et toutes les délicatesses que je devrais avoir dans une première conversation; mais je vous conjure de m'écouter sans m'interrompre.

«Je crois devoir à votre attachement la faible récompense de ne vous cacher aucun de mes sentiments, et de vous les laisser voir tels qu'ils sont. Ce sera apparemment la seule fois de ma vie que je me donnerai la liberté de vous les faire paraître; néanmoins je ne saurais vous avouer sans honte que la certitude de n'être plus aimée de vous comme je le suis me paraît un si horrible malheur que, quand je n'aurais point de raisons de devoir insurmontables, je doute si je pourrais me résoudre à m'exposer à ce malheur. Je sais que vous êtes libre, que je le suis, que les choses sont d'une sorte que le public n'aurait peut-être pas sujet de vous blâmer, ni moi non plus, quand nous nous engagerions ensemble pour jamais. Mais les hommes conservent-ils de la passion dans ces engagements éternels? Dois-je espérer un miracle en ma faveur; et puis-je me mettre en état de voir certainement finir cette passion dont je ferais toute ma félicité? Monsieur de Clèves était peut-être l'unique homme du monde capable de conserver de l'amour dans le mariage. Ma destinée n'a pas voulu que j'aie pu profiter de ce bonheur; peut-être aussi que sa passion n'avait subsisté que parce qu'il n'en aurait pas trouvé en moi. Mais je n'aurais pas le même moyen de conserver la vôtre: je crois même que les obstacles ont fait votre constance. Vous en avez assez trouvé pour vous animer à vaincre; et mes actions involontaires, où les choses que le hasard vous a apprises, vous ont donné assez d'espérance pour ne pas vous rebuter.

—Ah! Madame, reprit Monsieur de Nemours, je ne saurais garder le silence que vous m'imposez: vous me faites trop d'injustice et vous me faites trop voir combien vous êtes éloignée d'être prévenue en ma faveur.

—J'avoue, répondit-elle, que les passions peuvent me conduire; mais elles ne sauraient m'aveugler. Rien ne me peut empêcher de connaître que vous êtes né avec toutes les dispositions pour la galanterie et toutes les qualités qui sont propres à y donner des succès heureux. Vous avez déjà eu plusieurs passions; vous en auriez encore; je ne ferais plus votre bonheur; je vous verrais pour une autre comme vous auriez été pour moi. J'en aurais une douleur mortelle, et je ne serais pas même assurée de n'avoir point le malheur de la jalousie. Je vous en ai trop dit pour vous cacher que vous me l'avez fait connaître et que je souffris de si cruelles peines le soir que la Reine me donna la lettre de Madame de Thémines, que l'on disait qui s'adressait à vous[13], qu'il m'en est demeuré une idée qui me fait croire que c'est le plus grand de tous les maux.

«Par vanité ou par goût, toutes les femmes souhaitent de vous attacher. Il y en a peu à qui vous ne plaisiez; mon expérience me ferait croire qu'il n'y en a point à qui vous ne puissiez plaire. Je vous croirais toujours amoureux et aimé, et je ne me tromperais pas souvent. Dans cet état néanmoins, je n'aurais d'autre parti à prendre que celui de la souffrance; je ne sais même si j'oserais me plaindre. On fait des reproches à un amant; mais en fait-on à un mari, quand on n'a qu'à lui reprocher de n'avoir plus d'amour? Quand je pourrais m'accoutumer à cette sorte de malheur, pourrais-je m'accoutumer à celui de croire voir toujours Monsieur de Clèves vous accuser de sa mort; me reprocher de vous avoir aimé, de vous avoir épousé; et me faire sentir la différence de son attachement au vôtre? Il est impossible, continua-t-elle, de passer par-dessus des raisons si fortes: il faut que je demeure dans l'état où je suis et dans les résolutions que j'ai prises de n'en sortir jamais.

—Hé! croyez-vous le pouvoir, Madame? s'écria Monsieur de Nemours. Pensez-vous que vos résolutions tiennent contre un homme qui vous adore et qui est assez heureux pour vous plaire? Il est plus difficile que vous ne pensez, Madame, de résister à ce qui nous plaît et à ce qui nous aime. Vous l'avez fait par une vertu austère, qui n'a presque point d'exemple. Mais cette vertu ne s'oppose plus à vos sentiments et j'espère que vous les suivrez malgré vous.

—Je sais bien qu'il n'y a rien de plus difficile que ce que j'entreprends, répliqua Madame de Clèves; je me défie de mes forces au milieu de mes raisons. Ce que je crois devoir à la mémoire de Monsieur de Clèves serait faible s'il n'était soutenu par l'intérêt de mon repos, et les raisons de mon repos ont besoin d'être soutenues de celles de mon devoir. Mais, quoique je me défie de moi-même, je crois que je ne vaincrai jamais mes scrupules, et je n'espère pas aussi de

13. Cette lettre s'adressait en fait au Vidame de Chartres, oncle de la princesse et ami intime de Monsieur de Nemours. C'est lui qui a rendu possible cet entretien entre la princesse et Monsieur de Nemours en inventant un prétexte pour attirer Madame de Clèves chez lui et pour la mettre, malgré elle, en présence de l'homme qu'elle veut fuir.

surmonter l'inclination que j'ai pour vous. Elle me rendra malheureuse et je me priverai de votre vue, quelque violence qu'il m'en coûte. Je vous conjure, par tout le pouvoir que j'ai sur vous, de ne chercher aucune occasion de me voir. Je suis dans un état qui me fait des crimes de tout ce qui pourrait être permis dans un autre temps, et la seule bienséance interdit tout commerce entre nous.»

Monsieur de Nemours se jeta à ses pieds, et s'abandonna à tous les divers mouvements dont il était agité. Il lui fit voir, et par ses paroles et par ses pleurs, la plus vive et la plus tendre passion dont un cœur ait jamais été touché. Celui de Madame de Clèves n'était pas insensible et, regardant ce prince avec des yeux un peu grossis par les larmes:

«Pourquoi faut-il, s'écria-t-elle, que je vous puisse accuser de la mort de Monsieur de Clèves? Que n'ai-je commencé à vous connaître depuis que je suis libre, ou pourquoi ne vous ai-je pas connu devant que d'être engagée? Pourquoi la destinée nous sépare-t-elle par un obstacle si invincible?

—Il n'y a point d'obstacle, Madame, reprit Monsieur de Nemours. Vous seule vous opposez à mon bonheur; vous seule vous imposez une loi que la vertu et la raison ne vous sauraient imposer.

—Il est vrai, répliqua-t-elle, que je sacrifie beaucoup à un devoir qui ne subsiste que dans mon imagination. Attendez ce que le temps pourra faire. Monsieur de Clèves ne fait encore que d'expirer, et cet objet funeste est trop proche pour me laisser des vues claires et distinctes. Ayez cependant le plaisir de vous être fait aimer d'une personne qui n'aurait rien aimé, si elle ne vous avait jamais vu; croyez que les sentiments que j'ai pour vous seront éternels et qu'ils subsisteront également, quoi que je fasse. Adieu, lui dit-elle; voici une conversation qui me fait honte: rendez-en compte à Monsieur le Vidame; j'y consens, et je vous en prie.»

Elle sortit en disant ces paroles, sans que Monsieur de Nemours pût la retenir[14].

14. Pour des raisons qui «lui paraissaient fortes du côté de son devoir et insurmontables du côté de son repos», la princesse maintiendra sa résolution de ne pas épouser Monsieur de Nemours et choisira enfin la solution de la retraite.

# *Ninon de Lenclos*

(1620/1623–1705)

Ninon de Lenclos se situe à l'orée de la littérature, dans cette zone frontalière entre la conversation et l'écriture où tant de femmes illustres du XVIIe siècle évoluèrent en reines du savoir-vivre et de la parole. Émancipée à tous égards, elle a failli nous échapper tout à fait, cette Ninon qu'on ne peut ranger commodément sous aucune rubrique et qui nous a laissé si peu de traces écrites de son passage dans le monde littéraire et philosophique.

L'histoire a retenu d'elle surtout l'image de la *femme honnête homme* (*honnête homme*, sous Louis XIV, type social et moral du parfait gentilhomme). «Il n'y a

---

Ninon de Lenclos, lithographie par Belliard (Bibliothèque nationale de France)

point de plus honnête homme que Mlle de Lenclos», disaient ses amis (lettre de la princesse Palatine, 18 mai 1698). Femme, elle le fut jusqu'au bout, au point d'en faire un métier. Bien née mais sans fortune, elle misa sur sa beauté et sur son esprit pour assurer son indépendance, et choisit d'être courtisane. Elle ne s'en cacha pas ni ne s'en excusa. Affranchie de toute modestie, elle s'accordait en fait les privilèges de l'homme. «On a chargé notre sexe de ce qu'il y a de plus frivole, et les hommes se sont réservé le droit aux qualités essentielles: dès ce moment, je me fais homme.» Ainsi, elle affirmait que les règles et les devoirs de l'amour étaient les mêmes pour les deux sexes et qu'il ne fallait pas attendre d'elle en amour plus que ce que l'on attendait d'un homme. Comme les précieuses, elle choisit donc l'autonomie, mais à sa façon à la fois sensuelle et «galante». Elle pensait que l'amour n'était qu'un goût fondé sur les sens, un simple appétit, un «caprice», ne présupposant aucun mérite dans l'objet qui le fait naître et n'engageant à aucune reconnaissance. Elle fut une amante honnête—un seul amant à la fois—mais inconstante. «Je crois que je t'aimerai trois mois; c'est l'infini pour moi», écrivit-elle à un de ses amoureux. En revanche, elle fut—et souvent pour ces mêmes amants—une amie constante, fidèle, et dévouée.

Un tel parti pris féministe chez Ninon et une telle désinvolture à l'égard des idées reçues doivent sans doute plus à l'influence conjointe de la préciosité et du libertinage (au sens du XVII^e siècle, liberté de la pensée) qu'à une sensualité précoce. Née à Paris, d'une mère si dévote, selon certains biographes, qu'elle parvint à la dégoûter de la morale et de la religion—selon d'autres, sa mère l'aurait prostituée, hypothèse parfois conjuguée à celle de la religiosité maternelle—et d'un père musicien, aventurier, et libre penseur, Anne de Lenclos (ou Lanclos), dite Ninon, fut dès son jeune âge entraînée par son père dans les salons précieux et initiée à la vie mondaine. Elle reçut grâce à lui une éducation soignée: elle apprit le luth et la danse, elle acquit l'italien, l'espagnol, et le latin et fit beaucoup de lectures. Sceptique, sensualiste et épicurien, son père lui inspira le goût de l'amour et de la philosophie et sa passion pour *Les Essais* de Montaigne. «Vous qui avez à me survivre», lui aurait-il dit en mourant, «profitez d'un temps précieux, et ne devenez jamais scrupuleuse sur le nombre, mais sur le choix de vos plaisirs.»

Il y eut donc dans la vie de Ninon de Lenclos une première période «galante» où elle se partagea entre la vie des salons et les conquêtes amoureuses. Dans son propre salon et chez des amis libres penseurs comme la courtisane Marion de Lorme et l'écrivain Scarron—Madame Scarron, future Madame de Maintenon, devint l'une de ses amies intimes—elle fréquenta l'élite intellectuelle et mondaine: Corneille, Voiture, Saint-Évremond, le Grand Condé, le marquis de Sévigné. Et jusqu'à cinquante ans passés—même au-delà selon la légende—elle collectionna des amants, parmi lesquels le Grand Condé, Sévigné père et fils, et le marquis de Villarceaux (avec qui elle eut un fils et sa seule liaison de longue durée). Le franc-parler dont elle usait avec ses amants devint légendaire. On a rapporté son mot plaisant au héros militaire, le Grand Condé, qui passa auprès d'elle une nuit sans gloire. Comme il était assez velu, Ninon se souvint du proverbe latin *vir pilosus aut fortis, aut libidinosus* (le poilu est soit fort, soit ardent en amour), et s'exclama: «Ah Monseigneur, il faut que vous soyez bien fort!» Cependant, son intégrité, sa probité, sa conversation spirituelle et son esprit tolérant lui gagnèrent l'estime et la considération du beau monde. Cette grande notoriété, la liberté de ses propos et de ses actions, son agnosticisme, son irrévérence à l'égard des pratiques religieuses, ne manquèrent pas de lui attirer, en revanche, la haine des dévots. Ceux-ci crièrent plus d'une fois au scandale. Enfin, en 1656 la reine Anne d'Autriche fut contrainte de l'envoyer expier ses péchés au couvent. Là elle eut l'honneur de recevoir la visite inopinée de la reine Christine de Suède, non-conformiste comme elle. C'est au cours de leur conversation que Ninon qualifia les précieuses de «jansénistes de l'amour». Séduite par la finesse de son esprit, Christine témoigna de son estime pour Ninon auprès de Louis XIV et aurait ainsi obtenu sa libération.

Charles de Sévigné, fils de la marquise, paraît avoir clos la liste de ses amants. Elle avait alors cinquante ans, lui vingt-trois. Marie de Sévigné qu'il élut pour confidente se désespéra de cette aventure. Le 13 mars 1671, elle écrivait à sa fille: «Votre frère entre sous les lois de Ninon, je doute qu'elles lui soient bonnes. Il y a des esprits à qui elles ne valent rien; elle avait gâté son père. Il faut le recommander à Dieu [...].» Chronique vivante de cet amour, les lettres de Sévigné portent un précieux témoignage sur l'esprit de Ninon. Le 1er avril, la mère, soucieuse, renchérit: «Mais qu'elle est dangereuse, cette Ninon! Si vous saviez comment elle dogmatise sur la religion, cela vous ferait horreur.» Le 22 avril, soulagée, elle annonce la fin de la liaison et rapporte les traits moqueurs d'une Ninon déçue par la veulerie et par les insuffisances amoureuses de son fils: «c'est une âme de bouillie», «c'est un corps de papier mouillé, un cœur de citrouille fricassé dans la neige.» Ninon fera de Charles un ami, et avec le petit-fils de la marquise, elle subjuguera une troisième génération de la même famille, mais ceci adviendra à une époque où les gens du beau monde envoient leurs fils chez la vieille Mademoiselle de Lenclos pour qu'ils y fassent l'apprentissage des belles manières et du bel esprit.

Charles de Sévigné marque un tournant dans la vie de Ninon: le passage de la courtisane à l'hôtesse philosophe de la rue des Tournelles. Désormais l'amitié prend le pas sur l'amour et, devenue une véritable institution, Ninon se mue en Mademoiselle de Lenclos. C'est ainsi que le beau monde la désignera dorénavant. Son salon est devenu un centre intellectuel, le rendez-vous des honnêtes gens qui recherchent la faveur d'y être admis. À ses «cinq à neuf» se côtoient des pairs du royaume comme le duc de Lauzun, le peintre Mignard, le musicien Lully, des hommes de lettres et des philosophes comme Molière, La Fontaine, La Bruyère, Boileau, La Rochefoucauld. Les dames bien nées sollicitent maintenant sa compagnie: Marie-Madeleine de Lafayette, Marie de Sévigné et sa fille, Françoise-Marguerite de Grignan, la duchesse de Bouillon, Marguerite de La Sablière, Madame de Coulanges, Henriette de la Suze, Madeleine de Scudéry. Celle-ci, autre «vieille du quartier», que maintenant Ninon fréquente de préférence à des amies plus dissipées, a brossé d'elle ce savoureux portrait: «Elle a les cheveux du plus beau châtain qu'on ait jamais vu; le visage rond, le teint vif, la bouche agréable, les lèvres fort incarnates, une petite fosse au menton, qui lui sied fort bien, les yeux noirs, brillants, pleins de feu, souriants, et la physionomie fine, enjouée et fort spirituelle. Pour de l'esprit, Clarice [Ninon] en a sans doute beaucoup, et elle en a même d'une certaine manière dont il y a peu de personnes qui soient capables, car elle l'a enjoué, divertissant, et commode pour toutes sortes de gens, principalement pour des gens du monde. [...] elle a le cœur tendre et sensible, elle sait pleurer avec ses amies affligées; elle sait rompre avec les plaisirs quand l'amitié le demande; [...] elle est capable de secret et de discrétion» (*Clélie,* Livre I, édition de 1658). Mais dans les réunions de la rue des Tournelles, c'est le «mélange de solidité et d'agréments» (l'abbé de Châteauneuf) et avant tout la conversation pétillante qu'on apprécie.

Ninon de Lenclos incarne la littérature des salons. Elle illustre l'art de la conversation et les genres à la mode dans la société des précieuses galantes. Malheureusement, il ne nous reste d'elle que peu d'écrits, dont l'attribution à Ninon n'est même pas toujours certaine: quelques poèmes, pour la plupart des épigrammes; un opuscule de combat, *La Coquette vengée,* satire contre les pédants et les prudes de la même année et de la même veine que *Les Précieuses ridicules* de Molière (1659); un portrait (*Portrait d'un inconnu,* 1661), genre mis à la mode par la duchesse de Montpensier; quelques lettres admirables, dont l'authenticité cette fois ne fait pas de doute, adressées surtout au philosophe Saint-Évremond; de nombreux mots d'esprit rapportés par ses amis dignes de figurer à côté des *Maximes* de la Rochefoucauld (1665–78)—comme son portrait des pédants dans *La Coquette vengée* vaut un des *Caractères* de La Bruyère (1668–96) et sa pédagogie galante celle de Madeleine de Scudéry.

Au XVIIIe siècle, seront publiées les *Lettres de Ninon de Lenclos au marquis de Sévigné,* lettres apocryphes bien qu'inspirées par la philosophie galante et recelant des propos authentiques de Ninon, qui contribueront à perpétuer sa renommée. Dans cette espèce de roman par lettres (attribué à Louis Damours ou au romancier Crébillon fils), la Ninon fictive initie le jeune Charles à l'art de la séduction et démystifie les grands sentiments: «le mérite de la personne aimée n'est que l'occasion ou l'excuse de l'amour, et non pas sa véritable cause [...] et je n'ai pas tort de comparer l'amour à un appétit qu'on se sent quelquefois pour un mets plutôt que pour un autre, sans en pouvoir rendre raison. [...] [V]ous croyez que les femmes vous aiment pour vous-mêmes. Pauvres dupes! vous n'êtes que les instruments de leurs plaisirs, ou les jouets de leurs caprices.» Correspondance si vraisemblable et si fidèle à la philosophie amoureuse de Ninon qu'elle continue à être prise aujourd'hui pour un exemple authentique de son art épistolaire.

Nous connaissons donc Ninon de Lenclos en grande partie par ouï-dire, par des aphorismes et des mots d'esprit rapportés par d'autres, situation typique de bien des femmes auteurs de l'ancien régime qui furent reconnues pour des talents littéraires illustrés principalement dans les domaines éphémères de la conversation, de la littérature des salons et de la correspondance.

Libertine et moraliste, précieuse et anti-précieuse, brillante causeuse et éblouissante épistolière, Ninon de Lenclos mérite sinon par la taille du moins par la portée de son œuvre une place dans l'histoire littéraire du Grand Siècle.

## Mots, maximes et pensées

(Tirés de sa correspondance ou rapportés par ses amis)

### SUR LA VIE

Il faut faire provision de vivres, non de plaisirs. On doit les prendre au jour la journée.

Tout le bon sens ne va qu'à se rendre heureux, et pour cela il n'y a qu'à juger de tout sans prévention.

C'est sous le talon que les rides auraient dû être placées.

On est bien à plaindre quand on a besoin des secours de la religion pour se conduire dans le monde: c'est une marque certaine que l'on a l'esprit bien borné ou le cœur bien corrompu.

Rien de plus vain que le bouclier d'Achille, le bâton de maréchal de France et la crosse d'un évêque.

La durée en amitié n'est pas moins rare que la durée en amour. Il fut un temps où je me piquais de l'un, je ne me pique plus que de l'autre [...].

—Lettre à M. de Bonrepaus[1], 1691

La philosophie sied bien avec les agréments de l'esprit. Ce n'est pas assez d'être sage, il faut plaire.

—Lettre à Saint-Évremond, 1699

Je rends grâce tous les soirs à Dieu de mon esprit et je le remercie tous les matins de me préserver des sottises du cœur.

### SUR L'AMOUR, LA SÉDUCTION ET LES RAPPORTS ENTRE LES SEXES

Il n'y a rien de si varié dans la nature que les plaisirs de l'amour, quoiqu'ils soient toujours les mêmes.

Il y a des âmes privilégiées, qui sont capables de trouver dans l'amour même des raisons d'aimer encore davantage.

Les poètes sont des fous d'avoir donné au fils de Vénus un flambeau, un arc et un carquois. Le bandeau suffisait.

Il faut cent fois plus d'esprit pour faire l'amour que pour commander des armées.

La beauté sans grâces est un hameçon sans appât.

Les femmes devraient conserver leur vertu même dans les moments destinés à la perdre.

Les femmes qui courent le monde sont comme les torrents qui changent souvent de lit et que les hasards grossissent dans leurs cours.

Il est plaisant qu'on ait fait une loi de la pudeur aux femmes qui n'estiment dans les hommes que l'effronterie.

Il faut choisir d'aimer les femmes ou de les connaître.

1. Ou Bonrepos.

Que les femmes sont malheureuses! Leur propre sexe est leur ennemi le plus cruel. Un mari les tyrannise; un amant les méprise et souvent les déshonore. Observées de toutes parts, contrariées sans cesse, toujours dans la crainte et dans la gêne, sans appui, sans secours, elles ont mille adorateurs et n'ont pas un seul ami véritable. Faut-il s'étonner qu'elles aient de l'humeur, de la dissimulation, des caprices?

Une femme sensée ne doit jamais prendre de mari sans le consentement de sa raison et d'amants sans l'aveu de son cœur.

Abandonnez aux Céladons[2] les propos sublimes, les beaux sentiments; laissez-leur filer le parfait amour. Je vous le dis de la part des femmes, il est des instants où elles aiment mieux être un peu brusquées que trop ménagées: les hommes manquent plus de cœurs par leur maladresse que la vertu n'en sauve.

Monsieur, ce n'est que par des respects, par des soins assidus, par des complaisances infinies et par des hommages éternels que vous pouvez parvenir à partager l'amour extrême que votre maîtresse a pour sa beauté. Parlez-lui sans cesse d'elle-même, et rarement de vous. Et soyez persuadé qu'elle est cent fois plus enchantée des charmes de sa figure que de tout l'étalage de vos sentiments. Cependant, si un jour elle se rend à vos empressements, souvenez-vous, en recevant son cœur, qu'elle dépose entre vos mains le bonheur de sa vie, qu'elle vous rend l'arbitre suprême de sa destinée.

—Lettre à un jouvenceau qui lui avait fait confidence d'un amour naissant

C'est un cruel présent du Ciel que l'excès de la sensibilité, et les choses de tendresse font plus souffrir qu'elles ne portent finalement de joie.

—Lettre à M. de Bonrepaus

## La Coquette vengée[3]
(Extraits)

Quand je dis donc que vous devez éviter les philosophes, je n'entends point parler ni d'un docteur, ni d'un solitaire, ni d'un libertin dont la profession

2. Céladon: personnage de *L'Astrée* (1607–27), roman pastoral d'Honoré d'Urfé; type d'amoureux platonique, timide et fidèle.

3. Réponse au *Portrait de la Coquette ou la Lettre d'Aristandre à Timagène* (1659) de Félix de Juvenel, pédant et hypocrite qui s'était fait ridiculiser dans le salon de Ninon. Dans son *Portrait de la Coquette* Juvenel recense toutes les formes de coquetterie

est ouverte et déclarée. J'entends certains pédants déguisés, pédants de robe courte, des philosophes de chambre qui ont le teint un peu plus frais que les autres, parce qu'ils se nourrissent à l'ombre, et qu'ils ne s'exposent jamais à la poussière et au soleil; des philosophes de ruelles qui dogmatisent dans les fauteuils; des philosophes galants qui raisonnent sans cesse sur l'amour, et qui n'ont rien de raisonnable pour se faire aimer. Vous ne sauriez croire combien ces gens-là sont incommodes.

## Lettres à Saint-Évremond[4]
### (Extraits)

(1697).

J'apprends avec plaisir que mon âme vous est plus chère que mon corps, et que votre bon sens vous conduit toujours au meilleur. Le corps, à la vérité, n'est plus digne d'attention, et l'âme a encore quelque lueur qui la soutient, et qui la rend sensible au souvenir d'un ami, dont l'absence n'a point effacé les traits. [...]

(avril ou mai 1698).

Que j'envie ceux qui passent en Angleterre, et que j'aurais de plaisir à dîner encore une fois avec vous! N'est-ce point une grossièreté que le souhait d'un dîner? L'esprit a de grands avantages sur le corps; cependant ce corps fournit

---

et s'attaque aux précieuses féministes qui prônent l'émancipation des femmes et au scepticisme du milieu libertin. La riposte de Ninon raconte la mésaventure amusante du pédant dans sa ruelle sous forme d'une lettre adressée par une tante, Éléonore, à sa nièce, Philomène, pour la mettre en garde contre des philosophes imposteurs de l'espèce de Juvenel. Y sont démasqués «des gens qui portent la censure, la médisance et le désordre dans les plus belles, les plus douces et les plus agréables compagnies», soit le libertin déguisé en moraliste, le misogyne travesti en précieux, le maître suffisant qui, au mépris de l'expérience, ne parle que «par tables, par définitions et divisions» (allusion à *La Philosophie expliquée en tables* de Louis de Lesclache, cinq vols., 1651–56, ouvrage destiné à mettre la philosophie traditionnelle à la portée des dames et du grand public). Cet opuscule plein de malice et d'ironie s'inscrit dans la lutte des précieuses galantes contre les précieuses prudes, dévotes, et savantes. Molière s'en inspira peut-être pour son *Tartuffe*.

4. Un des destinataires les plus importants de Ninon de Lenclos fut son grand ami Saint-Évremond, libre penseur, homme du monde et homme de lettres, exilé pour des raisons politiques en Angleterre pendant plus de quarante ans. Ils se rejoignaient

souvent de petits goûts qui se réitèrent et qui soulagent l'âme de ses tristes réflexions. Vous vous êtes souvent moqué de celles que je faisais: je les ai toutes bannies. Il n'est plus temps quand on est arrivé au dernier période[5] de la vie: il faut se contenter du jour où l'on vit. Les espérances prochaines, quoi que vous en disiez, valent bien autant que celles qu'on étend plus loin: elles sont plus sûres. Voici une belle morale: portez-vous bien, voilà à quoi tout doit aboutir.

(1699).

«Les jours se passent, comme disait le bonhomme Des Yveteaux[6], dans l'ignorance et la paresse, et ces jours nous détruisent et nous font perdre les choses à quoi nous sommes attachés...» Vous disiez autrefois que je ne mourrais que de réflexions: je tâche à n'en plus faire et à oublier le lendemain le jour que je vis aujourd'hui. Tout le monde me dit que j'ai moins à me plaindre du temps qu'un autre. De quelque sorte que cela soit, qui m'aurait proposé une telle vie, je me serais pendue. Cependant on tient à un vilain corps comme à un corps agréable: on aime à sentir l'aise et le repos. L'appétit est quelque chose dont je jouis encore. Plût à Dieu de pouvoir éprouver mon estomac avec le vôtre[7], et parler de tous les originaux que nous avons connus, dont le souvenir me réjouit plus que la présence de beaucoup de gens que je vois; quoiqu'il y ait du bon dans tout cela, mais, à vrai dire, nul rapport. [...] Quelle comparaison du siècle présent avec celui que nous avons vu!

---

dans un même scepticisme et un même épicurisme. Rue des Tournelles, les lettres du philosophe faisaient souvent le sujet des conversations: «Il y a vingt de vos lettres entre mes mains: on les lit ici avec admiration. Vous voyez que le bon goût n'est pas fini en France» (Ninon de Lenclos à Saint-Évremond, mars ou avril 1698).

5. Au terme.

6. Nicolas Vauquelin des Yveteaux: ancien ami de Ninon de Lenclos, poète, épicurien et libertin, mort en 1649 à l'âge de 82 ans. Nommé précepteur du dauphin Louis XIII, il s'était fait renvoyer de la cour à cause de ses mœurs et ses vers licencieux. Il avait vécu sa retraite dans le faubourg Saint-Germain d'une manière des plus extravagantes.

7. Saint-Évremond était un fin gourmet.

# *Marie de Sévigné*

(1626–1696)

Voici un cas unique dans l'histoire littéraire: une femme qui n'a jamais publié une seule ligne de son vivant, qui ne se disait pas auteur et dont l'«œuvre» énorme—trois volumes dans l'édition de la Pléiade—consiste simplement en une correspondance privée, une femme qui occupe néanmoins une place de choix parmi les auteurs canoniques de la littérature française, seule femme du XVII$^{e}$ siècle, avec Marie-Madeleine de Lafayette, à être ainsi honorée.

Cette place est pourtant tout aussi ambiguë et paradoxale que son statut

Marie de Sévigné (Bibliothèque nationale de France)

d'auteur. Car si on accorde à la marquise de Sévigné une place *centrale,* c'est qu'elle sut bien s'en tenir, par rapport à la littérature et à la société, à la position *marginale* concédée de son temps aux femmes: elle exerça son talent littéraire dans un genre estimé mineur et féminin, la lettre familière, et elle s'y illustra en tant que mère, rôle qui n'avait rien non plus de menaçant pour l'hégémonie patriarcale. Ses lettres sont bien en marge ou en dehors de l'art «officiel» de l'époque classique: y prédominent le moi, le privé, le domestique, la solitude, la nature, le maternel et les filiations matriarcales. Pourtant, Sévigné est souvent vue, au contraire, comme l'incarnation de l'esprit de société du Grand Siècle, comme une mondaine à l'esprit brillant, chroniqueuse enjouée de son époque—sa correspondance offre en effet aux historiens du XVIIe siècle une source inépuisable d'anecdotes et de citations—et plus mesquinement, comme une bavarde, une commère, une virtuose de la parole insignifiante. «Mme de Sévigné restera toujours le vrai style, elle a tant de charmes et de grâce; mais quand on a beaucoup lu, il ne reste rien» (Napoléon). Les images canoniques de Marie de Sévigné apparaissent, alors, comme des reflets déformés d'une centralité marginale délibérément choisie par l'épistolière en tant qu'espace de liberté et d'affirmation de soi. Car le «livre» constitué par sa *Correspondance* articule en fait une intrigue nouvelle, «singulière», où Marie de Sévigné fait figure d'héroïne originale: l'histoire de la relation entre une mère et sa fille. C'est ce roman d'amour par lettres et cette relation, devenue avec le temps l'un des motifs fondamentaux de l'écriture des femmes, qui passionnent les lecteurs d'aujourd'hui et qui incitent à repenser la place de Sévigné dans la tradition littéraire aussi bien féminine que masculine.

Marie de Rabutin-Chantal naît à Paris, le 5 février 1626. Elle appartient par son père à une très ancienne et très noble famille de Bourgogne, mais sa famille maternelle Coulanges, enrichie dans les finances, est de noblesse récente. Enfant unique, elle est orpheline de bonne heure: elle perd son père à l'âge d'un an et demi, puis sa mère, à sept ans. Après la mort de son grand-père maternel, son tuteur, en 1637, la famille la confie à son oncle et sa tante, Philippe et Marie de Coulanges. Chez les Coulanges, malgré toutes ces pertes, elle connaît une enfance heureuse, entourée de ses cousins, de ses oncles et de ses tantes, partageant son temps entre Paris et leur maison de campagne à Sucy-en-Brie. Sa grand-mère paternelle, Jeanne de Chantal, fondatrice de l'ordre de la Visitation et future sainte, aurait souhaité qu'elle soit élevée, selon l'usage pour les demoiselles nobles, dans un couvent, et qu'elle se fasse religieuse. Grâce aux Coulanges, elle échappe à ce destin et reçoit, au contraire, une éducation brillante et plutôt libre pour une jeune fille de sa condition: elle apprend le chant, la danse, l'équitation, les belles-lettres, l'italien, l'espagnol, et peut-être un peu de latin. Cette culture solide sera étayée par les conversations en famille, entre amis, et dans les salons parisiens (dont l'Hôtel de Rambouillet) avec des mondains cultivés et des auteurs prisés comme son cousin Bussy-Rabutin, Chapelain et Ménage, et surtout, tout le long de sa vie, par la lecture. Lectrice avide et éclectique, elle avale La Fontaine, Corneille, Molière, Racine, Madeleine de Scudéry, Marie-Madeleine de Lafayette, Voiture, le Tasse, l'Arioste, Quintilien, Tacite et d'autres historiens, des théologiens et des moralistes comme Nicole, Pascal et Saint Augustin. Nourries de ses lectures, ses lettres seront émaillées de citations qui viennent tout naturellement préciser sa pensée, emblèmes aussi d'une culture d'élite partagée avec ses destinataires. À son époque la conversation et la lecture étaient les pierres angulaires d'une formation continue qui permettait aux femmes de compenser leur manque d'éducation formelle à l'école. Devenue grand-mère, Sévigné transmettra cette pédagogie à sa fille dans des conseils pour élever sa petite-fille Pauline: surtout point d'éducation conventuelle, mais, pour former son esprit, de la bonne conversation avec des personnes lettrées, sa mère en premier, des lectures abondantes et variées (histoire, littérature, livres de dévotion), un apprentissage sérieux de la langue française, «que la plupart des femmes ne savent pas» (1er juin 1689), et l'étude de l'italien.

En 1644, à l'âge de dix-huit ans, Marie de Rabutin-Chantal épouse le baron Henri de Sévigné (né en 1623), de bonne noblesse bretonne. C'est un homme séduisant, mais dépensier et coureur. En 1651, il se bat en duel pour l'honneur de sa maîtresse, Madame de Gondran, «la belle Lolo», et meurt le surlendemain. La marquise se trouve veuve à vingt-cinq ans, avec des dettes et deux enfants à élever, Françoise-Marguerite, née en 1646, et Charles, né deux ans plus tard. Belle, spirituelle, et séduisante, c'est une femme à la mode dans le Paris littéraire et mondain, et les prétendants ne manquent pas: Fouquet, Bussy-Rabutin, Turenne, le duc de Noirmoutier, le comte de Lude (pour qui elle eut sans doute un faible), parmi d'autres. Mais, refusant tous les partis, elle choisit de rester veuve, car «le nom de *veuve* emporte avec lui celui de *liberté*» (3 juillet 1680). Grâce à son oncle, Christophe de Coulanges, abbé de Livry, qui l'aide à gérer sa fortune, elle pourra maintenir cette précieuse autonomie: «je fais mes volontés» (29 novembre 1689). Désormais, elle partagera son existence entre Paris et Les Rochers (château de son mari en Bretagne), faisant aussi des séjours fréquents à l'abbaye de Livry.

À Paris, elle est très entourée. Marie-Madeleine de Lafayette, Madame Scarron (future Madame de Maintenon), Madeleine de Scudéry, La Rochefoucauld, le cardinal de Retz et Fouquet sont ses amis. Dans sa famille, elle fréquente beaucoup son cousin, Philippe-Emmanuel de Coulanges, poète et chansonnier, et sa femme, ainsi que Bussy-Rabutin. (Quand celui-ci finira par être exilé de la capitale pour des raisons politiques, elle entretiendra avec lui une correspondance importante, entraînement au «rabutinage», qui constitue en quelque sorte son apprentissage littéraire.) Bien reçue à Versailles, elle est pourtant plus à l'aise dans l'atmosphère des salons parisiens qu'à la cour. C'est l'image d'une femme sociable et spirituelle, à l'esprit vif et original, charmante, rieuse, et même un peu gaillarde, bien que d'une vertu qui ne prête pas aux médisances, que nous livrent les portraits de la jeune veuve par ses contemporains. Scudéry, la dépeignant dans *Clélie* sous le nom de Clarinte, met en valeur sa grâce verbale: «elle écrit comme elle parle, c'est-à-dire le plus galamment et le plus admirablement qu'il est possible.» Déjà en 1657, date de ce portrait, et bien avant ses lettres à sa fille, Sévigné jouissait donc d'une certaine réputation épistolaire.

En 1669, Marie de Sévigné conclut enfin pour Françoise-Marguerite, «la plus jolie fille de France» (Bussy-Rabutin), qui pourtant à vingt-deux ans n'est toujours pas établie, un mariage avantageux avec le comte de Grignan, trente-sept ans, d'ancienne et honorable noblesse, mais deux fois veuf, endetté, ayant besoin de la dot de son épouse et d'un héritier. Peu de temps après, il est nommé lieutenant général du roi en Provence, et le 4 février 1671, deux mois et demi après la naissance de leur fille Marie-Blanche, son épouse quitte Paris pour l'y rejoindre. Pour la mère bouleversée, ce départ est comme un arrachement. À partir de cette date, elle ne vit plus que pour sa fille, pour la retrouver, pour recevoir ses lettres, pour lui écrire afin de combler la distance qui les sépare, afin de «se consoler et s'amuser» (20 février 1671). Commence alors la correspondance pour laquelle la marquise de Sévigné est aujourd'hui célèbre. La séparation a transformé la tendresse maternelle en passion amoureuse; elle écrira désormais à sa fille deux lettres par semaine, parfois davantage, sauf quand elles sont ensemble. Ainsi, la plupart des 1.371 lettres publiées à ce jour sont adressées à Madame de Grignan, même si, en vingt-cinq ans, entre le départ initial de la fille et la mort de la mère, les deux femmes ne sont séparées en réalité qu'environ sept ans. Sévigné fera trois séjours à Grignan (1672–73, 1689–91, 1694–96) et la comtesse viendra plusieurs fois habiter à Paris.

Le 17 avril 1696, épuisée d'avoir soigné sa fille pendant une maladie où elle avait craint de la perdre, Marie de Sévigné meurt, emportée par une fièvre continue, en «femme forte [...] avec une fermeté et une soumission étonnantes» (le comte de Grignan) au château de Grignan. L'année précédente, elle avait vu se marier ses petits-enfants Louis-Provence et Pauline de Grignan (élevée dans un couvent, Marie-Blanche était devenue religieuse). Son œuvre maternelle était achevée. «Pour moi, je ne suis plus bonne à rien; j'ai fait mon rôle et, par mon goût, je ne souhaiterais jamais une si longue vie» (10 janvier 1696). Restait son œuvre.

Œuvre consciente ou inconsciente? volontaire ou involontaire? Sévigné a toujours refusé de se poser en auteur écrivant en vue d'un public et d'une publication. «Être dans les mains de tout le monde, se trouver imprimée, être le livre de divertissement de toutes les provinces, où ces choses-là font un tort irréparable, se rencontrer dans les bibliothèques», se récrie-t-elle (26 juillet 1668). Il y a derrière ce cri un préjugé de classe, une question de bienséance, la crainte de perdre sa réputation, surtout quand on est femme. On connaît aussi les réticences d'une Madeleine de Scudéry et d'une Marie-Madeleine de Lafayette à avouer leurs oeuvres. Pourtant, les lettres de Sévigné étaient fort appréciées dans le cercle choisi de ses amis et de ceux de Madame de Grignan. C'était l'usage au XVIIe siècle de faire circuler les meilleures lettres, celles qui racontaient un événement intéressant (voir plus loin la lettre à Coulanges), celles qui plaisaient ou étonnaient par leur style. Elle était donc loin d'ignorer son talent littéraire. Mais l'esthétique aristocratique de la négligence—des personnes pour qui l'oisiveté était un privilège de classe ne devaient pas afficher leur travail—l'empêchait d'avouer un projet littéraire, un désir de se faire apprécier au-delà de ce petit cercle d'initiés: «mon style est si négligé qu'il faut avoir un esprit naturel et du monde pour s'en pouvoir accommoder», insiste-t-elle (23 décembre 1671).

Pourtant, la *Correspondance* est parsemée de nombreux passages de critique et d'autocritique épistolaires, ainsi que de suggestions obliques, dans ses lettres à Madame de Grignan, de la possibilité d'une publication. De plus en plus, au fur et à mesure que Sévigné écrit, la *Correspondance* devient une oeuvre réfléchie et, de plus en plus, elle écrit non seulement pour communiquer mais aussi pour le simple plaisir d'écrire. D'où les lettres de provision (voir la lettre du 3 mars 1671), rédigées, sans départ immédiat du courrier, par anticipation d'une lettre de sa fille et non en réponse; d'où l'abandon au désir de conter, à l'envie de causer, même quand elle n'a que «des riens» à raconter; d'où aussi le plaisir de se retirer seule dans sa chambre pour s'adonner à l'écriture: «Me voici à la joie de mon cœur, toute seule dans ma chambre à vous écrire paisiblement; rien ne m'est si agréable que cet état» (13 mars 1671). Elle en vient même à désirer l'absence de sa fille car c'est elle qui rend possible ce plaisir de l'écriture: «comment? j'aime à vous écrire! c'est donc signe que j'aime votre absence» (20 octobre 1677). Au plaisir d'écrire vient se joindre celui de lire: Sévigné se plaît à lire et à relire les lettres de sa fille comme si elles composaient un livre et elle suggère, sur un ton de dépréciation qui la dissocie d'une telle transgression féminine et l'en excuse, que les siennes composent aussi un texte: «Il ne faut point d'autre livre que ces abominables lettres que je vous écris; je vous défie de les lire tout de suite. Enfin, ma bonne, vous en êtes contente, c'est assez» (26 août 1675). Vers la fin de sa vie, dissimulée sous un ton pareillement négatif, l'éventualité d'une publication dont elle ne serait pas elle-même responsable, qui ne dérogerait ainsi ni à sa classe ni à son sexe, est évoquée dans une lettre à sa fille: «Vous louez tellement mes lettres au-dessus de leur mérite que, si je n'étais fort assurée que vous ne les refeuilletterez ni ne les relirez jamais, je craindrais tout d'un coup de me voir imprimée par la trahison d'un de mes amis» (15 février 1690). La trahison d'un de ses amis admiratifs, seule possibilité pour une femme d'être publiée impunément. C'est en effet ce qui arriva, mais ce ne fut qu'après sa mort. (Voir Michèle Longino Farrell, *Performing Motherhood: The Sévigné Correspondence,* 1991.)

Mais son texte aussi fut trahi. Quelques lettres à son cousin parues l'année même de sa mort dans les *Mémoires* de Bussy eurent un tel succès que le fils de Bussy demanda à Pauline de Simiane, petite-fille de la marquise, les lettres de sa grand-mère à sa mère pour en faire établir une copie en vue d'une édition. Parut alors en 1725, une première édition subreptice contenant un tout petit choix de lettres, surtout des lettres reportage racontant «des particularités de l'histoire de Louis XIV», comme celle à Coulanges sur le mariage de Mademoiselle (voir ci-dessous). C'étaient celles qui, reprises plus tard dans les manuels scolaires, allaient perpétuer l'image d'une Sévigné, spirituelle chroniqueuse de son époque. Deux autres suivirent en 1726, mettant cette fois en lumière le style original de l'épistolière et son amour maternel. Mécontente de ces éditions subreptices, Madame de Simiane confia les autographes des lettres de sa grand-mère au chevalier Perrin pour qu'il en établisse une édition autorisée. Quatre tomes, expurgés pour des raisons de convenance religieuse et mondaine selon les volontés de Madame de Simiane et «corrigées» par Perrin au nom du «goût»—éliminées la singularité et la sève, les audaces stylistiques et les inventions verbales—paraissent en 1734, quatre autres en 1754. Madame de Simiane engagea Perrin à détruire les autographes de sa grand-mère, une fois l'édition établie, et vers 1734 elle sacrifia de même «à un scrupule de dévotion» toutes les lettres de Madame de Grignan à sa mère. Il ne reste donc qu'un nombre infime d'autographes des lettres de Sévigné et aucune, ni copie ni autographe, des lettres que lui adressa sa fille. La voix de la fille a été supprimée et le texte ainsi tronqué que nous lisons aujourd'hui est, à de rares exceptions près, un texte reconstruit—le mieux possible par Roger Duchêne—à partir d'éditions fautives, et de copies, dont certaines, plus fiables que l'édition Perrin, ne furent découvertes qu'au XIXe siècle.

Marie de Sévigné a complètement bouleversé le genre de la lettre familière. Quoiqu'elle admire les lettres de l'écrivain précieux Voiture et les *Lettres provinciales* (1656–57) de Pascal et qu'elle rivalise avec Bussy en «rabutinage», elle ne se réclame d'aucune influence et elle se moque des manuels et des règles épistolaires. Il en résulte une écriture originale et des lettres pleines de verve et de trouvailles, d'une très grande variété de tons et de styles; des lettres qui abordent les sujets les plus divers, allant des nouvelles de la cour et de la ville jusqu'aux recettes de cuisine en passant par les méditations religieuses, les impressions suscitées par la nature, la critique littéraire, les potins, les questions de santé, et les soucis d'argent, sans parler de l'amour maternel; des lettres organisées naturellement et librement comme une conversation animée, par association d'idées. En fait, tout en se démarquant de ses prédécesseurs, Sévigné réalise mieux que personne un des idéals du genre: elle fait de la lettre une conversation écrite, adaptant à des besoins d'expression personnelle cet art de la conversation qui fut élaboré comme idéal littéraire aristocratique dans les salons.

C'est le XVIIIe siècle qui fit de Sévigné un modèle épistolaire. Ses lettres spontanées et personnelles correspondaient au nouvel intérêt du siècle des Lumières pour l'intime, le privé, le particulier, pour l'expression du moi et des sentiments, pour la liberté de la parole, intérêt manifesté non seulement dans des correspondances réelles mais aussi dans le roman par lettres, genre pratiqué le plus souvent et mis à la mode par des femmes (Riccoboni, Graffigny, Charrière). Quelle fut l'influence du succès de la *Correspondance* de Sévigné sur l'essor de ce genre? Quel fut son impact sur ces romancières et épistolières? De même qu'il manque les «réponses» de Madame de Grignan à sa mère, de même il a manqué pendant longtemps dans les présentations de l'histoire littéraire française les «réponses» des femmes écrivains à ce modèle éventuel. Aujourd'hui, le rôle fondateur que jouèrent la publication et le succès des lettres de Sévigné, surtout pour les épistolières, est enfin reconnu.

Pour la tradition littéraire féminine, l'apport le plus considérable de Sévigné est sans doute son articulation de la relation mère-fille, l'une des premières de la littérature française. Bien qu'elle s'annonce dès 1660, il faudra attendre le XVIIIe siècle pour trouver une véritable idéologie de la maternité et le XXe pour que soient soulignés les implications féministes et le potentiel littéraire et artistique pour les femmes du rapport mère-fille. Malgré le conservatisme foncier de Sévigné et son intériorisation de l'idéologie naissante de la maternité (intimité idéale mère-enfant dans un espace domestique), l'on peut déjà entrevoir dans les lettres à sa fille où les liens de femme à femme s'opposent aux exigences de la vie sociale et conjugale, où sa volonté de mère se heurte implicitement à celle de son gendre, comment cette relation maternelle pourra offrir aux écrivaines futures un modèle de dissidence. Valorisée par la mère dans ces moments de conflit comme une utopie, cette relation ébranle les structures patriarcales et les met discrètement en question. Au XVIII^e^ siècle, dans *Caliste ou Lettres écrites de Lausanne* (1787), la mise en scène du rapport symbiotique mère-fille permettra aussi à Isabelle de Charrière d'esquisser une utopie féminine, alternative à la coupure et aux méfaits du mariage. Plus près de nous, une poète comme Marceline Desbordes-Valmore au XIX^e^ siècle et des écrivaines comme Colette, Hélène Cixous, Chantal Chawaf, et Marguerite Duras aux XX^e^ et XXI^e^ chercheront dans le maternel un modèle pour écrire leur différence.

À l'encontre de la plupart de ces écrivaines, Sévigné présente le rapport mère-fille du point de vue de la mère. Mais on devine, néanmoins, les réactions et les réticences de Madame de Grignan, partagée entre l'amour filial et l'amour conjugal, plus froide et plus réservée que sa mère, et quelque peu écrasée par la prééminence sociale et littéraire de celle-ci. La valorisation de sa mère au moyen de ce rapport vécu et écrit avec une fille idolâtrée a pour contrepartie la dépendance, l'infantilisation, et l'effacement de la subjectivité de Françoise-Marguerite. (Voir aussi *La Princesse de Clèves* de Lafayette; Madame de Chartres, mère de l'héroïne, est peut-être inspirée de Sévigné.) Ces tensions éclatent quand les deux femmes sont ensemble, surtout lors des premières retrouvailles. Mais l'écriture permet la fiction d'un rapport idéal: «vous aimez mieux m'écrire vos sentiments que vous n'aimez à me les dire» (9 février 1671); «mon cœur est en repos quand il est auprès de vous» (5 octobre 1673).

Ainsi, «montrer signe d'amante» (Louise Labé) donne un sens à la vie de la marquise et comble une exigence d'absolu, ce qui crée parfois d'autres conflits, des conflits de conscience, car elle n'arrive pas toujours à placer au-dessus de l'amour pour sa fille, celui qu'on doit à Dieu (lettres du 24 mars 1671 et du 5 octobre 1673). Pour décrire son amour maternel, elle emprunte en effet la rhétorique des mystiques: «je pense continuellement à vous. C'est ce que les dévots appellent une pensée habituelle; c'est ce qu'il faudrait avoir pour Dieu» (9 février 1671).

Une langue nouvelle exaltant la passion maternelle naît des seuls discours à sa disposition, discours issus d'un héritage culturel essentiellement masculin, ceux de l'amour mystique et, bien sûr, de l'amour hétérosexuel. Madame de Grignan revêt donc les images de la princesse lointaine; sujet et objet de l'écriture de sa mère, elle devient «ce qui s'appelle poétiquement l'objet aimé» (3 mars 1671). Mais l'épistolière s'inspire sans doute également des figures d'une maternité symbolique ardente dans les correspondances contemporaines d'abbesses à des religieuses, dont celle de sa grand-mère, Jeanne de Chantal. Quelques images seront puisées dans la mythologie: Niobé pleurant la mort de ses enfants, Cérès partie à la poursuite de sa fille Proserpine, ravie par Pluton. À la fois mère éplorée et déesse de la fertilité, Cérès renvoie aussi à la figure traditionnelle de la Mère Nature (Farrell, *Performing Motherhood*). Car, de même qu'elle lègue à la littérature un discours maternel unique («Je ne crois pas qu'il se soit vu un commerce comme le nôtre», se réjouit-elle, 5 janvier 1674), Marie de Sévigné invente, bien avant Rousseau et le romantisme, un discours nouveau pour exprimer le sentiment de la nature (voir les extraits des lettres du 3 novembre 1677, du 2 novembre 1679, et du 19 avril 1690).

## Lettres

[À l'exception des trois lettres finales qui traitent de la nature et de celle du 16 mars 1672, nous reproduisons le texte intégral des lettres choisies.]

### À COULANGES[1]

À Paris, ce lundi 15 décembre [1670].

Je m'en vais vous mander la chose la plus étonnante, la plus surprenante, la plus merveilleuse, la plus miraculeuse, la plus triomphante, la plus étourdissante, la plus inouïe, la plus singulière, la plus extraordinaire, la plus incroyable, la plus imprévue, la plus grande, la plus petite, la plus rare, la plus commune, la plus éclatante, la plus secrète jusqu'aujourd'hui, la plus brillante, la plus digne d'envie; enfin une chose dont on ne trouve qu'un exemple[2] dans les siècles passés, encore cet exemple n'est-il pas juste; une chose que nous ne saurions croire à Paris (comment la pourrait-on croire à Lyon[3]?); une chose qui fait crier miséricorde à tout le monde; une chose qui comble de joie Mme de Rohan et Mme d'Hauterive[4]; une chose enfin qui se fera dimanche, où ceux qui la verront croiront avoir la berlue; une chose qui se fera dimanche, et qui

1. Cousin de l'épistolière.

2. Peut-être le mariage de Marie d'Angleterre, veuve de Louis XII, avec le duc de Suffolk.

3. Où se trouvait Coulanges.

4. Deux dames qui avaient épousé par amour de simples gentilshommes.

ne sera peut-être pas faite lundi. Je ne puis me résoudre à la dire. Devinez-la; je vous la donne en trois. Jetez-vous votre langue aux chiens? Eh bien! il faut donc vous la dire: M. de Lauzun[5] épouse dimanche au Louvre, devinez qui? Je vous le donne en quatre, je vous le donne en dix; je vous le donne en cent. Mme de Coulanges dit: Voilà qui est bien difficile à deviner; c'est Mlle de la Vallière. —Point du tout, Madame. —C'est donc Mlle de Retz? —Point du tout, vous êtes bien provinciale. —Vraiment nous sommes bien bêtes, dites-vous, c'est Mlle Colbert? —Encore moins. —C'est assurément Mlle de Créquy? Vous n'y êtes pas. Il faut donc à la fin vous le dire: il épouse, dimanche, au Louvre, avec la permission du Roi, Mademoiselle, Mademoiselle de... Mademoiselle... devinez le nom: il épouse Mademoiselle, ma foi! par ma foi! ma foi jurée! Mademoiselle, la grande Mademoiselle; Mademoiselle, fille de feu Monsieur[6]; Mademoiselle, petite-fille de Henri IV; mademoiselle d'Eu, mademoiselle de Dombes, mademoiselle de Montpensier, mademoiselle d'Orléans; Mademoiselle, cousine germaine du Roi; Mademoiselle, destinée au trône; Mademoiselle, le seul parti de France qui fût digne de Monsieur[7]. Voilà un beau sujet de discourir. Si vous criez, si vous êtes hors de vous-même, si vous dites que nous avons menti, que cela est faux, qu'on se moque de vous, que voilà une belle raillerie, que cela est bien fade à imaginer; si enfin vous nous dites des injures, nous trouverons que vous avez raison; nous en avons fait autant que vous.

Adieu; les lettres qui seront portées par cet ordinaire[8] vous feront voir si nous disons vrai ou non.

### À MADAME DE GRIGNAN

À Paris, vendredi 6 février [1671][9].

Ma douleur serait bien médiocre si je pouvais vous la dépeindre; je ne l'entreprendrai pas aussi. J'ai beau chercher ma chère fille, je ne la trouve plus, et

5. Maréchal de France, aventurier sans argent. Il n'était qu'un comte. Au dernier moment, Louis XIV se ravisa et interdit cette mésalliance. Mais le mariage se fit en secret malgré lui.

6. Gaston d'Orléans, frère de Louis XIII.

7. Philippe d'Orléans, frère de Louis XIV.

8. Courrier. La poste venait d'être réorganisée par Louvois en 1668. Elle devient un thème important dans les lettres à Madame de Grignan, déterminant aussi le rythme régulier de la correspondance.

9. Première lettre adressée à sa fille après le départ de celle-ci en Provence, le 4 février 1671, pour rejoindre son mari.

tous les pas qu'elle fait l'éloignent de moi. Je m'en allai donc à Sainte-Marie[10], toujours pleurant et toujours mourant. Il me semblait qu'on m'arrachait le cœur et l'âme, et en effet, quelle rude séparation! Je demandai la liberté d'être seule. On me mena dans la chambre de Mme du Housset, on me fit du feu. Agnès[11] me regardait sans me parler; c'était notre marché. J'y passai jusqu'à cinq heures sans cesser de sangloter; toutes mes pensées me faisaient mourir. J'écrivis à M. de Grignan, vous pouvez penser sur quel ton. J'allai ensuite chez Mme de La Fayette[12], qui redoubla mes douleurs par la part qu'elle y prit. Elle était seule, et malade, et triste de la mort d'une sœur religieuse; elle était comme je la pouvais désirer. M. de La Rochefoucauld[13] y vint. On ne parla que de vous, de la raison que j'avais d'être touchée, et du dessein de parler comme il faut à *Mélusine*[14]. Je vous réponds qu'elle sera bien relancée. D'Hacqueville[15] vous rendra un bon compte de cette affaire. Je revins enfin à huit heures de chez Mme de La Fayette. Mais en entrant ici, bon Dieu! comprenez-vous bien ce que je sentis en montant ce degré? Cette chambre où j'entrais toujours, hélas! j'en trouvai les portes ouvertes, mais je vis tout démeublé, tout dérangé, et votre pauvre petite fille[16] qui me représentait la mienne. Comprenez-vous bien tout ce que je souffris? Les réveils de la nuit ont été noirs, et le matin je n'étais point avancée d'un pas pour le repos de mon esprit. L'après-dîner se passa avec Mme de La Troche[17] à l'Arsenal. Le soir, je reçus votre lettre, qui me remit dans les premiers transports, et ce soir j'achèverai celle-ci chez M. de Coulanges, où j'apprendrai des nouvelles. Car pour moi, voilà ce que je sais, avec les douleurs de tous ceux que vous avez laissés ici. Toute ma lettre serait pleine de compliments, si je voulais.

10. Couvent de la Visitation, ordre fondé par sa grand-mère, Jeanne de Chantal.

11. Une religieuse.

12. Célèbre romancière et meilleure amie de Sévigné. Auteur de *La Princesse de Clèves* (voir le chapitre ci-dessus).

13. François, duc de La Rochefoucauld, moraliste célèbre, auteur des *Maximes.*

14. Sobriquet donné par Sévigné à Françoise de Montalais, comtesse de Marans.

15. Abbé et conseiller du Roi, ami et confident de Sévigné.

16. Marie-Blanche de Grignan, âgée de deux mois et demi. Sa mère l'avait laissée à Paris, car elle était trop petite pour faire le voyage de Provence en hiver.

17. Femme d'un conseiller au Parlement de Rennes, amie de Sévigné.

Vendredi au soir.

J'ai appris chez Mme de Lavardin[18] les nouvelles que je vous mande; et j'ai su par Mme de La Fayette qu'ils eurent hier une conversation avec *Mélusine,* dont le détail n'est pas aisé à écrire, mais enfin elle fut confondue et poussée à bout par l'horreur de son procédé[19], qui lui fut reproché sans aucun ménagement. Elle est fort heureuse du parti qu'on lui offre, et dont elle est demeurée d'accord: c'est de se taire très religieusement, et moyennant cela on ne la poussera pas à bout. Vous avez des amis qui ont pris vos intérêts avec beaucoup de chaleur. Je ne vois que des gens qui vous aiment et vous estiment, et qui entrent bien aisément dans ma douleur. Je n'ai voulu aller encore que chez Mme de La Fayette. On s'empresse fort de me chercher, et de me vouloir prendre, ct je crains cela comme la mort.

Je vous conjure, ma chère fille, d'avoir soin de votre santé. Conservez-la pour l'amour de moi, et ne vous abandonnez pas à ces cruelles négligences, dont il ne me semble pas qu'on puisse jamais revenir. Je vous embrasse avec une tendresse qui ne saurait avoir d'égale, n'en déplaise à toutes les autres.

Le mariage de Mlle d'Houdancourt et de M. de Ventadour a été signé ce matin. L'abbé de Chambonnas a été nommé aussi ce matin à l'évêché de Lodève. Madame la Princesse partira le mercredi des Cendres pour Châteauroux, où Monsieur le Prince désire qu'elle fasse quelque séjour. M. de la Marguerie a la place du conseil de M. d'Estampes qui est mort. Mme de Mazarin arrive ce soir à Paris; le Roi s'est déclaré son protecteur, et l'a envoyé quérir au Lys avec un exempt et huit gardes, et un carrosse bien attelé[20].

Voici un trait d'ingratitude qui ne vous déplaira pas, et dont je veux faire mon profit quand je ferai mon livre sur les grandes ingratitudes. Le maréchal d'Albret a convaincu Mme d'Heudicourt, non seulement d'une bonne galanterie avec M. de Béthune, dont il avait voulu toujours douter; mais d'avoir dit de lui et de Mme Scarron[21] tous les maux qu'on peut s'imaginer. II n'y a point de mauvais offices qu'elle n'ait tâché de rendre à l'un et à l'autre, et cela est tellement avéré

18. La marquise de Lavardin était une des meilleures amies de l'épistolière.

19. Peut-être des médisances concernant les retardements du départ de Madame de Grignan depuis la naissance de Marie-Blanche.

20. Paragraphe de nouvelles brèves où Sévigné joue le rôle de gazetière ou d'informatrice selon l'usage lorsqu'on écrivait de Paris. Voir aussi la lettre précédente, à Coulanges.

21. Françoise d'Aubigné, future Madame de Maintenon.

que Mme Scarron ne la voit plus, ni tout l'hôtel de Richelieu. Voilà une femme bien abîmée; mais elle a cette consolation de n'y avoir pas contribué!

### À MADAME DE GRIGNAN

À Paris, mardi 3 mars [1671].

Si vous étiez ici, ma chère bonne, vous vous moqueriez de moi; j'écris de provision[22]. Mais c'est une raison bien différente de celle que je vous donnais pour m'excuser. C'était parce que je ne me souciais guère de ces gens-là, et que dans deux jours je n'aurais pas autre chose à leur dire. Voici tout le contraire; c'est que je me soucie beaucoup de vous, que j'aime à vous entretenir à toute heure, et que c'est la seule consolation que je puisse avoir présentement.

Je suis aujourd'hui toute seule dans ma chambre, par l'excès de ma mauvaise humeur. Je suis lasse de tout; je me suis fait un plaisir de dîner ici, et je m'en fais un de vous écrire hors de propos. Mais, hélas! ma bonne, vous n'avez pas de ces loisirs-là. J'écris tranquillement, et je ne comprends pas que vous puissiez lire de même. Je ne vois pas un moment où vous soyez à vous. Je vois un mari qui vous adore, qui ne peut se lasser d'être auprès de vous, et qui peut à peine comprendre son bonheur. Je vois des harangues, des infinités de compliments, de civilités, des visites. On vous fait des honneurs extrêmes; il faut répondre à tout cela. Vous êtes accablée; moi-même, sur ma petite boule, je n'y suffirais pas. Que fait votre paresse pendant tout ce tracas? Elle souffre, elle se retire dans quelque petit cabinet, elle meurt de peur de ne plus retrouver sa place; elle vous attend dans quelque moment perdu pour vous faire au moins souvenir d'elle, et vous dire un mot en passant. «Hélas! dit-elle, mais vous m'oubliez. Songez que je suis votre plus ancienne amie; celle qui ne vous ai jamais abandonnée, la fidèle compagne de vos plus beaux jours; celle qui vous consolais de tous les plaisirs, et qui même quelquefois vous les faisais haïr; celle qui vous ai empêchée de mourir d'ennui et en Bretagne et dans votre grossesse. Quelquefois votre mère troublait nos plaisirs, mais je savais bien où vous reprendre. Présentement je ne sais plus où j'en suis; la dignité et l'éclat de votre mari me fera périr, si vous n'avez soin de moi.» Il me semble que vous lui dites en passant un petit mot d'amitié; vous lui donnez quelque espérance de la posséder à Grignan. Mais vous passez vite, et vous n'avez pas le loisir d'en dire davantage. Le Devoir et la Raison sont autour de vous, qui

22. Les lettres de provision sont écrites en l'attente d'une lettre de sa fille. À distinguer de la lettre de réponse, comme celle, datée du 4 mars, qui suit.

ne vous donnent pas un moment de repos. Moi-même, qui les ai toujours tant honorées, je leur suis contraire, et elles[23] me le sont; le moyen qu'elles vous donnent le temps de lire de telles *lanterneries*[24]?

Je vous assure, ma chère bonne, que je songe à vous continuellement, et je sens tous les jours ce que vous me dîtes une fois, qu'il ne fallait point appuyer sur ces pensées. Si l'on ne glissait pas dessus, on serait toujours en larmes, c'est-à-dire moi. Il n'y a lieu dans cette maison qui ne me blesse le cœur. Toute votre chambre me tue; j'y ai fait mettre un paravent tout au milieu, pour rompre un peu la vue d'une fenêtre sur ce degré par où je vous vis monter dans le carrosse de d'Hacqueville, et par où je vous rappelai. Je me fais peur quand je pense combien alors j'étais capable de me jeter par la fenêtre, car je suis folle quelquefois; ce cabinet, où je vous embrassai sans savoir ce que je faisais; ces Capucins[25], où j'allai entendre la messe; ces larmes qui tombaient de mes yeux à terre, comme si c'eût été de l'eau qu'on eût répandue; Sainte-Marie, Mme de La Fayette, mon retour dans cette maison, votre appartement, la nuit et le lendemain; et votre première lettre, et toutes les autres, et encore tous les jours, et tous les entretiens de ceux qui entrent dans mes sentiments. Ce pauvre d'Hacqueville est le premier; je n'oublierai jamais la pitié qu'il eut de moi. Voilà donc où j'en reviens: il faut glisser sur tout cela, et se bien garder de s'abandonner à ses pensées et aux mouvements de son cœur. J'aime mieux m'occuper de la vie que vous faites présentement; cela me fait une diversion, sans m'éloigner pourtant de mon sujet et de mon objet, qui est ce qui s'appelle poétiquement l'objet aimé. Je songe donc à vous, et je souhaite toujours de vos lettres. Quand je viens d'en recevoir, j'en voudrais bien encore. J'en attends présentement, et reprendrai ma lettre quand j'en aurai reçu. J'abuse de vous, ma chère bonne. J'ai voulu aujourd'hui me permettre cette lettre d'avance; mon cœur en avait besoin. Je n'en ferai pas une coutume.

•

Mercredi 4e mars.

Ah! ma bonne, quelle lettre! quelle peinture de l'état où vous avez été! et que je vous aurais mal tenu ma parole, si je vous avais promis de n'être point effrayée d'un si grand péril! Je sais bien qu'il est passé, mais il est impossible

23. *Elles:* le Devoir et la Raison. L'accord de genre se faisait avec le dernier mot.

24. Dans la langue privée de l'épistolière: histoires peu croyables ou peu intéressantes, balivernes.

25. Chapelle des Capucins, au Marais.

de se représenter votre vie si proche de sa fin, sans frémir d'horreur. Et M. de Grignan vous laisse conduire la barque! et quand vous êtes téméraire, il trouve plaisant de l'être encore plus que vous! Au lieu de vous faire attendre que l'orage fût passé, il veut bien vous exposer, et vogue la galère! Ah mon Dieu! qu'il eût été bien mieux d'être timide, et de vous dire que si vous n'aviez point de peur, il en avait, lui, et ne souffrirait point que vous traversassiez le Rhône par un temps comme celui qu'il faisait! Que j'ai de la peine à comprendre sa tendresse en cette occasion! Ce Rhône qui fait peur à tout le monde! Ce pont d'Avignon où l'on aurait tort de passer en prenant de loin toutes ses mesures! Un tourbillon de vent vous jette violemment sous une arche! Et quel miracle que vous n'ayez pas été brisée et noyée dans un moment! Ma bonne, je ne soutiens pas cette pensée; j'en frissonne, et m'en suis réveillée avec des sursauts dont je ne suis pas la maîtresse. Trouvez-vous toujours que le Rhône ne soit que de l'eau? De bonne foi, n'avez-vous point été effrayée d'une mort si proche et si inévitable? avez-vous trouvé ce péril d'un bon goût? une autre fois, ne serez-vous point un peu moins hasardeuse? une aventure comme celle-là ne vous fera-t-elle point voir les dangers aussi terribles qu'ils sont? Je vous prie de m'avouer ce qui vous en est resté. Je crois du moins que vous avez rendu grâce à Dieu de vous avoir sauvée. Pour moi, je suis persuadée que les messes que j'ai fait dire tous les jours pour vous ont fait ce miracle.

C'est à M. de Grignan que je me prends. Le Coadjuteur[26] a bon temps, il n'a été grondé que pour la montagne de Tarare; elle me paraît présentement comme les pentes de Nemours. M. Busche m'est venu voir tantôt et rapporter des assiettes. J'ai pensé l'embrasser en songeant comme il vous a bien menée. Je l'ai fort entretenu de vos faits et gestes, et puis je lui ai donné de quoi boire un peu à ma santé. Cette lettre vous paraîtra bien ridicule; vous la recevrez dans un temps où vous ne songerez plus au pont d'Avignon. Mais j'y pense, moi, présentement! C'est le malheur des commerces si éloignés: toutes les réponses paraissent rentrées de pique noire[27]. Il faut s'y résoudre, et ne pas même se révolter contre cette coutume; cela est naturel, et la contrainte serait trop grande d'étouffer toutes ses pensées. Il faut entrer dans l'état naturel où l'on est, en répondant à une chose qui vous tient au cœur. Résolvez-vous donc à m'excuser souvent.

26. Frère de Monsieur de Grignan.

27. Terme de jeu de cartes: mauvaise rentrée qui s'accorde mal avec le jeu tenu en main. Métaphore du décalage, inévitable dans toute correspondance, entre les sentiments et les préoccupations des personnes séparées.

J'attends des relations de votre séjour à Arles. Je sais que vous y aurez trouvé bien du monde; à moins que les honneurs, comme vous m'en menacez, changent les mœurs, je prétends de plus grands détails. Ne m'aimez-vous point de vous avoir appris l'italien? Voyez comme vous vous en êtes bien trouvée avec ce vice-légat; ce que vous dites de cette scène est excellent. Mais que j'ai peu goûté le reste de votre lettre! Je vous épargne mes éternels recommencements sur le pont d'Avignon. Je ne l'oublierai de ma vie, et suis plus obligée à Dieu de vous avoir conservée dans cette occasion que de m'avoir fait naître, sans comparaison.

### À MADAME DE GRIGNAN

À Livry[28], mardi saint 24^e mars 1671.

Voici une terrible causerie, ma pauvre bonne. Il y a trois heures que je suis ici; je suis partie de Paris avec l'Abbé, Hélène, Hébert et *Marphise*[29], dans le dessein de me retirer pour jusqu'à jeudi au soir du monde et du bruit. Je prétends être en solitude. Je fais de ceci une petite Trappe[30]; je veux y prier Dieu, y faire mille réflexions. J'ai dessein d'y jeûner beaucoup par toutes sortes de raisons, marcher pour tout le temps que j'ai été dans ma chambre et, sur le[31] tout, m'ennuyer pour l'amour de Dieu. Mais, ma pauvre bonne, ce que je ferai beaucoup mieux que tout cela, c'est de penser à vous. Je n'ai pas encore cessé depuis que je suis arrivée, et ne pouvant tenir tous mes sentiments, je me suis mise à vous écrire au bout de cette petite allée sombre que vous aimez, assise sur ce siège de mousse où je vous ai vue quelquefois couchée. Mais, mon Dieu, où ne vous ai-je point vue ici? et de quelle façon toutes ces pensées me traversent-elles le cœur? Il n'y a point d'endroit, point de lieu, ni dans la maison, ni dans l'église, ni dans le pays, ni dans le jardin, où je ne vous aie vue. Il n'y en a point qui ne me fasse souvenir de quelque chose de quelque manière que ce soit. Et de quelque façon que ce soit aussi, cela me perce le cœur. Je vous vois; vous m'êtes présente. Je pense et repense à tout. Ma tête et mon esprit se creusent mais

28. Campagne près de Paris où Sévigné aimait séjourner. Son oncle de Coulanges était l'abbé de Livry.

29. Christophe de Coulanges, abbé de Livry; Hélène, Hébert et Marphise: respectivement, femme de chambre, domestique et chienne de la marquise.

30. Lieu de retraite religieuse, de silence et de méditation, comme le monastère de la Trappe, connu pour l'austérité de sa règle.

31. Par-dessus.

j'ai beau tourner, j'ai beau chercher, cette chère enfant que j'aime avec tant de passion est à deux cents lieues de moi; je ne l'ai plus. Sur cela, je pleure sans pouvoir m'en empêcher; je n'en puis plus, ma chère bonne. Voilà qui est bien faible, mais pour moi, je ne sais point être forte contre une tendresse si juste et si naturelle. Je ne sais en quelle disposition vous serez en lisant cette lettre. Le hasard peut faire qu'elle viendra mal à propos, et qu'elle ne sera peut-être pas lue de la manière qu'elle est écrite. À cela je ne sais point de remède. Elle sert toujours à me soulager présentement; c'est tout ce que je lui demande. L'état où ce lieu ici m'a mise est une chose incroyable. Je vous prie de ne point parler de mes faiblesses, mais vous devez les aimer, et respecter mes larmes qui viennent d'un cœur tout à vous.

### À MADAME DE GRIGNAN

À Paris, mercredi 16 mars [1672].

Vous me demandez, ma chère enfant, si j'aime toujours bien la vie. Je vous avoue que j'y trouve des chagrins cuisants. Mais je suis encore plus dégoûtée de la mort; je me trouve si malheureuse d'avoir à finir tout ceci par elle, que si je pouvais retourner en arrière, je ne demanderais pas mieux. Je me trouve dans un engagement qui m'embarrasse; je suis embarquée dans la vie sans mon consentement. Il faut que j'en sorte; cela m'assomme. Et comment en sortirai-je? Par où? Par quelle porte? Quand sera-ce? En quelle disposition? Souffrirai-je mille et mille douleurs, qui me feront mourir désespérée? Aurai-je un transport au cerveau? Mourrai-je d'un accident? Comment serai-je avec Dieu? Qu'aurai-je à lui présenter? La crainte, la nécessité feront-elles mon retour vers lui? N'aurai-je aucun autre sentiment que celui de la peur? Que puis-je espérer? Suis-je digne du paradis? Suis-je digne de l'enfer? Quelle alternative! Quel embarras! Rien n'est si fou que de mettre son salut dans l'incertitude, mais rien n'est si naturel, et la sotte vie que je mène est la chose du monde la plus aisée à comprendre. Je m'abîme dans ces pensées, et je trouve la mort si terrible que je hais plus la vie parce qu'elle m'y mène que par les épines qui s'y rencontrent. Vous me direz que je veux vivre éternellement. Point du tout, mais si on m'avait demandé mon avis, j'aurais bien aimé à mourir entre les bras de ma nourrice; cela m'aurait ôté bien des ennuis et m'aurait donné le ciel bien sûrement et bien aisément. Mais parlons d'autre chose.

## À MADAME DE GRIGNAN

À Montélimar[32], jeudi 5 octobre [1673].

Voici un terrible jour, ma chère fille; je vous avoue que je n'en puis plus. Je vous ai quittée dans un état qui augmente ma douleur. Je songe à tous les pas que vous faites et à tous ceux que je fais, et combien il s'en faut qu'en marchant toujours de cette sorte, nous puissions jamais nous rencontrer. Mon cœur est en repos quand il est auprès de vous; c'est son état naturel, et le seul qui peut lui plaire. Ce qui s'est passé ce matin me donne une douleur sensible, et me fait un déchirement dont votre philosophie[33] sait les raisons; je les ai senties et les sentirai longtemps. J'ai le cœur et l'imagination tout remplis de vous. Je n'y puis penser sans pleurer, et j'y pense toujours, de sorte que l'état où je suis n'est pas une chose soutenable; comme il est extrême, j'espère qu'il ne durera pas dans cette violence. Je vous cherche toujours, et je trouve que tout me manque, parce que vous me manquez. Mes yeux qui vous ont tant rencontrée depuis quatorze mois ne vous trouvent plus. Le temps agréable qui est passé rend celui-ci douloureux, jusqu'à ce que j'y sois un peu accoutumée. Mais ce ne sera jamais assez pour ne pas souhaiter ardemment de vous revoir et de vous embrasser. Je ne dois pas espérer mieux de l'avenir que du passé. Je sais ce que votre absence m'a fait souffrir; je serai encore plus à plaindre, parce que je me suis fait imprudemment une habitude nécessaire de vous voir.

Il me semble que je ne vous ai point assez embrassée en partant; qu'avais-je à ménager? Je ne vous ai point assez dit combien je suis contente de votre tendresse. Je ne vous ai point assez recommandée à M. de Grignan. Je ne l'ai point assez remercié de toutes ses politesses et de toute l'amitié qu'il a pour moi. J'en attendrai les effets sur tous les chapitres; il y en a où il a plus d'intérêt que moi, quoique j'en sois plus touchée que lui. Je suis déjà dévorée de curiosité; je n'espère de consolation que de vos lettres, qui me feront encore bien soupirer. En un mot, ma fille, je ne vis que pour vous. Dieu me fasse la grâce de l'aimer quelque jour comme je vous aime! Je songe aux *pichons*[34]; je suis toute pétrie de Grignan. Je tiens partout. Jamais un voyage n'a été si triste que le nôtre; nous ne disons pas un mot.

32. Premier arrêt sur la route du retour après quatorze mois passés chez sa fille à Grignan. Celle-ci était partie le même jour pour Salon, dans la direction opposée.

33. Françoise-Marguerite était cartésienne.

34. En provençal: petits; ici, pour évoquer ses petits-enfants, Marie-Blanche et Louis-Provence.

Adieu, ma chère enfant, aimez-moi toujours: hélas! nous revoilà dans les lettres. Assurez Monsieur l'Archevêque de mon respect très tendre, et embrassez le Coadjuteur; je vous recommande à lui. Nous avons encore dîné à vos dépens. Voilà M. de Saint-Geniez qui vient me consoler. Ma fille, plaignez-moi de vous avoir quittée.

### À BUSSY-RABUTIN

À Livry, ce mercredi 3e novembre 1677.

Je suis venue ici achever les beaux jours et dire adieu aux feuilles. Elles sont encore toutes aux arbres; elles n'ont fait que changer de couleur. Au lieu d'être vertes elles sont aurore, et de tant de sortes d'aurore que cela compose un brocart d'or[35] riche et magnifique, que nous voulons trouver plus beau que du vert, quand ce ne serait que pour changer.

### À MADAME DE GRIGNAN

À Livry, jeudi au soir 2 novembre [1679].

Je quitte ce lieu à regret, ma fille. La campagne est encore belle. Cette avenue, et tout ce qui était désolé des chenilles et qui a pris la liberté de repousser avec votre permission, est plus vert qu'au printemps dans les plus belles années. Les petites et les grandes palissades[36] sont parées de ces belles nuances de l'automne dont les peintres font si bien leur profit. Les grands ormes sont un peu dépouillés, et l'on n'a point de regret à ces feuilles picotées. La campagne, en gros, est encore toute riante. J'y passais mes journées seule avec des livres; je ne m'y ennuyais que comme je m'ennuierai partout, ne vous ayant plus. Je ne sais ce que je vais faire à Paris. Rien ne m'y attire; je n'y ai point de contenance. Mais le bon Abbé[37] dit qu'il y a quelques affaires, et que tout est fini ici. Allons donc. Il est vrai que cette année a passé assez vite, mais je suis fort de votre avis pour le mois de septembre; il m'a semblé qu'il a duré six mois, tous des plus longs.

35. Soie brochée d'or à reflets chatoyants.

36. Rangées d'arbres taillés de façon à faire une sorte de haie.

37. Coulanges, dit le «Bien Bon».

À MADAME DE GRIGNAN

Aux Rochers[38], mercredi 19^e avril [1690].

Je reviens encore à vous, ma bonne, pour vous dire que si vous avez envie de savoir en détail ce que c'est qu'un printemps, il faut venir à moi. Je n'en connaissais moi-même que la superficie[39]; j'en examine cette année jusqu'aux premiers petits commencements. Que pensez-vous donc que ce soit que la couleur des arbres depuis huit jours? Répondez. Vous allez dire: «Du vert.» Point du tout, c'est du rouge. Ce sont de petits boutons, tout prêts à partir, qui font un vrai rouge, et puis ils poussent tous une petite feuille, et comme c'est inégalement, cela fait un mélange trop joli de vert et de rouge. Nous couvons tout cela des yeux. Nous parions de grosses sommes—mais c'est à ne jamais payer—que ce bout d'allée sera tout vert dans deux heures. On dit que non. On parie. Les charmes ont leur manière, les hêtres une autre. Enfin, je sais sur cela tout ce que l'on peut savoir.

38. Domaine de la famille Sévigné en Bretagne.

39. L'aspect général et superficiel.

# *Marie-Catherine d'Aulnoy*

(1650/1651–1705)

Marie-Catherine Le Jumel de Barneville, baronne d'Aulnoy, naquit en 1650 ou 1651 à Barneville en Normandie. Elle eut—pour le moins—une vie aventureuse. Elle fut mariée le 8 mars 1666, à l'âge de 15 ou 16 ans, à un homme qui en avait quarante-six, François de la Motte, acquéreur de la baronnie d'Aulnoy. Trois ans plus tard, elle essaya de se débarrasser de ce «vieillard» hideux et ivrogne qu'elle détestait en le faisant accuser du crime de lèse-majesté. Trois gentilshommes

Marie-Catherine d'Aulnoy, gravure par Bassan d'après É. Cheron
(Bibliothèque nationale de France)

complices, dont son amant et celui de sa mère, l'aidèrent à dénoncer son mari. Celui-ci fut en effet arrêté et embastillé. Mais l'affaire se retourna contre elle quand le roi Louis XIV apprit que les propos du mari n'avaient guère dépassé les bornes de la politesse. Aulnoy fut libéré, deux des calomniateurs eurent la tête tranchée, et elle et sa mère furent condamnées à l'exil. Commence alors une période de voyages et de réclusions plus ou moins forcées. Elle se réfugie d'abord dans un couvent, puis elle passe très probablement en Espagne, en Flandre, et en Angleterre où elle fréquente, entre autres, Saint-Évremond, l'ami philosophe de Ninon de Lenclos. Mais elle souffre de cet éloignement de la cour et de ses ennuis financiers, elle qui aime tant le plaisir et le beau monde. Après une douzaine d'années d'absence, pour services rendus à la cour pendant son exil, elle obtient de rentrer en France. Elle sera impliquée une deuxième fois dans une affaire scabreuse qui entraînera la décapitation de son amie, Mme Ticquet, condamnée pour le meurtre de son époux. Aulnoy aurait-elle tenté d'aider son amie en empoisonnant M. Ticquet? Installée à Paris, elle tient un brillant salon (Saint-Évremond, la princesse de Conti, la poète Deshoulières, les conteuses Lhéritier et Murat sont parmi ses hôtes) et elle commence enfin, vers l'âge de quarante ans, à écrire. Écrivaine prolixe, elle produira en quinze ans dix-huit volumes (contes de fées, pseudo-mémoires, nouvelles, romans, et même deux ouvrages de piété). Son talent littéraire sera universellement reconnu. En effet, la prestigieuse Académie des Ricovrati de Padoue qui ne recevait que neuf femmes de lettres, considérées comme les héritières des Muses, l'élut à l'unanimité. Elle y porta le nom de Clio, Muse de l'Histoire, ou l'Éloquente. Elle mourut à Paris dans sa maison, rue Saint-Benoît, en janvier 1705, admirée des gens d'esprit et des plus hautes personnalités de la cour.

En un sens on pourrait dire que Marie-Catherine d'Aulnoy fut la Marie de France de son temps. Car en enchâssant dans son premier roman, *Histoire d'Hypolite, comte de Duglas* (1690), un conte de fées, *L'Île de la Félicité,* c'est elle qui, la première en France, fit passer de l'oral à l'écrit cette matière merveilleuse, d'origine populaire. Ce faisant, elle lança une mode, un véritable engouement pour les contes de fées, engouement qui durera plus de vingt ans. Suivirent deux recueils, *Les Contes des fées* (1697) où figure *L'Oiseau bleu* et *Contes nouveaux ou Les Fées à la mode* (1698). En tout, elle publia huit volumes comprenant vingt-cinq contes dont les plus célèbres sont *L'Oiseau bleu, La Belle aux cheveux d'or, Gracieuse et Percinet, La Chatte blanche, Babiole, Serpentin vert, Le Rameau d'or, Finette Cendron, Le Nain jaune* et *La Biche au Bois.* Si aujourd'hui elle est surtout appréciée pour ses contes de fées, c'est en tant que romancière et mémorialiste qu'elle fut admirée le plus à son époque. De toutes ses œuvres, *Mémoires de la cour d'Espagne* (1690) et *Relation du voyage d'Espagne* (1691) furent les plus populaires, à en juger par le nombre d'éditions et de traductions. Ces œuvres anticipent un développement important du genre romanesque au XVIIIe siècle: l'essor des mémoires, récits d'allure autobiographique donnant l'illusion du vrai. Dans cette veine «réaliste», elle publia aussi *Histoire de Jean de Bourbon, Prince de Carency* (1692), *Nouvelles espagnoles* (1692), *Mémoires de la cour d'Angleterre* (1695) et *Le Comte de Warwick* (1703). Ces textes la situent dans la même lignée féminine que Villedieu et Lafayette.

Puisqu'elle créa le genre du conte de fées littéraire, Marie-Catherine d'Aulnoy fait figure de novatrice. Si l'histoire littéraire ne semble avoir retenu que le nom de Charles Perrault, auteur du premier *recueil* de contes de fées, *Histoires ou Contes du temps passé* (1697), publié—de justesse—quelques mois seulement avant *Les Contes des fées,* c'est Marie-Catherine d'Aulnoy qui écrivit le plus de contes de tous les auteurs contemporains qui pratiquèrent ce genre. L'histoire littéraire qui réserve à Perrault la première et souvent l'unique place, qui va jusqu'à lui attribuer faussement la paternité de certains contes composés à l'origine par des femmes, mérite d'être revue. De toute évidence, de par ses origines et ses propagatrices, le conte de fées est un art féminin. Car les conteurs furent surtout des conteuses. Ainsi, avant le recueil de son neveu Perrault, Marie-Jeanne Lhéritier inséra vers la fin de 1695 quatre contes de fées dans ses *Œuvres mêlées.* Entre 1697 et 1702 paraissent les recueils de Charlotte-Rose de la Force (*Contes des contes*), d'Henriette-Julie de Murat (*Contes de fées, Les Nouveaux Contes des fées*), et de la marquise Louise d'Auneuil (*La Tyrannie des fées détruite, nouveaux contes*). Il faudrait ajouter les noms de Catherine Bernard dont nous reproduisons plus loin *Riquet à la Houppe* (1696) et de Catherine Durand. Outre Perrault, on pourrait citer quelques conteurs parmi lesquels le chevalier de Mailly (*Les Illustres fées, contes galants, dédiés aux dames,* 1698) et Jean de Préchac (*Contes moins contes que les autres,* 1698). Mais en fait ce furent les femmes qui écrivirent les deux tiers de tous les contes de fées publiés entre 1690 et 1715.

Pour la plupart de grandes dames, elles mettront par écrit les histoires qu'elles se racontaient pour s'amuser. Le conte de fées oral était en effet devenu dans ce dernier quart de siècle un divertissement, un passe-temps de cour et de salon. Le merveilleux ne correspondait-il pas à la magnificence du règne? Ne satisfaisait-il pas ce goût de l'extravagance que les seigneurs et les grandes dames contentaient aussi en lisant les livres de la Bibliothèque bleue? On apprend dans une lettre de Marie de Sévigné à sa fille, datée de 1677, que ce divertissement de société faisait fureur: «Madame de Coulanges [...] voulut bien nous faire part des contes avec quoi l'on amuse les dames de Versailles: cela s'appelle les *mitonner*: elle nous mitonna donc, et nous parla d'une île verte où l'on élevait une princesse plus belle que le jour, c'étaient les fées qui soufflaient sur elle à tout moment. Le prince des Délices était son amant. Ils arrivèrent tous deux dans une boule de cristal [...]. Ce conte dure une bonne heure.»

D'où ces dames tenaient-elles ces contes? Elles les connaissaient depuis leur enfance. Car c'étaient des histoires que les femmes du peuple—nourrices, gouvernantes, ou servantes paysannes—racontaient aux enfants de l'aristocratie. Leur origine plus lointaine remonte aux veillées en milieu rural où de vieilles femmes—sages femmes aux deux sens du terme—tissaient des contes en même temps qu'elles tissaient, filaient, ou brodaient du tissu, transmettant ainsi à la communauté rassemblée les vérités secrètes de la culture. Ces contes sont maintenant repris par d'autres femmes non plus pour des enfants mais pour un public adulte surtout féminin, un public cultivé marqué par la préciosité et par les goûts littéraires de sa classe. Il se crée alors une continuité, une communauté de conteuses, même si les femmes conteuses et auteurs de contes de fées du XVIIe siècle se distinguent, par le style et par le statut social, des nourrices et des sages femmes des veillées, même si leurs contes puisent dans des sources écrites aussi bien qu'orales et procèdent de leur conversation brillante dans les salons aristocratiques. Marie-Catherine d'Aulnoy et ses consœurs se réapproprient un art féminin et très ancien de conteuse, le reliant aux formes littéraires canoniques.

Mais ce genre était estimé frivole, un passe-temps de salon pour gens désœuvrés. Aulnoy elle-même qualifie les contes de fées de «bagatelles» avec lesquelles on peut «badiner» après une occupation plus sérieuse. «Ceux qui les composent», précise-t-elle dans *Les Contes des fées,* «sont capables de faire des choses plus importantes quand ils veulent s'en donner la peine.» Art «mineur» donc qu'on peut sans danger abandonner aux femmes. Pour celles-ci pouvoir d'évasion et d'expression personnelle qui ne menace en rien l'ordre en place puisqu'il s'agit, par définition, du merveilleux et puisque cette sortie des contraintes du monde absolutiste se solde par un retour apparent aux valeurs patriarcales de la culture officielle dans des dénouements et des moralités assez conventionnels. *L'Oiseau bleu* et les autres contes de Marie-Catherine d'Aulnoy illustrent bien cette situation contradictoire: d'une part, le conte de fées permet, par son invraisemblance et sa fantaisie, de dire le désir féminin, mais, d'autre part, le désir de l'héroïne est contenu dans des intrigues dictées par la société, les seules «vraisemblables» pour une femme, les seules tolérées, même si elle appartient à la plus haute noblesse. Ce jeu entre dissidence et conformisme, entre défoulement et refoulement chez une femme d'élite éprise de liberté—mais aussi de ses privilèges sociaux—est passionnant à observer dans *L'Oiseau bleu.*

Il faut regarder de près l'évolution de Florine et du roi Charmant dans *L'Oiseau bleu* pour se faire une idée du renversement des stéréotypes sexuels opéré, discrètement, avec humour et une sorte de nostalgie précieuse, par l'auteur. Quoique le titre suggère le contraire, c'est l'héroïne qui joue le rôle principal et qui assume la place traditionnelle de l'homme en se montrant la plus entreprenante dans la poursuite du désir. Pareillement, dans le monde féerique, ce sont les fées et non les magiciens qui possèdent la puissance suprême: le pouvoir de la fée Soussio est supérieur à celui de l'Enchanteur et seule l'intervention d'une autre fée assure le dénouement heureux. Le conte de fées devient ainsi un champ libre où Aulnoy peut imaginer de nouvelles identités féminines. Inversement, dans cet univers utopique, le roi Charmant «se féminise». Déguisée en paysanne, Florine transgresse aussi les frontières de classe. De même, Aulnoy brouille les frontières entre les genres: aussi sentimental et précieux que merveilleux, le conte se rapproche du roman.

L'univers féerique de Marie-Catherine d'Aulnoy est un univers de luxe et de richesse (n'oublions pas les problèmes d'argent de l'auteur), de chiffres exagérés («dix mille millions de pierreries»), d'animalisations (sa grande contribution au genre), de néologismes animaliers («souriquois», «ratonnien»). L'imagination délirante de l'auteur, son goût de l'excès, sa fascination de la laideur comme de la beauté, créent un univers baroque, aussi cruel que précieux.

## L'Oiseau bleu[1]

Il était une fois un roi fort riche en terres et en argent; sa femme mourut, il en fut inconsolable. Il s'enferma huit jours entiers dans un petit cabinet, où il se cassait la tête contre les murs, tant il était affligé. On craignit qu'il ne se tuât: on mit des matelas entre la tapisserie et la muraille; de sorte qu'il avait beau se frapper, il ne se faisait plus de mal. Tous ses sujets résolurent entre eux de l'aller voir, et de lui dire ce qu'ils pourraient de plus propre à soulager sa tristesse. Les

1. Voir *Le Cabinet des fées,* tome 1, *Contes de Madame d'Aulnoy,* Élisabeth Lemirre, éd. (Arles: Philippe Picquier, 1988). À quelques modifications d'orthographe et de ponctuation près, notre texte est celui de cette édition. Quelques coquilles ont été corrigées suivant l'édition des *Contes des Fées* établie par Philippe Hourcade (Paris: Société des Textes Français Modernes, 1997).

uns préparaient des discours graves et sérieux, d'autres d'agréables, et même de réjouissants; mais cela ne faisait aucune impression sur son esprit, à peine entendait-il ce qu'on lui disait. Enfin il se présenta devant lui une femme si couverte de crêpes noirs, de voiles, de mantes, de longs habits de deuil, et qui pleurait et sanglotait si fort et si haut, qu'il en demeura surpris. Elle lui dit qu'elle n'entreprenait point comme les autres de diminuer sa douleur, qu'elle venait pour l'augmenter, parce que rien n'était plus juste que de pleurer une bonne femme; que pour elle, qui avait eu le meilleur de tous les maris, elle faisait bien son compte de pleurer tant qu'il lui resterait des yeux à la tête. Là-dessus elle redoubla ses cris, et le roi à son exemple se mit à hurler.

Il la reçut mieux que les autres; il l'entretint des belles qualités de sa chère défunte, et elle renchérit sur celles de son cher défunt: ils causèrent tant et tant, qu'ils ne savaient plus que dire sur leur douleur. Quand la fine veuve vit la matière presque épuisée, elle leva un peu ses voiles, et le roi affligé se récréa la vue à regarder cette pauvre affligée, qui tournait et retournait fort à propos deux grands yeux bleus, bordés de longues paupières noires: son teint était assez fleuri. Le roi la considéra avec beaucoup d'attention; peu à peu il parla moins de sa femme, puis il n'en parla plus du tout. La veuve disait qu'elle voulait toujours pleurer son mari, le roi la pria de ne point immortaliser son chagrin. Pour conclusion, l'on fut tout étonné qu'il l'épousât, et que le noir se changeât en vert et en couleur de rose: il suffit très souvent de connaître le faible des gens pour entrer dans leur cœur, et pour en faire tout ce que l'on veut.

Le roi n'avait eu qu'une fille de son premier mariage, qui passait pour la huitième merveille du monde; on la nommait Florine, parce qu'elle ressemblait à Flore[2], tant elle était fraîche, jeune et belle. On ne lui voyait guère d'habits magnifiques; elle aimait les robes de taffetas volant, avec quelques agrafes de pierreries, et force guirlandes de fleurs, qui faisaient un effet admirable quand elles étaient placées dans ses beaux cheveux. Elle n'avait que quinze ans lorsque le roi se remaria.

La nouvelle reine envoya quérir sa fille, qui avait été nourrie chez sa marraine la fée Soussio; mais elle n'en était ni plus gracieuse, ni plus belle: Soussio y avait voulu travailler, et n'avait rien gagné; elle ne laissait pas de l'aimer chèrement; on l'appelait Truitonne, car son visage avait autant de taches de rousseur qu'une truite; ses cheveux noirs étaient si gras et si crasseux, que l'on n'y pouvait toucher, et sa peau jaune distillait de l'huile. La reine ne laissait pas de l'aimer à la folie, elle ne parlait que de la charmante Truitonne; et, comme Florine

2. Flore, déesse romaine de la puissance végétative, préside à tout ce qui fleurit.

avait toutes sortes d'avantages au-dessus d'elle, la reine s'en désespérait; elle cherchait tous les moyens possibles de la mettre mal auprès du roi, il n'y avait point de jour que la reine et Truitonne ne fissent quelque pièce[3] à Florine. La princesse, qui était douce et spirituelle, tâchait de se mettre au-dessus de ces mauvais procédés.

Le roi dit un jour à la reine, que Florine et Truitonne étaient assez grandes pour être mariées, et que le premier prince qui viendrait à la cour, il fallait faire en sorte de lui donner l'une des deux. Je prétends, répliqua la reine, que ma fille soit la première établie; elle est plus âgée que la vôtre, et comme elle est mille fois plus aimable, il n'y a point à balancer là-dessus. Le roi, qui n'aimait point la dispute, lui dit qu'il le voulait bien, et qu'il l'en faisait la maîtresse.

À quelque temps de là, l'on apprit que le roi Charmant devait arriver. Jamais prince n'a porté plus loin la galanterie et la magnificence: son esprit et sa personne n'avaient rien qui ne répondît à son nom. Quand la reine sut ces nouvelles, elle employa tous les brodeurs, tous les tailleurs, et tous les ouvriers à faire des ajustements à Truitonne: elle pria le roi que Florine n'eût rien de neuf; et ayant gagné ses femmes, elle lui fit voler tous ses habits, toutes ses coiffures et toutes ses pierreries le jour même que Charmant arriva; de sorte que lorsqu'elle se voulut parer, elle ne trouva pas un ruban. Elle vit bien d'où lui venait ce bon office; elle envoya chez les marchands pour avoir des étoffes: ils répondirent que la reine avait défendu qu'on lui en donnât; elle demeura donc avec une petite robe fort crasseuse, et sa honte était si grande, qu'elle se mit dans le coin de la salle lorsque le roi Charmant arriva.

La reine le reçut avec de grandes cérémonies; elle lui présenta sa fille plus brillante que le soleil, et plus laide par toutes ses parures qu'elle ne l'était ordinairement. Le roi en détourna les yeux; la reine voulait se persuader qu'elle lui plaisait trop, et qu'il craignait de s'engager; de sorte qu'elle la faisait toujours mettre devant lui. Il demanda s'il n'y avait pas encore une autre princesse appelée Florine? Oui, dit Truitonne, en la montrant avec le doigt; la voilà qui se cache, parce qu'elle n'est pas brave. Florine rougit, et devint si belle, si belle, que le roi Charmant demeura comme un homme ébloui. Il se leva promptement, et fit une profonde révérence à la princesse: Madame, lui dit-il, votre incomparable beauté vous pare trop, pour que vous ayez besoin d'aucun secours étranger. Seigneur, répliqua-t-elle, je vous avoue que je suis peu accoutumée à porter un habit aussi malpropre que l'est celui-ci; et vous m'auriez fait plaisir de ne

3. «Lui faire quelque supercherie, quelque affront, ou raillerie», «lui causer quelque dommage» (Furetière, *Dictionnaire*, 1690).

vous pas apercevoir de moi. Il serait impossible, s'écria Charmant, qu'une si merveilleuse princesse pût être en quelque lieu, et que l'on eût des yeux pour d'autres que pour elle. Ah! dit la reine irritée, je passe bien mon temps à vous entendre; croyez-moi, seigneur, Florine est déjà assez coquette, elle n'a pas besoin qu'on lui dise tant de galanteries. Le roi Charmant démêla aussitôt les motifs qui faisaient ainsi parler la reine; mais comme il n'était pas de condition à se contraindre, il laissa paraître toute son admiration pour Florine, et l'entretint trois heures de suite.

La reine au désespoir, et Truitonne inconsolable de n'avoir pas la préférence sur la princesse, firent de grandes plaintes au roi, et l'obligèrent de consentir que pendant le séjour du roi Charmant, l'on enfermerait Florine dans une tour, où ils ne se verraient point. En effet, aussitôt qu'elle fut retournée dans sa chambre, quatre hommes masqués la portèrent au haut de la tour, et l'y laissèrent dans la dernière désolation; car elle vit bien que l'on n'en usait ainsi que pour l'empêcher de plaire au roi, qui lui plaisait déjà fort, et qu'elle aurait bien voulu pour époux.

Comme il ne savait pas les violences que l'on venait de faire à la princesse, il attendit l'heure de la revoir avec mille impatiences; il voulut parler d'elle à ceux que le roi avait mis auprès de lui pour lui faire plus d'honneur; mais par l'ordre de la reine, ils lui en dirent tout le mal qu'ils purent; qu'elle était coquette, inégale, de méchante humeur; qu'elle tourmentait ses amis et ses domestiques; qu'on ne pouvait être plus malpropre, et qu'elle poussait si loin l'avarice, qu'elle aimait mieux être habillée comme une petite bergère, que d'acheter de riches étoffes de l'argent que lui donnait le roi son père. À tout ce détail, Charmant souffrait et se sentait des mouvements de colère qu'il avait bien de la peine à modérer. Non, disait-il en lui-même, il est impossible que le Ciel ait mis une âme si mal faite dans le chef-d'œuvre de la nature: je conviens qu'elle n'était pas proprement mise quand je l'ai vue; mais la honte qu'elle en avait prouve assez qu'elle n'est point accoutumée à se voir ainsi. Quoi! elle serait mauvaise avec cet air de modestie et de douceur qui enchante? Ce n'est pas une chose qui me tombe sous le sens; il m'est bien plus aisé de croire que c'est la reine qui la décrie ainsi: l'on n'est pas belle-mère pour rien; et la princesse Truitonne est une si laide bête qu'il ne serait point extraordinaire qu'elle portât envie à la plus parfaite de toutes les créatures.

Pendant qu'il raisonnait là-dessus, les courtisans qui l'environnaient devinaient bien à son air qu'ils ne lui avaient pas fait plaisir de parler mal de Florine. Il y en eut un plus adroit que les autres qui, changeant de ton et de langage pour connaître les sentiments du prince, se mit à dire des merveilles de la princesse. À ces mots, il se réveilla comme d'un profond sommeil, il entra dans la conversation, la joie se répandit sur son visage: amour, amour, que l'on te cache difficilement! Tu parais partout, sur les lèvres d'un amant, dans ses yeux, au son de sa voix: lorsque l'on aime, le silence, la conversation, la joie ou la tristesse, tout parle de ce qu'on ressent.

La reine, impatiente de savoir si le roi Charmant était bien touché, envoya quérir ceux qu'elle avait mis dans sa confidence, et elle passa le reste de la nuit à les questionner: tout ce qu'ils lui disaient ne servait qu'à confirmer l'opinion où elle était, que le roi aimait Florine. Mais que vous dirai-je de la mélancolie de cette pauvre princesse? Elle était couchée par terre dans le donjon de cette terrible tour, où les hommes masqués l'avaient emportée. Je serais moins à plaindre, disait-elle, si l'on m'avait mise ici avant que j'eusse vu cet aimable roi: l'idée que j'en conserve ne peut servir qu'à augmenter mes peines. Je ne dois pas douter que c'est pour m'empêcher de le voir davantage, que la reine me traite si cruellement. Hélas! que le peu de beauté dont le Ciel m'a pourvue, coûtera cher à mon repos! Elle pleurait ensuite si amèrement, si amèrement, que sa propre ennemie en aurait eu pitié, si elle avait été témoin de ses douleurs.

C'est ainsi que cette nuit se passa. La reine qui voulait engager le roi Charmant par tous les témoignages qu'elle pourrait lui donner de son attention, lui envoya des habits d'une richesse et d'une magnificence sans pareilles, faits à la mode du pays, et l'ordre des chevaliers d'amour, qu'elle avait obligé le roi d'instituer le jour de leurs noces. C'était un cœur d'or émaillé de couleur de feu, entouré de plusieurs flèches, et percé d'une, avec ces mots: *Une seule me blesse*. La reine avait fait tailler pour Charmant un cœur d'un rubis gros comme un œuf d'autruche; chaque flèche était d'un seul diamant, longue comme le doigt; et la chaîne où ce cœur tenait était faite de perles, dont la plus petite pesait une livre; enfin depuis que le monde est monde, il n'avait rien paru de tel.

Le roi, à cette vue demeura si surpris qu'il fut quelque temps sans parler: on lui présenta en même temps un livre, dont les feuilles étaient de vélin, avec des miniatures admirables; la couverture d'or, chargée de pierreries, et les statuts de l'ordre des chevaliers d'amour y étaient écrits d'un style fort tendre et fort galant. L'on dit au roi que la princesse qu'il avait vue le priait d'être son chevalier, et qu'elle lui envoyait ce présent. À ces mots, il osa se flatter que c'était celle qu'il aimait. Quoi! la belle princesse Florine, s'écria-t-il, pense à moi d'une manière si généreuse et si engageante? Seigneur, lui dit-on, vous vous méprenez au nom; nous venons de la part de l'aimable Truitonne. C'est Truitonne qui me veut pour son chevalier, dit le roi d'un air froid et sérieux, je suis fâché de ne pouvoir accepter cet honneur; mais un souverain n'est pas assez maître de lui pour prendre les engagements qu'il voudrait. Je sais ceux d'un chevalier, je voudrais les remplir tous; et j'aime mieux ne pas recevoir la grâce qu'elle m'offre, que de m'en rendre indigne. Il remit aussitôt le cœur, la chaîne et le livre dans la même corbeille; puis il envoya tout chez la reine, qui pensa étouffer de rage avec sa fille, de la manière méprisante dont le roi étranger avait reçu une faveur si particulière.

Lorsqu'il put aller chez le roi et la reine, il se rendit dans leur appartement: il espérait que Florine y serait; il regardait de tous côtés pour la voir. Dès qu'il entendait entrer quelqu'un dans la chambre, il tournait la tête brusquement vers la porte; il paraissait inquiet et chagrin. La malicieuse reine devinait assez ce qui se passait dans son âme, mais elle n'en faisait pas semblant. Elle ne lui parlait que de parties de plaisir; il lui répondait tout de travers; enfin il demanda où était la princesse Florine. Seigneur, lui dit fièrement la reine, le roi son père, a défendu qu'elle sorte de chez elle, jusqu'à ce que ma fille soit mariée. Et quelle raison, répliqua le roi, peut-on avoir de tenir cette belle personne prisonnière? Je l'ignore, dit la reine; et quand je le saurais, je pourrais me dispenser de vous le dire. Le roi se sentait dans une colère inconcevable; il regardait Truitonne de travers, et songeait en lui-même que c'était à cause de ce petit monstre, qu'on lui dérobait le plaisir de voir la princesse. Il quitta promptement la reine: sa présence lui causait trop de peine.

Quand il fut revenu dans sa chambre, il dit à un jeune prince qui l'avait accompagné, et qu'il aimait fort, de donner tout ce qu'on voudrait au monde pour gagner quelqu'une des femmes de la princesse, afin qu'il pût lui parler un moment. Ce prince trouva aisément des dames du palais qui entrèrent dans la confidence; il y en eut une qui l'assura que le soir même Florine serait à une petite fenêtre basse qui répondait sur le jardin, et que par là elle pourrait lui parler, pourvu qu'il prît de grandes précautions afin qu'on ne le sût pas; car, ajouta-t-elle, le roi et la reine sont si sévères, qu'ils me feraient mourir s'ils découvraient que j'eusse favorisé la passion de Charmant. Le prince, ravi d'avoir amené l'affaire jusques-là, lui promit tout ce qu'elle voulait, et courut faire sa cour au roi, en lui annonçant l'heure du rendez-vous. Mais la mauvaise confidente ne manqua pas d'aller avertir la reine de ce qui se passait, et de prendre ses ordres. Aussitôt elle pensa qu'il fallait envoyer sa fille à la petite fenêtre: elle l'instruisit bien, et Truitonne ne manqua à rien, quoiqu'elle fût naturellement une grande bête.

La nuit était si noire qu'il aurait été impossible au roi de s'apercevoir de la tromperie qu'on lui faisait, quand bien même il n'aurait pas été aussi prévenu qu'il l'était, de sorte qu'il s'approcha de la fenêtre avec des transports de joie inexprimables: il dit à Truitonne tout ce qu'il aurait dit à Florine, pour la persuader de sa passion. Truitonne, profitant de la conjoncture, lui dit qu'elle se trouvait la plus malheureuse personne du monde d'avoir une belle-mère si cruelle, et qu'elle aurait toujours à souffrir jusqu'à ce que sa fille fût mariée. Le roi l'assura que, si elle le voulait pour son époux, il serait ravi de partager avec elle sa couronne et son cœur; là-dessus il tira sa bague de son doigt, et la mettant à celui de Truitonne, il ajouta que c'était un gage éternel de sa foi, et qu'elle n'avait qu'à prendre l'heure pour partir en diligence. Truitonne répondit le mieux qu'elle pût à ses empressements: il s'apercevait bien qu'elle ne disait rien qui vaille; et cela lui aurait fait de la peine, sans qu'il se persuadât que la crainte d'être surprise par la reine, lui ôtait la liberté de son esprit: il ne la quitta qu'à condition de revenir le lendemain à pareille heure; ce qu'elle lui promit de tout son cœur.

La reine ayant su l'heureux succès de cette entrevue, elle s'en promit tout. Et en effet, le jour étant concerté, le roi vint la prendre dans une chaise volante, traînée par des grenouilles ailées: un enchanteur de ses amis lui avait fait ce présent. La nuit était fort noire; Truitonne sortit mystérieusement par une petite porte, et le roi qui l'attendait, la reçut entre ses bras, et lui jura cent fois une fidélité éternelle. Mais, comme il n'était pas d'humeur à voler longtemps dans sa chaise volante sans épouser la princesse qu'il aimait, il lui demanda où elle voulait que les noces se fissent. Elle lui dit qu'elle avait pour marraine une fée, qu'on nommait Soussio, qui était fort célèbre; qu'elle était d'avis d'aller à son château. Quoique le roi ne sût pas le chemin, il n'eut qu'à dire à ses grosses grenouilles de l'y conduire; elles connaissaient la carte générale de l'univers, et en peu de temps elles rendirent le roi et Truitonne chez Soussio.

Le château était si bien éclairé qu'en arrivant le roi aurait connu son erreur, si la princesse ne s'était soigneusement couverte de son voile. Elle demanda sa marraine; elle lui parla en particulier, et lui conta comme quoi elle avait attrapé Charmant, et qu'elle la priait de l'apaiser. Ah! ma fille, dit la fée, la chose ne sera pas facile; il aime trop Florine: je suis certaine qu'il va nous faire désespérer. Cependant le roi les attendait dans une salle, dont les murs étaient de diamant si clair et si net, qu'il vit au travers Soussio et Truitonne causer ensemble. Il croyait rêver. Quoi! disait-il, ai-je été trahi? Les démons ont-ils apporté cette ennemie de notre repos? Vient-elle pour troubler mon mariage? Ma chère Florine ne paraît point! son père l'a peut-être suivie! Il pensait mille choses qui commençaient à le désoler. Mais ce fut bien pis quand elles entrèrent dans la salle, et que Soussio lui dit d'un ton absolu: Roi Charmant, voici la princesse Truitonne, à laquelle vous avez donné votre foi; elle est ma filleule, et je souhaite que vous l'épousiez tout à l'heure. Moi, s'écria-t-il, moi, j'épouserais ce petit monstre! Vous me croyez d'un naturel bien docile quand vous me faites de telles propositions: sachez que je ne lui ai rien promis; si elle dit autrement, elle en a... N'achevez pas, interrompit Soussio, et ne soyez jamais assez hardi pour me manquer de respect. Je consens, répliqua le roi de vous respecter autant qu'une fée est respectable, pourvu que vous me rendiez ma princesse. Est-ce que je ne la suis pas, parjure? dit Truitonne en lui montrant sa bague. À qui as-tu donné cet anneau pour gage de ta foi? À qui as-tu parlé à la petite fenêtre, si ce n'est à moi? Comment donc, reprit-il, j'ai été déçu et trompé? Non, non, je n'en serai point la dupe: Allons, allons, mes grenouilles, mes grenouilles, je veux partir tout à l'heure.

Oh! ce n'est pas une chose en votre pouvoir, si je n'y consens, dit Soussio; elle le toucha, et ses pieds s'attachèrent au parquet, comme si on les y avait cloués. Quand vous me lapideriez, lui dit le roi, quand vous m'écorcheriez, je ne serai point à une autre qu'à Florine; j'y suis résolu, et vous pouvez après cela user de votre pouvoir à votre gré. Soussio employa la douceur, les menaces, les promesses, les prières. Truitonne pleura, cria, gémit, se fâcha, s'apaisa. Le roi ne disait pas un mot, et les regardant toutes deux avec l'air du monde le plus indigné, il ne répondait rien à tous leurs verbiages.

Il se passa ainsi vingt jours et vingt nuits, sans qu'elles cessassent de parler, sans manger, sans dormir et sans s'asseoir. Enfin Soussio, à bout et fatiguée, dit au roi: Oh bien, vous êtes un opiniâtre qui ne voulez pas entendre raison; choisissez, ou d'être sept ans en pénitence, pour avoir donné votre parole sans la tenir, ou d'épouser ma filleule. Le roi, qui avait gardé un profond silence, s'écria tout à coup: Faites de moi tout ce que vous voudrez, pourvu que je sois délivré de cette maussade. Maussade vous-même, dit Truitonne en colère; je vous trouve un plaisant roitelet, avec votre équipage marécageux, de venir jusqu'en mon pays me dire des injures, et manquer à votre parole: si vous aviez pour quatre deniers d'honneur, en useriez-vous ainsi? Voilà des reproches touchants, dit le roi d'un ton railleur. Voyez-vous qu'on a tort de ne pas prendre une si belle personne pour sa femme! Non, non, elle ne le sera pas, s'écria Soussio en colère, tu n'as qu'à t'envoler par cette fenêtre, si tu veux, car tu seras sept ans oiseau bleu.

En même temps le roi change de figure; ses bras se couvrent de plumes, et forment des ailes; ses jambes et ses pieds deviennent noirs et menus; il lui croît des ongles crochus, son corps s'appétisse[4]; il est tout garni de longues plumes

4. Rapetisse.

fines et déliées de bleu céleste; ses yeux s'arrondissent, et brillent comme des soleils; son nez n'est plus qu'un bec d'ivoire, il s'élève sur sa tête une aigrette blanche qui forme une couronne, il chante à ravir et parle de même. En cet état il jette un cri douloureux de se voir ainsi métamorphosé, et s'envole à tire-d'aile, pour fuir le funeste palais de Soussio.

Dans la mélancolie qui l'accable, il voltige de branche en branche, et ne choisit que les arbres consacrés à l'amour ou à la tristesse, tantôt sur les myrtes, tantôt sur les cyprès; il chante des airs pitoyables, où il déplore sa mauvaise fortune et celle de Florine. En quel lieu ses ennemis l'ont-ils cachée, disait-il? Qu'est devenue cette belle victime? La barbarie de la reine la laisse-t-elle encore respirer? Où la chercherai-je? Suis-je condamné à passer sept ans sans elle? Peut-être que pendant ce temps on la mariera, et que je perdrai pour jamais l'espérance qui soutient ma vie. Ces différentes pensées affligeaient l'oiseau bleu à tel point qu'il voulait se laisser mourir.

D'un autre côté, la fée Soussio renvoya Truitonne à la reine, qui était bien inquiète comment les noces se seraient passées. Mais, quand elle vit sa fille, et qu'elle lui raconta tout ce qui venait d'arriver, elle se mit dans une colère terrible, dont le contrecoup retomba sur la pauvre Florine. Il faut, dit-elle, qu'elle se repente plus d'une fois d'avoir su plaire à Charmant. Elle monta dans la tour avec Truitonne, qu'elle avait parée de ses plus riches habits: elle portait une couronne de diamants sur sa tête, et trois filles des plus riches barons de l'État tenaient la queue de son manteau royal; elle avait au pouce l'anneau du roi Charmant, que Florine remarqua le jour qu'ils parlèrent ensemble: elle fut étrangement surprise de voir Truitonne dans un si pompeux appareil. Voilà ma fille qui vient vous apporter des présents de sa noce, dit la reine; le roi Charmant l'a épousée: il l'aime à la folie; il n'a jamais été des gens plus satisfaits. Aussitôt on étale devant la princesse des étoffes d'or et d'argent, des pierreries, des dentelles, des rubans, qui étaient dans de grandes corbeilles de filigrane d'or. En lui présentant toutes ces choses, Truitonne ne manquait pas de faire briller l'anneau du roi; de sorte que la princesse Florine ne pouvant plus douter de son malheur, elle s'écria, d'un air désespéré, qu'on ôtât de ses yeux tous ces présents si funestes; qu'elle ne voulait plus porter que du noir, ou plutôt qu'elle voulait présentement mourir. Elle s'évanouit, et la cruelle reine, ravie d'avoir si bien réussi, ne permit pas qu'on la secourût: elle la laissa seule dans le plus déplorable état du monde, et fut conter malicieusement au roi que sa fille était si transportée de tendresse, que rien n'égalait les extravagances qu'elle faisait; qu'il fallait bien se donner de garde de la laisser sortir de la tour. Le roi lui dit qu'elle pouvait gouverner cette affaire à sa fantaisie, et qu'il en serait toujours satisfait.

Lorsque la princesse revint de son évanouissement, et qu'elle réfléchit sur la conduite qu'on tenait avec elle, aux mauvais traitements qu'elle recevait de son indigne marâtre, et à l'espérance qu'elle perdait pour jamais d'épouser le roi Charmant, sa douleur devint si vive qu'elle pleura toute la nuit; en cet état elle se mit à la fenêtre, où elle fit des regrets fort tendres et fort touchants. Quand le jour approcha, elle la ferma, et continua de pleurer.

La nuit suivant elle ouvrit la fenêtre, elle poussa de profonds soupirs et des sanglots, elle versa un torrent de larmes: le jour vint; elle se cacha dans sa chambre. Cependant le roi Charmant, ou, pour mieux dire le bel oiseau bleu, ne cessait point de voltiger autour du palais: il jugeait que sa chère princesse y était renfermée, et si elle faisait de tristes plaintes, les siennes ne l'étaient pas moins. Il s'approchait des fenêtres le plus qu'il pouvait, pour regarder dans les chambres; mais la crainte que Truitonne ne l'aperçût, et ne se doutât que c'était lui, l'empêchait de faire ce qu'il aurait voulu. Il y va de ma vie, disait-il en lui-même; si ces mauvaises princesses découvraient où je suis, elles voudraient se venger; il faudrait que je m'éloignasse, ou que je fusse exposé aux derniers dangers. Ces raisons l'obligèrent à garder de grandes mesures, et d'ordinaire il ne chantait que la nuit.

Il y avait, vis-à-vis de la fenêtre où Florine se mettait, un cyprès d'une hauteur prodigieuse; l'oiseau bleu vint s'y percher. Il y fut à peine, qu'il entendit une personne qui se plaignait: Souffrirai-je encore longtemps, disait-elle? La mort ne viendra-t-elle point à mon secours? Ceux qui la craignent, ne la voient que trop tôt; je la désire, et la cruelle me fuit. Ah! barbare reine, que t'ai-je fait pour me retenir dans une captivité si affreuse? N'as-tu pas assez d'autres endroits pour me désoler? Tu n'as qu'à me rendre témoin du bonheur que ton indigne fille goûte avec le roi Charmant? L'oiseau bleu n'avait pas perdu un mot de cette plainte, il en demeura bien surpris, et il attendait le jour avec la dernière impatience, pour voir la dame affligée; mais, avant qu'il vînt, elle avait fermé la fenêtre, et s'était retirée.

L'oiseau curieux ne manqua pas de revenir la nuit suivante; il faisait clair de lune; il vit une fille à la fenêtre de la tour qui commençait ses regrets: Fortune, disait-elle, toi qui me flattais de régner, toi qui m'avais rendu l'amour de mon père; que t'ai-je fait pour me plonger tout d'un coup dans les plus amères douleurs? Est-ce dans un âge aussi tendre que le mien qu'on doit commencer à ressentir ton inconstance? Reviens, barbare, reviens s'il est possible; je te demande, pour toute faveur, de terminer ma fatale destinée. L'oiseau bleu écoutait; et plus il écoutait, plus il se persuadait que c'était son aimable princesse qui se plaignait. Il lui dit: Adorable Florine, merveille de nos jours! pourquoi voulez-vous finir si promptement les vôtres? Vos maux ne sont point sans remède. Hé! qui me parle, s'écria-t-elle, d'une manière si consolante? Un roi malheureux, reprit l'oiseau, qui vous aime, et n'aimera jamais que vous. Un roi qui m'aime, ajouta-t-elle! Est-ce ici un piège que me tend mon ennemie? Mais, au fond, qu'y gagnera-t-elle? Si elle cherche à découvrir mes sentiments, je suis prête à lui en faire l'aveu. Non, ma princesse, répondit-il, l'amant qui vous parle n'est point capable de vous trahir. En achevant ces mots il vola sur la fenêtre. Florine eut d'abord grande peur d'un oiseau si extraordinaire, qui parlait avec autant d'esprit que s'il avait été homme, quoiqu'il conservât le petit son de voix d'un rossignol; mais la beauté de son plumage et ce qu'il lui dit la rassura. M'est-il permis de vous revoir, ma princesse, s'écria-t-il? Puis-je goûter un bonheur si parfait sans mourir de joie? Mais, hélas! que cette joie est troublée par votre captivité et l'état où la méchante Soussio m'a réduit pour sept ans! Et qui êtes-vous, charmant oiseau, dit la princesse, en le caressant? Vous avez dit mon nom, ajouta le roi, et vous feignez de ne me pas connaître. Quoi! le plus grand roi du monde! Quoi! le roi Charmant, dit la princesse, serait le petit oiseau que je tiens? Hélas! belle Florine, il n'est que trop vrai, reprit-il; et, si quelque chose m'en peut consoler, c'est que j'ai préféré cette peine à celle de renoncer à la passion que j'ai pour vous. Pour moi, dit Florine! Ah! ne cherchez point à me tromper! Je sais, je sais que vous avez épousé Truitonne; j'ai reconnu votre anneau à son doigt, je l'ai vue toute brillante des diamants que vous lui avez donnés: elle est venue m'insulter dans ma triste prison, chargée d'une riche couronne et d'un manteau royal, qu'elle tenait de votre main, pendant que j'étais chargée de chaînes et de fers.

Vous avez vu Truitonne en cet équipage, interrompit le roi; sa mère et elle ont osé vous dire que ces joyaux venaient de moi? Ô Ciel! est-il possible que j'entende des mensonges si affreux, et que je ne puisse m'en venger aussitôt que je le souhaite! Sachez qu'elles ont voulu me décevoir; qu'abusant de votre nom, elles m'ont engagé d'enlever cette laide Truitonne; mais, aussitôt que je connus mon erreur, je voulus l'abandonner, et je choisis enfin d'être oiseau bleu sept ans de suite plutôt que de manquer à la fidélité que je vous ai vouée.

Florine avait un plaisir si sensible d'entendre parler son aimable amant, qu'elle ne se souvenait plus des malheurs de sa prison. Que ne lui dit-elle pas pour le consoler de sa triste aventure, et pour le persuader qu'elle ne ferait pas moins pour lui qu'il avait fait pour elle. Le jour paraissait, la plupart des officiers étaient déjà levés, que l'oiseau bleu et la princesse parlaient encore ensemble: ils se séparèrent avec mille peines, après s'être promis que toutes les nuits ils s'entretiendraient ainsi.

La joie de s'être trouvés était si extrême qu'il n'est point de termes capables de l'exprimer; chacun de son côté remerciait l'amour et la fortune. Cependant Florine s'inquiétait pour l'oiseau bleu. Qui le garantira des chasseurs, disait-elle, ou de la serre aiguë de quelque aigle ou de quelque vautour affamé, qui le mangera avec autant d'appétit que si ce n'était pas un grand roi? Ô Ciel! que deviendrais-je, si ses plumes légères et fines, poussées par le vent, venaient jusques dans ma prison m'annoncer le désastre que je crains? Cette pensée empêcha que la pauvre princesse ne fermât les yeux; car lorsque l'on aime, les illusions paraissent des vérités, et ce que l'on croirait impossible dans un autre temps, semble aisé en celui-là; de sorte qu'elle passa le jour à pleurer, jusques à ce que l'heure fût venue de se mettre à sa fenêtre.

Le charmant oiseau, caché dans le creux d'un arbre, avait été tout le jour occupé à penser à sa belle princesse. Que je suis content, disait-il, de l'avoir retrouvée! qu'elle est engageante! que je sens vivement les bontés qu'elle me témoigne! Ce tendre amant comptait jusques aux moindres moments de la pénitence qui l'empêchait de l'épouser, et jamais l'on n'en a désiré la fin avec plus de passion. Comme il voulait faire à Florine toutes les galanteries dont il était capable, il vola jusqu'à la ville capitale de son royaume: il fut à son palais, il entra dans son cabinet par une vitre qui était cassée; il prit des pendants d'oreilles de diamant, si parfaits et si beaux, qu'il n'y en avait point au monde qui en approchassent. Il les apporta le soir à Florine, et la pria de s'en parer. J'y consentirais, lui dit-elle, si vous me voyiez le jour; mais puisque je ne vous parle que la nuit, je ne les mettrai pas. L'oiseau lui promit de prendre si bien son temps, qu'il viendrait à la tour à l'heure qu'elle voudrait: aussitôt elle mit les pendants d'oreilles, et la nuit se passa à causer comme s'était passée l'autre.

Le lendemain l'oiseau bleu retourna dans son royaume. Il fut à son palais; il entra dans son cabinet par la vitre rompue, et il en apporta les plus riches bracelets que l'on eût encore vus: ils étaient d'une seule émeraude, taillés en facettes, creusés par le milieu, pour y passer la main et le bras. Pensez-vous, lui dit la princesse, que mes sentiments pour vous aient besoin d'être cultivés par des présents? Ah! que vous les connaîtriez mal! Non, Madame, répliqua-t-il, je ne crois pas que les bagatelles que je vous offre soient nécessaires pour me conserver votre tendresse; mais la mienne serait blessée si je négligeais aucune occasion de vous marquer mon attention; et quand vous ne me voyez point, ces petits bijoux me rappellent à votre souvenir. Florine lui dit là-dessus mille choses obligeantes, auxquelles il répondit par mille autres, qui ne l'étaient pas moins.

La nuit suivante, l'oiseau amoureux ne manqua pas d'apporter à sa belle une montre d'une grandeur raisonnable, qui était dans une perle: l'excellence du travail surpassait celle de la matière. Il est inutile de me régaler d'une montre, dit-elle galamment; quand vous êtes éloigné de moi, les heures me paraissent sans fin; quand vous êtes avec moi, elles passent comme un songe: ainsi je ne puis leur donner une juste mesure. Hélas! ma princesse, s'écria l'oiseau bleu, j'en ai la même opinion que vous, et je suis persuadé que je renchéris encore sur la délicatesse. Après ce que vous souffrez pour me conserver votre cœur, répliqua-t-elle, je suis en état de croire que vous avez porté l'amitié et l'estime aussi loin qu'elles peuvent aller.

Dès que le jour paraissait, l'oiseau volait dans le fond de son arbre, où des fruits lui servaient de nourriture; quelquefois encore il chantait de beaux airs, sa voix ravissait les passants: ils l'entendaient et ne voyaient personne; aussi il était conclu que c'étaient des esprits. Cette opinion devint si commune, que l'on n'osait entrer dans le bois: on rapportait mille aventures fabuleuses qui s'y étaient passées; et la terreur générale fit la sûreté particulière de l'oiseau bleu.

Il ne se passait aucun jour sans qu'il fît un présent à Florine; tantôt un collier de perles, ou des bagues des plus brillantes et des mieux mises en œuvre, des attaches de diamant, des poinçons, des bouquets de pierreries qui imitaient la couleur des fleurs, des livres agréables, des médailles; enfin, elle avait un amas de richesses merveilleuses: elle ne s'en parait jamais que la nuit pour plaire au roi, et le jour, n'ayant point d'endroit à les mettre, elle les cachait soigneusement dans sa paillasse.

Deux années s'écoulèrent ainsi sans que Florine se plaignît une seule fois de sa captivité. Et comment s'en serait-elle plainte? Elle avait la satisfaction de parler toute la nuit à ce qu'elle aimait: il ne s'est jamais tant dit de jolies choses. Bien qu'elle ne vît personne, et que l'oiseau passât le jour dans le creux d'un arbre, ils avaient mille nouveautés à se raconter; la matière était inépuisable, leur cœur et leur esprit fournissaient abondamment des sujets de conversation.

Cependant la malicieuse reine, qui la retenait si cruellement en prison, faisait d'inutiles efforts pour marier Truitonne; elle envoyait des ambassadeurs la proposer à tous les princes dont elle connaissait le nom: dès qu'ils arrivaient, on les congédiait brusquement. S'il s'agissait de la princesse Florine, vous seriez reçus avec joie, leur disait-on; mais pour Truitonne, elle peut rester vestale sans que personne s'y oppose. À ces nouvelles, sa mère et elle s'emportaient de colère contre l'innocente princesse qu'elles persécutaient. Quoi! malgré sa captivité, cette arrogante nous traversera[5], disaient-elles? Quel moyen de lui pardonner les

5. «Faire obstacle, opposition», «apporter de l'empêchement», «troubler» (Furetière).

mauvais tours qu'elle nous fait? Il faut qu'elle ait des correspondances secrètes dans les pays étrangers: c'est tout au moins une criminelle d'État; traitons-la sur ce pied, et cherchons tous les moyens possibles de la convaincre.

Elles finirent leur conseil si tard, qu'il était plus de minuit lorsqu'elles résolurent de monter dans la tour pour l'interroger. Elle était avec l'oiseau bleu à la fenêtre, parée de ses pierreries, coiffée de ses beaux cheveux, avec un soin qui n'est pas naturel aux personnes affligées; sa chambre et son lit étaient jonchés de fleurs, et quelques pastilles d'Espagne[6] qu'elle venait de brûler, répandaient une odeur excellente. La reine écouta à la porte; elle crut entendre chanter un air à deux parties: car Florine avait une voix presque céleste. En voici les paroles, qui lui parurent tendres:

Que notre sort est déplorable,
Et que nous souffrons de tourment
Pour nous aimer trop constamment.
Mais c'est en vain qu'on nous accable;
Malgré nos cruels ennemis
Nos cœurs seront toujours unis.

Quelques soupirs finirent leur petit concert.

Ah! ma Truitonne, nous sommes trahies! s'écria la reine en ouvrant brusquement la porte et se jetant dans la chambre. Que devint Florine à cette vue? Elle poussa promptement sa petite fenêtre, pour donner le temps à l'oiseau royal de s'envoler. Elle était bien plus occupée de sa conservation que de la sienne propre; mais il ne se sentit pas la force de s'éloigner: ses yeux perçants lui avaient découvert le péril où sa princesse était exposée. Il avait vu la reine et Truitonne; quelle affliction de n'être pas en état de défendre sa maîtresse! Elles s'approchèrent d'elle comme des furies qui voulaient la dévorer. L'on sait vos intrigues contre l'État, s'écria la reine; ne pensez pas que votre rang vous sauve des châtiments que vous méritez. Et avec qui, Madame, répliqua la princesse? N'êtes-vous pas ma geôlière depuis deux ans? Ai-je vu d'autres personnes que celles que vous m'avez envoyées? Pendant qu'elle parlait, la reine et sa fille l'examinaient avec une surprise sans pareille; son admirable

6. «Composition sèche qui rend une bonne odeur, lorsqu'on en brûle dans des cassolettes pour ôter le mauvais air d'une chambre ou pour la parfumer. Il y entre des résines odorantes, mêlées avec des bois ou des drogues aromatiques pulvérisées et incorporées avec des mucilages de gomme adragante» (Furetière).

beauté et son extraordinaire parure les éblouissaient. Et d'où vous viennent, Madame, dit la reine, ces pierreries qui brillent plus que le soleil? Nous ferez-vous accroire qu'il y en a des mines dans cette tour? Je les ai trouvées, répliqua Florine; c'est tout ce que j'en sais. La reine la regardait attentivement pour pénétrer jusques au fond de son cœur ce qui s'y passait. Nous ne sommes pas vos dupes, dit-elle, vous pensez nous en faire accroire, mais, princesse, nous savons ce que vous faites depuis le matin jusqu'au soir. On vous a donné tous ces bijoux dans la seule vue de vous obliger à vendre le royaume de votre père. Je serais fort en état de le livrer, répondit-elle avec un sourire dédaigneux; une princesse infortunée, qui languit dans les fers depuis si longtemps, peut beaucoup dans un complot de cette nature. Et pour qui donc, reprit la reine, êtes-vous coiffée comme une petite coquette, votre chambre pleine d'odeurs, et votre personne si magnifique qu'au milieu de la cour vous seriez moins parée? J'ai assez de loisir, dit la princesse, il n'est pas extraordinaire que j'en donne quelques moments à m'habiller; j'en passe tant d'autres à pleurer mes malheurs que ceux-là ne sont pas à me reprocher. Çà, çà, voyons, dit la reine, si cette innocente personne n'a point quelque traité fait avec les ennemis. Elle chercha elle-même partout, et, venant à la paillasse, qu'elle fit vider, elle y trouva une si grande quantité de diamants, de perles, de rubis, d'émeraudes et de topazes, qu'elle ne savait d'où cela venait. Elle avait résolu de mettre en quelque lieu des papiers pour perdre la princesse; dans le temps qu'on n'y prenait pas garde, elle en cacha dans la cheminée; mais par bonheur l'oiseau bleu était perché au-dessus, qui voyait mieux qu'un lynx et qui écoutait tout; il s'écria: Prends garde à toi, Florine, voilà ton ennemie qui veut te faire une trahison. Cette voix si peu attendue, épouvanta à tel point la reine, qu'elle n'osa faire ce qu'elle avait médité. Vous voyez, Madame, dit la princesse, que les esprits qui volent en l'air me sont favorables. Je crois, dit la reine, outrée de colère, que les démons s'intéressent pour vous; mais malgré eux votre père saura se faire justice. Plût au Ciel, s'écria Florine, n'avoir à craindre que la fureur de mon père! Mais la vôtre, Madame, est plus terrible.

La reine la quitta, troublée de tout ce qu'elle venait de voir et d'entendre; elle tint conseil sur ce qu'elle devait faire contre la princesse: on lui dit que si quelque fée ou quelque enchanteur la prenait sous leur protection, le vrai secret pour les irriter serait de lui faire de nouvelles peines, et qu'il serait mieux d'essayer de découvrir son intrigue. La reine approuva cette pensée; elle envoya coucher dans sa chambre une jeune fille, qui contrefaisait l'innocente: elle eut ordre de lui dire qu'on la mettait auprès d'elle pour la servir. Mais quelle apparence de donner dans un panneau si grossier? La princesse la regarda comme son espionne; l'on n'en peut ressentir une douleur plus violente. Quoi! je ne parlerai plus à cet oiseau qui m'est si cher, disait-elle? Il m'aidait à supporter mes malheurs, je soulageais les siens; notre tendresse nous suffisait. Que va-t-il faire? Que ferai-je moi-même? En pensant à toutes ces choses, elle versait des ruisseaux de larmes.

Elle n'osait plus se mettre à la petite fenêtre, quoiqu'elle l'entendît voltiger autour, elle mourait d'envie de lui ouvrir; mais elle craignait d'exposer la vie de ce cher amant. Elle passa un mois entier sans paraître; l'oiseau bleu se désespérait: quelles plaintes ne faisait-il pas! Comment vivre sans voir sa princesse? Il n'avait jamais mieux ressenti les maux de l'absence et ceux de sa métamorphose; il cherchait inutilement des remèdes à l'un et à l'autre: après s'être creusé la tête, il ne trouvait rien qui le soulageât.

L'espionne de la princesse, qui veillait jour et nuit depuis un mois, se sentit si accablée de sommeil, qu'enfin elle s'endormit profondément. Florine s'en aperçut; elle ouvrit sa petite fenêtre, et dit:

Oiseau bleu, couleur du temps,
Vole à moi promptement.

Ce sont là ses propres paroles, auxquelles l'on n'a rien voulu changer. L'oiseau les entendit si bien, qu'il vint promptement sur la fenêtre. Quelle joie de se revoir! Qu'ils avaient de choses à se dire! Les amitiés et les protestations de fidélité se renouvelèrent mille et mille fois: la princesse n'ayant pu s'empêcher de répandre des larmes, son amant s'attendrit beaucoup, et la consola de son mieux. Enfin l'heure de se quitter étant venue, sans que la geôlière se fût réveillée, ils se dirent l'adieu du monde le plus touchant. Le lendemain encore l'espionne s'endormit, la princesse diligemment se mit à la fenêtre, puis elle dit, comme la première fois:

Oiseau bleu, couleur du temps,
Vole à moi promptement.

Aussitôt l'oiseau vint, et la nuit se passa comme l'autre, sans bruit et sans éclat, dont nos amants étaient ravis: ils se flattaient que la surveillante prendrait tant de plaisir à dormir, qu'elle en ferait autant toutes les nuits. Effectivement la troisième se passa encore très heureusement; mais, pour celle qui suivit, la dormeuse ayant entendu quelque bruit, elle écouta sans faire semblant de rien; puis elle regarda de son mieux, et vit au clair de la lune le plus bel oiseau de l'univers qui parlait à la princesse, qui la caressait avec sa patte, qui la becquetait doucement; enfin elle entendit plusieurs choses de leur conversation, et demeura très étonnée; car l'oiseau parlait comme un amant, et la belle Florine lui répondait avec tendresse.

Le jour parut; ils se dirent adieu; et, comme s'ils eussent eu un pressentiment de leur prochaine disgrâce, ils se quittèrent avec une peine extrême. La princesse se jeta sur son lit toute baignée de ses larmes, et le roi retourna dans le creux de son arbre. Sa geôlière courut chez la reine; elle lui apprit tout ce qu'elle avait vu et entendu. La reine envoya quérir Truitonne et ses confidentes; elles raisonnèrent longtemps ensemble, et conclurent que l'oiseau bleu était le roi Charmant. Quel affront, s'écria la reine! Quel affront, ma Truitonne! Cette insolente princesse, que je croyais si affligée, jouissait en repos des agréables conversations de notre ingrat. Ah! je me vengerai d'une manière si sanglante qu'il en sera parlé. Truitonne la pria de n'y perdre pas un moment; et comme elle se croyait plus intéressée dans l'affaire que la reine, elle mourait de joie lorsqu'elle pensait à tout ce qu'on ferait pour désoler l'amant et la maîtresse.

La reine renvoya l'espionne dans la tour; elle lui ordonna de ne témoigner ni soupçon ni curiosité, et de paraître plus endormie qu'à l'ordinaire. Elle se coucha de bonne heure; elle ronfla de son mieux et la pauvre princesse déçue[7], ouvrant la petite fenêtre, s'écria:

Oiseau bleu, couleur du temps,
Vole à moi promptement.

Mais elle l'appela toute la nuit inutilement; il ne parut point; car la méchante reine avait fait attacher aux cyprès des épées, des couteaux, des rasoirs, des poignards; et lorsqu'il vint à tire d'aile s'abattre dessus, ces armes meurtrières lui coupèrent les pieds; il tomba sur d'autres, qui lui coupèrent les ailes, et enfin tout percé, il se sauva avec mille peines jusqu'à son arbre, laissant une longue trace de sang.

Que n'étiez-vous là, belle princesse, pour soulager cet oiseau royal! Mais elle serait morte, si elle l'avait vu dans un état si déplorable! Il ne voulait prendre aucun soin de sa vie, persuadé que c'était Florine qui lui avait fait jouer ce mauvais tour. Ah! barbare, disait-il douloureusement, est-ce ainsi que tu payes la passion la plus pure et la plus tendre qui sera jamais? Si tu voulais ma mort, que ne me la demandais-tu toi-même; elle m'aurait été chère de ta main? Je venais te trouver avec tant d'amour et de confiance! Je souffrais pour toi, et je souffrais sans me plaindre! Quoi! tu m'as sacrifié à la plus cruelle des femmes! Elle était notre ennemie commune; tu viens de faire ta paix à mes dépens. C'est

7. Trompée.

toi, Florine, c'est toi qui me poignardes! Tu as emprunté la main de Truitonne, et tu l'as conduite jusques dans mon sein! Ces funestes idées l'accablèrent à tel point qu'il résolut de mourir.

Mais son ami l'Enchanteur, qui avait vu revenir chez lui les grenouilles volantes avec le chariot, sans que le roi parût, se mit si en peine de ce qui pouvait lui être arrivé, qu'il parcourut huit fois toute la terre pour le chercher, sans qu'il lui fût possible de le trouver. Il faisait son neuvième tour, lorsqu'il passa dans le bois où il était; et selon les règles qu'il s'était prescrites, il sonna du cor assez longtemps, et puis il cria cinq fois de toute sa force: Roi Charmant, roi Charmant, où êtes-vous? Le roi reconnut la voix de son meilleur ami. Approchez, lui dit-il, de cet arbre, et voyez le malheureux roi que vous chérissez noyé dans son sang. L'Enchanteur tout surpris regardait de tous côtés sans rien voir. Je suis l'oiseau bleu, dit le roi d'une voix faible et languissante. À ces mots, l'Enchanteur le trouva sans peine dans son petit nid. Un autre que lui aurait été étonné plus qu'il ne le fut, mais il n'ignorait aucun tour de l'art nécromancien[8]: il ne lui en coûta que quelques paroles pour arrêter le sang qui coulait encore; et avec des herbes qu'il trouva dans le bois, et sur lesquelles il dit deux mots de grimoire, il guérit le roi aussi parfaitement que s'il n'avait pas été blessé.

Il le pria ensuite de lui apprendre par quelle aventure il était devenu oiseau, et qui l'avait blessé si cruellement. Le roi contenta sa curiosité: il lui dit que c'était Florine qui avait décelé le mystère amoureux des visites secrètes qu'il lui rendait; et que pour faire sa paix avec la reine, elle avait consenti à laisser garnir le cyprès de poignards et de rasoirs, par lesquels il avait été presque haché: il se récria mille fois sur l'infidélité de cette princesse, et dit qu'il s'estimerait heureux d'être mort avant que d'avoir connu son méchant cœur. Le magicien se déchaîna contre elle et contre toutes les femmes; il conseilla au roi de l'oublier. Quel malheur serait le vôtre, lui dit-il, si vous étiez capable d'aimer plus longtemps cette ingrate? Après ce qu'elle vient de vous faire, l'on en doit tout craindre. L'oiseau bleu n'en put demeurer d'accord; il aimait encore trop chèrement Florine; et l'Enchanteur, qui connut ses sentiments, malgré le soin qu'il prenait de les cacher, lui dit d'une manière agréable:

Accablé d'un cruel malheur,
En vain l'on parle et l'on raisonne;

8. Nécromancie: science occulte qui prétend évoquer les morts pour obtenir d'eux des révélations de tous ordres, particulièrement sur l'avenir (*Le Petit Robert*). Ici, magie en général.

On n'écoute que sa douleur,
Et point les conseils qu'on nous donne.
Il faut laisser faire le temps,
Chaque chose a son point de vue;
Et, quand l'heure n'est pas venue,
On se tourmente vainement.

Le royal oiseau en convint, et pria son ami de le porter chez lui, et de le mettre dans une cage, où il fût à couvert de la patte du chat et de toute arme meurtrière. Mais, lui dit l'Enchanteur, resterez-vous encore cinq ans dans un état si déplorable et si peu convenable à vos affaires et à votre dignité? Car, enfin, vous avez des ennemis qui soutiennent que vous êtes mort; ils veulent envahir votre royaume: je crains bien que vous ne l'ayez perdu avant d'avoir recouvré votre première forme. Ne pourrai-je pas, répliqua-t-il, aller dans mon palais, et gouverner tout comme je faisais ordinairement?

Oh! s'écria son ami, la chose est difficile! Tel qui veut obéir à un homme, ne veut pas obéir à un perroquet; tel vous craint étant roi, étant environné de grandeur et de faste, qui vous arrachera toutes les plumes vous voyant un petit oiseau. Ah! faiblesse humaine, brillant extérieur, s'écria le roi! encore que tu ne signifies rien pour le mérite et pour la vertu, tu ne laisses pas d'avoir des endroits décevants, dont on ne saurait presque se défendre! Eh bien, continua-t-il, soyons philosophes, méprisons ce que nous ne pouvons obtenir; notre parti ne sera point le plus mauvais. Je ne me rends pas si tôt, dit le magicien, j'espère de trouver quelques bons expédients.

Florine, la triste Florine, désespérée de ne plus voir le roi, passait les jours et les nuits à sa fenêtre, répétant sans cesse:

Oiseau bleu, couleur du temps,
Vole à moi promptement.

La présence de son espionne ne l'en empêchait point; son désespoir était tel, qu'elle ne ménageait plus rien. Qu'êtes vous devenu, roi Charmant, s'écriait-elle? Nos communs ennemis vous ont-ils fait ressentir les cruels effets de leur rage? Avez-vous été sacrifié à leurs fureurs? Hélas! hélas! n'êtes-vous plus? Ne dois-je plus vous voir, ou, fatigué de mes malheurs, m'avez-vous abandonnée à la dureté de mon sort? Que de larmes, que de sanglots suivaient ses tendres plaintes! Que les heures étaient devenues longues par l'absence d'un amant si aimable et si cher! La princesse, abattue, malade, maigre et changée, pouvait à peine se soutenir; elle était persuadée que tout ce qu'il y a de plus funeste était arrivé au roi.

La reine et Truitonne triomphaient; la vengeance leur faisait plus de plaisir que l'offense ne leur avait fait de peine. Et au fond, de quelle offense s'agissait-il? Le roi Charmant n'avait pas voulu épouser un petit monstre, qu'il avait mille sujets de haïr. Cependant le père de Florine, qui devenait vieux, tomba malade et mourut. La fortune de la méchante reine et de sa fille changea de face: elles étaient regardées comme des favorites qui avaient abusé de leur faveur. Le peuple mutiné courut au palais demander la princesse Florine, la reconnaissant pour souveraine. La reine, irritée, voulut traiter l'affaire avec hauteur; elle parut sur un balcon, et menaça les mutins. En même temps la sédition devint générale; on enfonce les portes de son appartement, on le pille, et on l'assomme à coups de pierres. Truitonne s'enfuit chez sa marraine la fée Soussio; elle ne courait pas moins de danger que sa mère.

Les grands du royaume s'assemblèrent promptement, et montèrent à la tour, où la princesse était fort malade. Elle ignorait la mort de son père, et le supplice de son ennemie. Quand elle entendit tant de bruit, elle ne douta pas qu'on ne vînt la prendre pour la faire mourir; elle n'en fut point effrayée. La vie lui était odieuse depuis qu'elle avait perdu l'oiseau bleu. Mais ses sujets, s'étant jetés à ses pieds, lui apprirent le changement qui venait d'arriver à sa fortune. Elle n'en fut point émue. Ils la portèrent dans son palais, et la couronnèrent.

Les soins infinis que l'on prit de sa santé, et l'envie qu'elle avait d'aller chercher l'oiseau bleu, contribuèrent beaucoup à la rétablir, et lui donnèrent bientôt assez de force pour nommer un conseil, afin d'avoir soin de son royaume en son absence; puis elle prit pour dix mille millions de pierreries, et elle partit une nuit toute seule, sans que personne sût où elle allait.

L'Enchanteur, qui prenait soin des affaires du roi Charmant, n'ayant pas assez de pouvoir pour détruire ce que Soussio avait fait, s'avisa de l'aller trouver, et de lui proposer quelque accommodement en faveur duquel elle rendrait au roi sa figure naturelle. Il prit les grenouilles, et vola chez la fée, qui causait dans ce moment avec Truitonne. D'un enchanteur à une fée il n'y a que la main; ils se connaissaient depuis cinq ou six cents ans, et dans cet espace de temps, ils avaient été mille fois bien et mal ensemble. Elle le reçut très agréablement. Que me veut mon compère, lui dit-elle? (c'est ainsi qu'ils se nomment tous). Y a-t-il quelque chose pour son service qui dépende de moi? Oui, ma commère, dit le magicien, vous pouvez tout pour ma satisfaction; il s'agit du meilleur de mes amis, d'un roi que vous avez rendu infortuné. Ha, ha, je vous entends, compère, s'écria Soussio, j'en suis fâchée; mais il n'y a point de grâce à espérer pour lui, s'il ne veut épouser ma filleule; la voilà belle et jolie, comme vous voyez: qu'il se consulte.

L'Enchanteur pensa demeurer muet, tant il la trouva laide; cependant il ne pouvait se résoudre à s'en aller sans régler quelque chose avec elle, parce que le roi avait couru mille risques depuis qu'il était en cage. Le clou qui l'accrochait s'était rompu; la cage était tombée, et sa majesté emplumée souffrit beaucoup de cette chute; Minet, qui se trouva dans la chambre lorsque cet accident arriva, lui donna un coup de griffe dans l'oeil, dont il pensa rester borgne. Une autre fois on avait oublié de lui donner à boire; il allait le grand chemin d'avoir la pépie, quand on l'en garantit par quelques gouttes d'eau. Un petit coquin de singe s'étant échappé, attrapa ses plumes au travers des barreaux de la cage, et il l'épargna aussi peu qu'il aurait fait un geai ou un merle. Le pire de tout cela, c'est qu'il était sur le point de perdre son royaume; ses héritiers faisaient tous les jours des fourberies nouvelles pour prouver qu'il était mort. Enfin l'Enchanteur conclut avec sa commère Soussio, qu'elle mènerait Truitonne dans le palais du roi Charmant; qu'elle y resterait quelques mois, pendant lesquels il prendrait sa résolution de l'épouser, et qu'elle lui rendrait sa figure: quitte à reprendre celle d'oiseau s'il ne voulait pas se marier.

La fée donna des habits tout d'or et d'argent à Truitonne; puis elle la fit monter en trousse[9] derrière elle sur un dragon, et elles se rendirent au royaume de Charmant, qui venait d'y arriver avec son fidèle ami l'Enchanteur. En trois coups de baguette, il se vit le même qu'il avait été, beau, aimable, spirituel et magnifique; mais il achetait bien cher le temps qu'on diminuait de sa pénitence: la seule pensée d'épouser Truitonne le faisait frémir. L'Enchanteur lui disait les meilleures raisons qu'il pouvait; elles ne faisaient qu'une médiocre impression sur son esprit; et il était moins occupé de la conduite de son royaume, que des moyens de prolonger le terme que Soussio lui avait donné pour épouser Truitonne.

Cependant la reine Florine, déguisée sous un habit de paysanne, avec ses cheveux épars et mêlés qui cachaient son visage, un chapeau de paille sur la tête, un sac de toile sur l'épaule, commença son voyage, tantôt à pied, tantôt à cheval, tantôt par mer, tantôt par terre: elle faisait toute la diligence possible; mais, ne sachant où elle devait tourner ses pas, elle craignait toujours d'aller d'un côté, pendant que son aimable roi serait de l'autre. Un jour qu'elle s'était arrêtée au bord d'une fontaine, dont l'eau argentée bondissait sur de petits cailloux, elle eut envie de se laver les pieds. Elle s'assit sur le gazon, elle releva ses blonds cheveux avec un ruban, et mit ses pieds dans le ruisseau: elle ressemblait à Diane, qui

9. «Se dit de la croupe du cheval sur laquelle on porte les trousses, le bagage d'un cavalier. Monter en trousse, se mettre en trousse» (Furetière).

se baigne au retour d'une chasse[10]. Il passa dans cet endroit une petite vieille toute voûtée, appuyée sur un gros bâton; elle s'arrêta, et lui dit: Que faites-vous là, ma belle fille? vous êtes bien seule? Ma bonne mère, dit la reine, je ne laisse pas d'être en grande compagnie; car j'ai avec moi les chagrins, les inquiétudes et les déplaisirs. À ces mots, ses yeux se couvrirent de larmes: Quoi! si jeune, vous pleurez! dit la bonne femme. Ah! ma fille, ne vous affligez pas. Dites-moi ce que vous avez sincèrement, et j'espère vous soulager. La reine le voulut bien; elle lui conta ses ennuis, la conduite que la fée Soussio avait tenue dans cette affaire, et enfin comme elle cherchait l'oiseau bleu.

La petite vieille se redresse, s'agence, change tout d'un coup de visage, paraît belle, jeune, habillée superbement, et regardant la reine avec un sourire gracieux: Incomparable Florine, lui dit-elle, le roi que vous cherchez n'est plus oiseau, ma sœur Soussio lui a rendu sa première figure, il est dans son royaume; ne vous affligez point, vous y arriverez et vous viendrez à bout de votre dessein. Voilà quatre œufs; vous les casserez dans vos pressants besoins, et vous y trouverez des secours qui vous seront utiles. En achevant ces mots, elle disparut.

Florine se sentit fort consolée de ce qu'elle venait d'entendre; elle mit ces œufs dans son sac, et tourna ses pas vers le royaume de Charmant.

Après avoir marché huit jours et huit nuits sans s'arrêter, elle arrive au pied d'une montagne prodigieuse par sa hauteur, toute d'ivoire, et si droite que l'on n'y pouvait mettre les pieds sans tomber. Elle fit mille tentatives inutiles, elle glissait, elle se fatiguait; et, désespérée d'un obstacle si insurmontable, elle se coucha au pied de la montagne, résolue de s'y laisser mourir, quand elle se souvint des œufs que la fée lui avait donnés. Elle en prit un: Voyons, dit-elle, si elle ne s'est point moquée de moi, en me promettant les secours dont j'aurais besoin. Dès qu'elle l'eut cassé, elle y trouva des petits crampons d'or, qu'elle mit à ses pieds et à ses mains. Quand elle les eut, elle monta la montagne d'ivoire sans aucune peine car les crampons entraient dedans, et l'empêchaient de glisser. Lorsqu'elle fut tout au haut, elle eut de nouvelles peines pour descendre; toute la vallée était d'une seule glace de miroir. Il y avait autour plus de soixante mille femmes qui s'y miraient avec un plaisir extrême, car ce miroir avait bien deux lieues de large et six de haut: chacune s'y voyait selon ce qu'elle voulait être. La rousse y paraissait blonde, la brune avait les cheveux noirs, la

10. Déesse romaine, identifiée à Artémis. Le mythe de Diane surprise au bain par le chasseur Actéon a été souvent repris par des peintres et des poètes (voir Pernette du Guillet, Élégie II).

vieille croyait être jeune, la jeune n'y vieillissait point; enfin tous les défauts y étaient si bien cachés, que l'on y venait des quatre coins du monde. Il y avait de quoi mourir de rire, de voir les grimaces et les minauderies que la plupart de ces coquettes faisaient. Cette circonstance n'y attirait pas moins d'hommes; le miroir leur plaisait aussi. Il faisait paraître aux uns de beaux cheveux, aux autres la taille plus haute et mieux prise, l'air martial et meilleure mine. Les femmes dont ils se moquaient, ne se moquaient pas moins d'eux; de sorte que l'on l'appelait cette montagne de mille noms différents. Personne n'était jamais parvenu jusques au sommet: et quand on y vit Florine, les dames poussèrent de longs cris de désespoir. Où va cette malavisée, disaient-elles? Sans doute qu'elle a assez d'esprit pour marcher sur notre glace; du premier pas elle brisera tout; elles faisaient un bruit épouvantable.

La reine ne savait comment faire, car elle voyait un grand péril à descendre par là; elle cassa un autre œuf, dont il sortit deux pigeons et un chariot, qui devint en même temps assez grand pour s'y placer commodément; puis les pigeons descendirent légèrement avec la reine, sans qu'il lui arrivât rien de fâcheux. Elle leur dit: Mes petits amis, si vous vouliez me conduire jusques au lieu où le roi Charmant tient sa cour, vous n'obligeriez pas une ingrate. Les pigeons civils et obéissants ne s'arrêtèrent ni jour ni nuit qu'ils ne fussent arrivés aux portes de la ville. Florine descendit, et leur donna à chacun un doux baiser, plus estimable qu'une couronne.

Oh! que le cœur lui battait en entrant: elle se barbouilla le visage pour n'être point connue. Elle demanda aux passants où elle pouvait voir le roi. Quelques-uns se prirent à rire: Voir le roi, lui dirent-ils! Hé, que lui veux-tu, ma Mie-Souillon? Va, va te décrasser, tu n'as pas les yeux assez bons pour voir un tel monarque. La reine ne répondit rien; elle s'éloigna doucement, et demanda encore à ceux qu'elle rencontra, où elle se pourrait mettre pour voir le roi. Il doit venir demain au temple avec la princesse Truitonne, lui dit-on; car enfin il consent à l'épouser.

Ciel, quelles nouvelles! Truitonne, l'indigne Truitonne sur le point d'épouser le roi! Florine pensa mourir; elle n'eut plus de force pour parler ni pour marcher: elle se mit sous une porte, assise sur des pierres, bien cachée de ses cheveux et de son chapeau de paille. Infortunée que je suis, disait-elle! je viens ici pour augmenter le triomphe de ma rivale, et me rendre témoin de sa satisfaction! C'était donc à cause d'elle que l'oiseau bleu cessa de me venir voir! C'était pour ce petit monstre qu'il faisait la plus cruelle de toutes les infidélités, pendant qu'abîmée dans la douleur, je m'inquiétais pour la conservation de sa vie! Le traître avait changé; et se souvenant moins de moi que s'il ne m'avait jamais vue, il me laissait le soin de m'affliger de sa trop longue absence, sans se soucier de la mienne.

Quand on a beaucoup de chagrin, il est rare d'avoir bon appétit; la reine chercha où se loger, et se coucha sans souper. Elle se leva avec le jour, elle courut au temple; elle n'y entra qu'après avoir essuyé mille rebuffades des gardes et des soldats. Elle vit le trône du roi et celui de Truitonne, qu'on regardait déjà comme la reine. Quelle douleur pour une personne aussi tendre et aussi délicate que Florine! Elle s'approcha du trône de sa rivale; elle se tint debout, appuyée contre un pilier de marbre. Le roi vint le premier, plus beau et plus aimable qu'il eût été de sa vie. Truitonne parut ensuite richement vêtue, et si laide, qu'elle en faisait peur. Elle regarda la reine en fronçant le sourcil: Qui es-tu, lui dit-elle, pour oser t'approcher de mon excellente figure, et si près de mon trône d'or? Je me nomme Mie-Souillon, répondit-elle; je viens de loin pour vous vendre des raretés. Elle fouilla aussitôt dans son sac de toile, elle en tira les bracelets d'émeraude que le roi Charmant lui avait donnés. Ho, ho, dit Truitonne, voilà de jolies verrines[11]! En veux-tu une pièce de cinq sols? Montrez-les, Madame, aux connaisseurs, dit la reine, et puis nous ferons notre marché. Truitonne qui aimait le roi plus tendrement qu'une telle bête n'en était capable, étant ravie de trouver des occasions de lui parler, s'avança jusqu'à son trône, et lui montra les bracelets, le priant de lui en dire son sentiment. À la vue de ces bracelets, il se souvint de ceux qu'il avait donnés à Florine; il pâlit, il soupira, et fut longtemps sans répondre; enfin, craignant qu'on ne s'aperçût de l'état où ses différentes pensées le réduisaient, il se fit un effort, et lui répliqua: Ces bracelets valent, je crois, autant que mon royaume; je pensais qu'il n'y en avait qu'une paire au monde, mais en voilà de semblables.

Truitonne revint dans son trône, où elle avait moins bonne mine qu'une huître à l'écaille; elle demanda à la reine combien, sans surfaire, elle voulait de ces bracelets? Vous auriez trop de peine à me les payer, Madame, dit-elle, il vaut mieux vous proposer un autre marché: si vous me voulez procurer de coucher une nuit dans le Cabinet des échos qui est au palais du roi, je vous donnerai mes émeraudes. Je le veux bien, Mie-Souillon, dit Truitonne, en riant comme une perdue, et montrant des dents plus longues que les défenses d'un sanglier.

Le roi ne s'informa point d'où venaient ces bracelets, moins par indifférence pour celle qui les présentait (bien qu'elle ne fût guère propre à faire naître la

11. «Verrines d'Allemagne ou brillant, petit fragment de verre soufflé très mince dont on se sert pour saupoudrer les images et décorer les surtouts de verre» (Littré). Ici, bijoux ou objets décoratifs en verre, donc de peu de valeur.

curiosité), que par un éloignement invincible qu'il sentait pour Truitonne. Or, il est à propos qu'on sache que pendant qu'il était oiseau bleu, il avait conté à la princesse qu'il y avait sous son appartement un cabinet, qu'on appelait le Cabinet des échos, qui était si ingénieusement fait, que tout ce qui s'y disait fort bas était entendu du roi lorsqu'il était couché dans sa chambre; et, comme Florine voulait lui reprocher son infidélité, elle n'en avait point imaginé de meilleur moyen.

On la mena dans le Cabinet par ordre de Truitonne: elle commença ses plaintes et ses regrets. Le malheur dont je voulais douter n'est que trop certain, cruel oiseau bleu, dit-elle! Tu m'as oubliée, tu aimes mon indigne rivale! Les bracelets que j'ai reçus de ta déloyale main, n'ont pu me rappeler à ton souvenir, tant j'en suis éloignée. Alors les sanglots interrompirent ses paroles; et quand elle eut assez de force pour parler, elle se plaignit encore, et continua jusqu'au jour. Les valets de chambre l'avaient entendue toute la nuit gémir et soupirer: ils le dirent à Truitonne qui lui demanda quel tintamarre elle avait fait. La reine lui dit qu'elle dormait si bien, qu'ordinairement elle rêvait et qu'elle parlait très souvent tout haut. Pour le roi, il ne l'avait point entendue, par une fatalité étrange. C'est que depuis qu'il avait aimé Florine, il ne pouvait plus dormir; et lorsqu'il se mettait au lit, pour lui faire prendre quelque repos, on lui donnait de l'opium.

La reine passa une partie du jour dans une étrange inquiétude. S'il m'a entendue, disait-elle, se peut-il une indifférence plus cruelle? S'il ne m'a pas entendue, que ferai-je pour parvenir à me faire entendre? Il ne se trouvait plus de raretés extraordinaires, car des pierreries sont toujours belles; mais il fallait quelque chose qui piquât le goût de Truitonne: elle eut recours à ses œufs. Elle en cassa un; aussitôt il en sortit un petit carrosse d'acier poli, garni d'or de rapport[12]: il était attelé de six souris vertes, conduites par un raton couleur de rose et le postillon, qui était aussi de famille ratonnienne, était gris de lin. Il y avait dans ce carrosse quatre marionnettes plus fringantes et plus spirituelles que toutes celles qui paraissent aux foires Saint-Germain et Saint-Laurent[13]; elles faisaient des choses surprenantes, particulièrement deux petites Egyptiennes, qui, pour danser la sarabande et le passe-pieds[14], ne l'auraient pas cédé à Léance.

La reine demeura ravie de ce nouveau chef-d'œuvre de l'art nécromancien;

12. «L'or solide et taillé en diverses figures, qu'on enchâsse dans du fer» (Furetière).

13. Foires célèbres qui se tenaient à Paris. On y voyait des saltimbanques, des sauteurs, des danseurs de corde, des montreurs d'animaux et notamment des marionnettes.

14. La sarabande et le passe-pieds: danses à trois temps apparentées au menuet.

elle ne dit mot jusqu'au soir, qui était l'heure que Truitonne allait à la promenade; elle se mit dans une allée, faisant galoper ces souris, qui traînaient le carrosse, les ratons et les marionnettes. Cette nouveauté étonna si fort Truitonne, qu'elle s'écria deux ou trois fois: Mie-Souillon, Mie-Souillon, veux-tu cinq sols du carrosse et de ton attelage souriquois? Demandez aux gens de lettres et aux docteurs de ce royaume, dit Florine, ce qu'une telle merveille peut valoir, et je m'en rapporterai à l'estimation du plus savant. Truitonne, qui était absolue en tout, lui répliqua: Sans m'importuner plus longtemps de ta crasseuse présence, dis-m'en le prix? Dormir encore dans le Cabinet des échos, dit-elle, est tout ce que je demande. Va, pauvre bête, répliqua Truitonne, tu n'en seras pas refusée. Et se tournant vers ses dames: Voilà une sotte créature, dit-elle, de retirer si peu d'avantage de ses raretés.

La nuit vint, Florine dit tout ce qu'elle put imaginer de plus tendre, et elle le dit aussi inutilement qu'elle avait déjà fait, parce que le roi ne manquait jamais de prendre son opium. Les valets de chambre disaient entre eux: Sans doute cette paysanne est folle; qu'est-ce qu'elle raisonne toute la nuit? Avec cela, disaient les autres, il ne laisse pas d'y avoir de l'esprit et de la passion dans ce qu'elle conte. Elle attendait impatiemment le jour, pour voir quel effet ses discours auraient produit. Quoi! ce barbare est devenu sourd à ma voix, disait-elle? Il n'entend plus sa chère Florine! Ah! quelle faiblesse de l'aimer encore! Que je mérite bien les marques de mépris qu'il me donne! Mais elle y pensait inutilement; elle ne pouvait se guérir de sa tendresse. Il n'y avait plus qu'un œuf dans son sac dont elle dût espérer du secours; elle le cassa, il en sortit un pâté de six oiseaux qui étaient bardés, cuits, et fort bien apprêtés; avec cela ils chantaient merveilleusement bien, disaient la bonne aventure, et savaient mieux la médecine qu'Esculape. La reine resta charmée d'une chose si admirable; elle fut avec son pâté parlant dans l'antichambre de Truitonne.

Comme elle attendait qu'elle passât, un des valets de chambre du roi s'approcha d'elle, et lui dit: Ma Mie-Souillon, savez-vous bien que si le roi ne prenait pas de l'opium pour dormir, vous l'étourdiriez assurément; car vous jasez la nuit d'une manière surprenante. Florine ne s'étonna plus de ce qu'il ne l'avait pas entendue; elle fouilla dans son sac, et lui dit: Je crains si peu d'interrompre le repos du roi, que si vous voulez ne lui point donner d'opium ce soir, en cas que je couche dans ce même Cabinet, toutes ces perles et tous ces diamants seront pour vous. Le valet de chambre y consentit, et lui en donna sa parole.

A quelques moments de là Truitonne vint; elle aperçut la reine avec son pâté, qui feignait de le vouloir manger: Que fais-tu là, ma Mie-Souillon, lui dit-elle? Madame, répliqua Florine, je mange des astrologues, des musiciens et des médecins. En même temps tous les oiseaux se mettent à chanter plus mélodieusement que des sirènes; puis ils s'écrièrent: Donnez la pièce blanche, et nous vous dirons votre bonne aventure. Un canard qui dominait, dit plus haut que les autres: Can, can, can, je suis médecin, je guéris de tous maux et de toute sorte de folie, hormis de celle d'amour. Truitonne plus surprise de tant de merveilles qu'elle l'eût été de ses jours, jura: Par la vertuchou, voilà un excellent pâté! je le veux avoir. Çà, çà, Mie-Souillon, que t'en donnerais-je? Le prix ordinaire, dit-elle; coucher dans le Cabinet des échos, et rien davantage. Tiens, dit généreusement Truitonne (car elle était de belle humeur par l'acquisition d'un tel pâté), tu en auras une pistole. Florine, plus contente qu'elle l'eût encore été, parce qu'elle espérait que le roi l'entendrait, se retira en la remerciant.

Dès que la nuit parut, elle se fit conduire dans le Cabinet, souhaitant avec ardeur que le valet de chambre lui tînt parole, et qu'au lieu de donner de l'opium au roi, il lui présentât quelque autre chose qui pût le tenir éveillé. Lorsqu'elle crut que chacun s'était endormi, elle commença ses plaintes ordinaires. À combien de périls me suis-je exposée, disait-elle, pour te chercher, pendant que tu me fuis, et que tu veux épouser Truitonne? Que t'ai-je donc fait, cruel! pour oublier tes serments? Souviens-toi de ta métamorphose, de mes bontés, de nos tendres conversations. Elle les répéta presque toutes, avec une mémoire qui prouvait assez que rien ne lui était plus cher que ce souvenir.

Le roi ne dormait point, et il entendait si distinctement la voix de Florine et toutes ses paroles qu'il ne pouvait comprendre d'où elles venaient; mais son cœur, pénétré de tendresse, lui rappela si vivement l'idée de son incomparable princesse, qu'il sentit sa séparation avec la même douleur qu'au moment où les couteaux l'avaient blessé sur le cyprès; il se mit à parler de son côté comme la reine avait fait du sien: Ah! princesse, dit-il, trop cruelle pour un amant qui vous adorait! est-il possible que vous m'ayez sacrifié à nos communs ennemis! Florine entendit ce qu'il disait, et ne manqua pas de lui répondre, et de lui apprendre que s'il voulait entretenir la Mie-Souillon, il serait éclairci de tous les mystères qu'il n'avait pu pénétrer jusqu'alors. À ces mots le roi impatient appela un de ses valets de chambre, et lui demanda s'il ne pouvait point trouver Mie-Souillon et l'amener? Le valet de chambre répliqua que rien n'était plus aisé, parce qu'elle couchait dans le Cabinet des échos.

Le roi ne savait qu'imaginer: quel moyen de croire qu'une si grande reine que Florine fût déguisée en souillon? Et quel moyen de croire que Mie-Souillon eût la voix de la reine, et sût des secrets si particuliers, à moins que ce ne fût elle-même? Dans cette incertitude il se leva, et s'habillant avec précipitation, il descendit par un degré dérobé dans le Cabinet des échos, dont la reine avait ôté la clef; mais le roi en avait une qui ouvrait toutes les portes du palais.

Il la trouva avec une légère robe de taffetas blanc, qu'elle portait sous ses vilains habits, ses beaux cheveux couvraient ses épaules; elle était couchée sur un lit de repos, et une lampe un peu éloignée ne rendait qu'une lumière sombre. Le roi entra tout d'un coup, et son amour l'emportant sur son ressentiment, dès qu'il la reconnut il vint se jeter à ses pieds, il mouilla ses mains de ses larmes, et pensa mourir de joie, de douleur, et de mille pensées différentes qui lui passèrent en même temps dans l'esprit.

La reine ne demeura pas moins troublée: son cœur se serra; elle pouvait à peine soupirer; elle regardait fixement le roi sans lui rien dire; et quand elle eût eu la force de lui parler, elle n'eût pas eu celle de lui faire des reproches; le plaisir de le revoir lui fit oublier pour quelque temps les sujets de plaintes qu'elle croyait avoir. Enfin ils s'éclaircirent, ils se justifièrent, leur tendresse se réveilla; et tout ce qui les embarrassait, c'était la fée Soussio.

Mais dans ce moment, l'Enchanteur qui aimait le roi arriva avec une fée fameuse: c'était justement celle qui avait donné les quatre œufs à Florine. Après les premiers compliments, l'Enchanteur et la fée déclarèrent que leur pouvoir étant uni en faveur du roi et de la reine, Soussio ne pouvait rien contre eux, et qu'ainsi leur mariage ne recevrait aucun retardement.

Il est aisé de se figurer la joie de ces deux jeunes amants: dès qu'il fut jour on la publia dans tout le palais, et chacun était ravi de voir Florine. Ces nouvelles allèrent jusqu'à Truitonne; elle accourut chez le roi: quelle surprise d'y trouver sa belle rivale! Dès qu'elle voulut ouvrir la bouche pour lui dire des injures, l'Enchanteur et la fée parurent, qui la métamorphosèrent en truie, afin qu'il lui restât au moins une partie de son nom et de son naturel grondeur: elle s'enfuit toujours grognant jusques dans la basse-cour, où de longs éclats de rire que l'on fit sur elle achevèrent de la déséspérer.

Le roi Charmant et la reine Florine, délivrés d'une personne si odieuse, ne pensèrent plus qu'à la fête de leurs noces; la galanterie et la magnificence y parurent également: il est aisé de juger de leur félicité, après de si longs malheurs.

Quand Truitonne aspirait à l'hymen de Charmant,
Et que, sans avoir su lui plaire,
Elle voulait former ce triste engagement
Que la mort seule peut défaire.
Qu'elle était imprudente! Hélas!

Sans doute elle ignorait qu'un pareil mariage
Devient un funeste esclavage,
Si l'amour ne le forme pas.

Je trouve que Charmant fut sage.
À mon sens il vaut beaucoup mieux
Etre oiseau bleu, corbeau, devenir hibou même,
Que d'éprouver la peine extrême
D'avoir ce que l'on hait toujours devant ses yeux:
En ces sortes d'hymens notre siècle est fertile:
Les hymens seraient plus heureux
Si l'on trouvait encore quelque enchanteur habile
Qui voulût s'opposer à ces coupables nœuds
Et ne jamais souffrir que l'hyménée unisse,
Par intérêt ou par caprice,
Deux cœurs infortunés, s'ils ne s'aiment tous deux.

# Catherine Bernard

(1662/1663–1712)

Mal connue aujourd'hui, Catherine Bernard est pourtant une des «merveilles» du siècle de Louis XIV (Claude de Vertron, *La Nouvelle Pandore ou les Femmes illustres du siècle de Louis le Grand,* 1698). Elle fait partie de cette multitude de femmes auteurs qui se distinguent dans tous les genres littéraires sous le règne du Roi Soleil. En son temps, elle est comparée à Madeleine de Scudéry, ses romans sont rapprochés de ceux de Marie-Madeleine de Lafayette, elle reçoit des prix pour sa poésie, et on l'estime capable de donner un nouvel essor à la tragédie après le retrait de Jean Racine. Ses talents littéraires sont aussi reconnus par le Roi qui lui accorde en 1690 une pension de 200 écus; une ode qu'elle a composée en son honneur vient de remporter le premier prix de poésie de l'Académie Française. Ambitieuse, soucieuse de sa carrière et de sa renommée, elle fréquente les salons littéraires les plus en vue, celui de Marie-Jeanne Lhéritier en particulier où se développe la mode des contes de fées, et elle est protégée par les plus grandes personnalités de la cour (Madame de Pontchartrain, femme du chancelier, et Françoise d'Aubigné, marquise de Maintenon, épouse morganatique de Louis XIV). Côtoyant la marquise de Sévigné et Madame de Coulanges, elle prend une part très active à la vie mondaine et littéraire à Paris et à Versailles.

En dépit de cette célébrité, les détails de sa vie sont incertains. Née à Rouen probablement en 1663 d'une riche famille de négociants, elle fut élevée dans la religion protestante. Elle aurait été la cousine du philosophe Bernard Le Bovier de Fontenelle et la nièce des poètes dramatiques Pierre et Thomas Corneille, tous les trois rouennais comme elle, mais rien ne permet de confirmer cette parenté. Fontenelle l'aurait introduite dans les milieux littéraires parisiens et il aurait collaboré à ses écrits. Une légende va jusqu'à les lui attribuer carrément, travail de sape courant dans l'histoire littéraire lorsqu'il s'agit de l'œuvre d'une femme.

Comme Madeleine de Scudéry et Ninon de Lenclos, Catherine Bernard resta toute sa vie célibataire. Fut-ce aussi par choix? Car elle semble avoir partagé leur vision pessimiste du mariage, et, quant à l'amour, dans son œuvre, elle n'en souligna que «les malheurs». Ses ressources étant modestes, elle dut vivre de sa plume, cela malgré la situation aisée de sa famille et l'aide de ses protecteurs. Mais cette aide fut promise avec plus de générosité qu'elle ne fut accordée. Et elle rompit avec sa famille, vraisemblablement à cause de sa carrière littéraire ou de son abjuration de la religion protestante, en 1685, quelques jours seulement avant la Révocation de l'Édit de Nantes. Au moment de sa conversion, elle était déjà connue dans les milieux littéraires parisiens pour son «esprit» et pour ses «galants ouvrages» (*Le Mercure galant,* octobre 1685), des poèmes surtout, qui avaient circulé dans les salons précieux. Mais une fois convertie, elle refusa de publier ces poèmes, alléguant des raisons de convenance religieuse. Influencée sans doute par l'orientation dévote que ses protectrices Madame de Maintenon et Madame de Pontchartrain avaient imprimée à la cour, elle renonça au théâtre vers 1693, se retira enfin de la vie publique en 1698, et cessa en même temps de publier. Elle mourut en 1712, pauvre et oubliée de ses amis.

Aucune représentation visuelle de Catherine Bernard ne nous est parvenue. Il nous reste cependant un portrait verbal. Le 19 novembre 1694, Madame de Coulanges écrivait à la marquise de Sévigné: «Voilà encore des vers de Mademoiselle Bernard; malgré toute cette poésie, la pauvre fille n'a pas de jupe; mais il n'importe, elle a du rouge et des mouches.» (Une mouche était un petit morceau de taffetas noir que les femmes mettaient sur la peau pour en accentuer la blancheur.) Confirmant une pauvreté qui persiste en dépit de son travail d'écriture, ce portrait dément en revanche l'image d'une femme pieuse et retirée. Bien après sa conversion, l'austérité religieuse n'empêchait donc pas cette femme énigmatique d'étayer sa renommée ni d'essayer de vivre en poursuivant ses activités littéraires et en se présentant dans le monde.

On peut suivre avec plus de certitude les étapes de sa carrière littéraire. Son premier roman, *Fédéric de Sicile,* calqué sur les romans précieux, fut publié anonymement en 1680 quand elle n'avait que dix-sept ans. Il n'eut pas beaucoup de succès, sans doute parce que le public s'était déjà tourné vers un nouveau genre romanesque, la nouvelle historique et galante, genre classique illustré principalement—et porté à la perfection—par des femmes. Marie-Catherine Desjardins de Villedieu avec *Les Désordres de l'Amour* (1675) et Marie-Madeleine de Lafayette avec *La Princesse de Clèves* (1678) avaient donné les modèles du genre. En faisant paraître, en 1687, *Les Malheurs de l'amour, première nouvelle, Éléonor d'Yvrée,* Catherine Bernard se plaçait désormais dans leur sillage. Deux autres romans se rattachent à la même tradition romanesque féminine: *Le Comte d'Amboise, histoire galante* (1688), seconde nouvelle des *Malheurs de l'amour,* dans laquelle Bernard rend ouvertement hommage au chef-d'œuvre de Lafayette, et *Inès de Cordoue, nouvelle espagnole* (1696). Enchâssés dans ce dernier roman, deux contes de fées, *Riquet à la Houppe* et *Le Prince Rosier,* sont parmi les tout premiers à être publiés. Catherine Bernard est sans doute aussi coauteur du *Commerce galant, ou Lettres tendres et galantes de la jeune Iris et de Timandre,* publié anonymement en 1682; si ce n'est pas une correspondance authentique, c'est alors un des premiers romans par lettres, un de ses «galants ouvrages» relevés par *Le Mercure galant* en 1685.

Ses tragédies *Laodamie, reine d'Épire* et *Brutus,* représentées en 1689 et 1690 respectivement, rencontrèrent de très beaux succès. *Brutus* surtout attira l'admiration du public. «Les dames aujourd'hui sont capables de tout», lit-on dans un article élogieux du *Mercure galant* (décembre 1690), «et [...] Mademoiselle Bernard vient de faire voir qu'elles savent pousser avec force les sentiments héroïques, et soutenir noblement le caractère romain.» Quarante ans plus tard, dans son propre *Brutus,* Voltaire se souviendra de la pièce de Bernard, lui faisant même quelques «emprunts».

Catherine Bernard remporta à plusieurs reprises le premier prix de poésie dans des concours organisés par l'Académie Française (1691, 1693, 1697) et par les Jeux Floraux de Toulouse (1696, 1697, 1698). En 1699, l'Académie des Ricovrati de Padoue couronna sa carrière en la recevant parmi ses membres avec le nom de Calliope, l'Invincible. Si l'Académie Française n'avait pas exclu les femmes, sans doute aurait-elle pu obtenir cette reconnaissance dans son propre pays.

Comme Marie-Catherine d'Aulnoy, Catherine Bernard joua un rôle capital dans le passage du conte de fées de l'oral à l'écrit. Dans le salon littéraire de Marie-Jeanne Lhéritier qu'elle fréquentait, comme dans d'autres milieux mondains, les contes de fées étaient à la mode. Puisant dans un fonds populaire, de grandes dames surtout se les récitaient, en discutaient l'esthétique, avant de risquer d'en publier. Quand Bernard lança en 1696 *Le Prince Rosier* et *Riquet à la Houppe,* il n'y avait que *L'Île de la Félicité* d'Aulnoy, deux contes de Lhéritier (dans ses *Œuvres mêlées,* 1695–96) et *La Belle au bois dormant* de Perrault (1696) qui avaient paru. Comme le genre était tenu pour frivole, elle inséra prudemment ses contes dans un roman, *Inès de Cordoue,* ainsi que l'avait fait Aulnoy pour *L'Île de la Félicité,* et elle dédia cette œuvre au prince de Dombes, un enfant de six mois. Mais sa véritable destinataire était sans doute la mère du prince, la duchesse du Maine, qui aimait beaucoup les contes de fées. La protection de cette dame puissante légitimait ces contes auprès du public.

Le roman reflète les circonstances aristocratiques qui présidaient à la composition des contes de fées et favorisaient leur publication, et il propose une première définition des règles du genre. Définir les règles, c'était donner droit de cité dans la république des lettres à cette littérature de salon; c'était tenter de la faire figurer à côté des genres consacrés dont les règles avaient été mises au point par les théoriciens du classicisme. C'était aussi revendiquer la place des femmes dans cette république. On reconnaît sans peine dans cette cour d'Espagne du XVI$^{e}$ siècle qui sert de cadre à *Inès de Cordoue*, les milieux mondains—et féminins—français où, à la fin du XVII$^{e}$ siècle, s'épanouissaient les contes de fées:

> La Reine qui était française, avait conservé le goût de la conversation; elle avait même quelque chose de passionné dans l'âme qui lui faisait aimer les vers, la musique, et tout ce qui avait du rapport à la galanterie. Les après-dînées, elle se retirait quatre ou cinq heures dans son cabinet avec les dames de la cour qu'elle choisissait pour cette sorte de retraite.
>
> Elle proposa pour se faire un amusement nouveau, d'imaginer des contes galants; l'ordre fut reçu avec plaisir de toutes les dames qui composaient cette petite cour; on convint de faire des règles pour ces sortes d'histoires, dont voici les deux principales.
>
> Que les aventures fussent toujours contre la vraisemblance, et les sentiments toujours naturels; on jugea que l'agrément de ces contes ne consistait qu'à faire voir ce qui se passe dans le cœur, et que du reste il y avait une sorte de mérite dans le merveilleux des imaginations qui n'étaient point retenues par les apparences de la vérité.

L'analyse du cœur humain au sein d'aventures tenues pour «invraisemblables» par la culture dominante, voilà aussi bien—moins le merveilleux—toute l'esthétique de la nouvelle classique, telle qu'elle fut pratiquée par des femmes: Bernard, mais également Lafayette, qui chercha elle aussi à se démarquer des idées reçues sur la vraisemblance afin de mettre à jour une vérité humaine différente, «singulière». Comme Lafayette, Bernard proteste contre le conformisme moral et social imposé par la notion courante de vraisemblance; en revendiquant pour les contes de fées le naturel, elle propose un autre «réalisme», celui qu'on trouve aussi dans ces nouvelles.

C'est en effet à la double lumière des contes de fées et de la nouvelle classique féminine qu'on peut le mieux comprendre le pessimisme, voire le nihilisme, des contes «galants» de Bernard. Rares sont les contes de fées qui finissent aussi mal. Mais chez une romancière qui s'était donné pour tâche de combattre «le penchant qu'on a pour l'amour» en ne peignant «que des amants malheureux» («Avis au lecteur», *Le Comte d'Amboise*), pouvait-il en être autrement? «Je conçois tant de dérèglement dans l'amour, même le plus raisonnable», explique-t-elle dans l'avertissement à *Éléonor d'Yvrée*, «que j'ai pensé qu'il valait mieux présenter au public un tableau des malheurs de cette passion que de faire voir des amants vertueux et délicats, heureux à la fin du livre. Je mets donc mes héros dans une situation si triste qu'on ne leur porte point d'envie.» Aussi ses contes de fées, conformément à ses nouvelles, ne ressemblent-ils en rien à une évasion des réalités de l'amour et du mariage vers un monde enchanté où le désir féminin—le temps d'une fiction—s'assouvit. Ils ont plutôt une valeur pédagogique, comme leurs ancêtres, les contes paysans des sages femmes des veillées. Et ils semblent de même communiquer à deux niveaux: d'un côté, ils s'adressent à la société en général (le roi et un marquis, celui-ci l'objet de la passion de deux conteuses rivales, demandent à assister à cette activité de dames), d'un autre côté, leur vérité secrète ne s'adresse qu'à des femmes, seules capables de la comprendre. Ainsi, *Riquet à la Houppe* peut être lu comme une répétition du discours social à l'égard des deux sexes. La leçon paraît claire: la femme doit être brimée, son intelligence doit être tenue en laisse par l'homme, son maître; car, donnez-lui de l'esprit, elle ne s'en servira que pour satisfaire sa sexualité débridée et illicite, que pour semer le malheur et le désordre. Un public féminin y lira, en revanche, la vérité d'une situation réelle intenable: le mariage comme contrainte, le pouvoir tyrannique du mari, les malheurs et les désillusions qui accompagnent fatalement tout amour. Formé par la nouvelle classique féminine où le thème revient avec insistance, ce même public, désabusé, y discernera une leçon «différente»: l'apologie du repos. Mama, l'héroïne de *Riquet*, n'est-elle pas plus heureuse dans sa bêtise léthargique qu'à la fin où sa lucidité ne sert qu'à augmenter son supplice? Le gnome ne regrette-t-il pas la curiosité qui l'a sorti de chez lui? Mais ces vérités féminines sont-elles si perceptibles? Les deux conteuses ne semblent pas, tant leur passion pour le marquis les aveugle, se les appliquer à elles-mêmes: autre leçon, pour un public avisé, des malheurs de l'amour. Descendantes des *Fata* (origine du mot *fée*), c'est-à-dire des Parques, Bernard et ses conteuses, comme les fées qui prédisent le malheur des amants dans *Le Prince Rosier*, pratiquent l'art de raconter des vérités incontournables.

Avant que *La Belle et la Bête* n'en adoucisse la portée, Bernard développe dans *Riquet à la Houppe* le motif folklorique de l'époux animal ou monstrueux, mais à la manière des conteuses de ce XVIIe siècle finissant: pour dépeindre l'horreur du mariage et la révulsion physique que l'homme inspire à la femme. Cette répugnance s'explique beaucoup par le contexte social: des mariages forcés dans les milieux aristocratiques unissaient souvent une très jeune fille à un homme bien plus âgé, parfois dissolu, dont l'approche sexuelle était vécue comme un traumatisme. Dans *Le Prince Rosier* Bernard conclut: «le mariage, selon la coutume, finit tous les agréments de [la] vie.» La marquise de Maintenon, sa protectrice, en dit autant: «Le mariage est un état qui fait le malheur des trois quarts du genre humain.» Dans *Riquet à la Houppe,* Bernard dépasse pourtant ce pessimisme à l'égard de l'état conjugal et elle assombrit la vision de conteuses telles que Henriette de Castelnau, comtesse de Murat, dans *Le Prince Cochon* et Aulnoy dans *Le Prince Marcassin* où seul le mari revêt la forme «cochonique»: car, en assimilant l'amant à l'époux-gnome et en lançant sa cynique maxime finale, Bernard étend «la cochonisation [...] à tous les hommes» (Michèle Sarde, *Regard sur les Françaises*), rejoignant la vision de Scudéry/Sapho dans *Le Grand Cyrus* pour qui tout homme renferme un potentiel mari, donc un potentiel tyran.

Il n'est pas étonnant, alors, que le *Riquet à la Houppe* de Charles Perrault (*Histoires ou Contes du temps passé,* 1697)—publié plusieurs mois *après* celui de Bernard, quoique, pendant des siècles, l'histoire littéraire se soit obstinée à attribuer à Perrault la paternité de ce conte (la priorité de l'un sur l'autre étant d'autant plus difficile à déterminer que les deux contes, composés sur un même motif peut-être dans le cadre d'un salon, ont pu circuler oralement avant d'être publiés)—se termine d'une manière radicalement différente, par une fin heureuse. Là où Bernard insiste sur la désillusion, Perrault affirme les illusions de l'amour, illusions civilisatrices permettant de soumettre la femme, comme la société l'exige, au bon vouloir de son époux hideux mais légitime et raisonnable («Riquet à la houppe parut à ses yeux l'homme le plus beau, le mieux fait et le plus aimable qu'elle eût jamais vu. Quelques-uns assurent que ce ne furent point les charmes de la Fée qui opérèrent, mais que l'amour seul fit cette Métamorphose»). Là où chez Perrault un monstre devient, par le miracle de l'amour, un prince charmant, chez Bernard, au contraire, un prince charmant finit par redoubler un monstre.

Souvent réimprimé au XVIIIe siècle sous le titre *Kadour,* le *Riquet à la Houppe* de Catherine Bernard figure aussi dans la célèbre anthologie, *Le Cabinet des Fées* (tome 31, 1786).

## Riquet à la Houppe

Un grand seigneur de Grenade, possédant des richesses dignes de sa naissance, avait un chagrin domestique qui empoisonnait tous les biens dont le comblait la fortune. Sa fille unique, née avec tous les traits qui font la beauté, était si stupide que la beauté même ne servait qu'à la rendre désagréable. Ses actions n'avaient rien de ce qui fait la grâce; sa taille, quoique déliée, était lourde, parce qu'il manquait une âme à son corps.

Mama (c'était le nom de cette fille) n'avait pas assez d'esprit pour savoir qu'elle n'en avait point, mais elle ne laissait pas de sentir qu'elle était dédaignée, quoiqu'elle ne démêlât pas pourquoi. Un jour qu'elle se promenait seule (ce qui lui était ordinaire), elle vit sortir de la terre un homme assez hideux pour paraître un monstre; sa vue donnait envie de fuir, mais ses discours rappelèrent Mama.

—Arrêtez, lui dit-il; j'ai des choses fâcheuses à vous apprendre, mais j'en ai d'agréables à vous promettre. Avec votre beauté vous avez je ne sais quoi qui fait qu'on ne vous regarde pas; c'est que vous ne pensez rien, et sans me faire valoir, ce défaut vous met infiniment au-dessous de moi, qui ne suis que par le corps ce que vous êtes par l'esprit. Voilà ce que j'avais de cruel à vous dire; mais à la manière stupide dont vous me regardez, je juge que je vous ai fait trop d'honneur lorsque j'ai craint de vous offenser; c'est ce qui me fait désespérer du sujet de mes propositions; cependant je hasarde de vous les faire. Voulez-vous avoir de l'esprit?

—Oui, lui répondit Mama, de l'air dont elle aurait dit non.

—Hé bien, ajouta-t-il, en voici les moyens. Il faut aimer Riquet à la Houppe, c'est mon nom; il faut m'épouser dans un an; c'est la condition que je vous impose. Songez-y, si vous pouvez. Sinon, répétez souvent les paroles que je vais vous dire; elles vous apprendront enfin à penser. Adieu pour un an. Voici les paroles qui vont chasser votre indolence et en même temps guérir votre imbécillité:

> Toi qui peux tout animer,
> Amour, si pour n'être plus bête,
> Il ne faut que savoir aimer,
> Me voilà prête.

À mesure que Mama prononçait ces vers, sa taille se dégageait, son air devenait plus vif, sa démarche plus libre; elle les répéta. Elle va chez son père, lui dit des choses suivies, peu après, de sensées et enfin, de spirituelles. Une si grande et si prompte métamorphose ne pouvait être ignorée de ceux qu'elle intéressait davantage. Les amants vinrent en foule; Mama ne fut plus solitaire ni au bal ni à la promenade; elle fit bientôt des infidèles et des jaloux; il n'était bruit que d'elle et que pour elle.

Parmi tous ceux qui la trouvèrent aimable, il n'était pas possible qu'elle ne trouvât rien de mieux fait que Riquet à la Houppe; l'esprit qu'il lui avait donné rendit de mauvais offices à son bienfaiteur. Les paroles qu'elle répétait fidèlement lui inspirait de l'amour; mais par un effet contraire aux intentions de l'auteur, ce n'était pas pour lui.

Le mieux fait de ceux qui soupirèrent pour elle eut la préférence. Ce n'était pas le plus heureux du côté de la fortune; ainsi son père et sa mère, voyant qu'ils avaient souhaité le malheur de leur fille en lui souhaitant de l'esprit et ne pouvant le lui ôter, lui firent au moins des leçons contre l'amour. Mais défendre d'aimer à une jeune et jolie personne, ce serait défendre à un arbre de porter des feuilles au mois de mai; elle n'en aima qu'un peu davantage Arada (c'était le nom de son amant).

Elle s'était bien gardée de dire à personne par quelle aventure la raison lui était venue. Sa vanité était intéressée à garder le secret; elle avait alors assez d'esprit pour comprendre l'importance de cacher par quel mystère il lui était venu.

Cependant, l'année que lui avait laissée Riquet à la Houppe pour apprendre à penser et pour se résoudre à l'épouser, était presque expirée; elle en voyait le terme avec une douleur extrême; son esprit, qui lui devenait un présent funeste, ne lui laissait échapper aucune circonstance affligeante; perdre son amant pour jamais, être au pouvoir de quelqu'un dont elle ne connaissait que la difformité, ce qui était peut-être son moindre défaut, enfin quelqu'un qu'elle s'était engagée à épouser en acceptant ses dons qu'elle ne voulait pas lui rendre: voilà ses réflexions.

Un jour que, rêvant à sa cruelle destinée, elle s'était écartée seule, elle entendit un grand bruit et des voix souterraines qui chantaient les paroles que Riquet à la Houppe lui avait fait apprendre; elle en frémit: c'était le signal de son malheur. Aussitôt la terre s'ouvre; elle y descend insensiblement et elle y voit Riquet à la Houppe environné d'hommes difformes comme lui. Quel spectacle pour une personne qui avait été suivie de tout ce qu'il y avait de plus aimable dans son pays! Sa douleur fut encore plus grande que sa surprise; elle versa un torrent de larmes sans parler; ce fut le seul usage qu'elle fit alors de l'esprit que Riquet à la Houppe lui avait donné. Il la regarda tristement à son tour.

—Madame, lui dit-il, il ne m'est pas difficile de voir que je vous suis plus désagréable que la première fois que j'ai paru à vos yeux; je me suis perdu moi-même en vous donnant de l'esprit; mais enfin, vous êtes encore libre et vous avez le choix de m'épouser ou de retomber dans votre premier état. Je vous remettrai chez votre père telle que je vous ai trouvée, ou je vous rendrai maîtresse de ce royaume. Je suis le roi des gnomes, vous en serez la reine, et si vous voulez me pardonner ma figure et sacrifier le plaisir de vos yeux, tous les autres plaisirs vous seront prodigués. Je possède les trésors renfermés dans la terre, vous en serez la maîtresse, et avec de l'or et de l'esprit, qui peut être malheureux mérite de l'être. J'ai peur que vous n'ayez quelque fausse délicatesse; j'ai peur qu'au milieu de tous mes biens je ne vous paraisse de trop; mais si mes trésors avec moi ne vous conviennent pas, parlez; je vous conduirai loin d'ici où je ne veux rien qui puisse troubler mon bonheur. Vous avez deux jours pour connaître ce lieu et pour décider de ma fortune et de la vôtre.

Riquet à la Houppe la laissa après l'avoir conduite dans un appartement magnifique; elle y fut servie par des gnomes de son sexe, dont la laideur la blessa moins que celle des hommes. On lui servit un repas où il ne manquait que la bonne compagnie. L'après-dînée[1], elle vit la comédie, dont les acteurs difformes l'empêchèrent de s'intéresser au sujet. Le soir, on lui donna le bal, mais elle y était sans le désir de plaire; ainsi elle se sentit un mortel dégoût qui ne l'aurait pas laissée balancer à remercier Riquet à la Houppe de ses richesses comme de ses plaisirs, si la menace de la sottise ne l'eût arrêtée.

Pour se délivrer d'un époux odieux, elle aurait repris sans peine la stupidité, si elle n'avait eu un amant, mais ç'aurait été perdre cet amant de la manière la plus cruelle. Il est vrai qu'elle était perdue pour lui en épousant le gnome; elle ne pouvait jamais voir Arada ni lui parler, ni même lui donner de ses nouvelles; il pouvait la soupçonner d'infidélité. Enfin elle allait être à un mari qui, en l'ôtant à ce qu'elle aimait, lui aurait toujours été odieux, même quand il eût été aimable; mais, de plus, c'était un monstre. Aussi la résolution était difficile à prendre.

Quand les deux jours furent passés, elle n'en était pas moins incertaine; elle dit au gnome qu'il ne lui était pas possible de faire un choix.

—C'est décider contre moi, lui dit-il; ainsi je vais vous rendre votre premier état que vous n'osez choisir.

Elle trembla; l'idée de perdre son amant par le mépris qu'il aurait pour elle la toucha assez vivement pour la faire renoncer à lui.

—Hé bien! dit-elle au gnome, vous l'avez décidé, il faut être à vous.

Riquet à la Houppe ne fit point le difficile; il l'épousa et l'esprit de Mama

1. L'après-midi, le dîner étant, au XVII^e siècle, le repas de midi.

augmenta encore par ce mariage, mais son malheur augmenta à proportion de son esprit; elle fut effrayée de s'être donnée à un monstre et à tous moments elle ne comprenait pas qu'elle pût passer encore un moment avec lui.

Le gnome s'apercevait bien de la haine de sa femme et il en était blessé, quoiqu'il se piquât de force d'esprit. Cette aversion lui reprochait sans cesse sa difformité et lui faisait détester les femmes, le mariage et la curiosité qui l'avait conduit hors de chez lui. Il laissait souvent Mama seule, et comme elle était réduite à penser, elle pensa qu'il fallait convaincre Arada par ses propres yeux qu'elle n'était pas inconstante. Il pouvait aborder dans ce lieu, puisqu'elle y était bien arrivée; il fallait du moins lui donner de ses nouvelles et s'excuser de son absence sur le gnome qui l'avait enlevée et dont la vue lui répondrait de sa fidélité. Il n'est rien d'impossible à une femme d'esprit qui aime. Elle gagna un gnome qui porta de ses nouvelles à Arada. Par bonheur, le temps des amants fidèles durait encore. Il se désespérait de l'oubli de Mama sans en être aigri; les soupçons injurieux n'entraient point dans son esprit; il se plaignait, il mourait sans avoir une pensée qui pût offenser sa maîtresse et sans chercher à se guérir. Il n'est pas difficile de croire qu'avec ces sentiments il alla trouver Mama au péril de ses jours sitôt qu'il sut le lieu où elle était, et qu'elle ne lui défendait pas d'y venir.

Il arriva dans les lieux souterrains où vivait Mama. Il la vit; il se jeta à ses pieds; elle lui dit des choses plus tendres encore que spirituelles. Il obtint d'elle la permission de renoncer au monde pour vivre sous la terre et elle s'en fit beaucoup prier, quoiqu'elle n'eût point d'autre désir que de l'engager à prendre ce parti.

La gaieté de Mama revint peu à peu et sa beauté en fut plus parfaite, mais l'amour du gnome en fut alarmé; il avait trop d'esprit et il connaissait trop le dégoût de Mama pour croire que l'habitude d'être à lui pût adoucir sa peine. Mama avait l'imprudence de se parer; il se faisait trop de justice pour croire qu'il en fût digne; il chercha tant qu'il démêla qu'il y avait dans son palais un homme bien fait qui se tenait caché; il n'en fallut pas davantage. Il médita une vengeance plus fine que celle de s'en défaire. Il fit venir Mama:

—Je ne m'amuse point à faire des plaintes et des reproches, lui dit-il; je les laisse en partage aux hommes. Quand je vous ai donné de l'esprit, je prétendais en jouir. Vous en avez fait usage contre moi; cependant je ne puis vous l'ôter absolument; vous avez subi la loi qui vous était imposée. Mais si vous n'avez pas rompu notre traité, vous ne l'avez pas observé à la rigueur. Partageons le différend; vous aurez de l'esprit la nuit, je ne veux point d'une femme stupide; mais vous le serez le jour pour qui il vous plaira.

Mama dans ce moment sentit une pesanteur d'esprit que bientôt elle ne sentit même plus. La nuit, ses idées se réveillèrent; elle fit réflexion sur son malheur; elle pleura et ne put se résoudre à se consoler ni à chercher les expédients que ses lumières lui pouvaient fournir.

La nuit suivante, elle s'aperçut que son mari dormait profondément; elle lui mit sous le nez une herbe qui augmenta son sommeil et qui le fit durer autant qu'elle voulut; elle se leva pour s'éloigner de l'objet de son courroux. Conduite par ses rêveries, elle alla du côté où logeait Arada, non pas pour le chercher, mais peut-être qu'elle se flatta qu'il la chercherait; elle le trouva dans une allée où ils s'étaient souvent entretenus et où il la demandait à toute la nature. Mama lui fit le récit de ses malheurs et ils furent adoucis par le plaisir qu'elle eut de les lui conter.

La nuit suivante, ils se rencontrèrent dans le même lieu sans se l'être marqué, et ces rendez-vous tacites continuèrent si longtemps que leur disgrâce ne servait qu'à leur faire goûter une nouvelle sorte de bonheur; l'esprit et l'amour de Mama lui fournissaient mille expédients pour être agréable et pour faire oublier à Arada qu'elle manquait d'esprit la moitié du temps.

Lorsque les amants sentaient venir le jour, Mama allait éveiller le gnome; elle prenait soin de lui ôter les herbes assoupissantes sitôt qu'elle était auprès de lui. Le jour arrivait, elle redevenait imbécile, mais elle employait le temps à dormir.

Un état passablement heureux ne saurait durer toujours; la feuille qui faisait dormir faisait aussi ronfler. Un gnome domestique qui n'était ni bien endormi ni bien éveillé, crut que son maître se plaignait; il court à lui, aperçoit les herbes qu'on avait mises sous son nez, les ôte, croyant qu'elles l'incommodaient, soin qui fit trois malheureux à la fois. Le gnome se vit seul; il cherche sa femme en furieux; le hasard ou son mauvais destin le conduisit au lieu où les deux amants ne se lassaient pas de se jurer un éternel amour. Il ne dit rien, mais il toucha l'amant d'une baguette qui le rendit d'une figure semblable à la sienne; et ayant fait plusieurs tours avec lui, Mama ne le distingua plus de son époux. Elle se vit deux maris au lieu d'un, et ne sut jamais à qui adresser ses plaintes, de peur de prendre l'objet de sa haine pour l'objet de son amour. Mais peut-être qu'elle n'y perdit guère: les amants à la longue deviennent des maris.

# XVIII$^{e}$ Siècle

# *Jeanne Marie Le Prince de Beaumont*

(1711–vers 1780)

Jeanne Marie Le Prince (ou Leprince) naquit à Rouen en 1711. Issue d'une famille nombreuse où l'argent manquait, elle reçut néanmoins une bonne éducation au couvent, ce qui lui permit de gagner sa vie en enseignant. Elle fut gouvernante dans des familles aisées et, chose plus inhabituelle, institutrice pendant vingt ans dans quelques-unes des rares écoles gratuites destinées à l'instruction des pauvres. En 1735, elle quitta précipitamment le couvent, ayant perdu sa vocation religieuse après deux années de noviciat. Sa vie personnelle

Jeanne Marie Le Prince de Beaumont (Bibliothèque nationale de France)

reste assez mystérieuse. Selon la plupart des biographes, elle épousa, à Lunéville, Antoine Grimard de Beaumont dont elle eut une fille, mais en 1745, deux ans après avoir contracté ce mariage avec ce joueur et coureur de filles, atteint peut-être d'une maladie vénérienne, elle en demanda l'annulation alléguant des vices de forme. Mais des recherches récentes (Geneviève Artigas-Menant, *Lumières clandestines*, 2001) suggèrent que son premier mari était en fait Claude Antoine Malter, maître à danser, et que le mariage eut lieu en 1737 non en 1743; si elle eut une fille, elle serait donc de Malter; l'annulation de 1745 fut, paraît-il, demandée en vue justement d'un projet de mariage avec M. de Beaumont. Le Prince vécut en tout cas avec Beaumont, réputé contrebandier, et l'épousa vraisemblablement. Sans ressources, elle entama une carrière littéraire en 1748 avec la publication à Nancy de son premier roman, *Le Triomphe de la vérité, ou Mémoires de M. de la Villette*. Le roi de Pologne (dépossédé, il régnait à Lunéville sur le duché de Lorraine) à qui elle présenta cette œuvre, l'ayant accueillie avec distinction, mais sans lui accorder sa protection, elle prit le parti de quitter Nancy pour Londres où elle trouva un moyen plus sûr d'assurer ses finances et son indépendance. Exploitant ses dons pédagogiques, elle devint gouvernante de jeunes filles nobles. Elle consacrera quatorze ans de sa vie à l'éducation des jeunes Anglaises et s'engagera pleinement dans le grand débat du siècle des Lumières à propos de l'éducation des filles. Par ailleurs, en Angleterre comme en France, elle prendra la défense de son sexe dans «la nouvelle querelle des femmes» (Georges May, *Le Dilemme du roman au XVIIIe* siècle, 1963).

Aujourd'hui, son œuvre énorme—soixante-dix volumes sans compter les nombreuses rééditions qui se poursuivirent jusqu'à la fin du XIXe siècle et les nombreuses traductions—est généralement méconnue. Quand les historiens de la littérature accordent une place quelconque à Jeanne Marie Le Prince de Beaumont, c'est seulement en tant que créatrice, avec *Le Magasin des enfants* (1756), du genre de la littérature pour enfants et surtout comme auteur de la version classique de *La Belle et la Bête*, reproduite ici, et d'autres contes de fées à but éducatif et moral. Mais pour bien éclairer cette littérature et ces contes, et pour se faire une image plus juste de l'auteur que celle, traditionnelle et édulcorée, de sage gouvernante, moraliste porte-parole des valeurs patriarcales, il faut tenir compte aussi de ses combats féministes.

Déjà, avant de quitter la France, elle s'était engagée dans une polémique provoquée par la parution d'une feuille volante misogyne, *L'Année merveilleuse, ou les hommes-femmes* (1748) d'un certain abbé Gabriel François Coyer. Il s'agissait d'une satire sociale en guise de prédiction astrologique: le premier août 1748 une conjonction des planètes produirait un désastre—la métamorphose des femmes en hommes et des hommes en femmes. Les hommes, bien entendu, y perdraient. *L'Année merveilleuse* suscita de nombreuses réponses en défense des femmes, parmi lesquelles celles de Le Prince de Beaumont, en particulier sa *Lettre en réponse à L'année merveilleuse* et *Arrêt solennel de la nature, par lequel le grand événement de l'année 1748 est sursis jusqu'au premier août 1749*, publiés en 1748. Coyer fondait la supériorité des hommes sur trois traits: «parler peu, penser beaucoup, dominer». Dans sa réponse, adressée non à Coyer mais à une dame qui lui demande son avis, Le Prince de Beaumont renverse le sens de cette caractérisation. Sous sa plume, ces «qualités» deviennent des défauts, preuves de l'injuste subordination de son sexe, tandis que chez les femmes les prétendus «défauts» deviennent des qualités qui assurent leur supériorité. Ainsi, la parole féminine, taxée par Coyer d'excès et de légèreté, devient action, instrument de vérité. D'autre part, si les hommes «pensent beaucoup», c'est, affirme-t-elle, qu'ils ont l'esprit moins vif que les femmes. Comme bien de ses contemporaines, Le Prince de Beaumont dénonce l'inégalité sexuelle en matière de morale et surtout la déplorable éducation qui fait de la femme un être frivole au lieu de développer ses qualités naturelles. Avec cette polémique, elle se lance alors dans un nouvel avatar de la Querelle des Femmes, déployant de manière originale des stratégies déjà mises en œuvre par Christine de Pizan et d'autres féministes, afin de proposer à la femme une image positive d'elle-même.

Deux ans plus tard, elle créa à Londres *Le Nouveau magasin français* (1750–52), devenant ainsi une des premières femmes à fonder et à éditer une revue. Diffusé tant sur le continent qu'en Angleterre, *Le Nouveau magasin français* lui assura une réputation internationale. Cette publication mensuelle visait un lectorat mixte, mais la plupart de ses lecteurs étaient des femmes, et Le Prince de Beaumont se servit de cette tribune pour défendre avec passion la cause de son sexe, notamment en matière d'éducation et de droits. Dans *Apologie des femmes* qu'elle y publia en 1751, elle reprit sa défense des capacités, du caractère et de l'esprit féminins, s'appuyant sur le témoignage des femmes illustres. Et de nouveau elle affirma la supériorité féminine.

C'est dans ce contexte qu'il convient de situer *Le Magasin des enfants ou dialogues entre une sage gouvernante et plusieurs de ses élèves de la première distinction*, dans lequel figure l'histoire de *La Belle et la Bête. Le Magasin*, ou magazine, qui recueille («emmagasine»), à titre d'exemples moraux, des contes, des récits tirés de la Bible, des anecdotes et des fables, connaîtra un succès décisif dont témoignent des traductions et rééditions en grand nombre (au moins 130 éditions en français entre 1756 et 1887), ainsi que des suites (*Le Magasin des adolescentes*, 1760; *Instructions pour les jeunes dames*, 1764; *Le Magasin des pauvres, artisans, domestiques et gens de la campagne,* 1767). Inspiré peut-être d'un ouvrage de Sarah Fielding (*The Governess, or, Little Female Academy,* 1749) et basé sur son expérience de gouvernante, *Le Magasin des enfants* est un traité d'éducation à l'usage des jeunes filles. Dans un cadre de débat et de discussion, Mademoiselle Bonne, porte-parole de l'auteur, enseigne la Bible, l'histoire sainte, la morale, l'histoire, la géographie, la physique, les sciences naturelles (apprendre les sciences aux filles, idée tout à fait novatrice), la philosophie et les bonnes manières. Comme les autres contes et récits «entreposés» dans ce livre, le conte de *La Belle et la Bête* fait donc partie intégrante du programme d'éducation d'une journée, donnant lieu à une discussion dont Mademoiselle Bonne tire des leçons morales: «Miss Molly a raison, on s'accoutume à la laideur, mais jamais à la méchanceté. [...] [O]n est toujours récompensé quand on fait son devoir. [...] Voyez aussi combien on devient méchant quand on est jaloux. C'est le plus vilain de tous les défauts.»

Dans l'avertissement, Le Prince de Beaumont précise ses buts: amuser et instruire, attirer les enfants à la lecture pour leur apprendre à réfléchir, et fournir aux jeunes Anglaises un texte simple dans lequel elles puissent acquérir ou maîtriser la langue française. L'étude du français lui sert de prétexte pour «former leur esprit et leur cœur». Pour réaliser ces buts, elle censure tout ce qu'il y a d'ennuyeux dans ses sources, et tout ce qu'il y a de dangereux pour les mœurs, car «il est dangereux d'exciter trop la curiosité». Elle prêche la soumission à l'autorité de l'Écriture sainte et l'obéissance aux parents et aux maîtres qui sont les intermédiaires de Dieu. Pratique et profondément croyante, Le Prince de Beaumont ne cherche nullement à mettre en question l'ordre social. Ce qu'elle transmet à ses élèves aristocratiques, ce sont les valeurs sociales dominantes, issues de la bourgeoisie, valeurs qui allient vertu et raison: bonté, générosité, simplicité, responsabilité sociale. La teneur du *Magasin des enfants* et la morale des contes de fées qu'il renferme sembleraient donc tout à fait conservatrices. Docilité, soumission, obéissance, devoir, tout paraît concourir à faire de la jeune fille non pas l'être indépendant et épanoui prôné par l'auteur dans ses écrits féministes, mais l'outil consentant de l'ordre patriarcal. C'est cet aspect bien pensant qui fit des *Magasins* de Le Prince de Beaumont des modèles de lecture pour jeunes filles jusqu'à la fin du XIXe siècle et qui inspira tant d'imitations moralisatrices, y compris le genre de la presse à l'usage des demoiselles qui fleurit au XIXe siècle.

Mais cette lecture bien pensante est sans doute aussi anachronique que partielle. Certes, Le Prince de Beaumont, proscrivant toute manifestation d'individualité, propage les règles de civilité qui soutiennent les hiérarchies sociales.

Mais n'y était-elle pas tenue, elle qui préparait les jeunes filles à la vie sous les yeux de leurs parents? Quelle émancipation pouvait-elle leur proposer au moment où elle leur transmettait les valeurs et les vérités de la culture, sinon une émancipation de l'esprit, condition de la maîtrise de soi-même? C'est là qu'on retrouve son féminisme, un féminisme qu'on aurait tort de mesurer à l'aune de ceux de notre époque. Elle s'engage donc à pallier aux faiblesses féminines traditionnelles en formant le jugement et en développant les capacités de raisonnement des jeunes filles, cela en dépit des objections des hommes: «Oui, Messieurs les tyrans, j'ai dessein de les tirer de cette ignorance crasse à laquelle vous les avez condamnées. Certainement, j'ai dessein d'en faire des Logiciennes, des Géomètres, et même des Philosophes. Je veux leur apprendre à penser, à penser juste, pour parvenir à bien vivre.» Pour l'Angleterre de l'époque, c'étaient des propos radicaux. Ce ton féministe assure en effet à Le Prince de Beaumont une place à part parmi les innombrables auteurs du XVIII$^{e}$ siècle, femmes et hommes, qui stigmatisèrent comme elle les insuffisances de l'éducation féminine. Ce qu'on peut lire, en somme, dans cet avertissement, comme un contrepoint au respect des convenances sociales et religieuses, c'est l'idée subversive d'une éducation destinée à donner à la femme une certaine autonomie intellectuelle, un bonheur et une liberté intérieurs, c'est l'idée que la lucidité permet une sorte de maîtrise et même de contentement.

Ce contrepoint se retrouve-t-il dans *La Belle et la Bête,* le conte de fées le plus célèbre de l'auteur? À côté de la leçon apparente de soumission féminine, de vertu raisonnée et d'abnégation, peut-on y lire l'affirmation d'un pouvoir féminin quelconque, d'une autonomie, d'un épanouissement possible? La réponse à ces questions paraît ambiguë, car si la Belle se montre indépendante à certains égards, sa récompense reproduit la clôture canonique: le mariage avec «un prince plus beau que l'Amour». Dénouement heureux mis en doute ailleurs, dans des romans où Le Prince de Beaumont se montre bien moins respectueuse des conventions sociales et littéraires, bien plus pessimiste à l'égard du mariage. À «celle qui veut jouir de la vie» l'une de ses héroïnes conseille le célibat (*Lettres d'Émérance à Lucie,* 1765), tandis qu'une autre, devenue veuve, renonce à épouser l'homme qu'elle aime, faisant comme la princesse de Clèves le choix peu conventionnel d'une vie solitaire et vertueuse (*Lettres de Madame du Montier,* 1756). Plutôt que l'amour hétérosexuel, la romancière privilégie les rapports mère-fille. Et dans sa vie, malgré sa situation financière toujours précaire, l'écrivaine se montra tout aussi «singulière» et indépendante: elle eut le courage de quitter le couvent, elle fit annuler son mariage et partit seule à l'étranger. De plus, rien n'assure qu'elle ait jamais épousé son compatriote Thomas Pichon, libertin notoire et traître à la solde des Anglais, avec qui elle vécut en Angleterre et dont elle se sépara en tout cas pour retourner en France.

*La Belle et la Bête* de Le Prince de Beaumont est la référence pour presque toutes les adaptations ultérieures, y compris un opéra de Marmontel et Grétry (*Zémire et Azor,* 1771), une pièce de Stéphanie-Félicité de Genlis (1779) et un grand film poétique de Jean Cocteau (1946). Pourtant, ce n'est pas elle qui inventa cette histoire. Elle s'inspire en fait d'une première version écrite, beaucoup plus longue et plus complexe, publiée par Gabrielle de Villeneuve en 1740 dans son roman *La Jeune Américaine et les Contes marins.* Nous en donnons plus loin des extraits.

Une comparaison entre les deux premières versions de *La Belle et la Bête* révèle un aspect important de l'évolution du conte de fées au XVIIIe siècle: au fur et à mesure que le public d'adultes est remplacé par un public d'enfants, le merveilleux est subordonné à la pédagogie, ce qui rationalise la féerie et lui donne une forme morale. Voilà qui explique la forme très ramassée de la version de Le Prince de Beaumont par rapport à celle de Villeneuve, la simplification extrême de l'intrigue, le caractère schématique des contrastes et des oppositions, la réduction du nombre de personnages, des détails, et des éléments féeriques, et la suppression de presque tout l'érotisme et de tout l'aspect fantasmatique qui se dégagent chez Villeneuve de la rencontre entre la Belle et la Bête.

Le Prince de Beaumont quitta l'Angleterre en 1763 pour se rétablir en France. En 1768 avec ses modestes économies elle acheta une petite terre près d'Annecy et s'y retira, bien qu'elle ait été sollicitée par plusieurs grands seigneurs pour l'éducation de leurs enfants. Pendant le reste de sa vie, elle se partagea entre l'éducation de ses six petits-enfants—sa petite-fille Anne-Louise deviendra la mère de Prosper Mérimée—et ses nombreux écrits. À sa mort à près de soixante-dix ans, elle était devenue l'un des auteurs les plus prolifiques de son époque. Outre les ouvrages déjà mentionnés, elle laissait des traités d'éducation (dont *Éducation complète,* 1752–53, dans lequel elle s'efforce comme tant de ses consœurs à travers les siècles de récupérer dans l'histoire des modèles féminins positifs), des traités de grammaire, d'histoire, de théologie (*Principes de l'histoire sainte,* 1761; *Les Américaines ou les preuves de la religion chrétienne par les lumières naturelles,* 1769; *La Dévotion éclairée,* 1779), des *Contes moraux* (1773), des romans exotiques (*Civan, roi de Bungo, histoire japonaise,* 1754), et des romans par lettres (*Mémoires de Madame la baronne de Batteville,* 1766; *La Nouvelle Clarice,* 1767).

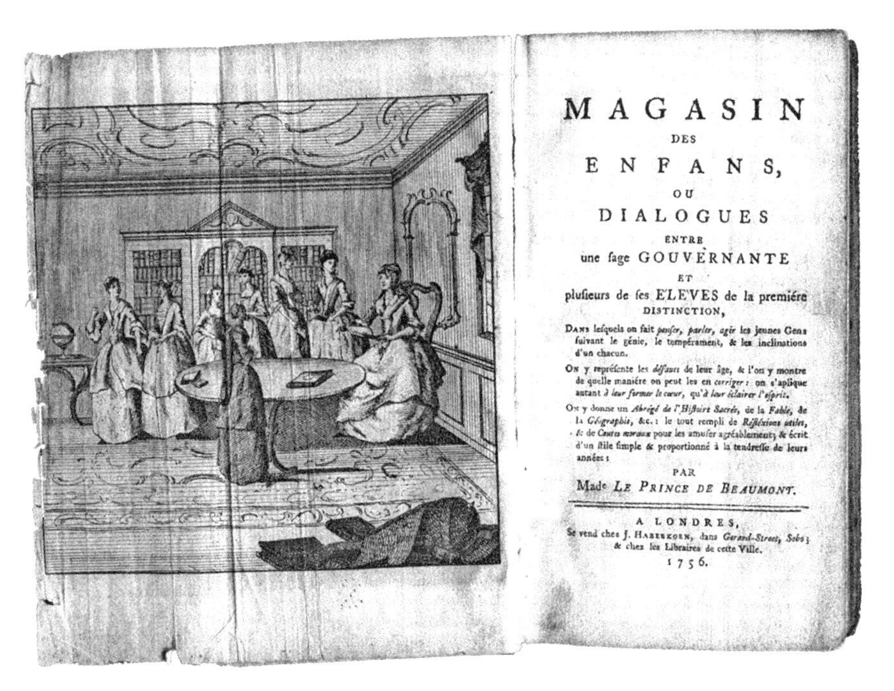

MAGASIN
DES
ENFANS,
OU
DIALOGUES
ENTRE
une ſage GOUVERNANTE
ET
pluſieurs de ſes ELEVES de la premiére
DISTINCTION,

DANS leſquels on fait *penſer, parler, agir* les jeunes Gens ſuivant le génie, le tempérament, & les inclinations d'un chacun.

ON y repréſente les *défauts* de leur âge, & l'on y montre de quelle maniére on peut les en *corriger*: on s'aplique autant *à leur former le cœur*, qu'*à leur éclairer l'eſprit*.

ON y donne un *Abrégé de l'Hiſtoire Sacrée*, de la *Fable*, de la *Géographie*, &c.: le tout rempli de *Réfléxions utiles*, & de *Contes moraux* pour les amuſer agréablement; & écrit d'un ſtile ſimple & proportionné à la tendreſſe de leurs années:

PAR
Made LE PRINCE DE BEAUMONT.

A LONDRES,
Se vend chez J. HABERKORN, dans *Gerard-Street, Soho*;
& chez les Libraires de cette Ville.
1756.

*Le Magasin des enfans, ou dialogues entre une sage gouvernante et plusieurs de ses élèves de la première distinction* (Londres, 1756; E. W. and Faith Collection of Juvenile Literature, Miami University Libraries, Oxford, Ohio)

## La Belle et la Bête

Il y avait une fois un marchand qui était extrêmement riche. Il avait six enfants, trois garçons et trois filles, et comme ce marchand était un homme d'esprit, il n'épargna rien pour l'éducation de ses enfants, et leur donna toutes sortes de maîtres.

Ses filles étaient très belles; mais la cadette surtout se faisait admirer, et on ne l'appelait, quand elle était petite, que la *Belle Enfant*; en sorte que le nom lui en resta, ce qui donna beaucoup de jalousie à ses sœurs. Cette cadette, qui était plus belle que ses sœurs, était aussi meilleure qu'elles. Les deux aînées avaient beaucoup d'orgueil, parce qu'elles étaient riches: elles faisaient les dames, et ne voulaient pas recevoir les visites des autres filles de marchands; il leur fallait des gens de qualité pour leur compagnie. Elles allaient tous les jours au bal, à la comédie, à la promenade, et se moquaient de leur cadette, qui employait la plus grande partie de son temps à lire de bons livres.

Comme on savait que ces filles étaient fort riches, plusieurs gros marchands les demandèrent en mariage; mais les deux aînées répondirent qu'elles ne se marieraient jamais, à moins qu'elles ne trouvassent un duc, ou tout au moins un comte. La Belle (car je vous ai dit que c'était le nom de la plus jeune), la Belle, dis-je, remercia bien honnêtement ceux qui voulaient l'épouser; mais elle leur dit qu'elle était trop jeune, et qu'elle souhaitait de tenir compagnie à son père pendant quelques années.

Tout d'un coup le marchand perdit son bien, et il ne lui resta qu'une petite maison de campagne bien loin de la ville. Il dit en pleurant à ses enfants qu'il fallait aller demeurer dans cette maison, et qu'en travaillant comme des paysans, ils y pourraient vivre. Ses deux filles aînées répondirent qu'elles ne voulaient pas quitter la ville, et qu'elles avaient plusieurs amants qui seraient trop heureux de les épouser, quoiqu'elles n'eussent plus de fortune. Les bonnes demoiselles se trompaient; leurs amants ne voulurent plus les regarder quand elles furent pauvres. Comme personne ne les aimait à cause de leur fierté, on disait: «Elles ne méritent pas qu'on les plaigne, nous sommes bien aises de voir leur orgueil abaissé; qu'elles aillent faire les dames en gardant les moutons.» Mais en même temps tout le monde disait: «Pour la Belle, nous sommes bien fâchés de son malheur; c'est une si bonne fille! elle parlait aux pauvres gens avec tant de bonté! elle était si douce, si honnête!» Il y eut même plusieurs gentilshommes qui voulurent l'épouser, quoiqu'elle n'eût pas un sou; mais elle leur dit qu'elle ne pouvait se résoudre à abandonner son pauvre père dans son malheur, et qu'elle le suivrait à la campagne pour le consoler et lui aider à travailler.

La pauvre Belle avait été bien affligée d'abord de perdre sa fortune; mais elle s'était dit à elle-même: «Quand je pleurerais, mes larmes ne me rendront pas mon bien; il faut tâcher d'être heureuse sans fortune.»

Quand ils furent arrivés à leur maison de campagne, le marchand et ses trois fils s'occupèrent à labourer la terre. La Belle se levait à quatre heures du matin, et se dépêchait de nettoyer la maison et d'apprêter à dîner pour la famille. Elle eut d'abord beaucoup de peine, car elle n'était pas accoutumée à travailler comme une servante; mais, au bout de deux mois, elle devint plus forte, et la fatigue lui donna une santé parfaite. Quand elle avait fait son ouvrage, elle lisait, elle jouait du clavecin, ou bien elle chantait en filant. Ses deux sœurs, au contraire, s'ennuyaient à la mort; elles se levaient à dix heures du matin, se promenaient toute la journée, et s'amusaient à regretter leurs beaux habits et les compagnies: «Voyez notre cadette, disaient-elles entre elles; elle a l'âme si basse et si stupide, qu'elle est contente de sa malheureuse situation.»

Le bon marchand ne pensait pas comme ses filles; il savait que la Belle était plus propre que ses sœurs à briller dans les compagnies; il admirait la vertu de cette jeune fille, et surtout sa patience; car ses sœurs, non contentes de lui laisser faire tout l'ouvrage de la maison, l'insultaient à tout moment.

Il y avait un an que cette famille vivait dans la solitude, lorsque le marchand reçut une lettre par laquelle on lui mandait qu'un vaisseau sur lequel il avait des marchandises venait d'arriver heureusement. Cette nouvelle pensa tourner la tête à ses deux aînées, qui pensaient qu'à la fin elles pourraient quitter cette campagne où elles s'ennuyaient tant; et quand elles virent leur père prêt à partir, elles le prièrent de leur apporter des robes, des palatines[1], des coiffures et toutes sortes de bagatelles. La Belle ne lui demandait rien; car elle pensait en elle-même que tout l'argent des marchandises ne suffirait pas pour acheter ce que ses sœurs souhaitaient. «Tu ne me pries pas de t'acheter quelque chose? lui dit son père. —Puisque vous avez la bonté de penser à moi, lui dit-elle, je vous prie de m'apporter une rose, car il n'en vient pas ici.» Ce n'est pas que la Belle se souciât d'une rose; mais elle ne voulait pas condamner par son exemple la conduite de ses sœurs, qui auraient dit que c'était pour se distinguer qu'elle ne demandait rien.

Le bonhomme partit; mais, quand il fut arrivé, on lui fit un procès pour ses marchandises, et, après avoir eu beaucoup de peine, il revint aussi pauvre qu'il était auparavant.

Il n'avait plus que trente milles pour arriver à sa maison, et il se réjouissait déjà du plaisir de voir ses enfants; mais, comme il fallait passer un grand bois avant de trouver sa maison, il se perdit. Il neigeait horriblement, le vent était si grand qu'il le jeta deux fois à bas de son cheval; et, la nuit étant venue, il pensa qu'il mourrait de faim ou de froid, ou qu'il serait mangé par des loups qu'il entendait hurler autour de lui. Tout d'un coup, en regardant au bout d'une longue allée d'arbres, il vit une grande lumière, mais qui paraissait bien éloignée. Il marcha de ce côté-là, et vit que cette lumière sortait d'un grand palais qui était tout illuminé. Le marchand remercia Dieu du secours qu'il lui envoyait, et se hâta d'arriver à ce château; mais il fut bien surpris de ne trouver personne dans les cours. Son cheval, qui le suivait, voyant une grande écurie ouverte, entra dedans; et ayant trouvé du foin et de l'avoine, le pauvre animal, qui mourait de faim, se jeta dessus avec beaucoup d'avidité. Le marchand l'attacha dans l'écurie, et marcha vers la maison, où il ne trouva personne; mais, étant entré

1. Palatine: collet de fourrure, mis à la mode au XVIIe siècle par la Princesse Palatine, Charlotte-Elisabeth de Bavière, épouse de Philippe d'Orléans.

dans une grande salle, il y trouva un bon feu et une table chargée de viandes, où il n'y avait qu'un couvert.

Comme la pluie et la neige l'avaient mouillé jusqu'aux os, il s'approcha du feu pour se sécher, et disait en lui-même: «Le maître de la maison ou ses domestiques me pardonneront la liberté que j'ai prise, et sans doute ils viendront bientôt.» Il attendit pendant un temps considérable; mais onze heures ayant sonné sans qu'il vît personne, il ne put résister à la faim, et prit un poulet qu'il mangea en deux bouchées et en tremblant; il but aussi quelques coups de vin, et, devenu plus hardi, il sortit de la salle et traversa plusieurs grands appartements magnifiquement meublés. À la fin il trouva une chambre où il y avait un bon lit; et comme il était minuit passé et qu'il était las, il prit le parti de fermer la porte et de se coucher.

Il était dix heures du matin quand il se leva le lendemain, et il fut bien surpris de trouver un habit fort propre à la place du sien, qui était tout gâté. «Assurément, dit-il en lui-même, ce palais appartient à quelque bonne fée qui a eu pitié de ma situation.» Il regarda par la fenêtre et ne vit plus de neige, mais des berceaux de fleurs qui enchantaient la vue.

Il rentra dans la grande salle où il avait soupé la veille, et vit une petite table où il y avait du chocolat. «Je vous remercie, madame la fée, dit-il tout haut, d'avoir eu la bonté de penser à mon déjeuner.»

Le bonhomme, après avoir pris son chocolat, sortit pour aller chercher son cheval; et comme il passait sous un berceau de roses, il se souvint que la Belle lui en avait demandé et cueillit une branche où il y en avait plusieurs. En même temps, il entendit un grand bruit et vit venir à lui une bête si horrible, qu'il fut tout près de s'évanouir. «Vous êtes bien ingrat, lui dit la Bête d'une voix terrible; je vous ai sauvé la vie en vous recevant dans mon château, et pour ma peine vous me volez mes roses que j'aime mieux que toutes choses au monde. Il faut mourir pour réparer cette faute; je ne vous donne qu'un quart d'heure pour demander pardon à Dieu.»

Le marchand se jeta à genoux et dit à la Bête en joignant les mains: «Monseigneur, pardonnez-moi; je ne croyais pas vous offenser en cueillant une rose pour une de mes filles qui m'en avait demandé. —Je ne m'appelle point Monseigneur, répondit le monstre, mais la Bête. Je n'aime pas les compliments, moi; je veux qu'on dise ce que l'on pense; ainsi, ne croyez pas me toucher par vos flatteries. Mais vous m'avez dit que vous aviez des filles; je veux vous pardonner, à condition qu'une de vos filles vienne volontairement pour mourir à votre place. Ne me raisonnez pas, partez; et si vos filles refusent de mourir pour vous, jurez que vous reviendrez dans trois mois.»

Le bonhomme n'avait pas le dessein de sacrifier une de ses filles à ce vilain monstre; mais il pensa: «Au moins j'aurai le plaisir de les embrasser encore une fois.» Il jura donc de revenir, et la Bête lui dit qu'il pouvait partir quand il voudrait. «Mais, ajouta-t-elle, je ne veux pas que tu t'en ailles les mains vides. Retourne dans la chambre où tu as couché, tu y trouveras un grand coffre vide; tu peux y mettre tout ce qu'il te plaira, je le ferai porter chez toi.» En même temps la Bête se retira, et le bonhomme dit en lui-même: «S'il faut que je meure, j'aurai la consolation de laisser du pain à mes pauvres enfants.»

Il retourna dans la chambre où il avait couché, et y ayant trouvé une grande quantité de pièces d'or, il remplit le grand coffre dont la Bête lui avait parlé, le ferma, et ayant repris son cheval qu'il retrouva dans l'écurie, il sortit de ce palais avec une tristesse égale à la joie qu'il avait lorsqu'il y était entré. Son cheval prit de lui-même une des routes de la forêt, et en peu d'heures le bonhomme arriva dans sa petite maison.

Ses enfants se rassemblèrent autour de lui; mais, au lieu d'être sensible à leurs caresses, le marchand se mit à pleurer en les regardant. Il tenait à la main la branche de roses qu'il apportait à la Belle: il la lui donna, et lui dit: «La Belle, prenez ces roses, elles coûteront bien cher à votre malheureux père.» Et tout de suite, il raconta à sa famille la funeste aventure qui lui était arrivée.

À ce récit, ses deux aînées jetèrent de grands cris et dirent des injures à la Belle, qui ne pleurait point. «Voyez ce que produit l'orgueil de cette petite créature! disaient-elles. Que ne demandait-elle des ajustements comme nous? mais non, mademoiselle voulait se distinguer. Elle va causer la mort de notre père et elle ne pleure pas! —Cela serait fort inutile, reprit la Belle. Pourquoi pleurerais-je la mort de mon père? Il ne périra point. Puisque le monstre veut bien accepter une de ses filles, je veux me livrer à toute sa furie, et je me trouve fort heureuse, puisqu'en mourant j'aurai la joie de sauver mon père et de lui prouver ma tendresse. —Non, ma sœur, lui dirent ses trois frères, vous ne mourrez pas; nous irons trouver ce monstre et nous périrons sous ses coups si nous ne pouvons le tuer. —Ne l'espérez pas, mes enfants, leur dit le marchand; la puissance de la Bête est si grande, qu'il ne me reste aucune espérance de la faire périr. Je suis charmé du bon cœur de la Belle, mais je ne veux pas l'exposer à la mort. Je suis vieux, il ne me reste que peu de temps à vivre; ainsi, je ne perdrai que quelques années de vie, que je ne regrette qu'à cause de vous, mes chers enfants. —Je vous assure, mon père, lui dit la Belle, que vous n'irez pas à ce palais sans moi; vous ne pouvez m'empêcher de vous suivre. Quoique je sois jeune, je ne suis pas fort attachée à la vie, et j'aime mieux être dévorée par ce monstre que de mourir du chagrin que me donnerait votre perte.»

On eut beau dire, la Belle voulut absolument partir pour le beau palais; et ses sœurs en étaient charmées, parce que les vertus de cette cadette leur avaient inspiré beaucoup de jalousie.

Le marchand était si occupé de la douleur de perdre sa fille, qu'il ne pensait pas au coffre qu'il avait rempli d'or; mais aussitôt qu'il se fut enfermé dans sa chambre pour se coucher, il fut bien étonné de le trouver à la ruelle de son lit. Il résolut de ne point dire à ses enfants qu'il était devenu si riche, parce que ses filles auraient voulu retourner à la ville, et qu'il était résolu de mourir dans cette campagne; mais il confia ce secret à la Belle, qui lui apprit qu'il était venu quelques gentilshommes pendant son absence; qu'il y en avait deux qui aimaient ses sœurs. Elle pria son père de les marier; car elle était si bonne qu'elle les aimait et leur pardonnait de tout son cœur le mal qu'elles lui avaient fait.

Ces deux méchantes filles se frottèrent les yeux avec un oignon pour pleurer lorsque la Belle partit avec son père; mais ses frères pleuraient tout de bon, aussi bien que le marchand: il n'y avait que la Belle qui ne pleurait point, parce qu'elle ne voulait pas augmenter leur douleur.

Le cheval prit la route du palais, et, sur le soir, ils l'aperçurent illuminé comme la première fois. Le cheval fut tout seul à l'écurie, et le bonhomme entra avec sa fille dans la grande salle, où ils trouvèrent une table magnifiquement servie avec deux couverts. Le marchand n'avait pas le cœur de manger; mais la Belle, s'efforçant de paraître tranquille, se mit à table et le servit; puis elle disait en elle-même: «La Bête veut m'engraisser avant de me manger, puisqu'elle me fait faire si bonne chère.»

Quand ils eurent soupé, ils entendirent un grand bruit, et le marchand dit adieu à sa pauvre fille en pleurant, car il pensait que c'était la Bête. La Belle ne put s'empêcher de frémir en voyant cette horrible figure; mais elle se rassura de son mieux; et le monstre lui ayant demandé si c'était de bon cœur qu'elle était venue, elle lui dit en tremblant que oui. «Vous êtes bien bonne, dit la Bête, et je vous suis bien obligé. Bonhomme, partez demain matin, et ne vous avisez jamais de revenir ici. Adieu, la Belle. —Adieu, la Bête», répondit-elle; et tout de suite le monstre se retira. «Ah! ma fille, dit le marchand en embrassant la Belle, je suis à demi mort de frayeur. Croyez-moi, laissez-moi ici. —Non, mon père, lui dit la Belle avec fermeté: vous partirez demain matin, et vous m'abandonnerez au secours du ciel; peut-être aura-t-il pitié de moi.»

Ils furent se coucher, et croyaient ne pas dormir de toute la nuit; mais à peine furent-ils dans leurs lits que leurs yeux se fermèrent. Pendant son sommeil, la Belle vit une dame qui lui dit: «Je suis contente de votre bon cœur, la Belle; la

bonne action que vous faites, en donnant votre vie pour sauver celle de votre père, ne demeurera point sans récompense.» La Belle, en s'éveillant, raconta ce songe à son père; et quoiqu'il le consolât un peu, cela ne l'empêcha pas de jeter de grands cris quand il fallut se séparer de sa chère fille.

Lorsqu'il fut parti, la Belle s'assit dans la grande salle, et se mit à pleurer aussi; mais, comme elle avait beaucoup de courage, elle se recommanda à Dieu, et résolut de ne point se chagriner pour le peu de temps qu'elle avait à vivre; car elle croyait fermement que la Bête la mangerait le soir. Elle résolut de se promener en attendant, et de visiter ce beau château. Elle ne pouvait s'empêcher d'en admirer la beauté. Mais elle fut bien surprise de trouver une porte sur laquelle il y avait écrit: *Appartement de la Belle*. Elle ouvrit cette porte avec précipitation, et elle fut éblouie de la magnificence qui y régnait; mais ce qui frappa le plus sa vue fut une grande bibliothèque, un clavecin et plusieurs livres de musique. «On ne veut pas que je m'ennuie», dit-elle tout bas; elle pensa ensuite: «Si je n'avais qu'un jour à demeurer ici, on ne m'aurait pas fait une telle provision.» Cette pensée ranima son courage.

Elle ouvrit la bibliothèque, et vit un livre où il y avait écrit en lettres d'or: *Souhaitez, commandez, vous êtes ici la reine et la maîtresse.* «Hélas! dit-elle en soupirant, je ne souhaite rien que de revoir mon pauvre père et de savoir ce qu'il fait à présent.» Elle avait dit cela en elle-même. Quelle fut sa surprise, en jetant les yeux sur un grand miroir, d'y voir sa maison où son père arrivait avec un visage extrêmement triste. Ses sœurs venaient au-devant de lui, et malgré les grimaces qu'elles faisaient pour paraître affligées, la joie qu'elles avaient de la perte de leur sœur paraissait sur leur visage. Un moment après, tout cela disparut, et la Belle ne put s'empêcher de penser que la Bête était bien complaisante et qu'elle n'avait rien à craindre d'elle.

À midi, elle trouva la table mise, et pendant son dîner elle entendit un excellent concert, quoiqu'elle ne vît personne.

Le soir, comme elle allait se mettre à table, elle entendit le bruit que faisait la Bête, et ne put s'empêcher de frémir. «La Belle, lui dit ce monstre, voulez-vous bien que je vous voie souper? —Vous êtes le maître, répondit la Belle en tremblant. —Non, reprit la Bête; il n'y a ici de maîtresse que vous. Vous n'avez qu'à me dire de m'en aller si je vous ennuie, je sortirai tout de suite. Dites-moi, n'est-ce pas que vous me trouvez bien laid? —Cela est vrai, dit la Belle, car je ne sais pas mentir; mais je crois que vous êtes fort bon. —Vous avez raison, dit le monstre; mais, outre que je suis laid, je n'ai point d'esprit: je sais bien que je ne suis qu'une bête. —On n'est pas bête, reprit la Belle, quand on croit n'avoir point d'esprit: un sot n'a jamais su cela. —Mangez donc, la Belle, lui

Vignette de G. Staal pour *La Belle et la Bête,*
dans *Contes des fées,* par Ch. Perrault, Mme d'Aulnoy,
& Mme Leprince de Beaumont (Paris: Garnier, 1866;
Wellesley College Library, Special Collections)

dit le monstre, et tâchez de ne vous point ennuyer dans votre maison; car tout ceci est à vous, et j'aurais du chagrin, si vous n'étiez pas contente. —Vous avez bien de la bonté, dit la Belle. Je vous avoue que je suis bien contente de votre bon cœur; quand j'y pense, vous ne me paraissez plus si laid. —Oh! dame, oui, répondit la Bête, j'ai le cœur bon, mais je suis un monstre. —Il y a bien des hommes qui sont plus monstres que vous, dit la Belle, et je vous aime mieux avec votre figure que ceux qui, avec la figure d'hommes, cachent un cœur faux, corrompu, ingrat. —Si j'avais de l'esprit, reprit la Bête, je vous ferais un grand compliment pour vous remercier, mais je suis un stupide, et tout ce que je puis vous dire, c'est que je vous suis bien obligé.»

La Belle soupa de bon appétit. Elle n'avait presque plus peur du monstre; mais elle manqua mourir de frayeur lorsqu'il lui dit: «La Belle, voulez-vous être ma femme?» Elle fut quelque temps sans répondre; elle avait peur d'exciter la colère du monstre en le refusant; elle lui dit pourtant en tremblant: «Non, la Bête.» Dans le moment ce pauvre monstre voulut soupirer, et il fit un sifflement si épouvantable, que tout le palais en retentit; mais la Belle fut bientôt rassurée, car la Bête lui ayant dit tristement: «Adieu donc, la Belle», sortit de la chambre en se retournant de temps en temps pour la regarder encore.

La Belle, se voyant seule, sentit une grande compassion pour cette pauvre bête. «Hélas, disait-elle, c'est bien dommage qu'elle soit si laide, elle est si bonne!»

La Belle passa trois mois dans ce palais avec assez de tranquillité. Tous les soirs, la Bête lui rendait visite, l'entretenait pendant le souper avec assez de bon sens, mais jamais avec ce qu'on appelle *esprit* dans le monde. Chaque jour la Belle découvrait de nouvelles bontés dans ce monstre. L'habitude de le voir l'avait accoutumée à sa laideur, et, loin de craindre le moment de sa visite, elle regardait souvent à sa montre pour voir s'il était bientôt neuf heures; car la Bête ne manquait jamais de venir à cette heure-là.

Il n'y avait qu'une chose qui faisait de la peine à la Belle, c'est que le monstre, avant de se coucher, lui demandait toujours si elle voulait être sa femme, et paraissait pénétré de douleur, lorsqu'elle lui disait que non. Elle lui dit un jour: «Vous me chagrinez, la Bête; je voudrais pouvoir vous épouser, mais je suis trop sincère pour vous faire croire que cela arrivera jamais. Je serai toujours votre amie, tâchez de vous contenter de cela. —Il le faut bien, reprit la Bête; je me rends justice. Je sais que je suis bien horrible; mais je vous aime beaucoup; cependant je suis trop heureux de ce que vous voulez bien rester ici; promettez-moi que vous ne me quitterez jamais.» La Belle rougit à ces paroles. Elle avait vu dans son miroir que son père était malade du chagrin de l'avoir perdue, et elle souhaitait de le revoir. «Je pourrais bien vous promettre, dit-elle à la Bête, de ne vous jamais quitter tout à fait, mais j'ai tant d'envie de revoir mon père, que je mourrai de douleur si vous me refusez ce plaisir. —J'aime mieux mourir moi-même, dit ce monstre, que de vous donner du chagrin. Je vous enverrai chez votre père, vous y resterez, et votre pauvre Bête en mourra de douleur. —Non, lui dit la Belle en pleurant; je vous aime trop pour vouloir causer votre mort. Je vous promets de revenir dans huit jours. Vous m'avez fait voir que mes sœurs sont mariées et que mes frères sont partis pour l'armée. Mon père est tout seul, souffrez que je reste chez lui une semaine. —Vous y serez demain au matin, dit la Bête; mais souvenez-vous de votre promesse. Vous n'aurez qu'à mettre votre bague sur une table en vous couchant, quand vous voudrez revenir. Adieu, la Belle!» La Bête soupira selon sa coutume en disant ces mots, et la Belle se coucha toute triste de l'avoir affligée.

Quand elle se réveilla le matin, elle se trouva dans la maison de son père; et, ayant sonné une clochette qui était à côté de son lit, elle vit venir la servante, qui fit un grand cri en la voyant. Le bonhomme accourut à ce cri et manqua mourir de joie en revoyant sa chère fille; et ils se tinrent embrassés plus d'un quart d'heure.

La Belle, après les premiers transports, pensa qu'elle n'avait point d'habits pour se lever; mais la servante lui dit qu'elle venait de trouver dans la chambre voisine un grand coffre plein de robes toutes d'or, garnies de diamants. La Belle remercia la bonne Bête de ses attentions; elle prit la moins riche de ces robes, et dit à la servante de serrer les autres, dont elle voulait faire présent à ses sœurs, mais à peine eut-elle prononcé ces paroles, que le coffre disparut. Son père lui dit que la Bête voulait qu'elle gardât tout cela pour elle; et aussitôt les robes et le coffre revinrent à la même place.

La Belle s'habilla et, pendant ce temps, on fut avertir ses sœurs, qui accoururent avec leurs maris. Elles étaient toutes deux fort malheureuses. L'aînée avait épousé un jeune gentilhomme beau comme l'amour; mais il était si amoureux de sa propre figure, qu'il n'était occupé que de cela depuis le matin jusqu'au soir, et méprisait la beauté de sa femme. La seconde avait épousé un homme qui avait beaucoup d'esprit; mais il ne s'en servait que pour faire enrager tout le monde, et sa femme toute la première. Les sœurs de la Belle manquèrent mourir de douleur quand elles la virent habillée comme une princesse, et plus belle que le jour. Elle eut beau les caresser, rien ne put étouffer leur jalousie, qui augmenta beaucoup quand elle leur eut conté combien elle était heureuse. Ces deux jalouses descendirent dans le jardin, pour y pleurer tout à leur aise, et elles se disaient, «Pourquoi cette petite créature est-elle plus heureuse que nous? Ne sommes-nous pas plus aimables qu'elle? —Ma sœur, dit l'aînée, il me vient une pensée; tâchons de l'arrêter ici plus de huit jours; sa sotte Bête se mettra en colère de ce qu'elle lui aura manqué de parole, et peut-être qu'elle la dévorera. —Vous avez raison, ma sœur, répondit l'autre. Pour cela il lui faut faire de grandes caresses.» Et, ayant pris cette résolution, elle remontèrent, et firent tant d'amitiés à leur sœur, que la Belle en pleura de joie. Quand les huit jours furent passés, les deux sœurs s'arrachèrent les cheveux, et firent tant les affligées de son départ, qu'elle promit de rester encore huit jours.

Cependant la Belle se reprochait le chagrin qu'elle allait donner à sa pauvre Bête, qu'elle aimait de tout son cœur, et elle s'ennuyait de ne la plus voir. La dixième nuit qu'elle passa chez son père, elle rêva qu'elle était dans le jardin du palais, et qu'elle voyait la Bête couchée sur l'herbe, et prête à mourir, qui lui reprochait son ingratitude. La Belle se réveilla en sursaut, et versa des larmes. «Ne suis-je pas bien méchante, disait-elle, de donner du chagrin à une Bête qui a pour moi tant de complaisance? Est-ce sa faute si elle est si laide, et si elle a peu d'esprit? Elle est bonne, cela vaut mieux que tout le reste. Pourquoi n'ai-je pas voulu l'épouser? Je serais plus heureuse avec elle que mes sœurs avec leurs maris. Ce n'est ni la beauté ni l'esprit d'un mari qui rendent une femme contente; c'est la bonté du caractère, la vertu, la complaisance: et la Bête a toutes ces bonnes qualités. Je n'ai point d'amour pour elle; mais j'ai de l'estime, de l'amitié, et de la reconnaissance. Allons! il ne faut pas la rendre malheureuse; je me reprocherais toute ma vie mon ingratitude.» À ces mots, la Belle se lève, met sa bague sur la table, et revient se coucher. À peine fut-elle dans son lit, qu'elle s'endormit, et quand elle se réveilla le matin, elle vit avec joie qu'elle était dans le palais de la Bête. Elle s'habilla magnifiquement pour lui plaire, et s'ennuya à mourir toute la journée, en attendant neuf heures du soir; mais l'horloge eut beau sonner, la Bête ne parut point.

La Belle alors craignit d'avoir causé sa mort. Elle courut tout le palais en jetant de grands cris; elle était au désespoir. Après avoir cherché partout, elle se souvint de son rêve, et courut dans le jardin vers le canal, où elle l'avait vue en dormant. Elle trouva la pauvre Bête étendue sans connaissance, et elle crut qu'elle était morte. Elle se jeta sur son corps, sans avoir horreur de sa figure, et sentant que son cœur battait encore, elle prit de l'eau dans le canal, et lui en jeta sur la tête. La Bête ouvrit les yeux, et dit à la Belle: «Vous avez oublié votre promesse; le chagrin de vous avoir perdue m'a fait résoudre à me laisser mourir de faim; mais je meurs content, puisque j'ai le plaisir de vous revoir encore une fois. —Non, ma chère Bête, vous ne mourrez point, lui dit la Belle, vous vivrez pour devenir mon époux; dès ce moment je vous donne ma main, et je jure que je ne serai qu'à vous. Hélas! je croyais n'avoir que de l'amitié pour vous; mais la douleur que je sens me fait voir que je ne pourrais vivre sans vous voir.»

À peine la Belle eut-elle prononcé ces paroles, qu'elle vit le château brillant de lumière; les feux d'artifice, la musique, tout lui annonçait une fête; mais toutes ces beautés n'arrêtèrent point sa vue: elle se retourna vers sa chère Bête, dont le danger la faisait frémir. Quelle fut sa surprise! la Bête avait disparu, et elle ne vit plus à ses pieds qu'un prince plus beau que l'Amour, qui la remerciait d'avoir fini son enchantement.

Quoique ce prince méritât toute son attention, elle ne put s'empêcher de lui demander où était la Bête. «Vous la voyez à vos pieds, lui dit le prince. Une méchante fée m'avait condamné à rester sous cette figure jusqu'à ce qu'une belle fille consentît à m'épouser, et elle m'avait défendu de faire paraître mon esprit. Ainsi, il n'y avait que vous dans le monde assez bonne pour vous laisser toucher à la bonté de mon caractère; et en vous offrant ma couronne, je ne puis m'acquitter des obligations que je vous ai.»

La Belle, agréablement surprise, donna la main à ce beau prince pour le relever. Ils allèrent ensemble au château, et la Belle manqua mourir de joie en trouvant dans la grande salle son père et toute sa famille, que la belle dame qui lui était apparue en songe avait transportés au château.

«La Belle, lui dit cette dame, qui était une grande fée, venez recevoir la récompense de votre bon choix: vous avez préféré la vertu à la beauté et à l'esprit;

vous méritez de trouver toutes ces qualités réunies en une même personne. Vous allez devenir une grande reine: j'espère que le trône ne détruira pas vos vertus. Pour vous, mesdemoiselles, dit la fée aux deux sœurs de la Belle, je connais votre cœur et toute la malice qu'il renferme. Devenez deux statues; mais conservez toute votre raison sous la pierre qui vous enveloppera. Vous demeurerez à la porte du palais de votre sœur, et je ne vous impose point d'autre peine que d'être témoins de son bonheur. Vous ne pourrez revenir dans votre premier état qu'au moment où vous reconnaîtrez vos fautes; mais j'ai bien peur que vous ne restiez toujours statues. On se corrige de l'orgueil, de la colère, de la gourmandise et de la paresse: mais c'est une espèce de miracle que la conversion d'un cœur méchant et envieux.»

Dans le moment, la fée donna un coup de baguette qui transporta tous ceux qui étaient dans cette salle dans le royaume du prince. Ses sujets le virent avec joie, et il épousa la Belle, qui vécut avec lui fort longtemps et dans un bonheur parfait, parce qu'il était fondé sur la vertu.

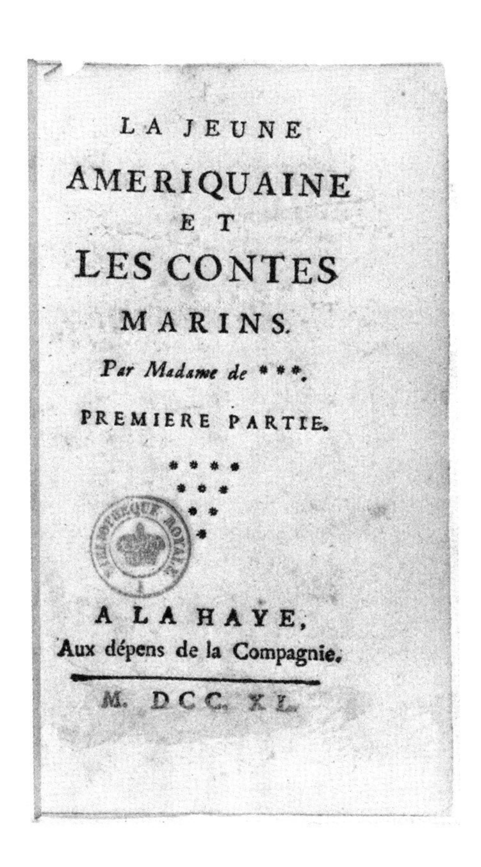

LA JEUNE
AMERIQUAINE
ET
LES CONTES
MARINS.
*Par Madame de* ***.
PREMIERE PARTIE.
****
***
**
*
A LA HAYE,
Aux dépens de la Compagnie.
M. DCC. XL.

# *Gabrielle de Villeneuve*

(vers 1695–1755)

Gabrielle-Suzanne Barbot, fille d'un gentilhomme de La Rochelle, épousa en 1706 Jean-Baptiste Gallon de Villeneuve, lieutenant-colonel dans l'infanterie. Celui-ci ne tarda pas à dissiper les biens du couple et, après sa mort en 1711, désargentée, elle monta à Paris, ville qui lui offrait plus de chances de trouver des ressources en écrivant. Ses aptitudes littéraires lui attirèrent d'abord la bienveillance du poète dramatique Prosper Crébillon qui exerçait à cette époque

Gabrielle de Villeneuve, *La Jeune Amériquaine et les Contes marins*, 1740 (Bibliothèque nationale de France)

les fonctions de censeur royal. Elle devint la compagne de Crébillon qui l'invita à venir loger dans sa maison où elle resta jusqu'à la fin de ses jours, en guise de «gouvernante». Cet euphémisme ne fit rien pour lui épargner les épithètes méprisantes ni les injures réservées alors à une femme vivant et écrivant aux côtés d'un illustre compagnon, participant même au travail intellectuel de celui-ci: «vieille muse» et «vieille mégère» aux dires de Voltaire, voleuse et dissolue selon l'écrivain Voisenon, femme d'une laideur repoussante d'après Louis Sébastien Mercier.

À Paris, elle réussit néanmoins à vivre en partie de sa plume, mais ce ne fut qu'en 1734 qu'elle publia sa première œuvre, une nouvelle appelée *Le Phénix conjugal*. Elle fit paraître au moins une douzaine de volumes, romans et pièces de théâtre, parmi lesquels: *La Jeune Américaine et les Contes marins* (1740–41) dont les deux premiers tomes contiennent la première version de *La Belle et la Bête* (1740) partiellement reproduite ici, *Les Belles solitaires* (1745), un roman en cinq tomes appelé *La Jardinière de Vincennes* (1750–53), et *Le Juge prévenu* (1754).

C'est sa version de *La Belle et la Bête* et non celle de Le Prince de Beaumont qui figure, malgré sa longueur—344 pages dans l'édition originale—dans *Le Cabinet des Fées,* célèbre recueil de contes de fées des XVII^e et XVIII^e siècles publié en 41 volumes par Charles-Joseph Mayer entre 1785 et 1789. Cependant, en dépit de cet honneur, sans doute surtout à cause de sa longueur excessive, la version de Villeneuve tomba dans l'oubli, alors que celle très concise mais plutôt sèche de Le Prince de Beaumont fut perpétuée par la tradition littéraire.

*La Belle et la Bête* de Villeneuve appartient à la nouvelle vague de contes de fées des années 1740–45, époque où le merveilleux se diversifie, devenant tantôt surréaliste, tantôt éducatif, tantôt licencieux, tantôt parodique ou satirique, tantôt faisant même allusion à l'actualité. Destiné comme les premiers contes de fées de la fin du siècle précédent à une élite aristocratique à qui il offre un divertissement raffiné et élégant et un reflet des fastes, des désirs et des plaisirs de sa classe, il s'adresse aussi à une enfant fictive, la jeune demoiselle de Robercourt. Cette jeune fille, plus près de l'enfance que de l'âge adulte, est sur le point de se marier. L'exemple de la Belle doit l'aider à faire la transition entre ces deux états. Les possibilités pédagogiques du conte et son aspect moralisateur qui seront si bien exploités par Jeanne Marie Le Prince de Beaumont sont déjà en germe ici.

En revanche, tout un jeu érotique qui sera gommé par celle-ci est entretenu chez Villeneuve, à la fois pour préparer Mademoiselle de Robercourt au mariage et pour divertir un public d'adultes, figuré dans le livre par les autres voyageurs du bateau où la femme de chambre de Mademoiselle de Robercourt raconte l'histoire. Un jeu érotique subtil et quelque peu pervers, quoique confiné dans une écriture qui respecte les convenances, est perceptible dans le dédoublement entre le Bel Inconnu et la Bête et dans toutes les allusions à l'éveil de la sensualité chez la jeune fille innocente, à ses fantasmes, ainsi qu'à sa crainte et à sa répugnance devant une sexualité ressentie comme bestiale. Cet érotisme voilé est typique d'une certaine écriture féerique mondaine du début du XVIIIe siècle.

La préoccupation du mariage qui marque tant d'écrits féminins se retrouve ainsi chez Villeneuve, traduite par un mélange typique de transgression et de respect des conventions matrimoniales qui suggère à quel point celles-ci étaient contraignantes pour les femmes. De même que chez Aulnoy, le conte de fées permet de créer un espace de rêve et de désir où le mariage n'est pas soumis aux exigences sociales. Par l'intermédiaire de la fée des rêves, Villeneuve semble prôner le mariage de goût fondé sur l'appréciation des qualités physiques et morales de la personne aimée, sans égard à la naissance. Mais cette notion bourgeoise n'aura vraiment droit de cité que vers la fin du siècle. Dans le monde aristocratique de Villeneuve et dans l'univers des contes de fées de son époque, le préjugé nobiliaire demeure incontournable. Après le rêve, il faut donc revenir à la réalité. Quand la vraie identité, mi-fée mi-royale, de la Belle est révélée, les exigences nobiliaires sont satisfaites, les convenances littéraires et sociales sont respectées, et le message transgressif de Villeneuve est brouillé. C'est le retour à l'ordre.

Le conte reproduit les préoccupations de l'aristocratie du XVIIIe siècle d'autres manières. Le luxe du château de la Bête, fort apprécié par la Belle en dépit de son peu de matérialisme, les convoitises des sœurs, et la banqueroute du marchand reflètent l'actualité vécue par l'aristocratie sous la Régence (1715–23) et au début du règne de Louis XV, période de luxe extravagant et de spéculation financière où on pouvait aussi vite perdre qu'acquérir une fortune. Problèmes d'argent dont Villeneuve avait elle-même fait la dure expérience.

Autres reflets des luxes et des amusements de l'aristocratie de cette époque, les «fenêtres» magiques du château de la Bête qui ouvrent sur l'Opéra, la Comédie italienne, la foire Saint Germain, les Tuileries, reliant à l'observation réaliste la dimension féerique du conte. À la différence du merveilleux utilitaire de Le Prince de Beaumont, le merveilleux de Villeneuve a un aspect presque surréaliste. Chez elle, une imagination poétique exubérante et un plaisir évident de conteuse compensent en quelque sorte pour le lecteur la longueur du conte. Avec un luxe de détails, elle décrit des rêves mystérieux et envoûtants, des statues enchantées dans des jardins magnifiques aux allées bordées de myrtes et d'orangers, des miroirs et des pendules magiques, des animaux serviteurs et des oiseaux voletants capables de monter des spectacles et de jouer de la musique, des lumières pleines de sortilèges et des lustres incrustés de pierres précieuses, des «fenêtres» étranges ouvertes sur le monde à l'instar de notre télévision, des feux d'artifice qui durent trois heures et qui peuvent même tracer des lacs d'amour. Jamais ce merveilleux poétique n'est écrasé par la morale.

Du point de vue narratif, le récit de Villeneuve foisonne à la manière des romans du siècle précédent, rappelant les intrigues compliquées et la longueur de certains romans de Madeleine de Scudéry. Alors que des romans comme *La Princesse de Clèves* de Lafayette avaient contribué à mettre à la mode la concision et des intrigues moins extravagantes et plus près de la réalité, les caractères honnis de ce «romanesque» considéré désormais comme daté subsistaient malgré tout chez beaucoup de romanciers du XVIII^e siècle. On les retrouve ici sous forme d'histoires intercalées ou enchaînées (à l'histoire de la Belle succède celle de la Bête, et à celle de la Bête succède l'histoire des fées de l'Île heureuse qui explique la véritable identité de la Belle, chacune de ses histoires pouvant en enchâsser d'autres), de rebondissements narratifs (la fin de l'enchantement de la Bête ne débouche pas tout de suite sur le dénouement du mariage comme on s'y attendrait, mais sur une querelle tout à fait surprenante à propos de la mésalliance entre un prince et une fille de marchand), de déguisements, de hasards et de coups de théâtre comme moteurs de l'intrigue, et de scènes de reconnaissance. Mais ces éléments sont mis au service d'une sensibilité typique du XVIII^e siècle, d'où larmes de joie et scènes d'attendrissement ainsi qu'allusions érotiques. Cachées sous cet enchevêtrement d'histoires et de récits apparemment secondaires se devinent aussi les revendications féminines de l'auteur.

Pour ce qui est des rapports entre les femmes et la tradition littéraire, *La Belle et la Bête* de Villeneuve et son roman *La Jeune Américaine* sont sans doute plus révélateurs encore que l'adaptation du conte et *Le Magasin des enfants* de Le Prince de Beaumont. Dès la page de titre où ne figure pas le nom de l'auteur, mais seulement Madame de ***, se décèlent les ambiguïtés de la publication féminine au XVIII^e siècle. Anonymes, comme le sera aussi *La Jardinière de Vincennes*, *La Belle et la Bête* et *La Jeune Américaine* se présentent comme un écrit de femme qui fait problème, qu'il faut cacher ou justifier, comme le suggère également la préface, tout à fait typique d'ailleurs, avec son topos féminin d'humilité qui seule autorise à céder à «l'envie de se faire imprimer». Comme le premier conte de fées jamais publié, *L'Île de la Félicité* de Marie-Catherine d'Aulnoy, et le *Riquet à la Houppe* de Catherine Bernard, celui-ci est prudemment dissimulé dans un roman. Et Villeneuve souligne indirectement sa modestie de femme écrivain en faisant rejeter les contes de fées par le fiancé de Mademoiselle de Robercourt au rang de «bagatelles», reprenant ainsi l'humble qualificatif dont s'était servie Aulnoy pour excuser leur publication. En revanche, et très positivement, l'écrivaine attire notre attention sur la question de la transmission—entièrement féminine—de ce conte. De Mademoiselle de Chon, femme de chambre qui le récite, à la reine, mère du prince, qui fait inscrire l'histoire dans les archives, à la narratrice omnisciente du roman, jusqu'à l'auteur «anonyme» mais femme de la préface et de la page de titre, en passant par la fée, tante de la Belle, Villeneuve met en évidence le lignage féminin des contes de fées, retraçant toute l'histoire du genre: sa venue à la littérature par le passage de l'oral à l'écrit et l'effacement progressif des nourrices et des femmes de chambre en tant que conteuses au profit des dames de l'aristocratie.

Tant pour ses qualités poétiques que pour sa place dans l'histoire littéraire, la version de *La Belle et la Bête* de Gabrielle de Villeneuve mérite d'être mieux connue. Si c'est Le Prince de Beaumont qui en adaptant ce conte de fées le perpétua, c'est Gabrielle de Villeneuve qui est à l'origine d'une histoire qui n'a cessé de fasciner enfants et adultes, ni de se renouveler au gré des changements de mentalités, comme le film de Walt Disney (1991), version post-féministe pour la fin du XX$^{e}$ siècle, en témoigne encore.

## La Jeune Américaine et les Contes marins

### PRÉFACE

De tous les ouvrages, ceux qui devraient le plus épargner au public la peine de lire une préface, et à l'auteur celle de la faire, ce sont sans doute les romans, puisque la plupart sont dictés par la vanité, dans le temps même que l'on mendie une honteuse indulgence; mais mon sexe a toujours eu des privilèges particuliers, c'est dire assez que je suis femme, et je souhaite que l'on ne s'en aperçoive pas trop à la longueur d'un livre, composé avec plus de rapidité que de justesse. Il est honteux d'avouer ainsi ses fautes, je crois qu'il aurait mieux valu ne les pas publier. Mais le moyen de supprimer l'envie de se faire imprimer, et d'ailleurs lira qui voudra: c'est encore plus l'affaire du lecteur que la mienne. Ainsi loin de lui faire de très humbles excuses, je le menace de six contes pour le moins aussi étendus que celui-ci, dont le succès, bon ou mauvais, est seul capable de m'engager à les rendre publics, ou à les laisser dans le cabinet.

---

Des passages entre crochets [ ] résumant l'intrigue ont été ajoutés pour faciliter la lecture de ces extraits.

[La conteuse est une jeune femme de chambre, Mademoiselle de Chon, qui raccompagne en Amérique, à Saint Domingue, la très jeune demoiselle de Robercourt ainsi que le fiancé de celle-ci, le jeune chevalier de Doriancourt. Une parente de la demoiselle les accompagne aussi. Voici le portrait de la conteuse et les circonstances du premier conte, *La Belle et la Bête*.]

Une femme de chambre, née avec un esprit amusant, et dont la grande complaisance avait entièrement captivé les bonnes grâces de sa jeune maîtresse, fut encore nécessairement du voyage. Elle avait su par des récits, par des lectures agréables, des histoires proportionnées à l'âge de la jeune de Robercourt, et des contes merveilleux et extrêmement de son goût, enchanter son cœur, et charmer son esprit. [...]

Quelqu'un jugera peut-être que la conversation d'un amant chéri pouvait dispenser Mademoiselle de Chon de débiter ses contes, qui, loin d'être divertissants, ne devraient paraître qu'insipides. Mais la grande jeunesse de Mademoiselle de Robercourt ne lui laissait qu'un goût très léger pour la fleurette. Par le soin qu'on avait pris de son éducation, elle avait été préservée des pièges séduisants de l'amour. [...] Le langage des amants était encore pour elle un langage inconnu. [...]

Mais le dixième jour [...] elle eut recours à sa chère de Chon pour trouver un amusement qui seul pouvait la tirer de la tristesse dans laquelle elle tombait insensiblement, et d'où les assiduités de son jeune amant ne pouvaient la faire sortir.

[M. de la B... , Capitaine du vaisseau, invite Mademoiselle de Chon à raconter ses histoires devant tout le monde afin de chasser la monotonie du voyage en bateau.]

Doriancourt avait eu quelque espèce de honte, de ce qu'on avait découvert qu'une fille prête à se marier voulut s'amuser à de telles bagatelles. [...] Mais il fut enchanté que M. de la B... n'en méprisât pas le sujet. Il lui apprit avec plaisir cette agréable nouvelle! et ainsi que tous les enfants, elle fut charmée de se voir applaudie. [...]

Il fut de plus arrêté, pour ne point abuser de la complaisance de Mademoiselle de Chon, que chacun conterait à son tour. [...]

On convint que chaque conte durerait plusieurs jours, qu'on ne s'en occuperait qu'une heure chaque journée. Les choses ainsi réglées, Mademoiselle de Chon fit le récit d'un conte aussi nouveau pour sa maîtresse que pour les auditeurs. [...]

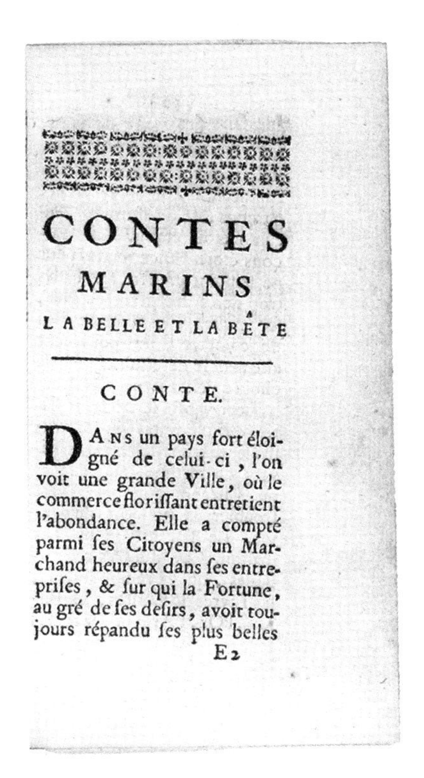

CONTES
MARINS
LA BELLE ET LA BÊTE

CONTE.

DANS un pays fort éloigné de celui-ci, l'on voit une grande Ville, où le commerce floriſſant entretient l'abondance. Elle a compté parmi ſes Citoyens un Marchand heureux dans ſes entrepriſes, & ſur qui la Fortune, au gré de ſes deſirs, avoit toujours répandu ſes plus belles

E 2

Gabrielle de Villeneuve, *Contes marins, La Belle et la Bête,* 1740
(Bibliothèque nationale de France)

[...] que [le lecteur] se transporte encore sur le vaisseau le ... Qu'il s'imagine faire le voyage de Saint Domingue. Qu'il sache que tous les après-dînés[1] chacun fait sa sieste, ou ce qui convient à la sûreté de la navigation, et qu'à certaine heure commode pour tous, on se rend sur le gaillard ou dans la grande chambre, où Mademoiselle de Chon commence ainsi son discours.

1. Vieilli: l'après-midi, le dîner étant encore à cette époque le repas pris à midi.

## La Belle et la Bête

### PREMIÈRE PARTIE

[Premier *portrait de la Belle,* après le revers de fortune essuyé par son père, le riche marchand, et l'installation de sa famille nombreuse, six garçons et six filles, loin de la ville dans leur petite maison de campagne «au milieu d'une forêt presque impraticable et qui pouvait bien être le plus triste séjour de la terre».]

Cependant la plus jeune d'entre elles montra, dans leur commun malheur, plus de constance et de résolution. On la vit par une fermeté bien au-dessus de son âge prendre généreusement son parti. Ce n'est pas qu'elle n'eut donné d'abord des marques d'une véritable tristesse. Eh! qui ne serait pas sensible à de pareils malheurs! Mais après avoir déploré les infortunes de son père, pouvait-elle mieux faire que de reprendre sa première gaieté, d'embrasser par choix l'état seul dans lequel elle se trouvait, et d'oublier un monde dont elle avait, avec sa famille, éprouvé l'ingratitude, et sur l'amitié duquel elle était si bien persuadée qu'il ne fallait pas compter dans l'adversité?

Attentive à consoler son père et ses frères par la douceur de son caractère et l'enjouement de son esprit, que n'imaginait-elle point pour les amuser agréablement? Le marchand n'avait rien épargné pour son éducation et celle de ses sœurs. Dans ces temps fâcheux, elle en tira tout l'avantage qu'elle désirait. Jouant très bien de plusieurs instruments, qu'elle accompagnait de sa voix, c'était inviter ses sœurs à suivre son exemple, mais son enjouement et sa patience ne firent encore que les attrister.

Ces filles, que de si grandes disgrâces rendaient inconsolables, trouvaient dans la conduite de leur cadette une petitesse d'esprit, une bassesse d'âme, et même de la faiblesse à vivre gaiement dans l'état où le Ciel venait de les réduire. [...] «Elle est faite pour les occupations grossières. Avec des sentiments si bas, qu'aurait-elle pu faire dans le monde?» Pareils discours étaient injustes. Cette jeune personne eût été bien plus propre à briller qu'aucune d'elles.

Une beauté parfaite ornait sa jeunesse, une égalité d'humeur la rendait adorable. Son cœur, aussi généreux que pitoyable, se faisait voir en tout. Aussi sensible que ses sœurs aux révolutions qui venaient d'accabler sa famille, par une force d'esprit qui n'est pas ordinaire à son sexe, elle sut cacher sa douleur et se mettre au-dessus de l'adversité. Tant de constance passa pour insensibilité. Mais on appelle aisément d'un jugement porté par la jalousie.

Connue des personnes éclairées pour ce qu'elle était, chacun s'était empressé de lui donner la préférence. Au milieu de sa plus haute splendeur, si son mérite la fit distinguer, sa beauté lui fit donner par excellence le nom de *la Belle*.

Connue sous ce nom seul, en fallait-il davantage pour augmenter et la jalousie et la haine de ses sœurs?

Ses appas, et l'estime générale qu'elle s'était acquise, eût dû lui faire espérer un établissement encore plus avantageux qu'à ses sœurs, mais touchée seulement des malheurs de son père, loin de faire quelque effort pour retarder son départ d'une ville dans laquelle elle avait eu tant d'agréments, elle donna tous ses soins pour en hâter l'exécution. Cette fille fit voir dans la solitude la même tranquillité qu'elle avait eue au milieu du monde. Pour adoucir ses ennuis, dans ses heures de relâche, elle ornait sa tête de fleurs, et comme à ces bergères des premiers temps, la vie rustique en lui faisant oublier ce qui l'avait le plus flattée au milieu de l'opulence, lui procurait tous les jours d'innocents plaisirs.

### [CE QUE LA BELLE DEMANDE À SON PÈRE QUI PART À LA RENCONTRE DU VAISSEAU CHARGÉ DE SES MARCHANDISES.]

«[J]e désire une chose plus précieuse que tous les ajustements que mes sœurs vous demandent. J'y borne mes vœux. Trop heureuse! s'ils sont remplis, c'est le bonheur de vous voir de retour en parfaite santé.» [...] Mais le père [...] voulut qu'elle demandât quelque chose [...] «Eh bien! mon cher père, lui dit-elle, puisque vous me l'ordonnez, je vous supplie de m'apporter une rose. J'aime cette fleur avec passion: depuis que je suis dans cette solitude, je n'ai pas eu la satisfaction d'en voir une seule.» C'était obéir et vouloir en même temps qu'il ne fît aucune dépense pour elle.

### [LA PROMESSE EXIGÉE PAR LA BÊTE APRÈS QUE LE PÈRE CUEILLE LA ROSE POUR LA BELLE.]

«Je veux que celle de tes filles que tu conduiras vienne ici volontairement, ou je n'en veux point. Vois si entre elles il en est une assez courageuse et qui t'aime assez pour vouloir s'exposer afin de te sauver la vie. Tu portes l'air d'un honnête homme: donne-moi ta parole de revenir dans un mois, si tu peux en déterminer une à te suivre: elle restera dans ces lieux, et tu t'en retourneras. Si tu ne le peux, promets-moi de revenir seul après leur avoir dit adieu pour toujours, car tu seras à moi.» [...]

[Le marchand] descendit dans le jardin cueillir la rose que la Bête avait ordonnée qu'il emportât. Que cette fleur lui fit répandre de larmes!

[Les sœurs aînées blâment la Belle de tous les malheurs du père et de la famille: «Elle les a causés, qu'elle y mette le remède.» La Belle réagit ainsi:]

Jean-Baptiste Greuze, *Fillette à la rose* (Musée Cognac-Jay, Paris; Photo Giraudon/Art Resource, NY)

«Je suis coupable de ce malheur: c'est à moi seule de le réparer. J'avoue qu'il serait injuste que vous souffrissiez de ma faute. Hélas! Elle est pourtant innocente. Pouvais-je prévoir que le désir d'avoir une rose au milieu de l'été devait être puni par un tel supplice? Cette faute est faite; que je sois innocente ou coupable, il est juste que je l'expie. On ne peut l'imputer à d'autre. Je m'exposerai, poursuivit-elle d'un ton ferme, pour tirer mon père de son fatal engagement. J'irai trouver la Bête: trop heureuse en mourant de conserver la vie à celui de qui je l'ai reçue, et de faire cesser vos murmures. Ne craignez pas que rien m'en puisse détourner. Mais de grâce, pendant ce mois, donnez-moi le plaisir de ne plus entendre vos reproches.»

[Cette déclaration de la Belle suscite l'admiration et la compassion de ses frères, touchés par une telle résolution et une telle fermeté chez une fille de seize ans et attristés à l'idée de la perdre. «Mais il s'agissait de sauver la vie d'un père: ce pieux motif leur ferma la bouche [...].»]

[L]e vieillard [...] se ressouvenant d'une ancienne prédiction, par laquelle il avait appris que cette fille lui devait sauver la vie et qu'elle serait la source du bonheur de toute sa famille, cessa de s'opposer à la volonté de la Belle.

[Le père revient du château de la Bête chargé des richesses que la Bête lui prodigue en échange de sa fille. Mais la Belle] appréhendait que les riches présents dont le monstre comblait sa famille ne fussent le prix de sa vie, et qu'il ne la dévorât aussitôt qu'il serait seul avec elle: du moins elle craignait qu'une éternelle prison ne lui fût destinée et qu'elle n'eût pour unique compagnie qu'une épouvantable Bête.

## [LES RÊVES DE LA BELLE, LA PREMIÈRE NUIT AU CHÂTEAU DE LA BÊTE.]

Pendant son sommeil, elle rêva qu'elle était au bord d'un canal à perte de vue, dont les deux côtés étaient ornés de deux rangs d'orangers, et de myrtes fleuris d'une hauteur prodigieuse, où toute occupée de sa triste situation, elle déplorait l'infortune qui la condamnait à passer ses jours en ce lieu, sans espoir d'en sortir.

Un jeune homme beau, comme on dépeint l'Amour, d'une voix qui portait au cœur lui dit: «Ne crois pas, la Belle, être si malheureuse que tu le parais. C'est dans ces lieux que tu dois recevoir la récompense qu'on t'a refusée injustement partout ailleurs. Fais agir ta pénétration pour me démêler des apparences qui me déguisent. Juge, en me voyant, si ma compagnie est méprisable et ne doit pas être préférée à celle d'une famille indigne de toi. Souhaite; tous tes désirs seront remplis. Je t'aime tendrement; seule, tu peux faire mon bonheur en faisant le tien. Ne te démens jamais. Étant par les qualités de ton âme autant au-dessus des autres femmes que tu leur es supérieure en beauté, nous serons parfaitement heureux.»

Ensuite ce fantôme si charmant lui parut à ses genoux joindre aux plus flatteuses promesses les discours les plus tendres. Il la pressait dans les termes les plus vifs de consentir à son bonheur, et l'assurait qu'elle en était entièrement la maîtresse.

«Que puis-je faire?» lui dit-elle avec empressement. «Suis les seuls mouvements de la reconnaissance, répondit-il, ne consulte point tes yeux, et surtout ne m'abandonne pas, et me tire de l'affreuse peine que j'endure.»

Après ce premier rêve elle crut être dans un cabinet magnifique avec une Dame dont l'air majestueux et la beauté surprenante firent naître en son cœur un respect profond. Cette Dame, d'une façon caressante, lui dit, «charmante Belle, ne regrette point ce que tu viens de quitter. Un sort plus illustre t'attend, mais si tu veux le mériter, garde-toi de te laisser séduire par les apparences.» [...]

Une pendule qui sonna douze heures, en répétant douze fois son nom en musique, l'obligea de se lever. Elle vit d'abord une toilette garnie de tout ce qui peut être nécessaire aux dames. Après s'être parée avec une sorte de plaisir dont elle ne devinait pas la cause, elle passa dans le salon, où son dîner venait d'être servi.

[Elle passe le premier jour à visiter le magnifique château (cabinet de glaces, galerie de peintures, salle de musique, bibliothèque), retrouvant parmi les peintures et sur un bracelet qu'elle met «sans réfléchir si cette action était convenable», le portrait du beau cavalier qui lui était d'abord apparu en songe.]

Aux approches de la nuit, tous les appartements furent éclairés de bougies parfumées mises dans des lustres ou transparents ou de différentes couleurs, et non de cristal, mais de diamants et de rubis.

[Pendant son souper la Bête vient la voir et après une heure de conversation polie, lui fait cette étrange proposition:]

Elle lui demanda sans détour si elle voulait la laisser coucher avec elle. À cette demande imprévue ses craintes se renouvelèrent, et poussant un cri terrible, elle ne put s'empêcher de dire, «Ah Ciel! je suis perdue.» [Mais la Bête accepte doucement son refus, sans l'obliger à quoi que ce soit.] Extrêmement contente de n'avoir pas de violence à craindre, elle se coucha tranquillement et s'endormit. [Tous les soirs, après lui avoir posé quelques questions banales, la Bête répétera sa demande et la Belle refusera.]

[Le lendemain elle visite encore le château, est régalée par des concerts d'oiseaux et de perroquets, et est suivie et servie par un cortège de singes de toutes sortes, dont certains, comédiens, lui jouent une tragédie, à l'aide de perroquets!]

Ces seignor singes et seignora[2] guenons en habits de théâtre couverts de broderie, de perles et de diamants, faisaient des gestes convenables aux paroles de leurs rôles, que les perroquets prononçaient fort distinctement et fort à propos, en sorte qu'il fallait être sûr que ces oiseaux fussent cachés sous la perruque des uns et sous la mante des autres, pour s'apercevoir que ces comédiens de nouvelle fabrique ne parlaient pas de leur cru. La pièce semblait être faite exprès pour les acteurs, et la Belle en fut enchantée.

2. Seignor, seignora: orthographe fantaisiste de Villeneuve.

[Poursuivant sa visite, elle découvre d'autres féeries du château.]

La Belle porta ses pas dans un grand salon qu'elle n'avait vu qu'une fois. Cette pièce était percée de quatre fenêtres de chaque côté: deux étaient seulement ouvertes et n'y donnaient qu'un jour sombre. La Belle voulut lui donner plus de clarté. Mais au lieu du jour qu'elle croyait y faire entrer, elle ne trouva qu'une ouverture qui donnait sur un endroit fermé. Ce lieu, quoique spacieux, lui parut obscur et ses yeux ne purent apercevoir qu'une lueur éloignée qui ne semblait venir à elle qu'au travers d'un crêpe extrêmement épais. En rêvant à quoi ce lieu pouvait être destiné, une vive clarté vint tout d'un coup l'éblouir. On leva la toile et la Belle découvrit un théâtre des mieux illuminé. Sur les gradins et dans les loges, elle vit tout ce que l'on peut voir de mieux fait et de plus beau dans l'un et l'autre sexe. [...] Curieuse de voir de quelle étoffe était le tapis de la loge voisine de la sienne, elle en fut empêchée par une glace qui les séparait, ce qui lui fit connaître que ce qu'elle avait cru réel n'était qu'un artifice, qui par le moyen de ce cristal réfléchissait les objets et les lui renvoyait de dessus le théâtre de la plus belle ville du monde. C'est le chef-d'œuvre de l'optique de faire réverbérer de si loin.

[Chacune des «fenêtres» lui livre un spectacle différent: Opéra, foire Saint Germain, Comédie italienne, Tuileries.]

La dernière fenêtre n'était pas la moins agréable: elle lui fournissait un moyen sûr pour apprendre tout ce qui se faisait dans le monde. La scène était amusante et diversifiée de toutes sortes de façons. C'était quelquefois une fameuse ambassade qu'elle voyait, un mariage illustre, ou quelques révolutions intéressantes.

[L'Inconnu revient en songe offrir à la Belle de faire disparaître la Bête. Lorsqu'il passe, toujours en songe, à l'attaque, la Belle lui crie d'arrêter, en dépit de son amour pour lui et de sa répugnance pour la Bête.] «Je dois tout à la Bête [...]: c'est elle qui m'a procuré le bien de vous connaître, et je me soumets à la mort plutôt que d'endurer que vous lui fassiez le moindre outrage.»

Après de pareils combats, [...] la Belle crut voir la Dame qu'elle avait déjà vue quelques nuits avant et qui lui disait: «Courage, la Belle; sois le modèle des femmes généreuses: fais-toi connaître aussi sage que charmante, ne balance point à sacrifier ton inclination à ton devoir. Tu prends le vrai chemin du bonheur. Tu seras heureuse pourvu que tu ne t'en rapportes pas à des apparences trompeuses.»

[La Belle qui s'ennuie de sa famille finit par obtenir de la Bête la permission d'aller la voir. Si elle ne revient pas dans deux mois, la Bête mourra. La Belle retrouve sa famille dans une nouvelle maison achetée grâce à la générosité de la Bête. Mais elle y vit sans ostentation et le père a caché à ses enfants l'étendue de leurs richesses. Il est sur le point de marier ses autres filles.]

«Leur ayant donné la part que tu jugeras à propos que je leur fasse des biens que tu m'as procurés, débarrassé du soin de leur établissement, nous vivrons, ma fille, avec tes frères que tes présents n'ont point été capables de consoler de ta perte, ou, si tu l'aimes mieux, nous vivrons tous deux ensemble.» [...]

Le bonhomme, chagrin de n'avoir point sa fille pour appui dans sa vieillesse, n'essaya cependant pas de la détourner d'un devoir qu'il reconnaissait pour être indispensable. [...] Trouvant dans ce Monstre une âme trop belle pour être logée dans un si vilain corps, malgré sa laideur, il crut devoir conseiller à sa fille de l'épouser. [...] «On t'exhorte sans cesse à te laisser guider par la reconnaissance. En suivant les mouvements qu'elle inspire, on t'assure que tu seras heureuse. [...] [Ces rêves] te promettent des avantages considérables, c'est assez pour vaincre ta répugnance. Ainsi, lorsque la Bête te demandera si tu veux "qu'elle couche avec toi," je te conseille de ne la pas refuser. [...] Il est plus avantageux d'avoir un mari d'un caractère aimable, que d'en avoir un qui n'ait que la bonne mine pour tout mérite.» [...]

«Comment, répondit-elle à son père, me déterminer à choisir un mari avec lequel je ne pourrai m'entretenir, et dont la figure ne sera pas réparée par une conversation amusante. [...] J'aime mieux mourir tout d'un coup que de mourir tous les jours de peur, de chagrin, de dégoût, et d'ennui.» [...] La Belle se fût senti du goût pour ce monstre, mais son amant nocturne y venait mettre obstacle. Le parallèle qu'elle faisait de ces deux amants ne pouvait être avantageux à la Bête.

## SECONDE PARTIE
## [L'IMPRESSION DONNÉE PAR LA BELLE REVENUE PARMI LES SIENS.]

Les jours tranquilles qu'elle avait passés dans son palais désert, les innocents plaisirs qu'un doux sommeil lui prodiguait sans cesse, mille amusements qui s'étaient succédé, pour que l'ennui n'entrât pas dans son cœur, enfin toutes les attentions du monstre avaient contribué à la rendre encore plus belle et plus charmante qu'elle ne l'était quand son père la quitta.

[Les amants de ses sœurs tombent amoureux d'elle, ce qui ravive la jalousie des sœurs.]

Ne donnant rien par elle-même que des bagatelles, et laissant [à ses sœurs] le plaisir de beaucoup donner, elle comptait engager cette jeunesse à l'amour autant qu'à la reconnaissance. Mais ces amants en voulaient à son cœur, et ce qu'elle leur donnait était plus précieux que tous les trésors que lui prodiguaient les autres.

[L]a satisfaction de voir son père qu'elle aimait tendrement, l'agrément d'être avec ses frères qui par cent façons différentes s'étudiaient à lui marquer toute l'étendue de leur amitié, et la joie de s'entretenir avec ses sœurs qu'elle aimait, quoiqu'elle n'en fût pas aimée, ne purent l'empêcher de regretter ses agréables rêves. Son Inconnu—quel chagrin pour elle!—dans la maison de son père, ne venait plus au milieu de son sommeil lui tenir les plus tendres discours.

[Deux mois s'écoulent sans que la Belle puisse se décider à partir, tant les sentiments de tendresse et de reconnaissance la partagent entre le parti de rester et celui de tenir sa promesse à la Bête. Un rêve la détermine au départ: la Bête se meurt et la Dame lui reproche de causer cette mort ainsi que le désordre et la haine dans la maison de son père. Revenue au château de la Bête, elle la trouve dans la caverne où elle lui avait apparu dans son rêve, étendue par terre, presque morte. Mais la Belle parvient à la ranimer en lui jetant de l'eau, en lui administrant des liqueurs fortifiantes, et surtout en lui déclarant ses sentiments:]

«[J]'ignorais à quel point je vous aimais: la peur de vous perdre m'a fait connaître que j'étais attachée à vous par des liens plus forts que ceux de la reconnaissance.» [Soulagée par ces «tendres paroles», la Bête lui répond d'une voix encore faible:] «Vous êtes bonne, la Belle, d'aimer un monstre si laid, mais vous faites bien: je vous aime plus que ma vie. Je pensais que vous ne reviendriez plus. J'en serais morte. Puisque vous m'aimez, je veux vivre. Allez vous reposer, et soyez certaine que vous serez aussi heureuse que votre bon cœur le mérite.»

[Mais cette nuit-là elle revoit en rêve son cher Inconnu et se sent à nouveau partagée entre lui et la Bête.]

La Belle, quoiqu'endormie, paraissait découvrir son inclination pour l'Inconnu et sa répugnance pour le monstre qu'elle ne trouvait pas aimable. La Dame souriait de son scrupule et l'avertissait de ne point s'inquiéter de sa tendresse pour l'Inconnu, que les mouvements qu'elle se sentait n'avaient rien d'incompatible avec l'intention qu'elle avait de faire son devoir, que sans résistance elle la pouvait suivre, et que son bonheur serait parfait en épousant la Bête.

[La Bête vient la voir comme d'habitude pendant son souper.]

[E]lle lui demanda à son ordinaire, si elle voulait qu'«elle couchât avec elle». La Belle fut quelque temps sans répondre, mais prenant enfin son parti, elle lui dit en tremblant, «Oui, la Bête, je le veux bien, pourvu que vous me donniez votre foi, et que vous receviez la mienne.» «Je vous la donne, reprit la Bête, et vous promets de n'avoir jamais d'autre épouse...» «Et moi, répliqua la Belle, je vous reçois pour mon époux, et vous jure un amour tendre et fidèle.»

À peine eut-elle prononcé ces mots qu'une décharge d'artillerie se fit entendre; et pour qu'elle ne doutât pas que ce ne fut en signe de réjouissance, elle vit de ses fenêtres l'air tout en feu par l'illumination de plus de vingt mille fusées qui se renouvelèrent pendant trois heures. Elles formaient des lacs d'amour: des cartouches galants représentaient les chiffres de la Belle, et on lisait en lettres bien marquées, «Vive la Belle et son Époux». Ce charmant spectacle ayant suffisamment duré, la Bête témoigna à sa nouvelle épouse qu'il était temps de se mettre au lit.

Quelque peu d'impatience qu'eût la Belle de se trouver auprès de cet époux singulier, elle se coucha. Les lumières s'éteignirent à l'instant. La Bête s'approchant, fit appréhender à la Belle que du poids de son corps elle n'écrasât leur couche. Mais elle fut agréablement étonnée en sentant que ce monstre se mettait à ses côtés aussi légèrement qu'elle venait de le faire. Sa surprise fut bien plus grande quand elle l'entendit ronfler presque aussitôt, et que par sa tranquillité elle eut une preuve certaine qu'il dormait d'un profond sommeil.

Malgré son étonnement, accoutumée qu'elle était aux choses extraordinaires, après avoir donné quelques moments à la réflexion, elle s'endormit aussi tranquillement que son époux, ne doutant point que ce sommeil ne fût mystérieux, ainsi que tout ce qui se passait dans ce palais. À peine fut-elle endormie que son cher Inconnu vint à l'ordinaire lui rendre visite. Il était plus gai et plus paré qu'il n'avait jamais été. «Que je vous suis obligé, charmante Belle», lui disait-il. «Vous me délivrez de l'affreuse prison où je gémissais depuis si longtemps. Votre mariage avec la Bête va rendre un roi à ses sujets, un fils à sa mère, et la vie à son royaume. Nous allons tous être heureux.»

La Belle à ce discours sentait un violent dépit, voyant que l'Inconnu, loin de lui témoigner le désespoir où le devait jeter l'engagement qu'elle venait de prendre, faisait briller à ses yeux une joie excessive. Elle allait lui témoigner son mécontentement lorsque la Dame à son tour lui parut en songe.

«Te voilà victorieuse», lui dit-elle. «Nous te devons tout, la Belle, tu viens de préférer la reconnaissance à tout autre sentiment: il n'y en a point qui, comme toi, eussent eu la force de tenir parole au dépens de leur satisfaction, ni d'exposer leur vie pour sauver celle de leur père. En récompense, il n'y en a point qui puissent espérer de jamais jouir d'un bonheur pareil à celui où ta vertu t'a fait parvenir. Tu n'en connais à présent que la moindre partie. Le retour du soleil t'en apprendra davantage.»

Après la Dame, la Belle revoyait le jeune homme, mais étendu et comme mort. Toute la nuit se passa à faire différents songes. Ces agitations lui étaient devenues familières; elles ne l'empêchèrent point de dormir longtemps. Ce fut le grand jour qui la réveilla. Il brillait dans sa chambre bien plus qu'à l'ordinaire, ses guenons n'avaient pas fermé les fenêtres: c'est ce qui lui donna occasion de jeter les yeux sur la Bête. Prenant d'abord le spectacle qu'elle voyait pour une suite ordinaire de ses songes, et croyant rêver encore, sa joie et sa surprise furent extrêmes quand elle n'eut plus lieu de douter que ce qu'elle voyait ne fût réel.

Le soir en se couchant, elle s'était mise au bord de son lit, ne croyant pas faire trop de place à son affreux époux. Il avait ronflé d'abord, mais elle avait cessé de l'entendre avant que de s'endormir. Le silence qu'il gardait, quand elle s'éveilla, lui ayant fait douter qu'il fût auprès d'elle, et s'imaginant qu'il s'était levé doucement, pour en savoir la vérité, elle se retourna avec le plus de précaution qu'il lui fut possible et fut agréablement surprise de trouver, au lieu de la Bête, son cher Inconnu. [...]

Comme elle était seule, elle ne craignait de scandaliser personne par les libertés qu'elle pouvait prendre avec lui. De plus, il était son époux. C'est pourquoi, donnant un libre cours à ses tendres sentiments, elle le baisa mille fois et prit ensuite le parti d'attendre patiemment la fin de cette espèce de léthargie. Qu'elle était charmée d'être unie à l'objet qui seul l'avait forcée à balancer, et d'avoir fait par devoir ce qu'elle aurait voulu faire par goût. Elle ne doutait plus du bonheur qu'on lui avait promis dans ses songes.

[Arrive un char magnifique qui amène des dames, dont celle des songes, grande fée, et la reine, mère de l'Inconnu. Celle-ci se montre reconnaissante envers la Belle de lui avoir rendu son fils, tant qu'elle ignore qu'elle n'est pas fille de souverains, mais fille d'un simple marchand. Elle déclare alors à la fée:] «[J]e ne puis m'empêcher de vous représenter le bizarre assemblage du plus beau sang du monde dont mon fils est issu avec le sang obscur d'où sort la personne à qui vous le voulez unir. Je vous avoue que je suis peu flattée du prétendu bonheur de ce prince, s'il le faut acheter par une alliance aussi honteuse pour nous et aussi indigne de lui.»

[La Belle renonce par amour au prince, ne demandant que de retourner dans sa famille et démontrant à nouveau ses immenses vertus et son désintéressement. Le prince préférerait redevenir la Bête plutôt que de renoncer à la Belle. La reine est ébranlée, mais son orgueil l'emporte. La fée, dont les pouvoirs sont supérieurs à ceux de la reine, juge les amants dignes l'un de l'autre et reproche à la reine la fierté que lui inspire son rang. Mais, elle révèle aussi qu'il n'y a pas d'inégalité de conditions après tout!]

«Votre naissance n'est point inférieure à la sienne. L'avantage même est très considérable de votre côté, puisqu'il est vrai, dit-elle fièrement à la reine, que voilà votre nièce, et ce qui vous la doit rendre respectable, c'est qu'elle est la mienne, étant fille de ma sœur[...]. Cette fée, sachant estimer le vrai mérite fit honneur au roi de l'Île heureuse, votre frère, de l'épouser. J'ai garanti le fruit de leurs amours des fureurs d'une fée qui voulait être sa belle-mère.»

[La reine, interdite et confuse, reconnaît sa faute, et met son obstination sur le compte du désir qu'elle avait eu de donner son fils justement à cette nièce! «Nous voilà tous contents», conclut la fée. Enfin seuls, les nouveaux époux s'expriment leur tendresse mutuelle. Quand la Belle demande par quel malheur son amant avait été si cruellement métamorphosé en Bête, celui-ci répond par «L'Histoire de la Bête».]

L'Histoire de la Bête

[Le roi, père du prince, est mort avant la naissance de son fils. Obligée de mener la guerre contre un voisin qui croit qu'il serait «facile de s'emparer des états d'un enfant gouvernés par une femme», la reine confie, à regret, son fils à une fée dont la réputation n'est pas bonne. Alors, «avec un courage au-dessus de son sexe, elle se mit à la tête de ses troupes et alla défendre nos frontières.» L'adversaire s'avère si habile et si fourbe que la reine est forcée de ne pas s'éloigner de son armée pendant quinze ans. Entre-temps, la fée élève le prince comme une mère. Mais ensuite, revenue d'une absence de quelques années, «elle conçut pour moi une tendresse différente de celle d'une mère». Cette fée, «vieille, laide, et d'un caractère hautain», désire qu'il l'épouse. «Je n'avais d'autre passion que celle de revoir la reine et de me signaler à la tête de ses armées.» Accompagnée par la fée qui espère obtenir le consentement de la reine à ce mariage, il retrouve sa mère, se distingue par ses exploits militaires, et la reine, craignant d'exposer son fils à de nouveaux dangers, fait la paix avec l'ennemi. Quand la reine et son fils refusent l'horrible proposition de la fée, celle-ci donne au prince un coup sur la tête qui le métamorphose en la Bête. D'un ton moqueur la fée explique à quelles conditions il pourra faire cesser l'enchantement et retrouver sa première forme:]

«Va faire des conquêtes illustres et plus dignes de toi qu'une auguste fée. Et comme on n'a point besoin d'esprit quand on est aussi beau, je t'ordonne de paraître aussi stupide que tu es affreux et d'attendre dans cet état, pour reprendre ta première forme, qu'une fille, belle et jeune, vienne volontairement te trouver, quoiqu'elle soit persuadée que tu la doives dévorer. Il faut aussi, continua-t-elle, qu'après qu'elle ne craindra plus pour sa vie, elle prenne une assez tendre affection pour te proposer de l'épouser. Jusqu'à ce que tu rencontres cette rare personne je veux que tu sois un sujet d'horreur pour toi-même, et pour tous ceux qui te verront...»

[Survient la bonne fée pour empêcher et la mère et le fils de se suicider. Elle promet de les aider à remplir les conditions difficiles pour mettre fin à l'enchantement. Pour empêcher les gens qui avaient accompagné la reine de révéler la vraie identité de la Bête et donc rendre impossible son retour à sa première forme, la fée bienfaisante les change—le temps que leur discrétion demeure nécessaire—en statues, celles mêmes que la Belle avait remarquées un peu partout au château de la Bête. Le prince récapitule ensuite de son point de vue l'histoire de l'arrivée du marchand et du séjour de la Belle au château. Son récit se termine ainsi:]

«Quand le secret de votre naissance eût toujours été pour moi un mystère, la reconnaissance et l'amour ne m'auraient pas moins fait sentir qu'en vous possédant je serais le plus heureux de tous les hommes.»

[Le vieux roi, père de la Belle, arrive dans toute sa splendeur. Suit avec la Belle, qu'il avait crue morte, une tendre scène de reconnaissance très XVIIIe siècle. Il s'émeut de retrouver en elle les traits de «la tendre et incomparable épouse que la mort [lui] a ravie.» La fée prend la parole pour expliquer devant le roi, à la Belle et au prince, les lois de l'Île heureuse: on ne choisit la personne qu'on va épouser qu'en consultant son goût, «afin que rien ne s'oppose à son bonheur». Ainsi, le vieux roi avait choisi une jeune bergère, trop vertueuse pour se contenter d'être la maîtresse du roi. Il l'avait élevée sur le trône, lui donnant un rang duquel «la bassesse de sa naissance semblait la devoir exclure, mais qu'elle méritait par la noblesse de son caractère et la beauté de son âme.» Celle-ci meurt malheureusement pendant un voyage du roi, peu de temps après la naissance de la Belle. La fée révèle au roi que la bergère n'était autre qu'une fée déguisée, sa sœur à elle. Mais en épousant le roi, cette fée avait commis une faute contre les lois de son état qui lui avait fait courir un grand danger.]

«Car nos lois défendent directement toute alliance avec ceux qui n'ont pas autant de puissance que nous, surtout avant que nous ayons assez d'ancienneté pour avoir de l'autorité sur les autres et jouir du droit de présider à notre tour.

«Avant ce temps, nous sommes subordonnées à nos anciennes, et pour que nous n'abusions pas de notre pouvoir, nous n'avons celui de disposer de nos personnes qu'en faveur d'une Intelligence[3], ou d'un sage, de qui la puissance

3. Fée.

soit au moins égale à la nôtre. Il est vrai qu'après la vétérance nous sommes maîtresses de faire quelle alliance il nous plaît; mais il est rare que nous usions de ce droit, et ce n'est jamais qu'au scandale de l'Ordre, qui ne reçoit cet affront que rarement, encore est-ce de la part de quelques vieilles fées qui paient presque toujours cher leur extravagance, car elles épousent de jeunes gens qui les méprisent [...].»

[La mésalliance de la fée, mère de la Belle, provoque des agitations parmi les fées. L'une d'entre elles, vieille et surnommée la Mère des Temps, insiste:]

«L'honneur de l'Ordre y est absolument engagé. Cette misérable attachée à la terre ne regrette point la perte d'une dignité qui l'élevait cent fois plus au-dessus des rois qu'ils ne le sont au-dessus de leurs sujets. Elle nous apprend que son affection, ses craintes et ses désirs se tournent vers son indigne famille. C'est par cet endroit qu'il la faut punir. Que son époux la regrette. Que sa fille, fruit honteux de ses lâches amours, épouse un monstre pour lui faire expier la faiblesse d'une mère qui a eu la faiblesse de se laisser charmer par la beauté fragile et méprisable de son père.»

[Cette opinion l'emporte. La fée reste prisonnière parmi les siennes, tandis que dans l'Île heureuse, pour cacher sa mystérieuse disparition au roi absent, les gens de la Cour envoient à celui-ci l'annonce de sa mort. La méchante fée, la même qui transforme le prince en la Bête, s'insinue par un déguisement chez le roi, père de la Belle, dans le dessein de devenir, malgré sa laideur, son épouse. Le roi ne se laisse pas duper. Alors,] «elle conçut pour [la Belle] une haine aussi forte que celle qu'elle avait contre votre épouse et prit la résolution de s'en défaire, ne doutant point que si elle était morte, vos sujets renouvelant leurs instances, vous forçassent à vous mettre en état de laisser des successeurs... La bonne femme n'était guère en âge d'en donner, mais cette supercherie ne lui ferait rien. La reine de qui elle avait pris la ressemblance était assez jeune pour en avoir encore beaucoup [...].»

[La bonne fée sauve la Belle en la confiant au marchand. Le roi croit qu'elle est morte dans un accident, alors qu'elle était confiée à la méchante fée, déguisée en reine. Le roi renvoie cette fée de son royaume.] «Ce fut alors que, cherchant à se consoler de votre indifférence, elle se retourna auprès du prince et qu'elle renouvela ses soins; elle le chérit, elle l'aima trop, et cette fée ne pouvant s'en faire aimer lui fit ressentir un terrible effet de sa fureur.»

[Entre-temps la bonne fée s'engage à faire ce qui est en son pouvoir pour détruire les «charmes[4] funestes» de ses mauvaises compagnes, et s'occupe

4. Sortilèges.

particulièrement de sa nièce qui, installée chez le marchand, lui donne entière satisfaction par ses vertus et sa tranquillité au milieu de l'infortune de sa prétendue famille. La bonne fée observe, «par bonheur», dans le Grand Livre, le moment où la méchante fée transforme le prince en la Bête, ravie de voir les circonstances que cette fée «barbare» et «vindicative» met à la délivrance du prince, car elles lui fournissent l'occasion de montrer que sa nièce est digne de sortir du plus pur sang des fées. Montrant le Grand Livre aux autres fées, elle leur dévoile la scélératesse de «la vieille amoureuse» qui est ainsi «dégradée de l'Ordre» et disgraciée à jamais. Se vantant d'avoir uni la Belle et le prince, la bonne fée conclut:]

«Enfin, j'ai conduit heureusement toutes choses à leur perfection.

«Oui, Prince, vous n'avez plus rien à redouter du côté de votre ennemie. Elle est dépouillée de sa puissance, et ne sera jamais en pouvoir de vous nuire par de nouveaux charmes. Vous avez exactement rempli les conditions qu'elle vous avait imposées [...]. Vous vous êtes fait aimer sans le secours de votre esprit et de votre naissance, et vous, la Belle, vous êtes pareillement quitte de la malédiction que la Mère des Temps vous avait donnée. Vous avez bien voulu prendre un monstre pour votre époux. Elle n'a plus rien à exiger. Tout est désormais porté à votre bonheur.»

[Au bonheur du vieux roi et à la grande surprise de la bonne fée, on entend tout d'un coup une musique qui indique le triomphe des fées et voilà qu'apparaît au beau milieu de l'assemblée, la fée, reine de l'Île heureuse et mère de la Belle! Cette fée n'est plus prisonnière dans la moyenne région de l'air grâce au courage qu'elle a montré, «qui l'avait portée à exposer ses jours pour une autre». Car elle a obtenu sa liberté en risquant sa vie pour sauver la fille de la reine des fées. «Cette action m'a rendue vétérante[5], et par conséquent indépendante. Je n'ai pas tardé à profiter de ma liberté pour me rendre ici et rejoindre une famille si chère.» Suit une scène d'attendrissement général.

Arrivent ensuite le marchand—qualifié désormais de «Bonhomme»—ses fils, ses filles et leurs maris. Scène d'attendrissement entre «le père» et la Belle. Le marchand serre la Belle dans ses bras «en lui mouillant le visage des larmes que sa joie lui faisait répandre».

La bonne fée met fin à cette scène, prévenant le marchand:]

«[V]ous avez suffisamment prodigué vos caresses à cette princesse; il est temps que cessant de la regarder comme un père, vous appreniez que ce titre ne vous appartient pas, et que vous devez à présent lui rendre hommage comme

5. Vétérane.

à votre souveraine. Elle est princesse de l'Île heureuse, fille du roi et de la reine que vous voyez. Elle va devenir l'épouse de ce prince. Voilà la reine, sa mère, sœur du roi. Je suis fée, son amie, et tante de la Belle. Quant au prince, ajouta-t-elle, en voyant que le Bonhomme le regardait fixement, il vous est plus connu que vous ne pensez, mais il est différent de ce que vous l'avez vu; en un mot, c'est la Bête elle-même.» [...]

Le marchand ne put s'empêcher de pleurer, sans pouvoir décider si ses larmes provenaient du plaisir de voir le bonheur de la Belle ou de la douleur de perdre une fille si parfaite. [La Belle veut récompenser le marchand et sa famille d'une si tendre affection.] Sa prière témoignait trop la bonté de son cœur pour qu'elle ne fût pas écoutée. Ils furent comblés de biens, et sous le bon plaisir du roi, du prince, et de la reine, la Belle leur conserva les noms affectueux de père, de frères, et même de sœurs, quoiqu'elle n'ignorait pas que ces dernières n'en avaient pas plus le cœur que le sang.

[Le vieillard et ses enfants demeurent à la cour de la Belle et vivent auprès d'elle «dans un rang assez illustre pour être généralement considérés». Le mariage entre la Belle et le prince se célèbre enfin, mais cette fois, «pendant la nuit qui suivit cet heureux jour, le prince ne fut point frappé du charme assoupissant sous lequel il avait succombé dans celle des noces de la Bête».

Le jeune couple heureux a «entièrement oublié la grandeur souveraine, ainsi que l'embarras qui la suit». La bonne fée les rappelle à leurs devoirs et les avertit qu'il faut quitter le merveilleux château pour regagner leur royaume: «mais le prince et la Belle obtinrent qu'il leur serait permis de venir quelquefois en ce lieu se délasser des peines inséparables de leurs conditions, et qu'ils y seraient servis par les génies invisibles ou les animaux qui leur avaient tenu compagnie les années précédentes». Grâce aux pouvoirs des bonnes fées, mère et tante de la Belle, les membres des deux familles royales ainsi que la famille du marchand rajeunissent, «en sorte qu'on n'a jamais vu tant vivre».]

La reine, mère du prince, n'oublia pas de faire inscrire cette histoire merveilleuse dans les archives de cet empire et dans celles de l'Île heureuse pour la transmettre à la postérité. On en envoya des relations par tout l'univers, afin qu'il y fût éternellement parlé des aventures prodigieuses de la Belle et de la Bête.

Mademoiselle de Chon finit ainsi son conte. Il avait agréablement occupé la compagnie à cinq reprises différentes. Elle en eut des compliments qu'elle regarda comme un effet de la politesse de ses auditeurs. Mais la petite Robercourt en était si ravie qu'elle sautait au col des uns et des autres pour les remercier des honnêtetés qu'ils faisaient à cette fille. Quoiqu'il y eût près de deux heures qu'elle parlait, cet enfant qui ne doutait point qu'on eût pris autant de plaisir qu'elle-même au récit de la Belle et de la Bête, voulait sans tarder que sa chère de Chon en recommençât un autre.

La parente modéra cette ardeur [...].

# *Françoise de Graffigny*

(1695–1758)

Œuvre charnière dans l'évolution du roman et l'un des livres les plus lus au XVIII^e siècle, les *Lettres d'une Péruvienne* (1747) de Françoise de Graffigny pourraient servir d'emblème à la relation précaire entre les femmes écrivains et la tradition littéraire.

La parution des *Lettres d'une Péruvienne* fut saluée comme un événement. Accueillies par la critique comme un des «meilleurs livres de morale, de philosophie et de poésie» (Fréron), louées pour leur style délicat et passionné (l'abbé

Françoise de Graffigny (Bibliothèque nationale de France)

Raynal) et pour la «sagacité» de leurs observations sur les mœurs françaises (*Mercure de France*), les *Lettres d'une Péruvienne* jouirent d'un succès éclatant auprès du grand public et furent un des best-sellers de l'époque. Rééditées de nombreuses fois (trente éditions rien qu'entre 1747 et 1777 et plus de cent trente éditions et traductions jusqu'en 1835), traduites en sept langues, suscitant plusieurs suites tant en français qu'en anglais et en espagnol et inspirant des adaptations (dont une comédie, *La Peruviana,* du dramaturge italien Goldoni en 1754), elles firent de Graffigny la femme de lettres la plus en vue et l'un des auteurs les plus respectés de son temps, non seulement en France mais dans toute l'Europe. Sa réputation fut confirmée en 1750 par le triomphe de *Cénie,* drame sentimental dans le nouveau genre de la «comédie larmoyante» mis à la mode par Nivelle de La Chaussée. De toutes les pièces des rares femmes dramaturges jouées à la Comédie-Française au XVIIIe siècle, c'est *Cénie* qui, plusieurs fois reprise, connaîtra le plus de représentations. La seconde édition des *Lettres d'une Péruvienne,* parue en 1752, remaniée, augmentée d'une «Introduction historique» et de trois lettres nouvelles, ne fit qu'assurer «la réputation très brillante et très étendue dont elle jouit» (*Mercure de France,* 1752).

Pourtant l'oubli commençait à ensevelir le nom de Graffigny et les *Lettres d'une Péruvienne* quand parurent en 1820 sous le titre *Vie privée de Voltaire et de Madame du Châtelet, pendant un séjour de six mois à Cirey; par l'Auteur des Lettres péruviennes* une trentaine de lettres envoyées par Graffigny à son ami Devaux pendant sa halte à Cirey (décembre 1738–février 1739) alors qu'elle était en route vers Paris. Si ce livre répondait à la curiosité des lecteurs sur les détails de la vie intime de Voltaire chez sa maîtresse, il eut pour effet de limiter la réputation de Graffigny à celle de témoin privilégié du grand philosophe et, grâce à de nombreux ajouts falsifiant sa voix et son écriture, de répandre une image stéréotypée de l'auteur: femme sensible, pas très intelligente, plutôt indiscrète, raffolant de commérages. Le coup de grâce fut porté par l'éminent critique Sainte-Beuve qui en 1850 rassurait ses lecteurs: «On peut être tranquille, je ne viens parler ici ni du drame de *Cénie,* ni même des *Lettres péruviennes,* de ces ouvrages plus ou moins agréables à leur moment, et aujourd'hui tout à fait passés. Je viens surtout parler de Voltaire, chez qui Mme de Graffigny nous introduit» (*Causeries du lundi*). Et il leur conseillait de lire la longue lettre sur le roman que le jeune Turgot, futur homme politique et économiste, adressa à Graffigny en 1751, «autant que je conseille peu de rouvrir les *Lettres d'une Péruvienne*». Cette attitude condescendante et le déplacement de l'intérêt vers les «grands hommes» reflètent l'influence des anthologies et histoires littéraires à usage pédagogique de la fin du XVIIIe siècle et du début du XIXe, ouvrages où l'apport des femmes au développement du roman au XVIIIe siècle fut systématiquement gommé ou minimisé. Ainsi, le roman de Graffigny fut exclu des œuvres canoniques du siècle des Lumières et tomba dans l'oubli pendant près de 150 ans. Ce fut en vain qu'en 1811, dans *De l'influence des femmes sur la littérature française,* tentative pour faire reconnaître des œuvres canoniques féminines, Stéphanie-Félicité de Genlis le plaça au-dessus des romans de Marivaux et de Prévost—«Aucun homme n'a laissé [...] *La Princesse de Clèves, Les Lettres péruviennes,* les *lettres de madame Riccoboni*»—de même qu'à la fin du XIXe siècle l'inclusion des *Lettres d'une Péruvienne* par Louise d'Alq (Alquié de Rieupeyroux) dans son *Anthologie féminine* (1893), ouvrage qui avait justement pour but de remédier à la carence des femmes dans les anthologies, resta sans effet. Un seul ouvrage consacré à Graffigny au début du XXe siècle, ne fit que perpétuer, à commencer par son titre, *Une «Primitive» oubliée de l'école des «Cœurs sensibles»* (Georges Noël, 1913), l'image de l'auteur retenue par la tradition. Enfin, une édition critique parue en Italie en 1967 et des travaux d'érudits aux États-Unis et en Allemagne pendant les années 1960 et 1970 entamèrent la réhabilitation du roman; l'édition Garnier-Flammarion en 1983, le diffusant à un public plus vaste et le rangeant parmi les œuvres canoniques publiées par cet éditeur, favorisa la reconnaissance des *Lettres d'une Péruvienne* comme un des classiques du XVIIIe siècle. De nouvelles approches féministes, culturelles et post-coloniales, ont restitué à ce roman la vitalité, la richesse et la force de contestation que les lecteurs de son temps y reconnurent, à leur façon, les premiers.

L'écriture fut pour Graffigny non seulement une vocation mais un métier occasionné par le besoin. De petite noblesse, Françoise d'Issembourg Du Buisson d'Happoncourt naquit le 11 février 1695 à Nancy: son père fit carrière dans l'armée; sa mère, de vieille souche lorraine, était la nièce du célèbre graveur Jacques Callot. Françoise n'avait même pas dix-sept ans quand sa famille la maria, en janvier 1712, à François Huguet de Graffigny (ou Grafigny), chambellan à la cour du duc Léopold, dont elle aura trois enfants, tous morts en bas âge. Mariage malheureux, assailli par des problèmes d'argent et par les violences du mari. Joueur, François gaspilla la fortune du ménage et mit en péril la dot de sa femme. Brutal et jaloux, il la battit régulièrement et l'humilia. Cette situation produisit le premier écrit que nous possédons d'elle, une lettre adressée vers 1716 à son père le suppliant de venir la chercher, car elle était «en grand danger et [...] toute brisée de coups». Les mauvais traitements furent tels que François dut à un moment être arrêté et enfermé; enfin, en 1723, Françoise réussit, non sans peine vu les droits pratiquement sans bornes des maris au XVIIIe siècle, à obtenir une séparation légale (le couple vivait séparément depuis 1718), preuve du caractère extrême des violences et de la gravité de la menace financière. La critique du mariage à la française dans les *Lettres d'une Péruvienne* s'inspirera de cette expérience personnelle. François Huguet de Graffigny mourut en 1725.

Libre, mais sans ressources, sa veuve trouva en Madame, duchesse et future régente de Lorraine, une protectrice, et s'établit à la petite cour de Lunéville. Époque heureuse où, en lisant et en fréquentant un cercle de poètes, de dramaturges, et de passionnés de littérature, dont Jean-François de Saint-Lambert et le jeune François-Antoine Devaux, dit Panpan—l'ami qui deviendra le destinataire privilégiée d'une correspondance régulière étalée sur vingt ans—Graffigny put compenser les déficiences d'une éducation privée, la seule concédée de son temps aux jeunes filles nobles. C'est de cette époque aussi que datent ses premiers essais littéraires, des pièces, des dialogues et même un roman, pour la plupart disparus, entrepris sans doute en collaboration avec ses amis et destinés à ce petit cercle. Parmi ses connaissances de Lunéville se trouvait également un jeune officier de cavalerie, Léopold Desmarest, de treize ans son cadet, le grand amour de sa vie. Leur liaison turbulente durera d'environ 1727 jusqu'en 1743.

Cette période heureuse prit fin quand, en 1736, le duché de Lorraine fut cédé au roi dépossédé de Pologne, et que la cour fut dispersée. Toujours sans grandes ressources et dépendante de protecteurs, Graffigny décida de tenter ses chances à Paris. En route, elle fut d'abord bien accueillie à Cirey par Émilie du Châtelet et Voltaire, mais elle finit par en être chassée, soupçonnée à tort par Émilie du Châtelet d'avoir compromis Voltaire en faisant circuler des copies de son poème irrévérencieux, *La Pucelle*. À Paris, elle connut d'autres difficultés matérielles. Sa protectrice, la duchesse de Richelieu, chez qui elle vivait en tant que dame de compagnie, mourut en 1740. Elle dut alors chercher asile dans des couvents, d'abord comme compagne de la princesse de Ligne, puis comme pensionnaire. Ce ne fut qu'en 1742 qu'elle put enfin s'installer chez elle, dans une maison près du Luxembourg louée avec deux amies («Ah, que cela est bon, un chez-soi!» lettre à Devaux, 27 novembre 1742). Sa volumineuse correspondance, près de 2.500 lettres, nous livre avec une rare franchise le détail de sa vie à Paris: soucis d'argent, déménagements, amours, observations sociales, fréquentations littéraires et artistiques, problèmes de santé et autres particularités de la vie intime. Constituant une sorte d'autobiographie, ces lettres d'une des grandes épistolières du siècle portent un témoignage précieux sur la vie d'une femme d'un certain âge, de petite noblesse et sans grands moyens, cherchant à mener une vie indépendante à travers la littérature et en dehors du mariage au siècle des Lumières.

En 1742 également, elle se lia à la Société du Bout-du-Banc, petit cercle alors à ses débuts animé par Jeanne-Françoise Quinault, actrice retirée, et son ami le comte de Caylus. Elle y nouera des relations avec les meilleurs esprits de l'époque: Rousseau, Marivaux, Crébillon fils, La Chaussée, Piron, Maurepas, Helvétius et le romancier et historien Charles Duclos, qui facilitera la publication de ses œuvres. C'est là qu'elle parfit son apprentissage littéraire, donnant son avis sur les œuvres d'écrivains de renom et contribuant elle-même deux contes à des ouvrages collectifs du cercle publiés en 1745: «Nouvelle espagnole, le mauvais exemple produit autant de vertus que de vices» (*Recueil de ces messieurs*) et «La Princesse Azerolle» (*Cinq contes de fées*).

Forte de cette expérience et profitant de l'influence de ses amis, Graffigny entama une carrière d'écrivaine, le seul métier ouvert alors à une femme ambitieuse qui voulait maintenir son indépendance, produisant en trois ans les deux œuvres qui assurèrent sa renommée et, provisoirement, ses finances, *Lettres d'une Péruvienne* et *Cénie*. Entreprise délicate, car, pour faire métier d'écrire, elle devait braver les préjugés contre les femmes écrivains, taxées de pédantisme, de ridicule, d'impudeur, de virilité par une critique misogyne particulièrement virulente, et même souvent accusées, comme elle le fut, de ne pas avoir elles-mêmes écrit leurs œuvres. Mais Graffigny rejetait l'idée que l'activité intellectuelle était interdite à son sexe, même si, son éducation de femme étant insuffisante, elle eut besoin de recourir à l'aide de ses amis masculins pour corriger la grammaire, la ponctuation et l'orthographe de ses manuscrits et négocier auprès des libraires et des acteurs. Parce qu'elle sut équilibrer avec habileté le respect des bienséances et ses ambitions professionnelles, elle put pendant quelque temps vivre de sa plume. Si elle ne reçut que 300 livres pour la première édition des *Lettres d'une Péruvienne,* publiée anonymement pour ne pas compromettre sa réputation de femme bien née, le théâtre, d'un accès bien plus difficile pour les femmes, fut plus lucratif. *Cénie,* qu'elle écrivit en prose plutôt qu'en vers de crainte de faire figure de bas-bleu, lui rapporta en 1750 2.500 livres pour les représentations et 1.000 pour la publication. Grâce à l'intervention de Malesherbes, elle obtint enfin une somme considérable et un privilège pour la seconde édition de son roman (1752); mais son nom, qui n'apparaît toujours pas sur la page de titre, est enfoui dans le privilège du roi.

En 1750, elle établit un salon qui comptera parmi ses hôtes les plus grands personnages du monde littéraire, artistique, politique et philosophique: Caylus, Crébillon fils, Duclos, Fréron, La Chaussée, Marivaux, Marmontel, Maupertuis, Prévost, Rousseau, Saint-Lambert, Voltaire, Choiseul, Malesherbes, Turgot, Helvétius, pour n'en citer que les plus connus. En l'espace de cinq ans, elle était devenue une femme célèbre. Malheureusement, sa célébrité se retourna contre son écriture. Happée par ses devoirs d'hôtesse, par les conseils littéraires et la protection que ses amis lui réclamaient sans cesse, elle n'eut plus beaucoup de loisirs pour écrire. La sociabilité prit le pas sur la littérature. Pour subsister, elle obtint une pension de la famille impériale autrichienne et composa quelques saynètes morales (*Ziman et Zénise*, 1749; *Les Saturnales*, 1752...) à l'usage des enfants de la cour impériale de Vienne, dont Marie-Antoinette, future reine de France. Dans ce genre elle précéda Stéphanie-Félicité de Genlis, à qui l'on attribue généralement le mérite d'avoir inventé le théâtre pour enfants.

Pressée encore par le besoin d'argent, Graffigny entreprit une seconde pièce, *La Fille d'Aristide* (1758), histoire d'une femme qui se vend en esclavage pour payer une dette de son bienfaiteur, situation qui n'est pas sans rappeler celle des femmes contraintes par leur famille à des mariages arrangés pour régler des problèmes d'argent. Comme *Cénie*, qui dépeint les malheurs d'une jeune femme vertueuse mais illégitime, *La Fille d'Aristide* examine le statut de la femme en France au XVIII$^{e}$ siècle, mettant en scène les conditions difficiles de survie économique et sociale et d'affirmation de soi chez des femmes vivant, comme Graffigny elle-même, en marge des institutions sociales. Gâtée, paraît-il, par les mauvais conseils de ses nombreux collaborateurs littéraires, la pièce fut un four. Les nerfs toujours fragiles de Graffigny se ressentirent de cet échec. Elle mourut la même année, alors qu'elle corrigeait, dit-on, les épreuves de sa pièce, laissant 42.000 livres de dettes.

*Lettres d'une Péruvienne* est l'histoire de Zilia, une princesse inca fiancée à Aza, brutalement enlevée par les Espagnols au moment de leur conquête du Pérou. Capturée avec eux par des Français dont le chef, Déterville, tombe amoureux d'elle, elle est emmenée en France. Mais elle reste fidèle à Aza, lui écrivant des lettres d'abord avec des *quipos*, cordons qui servaient de succédané à l'écriture chez les Incas, puis, ses cordons épuisés, dans la langue française et l'écriture, qu'elle se voit obligée d'apprendre afin de continuer sa correspondance. Petit à petit, ses lettres se transforment de plaintes d'amoureuse ne cherchant des «lumières» que pour retrouver son amant, en critique de la civilisation et des mœurs françaises. Aza est enfin retrouvé en Espagne où, converti au christianisme, il s'est fiancé à une Espagnole. Malgré cette double trahison, Zilia refuse elle-même d'être «parjure». Elle n'épousera donc pas Déterville, qui a profité des circonstances pour renouveler ses instances. Dans sa dernière lettre, elle l'invite, en revanche, à partager sa retraite à la campagne dans une maison achetée avec les restes du trésor inca qu'il lui avait restitués, lui offrant à la place de l'amour le plaisir de l'amitié et de l'échange intellectuel.

Les *Lettres d'une Péruvienne* marquent une étape décisive dans l'évolution du roman par lettres, genre qui va dominer la seconde moitié du XVIIIe siècle. Le roman de Graffigny combine de façon originale deux types de romans épistolaires: le type «philosophique» et le type «sentimental», soit la critique ironique de la société faite par un étranger et la suite passionnée d'une femme trahie et abandonnée. Pour les lecteurs du XVIIIe siècle la situation de Zilia rappelait inévitablement celle de l'héroïne délaissée des *Lettres portugaises* de Gabriel-Joseph de Lavergne de Guilleragues (1669), lettres prises à cette époque pour authentiques et pour un modèle d'épistolarité féminine. Mais Graffigny ne mentionne jamais ce modèle, justement parce qu'elle entend s'en démarquer en créant une héroïne qui dépasse les limites de cette intrigue pathétique et sentimentale, héritée de l'Antiquité (Ovide, *Les Héroïdes*). Ainsi, Zilia surmonte à la fin son désespoir d'amante trahie, ayant découvert dans l'activité intellectuelle et «le plaisir d'être» des raisons suffisantes pour vivre. En citant dans l'Avertissement les *Lettres persanes* de Montesquieu (1721), Graffigny cherche plutôt à situer les *Lettres d'une Péruvienne* par rapport à une tradition philosophique qui met en scène un étranger ingénu pour faire l'observation satirique des mœurs et pour aborder les grandes questions des Lumières (la religion, la politique, la réforme sociale...). Dans les *Lettres persanes,* comme dans la plupart des romans de ce genre, les observateurs sont des hommes et ils voyagent volontairement, tandis que les femmes restent chez elles, enfermées au harem. La grande originalité de Graffigny est d'avoir mis à la place de l'observateur une femme et d'avoir fait de cette femme le sujet d'une intrigue moins sentimentale qu'intellectuelle, en dépit de l'amour qui sert de prétexte à sa correspondance. En brisant le cadre où était confiné à son époque le roman féminin, elle montre qu'une femme peut écrire autre chose que des lettres d'amour: elle peut écrire, au même titre que les hommes et en dialoguant avec eux, des réflexions philosophiques (voir à la fin du siècle, les *Lettres sur la sympathie* de Sophie de Condorcet et, par contraste, les lettres d'amour de Julie de Lespinasse). D'où les notes explicatives, les références à des autorités masculines et l'inclusion d'une «Introduction historique», tout un appareil érudit insolite dans un roman d'amour, traduisant l'intention ethnographique et la volonté philosophique derrière la fiction sentimentale. Vu les limites que la société imposait alors aux déplacements des femmes, pour présenter une héroïne qui voyage et qui observe une société étrangère, il fallait la faire enlever, ce qui explique le saut anachronique de la conquête du Pérou par les Espagnols au XVIe siècle à la société française du XVIIIe siècle. Cet anachronisme permet aussi à Graffigny de mettre en question l'ethnocentrisme européen en contrastant à la France non un pays primitif—Zilia ne suit pas non plus le modèle contemporain du «bon sauvage»—mais une civilisation différente, présentée de façon utopique comme une société «naturelle» face aux artifices de la société française, et d'évoquer en même temps un Pérou colonisé, spolié, réduit à l'état de victime—critique implicite de l'inégalité culturelle et de l'entreprise coloniale à l'époque même où la France développait les comptoirs des Indes. En faisant de l'étranger une *femme* conquise par la culture dominante, Graffigny suggère l'inégalité sexuelle derrière l'inégalité culturelle, ouvrant la voie à la critique féministe par l'héroïne des structures patriarcales en France. Zilia apparaît alors comme une héroïne de roman tout à fait originale: philosophe féministe, intellectuelle du Tiers Monde, femme «exotique» ni cause de désordre ni suicidaire (comme la Roxane des *Lettres persanes*), mais digne, sérieuse et enfin indépendante. Singularité qui s'affiche dès le titre: non les *Lettres péruviennes* à l'instar de Montesquieu et de Guilleragues, mais les *Lettres d'une Péruvienne*.

Autre originalité par rapport aux romans de l'époque: dans cette confrontation de cultures, ni la France ni le Pérou n'a la supériorité. Au fur et à mesure que Zilia acquiert des «lumières», elle reconnaît et la valeur et les limites de sa vision péruvienne, et les aspects positifs et les aspects négatifs de la civilisation européenne. C'est alors en égale qu'elle propose à Déterville un échange de connaissances, ayant compris que chacun peut bénéficier de la rencontre avec l'autre: l'autre culture, mais aussi—dans la mesure où les stéréotypes culturels associent femme et sensibilité, homme et raison—l'autre sexe.

De ce mélange entre l'héroïde tragique et la confrontation des cultures Graffigny crée donc un roman d'apprentissage. Inspirée par le sensualisme du philosophe anglais John Locke et anticipant *Le Traité des sensations* de Condillac (1754), elle met au centre du roman l'expérience perceptuelle de Zilia au contact d'une civilisation inconnue, expérience douloureuse d'un processus d'assimilation culturelle qui met en question son identité. Cet emploi du roman par lettres pour mettre en valeur l'évolution d'une conscience fait du roman de Graffigny un jalon important dans le développement du genre, annonçant le dialogue des consciences dans *Julie, ou La Nouvelle Héloïse* de Jean-Jacques Rousseau (1761), dont la forme polyphonique, esquissée ici par le changement de destinataire pour les dernières lettres, va dominer la seconde moitié du siècle.

Précurseur original de Rousseau, Graffigny l'est aussi en développant des thèmes préromantiques et socialistes avant la lettre: la critique du luxe et de l'inégalité économique (lettre XX), d'un progrès matériel qui s'accompagne de dégradation morale; l'opposition nature/culture ou nature/société et la défense d'une morale primitiviste («Heureuse la nation qui n'a que la nature pour guide, la vérité pour principe, et la vertu pour mobile», lettre XXXII); la valorisation de la sensibilité et du «plaisir d'être», sentiment de plénitude existentielle et d'union avec la nature (voir Rousseau, *Les Rêveries d'un promeneur solitaire,* 1782); la recherche d'une langue «transparente» qui ne soit pas un obstacle entre les consciences; l'amour sublimé en amitié comme idéal de sociabilité. Le mérite des *Lettres d'une Péruvienne* est d'avoir accompli cette fusion harmonieuse entre la forme épistolaire et les grands thèmes philosophiques de son temps.

Le dénouement original des *Lettres d'une Péruvienne* déconcerta les lecteurs du XVIII^e siècle: ne se terminant ni par un mariage, ni par la mort, ni par le couvent, le destin de Zilia leur semblait inachevé. Prenant le roman pour une simple histoire d'amour, ils ne le situèrent pas non plus dans la tradition romanesque féminine du *Grand Cyrus* de Scudéry et surtout de *La Princesse de Clèves* de Lafayette, romans dissidents qui avaient déjà envisagé d'autres choix pour leurs héroïnes. À l'exemple de celles-ci, Zilia invente à la fin un accommodement qui garantit sa liberté, avec la civilisation française et avec le patriarcat. Propriétaire d'une fortune et d'une maison où elle peut étudier et écrire, et compensant par l'industrie cette complicité avec les privilèges tant décriés de l'aristocratie française, Zilia, indépendante, affirme son droit à la différence. De plus, au moment même où se développent une nouvelle notion bourgeoise de la famille et une idéologie de la maternité qui vouent la femme à la sphère privée, Zilia incarne la possibilité de mener une vie autonome et de jouer un rôle contestataire dans la sphère publique. Ce dénouement si peu conventionnel des *Lettres d'une Péruvienne* déçut tellement certains des premiers lecteurs qu'il provoqua des suites destinées à les terminer plus «convenablement». L'une d'entre elles, les *Lettres d'Aza* par Hugary de Lamarche-Courmont (1749), qui marie Zilia à Aza et renvoie ces deux étrangers au Pérou, obtint un vif succès et fut même souvent publiée avec le roman sans l'autorisation de Graffigny. Dans sa lettre de 1751 à l'auteur, Turgot aussi plaida en faveur du mariage avec Aza mais, récusant la critique sociale, réclama une Zilia française. Et, dans une dernière *Suite des Lettres d'une Péruvienne* datant de la fin du siècle (1797), une certaine Madame Morel de Vindé fit de Zilia l'épouse d'un Déterville ruiné à qui elle offre sa fortune, et, comme pour souligner sa double soumission, à la civilisation française et à un homme, l'installa dans son château à lui. Graffigny refusa de modifier son dénouement («tranquillise-toi, Zilia ne sera pas mariée; je ne suis pas assez bête pour cela», lettre à Devaux, 7 septembre 1750); au contraire, dans la seconde édition, elle ne fit que renforcer le thème féministe, ajoutant en particulier, pour mieux motiver le choix final de l'héroïne et le rendre vraisemblable d'après ses réflexions, la lettre XXXIV dénonçant l'éducation et la condition des femmes en France. (Sur ces grands thèmes du XVIIIe siècle, voir plus loin *Avis d'une mère à sa fille* et *Réflexions nouvelles sur les femmes* d'Anne-Thérèse de Lambert).

Si Graffigny s'inspire sans doute de toute une tradition de romans féminins qui résistent aux intrigues patriarcales, elle devient à son tour modèle pour d'autres romancières qui cherchent de même à envisager la place de l'autre—femme, race, nationalité, femme écrivain—dans un système culturel qui entend la subordonner ou l'exclure. Jalon dans la tradition masculine du roman par lettres, elle l'est également dans une tradition romanesque féminine qui va de Lafayette à Staël (*Corinne*, 1807), Claire de Duras (*Ourika*, 1823) et Sand (*Valentine*, 1832; *Lavinia*, 1833), en passant par Riccoboni (*Lettres de Mistriss Fanni Butlerd*, 1757), Le Prince de Beaumont (*Lettres de Madame du Montier*, 1756; *Lettres d'Émérance à Lucie*, 1765; *Mémoires de Madame la baronne de Batteville*, 1766), Stéphanie-Félicité de Genlis (*Adèle et Théodore, ou, Lettres sur l'éducation*, 1782), Marie-Joséphine de Montbart (*Lettres taïtiennes*, 1784, sous-titrées *Suite aux Lettres péruviennes*) et Charrière (*Caliste, ou Lettres écrites de Lausanne*, 1787).

L'Avertissement de Graffigny illustre de façon exemplaire cette négociation complexe d'une femme écrivain avec une langue et des institutions littéraires patriarcales. Mettant en relief et en question les préjugés qui conditionnent ce qu'une culture décrète comme «vraisemblable», la romancière y défend une représentation de l'autre, femme ou Péruvien(ne), non conforme aux images culturelles. Rappelant la démarche de Lafayette, elle revendique la singularité de son œuvre et, implicitement, la vraisemblance de sa vision de femme, suggérant les limites du regard masculin «éclairé». Elle innove aussi en faisant de Zilia la traductrice de ses propres lettres, alors que, d'habitude, comme chez Montesquieu, c'est l'éditeur/auteur et non l'épistolier lui-même qui traduit ses lettres. Zilia maîtrise deux langues et elle contrôle elle-même la transmission de ses lettres au public, exerçant un pouvoir d'auteur exceptionnel à l'époque chez une femme.

Un des aspects les plus originaux du roman est en effet son drame linguistique et sa venue à l'écriture, le problème de l'incommunicabilité et la difficile acquisition du français par cette Péruvienne qui, changeant de langue et de méthode d'écriture, d'épistolière amoureuse devient écrivaine/philosophe, reproduisant le parcours linguistique et littéraire de Graffigny elle-même, provinciale exilée à la langue d'abord mal assurée pour qui Paris s'écrit Peine. («À Peine» figure en effet comme indication de lieu sur la page de titre du roman.) «Privée de toute communication» par des ravisseurs «sourds à [son] langage» (lettre I) au début de l'histoire, Zilia en vient à maîtriser la langue dominante, tout en préservant dans cette langue des traces de sa langue maternelle, tout en y inscrivant sa différence. Les *quipos* sont à deux titres le symbole de son altérité: emblèmes de la *culture inca,* ils évoquent aussi une *activité féminine* en France, faire des nœuds pour occuper ses loisirs. Comme ces *quipos* qui permettent à Zilia—nouvelle Philomèle tissant l'histoire de son «viol»—de retrouver sa voix après son enlèvement par les Espagnols, la langue française, quand elle les a épuisés, lui rend une voix pour dire sa résistance à l'autorité des maîtres. Écriture textile et impermanente, puisque pour les «lire», il faut les défaire, les *quipos* lui permettent de trouver une première forme d'expression, «féminine» par la matière et par sa nature éphémère comme par son but: la lettre d'amour qui s'adresse à un destinataire masculin unique. En revanche, la langue française devient sous sa plume écriture «bisexuelle» non circonscrite par l'intrigue amoureuse, écriture «à deux voix» (Elaine Showalter, «Feminist Criticism in the Wilderness», 1981; Susan Lanser, «[Why] Are There No Great Women Critics?» 1979) adressée à jamais à un public illimité d'hommes et de femmes. C'est en empruntant les outils de la culture patriarcale—ce qui ne va pas sans compromis ni négociation, comme on le voit à la fin et dans la lettre XXXV lorsqu'elle acquiert «une chambre à elle», son château à la campagne—que Zilia se redéfinit et trouve sa propre voix, glissant subrepticement pour inscrire son désir, comme Graffigny s'inspirant dans les *Lettres d'une Péruvienne* de ses lettres à Desmarest, de la lettre d'amour au livre.

## Lettres d'une Péruvienne
(Extraits)

### AVERTISSEMENT

Si la vérité, qui s'écarte du vraisemblable, perd ordinairement son crédit aux yeux de la raison, ce n'est pas sans retour; mais pour peu qu'elle contrarie le préjugé, rarement elle trouve grâce devant son tribunal.

Que ne doit donc pas craindre l'éditeur de cet ouvrage, en présentant au public les lettres d'une jeune Péruvienne, dont le style et les pensées ont si peu de rapport à l'idée médiocrement avantageuse qu'un injuste préjugé nous a fait prendre de sa nation.

Enrichis par les précieuses dépouilles du Pérou, nous devrions au moins regarder les habitants de cette partie du monde comme un peuple magnifique; et le sentiment du respect ne s'éloigne guère de l'idée de la magnificence.

Mais toujours prévenus en notre faveur, nous n'accordons du mérite aux autres nations qu'autant que leurs mœurs imitent les nôtres, que leur langue se rapproche de notre idiome. Comment peut-on être Persan?[1]

Nous méprisons les Indiens; à peine accordons-nous une âme pensante à ces peuples malheureux; cependant leur histoire est entre les mains de tout le monde; nous y trouvons partout des monuments de la sagacité de leur esprit, et de la solidité de leur philosophie.

Un de nos plus grands poètes a crayonné les mœurs indiennes dans un poème dramatique, qui a dû contribuer à les faire connaître.[2]

Avec tant de lumières répandues sur le caractère de ces peuples, il semble qu'on ne devrait pas craindre de voir passer pour une fiction des lettres originales, qui ne font que développer ce que nous connaissons déjà de l'esprit vif et naturel des Indiens; mais le préjugé a-t-il des yeux? Rien ne rassure contre son jugement, et l'on se serait bien gardé d'y soumettre cet ouvrage, si son empire était sans bornes.

Il semble inutile d'avertir que les premières lettres de Zilia ont été traduites par elle-même: on devinera aisément qu'étant composées dans une langue, et tracées d'une manière qui nous sont également inconnues, le recueil n'en serait pas parvenu jusqu'à nous, si la même main ne les eût écrites dans notre langue.

Nous devons cette traduction au loisir de Zilia dans sa retraite. La complaisance qu'elle a eue de les communiquer au chevalier Déterville, et la permission qu'il obtint de les garder les a fait passer jusqu'à nous.

On connaîtra facilement aux fautes de grammaire et aux négligences du style, combien on a été scrupuleux de ne rien dérober à l'esprit d'ingénuité qui règne dans cet ouvrage. On s'est contenté de supprimer un grand nombre de figures hors d'usage dans notre style: on n'en a laissé que ce qu'il en fallait pour faire sentir combien il était nécessaire d'en retrancher.

On a cru aussi pouvoir, sans rien changer au fond de la pensée, donner une tournure plus intelligible à de certains traits métaphysiques, qui auraient pu paraître obscurs. C'est la seule part que l'on ait à ce singulier ouvrage.

1. Lettres persanes. [Note de Graffigny.]
2. Alzire. [Note de Graffigny.] Voltaire, 1736.

## INTRODUCTION HISTORIQUE AUX *LETTRES PÉRUVIENNES*

[...] On élevait la jeunesse avec tous les soins qu'exigeait l'heureuse simplicité de leur morale[3]. La subordination n'effrayait point les esprits parce qu'on en montrait la nécessité de très bonne heure, et que la tyrannie et l'orgueil n'y avaient aucune part. La modestie et les égards mutuels étaient les premiers fondements de l'éducation des enfants; attentifs à corriger leurs premiers défauts, ceux qui étaient chargés de les instruire arrêtaient les progrès d'une passion naissante[4], ou les faisaient tourner au bien de la société. Il est des vertus qui en supposent beaucoup d'autres. Pour donner une idée de celles des Péruviens, il suffit de dire qu'avant la descente des Espagnols, il passait pour constant qu'un Péruvien n'avait jamais menti.

Les *Amautas,* philosophes de cette nation, enseignaient à la jeunesse les découvertes qu'on avait faites dans les sciences. La nation était encore dans l'enfance à cet égard, mais elle était dans la force de son bonheur.

Les Péruviens avaient moins de lumières, moins de connaissances, moins d'arts que nous, et cependant ils en avaient assez pour ne manquer d'aucune chose nécessaire. Les *quapas* ou les *quipos*[5] leur tenaient lieu de notre art d'écrire. Des cordons de coton ou de boyau, auxquels d'autres cordons de différentes couleurs étaient attachés, leur rappelaient, par des nœuds placés de distance en distance, les choses dont ils voulaient se ressouvenir. Ils leur servaient d'annales, de codes, de rituels, de cérémonies, etc. Ils avaient des officiers publics, appelés *Quipocamaios,* à la garde desquels les quipos étaient confiés. Les finances, les comptes, les tributs, toutes les affaires, toutes les combinaisons étaient aussi aisément traités avec les *quipos* qu'ils auraient pu l'être par l'usage de l'écriture.

Le sage législateur du Pérou, Mancocapac, avait rendu sacrée la culture des

3. L'Avertissement et l'Introduction historique, attribués à «l'éditeur», font partie du roman lui-même et l'auteur en est réellement Graffigny. Certains critiques soutiennent cependant que l'Introduction historique est peut-être due à son disciple et admirateur Antoine Bret; s'il l'a rédigée, il a sûrement travaillé sous sa direction suivant un mode de collaboration caractéristique des salons.

4. Voyez les cérémonies et coutumes religieuses, *Dissertations sur les peuples de l'Amérique,* chap. 13. [Note de Graffigny.]

5. Les quipos du Pérou étaient aussi en usage parmi plusieurs peuples de l'Amérique méridionale. [Note de Graffigny.]

terres; elle s'y faisait en commun, et les jours de ce travail étaient des jours de réjouissance. Des canaux d'une étendue prodigieuse distribuaient partout la fraîcheur et la fertilité. Mais ce qui peut à peine se concevoir, c'est que sans aucun instrument de fer ni d'acier, et à force de bras seulement, les Péruviens avaient pu renverser des rochers, traverser les montagnes les plus hautes pour conduire leurs superbes aqueducs, ou les routes qu'ils pratiquaient dans tout leur pays.

On savait au Pérou autant de géométrie qu'il en fallait pour la mesure et le partage des terres. La médecine y était une science ignorée, quoiqu'on y eût l'usage de quelques secrets pour certains accidents particuliers. *Garcilasso*[6] dit qu'ils avaient une sorte de musique, et même quelque genre de poésie. Leurs poètes, qu'ils appelaient *Hasavec,* composaient des espèces de tragédies et des comédies, que les fils des *Caciques*[7] ou des *Curacas*[8] représentaient pendant les fêtes devant les Incas et toute la cour.

La morale et la science des lois utiles au bien de la société étaient donc les seules choses que les Péruviens eussent apprises avec quelque succès. *Il faut avouer* (dit un historien)[9], *qu'ils ont fait de si grandes choses, et établi une si bonne police, qu'il se trouvera peu de nations qui puissent se vanter de l'avoir emporté sur eux en ce point.*

## II

Que l'arbre de la vertu, mon cher Aza, répande à jamais son ombre sur la famille du pieux citoyen qui a reçu sous ma fenêtre le mystérieux tissu de mes pensées, et qui l'a remis dans tes mains! Que *Pachammac*[10] prolonge ses

6. Garcilaso de la Vega, dit «l'Inca» (1539?–1616), fils d'un conquistador espagnol et d'une princesse inca. Ses *Commentaires royaux* (1609) sur les mœurs et l'histoire glorieuse des Incas étaient très répandus en France aux XVII^e et XVIII^e siècles. Graffigny puise l'essentiel de sa description de la culture inca dans cette source. La traduction française (1633), souvent rééditée, venait d'être réimprimée en 1744.

7. Caciques, espèce de gouverneurs de province. [Note de Graffigny.]

8. Souverains d'une petite contrée; ils ne se présentaient jamais devant les Incas et les reines sans leur offrir un tribut des curiosités que produisait la province où ils commandaient. [Note de Graffigny.]

9. Puffendorf, *Introd. à l'Histoire.* [Note de Graffigny.]

10. Le Dieu créateur, plus puissant que le Soleil. [Note de Graffigny.]

années en récompense de son adresse à faire passer jusqu'à moi les plaisirs divins avec ta réponse[11]!

Les trésors de l'Amour me sont ouverts; j'y puise une joie délicieuse dont mon âme s'enivre. En dénouant les secrets de ton cœur, le mien se baigne dans une mer parfumée. Tu vis, et les chaînes qui devaient nous unir ne sont pas rompues! Tant de bonheur était l'objet de mes désirs, et non celui de mes espérances.

Dans l'abandon de moi-même, je ne craignais que pour tes jours; ils sont en sûreté, je ne vois plus le malheur. Tu m'aimes, le plaisir anéanti renaît dans mon cœur. Je goûte avec transport la délicieuse confiance de plaire à ce que j'aime; mais elle ne me fait point oublier que je te dois tout ce que tu daignes approuver en moi. Ainsi que la rose tire sa brillante couleur des rayons du Soleil, de même les charmes que tu trouves dans mon esprit et dans mes sentiments ne sont que les bienfaits de ton génie lumineux; rien n'est à moi que ma tendresse.

Si tu étais un homme ordinaire, je serais restée dans l'ignorance à laquelle mon sexe est condamné; mais ton âme, supérieure aux coutumes, ne les a regardées que comme des abus; tu en as franchi les barrières pour m'élever jusqu'à toi. Tu n'as pu souffrir qu'un être semblable au tien fût borné à l'humiliant avantage de donner la vie à ta postérité. Tu as voulu que nos divins *Amautas*[12] ornassent mon entendement de leurs sublimes connaissances. Mais, ô lumière

11. Enlevée par les conquistadors espagnols le jour prévu pour ses noces, Zilia a réussi à envoyer une lettre à Aza, grâce aux mêmes *quipos* dont elle était en train de se servir, au moment de l'invasion du temple du Soleil, pour «rendre immortelle l'histoire de [leur] amour et de [leur] bonheur». Graffigny précise dans une note que les Indiens les utilisaient «au défaut de l'écriture pour faire le paiement des troupes et le dénombrement du peuple. Quelques auteurs prétendent qu'ils s'en servaient aussi pour transmettre à la postérité les actions mémorables de leurs Incas». En répétant dans cette note des informations déjà données dans l'Introduction historique, la romancière attire l'attention sur l'invraisemblance de l'emploi des *quipos* par une *femme* (les *Quipocamaios* étaient des hommes) et à des *fins particulières* (mémoires personnels, lettres). Dans sa première lettre, Zilia s'inquiète sur le sort de son fiancé et exprime son indignation et son désespoir devant son propre enlèvement par ces «hommes féroces». Ignorant leur langue et coupée des autres Incas, elle ne peut éclaircir les causes de son malheur ni se renseigner sur la situation d'Aza; elle se trouve «plongée dans un abîme d'obscurité». La réponse d'Aza, la seule de toute la correspondance, n'est pas donnée par la romancière.

12. Philosophes indiens. [Note de Graffigny.]

de ma vie, sans le désir de te plaire, aurais-je pu me résoudre à abandonner ma tranquille ignorance pour la pénible occupation de l'étude? Sans le désir de mériter ton estime, ta confiance, ton respect, par des vertus qui fortifient l'amour, et que l'amour rend voluptueuses, je ne serais que l'objet de tes yeux; l'absence m'aurait déjà effacée de ton souvenir. [...]

XX

Jusqu'ici[13], mon cher Aza, tout occupée des peines de mon cœur, je ne t'ai point parlé de celles de mon esprit; cependant elles ne sont guère moins cruelles. J'en éprouve une d'un genre inconnu parmi nous, causée par les usages généraux de cette nation, si différents des nôtres, qu'à moins de t'en donner quelques idées, tu ne pourrais compatir à mon inquiétude.

Le gouvernement de cet empire, entièrement opposé à celui du tien, ne peut manquer d'être défectueux. Au lieu que le *Capa-Inca* est obligé de pourvoir à la subsistance de ses peuples, en Europe les souverains ne tirent la leur que des travaux de leurs sujets; aussi les crimes et les malheurs viennent-ils presque tous des besoins mal satisfaits.

Le malheur des nobles, en général, naît des difficultés qu'ils trouvent à concilier leur magnificence apparente avec leur misère réelle.

Le commun des hommes ne soutient son état que par ce qu'on appelle commerce ou industrie; la mauvaise foi est le moindre des crimes qui en résultent.

Une partie du peuple est obligée, pour vivre, de s'en rapporter à l'humanité des autres: les effets en sont si bornés, qu'à peine ces malheureux ont-ils suffisamment de quoi s'empêcher de mourir.

Sans avoir de l'or, il est impossible d'acquérir une portion de cette terre que la nature a donnée à tous les hommes. Sans posséder ce qu'on appelle du bien, il est impossible d'avoir de l'or, et par une inconséquence qui blesse les lumières

13. Troisième lettre rédigée en français. Ayant épuisé ses cordons, Zilia a dû apprendre cette langue pour continuer ses lettres à Aza. Reprenant sa correspondance après six mois de silence consacrés à l'étude du français, elle s'écrie: «Rendue à moi-même, je crois recommencer à vivre» (lettre XVIII). L'écriture est devenue sa vie et se confond avec son identité même. C'est à partir de ce moment que Zilia développe sa critique des moeurs françaises, projet qu'elle avait esquissé dans la lettre XVI, alors qu'elle touchait à la fin de ses *quipos:* «Je voulais conserver la mémoire des principaux usages de cette nation singulière pour amuser ton loisir dans des jours plus heureux».

naturelles, et qui impatiente la raison, cette nation orgueilleuse, suivant les lois d'un faux honneur qu'elle a inventé, attache de la honte à recevoir de tout autre que du souverain ce qui est nécessaire au soutien de sa vie et de son état: ce souverain répand ses libéralités sur un si petit nombre de ses sujets, en comparaison de la quantité des malheureux, qu'il y aurait autant de folie à prétendre y avoir part, que d'ignominie à se délivrer par la mort de l'impossibilité de vivre sans honte.

La connaissance de ces tristes vérités n'excita d'abord dans mon cœur que de la pitié pour les misérables, et de l'indignation contre les lois. Mais hélas! que la manière méprisante dont j'entendis parler de ceux qui ne sont pas riches, me fit faire de cruelles réflexions sur moi-même! Je n'ai ni or, ni terres, ni industrie, je fais nécessairement partie des citoyens de cette ville. Ô ciel! dans quelle classe[14] dois-je me ranger?

Quoique tout sentiment de honte qui ne vient pas d'une faute commise me soit étranger, quoique je sente combien il est insensé d'en recevoir par des causes indépendantes de mon pouvoir ou de ma volonté, je ne puis me défendre de souffrir de l'idée que les autres ont de moi: cette peine me serait insupportable, si je n'espérais qu'un jour ta générosité me mettra en état de récompenser ceux qui m'humilient malgré moi par des bienfaits dont je me croyais honorée.

Ce n'est pas que Céline[15] ne mette tout en œuvre pour calmer mes inquiétudes à cet égard; mais ce que je vois, ce que j'apprends des gens de ce pays me donne en général de la défiance de leurs paroles; leurs vertus, mon cher Aza, n'ont pas plus de réalité que leurs richesses. Les meubles que je croyais d'or n'en ont que la superficie; leur véritable substance est de bois; de même ce qu'ils appellent politesse cache légèrement leurs défauts sous les dehors de la vertu; mais avec un peu d'attention on en découvre aussi aisément l'artifice que celui de leurs fausses richesses.

Je dois une partie de ces connaissances à une sorte d'écriture que l'on appelle *livres*; quoique je trouve encore beaucoup de difficultés à comprendre ce qu'ils contiennent, ils me sont fort utiles, j'en tire des notions. Céline m'explique ce qu'elle en sait, et j'en compose des idées que je crois justes.

Quelques-uns de ces livres apprennent ce que les hommes ont fait, et d'autres

14. Peut-être le premier emploi du mot «classe» dans le sens socio-économique moderne, bien avant la date de 1792 indiquée dans le dictionnaire (Petit Robert). À cette époque, on disait encore «condition».

15. Sœur de Déterville.

ce qu'ils ont pensé. Je ne puis t'exprimer, mon cher Aza, l'excellence du plaisir que je trouverais à les lire, si je les entendais mieux, ni le désir extrême que j'ai de connaître quelques-uns des hommes divins qui les composent. Je comprends qu'ils sont à l'âme ce que le Soleil est à la terre, et que je trouverais avec eux toutes les lumières, tous les secours dont j'ai besoin, mais je ne vois nul espoir d'avoir jamais cette satisfaction. Quoique Céline lise assez souvent, elle n'est pas assez instruite pour me satisfaire; à peine avait-elle pensé que les livres fussent faits par des hommes; elle en ignore les noms, et même s'ils vivent encore.

Je te porterai, mon cher Aza, tout ce que je pourrai amasser de ces merveilleux ouvrages, je te les expliquerai dans notre langue, je goûterai la suprême félicité de donner un plaisir nouveau à ce que j'aime. Hélas! le pourrai-je jamais?

## XXXII

Que ton voyage est long, mon cher Aza! Que je désire ardemment ton arrivée[16]! Le terme m'en paraît plus vague que je ne l'avais encore envisagé; et je me garde bien de faire là-dessus aucune question à Déterville. Je ne puis lui pardonner la mauvaise opinion qu'il a de ton cœur. Celle que je prends du sien diminue beaucoup la pitié que j'avais de ses peines, et le regret d'être en quelque façon séparée de lui.

Nous sommes à Paris depuis quinze jours; je demeure avec Céline dans la maison de son mari, assez éloignée de celle de son frère pour n'être point obligée à le voir à toute heure. Il vient souvent y manger; mais, nous menons une vie si agitée, Céline et moi, qu'il n'a pas le loisir de me parler en particulier.

Depuis notre retour nous employons une partie de la journée au travail pénible de notre ajustement, et le reste à ce qu'on appelle rendre des devoirs.

Ces deux occupations me paraîtraient aussi infructueuses qu'elles sont fatigantes, si la dernière ne me procurait les moyens de m'instruire encore plus particulièrement des mœurs du pays. À mon arrivée en France, n'ayant aucune connaissance de la langue, je ne jugeais que sur les apparences. Lorsque je commençai à en faire usage, j'étais dans la maison religieuse: tu sais que j'y trouvais peu de secours pour mon instruction; je n'ai vu à la campagne qu'une espèce de société particulière: c'est à présent que répandue dans ce qu'on appelle le grand monde, je vois la nation entière, et que je puis l'examiner sans obstacles.

16. Aza a été retrouvé en Espagne et s'achemine maintenant vers Paris.

Les devoirs que nous rendons consistent à entrer en un jour dans le plus grand nombre de maisons qu'il est possible pour y rendre et y recevoir un tribut de louanges réciproques sur la beauté du visage et de la taille, sur l'excellence du goût et du choix des parures, et jamais sur les qualités de l'âme.

Je n'ai pas été longtemps sans m'apercevoir de la raison, qui fait prendre tant de peines, pour acquérir cet hommage frivole; c'est qu'il faut nécessairement le recevoir en personne, encore n'est-il que bien momentané. Dès que l'on disparaît, il prend une autre forme. Les agréments que l'on trouvait à celle qui sort ne servent plus que de comparaison méprisante pour établir les perfections de celle qui arrive.

La censure est le goût dominant des Français, comme l'inconséquence est le caractère de la nation. Leurs livres sont la critique générale des mœurs, et leur conversation celle de chaque particulier, pourvu néanmoins qu'ils soient absents: alors on dit librement tout le mal que l'on en pense, et quelquefois celui que l'on ne pense pas. Les plus gens de bien suivent la coutume; on les distingue seulement à une certaine formule d'apologie de leur franchise et de leur amour pour la vérité, au moyen de laquelle ils révèlent sans scrupule les défauts, les ridicules, et jusqu'aux vices de leurs amis.

Si la sincérité dont les Français font usage les uns envers les autres n'a point d'exception, de même leur confiance réciproque est sans bornes. Il ne faut ni éloquence pour se faire écouter, ni probité pour se faire croire. Tout est dit, tout est reçu avec la même légèreté.

Ne crois pas pour cela, mon cher Aza, qu'en général les Français soient nés méchants, je serais plus injuste qu'eux, si je te laissais dans l'erreur.

Naturellement sensibles, touchés de la vertu, je n'en ai point vu qui écoutât sans attendrissement le récit que l'on m'oblige souvent de faire de la droiture de nos cœurs, de la candeur de nos sentiments et de la simplicité de nos mœurs; s'ils vivaient parmi nous, ils deviendraient vertueux: l'exemple et la coutume sont les tyrans de leur conduite.

Tel qui pense bien d'un absent, en médit pour n'être pas méprisé de ceux qui l'écoutent: tel autre serait bon, humain, sans orgueil, s'il ne craignait d'être ridicule, et tel est ridicule par état, qui serait un modèle de perfections, s'il osait hautement avoir du mérite.

Enfin, mon cher Aza, chez la plupart d'entre eux les vices sont artificiels comme les vertus, et la frivolité de leur caractère ne leur permet d'être qu'imparfaitement ce qu'ils sont. Tels à peu près que certains jouets de leur enfance, imitation informe des êtres pensants, ils ont du poids aux yeux, de la légèreté au tact, la surface coloriée, un intérieur informe, un prix apparent, aucune valeur réelle. Aussi ne sont-ils guère estimés par les autres nations que comme les jolies bagatelles le sont dans la société. Le bon sens sourit à leurs gentillesses, et les remet froidement à leur place.

Heureuse la nation qui n'a que la nature pour guide, la vérité pour principe, et la vertu pour mobile.

## XXXIII

Il n'est pas surprenant, mon cher Aza, que l'inconséquence soit une suite du caractère léger des Français; mais je ne puis assez m'étonner de ce qu'avec autant et plus de lumière qu'aucune autre nation, ils semblent ne pas apercevoir les contradictions choquantes que les étrangers remarquent en eux dès la première vue.

Parmi le grand nombre de celles qui me frappent tous les jours je n'en vois point de plus déshonorante pour leur esprit que leur façon de penser sur les femmes. Ils les respectent, mon cher Aza, et en même temps ils les méprisent avec un égal excès.

La première loi de leur politesse, ou, si tu veux, de leur vertu (car jusqu'ici je ne leur en ai guère découvert d'autres), regarde les femmes. L'homme du plus haut rang doit des égards à celle de la plus vile condition, il se couvrirait de honte et de ce qu'on appelle ridicule, s'il lui faisait quelque insulte personnelle. Et cependant l'homme le moins considérable, le moins estimé, peut tromper, trahir une femme de mérite, noircir sa réputation par des calomnies, sans craindre ni blâme ni punition.

Si je n'étais assurée que bientôt tu pourras en juger par toi-même, oserai-je te peindre des contrastes que la simplicité de nos esprits peut à peine concevoir? Docile aux notions de la nature, notre génie ne va pas au-delà; nous avons trouvé que la force et le courage dans un sexe indiquaient qu'il devait être le soutien et le défenseur de l'autre, nos lois y sont conformes[17]. Ici, loin de compatir à la faiblesse des femmes, celles du peuple, accablées de travail, n'en sont soulagées ni par les lois ni par leurs maris; celles d'un rang plus élevé, jouets de la séduction ou de la méchanceté des hommes, n'ont pour se dédommager de leurs perfidies, que les dehors d'un respect purement imaginaire, toujours suivi de la plus mordante satire. [...]

17. Les lois dispensaient les femmes de tout travail pénible. [Note de Graffigny.]

XXXIV

Il m'a fallu beaucoup de temps, mon cher Aza, pour approfondir la cause du mépris que l'on a presque généralement ici pour les femmes. Enfin je crois l'avoir découverte dans le peu de rapport qu'il y a entre ce qu'elles sont et ce que l'on s'imagine qu'elles devraient être. On voudrait, comme ailleurs, qu'elles eussent du mérite et de la vertu. Mais il faudrait que la nature les fît ainsi; car l'éducation qu'on leur donne est si opposée à la fin qu'on se propose, qu'elle me paraît être le chef-d'œuvre de l'inconséquence française.

On sait au Pérou, mon cher Aza, que pour préparer les humains à la pratique des vertus, il faut leur inspirer dès l'enfance un courage et une certaine fermeté d'âme qui leur forment un caractère décidé; on l'ignore en France. Dans le premier âge, les enfants ne paraissent destinés qu'au divertissement des parents et de ceux qui les gouvernent. Il semble que l'on veuille tirer un honteux avantage de leur incapacité à découvrir la vérité. On les trompe sur ce qu'ils ne voient pas. On leur donne des idées fausses de ce qui se présente à leurs sens, et l'on rit inhumainement de leurs erreurs; on augmente leur sensibilité et leur faiblesse naturelle par une puérile compassion pour les petits accidents qui leur arrivent: on oublie qu'ils doivent être des hommes.

Je ne sais quelles sont les suites de l'éducation qu'un père donne à son fils: je ne m'en suis pas informée. Mais je sais que, du moment que les filles commencent à être capables de recevoir des instructions, on les enferme dans une maison religieuse, pour leur apprendre à vivre dans le monde. Que l'on confie le soin d'éclairer leur esprit à des personnes auxquelles on ferait peut-être un crime d'en avoir, et qui sont incapables de leur former le cœur, qu'elles ne connaissent pas.

Les principes de religion, si propres à servir de germe à toutes les vertus, ne sont appris que superficiellement et par mémoire. Les devoirs à l'égard de la divinité ne sont pas inspirés avec plus de méthode. Ils consistent dans de petites cérémonies d'un culte extérieur, exigées avec tant de sévérité, pratiquées avec tant d'ennui, que c'est le premier joug dont on se défait en entrant dans le monde: et si l'on en conserve encore quelques usages, à la manière dont on s'en acquitte, on croirait volontiers que ce n'est qu'une espèce de politesse que l'on rend par habitude à la divinité.

D'ailleurs rien ne remplace les premiers fondements d'une éducation mal dirigée. On ne connaît presque point en France le respect pour soi-même, dont on prend tant de soin de remplir le cœur de nos jeunes Vierges. Ce sentiment généreux qui nous rend les juges les plus sévères de nos actions et de nos pensées, qui devient un principe sûr quand il est bien senti, n'est ici d'aucune ressource pour les femmes. Au peu de soin que l'on prend de leur âme, on serait tenté de croire que les Français sont dans l'erreur de certains peuples barbares qui leur en refusent une.

Régler les mouvements du corps, arranger ceux du visage, composer l'extérieur, sont les points essentiels de l'éducation. C'est sur les attitudes plus ou moins gênantes de leurs filles que les parents se glorifient de les avoir bien élevées. Ils leur recommandent de se pénétrer de confusion pour une faute commise contre la bonne grâce: ils ne leur disent pas que la contenance honnête n'est qu'une hypocrisie, si elle n'est l'effet de l'honnêteté de l'âme. On excite sans cesse en elles ce méprisable amour-propre, qui n'a d'effet que sur les agréments extérieurs. On ne leur fait pas connaître celui qui forme le mérite, et qui n'est satisfait que par l'estime. On borne la seule idée qu'on leur donne de l'honneur à n'avoir point d'amants, en leur présentant sans cesse la certitude de plaire pour récompense de la gêne et de la contrainte qu'on leur impose. Et le temps le plus précieux pour former l'esprit est employé à acquérir des talents imparfaits, dont on fait peu d'usage dans la jeunesse, et qui deviennent des ridicules dans un âge plus avancé.

Mais ce n'est pas tout, mon cher Aza, l'inconséquence des Français n'a point de bornes. Avec de tels principes ils attendent de leurs femmes la pratique des vertus qu'ils ne leur font pas connaître, ils ne leur donnent pas même une idée juste des termes qui les désignent. Je tire tous les jours plus d'éclaircissement qu'il ne m'en faut là-dessus, dans les entretiens que j'ai avec de jeunes personnes, dont l'ignorance ne me cause pas moins d'étonnement que tout ce que j'ai vu jusqu'ici.

Si je leur parle de sentiments, elles se défendent d'en avoir, parce qu'elles ne connaissent que celui de l'amour. Elles n'entendent par le mot de bonté que la compassion naturelle que l'on éprouve à la vue d'un être souffrant; et j'ai même remarqué qu'elles en sont plus affectées pour des animaux que pour des humains; mais cette bonté tendre, réfléchie, qui fait faire le bien avec noblesse et discernement, qui porte à l'indulgence et à l'humanité, leur est totalement inconnue. Elles croient avoir rempli toute l'étendue des devoirs de la discrétion en ne révélant qu'à quelques amies les secrets frivoles qu'elles ont surpris ou qu'on leur a confiés. Mais elles n'ont aucune idée de cette discrétion circonspecte, délicate et nécessaire pour n'être point à charge, pour ne blesser personne, et pour maintenir la paix dans la société.

Si j'essaye de leur expliquer ce que j'entends par la modération, sans laquelle les vertus mêmes sont presque des vices; si je parle de l'honnêteté des mœurs, de l'équité à l'égard des inférieurs, si peu pratiquée en France, et de la fermeté à mépriser et à fuir les vicieux de qualité, je remarque à leur embarras qu'elles me soupçonnent de parler la langue péruvienne, et que la seule politesse les engage à feindre de m'entendre.

Elles ne sont pas mieux instruites sur la connaissance du monde, des hommes et de la société. Elles ignorent jusqu'à l'usage de leur langue naturelle; il est rare qu'elles la parlent correctement, et je ne m'aperçois pas sans une extrême surprise que je suis à présent plus savante qu'elles à cet égard.

C'est dans cette ignorance que l'on marie les filles, à peine sorties de l'enfance. Dès lors il semble, au peu d'intérêt que les parents prennent à leur conduite, qu'elles ne leur appartiennent plus. La plupart des maris ne s'en occupent pas davantage. Il serait encore temps de réparer les défauts de la première éducation; on n'en prend pas la peine.

Une jeune femme libre dans son appartement, y reçoit sans contrainte les compagnies qui lui plaisent. Ses occupations sont ordinairement puériles, toujours inutiles, et peut-être au-dessous de l'oisiveté. On entretient son esprit tout au moins de frivolités malignes ou insipides, plus propres à la rendre méprisable que la stupidité même. Sans confiance en elle, son mari ne cherche point à la former au soin de ses affaires, de sa famille et de sa maison. Elle ne participe au tout de ce petit univers que par la représentation. C'est une figure d'ornement pour amuser les curieux; aussi, pour peu que l'humeur impérieuse se joigne au goût de la dissipation, elle donne dans tous les travers, passe rapidement de l'indépendance à la licence, et bientôt elle arrache le mépris et l'indignation des hommes malgré leur penchant et leur intérêt à tolérer les vices de la jeunesse en faveur de ses agréments.

Quoique je te dise la vérité avec toute la sincérité de mon cœur, mon cher Aza, garde-toi bien de croire qu'il n'y ait point ici de femmes de mérite. Il en est d'assez heureusement nées pour se donner à elles-mêmes ce que l'éducation leur refuse. L'attachement à leurs devoirs, la décence de leurs mœurs et les agréments honnêtes de leur esprit attirent sur elles l'estime de tout le monde. Mais le nombre de celles-là est si borné en comparaison de la multitude, qu'elles sont connues et révérées par leur propre nom. Ne crois pas non plus que le dérangement de la conduite des autres vienne de leur mauvais naturel. En général il me semble que les femmes naissent ici bien plus communément que chez nous, avec toutes les dispositions nécessaires pour égaler les hommes en mérite et en vertus. Mais comme s'ils en convenaient au fond de leur cœur, et que leur orgueil ne pût supporter cette égalité, ils contribuent en toute manière à les rendre méprisables, soit en manquant de considération pour les leurs, soit en séduisant celles des autres.

Quand tu sauras qu'ici l'autorité est entièrement du côté des hommes, tu ne douteras pas, mon cher Aza, qu'ils ne soient responsables de tous les désordres de la société. Ceux qui par une lâche indifférence laissent suivre à leurs femmes le goût qui les perd, sans être les plus coupables, ne sont pas les moins dignes d'être méprisés; mais on ne fait pas assez d'attention à ceux qui par l'exemple d'une conduite vicieuse et indécente, entraînent leurs femmes dans le dérèglement, ou par dépit, ou par vengeance.

Et en effet, mon cher Aza, comment ne seraient-elles pas révoltées contre l'injustice des lois qui tolèrent l'impunité des hommes, poussée au même excès que leur autorité? Un mari, sans craindre aucune punition, peut avoir pour sa femme les manières les plus rebutantes, il peut dissiper en prodigalités aussi criminelles qu'excessives non seulement son bien, celui de ses enfants, mais même celui de la victime qu'il fait gémir presque dans l'indigence par une avarice pour les dépenses honnêtes, qui s'allie très communément ici avec la prodigalité. Il est autorisé à punir rigoureusement l'apparence d'une légère infidélité en se livrant sans honte à toutes celles que le libertinage lui suggère. Enfin, mon cher Aza, il semble qu'en France les liens du mariage ne soient réciproques qu'au moment de la célébration, et que dans la suite les femmes seules y doivent être assujetties.

Je pense et je sens que ce serait les honorer beaucoup que de les croire capables de conserver de l'amour pour leur mari malgré l'indifférence et les dégoûts dont la plupart sont accablées. Mais qui peut résister au mépris!

Le premier sentiment que la nature a mis en nous est le plaisir d'être, et nous le sentons plus vivement et par degrés à mesure que nous nous apercevons du cas que l'on fait de nous.

Le bonheur machinal du premier âge est d'être aimé de ses parents, et accueilli des étrangers. Celui du reste de la vie est de sentir l'importance de notre être à proportion qu'il devient nécessaire au bonheur d'un autre. C'est toi, mon cher Aza, c'est ton amour extrême, c'est la franchise de nos cœurs, la sincérité de nos sentiments qui m'ont dévoilé les secrets de la nature et ceux de l'amour. L'amitié, ce sage et doux lien, devrait peut-être remplir tous nos vœux; mais elle partage sans crime et sans scrupule son affection entre plusieurs objets; l'amour qui donne et qui exige une préférence exclusive, nous présente une idée si haute, si satisfaisante de notre être, qu'elle seule peut contenter l'avide ambition de primauté qui naît avec nous, qui se manifeste dans tous les âges, dans tous les temps, dans tous les états, et le goût naturel pour la propriété achève de déterminer notre penchant à l'amour.

Si la possession d'un meuble, d'un bijou, d'une terre, est un des sentiments les plus agréables que nous éprouvions, quel doit être celui qui nous assure la possession d'un cœur, d'une âme, d'un être libre, indépendant, et qui se donne volontairement en échange du plaisir de posséder en nous les mêmes avantages!

S'il est donc vrai, mon cher Aza, que le désir dominant de nos cœurs soit celui d'être honoré en général et chéri de quelqu'un en particulier, conçois-tu par quelle inconséquence les Français peuvent espérer qu'une jeune femme accablée de l'indifférence offensante de son mari ne cherche pas à se soustraire à l'espèce d'anéantissement qu'on lui présente sous toutes sortes de formes? Imagines-tu qu'on puisse lui proposer de ne tenir à rien dans l'âge où les prétentions vont toujours au-delà du mérite? Pourrais-tu comprendre sur quel fondement on exige d'elle la pratique des vertus, dont les hommes se dispensent en lui refusant les lumières et les principes nécessaires pour les pratiquer? Mais ce qui se conçoit encore moins, c'est que les parents et les maris se plaignent réciproquement du mépris que l'on a pour leurs femmes et leurs filles, et qu'ils en perpétuent la cause de race en race avec l'ignorance, l'incapacité et la mauvaise éducation.

Ô mon cher Aza! que les vices brillants d'une nation d'ailleurs si séduisante ne nous dégoûtent point de la naïve simplicité de nos mœurs! N'oublions jamais, toi l'obligation où tu es d'être mon exemple, mon guide et mon soutien dans le chemin de la vertu; et moi, celle où je suis de conserver ton estime et ton amour en imitant mon modèle.

## XXXV

Nos visites et nos fatigues, mon cher Aza, ne pouvaient se terminer plus agréablement. Quelle journée délicieuse j'ai passée hier! Combien les nouvelles obligations que j'ai à Déterville et à sa sœur me sont agréables! Mais combien elles me seront chères quand je pourrai les partager avec toi!

Après deux jours de repos, nous partîmes hier matin de Paris, Céline, son frère, son mari et moi, pour aller, disait-elle, rendre une visite à la meilleure de ses amies. Le voyage ne fut pas long, nous arrivâmes de très bonne heure à une maison de campagne dont la situation et les approches me parurent admirables; mais ce qui m'étonna en y entrant, fut d'en trouver toutes les portes ouvertes, et de n'y rencontrer personne.

Cette maison, trop belle pour être abandonnée, trop petite pour cacher le monde qui aurait dû l'habiter, me paraissait un enchantement. Cette pensée me divertit; je demandai à Céline si nous étions chez une de ces fées dont elle m'avait fait lire les histoires, où la maîtresse du logis était invisible ainsi que les domestiques.

Vous la verrez, me répondit-elle, mais comme des affaires importantes l'appellent ailleurs pour toute la journée, elle m'a chargée de vous engager à faire les honneurs de chez elle pendant son absence. Mais avant toutes choses, ajouta-t-elle, il faut que vous signiez le consentement que vous donnez, sans doute, à cette proposition; ah! volontiers, lui dis-je en me prêtant à la plaisanterie.

Je n'eus pas plus tôt prononcé ces paroles, que je vis entrer un homme vêtu de noir, qui tenait une écritoire et du papier déjà écrit; il me le présenta, et j'y plaçai mon nom où l'on voulut.

Dans l'instant même, parut un autre homme d'assez bonne mine, qui nous invita selon la coutume de passer avec lui dans l'endroit où l'on mange. Nous y trouvâmes une table servie avec autant de propreté que de magnificence; à peine étions-nous assis, qu'une musique charmante se fit entendre dans la chambre voisine; rien ne manquait de tout ce qui peut rendre un repas agréable. Déterville même semblait avoir oublié son chagrin pour nous exciter à la joie: il me parlait en mille manières de ses sentiments pour moi, mais toujours d'un ton flatteur, sans plainte ni reproche.

Le jour était serein; d'un commun accord nous résolûmes de nous promener en sortant de table. Nous trouvâmes les jardins beaucoup plus étendus que la maison ne semblait le promettre. L'art et la symétrie ne s'y faisaient admirer que pour rendre plus touchants les charmes de la simple nature.

Nous bornâmes notre course dans un bois qui termine ce beau jardin: assis tous quatre sur un gazon délicieux, nous vîmes venir à nous d'un côté une troupe de paysans vêtus proprement à leur manière, précédés de quelques instruments de musique, et de l'autre, une troupe de jeunes filles vêtues de blanc, la tête ornée de fleurs champêtres, qui chantaient d'une façon rustique, mais mélodieuse, des chansons où j'entendis avec surprise que mon nom était souvent répété.

Mon étonnement fut bien plus fort lorsque, les deux troupes nous ayant joints, je vis l'homme le plus apparent quitter la sienne, mettre un genou en terre, et me présenter dans un grand bassin plusieurs clefs avec un compliment que mon trouble m'empêcha de bien entendre; je compris seulement qu'étant le chef des villageois de la contrée, il venait me rendre hommage en qualité de leur souveraine, et me présenter les clefs de la maison, dont j'étais aussi la maîtresse.

Dès qu'il eut fini sa harangue, il se leva pour faire place à la plus jolie d'entre les jeunes filles. Elle vint me présenter une gerbe de fleurs, ornée de rubans, qu'elle accompagna aussi d'un petit discours à ma louange, dont elle s'acquitta de bonne grâce.

J'étais trop confuse, mon cher Aza, pour répondre à des éloges que je méritais si peu; d'ailleurs tout ce qui se passait avait un ton si approchant de celui de la vérité, que dans bien des moments je ne pouvais me défendre de croire ce que, néanmoins, je trouvais incroyable. Cette pensée en produisit une infinité d'autres: mon esprit était tellement occupé, qu'il me fut impossible de proférer une parole: si ma confusion était divertissante pour la compagnie, elle était si embarrassante pour moi, que Déterville en fut touché. Il fit un signe à sa sœur, elle se leva après avoir donné quelques pièces d'or aux paysans et aux jeunes filles, en leur disant que c'étaient les prémices de mes bontés pour eux, elle me proposa de faire un tour de promenade dans le bois, je la suivis avec plaisir, comptant bien lui faire des reproches de l'embarras où elle m'avait mise; mais je n'en eus pas le temps. À peine avions-nous fait quelques pas qu'elle s'arrêta, et me regardant avec une mine riante: Avouez, Zilia, me dit-elle, que vous êtes bien fâchée contre nous, et que vous le serez bien davantage si je vous dis qu'il est très vrai que cette terre et cette maison vous appartiennent.

À moi, m'écriai-je! ah! Céline! Est-ce là ce que vous m'aviez promis? Vous poussez trop loin l'outrage, ou la plaisanterie. Attendez, me dit-elle plus sérieusement, si mon frère avait disposé de quelque partie de vos trésors pour en faire l'acquisition, et qu'au lieu des ennuyeuses formalités dont il s'est chargé, il ne vous eût réservé que la surprise, nous haïriez-vous bien fort? Ne pourriez-vous nous pardonner de vous avoir procuré, à tout événement, une demeure telle que vous avez paru l'aimer, et de vous avoir assuré une vie indépendante? Vous avez signé ce matin l'acte authentique qui vous met en possession de l'une et l'autre. Grondez-nous à présent tant qu'il vous plaira, ajouta-t-elle en riant, si rien de tout cela ne vous est agréable.

Ah! mon aimable amie! m'écriai-je en me jetant dans ses bras, je sens trop vivement des soins si généreux pour vous exprimer ma reconnaissance. Il ne me fut possible de prononcer que ce peu de mots; j'avais senti d'abord l'importance d'un tel service. Touchée, attendrie, transportée de joie en pensant au plaisir que j'aurais à te consacrer cette charmante demeure, la multitude de mes sentiments en étouffait l'expression. Je faisais à Céline des caresses qu'elle me rendait avec la même tendresse; et après m'avoir donné le temps de me remettre, nous allâmes retrouver son frère et son mari.

Un nouveau trouble me saisit en abordant Déterville, et jeta un nouvel embarras dans mes expressions; je lui tendis la main; il la baisa sans proférer une parole, et se détourna pour cacher des larmes qu'il ne put retenir, et que je pris pour des signes de la satisfaction qu'il avait de me voir si contente; j'en fus attendrie jusqu'à en verser aussi quelques-unes. Le mari de Céline, moins intéressé que nous à ce qui se passait, remit bientôt la conversation sur le ton de plaisanterie; il me fit des compliments sur ma nouvelle dignité, et nous engagea à retourner à la maison, pour en examiner, disait-il, les défauts, et faire voir à Déterville que son goût n'était pas aussi sûr qu'il s'en flattait.

Te l'avouerai-je, mon cher Aza, tout ce qui s'offrit à mon passage me parut prendre une nouvelle forme; les fleurs me semblaient plus belles, les arbres plus verts, la symétrie des jardins mieux ordonnée. Je trouvai la maison plus riante, les meubles plus riches, les moindres bagatelles m'étaient devenues intéressantes.

Je parcourus les appartements dans une ivresse de joie qui ne me permettait pas de rien examiner. Le seul endroit où je m'arrêtai fut une assez grande chambre entourée d'un grillage d'or, légèrement travaillé, qui renfermait une infinité de livres de toutes couleurs, de toutes formes, et d'une propreté admirable; j'étais dans un tel enchantement, que je croyais ne pouvoir les quitter sans les avoir tous lus. Céline m'en arracha, en me faisant souvenir d'une clef d'or que Déterville m'avait remise. Je m'en servis pour ouvrir précipitamment une porte que l'on me montra; et je restai immobile à la vue des magnificences qu'elle renfermait.

C'était un cabinet tout brillant de glaces et de peintures: les lambris à fond vert ornés de figures extrêmement bien dessinées, imitaient une partie des jeux et des cérémonies de la ville du Soleil, tels à peu près que je les avais dépeintes à Déterville.

On y voyait nos Vierges représentées en mille endroits avec le même habillement que je portais en arrivant en France; on disait même qu'elles me ressemblaient.

Les ornements du temple que j'avais laissés dans la maison religieuse, soutenus par des pyramides dorées, ornaient tous les coins de ce magnifique cabinet. La figure du Soleil, suspendue au milieu d'un plafond peint des plus belles couleurs du ciel, achevait par son éclat d'embellir cette charmante solitude: et des meubles commodes assortis aux peintures la rendaient délicieuse.

Déterville, profitant du silence où me retenaient ma surprise, ma joie et mon admiration, me dit en s'approchant de moi: Vous pourrez vous apercevoir, belle Zilia, que la chaise d'or ne se trouve point dans ce nouveau temple du Soleil;

un pouvoir magique l'a transformée en maison, en jardin, en terres. Si je n'ai pas employé ma propre science à cette métamorphose, ce n'a pas été sans regret; mais il a fallu respecter votre délicatesse. Voici, me dit-il en ouvrant une petite armoire pratiquée adroitement dans le mur, voici les débris de l'opération magique. En même temps il me fit voir une cassette remplie de pièces d'or à l'usage de France. Ceci, vous le savez, continua-t-il, n'est pas ce qui est le moins nécessaire parmi nous, j'ai cru devoir vous en conserver une petite provision.

Je commençais à lui témoigner ma vive reconnaissance, et l'admiration que me causaient des soins si prévenants, quand Céline m'interrompit, et m'entraîna dans une chambre à côté du merveilleux cabinet. Je veux aussi, me dit-elle, vous faire voir la puissance de mon art. On ouvrit de grandes armoires remplies d'étoffes admirables, de linge, d'ajustements, enfin de tout ce qui est à l'usage des femmes, avec une telle abondance, que je ne pus m'empêcher d'en rire et de demander à Céline combien d'années elle voulait que je vécusse pour employer tant de belles choses. Autant que nous en vivrons mon frère et moi, me répondit-elle: et moi, repris-je, je désire que vous viviez l'un et l'autre autant que je vous aimerai et vous ne mourrez pas les premiers.

En achevant ces mots nous retournâmes dans le temple du Soleil, c'est ainsi qu'ils nommèrent le merveilleux cabinet. J'eus enfin la liberté de parler; j'exprimai comme je le sentais les sentiments dont j'étais pénétrée. Quelle bonté! que de vertus dans les procédés du frère et de la sœur!

Nous passâmes le reste du jour dans les délices de la confiance et de l'amitié; je leur fis les honneurs du souper encore plus gaiement que je n'avais fait ceux du dîner. J'ordonnais librement à des domestiques que je savais être à moi; je badinais sur mon autorité et mon opulence; je fis tout ce qui dépendait de moi pour rendre agréables à mes bienfaiteurs leurs propres bienfaits.

Je crus cependant m'apercevoir qu'à mesure que le temps s'écoulait Déterville retombait dans sa mélancolie, et même qu'il échappait de temps en temps des larmes à Céline; mais l'un et l'autre reprenaient si promptement un air serein, que je crus m'être trompée.

Je fis mes efforts pour les engager à jouir quelques jours avec moi du bonheur qu'ils me procuraient. Je ne pus l'obtenir; nous sommes revenus cette nuit, en nous promettant de retourner incessamment dans mon palais enchanté.

Ô mon cher Aza! quelle sera ma félicité quand je pourrai l'habiter avec toi!

XL

[Au chevalier Déterville]

Rassurez-vous, trop généreux ami[18], je n'ai pas voulu vous écrire que mes jours ne fussent en sûreté, et que moins agitée je ne puisse calmer vos inquiétudes. Je vis; le destin le veut, je me soumets à ses lois.

Les soins de votre aimable sœur m'ont rendu la santé, quelques retours de raison l'ont soutenue. La certitude que mon malheur est sans remède a fait le reste. Je sais qu'Aza est arrivé en Espagne, que son crime est consommé; ma douleur n'est pas éteinte, mais la cause n'est plus digne de mes regrets; s'il en reste dans mon cœur, ils ne sont dus qu'aux peines que je vous ai causées, qu'à mes erreurs, qu'à l'égarement de ma raison.

Hélas! à mesure qu'elle m'éclaire je découvre son impuissance, que peut-elle sur une âme désolée? L'excès de la douleur nous rend la faiblesse de notre premier âge. Ainsi que dans l'enfance, les objets seuls ont du pouvoir sur nous, il semble que la vue soit le seul de nos sens qui ait une communication intime avec notre âme. J'en ai fait une cruelle expérience.

En sortant de la longue et accablante léthargie où me plongea le départ d'Aza, le premier désir que m'inspira la nature fut de me retirer dans la solitude que je dois à votre prévoyante bonté: ce ne fut pas sans peine que j'obtins de Céline la permission de m'y faire conduire; j'y trouve des secours contre le désespoir que le monde et l'amitié même ne m'auraient jamais fournis. Dans la maison de votre sœur, ses discours consolants ne pouvaient prévaloir sur les objets qui me retraçaient sans cesse la perfidie d'Aza.

La porte par laquelle Céline l'amena dans ma chambre le jour de votre départ et de son arrivée; le siège sur lequel il s'assit; la place où il m'annonça mon malheur, où il me rendit mes lettres, jusqu'à son ombre effacée d'un lambris où je l'avais vue se former, tout faisait chaque jour de nouvelles plaies à mon cœur.

Ici je ne vois rien qui ne me rappelle les idées agréables que j'y reçus à la première vue; je n'y retrouve que l'image de votre amitié et de celle de votre aimable sœur.

Si le souvenir d'Aza se présente à mon esprit, c'est sous le même aspect où je le voyais alors. Je crois y attendre son arrivée. Je me prête à cette illusion autant qu'elle m'est agréable; si elle me quitte, je prends des livres. Je lis d'abord avec

18. Écrites après l'arrivée d'Aza à Paris et la confirmation de sa trahison (converti au catholicisme, il s'apprête à épouser une jeune Espagnole), les dernières lettres de Zilia (XXXVII à XLI) s'adressent à Déterville.

effort, insensiblement de nouvelles idées enveloppent l'affreuse vérité renfermée au fond de mon cœur, et donnent à la fin quelque relâche à ma tristesse.

L'avouerai-je? les douceurs de la liberté se présentent quelquefois à mon imagination, je les écoute; environnée d'objets agréables, leur propriété a des charmes que je m'efforce de goûter; de bonne foi avec moi-même, je compte peu sur ma raison. Je me prête à mes faiblesses, je ne combats celles de mon cœur qu'en cédant à celles de mon esprit. Les maladies de l'âme ne souffrent pas les remèdes violents.

Peut-être la fastueuse décence de votre nation ne permet-elle pas à mon âge l'indépendance et la solitude où je vis; du moins, toutes les fois que Céline me vient voir, veut-elle me le persuader; mais elle ne m'a pas encore donné d'assez fortes raisons pour m'en convaincre: la véritable décence est dans mon cœur. Ce n'est point au simulacre de la vertu que je rends hommage, c'est à la vertu même. Je la prendrai toujours pour juge et pour guide de mes actions. Je lui consacre ma vie, et mon cœur à l'amitié. Hélas! quand y régnera-t-elle sans partage et sans retour?

## XLI

Au chevalier Déterville
*À Paris*

Je reçois presque en même temps, Monsieur, la nouvelle de votre départ de Malte et celle de votre arrivée à Paris. Quelque plaisir que je me fasse de vous revoir, il ne peut surmonter le chagrin que me cause le billet que vous m'écrivez en arrivant.

Quoi, Déterville! après avoir pris sur vous de dissimuler vos sentiments dans toutes vos lettres, après m'avoir donné lieu d'espérer que je n'aurais plus à combattre une passion qui m'afflige, vous vous livrez plus que jamais à sa violence!

À quoi bon affecter une déférence que vous démentez au même instant? Vous me demandez la permission de me voir, vous m'assurez d'une soumission aveugle à mes volontés, et vous vous efforcez de me convaincre des sentiments qui y sont le plus opposés, qui m'offensent; enfin que je n'approuverai jamais.

Mais puisqu'un faux espoir vous séduit, puisque vous abusez de ma confiance et de l'état de mon âme, il faut donc vous dire quelles sont mes résolutions plus inébranlables que les vôtres.

C'est en vain que vous vous flatteriez de faire prendre à mon cœur de nouvelles chaînes. Ma bonne foi trahie ne dégage pas mes serments; plût au ciel qu'elle me fît oublier l'ingrat! Mais quand je l'oublierais, fidèle à moi-même, je ne serai point parjure. Le cruel Aza abandonne un bien qui lui fut cher; ses droits sur moi n'en sont pas moins sacrés: je puis guérir de ma passion, mais je n'en aurai jamais que pour lui: tout ce que l'amitié inspire de sentiments est à vous, vous ne les partagerez avec personne, je vous les dois. Je vous les promets; j'y serai fidèle: vous jouirez au même degré de ma confiance et de ma sincérité; l'une et l'autre seront sans bornes. Tout ce que l'amour a développé dans mon cœur de sentiments vifs et délicats tournera au profit de l'amitié. Je vous laisserai voir avec une égale franchise le regret de n'être point née en France, et mon penchant invincible pour Aza; le désir que j'aurais de vous devoir l'avantage de penser, et mon éternelle reconnaissance pour celui qui me l'a procuré. Nous lirons dans nos âmes: la confiance sait aussi bien que l'amour donner de la rapidité au temps. Il est mille moyens de rendre l'amitié intéressante et d'en chasser l'ennui.

Vous me donnerez quelque connaissance de vos sciences et de vos arts; vous goûterez le plaisir de la supériorité; je la reprendrai en développant dans votre cœur des vertus que vous n'y connaissez pas. Vous ornerez mon esprit de ce qui peut le rendre amusant, vous jouirez de votre ouvrage; je tâcherai de vous rendre agréables les charmes naïfs de la simple amitié, et je me trouverai heureuse d'y réussir.

Céline, en nous partageant sa tendresse, répandra dans nos entretiens la gaieté qui pourrait y manquer: que nous restera-t-il à désirer?

Vous craignez en vain que la solitude n'altère ma santé. Croyez-moi, Déterville, elle ne devient jamais dangereuse que par l'oisiveté. Toujours occupée, je saurai me faire des plaisirs nouveaux de tout ce que l'habitude rend insipide.

Sans approfondir les secrets de la nature, le simple examen de ses merveilles n'est-il pas suffisant pour varier et renouveler sans cesse des occupations toujours agréables? La vie suffit-elle pour acquérir une connaissance légère, mais intéressante, de l'univers, de ce qui m'environne, de ma propre existence?

Le plaisir d'être; ce plaisir oublié, ignoré même de tant d'aveugles humains; cette pensée si douce, ce bonheur si pur, *je suis, je vis, j'existe,* pourrait seul rendre heureux, si l'on s'en souvenait, si l'on en jouissait, si l'on en connaissait le prix.

Venez, Déterville, venez apprendre de moi à économiser les ressources de notre âme, et les bienfaits de la nature. Renoncez aux sentiments tumultueux, destructeurs imperceptibles de notre être; venez apprendre à connaître les plaisirs innocents et durables, venez en jouir avec moi, vous trouverez dans mon cœur, dans mon amitié, dans mes sentiments tout ce qui peut vous dédommager de l'amour.

# *Isabelle de Charrière*

(1740–1805)

«Singulière» dans sa vie comme dans son œuvre, écrivant durant la Révolution, tournant pour la culture française, Isabelle de Charrière marque de son empreinte la transition entre le roman du XVIII$^{e}$ et celui du XIX$^{e}$ siècle. Presque oubliée jusqu'au dernier quart du XX$^{e}$ siècle, elle est reconnue aujourd'hui comme une grande figure du roman français, sans doute la meilleure et la plus subtile romancière de son époque. Grâce à des éditions récentes de ses lettres,

---

Isabelle de Charrière, portrait d'Isabelle Agneta Tuyll de Serooskerken (Belle de Zuylen) par Maurice Quentin de la Tour, 1766 (Musée d'Art et d'Histoire, Genève)

elle rejoint aussi les grandes épistolières du siècle: son ample correspondance avec son cercle intime et avec des artistes, des écrivains, des diplomates et des intellectuels répandus dans l'Europe entière (six volumes dans les *Œuvres complètes*) porte un témoignage précieux sur la pensée et la sensibilité d'une intellectuelle éclairée aux prises avec un monde en mutation.

Isabella-Agneta-Elisabeth van Tuyll van Serooskerken van Zuylen naquit le 20 octobre 1740 en Hollande, dans le château familial de Zuylen, près d'Utrecht, d'une des familles les plus nobles et les plus riches du pays. Comme beaucoup d'aristocrates européens de cette époque, elle apprit le français dès son plus jeune âge. Pour elle, cette langue, synonyme d'une culture brillante qui rayonne alors sur toute l'Europe, est une véritable langue maternelle: elle s'exprime en français en famille, elle lit et admire les auteurs français, Voltaire et Rousseau en particulier, mais aussi Montaigne, Pascal, La Bruyère, Fénelon, Sévigné, Lafayette, Corneille, Racine, Molière, La Fontaine, Montesquieu, et elle rédigera une œuvre d'une étonnante variété—romans, pièces, vers, essais politiques et littéraires, pamphlets politiques, contes philosophiques, opéras, paroles pour ses airs et ses romances—ainsi qu'une volumineuse correspondance dans cette langue. Elle se sent et est en effet de culture française. Bien qu'elle soit née en Hollande et que, mariée, elle ait vécu en Suisse, elle fait partie d'une tradition de femmes écrivains françaises, en particulier d'une tradition de romancières françaises qui infléchirent l'évolution du genre, mettant en question ses conventions en y inscrivant les traces de leur «singularité» de femmes. Son roman le plus connu, *Caliste* (1787) *ou Lettres écrites de Lausanne* (1785), comme ses *Lettres neuchâteloises* (1784) et ses *Lettres de Mistriss Henley publiées par son amie* (1784), s'intègre en effet dans une abondante production de romans épistolaires par des romancières françaises du XVIII^e siècle, dont Graffigny (*Lettres d'une Péruvienne*, 1747), Le Prince de Beaumont (*Lettres de Madame du Montier*, 1756; *Mémoires de Madame la baronne de Batteville*, 1766, *La Nouvelle Clarice*, 1767), Marie-Jeanne Riccoboni (*Lettres de Mistriss Fanni Butlerd*, 1757; *Lettres de Milady Juliette Catesby*, 1759), Anne Louise Élie de Beaumont (*Lettres du marquis de Roselle*, 1764), Adélaïde de Souza (*Adèle de Sénange*, 1794). Comme elles, Charrière aborde les grandes questions sociales à travers une réflexion sur la condition féminine et sur la vie privée; et comme elles, elle interroge les limites du genre et les enjeux de la sensibilité. Elle incarne ainsi une certaine spécificité thématique et formelle du roman féminin de la seconde moitié du siècle, tout en s'en démarquant par la qualité particulière de son écriture.

Belle de Zuylen, comme on l'appelait familièrement, grandit donc en Hollande dans un milieu privilégié, protestant, digne, conformiste et guindé. Très cultivée, cosmopolite—elle parle plusieurs langues, le français et le néerlandais, mais aussi l'anglais, l'allemand et l'italien, ce qui lui donne accès à d'autres cultures à travers la lecture et la correspondance—d'une vive intelligence et d'un esprit précoce, la jeune fille n'aura de cesse de se moquer de ce milieu où elle se sent étrangère. «Vous devriez voir comme on m'entend peu quand je me laisse aller à mes indignations ou à mes enthousiasmes. C'est en vérité une chose étonnante que je m'appelle Hollandaise et Tuyll» (lettre à Constant d'Hermenches, 3–6 novembre 1764). En 1763, à l'âge de vingt-trois ans, elle publie un conte à la manière de Voltaire, *Le Noble,* satire féroce des préjugés, des prétentions et de l'obsession généalogique de sa classe, et elle choque la haute société hollandaise par son esprit indépendant et ses idées égalitaires. Voulant fuir ce milieu traditionaliste, l'héroïne spirituelle de ce conte jette les portraits familiaux par la fenêtre, saute dessus et part avec l'amant peu titré que son père lui avait refusé: «Jamais Julie n'avait cru qu'on pût tirer si bon parti des grands-pères.» Ce texte, si compromettant pour l'une des jeunes femmes les plus recherchées de l'Europe, scandalisa tellement ses parents qu'ils retirèrent du commerce tous les exemplaires qu'ils purent en trouver. Les «épouseurs», et non des moindres, qu'elle refusa ou qu'elle prit plaisir à déconcerter, défilèrent quand même: entre autres, le comte Wittgenstein, lord Wemyss et l'Écossais James Boswell, celui-ci charmé puis effrayé devant cette jeune femme trop émancipée aux idées singulières sur le mariage: «J'aimerais assez un mari qui me prendrait sur le pied de sa maîtresse [...] et vous aussi n'ayez que les droits et la jalousie d'un amant. Si vous voulez que je vous aime toujours, il n'y a qu'à être toujours aimable» (lettre à Boswell, 14–17 juin 1764). À l'âge de trente ans, frôlant la mésalliance, elle se décidera enfin pour l'ancien précepteur suisse de ses frères, Charles-Emmanuel de Charrière, gentilhomme vaudois sans fortune, mais noble de caractère, sensible, intelligent, cultivé, homme qui semblait lui offrir l'indépendance et la liberté de pensée qu'elle recherchait: «je serai aussi libre qu'une honnête femme peut l'être, mes amis, mes correspondances, la liberté de parler et d'écrire me resteront, je n'aurai pas besoin d'abaisser mon caractère à la moindre dissimulation» (lettre à Constant d'Hermenches, 15 janvier 1771).

Le mariage fut célébré en 1771 et Belle s'installa alors en Suisse, à Colombier, près de Neuchâtel, dans le modeste château du Pontet. Elle y passera le reste de sa vie, à l'exception de quelques séjours jusqu'en 1787 à Genève, à Lausanne, en Hollande et à Paris. Son mari étant d'un tempérament bien moins fougueux que le sien, sa vie au château ne fut pas des plus gaies. Une certaine tradition biographique explique sa venue à l'écriture par ses déceptions en mariage, par son désir de maternité frustré, et par l'ennui d'une vie retirée, loin de Paris et de Genève. Mais, si la différence de tempérament des époux put être vécue tristement comme une forme d'incompatibilité, il est vrai aussi que son mari soutint ses activités intellectuelles et encouragea son écriture, l'aidant même à relire ses épreuves, cela en dépit du scandale que la sortie de ses œuvres, avec leurs sujets tabous et leur représentation peu flatteuse du milieu suisse, ne manquait pas de provoquer.

Avant son mariage, certaines circonstances exceptionnelles de sa jeunesse avaient contribué à son épanouissement intellectuel et préparé son entrée dans les lettres françaises. Avant tout son éducation. De sa gouvernante genevoise, Jeanne-Louise Prévost, elle avait hérité le goût des lettres françaises et l'appréciation d'une langue châtiée, classique, celle des auteurs du Grand Siècle. Par ailleurs, elle avait eu le droit d'assister aux leçons de ses frères et ses parents lui avaient accordé, très libéralement, des maîtres dans les sujets qui l'intéressaient. Elle put ainsi étudier des matières d'habitude réservées aux garçons: le latin, les mathématiques, la physique. Elle apprit aussi les arts féminins d'usage dans les milieux d'élite, le clavecin, le dessin, les travaux d'aiguille, apprentissage destiné à agrémenter plus tard la vie conjugale; là encore, elle s'était singularisée par sa recherche de la virtuosité et son aspiration personnelle à la création artistique. En musique elle passa en effet de l'exécution à la composition.

Jeanne-Louise Prévost rentrée à Genève en 1753, elles eurent pendant cinq ans une relation épistolaire qui fut pour Belle de Zuylen, à en juger d'après les lettres de sa gouvernante (les siennes n'ont pas été retrouvées), son apprentissage littéraire et une étape importante de sa préparation à une vie d'intellectuelle. Mademoiselle Prévost corrige son style, réclame des commentaires de ses lectures. Tout en relevant avec quelque appréhension son «goût décidé de la singularité» (28 décembre 1758), elle encourage sa ferveur intellectuelle et sa recherche de la gloire: «il me paraît que vous visez à plus d'une sorte de gloire, cette ambition est d'une grande âme» (5 septembre 1758). Grâce à cette gouvernante avisée, l'écriture devient pour Belle un mode de vie; la correspondance se fait instrument d'auto-analyse et—en renforçant son sentiment de marginalité par rapport aux normes sexuelles et sociales de son milieu—de critique sociale, rôle qui annonce celui des lettres dans les romans épistolaires de la femme adulte. De même, la valorisation d'une éducation «différente» transmise essentiellement par des femmes dans *Lettres écrites de Lausanne* doit beaucoup à cette pédagogie féminine positive à contre-courant de l'usage. Plus tard, une Charrière vieillissante jouera elle-même un rôle analogue de mentor auprès des jeunes femmes de son entourage.

De 1760 à 1776, elle eut une deuxième correspondance formatrice, bien plus audacieuse, avec un séduisant colonel suisse, le baron Constant d'Hermenches, abordé à un bal au mépris des convenances («Monsieur, vous ne dansez pas?») alors qu'elle n'avait que vingt ans, mais lui trente-sept. D'Hermenches avait l'attrait du fruit défendu: c'était un homme marié, réputé libertin au sens et sexuel et intellectuel, mais aussi virtuose du clavecin, brillant causeur, écrivain, ami de Voltaire et comme elle passionné du théâtre. Un même ennui, une même culture les réunissaient. Entre eux s'entame alors une liaison dangereuse, mais par lettres: deux cent cinquante lettres d'échangées d'abord clandestinement au cours desquelles Belle exprime avec une franchise inouïe pour une jeune femme noble de l'époque ses désirs et ses pensées les plus intimes, sa sensualité, ses phantasmes, son vœu de liberté, son horreur de la dépendance et des contraintes du mariage, sa critique de la condition féminine: «Si j'aimais, si j'étais libre, il me serait bien difficile d'être sage. Mes sens sont comme mon cœur et mon esprit, avides de plaisir [...]. Quand je me demande si n'aimant guère mon mari je n'en aimerais pas un autre, si l'idée seule du devoir, le souvenir de mes serments me défendrait contre l'amour, contre l'occasion, une nuit d'été... je rougis de ma réponse» (25 juillet 1764). Jouant sur les conventions romanesques de la séduction épistolaire, elle sollicite des détails sur les conquêtes amoureuses du colonel, s'imagine être l'une de ses maîtresses, se refusant pourtant par amour et respect de ses parents à être une nouvelle Ninon, bien qu'attirée par ce rôle. (Ninon de Lenclos, au XVIII^e^ siècle, incarnait le mythe de la femme libre et de la courtisane révoltée.) Leur correspondance est empreinte de littérature: les références, explicites ou non, à des romans épistolaires alors très populaires (*La Nouvelle Héloïse* de Rousseau, *Clarissa* de Richardson, *Lettres de Mistriss Fanni Butlerd* de Riccoboni) et à de célèbres correspondances réelles (Héloïse et Abélard) abondent. Les épistoliers soignent leur style, envisagent la publication un jour de leur «recueil». La future romancière se fait la main, s'écartant déjà de la convention épistolaire: comme les héroïnes de ces célèbres romans, Belle écrit à un homme «dangereux» et reçoit ses lettres, mais elle échappe au dénouement imposé par cette situation romanesque: la chute sexuelle. Et c'est elle-même qui rédige à la place de d'Hermenches la lettre à son père où d'Hermenches lui présente son ami, le marquis de Bellegarde, prétendant moins qu'idéal que le couple épistolaire avait choisi dans l'intention de constituer en toute légitimité une sorte de trio intime! Emploi transgressif des conventions épistolaires s'il en fut, où Belle se fait ventriloque pour rester sujet du discours et maîtresse de la circulation de son corps. Elle s'écarte pareillement du rôle féminin prévu dans une correspondance amoureuse pour revendiquer à côté de l'amour sa passion pour l'étude: «je ne puis souffrir de négliger mes occupations, de ne rien apprendre [...]; un certain orgueil et un désir ardent de progrès, de connaissances, de perfection, font que je me révolte contre cet état» (8–11 septembre 1764). Expérimentation littéraire autant qu'échange amoureux, cette correspondance prépare la transgression des conventions du roman par lettres chez l'écrivaine; éducation sentimentale de Belle de Zuylen, elle alimente la peinture du désir et des relations entre les sexes dans ses romans.

Isabelle de Charrière ne publiera ses premiers romans qu'au bout de treize ans de mariage, dans une véritable explosion de créativité. Elle produit un opéra comique et des comédies, puis fait paraître coup sur coup les romans qui l'ont rendue célèbre, *Lettres neuchâteloises* (1784), suivies quelques mois plus tard des *Lettres de Mistriss Henley*, puis en 1785 des *Lettres écrites de Lausanne*. La suite de ce dernier roman, *Caliste*, vouée à être son œuvre la plus populaire, fut terminée et publiée à Paris où la romancière séjourna pendant dix-huit mois, de 1786 à 1787, le temps d'observer les débuts de la Révolution, de fréquenter les milieux intellectuels républicains, et de rencontrer le jeune homme de dix-neuf ans qui allait devenir, vingt-sept ans après son oncle d'Hermenches, avec elle cette fois dans le rôle de mentor, son correspondant privilégié et son partenaire intellectuel: le futur écrivain et homme politique Benjamin Constant. Naît alors une autre correspondance remarquable, fruit de leur entente spontanée et immédiate—intellectuelle, politique et affective—malgré leur différence d'âge. Quand, sept ans plus tard, Constant se liera à une autre femme supérieure, Germaine de Staël, leur relation en souffrira. Mais leur mésentente fut probablement due autant à leurs divergences politiques. Car, si elle avait été comme lui en faveur de la Révolution, Charrière fut rebutée par le désordre et la violence de la Terreur et par l'intolérance du régime révolutionnaire et elle adopta une position politique plus modérée que celle de Constant. Sans pour autant partager la nostalgie de l'Ancien Régime qu'elle trouvait grotesque chez certains, elle noua des relations avec des émigrés venus se réfugier de la Terreur en terre neuchâteloise, vint au secours des plus démunis, se donnant pour mission d'aider les plus souples à s'adapter à un monde nouveau où les privilèges de la naissance n'avaient plus cours. (Elle avait déjà développé l'idée d'une méritocratie dans *Lettres écrites de Lausanne*, lettres III et V. La Révolution et ses conséquences motivèrent des écrits politiques comme le recueil de pamphlets *Observations et conjectures politiques*, 1787–88, et *Lettres d'un évêque français à la nation*, 1789; des réflexions politiques et philosophiques, notamment sur le thème de l'émigration, se retrouvent dans des pièces comme *L'Émigré*,

1793, et dans les romans de ses dernières années dont *Lettres trouvées dans des portefeuilles d'émigrés*, 1793, et *Les Ruines d'Yedburg*, 1799.) Il n'y eut pourtant jamais de rupture définitive entre elle et Constant; la dernière lettre qu'elle écrivit, deux semaines avant sa mort, fut pour lui. Pendant longtemps l'histoire littéraire privilégia cette relation d'Isabelle de Charrière avec Constant et ses rapports avec Boswell; l'œuvre, en revanche, fut reléguée aux oubliettes des «romans féminins».

Car, trompant les attentes conventionnelles des critiques, les romans de Charrière leur paraissaient parfaitement inintéressants. Il ne s'y passait que des choses triviales, insignifiantes, de petits événements de tous les jours dans un monde clos, domestique, protestant et provincial, sans attrait dramatique, «un assemblage de si petites choses que je ne saurais comment te les raconter», explique l'héroïne des *Lettres neuchâteloises.* Avec leurs intrigues très minces et leur peinture discrète et sans emphase du tissu «insipide» d'une vie de femme, ses histoires étaient dépourvues des incidents dramatiques et extraordinaires qui constituaient alors une trame romanesque: coïncidences suspectes, fausses identités, scènes de reconnaissance, mariages secrets, duels, viols, morts tragiques. Leurs héroïnes et leurs héros étaient des gens ordinaires, voire un peu vulgaires, issus de classes et de milieux rarement dépeints dans un roman: une couturière sexuellement expérimentée au parler populaire et inculte tombe enceinte d'un fils de marchand venu apprendre son métier à Neuchâtel dans les *Lettres neuchâteloises,* et—inconvenance inouïe chez une fille bien née—la jeune aristocrate française sans fortune qui s'est éprise de lui ose lui parler de la situation de la couturière, se concertant avec lui pour régler financièrement le problème de cette femme et pour cacher sa grossesse en l'éloignant. Dans *Lettres écrites de Lausanne,* le personnage de Cécile, avec son cou épais, ses maux de tête, sa transpiration quand elle danse, sa susceptibilité aux engelures, sa beauté et ses capacités moyennes ne correspond en rien non plus à une héroïne de roman parfaite au portrait idéalisé et abstrait. De plus, les romans de Charrière ne finissaient même pas. Commentant en 1788 les *Lettres écrites de Lausanne,* La Harpe, influent critique qui fut pour beaucoup dans la création du canon littéraire du XVIII^e siècle, estima le roman «mal imaginé» et traita de «conception avortée» son intrigue, car la question posée au début, «Ma pauvre Cécile, que deviendra-t-elle?» reste sans réponse. Germaine de Staël, qui pourtant aimait les romans de Charrière et s'en inspira—*Caliste* est en effet l'ancêtre de *Corinne*—déplorait, elle aussi, la fâcheuse habitude de l'auteur de ne pas conclure: «je me suis intéressée vivement aux lettres neuchâteloises, mais je ne sais rien de plus pénible que votre manière de commencer sans finir» (lettre,

27 août 1793). Mais Staël appartenait à une autre génération et son pessimisme romantique s'accordait mal à la structure délibérément ouverte des romans épistolaires de son aïeule. Cette structure ouverte, qui rappelle en revanche les dénouements peu conventionnels de romancières comme Scudéry, Lafayette, Graffigny et Riccoboni, marque ici encore une critique implicite de la condition féminine, une mise en question du bonheur dans le mariage, et un vœu de liberté, le refus de boucler la boucle d'une vie de femme en acquiesçant aux limites prescrites par l'ordre social, le mariage, le couvent ou la mort, même si cela revient à suggérer que l'avenir ouvert et incertain de l'héroïne s'annonce plutôt terne.

Le refus chez la romancière de se plier aux conventions du roman sentimental tout en adoptant ses thèmes privilégiés, l'amour et le mariage, son refus du «romanesque» et de la sentimentalité naissent d'un rare souci de réalisme. Elle avait compris, en lisant un roman hollandais, *Sara Burgerhart*, «qu'en peignant des lieux et des mœurs que l'on connaît bien, l'on donne à des personnages fictifs une réalité précieuse» (lettre à Taets van Amerongen, janvier 1804). Loin d'être des œuvres bâclées, ses premiers romans sont des études de mœurs et des explorations de la vie intérieure originales et extrêmement subtiles. De fines peintures dc milieux très particuliers, ils mesurent le poids des soucis économiques et des facteurs de classe et de sexe dans un destin de femme; ils donnent à comprendre comment un rien—une robe tombée dans la boue (*Lettres neuchâteloises*), un chat qui dort sur un vieux fauteuil brodé par une aïeule du mari (*Lettres de Mistriss Henley*), un pion renversé et une main serrée au cours d'un jeu d'échecs (*Lettres écrites de Lausanne,* lettre XII)—peut être lourd de conséquences et de sens dans la vie d'une jeune femme dont le seul espoir de survie est le mariage. À ce titre, ils rappellent les romans de la vie privée de Jane Austen, sans la fin heureuse du mariage. Charrière invente un réalisme neuf pour figurer une vie de femme («Beaucoup de femmes sont dans le même cas que moi,» *Mistriss Henley*); elle pratique l'anatomie du quotidien dans des histoires sans éclat ni conclusion, pareilles à ces «ouvrages de dames» jamais achevés (couture, broderie, etc.; voir ci-dessous, lettre XII) qui marquent dans ses romans à la fois la présence concrète d'un corps de femme et son aliénation d'un corps social dominé par les hommes.

Les premiers romans de Charrière montrent la femme à différentes étapes de sa vie: la jeune femme à marier (la noble Marianne de la Prise et la couturière dans *Lettres neuchâteloises,* Cécile dans *Lettres écrites de Lausanne*), la femme mariée (Mistriss Henley, épouse d'un «mari de roman», mais incomprise par cet homme modéré, flegmatique, imperturbablement raisonnable, tenue à l'écart par lui de toute décision importante, même celle de savoir si elle va elle-même allaiter l'enfant qu'elle attend, «si étrangère à ses sentiments, si fort exclue de ses pensées», obsédée, quoi qu'elle fasse pour s'adapter à lui, d'avoir «encore tort, toujours tort, tort en tout»), la mère qui cherche à marier sa fille (*Lettres écrites de Lausanne*). En parallèle à ces femmes, elle met en scène une marginale au sens propre, la femme déchue mais estimable qui tente de se réhabiliter socialement en se mariant et en pratiquant une vertu sans défaut (Caliste, ancienne actrice et ex-femme entretenue, vendue autrefois par sa mère à un homme riche, type de la courtisane digne qui préfigure *La Dame aux camélias* de Dumas fils et *La Traviata* de Verdi). Toutes femmes solitaires et sans autonomie, elles dépendent des hommes pour survivre et elles attendent. Mais elles ont beau attendre, suggère l'auteur, car leurs amants sont faibles, indécis, irrésolus, conformistes, comme le William de *Caliste* qui n'a pas le courage de braver l'interdit paternel pour épouser la femme qu'il aime, incapables d'aimer comme sait aimer une femme («car elle, elle savait aimer,» reconnaît William, un peu tard). De leur part, si les femmes ne se révoltent pas ouvertement contre des valeurs et une dépendance dictées par la société, moins conformistes que les hommes, elles savent parfois opérer des glissements discrets mais psychologiquement libérateurs dans le sens des mots qui les oppriment: bonheur, raison, vertu. La mise en question féministe de l'auteur perce dans ces moments où l'on peut voir que vertu, pour une femme, n'égale pas forcément chasteté (lettre XII, ci-dessous) ni respect absolu des convenances, et que sens social n'égale pas forcément sens moral.

La Révolution et ses séquelles interrompent provisoirement la production romanesque de Charrière. Son champ s'élargit et elle se montre écrivaine politique engagée, nouvelle singularité pour laquelle on ne lui épargne pas des critiques, car normalement les femmes n'avaient pas voix au chapitre dans la sphère publique de la politique. Dans *Lettres écrites de Lausanne* on peut voir déjà, d'après la réaction du mari de la cousine, destinataire des lettres, et les réponses à ses objections de l'épistolière, la mère de Cécile (lettre V), combien la réflexion politique (ici, le projet législatif de la lettre III) était tenue pour déplacée chez une femme, combien il était rare qu'elle soit prise au sérieux. Dans ses écrits politiques, Charrière n'hésite pourtant pas à aborder les sujets les plus brûlants. En effet, le conte philosophique, *Bien-né* (1788), où elle dénonce l'irresponsabilité de Louis XVI et lui envoie la fée Sagesse pour refaire son éducation, fut saisi par les autorités et valut au libraire parisien qui le diffusait d'être emprisonné à la Bastille. Elle ose envoyer aux responsables politiques ses *feuilles* anonymes sur l'actualité française et sur les troubles civils aux Provinces-

Unies et elle cherche à les diffuser en Suisse, à Paris, en Hollande. Elle les écrit et les publie à ses frais, en toute liberté, sans crainte d'arrestation, étant loin des événements. Recueillis dans *Observations et conjectures politiques*, ces pamphlets, qui témoignent d'une acuité politique exceptionnelle, sont violemment attaqués; un critique français anonyme lui recommande, au lieu de se mêler de politique: «Faites des romans, Madame.»

Nonobstant le vœu du critique, ses derniers romans comme son théâtre s'ouvrent aussi à la politique. Les *Lettres trouvées dans des portefeuilles d'émigrés* mettent en scène un dialogue entre royalistes et révolutionnaires, traduisant l'espoir chez Charrière de maintenir la communication entre les différents partis idéologiques, exprimant sa politique de tolérance et de modération, où la femme jouerait le rôle de médiatrice entre les classes et les partis. D'autres romans explorent les effets de la Révolution sur les familles et sur les individus et poursuivent sa réflexion sur l'éducation et sur le devoir et la vertu dans ce nouveau contexte post-révolutionnaire. *Trois femmes* (1796) met en question l'éducation traditionnelle des jeunes filles et explore la notion kantienne du devoir. *Honorine d'Userche* (1798) critique le dogmatisme de l'athéisme. Lectrice avide mais critique de Rousseau, avec son dernier roman, *Sir Walter Finch et son fils William* (posthume, 1806), lettre d'un père à son fils sur le progrès de son éducation, Charrière offre en quelque sorte son *Émile* à elle.

Loin d'être, selon le stéréotype, un simple divertissement pour aristocrate oisive, l'écriture fut pour Charrière un véritable métier. En vraie professionnelle, quoique publiant anonymement, elle s'occupa de la diffusion de ses œuvres, protesta contre les retards des éditeurs et contre les éditions fautives, négocia avec les libraires pour rentrer dans ses frais, la plupart de ses œuvres étant publiées à compte d'auteur. Sa dernière lettre la montre en effet plus préoccupée par les aléas de la publication de *Sir Walter Finch* que par sa mort prochaine, celle-ci n'y figurant que comme une sorte de post-scriptum discret: «Je prétends être mourante; mes amis n'en veulent pas juger comme cela parce que je n'ai aucune souffrance qui tue, mais l'extinction de vie me paraît être la mort» (à B. Constant, 10 décembre 1805). Elle mourut d'un cancer le 27 décembre 1805.

Succès de scandale en Suisse, ses romans ne jouirent que d'un modeste succès dans l'Europe de son temps. Certains furent réédités et traduits en anglais, en allemand, en néerlandais. Puis ils furent ensevelis sous la rubrique du roman sentimental en tant que pâles imitations de *Werther* ou de *La Nouvelle Héloïse*. L'histoire littéraire a souligné plutôt son rôle d'inspiratrice, avec *Caliste*, du chef-d'œuvre romanesque de Benjamin Constant, *Adolphe* (1806, publié en 1816), transposition fictive de la liaison orageuse du romancier avec Germaine de Staël et portrait du héros romantique indécis, amoureux d'une femme supérieure mais partagé entre la sensibilité et l'égoïsme, dont le William de *Caliste* fournit le modèle et le premier exemple. Mais l'influence de *Caliste* se décèle également chez la romancière Sophie Cottin (1770–1807) et surtout au XIX^e siècle chez Staël et chez Sand. Car c'est William qui se profile derrière l'Anglais conformiste et indécis, amoureux d'un nouvel avatar de Caliste, l'héroïne romantique, supérieure et non conformiste, dans *Corinne ou l'Italie* et *Lavinia*.

*Caliste ou Lettres écrites de Lausanne* est un diptyque. Le premier volet, *Lettres écrites de Lausanne* d'où sont tirés les extraits suivants, comprend dix-sept lettres adressées par la mère de Cécile à une cousine en France. Les lettres tournent autour de l'avenir de Cécile. Noble mais sans fortune, elle a peu de chance d'attirer un mari honnête. Parmi ses prétendants pas un seul mari, sinon, peut-être, un jeune lord anglais, Édouard, qui lui fait la cour sans empressement, mais qu'elle aime. La mère observe la naissance de l'amour chez sa fille, passe en revue l'éducation qu'elle lui a donnée, mettant en question les limites et les contradictions de l'éducation traditionnelle des jeunes filles, imagine une sorte de matriarcat, société où la noblesse serait transmise par la mère et où des jeunes femmes dans la situation de Cécile trouveraient facilement un bon mari. Dans la lettre XII, elle décrit l'éducation sociale et sentimentale de sa fille, sa leçon tendre mais réaliste sur les dangers de la sensibilité chez une jeune femme, sur l'inégalité sexuelle, sur les différences entre les sexes quant à la sensualité et au désir, et sur la définition sociale—restrictive—de la vertu féminine. Le jeune lord ne se déclarant toujours pas, les deux femmes décident de s'éloigner pour le mettre à l'épreuve. L'histoire s'arrête là. Le ton de la mère est désabusée, parfois ironique, et décidément anti-romanesque.

*Caliste* est la version dramatisée, «romanesque», de l'histoire de Cécile. C'est un roman sentimental conventionnel, se terminant par la mort tragique de l'héroïne. Le héros, William, le mentor mélancolique du jeune lord, raconte son histoire dans une longue lettre à la mère de Cécile. À la fin, il ne peut que proférer une litanie de regrets («j'aurais dû») de n'avoir pas su agir pour prévenir sa mort. Chez lui on retrouve la même passivité que chez Édouard. La romancière souligne l'incapacité du désir masculin, figurée chez William par de nombreux indices d'une homosexualité latente. Dans la juxtaposition Cécile/Caliste se profilent ainsi deux femmes victimes des préjugés patriarcaux et d'un monde «homosocial», l'histoire de Caliste servant implicitement de leçon supplémentaire à Cécile pour démontrer la banqueroute des valeurs sociales (la vertu absolue pratiquée par Caliste après la mort de son bienfaiteur, au lieu d'assurer sa réinsertion sociale, ne la conduit qu'à la mort), les périls de la sensibilité et les déficiences du désir masculin. D'apparence plus conforme aux attentes des lecteurs, plus respectueuse de la clôture traditionnelle d'un roman (l'héroïne meurt), esquissant l'image du héros romantique, victime des préjugés sociaux, et faisant de lui, comme dans le *Werther* (1774) de Goethe et les romans romantiques qui l'imiteront au siècle suivant, le narrateur de ses mémoires-confession, c'est *Caliste* qui fut privilégiée par la tradition littéraire au dépens de la première partie du roman, bien moins conventionnelle, où la voix d'une femme est le véhicule du savoir et où les rapports entre femmes sont valorisés. Dans l'histoire de Cécile, Charrière exploite les ressources de la lettre pour dépeindre un temps et un espace de femme, pour présenter la vie intime et le progrès d'une conscience. Dans celle de Caliste, en revanche, c'est le point de vue masculin qui prime, mais il est indirectement critiqué. Car, si la forme des mémoires annonce les confessions romantiques (au masculin), elle rappelle aussi la confession du héros inconsolé des *Mémoires du Comte de Comminge* (1735) de Claudine-Alexandrine de Tencin, roman où la première personne laisse de même transparaître ironiquement l'égoïsme et l'aveuglement du héros, son incapacité réelle à reconnaître la femme dans son individualité, à aimer une femme supérieure.

Protestation oblique contre ce monde dominé par les hommes, la peinture des rapports mère-fille est une des originalités des *Lettres écrites de Lausanne,* la maternité étant présentée comme peut-être le seul bonheur qu'on puisse attendre du mariage (lettre XII). La mère éclaire sa fille pour la libérer dans la mesure du possible et elle la protège, lui vouant un amour à toute épreuve —même celle de la chute sexuelle—indépendant du jugement social. Nous sommes loin des mères conformistes ou inefficaces des intrigues masculines, loin aussi des «peintures de l'amour» de la mère dans *La Princesse de Clèves* et de l'amour maternel d'une Sévigné. Rapport tendre et réciproque entre deux sujets et non rapport de domination, cet amour n'étouffe pas et permet à chacune de s'épanouir. La relation mère veuve–jeune fille suggère un paradigme intersubjectif différent, calqué sur le rapport archaïque de la mère à l'enfant, alternative aux structures patriarcales. Elle se présente comme une forme de plénitude—plénitude menacée par le mariage et par l'homme, l'intrus. Ainsi, Cécile peut souhaiter pour elle-même un avenir original, en dehors du mariage: établir avec sa mère un commerce en Hollande ou en Angleterre et se retirer ensuite à la campagne en Suisse. Les *Lettres écrites de Lausanne* sont en effet un jalon important sur la route qui mène de Lafayette et Sévigné à la revendication moderne du maternel comme modèle de dissidence, comme source d'écriture et de valeurs autres, et comme inscription du corps féminin chez des écrivaines telles que Desbordes-Valmore, Colette, Cixous, Chawaf et Duras et des théoriciennes féministes comme Luce Irigaray (*Et l'une ne bouge pas sans l'autre*, 1979; *Le Corps-à-corps avec la mère*, 1981; *Je, tu, nous*, 1990). Et si le rêve d'autonomie de Cécile au moyen d'un travail rémunéré ne se réalise pas dans le roman, c'est que, là encore, Charrière est en avance sur son temps: cette libération appartient à l'avenir.

«Vous vivez comme un roman qui n'avance point. Sans doute on ne veut pas lui donner de dénouement ou on est embarrassé de lui en donner un. L'héroïne se cache, et puis quoi encore? elle se cache. [...] l'horreur de la société, l'horreur des hommes n'a rien qui me surprenne quand c'est cela précisément qu'on éprouve. *Autrefois Progné l'hirondelle etc.*: je viens de réciter en moi-même cette fable et j'y ai cherché l'explication du roman de votre vie» (lettre à Henriette L'Hardy, 2 mai 1795). Évoquant la *Philomèle et Progné* de La Fontaine pour comprendre la vie de sa protégée, Charrière semble livrer en même temps les raisons d'être de sa propre esthétique. La qualité statique de ses romans et leur manque de dénouement représenteraient au fond un refus du social, une dénonciation clandestine qui ne serait comprise qu'entre femmes comme la broderie de Philomèle qui cache et révèle à la fois son malheur: «*Elle est bien heureuse la Dame qui peut aujourd'hui s'amuser à broder des fauteuils* et ce n'était pas cela. Au moment où la dame demandait le dessin, elle était très malheureuse et aurait eu peine à croire qu'on pût l'être plus qu'elle» (ibid.).

Pour écarter une image cruelle
La triste Philomèle
Chantant au fond des bois
Seule chantait, seule écoutai[t] sa voix.

Que dis-je seule? est-il des bois si sombres
Qui n'aient pas sous leurs ombres
Mille habitants divers?
Non, il n'est point de lieux vraiment déserts.

(extrait d'un poème inachevé, datant peut-être de 1789)

«Il n'est point de lieux vraiment déserts»: Isabelle de Charrière fait partie d'un réseau de romancières qui «s'écoutaient» et se lisaient mutuellement, qui comprenaient leur critique commune de l'ordre en place. *Lettres écrites de Lausanne* inscrit dans le rapport entre femmes cette complicité/continuité/communication, la lettre et les mots échangés s'assimilant à une broderie qui se transmue en art, de plus en plus lisible au fur et à mesure que nous développons nos capacités de lecture «féminines».

## Lettres écrites de Lausanne

[À l'exception des lettres IX et XVI, nous reproduisons le texte intégral des lettres choisies.]

### PREMIÈRE LETTRE

Le 30 novembre 1784.

Combien vous avez tort de vous plaindre![1] Un gendre d'un mérite médiocre, mais que votre fille a épousé sans répugnance; un établissement que vous-même regardez comme avantageux, mais sur lequel vous avez été à peine consultée! Qu'est-ce que cela fait? que vous importe? Votre mari, ses parents et des convenances de fortune ont tout fait. Tant mieux. Si votre fille est heureuse, en serez-vous moins sensible à son bonheur? si elle est malheureuse, ne sera-ce pas un chagrin de moins que de n'avoir pas fait son sort? Que vous êtes romanesque! Votre gendre est médiocre; mais votre fille est-elle d'un caractère ou d'un esprit si distingué? On la sépare de vous; aviez-vous tant de plaisir à l'avoir auprès de vous? Elle vivra à Paris; est-elle fâchée d'y vivre? Malgré vos déclamations sur les dangers, sur les séductions, les illusions, le prestige, le délire, etc., seriez-vous fâchée d'y vivre vous-même? Vous êtes encore belle, vous serez toujours aimable; je suis bien trompée, ou vous iriez de grand cœur vous charger des *chaînes de la Cour,* si elles vous étaient offertes. Je crois qu'elles vous seront offertes. À l'occasion de ce mariage on parlera de vous, et l'on sentira ce qu'il y aurait à gagner pour la princesse qui attacherait à son service une femme de votre mérite, sage sans pruderie, également sincère et polie, modeste quoique remplie de talents. Mais voyons si cela est bien vrai. J'ai toujours trouvé que cette sorte de mérite n'existe que sur le papier, où les mots ne se battent jamais, quelque contradiction qu'il y ait entre eux. Sage et point prude! Il est sûr que vous n'êtes point prude: je vous ai toujours vue fort sage; mais vous ai-je toujours vue? M'avez-vous fait l'histoire de tous les instants de votre vie? Une femme parfaitement sage serait prude; je le crois du moins. Mais passons là-dessus. Sincère et polie! Vous n'êtes pas aussi sincère qu'il serait possible de l'être, parce que vous êtes polie; ni parfaitement polie, parce que vous êtes sincère; et vous n'êtes l'un et l'autre à la fois que parce que vous êtes médiocrement l'un et l'autre. En voilà assez; ce n'est pas vous que j'épilogue:

1. L'orthographe et la ponctuation ont été modernisées et la typographie uniformisée. Trois éditions ont servi à l'établissement du texte: celle des *Œuvres complètes* (tome 8, 1980; texte de base), et celles de Claudine Herrmann (1979) et de Raymond Trousson (1996).

j'avais besoin de me dégonfler sur ce chapitre. Les tuteurs de ma fille me tourmentent quelquefois sur son éducation; ils me disent et m'écrivent qu'une jeune fille doit acquérir les connaissances qui plaisent dans le monde, sans se soucier d'y plaire. Et où diantre prendra-t-elle de la patience et de l'application pour ses leçons de clavecin si le succès lui en est indifférent? On veut qu'elle soit à la fois franche et réservée. Qu'est-ce que cela veut dire? On veut qu'elle craigne le blâme sans désirer la louange? On applaudit à toute ma tendresse pour elle; mais on voudrait que je fusse moins continuellement occupée à lui éviter des peines et à lui procurer du plaisir. Voilà comme, avec des mots qui se laissent mettre à côté les uns des autres, on fabrique des caractères, des législations, des éducations et des bonheurs domestiques impossibles. Avec cela on tourmente les femmes, les mères, les jeunes filles, tous les imbéciles qui se laissent moraliser. Revenons à vous, qui êtes aussi sincère et aussi polie qu'il est besoin de l'être; à vous, qui êtes charmante; à vous, que j'aime tendrement. Le marquis de *** m'a dit l'autre jour qu'il était presque sûr qu'on vous tirerait de votre province. Eh bien! laissez-vous placer à la Cour, sans vous plaindre de ce qu'exige de vous votre famille. Laissez-vous gouverner par les circonstances, et trouvez-vous heureuse qu'il y ait pour vous des circonstances qui gouvernent, des parents qui exigent, un père qui marie sa fille, une fille peu sensible et peu réfléchissante qui se laisse marier. Que ne suis-je à votre place! Combien, en voyant votre sort, ne suis-je pas tentée de blâmer le zèle religieux de mon grand-père! Si, comme son frère, il avait consenti à aller à la messe, je ne sais s'il s'en trouverait aussi bien dans l'autre monde; mais moi, il me semble que je m'en trouverais mieux dans celui-ci. Ma romanesque cousine se plaint; il me semble qu'à sa place je ne me plaindrais pas. Aujourd'hui je me plains; je me trouve quelquefois très à plaindre. Ma pauvre Cécile, que deviendra-t-elle? Elle a dix-sept ans depuis le printemps dernier. Il a bien fallu la mener dans le monde pour lui montrer le monde, la faire voir aux jeunes hommes qui pourraient penser à elle... Penser à elle! quelle ridicule expression dans cette occasion-ci! Qui penserait à une fille dont la mère est encore jeune, et qui pourra avoir après la mort de cette mère vingt-six mille francs de ce pays! cela fait environ trente-huit mille livres de France. Nous avons de rente, ma fille et moi, quinze cents francs de France. Vous voyez bien que, si on l'épouse, ce ne sera pas pour avoir pensé, mais pour l'avoir vue. Il faut donc la montrer; il faut aussi la divertir, la laisser danser. Il ne faut pourtant pas la trop montrer, de peur que les yeux ne se lassent; ni la trop divertir, de peur qu'elle ne puisse plus s'en passer, de peur aussi que ses tuteurs ne me grondent, de peur que les mères des autres ne disent: C'est bien mal entendu! Elle est si peu riche! Que de temps perdu à s'habiller, sans compter le temps où l'on est dans le monde; et puis cette parure, toute modeste qu'elle est, ne laisse pas de coûter: les gazes, les rubans etc.; car rien n'est si exact, si long, si détaillé que la critique des femmes. Il ne faut pas non plus la laisser trop danser; la danse l'échauffe et ne lui sied pas bien: ses cheveux, médiocrement bien arrangés par elle et par moi, lui donnent en se dérangeant un air de rudesse; elle est trop rouge, et le lendemain elle a mal à la tête ou un saignement de nez; mais elle aime la danse avec passion: elle est assez grande, bien faite, agile, elle a l'oreille parfaite; l'empêcher de danser serait empêcher un daim de courir. Je viens de vous dire comment est ma fille pour la taille; je vais vous dire ce qu'elle est pour le reste. Figurez-vous un joli front, un joli nez, des yeux noirs un peu enfoncés ou plutôt couverts, pas bien grands, mais brillants et doux; les lèvres un peu grosses et très vermeilles, les dents saines, une belle peau de brune, le teint très animé, un cou qui grossit malgré tous les soins que je me donne, une gorge qui serait belle si elle était plus blanche, le pied et la main passables; voilà Cécile. Si vous connaissiez madame R***, ou les belles paysannes du pays de Vaud, je pourrais vous en donner une idée plus juste. Voulez-vous savoir ce qu'annonce l'ensemble de cette figure? Je vous dirai que c'est la santé, la bonté, la gaieté, la susceptibilité d'amour et d'amitié, la simplicité de cœur et la droiture d'esprit, et non l'extrême élégance, délicatesse, finesse, noblesse. C'est une belle et bonne fille que ma fille. Adieu, vous m'allez demander mille choses sur son compte, et pourquoi j'ai dit *Pauvre Cécile! que deviendra-t-elle*? Eh bien! demandez; j'ai besoin d'en parler, et je n'ai personne ici à qui je puisse en parler.

## LETTRE III

Si j'étais roi, je ne sais pas si je serais juste, quoique je voulusse l'être; mais voici assurément ce que je ferais. Je ferais un dénombrement bien exact de toute la noblesse chapitrale[2] de mon pays. Je donnerais à ces nobles quelque distinction peu brillante, mais bien marquée, et je n'introduirais personne dans cette classe d'élite. Je me chargerais de leurs enfants quand ils en auraient plus de trois. J'assignerais une pension à tous les chefs de famille quand ils seraient tombés dans la misère, comme le roi d'Angleterre en donne une aux pairs *en décadence*. Je formerais une seconde classe des officiers qui seraient parvenus à certains grades, de leurs enfants, de ceux qui auraient occupé certains emplois, etc. Dans chaque province cette classe serait libre de s'agréger tel ou tel homme qui se

2. La plus haute noblesse.

serait distingué par quelque bonne action, un gentilhomme étranger, un riche négociant, l'auteur de quelque invention utile. Le peuple se nommerait des représentants, et ce serait un troisième ordre dans la nation; celui-ci ne serait pas héréditaire. Chacun des trois aurait certaines distinctions et le soin de certaines choses, outre les charges qu'on donnerait aux individus indistinctement avec le reste de mes sujets. On choisirait dans les trois classes des députés qui, réunis, seraient le conseil de la nation: ils habiteraient la capitale. Je les consulterais sur tout. Ces conseillers seraient à vie: ils auraient tous le pas devant le corps de la noblesse. Chacun d'eux se nommerait un successeur, qui ne pourrait être un fils, un gendre, ni un neveu; mais cette nomination aurait besoin d'être examinée et confirmée par le souverain et par le conseil. Leurs enfants entreraient de droit dans la classe noble. Les familles qui viendraient à s'éteindre se trouveraient ainsi remplacées. Tout homme, en se mariant, entrerait dans la classe de sa femme, et ses enfants en seraient comme lui. Cette disposition aurait trois motifs. D'abord les enfants sont encore plus certainement de la femme que du mari. En second lieu, la première éducation, les préjugés, on les tient plus de sa mère que de son père. En troisième lieu, je croirais, par cet arrangement, augmenter l'émulation chez les hommes, et faciliter le mariage pour les filles qu'on peut supposer les mieux élevées et les moins riches des filles épousables d'un pays. Vous voyez bien, que, dans ce superbe arrangement politique, ma Cécile n'est pas oubliée. Je suis partie d'elle; je reviens à elle. Je la suppose appartenant à la première classe: belle, bien élevée et bonne comme elle est; je vois à ses pieds tous les jeunes hommes de sa propre classe, qui ne voudraient pas déchoir, et ceux d'une classe inférieure, qui auraient l'ambition de s'élever. Réellement, il n'y aurait que cet ennoblissement qui pût me plaire. Je hais tous les autres, parce qu'un souverain ne peut donner avec des titres ce préjugé de noblesse, ce sentiment de noblesse qui me paraît être l'unique avantage de la noblesse. Supposé qu'ici l'homme ne l'acquît pas en se mariant, les enfants le prendraient de leur mère. Voilà bien assez de politique ou de rêverie.

Outre les deux hommes dont je vous ai parlé, Cécile a encore un amant[3] dans la classe bourgeoise; mais il la ferait plutôt tomber avec lui qu'il ne s'élèverait avec elle. Il se bat, s'enivre et voit des filles comme les nobles allemands, et quelques jeunes seigneurs anglais qu'il fréquente: il est d'ailleurs bien fait et assez aimable; mais ses mœurs m'effraieraient. Son oisiveté ennuie Cécile; et quoiqu'il ait du bien, à force d'imiter ceux qui en ont plus que lui, il pourra dans peu se trouver ruiné. Il y en a bien encore un autre. C'est un jeune homme

3. Ici, un prétendant.

sage, doux, aimable, qui a des talents et qui s'est voué au commerce. Ailleurs il pourrait y faire quelque chose, mais ici cela ne se peut pas. Si ma fille avait de la prédilection pour lui, et que ses oncles n'y missent pas obstacle, je consentirais à aller vivre avec eux à Genève, à Lyon, à Paris, partout où ils voudraient; mais le jeune homme n'aime peut-être pas assez Cécile pour quitter son sol natal, le plus agréable en effet qui existe, la vue de notre beau lac et de sa riante rive. Vous voyez, ma chère amie, que, dans ces quatre amants, il n'y a pas un mari. Ce n'en est pas un non plus que je pusse proposer à Cécile, qu'un certain cousin fort noble, fort borné, qui habite un triste château où l'on ne lit, de père en fils, que la Bible et la gazette. Et le jeune lord[4]? direz-vous. Que j'aurais de choses à vous répondre! Je les garde pour une autre lettre. Ma fille me presse d'aller faire un tour de promenade avec elle. Adieu.

## LETTRE V

Votre mari trouve donc ma législation bien absurde, et il s'est donné la peine de faire une liste des inconvénients de mon projet. Que ne me remercie-t-il, l'ingrat, d'avoir arrêté sa pensée sur mille objets intéressants, de l'avoir fait réfléchir en huit jours plus qu'il n'avait peut-être réfléchi en toute sa vie. Je vais répondre à quelques unes de ses objections. «Les jeunes hommes mettraient trop d'application à plaire aux femmes qui pourraient les élever à une classe supérieure.» Pas plus qu'ils n'en mettent aujourd'hui à séduire et à tromper les femmes de toutes les classes.

«Les maris, élevés par leurs femmes à une classe supérieure, leur auraient trop d'obligation.» Outre que je ne verrais pas un grand inconvénient à cette reconnaissance, le nombre des obligés serait très petit, et il n'y aurait pas plus de mal à devoir à sa femme sa noblesse que sa fortune; obligation que nous voyons contracter tous les jours.

«Les filles feraient entrer dans la classe noble, non les gens de plus de mérite, mais les plus beaux.» Les filles dépendraient de leurs parents comme aujourd'hui; et quand il arriverait qu'elles ennobliraient de temps en temps un homme qui n'aurait de mérite que sa figure, quel grand mal y aurait-il? Leurs enfants en seraient plus beaux, la noblesse se verrait rembellie. Un seigneur

4. «Un jeune lord et son gouverneur» rencontrés six semaines auparavant, lors d'une soirée chez les parents du cousin «noble» et «borné», sont évoqués dans la lettre précédente. Le cousin «pâle et maigre» avec son «fade bel esprit» n'a guère pu rivaliser ce soir-là avec le «joli» lord anglais et son «mauvais français» pour l'attention de Cécile.

espagnol dit un jour à mon père: Si vous rencontrez à Madrid un homme bien laid, petit, faible, malsain, soyez sûr que c'est un grand d'Espagne. Une plaisanterie et une exagération ne sont pas un argument; mais votre mari conviendra bien qu'il y a par tout pays quelque fondement au discours de l'Espagnol. Revenons à sa liste d'inconvénients.

«Un gentilhomme aimerait une fille de la seconde classe, belle, vertueuse, et il ne pourrait l'épouser.» Pardonnez-moi, il l'épouserait. «Mais il s'avilirait.» Non, tout le monde applaudirait au sacrifice. Et ne pourrait-il pas remonter au-dessus même de sa propre classe, en se faisant nommer, à force de mérite, membre du conseil de la nation et du roi? Ne ferait-il pas rentrer par là ses enfants dans leur classe originaire? Et ses fils d'ailleurs n'y pourraient-ils pas rentrer par des mariages? «Et quelles seraient les fonctions de ce conseil de la nation? De quoi s'occuperait-il? Dans quelles affaires jugerait-il?» Écoutez, mon cousin: la première fois qu'un souverain me demandera l'explication de mon projet, dans l'intention d'en faire quelque chose, je l'expliquerai, et le détaillerai de mon mieux; et s'il se trouve à l'examen aussi mal imaginé et aussi impraticable que vous le croyez, je l'abandonnerai courageusement. «Il est bien d'une femme,» dites-vous: à la bonne heure, je suis une femme, et j'ai une fille. J'ai un préjugé pour l'ancienne noblesse; j'ai du faible pour mon sexe: il se peut que je ne sois que l'avocat de ma cause, au lieu d'être un juge équitable dans la cause générale de la société. Si cela est, ne me trouvez-vous pas bien excusable? Ne permettrez-vous pas aux Hollandais de sentir plus vivement les inconvénients qu'aurait pour eux la navigation libre de l'Escaut, que les arguments de leur adversaire en faveur du droit de toutes les nations sur toutes les rivières? Vous me faites souvenir que cette Cécile, pour qui je voudrais créer une monarchie d'une espèce toute nouvelle, ne serait que de la seconde classe, si cette monarchie avait été créée avant nous, puisque mon père serait devenu de la classe de sa femme, et mon mari de la mienne. Je vous remercie de m'avoir répondu si gravement. C'est plus d'honneur, je ne dirai pas que je ne mérite, mais que je n'espérais. Adieu, mon cousin. Je retourne à votre femme.

Vous êtes enchantée de Cécile et vous avez bien raison. Vous me demandez comment j'ai fait pour la rendre si robuste, pour la conserver si fraîche et si saine. Je l'ai toujours eue auprès de moi, elle a toujours couché dans ma chambre, et, quand il faisait froid, dans mon lit. Je l'aime uniquement: cela rend bien clairvoyante et bien attentive. Vous me demandez si elle n'a jamais été malade. Vous savez qu'elle a eu la petite vérole. Je voulais la faire inoculer, mais je fus prévenue par la maladie; elle fut longue et violente. Cécile est sujette à de grands maux de tête: elle a eu tous les hivers des engelures aux pieds qui la forcent quelquefois à garder le lit. J'ai encore mieux aimé cela que de l'empêcher de courir dans la neige, et de se chauffer ensuite quand elle avait bien froid. Pour ses mains, j'avais si peur de les voir devenir laides, que je suis venue à bout de les garantir. Vous demandez comment je l'ai élevée. Je n'ai jamais eu d'autre domestique qu'une fille élevée chez ma grand-mère, et qui a servi ma mère. C'est auprès d'elle, dans son village, chez sa nièce, que je la laissai quand je passai quinze jours avec vous à Lyon, et lorsque j'allai vous voir chez notre vieille tante. J'ai enseigné à lire et à écrire à ma fille dès qu'elle a pu prononcer et remuer les doigts; pensant, comme l'auteur de Séthos[5], que nous ne savons bien que ce que nous avons appris machinalement. Depuis l'âge de huit ans jusqu'à seize elle a pris tous les jours une leçon de latin et de religion de son cousin, le père du pédant et jaloux petit amant, et une de musique d'un vieux organiste fort habile. Je lui ai appris autant d'arithmétique qu'une femme a besoin d'en savoir. Je lui ai montré à coudre, à tricoter et à faire de la dentelle. J'ai laissé tout le reste au hasard. Elle a appris un peu de géographie en regardant des cartes qui pendent dans mon antichambre, elle a lu ce qu'elle a trouvé en son chemin quand cela l'amusait, elle a écouté ce qu'on disait, quand elle en a été curieuse, et que son attention n'importunait pas. Je ne suis pas bien savante; ma fille l'est encore moins. Je ne me suis pas attachée à l'occuper toujours: je l'ai laissée s'ennuyer quand je n'ai pas su l'amuser. Je ne lui ai point donné de maîtres chers. Elle ne joue point de la harpe. Elle ne sait ni l'italien ni l'anglais. Elle n'a eu que trois mois de leçons de danse. Vous voyez bien qu'elle n'est pas très merveilleuse; mais en vérité, elle est si jolie, si bonne, si naturelle, que je ne pense pas que personne voulût y rien changer. Pourquoi, direz-vous, lui avez-vous fait apprendre le latin[6]? Pour qu'elle sût le français sans que j'eusse la peine de la reprendre sans cesse, pour l'occuper, pour être débarrassée d'elle et me reposer une heure tous les jours; et cela ne nous coûtait rien. Mon cousin le professeur avait plus d'esprit que son fils, et toute la simplicité qui lui manque. C'était un excellent homme. Il aimait Cécile, et, jusqu'à sa mort, les leçons qu'il lui donnait ont été aussi agréables pour lui que profitables pour elle. Elle l'a servi pendant sa dernière maladie, comme

5. Titre d'un roman politique et moral de l'abbé Jean Terrasson publié en 1731.

6. Il était rare qu'une demoiselle apprenne le latin. On évitait en général qu'elles apprennent des langues étrangères pour limiter leur accès, à travers la lecture, à des idées moralement dangereuses. Dans les comptes rendus judiciaires, les passages scabreux étaient rédigés en latin pour ne pas porter atteinte à la pudeur des jeunes filles, normalement ignorantes de cette langue.

elle eût pu servir son père, et l'exemple de patience et de résignation qu'il lui a donné a été une dernière leçon plus importante que toutes les autres, et qui a rendu toutes les autres plus utiles. Quand elle a mal à la tête, quand ses engelures l'empêchent de faire ce qu'elle voudrait, quand on lui parle d'une maladie épidémique qui menace Lausanne (nous y sommes sujets aux épidémies), elle songe à son cousin le professeur, et elle ne se permet ni plainte, ni impatience, ni terreur excessive.

Vous êtes bien bonne de me remercier de mes lettres. C'est à moi à vous remercier de vouloir bien me donner le plaisir de les écrire.

### LETTRE IX

Ce latin vous tient bien au cœur, et vous vous en souvenez longtemps. Savez-vous le latin? dites-vous. Non; mais mon père m'a dit cent fois qu'il était fâché de ne me l'avoir pas fait apprendre. Il parlait très bien français. Lui et mon grand-père ne m'ont pas laissé parler très mal, et voilà ce qui me rend plus difficile qu'une autre. Pour ma fille, on voit, quand elle écrit, qu'elle sait sa langue; mais elle parle fort incorrectement. Je la laisse dire. J'aime ses négligences, ou parce qu'elles sont d'elle, ou parce qu'en effet elles sont agréables. Elle est plus sévère: si elle me voit faire une faute d'orthographe, elle me reprend. Son style est beaucoup plus correct que le mien; aussi n'écrit-elle que le moins qu'elle peut: c'est trop de peine. Tant mieux. On ne fera pas aisément sortir un billet de ses mains. Vous demandez si ce latin ne la rend pas orgueilleuse. Mon Dieu, non. Ce que l'on apprend jeune ne nous paraît pas plus étrange, pas plus beau à savoir, que respirer et marcher. Vous demandez comment il se fait que je sache l'anglais. Ne vous souvient-il pas que nous avions, vous et moi, une tante qui s'était retirée en Angleterre pour cause de religion? Sa fille, ma tante à la mode de Bretagne, a passé trois ans chez mon père dans ma jeunesse, peu après mon voyage en Languedoc. C'était une personne d'esprit et de mérite. Je lui dois presque tout ce que je sais, et l'habitude de penser et de lire. Revenons à mon chapitre favori et à mes détails ordinaires. [...]

### LETTRE XII

Si vous ne me pressiez pas avec tant de bonté et d'instance de continuer mes lettres, j'hésiterais beaucoup aujourd'hui. Jusqu'ici j'avais du plaisir, et je me reposais en les écrivant. Aujourd'hui je crains que ce ne soit le contraire. D'ailleurs, pour faire une narration bien exacte, il faudrait une lettre que je ne pourrais écrire de tête... Ah! la voilà dans un coin de mon secrétaire. Cécile, qui est sortie, aura eu peur sans doute qu'elle ne tombât de ses poches. Je pourrai la copier, car je n'oserais vous l'envoyer. Peut-être voudra-t-elle un jour la relire. Cette fois-ci vous pourrez me remercier. Je m'impose une assez pénible tâche.

Depuis le moment de jalousie que je vous ai raconté[7], soit qu'elle eût de l'humeur quelquefois, et qu'elle eût conservé des soupçons, soit qu'ayant vu plus clair dans son cœur elle se fût condamnée à plus de réserve, Cécile ne voulait plus jouer aux dames en compagnie. Elle travaillait ou me regardait jouer. Mais chez moi, une fois ou deux, on y avait joué, et le jeune homme s'était mis à lui apprendre la marche des échecs l'autre soir, après souper, pendant que son parent et le mien, j'entends l'officier de ***, jouaient ensemble au piquet. Assise entre les deux tables, je travaillais et regardais jouer, tantôt les deux hommes, tantôt ces deux enfants, qui ce soir-là avaient l'air d'enfants beaucoup plus qu'à l'ordinaire; car, ma fille se méprenant sans cesse sur le nom et la marche des échecs, cela donnait lieu à des plaisanteries aussi gaies que peu spirituelles. Une fois le petit lord s'impatienta de son inattention, et Cécile se fâcha de son impatience. Je tournai la tête. Je vis qu'ils boudaient l'un et l'autre. Je haussai les épaules. Un instant après, ne les entendant pas parler, je les regarde. La main de Cécile était immobile sur l'échiquier. Sa tête était penchée en avant et baissée. Le jeune homme, aussi baissé vers elle, semblait la dévorer des yeux. C'était l'oubli de tout, l'extase, l'abandon. —Cécile, lui dis-je doucement, car je ne voulais pourtant pas l'effrayer, Cécile, à quoi pensez-vous? —À rien, dit-elle en cachant son visage avec ses mains, et reculant brusquement sa chaise. Je crois que ces misérables échecs me fatiguent. Depuis quelques moments, Milord, je les distingue encore moins qu'auparavant, et vous auriez toujours plus de sujets de vous plaindre de votre écolière; ainsi quittons-les. Elle se leva en effet, sortit, et ne rentra que quand je fus seule. Elle se mit à genoux, appuya sa tête sur moi, et prenant mes deux mains, elle les mouilla de larmes. —Qu'est-ce, ma Cécile, lui dis-je, qu'est-ce? —C'est moi qui vous le demande, maman, me dit-elle. Qu'est-ce qui se passe en moi? Qu'est-ce que j'ai éprouvé? de quoi suis-je honteuse? de quoi est-ce que je pleure? —S'est-il aperçu de votre trouble? lui dis-je. —Je ne le crois pas, maman, me répondit-

7. Dans une lettre précédente, l'épistolière raconte, lors d'une assemblée, la jalousie de Cécile devant les attentions du jeune Anglais pour une belle Française élégamment vêtue. Quand il est revenu vers elle, en manière de punition, Cécile a refusé de jouer aux dames avec lui, passant toute la soirée assise auprès de sa mère. L'Anglais en est resté confondu. Observatrice attentive, l'épistolière note avec fierté ces progrès dans l'éducation sentimentale de sa fille: «Cécile se forme, et devient tous les jours plus aimable.»

elle. Fâché peut-être de son impatience, il a serré et baisé la main avec laquelle je voulais relever un pion tombé. J'ai retiré ma main; mais je me suis sentie si contente de ce que notre bouderie ne durait plus! ses yeux m'ont paru si tendres! j'ai été si émue! Dans ce même moment vous avez dit doucement: Cécile, Cécile! Il aura peut-être cru que je boudais encore, car je ne le regardais pas. —Je le souhaite, lui dis-je. —Je le souhaite aussi, dit-elle. Mais, maman, pourquoi le souhaitez-vous? —Ignorez-vous, ma chère Cécile, lui dis-je, combien les hommes sont enclins à mal penser et à mal parler des femmes? —Mais, dit Cécile, s'il y a ici de quoi penser et dire du mal, il ne pourrait m'accuser sans s'accuser encore plus lui-même. N'a-t-il pas baisé ma main, et n'a-t-il pas été aussi troublé que moi? —Peut-être, Cécile; mais il ne se souviendra pas de son impression comme de la vôtre. Il verra dans la vôtre une espèce de sensibilité ou de faiblesse qui peut vous entraîner fort loin, et faire votre sort. La sienne ne lui est pas nouvelle sans doute, et n'est pas d'une si grande conséquence pour lui. Rempli encore de votre image, s'il a rencontré dans la rue une fille facile... —Ah! maman! —Oui, Cécile, il ne faut pas vous faire illusion: un homme cherche à inspirer, pour lui seul, à chaque femme un sentiment qu'il n'a le plus souvent que pour l'espèce. Trouvant partout à satisfaire son penchant, ce qui est trop souvent la grande affaire de notre vie, n'est presque rien pour lui. —La grande affaire de notre vie! Quoi! il arrive à des femmes de s'occuper beaucoup d'un homme qui s'occupe peu d'elles! —Oui, cela arrive. Il arrive aussi à quelques femmes de s'occuper malgré elles des hommes en général. Soit qu'elles s'abandonnent, soit qu'elles résistent à leur penchant, c'est aussi la grande, la seule affaire de ces malheureuses femmes-là. Cécile, dans vos leçons de religion on vous a dit qu'il fallait être chaste et pure. Aviez-vous attaché quelque sens à ces mots? —Non, maman. —Eh bien! le moment est venu de pratiquer une vertu, de vous abstenir d'un vice dont vous ne pouviez avoir aucune idée. Si cette vertu vient à vous paraître difficile, pensez aussi que c'est la seule que vous ayez à vous prescrire rigoureusement, à pratiquer avec vigilance, avec une attention scrupuleuse sur vous-même. —La seule! —Examinez-vous, et lisez le Décalogue. Aurez-vous besoin de veiller sur vous pour ne pas tuer, pour ne pas dérober, pour ne pas calomnier? Vous ne vous êtes sûrement jamais souvenue que tout cela vous fût défendu. Vous n'aurez pas besoin de vous en souvenir; et, si vous avez jamais du penchant à convoiter quelque chose, ce sera aussi l'amant ou le mari d'une autre femme, ou bien les avantages qui peuvent donner à une autre le mari ou l'amant que vous désireriez pour vous. Ce qu'on appelle *vertu* chez les femmes sera presque la seule que vous puissiez ne pas avoir, la seule que vous pratiquiez en tant que vertu, et la seule dont vous puissiez dire en la pratiquant: J'obéis aux préceptes qu'on m'a dit être les lois de Dieu, et que j'ai reçues comme telles. —Mais, maman, les hommes n'ont-ils pas reçu les mêmes lois; pourquoi se permettent-ils d'y manquer, et de nous en rendre l'observation difficile? —Je ne saurais trop, Cécile, que vous répondre; mais cela ne nous regarde pas. Je n'ai point de fils. Je ne sais ce que je dirais à mon fils. Je n'ai pensé qu'à la fille que j'ai, et que j'aime par-dessus toute chose. Ce que je puis vous dire, c'est que la société, qui dispense les hommes et ne dispense pas les femmes d'une loi que la religion paraît avoir donnée également à tous, impose aux hommes d'autres lois qui ne sont peut-être pas d'une observation plus facile. Elle exige d'eux, dans le désordre même, de la retenue, de la délicatesse, de la discrétion, du courage; et, s'ils oublient ces lois, ils sont déshonorés, on les fuit, on craint leur approche, ils trouvent partout un accueil qui leur dit: *On vous avait donné assez de privilèges, vous ne vous en êtes pas contentés; la société effraiera, par votre exemple, ceux qui seraient tentés de vous imiter, et qui, en vous imitant, troubleraient tout, renverseraient tout, ôteraient du monde toute sécurité, toute confiance.* Et ces hommes, punis plus rigoureusement que ne le sont jamais les femmes, n'ont été coupables bien souvent que d'imprudence, de faiblesse ou d'un moment de frénésie; car les vicieux déterminés, les véritables méchants sont aussi rares que les hommes parfaits et les femmes parfaites. On ne voit guère tout cela que dans les fictions mal imaginées. Je ne trouve pas, je le répète, que la condition des hommes soit, même à cet égard, si extrêmement différente de celle des femmes. Et puis, combien d'autres obligations pénibles la société ne leur impose-t-elle pas! Croyez-vous, par exemple, que, si la guerre se déclare, il soit bien agréable à votre cousin de nous quitter au mois de mars pour aller s'exposer à être tué ou estropié, à prendre, couché sur la terre humide et vivant parmi des prisonniers malades, les germes d'une maladie dont il ne guérira peut-être jamais? —Mais, maman, c'est son devoir, c'est sa profession; il se l'est choisie. Il est payé pour tout ce que vous venez de dire; et, s'il se distingue, il acquiert de l'honneur, de la gloire même. Il sera avancé, on l'honorera partout où il ira, en Hollande, en France, en Suisse et chez les ennemis mêmes qu'il aura combattus. —Eh bien! Cécile, c'est le devoir, c'est la profession de toute femme que d'être sage. Elle ne se l'est pas choisie, mais la plupart des hommes n'ont pas choisi la leur. Leurs parents, les circonstances ont fait ce choix pour eux avant qu'ils fussent en âge de connaître et de choisir. Une femme aussi est payée de cela seul qu'elle est femme. Ne nous dispense-t-on pas presque partout des travaux pénibles? N'est-ce pas nous que les hommes garantissent du chaud, du froid, de la fatigue? En est-il d'assez peu honnêtes pour ne vous pas céder le meilleur pavé, le sentier le moins raboteux, la place la plus commode? Si une femme ne laisse porter aucune atteinte à ses mœurs ni à sa réputation, il faudrait qu'elle fût à d'autres égards bien odieuse, bien désagréable, pour ne pas trouver partout des égards; et puis, n'est-ce rien, après s'être attaché un honnête homme, de le fixer, de pouvoir être choisie par lui et par ses parents pour être sa compagne? Les filles peu sages plaisent encore plus que les autres; mais il est rare que le délire aille jusqu'à les épouser: encore plus rare qu'après les avoir épousées, un repentir humiliant ne les punisse pas d'avoir été trop séduisantes. Ma chère Cécile, un moment de cette sensibilité, à laquelle je voudrais que vous ne cédassiez plus, a souvent fait manquer à des filles aimables, et qui n'étaient pas vicieuses, un établissement avantageux, la main de l'homme qu'elles aimaient et qui les aimait. —Quoi! cette sensibilité qu'ils inspirent, qu'ils cherchent à inspirer, les éloigne? —Elle les effraie. Cécile, jusqu'au moment où il sera question du mariage, on voudra que sa maîtresse soit sensible, on se plaindra si elle ne l'est pas assez. Mais quand il est question de l'épouser, supposé que la tête n'ait pas tourné entièrement, on juge déjà comme si on était mari, et un mari est une chose si différente d'un amant, que l'un ne juge de rien comme en avait jugé l'autre. On se rappelle les refus avec plaisir; on se rappelle les faveurs avec inquiétude. La confiance qu'a témoignée une fille trop tendre ne paraît plus qu'une imprudence qu'elle peut avoir vis-à-vis de tous ceux qui l'y inviteront. L'impression trop vive qu'elle aura reçue des marques d'amour de son amant ne paraît plus qu'une disposition à aimer tous les hommes. Jugez du déplaisir, de la jalousie, du chagrin de son mari, car le désir d'une propriété exclusive est le sentiment le plus vif qui lui reste. Il se consolera d'être peu aimé, pourvu que personne ne puisse l'être. Il est jaloux encore lorsqu'il n'aime plus, et son inquiétude n'est pas aussi absurde, aussi injuste que vous pourriez à présent vous l'imaginer. Je trouve souvent les hommes odieux dans ce qu'ils exigent, et dans leur manière d'exiger des femmes; mais je ne trouve pas qu'ils se trompent si fort de craindre ce qu'ils craignent. Une fille imprudente est rarement une femme prudente et sage. Celle qui n'a pas résisté à son amant avant le mariage lui est rarement fidèle après. Souvent elle ne voit plus son amant dans son mari. L'un est aussi négligent que l'autre était empressé. L'un trouvait tout bien, l'autre trouve presque tout mal. À peine se croit-elle obligée de tenir au second ce qu'elle avait juré au premier. Son imagination aussi lui promettait des plaisirs qu'elle n'a pas trouvés, ou qu'elle ne trouve plus. Elle espère les trouver ailleurs que dans le mariage; et si elle n'a pas résisté à ses penchants étant fille, elle ne leur résistera pas étant femme. L'habitude de la faiblesse sera prise, le devoir et la pudeur sont déjà accoutumés à céder. Ce que je dis est si vrai, qu'on admire autant dans le monde la sagesse d'une belle femme courtisée par beaucoup d'hommes, que la retenue d'une fille qui est dans le même cas. On reconnaît que la tentation est à peu près la même et la résistance aussi difficile. J'ai vu des femmes se marier avec la plus violente passion, et avoir un amant deux ans après leur mariage, ensuite un autre, et puis encore un autre, jusqu'à ce que méprisées, avilies... —Ah! maman! s'écria Cécile en se levant, ai-je mérité tout cela? —Vous voulez dire: Ai-je besoin de tout cela? lui dis-je en l'asseyant sur mes genoux, et en essuyant avec mon visage les larmes qui coulaient sur le sien. Non, Cécile, je ne crois pas que vous eussiez besoin d'un aussi effrayant tableau, et, quand vous en auriez besoin, en seriez-vous plus coupable, en seriez-vous moins estimable, moins aimable, m'en seriez-vous moins chère ou moins précieuse? Mais allez vous coucher, ma fille; allez, songez que je ne vous ai blâmée de rien, et qu'il fallait bien vous avertir. Cette seule fois je vous aurai avertie. Allez, et elle s'en alla.

Je m'approchai de mon bureau, et j'écrivis: «Ma Cécile, ma chère fille, je vous l'ai promis, cette seule fois vous aurez été tourmentée par la sollicitude d'une mère qui vous aime plus que sa vie: ensuite, sachant sur ce sujet tout ce que je sais, tout ce que j'ai jamais pensé, ma fille jugera pour elle-même. Je pourrai lui rappeler quelquefois ce que je lui aurai dit aujourd'hui; mais je ne le lui répéterai jamais. Permettez donc que j'achève, Cécile, et soyez attentive jusqu'au bout. Je ne vous dirai pas ce que je dirais à tant d'autres, que, si vous manquez de sagesse, vous renoncerez à toutes les vertus; que, jalouse, dissimulée, coquette, inconstante, n'aimant bientôt que vous, vous ne serez plus ni fille, ni amie, ni amante. Je vous dirai au contraire que les qualités précieuses qui sont en vous, et que vous ne sauriez perdre, rendront la perte de celle-ci plus fâcheuse, en augmenteront le malheur et les inconvénients. Il est des femmes dont les défauts réparent en quelque sorte et couvrent les vices. Elles conservent dans le désordre un extérieur décent et imposant. Leur hypocrisie les sauve d'un mépris qui aurait rejailli sur leur alentour. Impérieuses et fières, elles font peser sur les autres un joug qu'elles ont secoué; elles établissent et maintiennent la règle; elles font trembler celles qui les imitent. À les entendre juger et médire, on ne peut se persuader qu'elles ne soient pas des Lucrèces[8]. Leurs maris, pour peu que le hasard les ait servies, les croient des Lucrèces; et

8. Lucrèce: figure classique de la pudeur et de la chasteté féminines. Selon la tradition, cette dame romaine se donna la mort après avoir été violée par Sextus, fils de Tarquin le Superbe. Son suicide aurait provoqué la révolution qui renversa la royauté à Rome et établit la république.

leurs enfants, loin de rougir d'elles, les citent comme des exemples d'austérité. Mais vous, qu'oseriez-vous dire à vos enfants? comment oseriez-vous réprimer vos domestiques? qui oseriez-vous blâmer? Hésitant, vous interrompant, rougissant à chaque mot, votre indulgence pour les fautes d'autrui décèlerait les vôtres. Sincère, humble, équitable, vous n'en déshonoreriez que plus sûrement ceux dont l'honneur dépendrait de votre vertu. Le désordre s'établirait autour de vous. Si votre mari avait une maîtresse, vous vous trouveriez heureuse de partager avec elle une maison sur laquelle vous ne vous croiriez plus de droits, et peut-être laisseriez-vous partager à ses enfants le patrimoine des vôtres. Soyez sage, ma Cécile, pour que vous puissiez jouir de vos aimables qualités. Soyez sage; vous vous exposeriez, en ne l'étant pas, à devenir trop malheureuse. Je ne vous dis pas tout ce que je pourrais dire. Je ne vous peins pas le regret d'avoir trop aimé ce qui méritait peu de l'être, le désespoir de rougir de son amant encore plus que de ses faiblesses, de s'étonner, en le voyant de sang-froid, qu'on ait pu devenir coupable pour lui. Mais j'en ai dit assez. J'ai fini, Cécile. Profitez, s'il est possible, de mes conseils; mais, si vous ne les suivez pas, ne vous cachez jamais d'une mère qui vous adore. Que craindriez-vous? Des reproches? —Je ne vous en ferai point; ils m'affligeraient plus que vous. —La perte de mon attachement? —Je ne vous en aimerais peut-être que plus, quand vous seriez à plaindre, et que vous courriez le risque d'être abandonnée de tout le monde. —De me faire mourir de chagrin? —Non, je vivrais, je tâcherais de vivre, de prolonger ma vie pour adoucir les malheurs de la vôtre, et pour vous obliger à vous estimer vous-même malgré des faiblesses qui vous laisseraient mille vertus et à mes yeux mille charmes.»

Cécile, en s'éveillant, lut ce que j'avais écrit. Je fis venir des ouvrières dont nous avions besoin; je tâchai d'occuper et de distraire Cécile et moi, et j'y réussis; mais après le dîner, comme nous travaillions ensemble et avec les ouvrières, elle interrompit le silence général. —Un mot, maman. Si les maris sont comme vous les avez peints, si le mariage sert à si peu de chose, serait-ce une grande perte?... —Oui Cécile: vous voyez combien il est doux d'être mère. D'ailleurs, il y a des exceptions, et chaque fille, croyant que son amant et elle auraient été une exception, regrettera de n'avoir pu l'épouser comme si c'était un grand malheur, quand même ce n'en serait pas un. Un mot, ma fille, à mon tour. Il y a une heure que je pense à ce que je vais vous dire. Vous avez entendu louer, et peut-être avait-on tort de les louer en votre présence, des femmes connues par leurs mauvaises mœurs; mais c'étaient des femmes qui n'auraient pu faire ce qu'on admire en elles si elles avaient été sages. La Lecouvreur n'aurait pu envoyer au maréchal de Saxe le prix de ses diamants si on ne les lui avait donnés, et elle n'aurait eu aucune relation avec lui si elle n'avait été sa maîtresse[9]. Agnès Sorel n'aurait pas sauvé la France, si elle n'avait été celle de Charles VII[10]. Mais ne serions-nous pas fâchées d'apprendre que la mère des Gracques, Octavie, femme d'Antoine, ou Porcie, fille de Caton, ait eu des amants[11]? Mon érudition fit rire Cécile. —On voit bien, maman, dit-elle, que vous avez pensé d'avance à ce que vous venez de dire, et il vous a fallu remonter bien haut... —Il est vrai, interrompis-je, que je n'ai rien trouvé dans l'histoire moderne; mais nous mettrons, si vous voulez, à la place de ces Romaines madame Tr., mademoiselle des M. et mesdemoiselles de S.

Le jeune lord nous vint voir de meilleure heure que de coutume. Cécile leva à peine les yeux de dessus son ouvrage. Elle lui fit des excuses de son inattention de la veille, trouva fort naturel qu'il s'en fût impatienté, et se blâma d'avoir montré de l'humeur. Elle le pria, après m'en avoir demandé la permission, de revenir le lendemain lui donner une leçon dont elle profiterait sûrement beaucoup mieux. —Quoi! c'est de cela que vous vous souvenez! lui dit-il en s'approchant d'elle et faisant semblant de regarder son ouvrage. —Oui, dit-

9. Adrienne Lecouvreur (1692–1730): ancienne blanchisseuse, devenue l'actrice la plus célèbre de son temps, elle eut une liaison notoire avec le maréchal Maurice de Saxe et vendit ses diamants pour l'aider à conquérir le titre de duc de Courlande (1726). Ne pouvant prendre possession de son duché, le maréchal revint en France où il abandonna l'actrice pour la duchesse de Bouillon. Morte à 38 ans, Adrienne Lecouvreur aurait été empoisonnée par la nouvelle maîtresse de son amant. Elle inspira une pièce de Scribe et Legouvé (*Adrienne Lecouvreur,* 1849) et un opéra de Francesco Cilea (*Adriana Lecouvreur,* 1902).

10. Agnès Sorel (1422–1450): favorite de Charles VII à qui elle donna trois filles, du courage pour expulser les Anglais de la Normandie et de sages conseils politiques pendant la guerre contre l'Angleterre. Enceinte de leur quatrième enfant, elle mourut à Jumièges où elle avait voulu rejoindre le roi; un «flux de ventre» l'emporta si rapidement que l'on crut à un empoisonnement. L'on soupçonna le dauphin Louis XI qui lui en voulait de son influence sur son père.

11. Mère des Gracques (Cornélie): dame romaine, fille de Scipion l'Africain, admirée pour ses vertus, son courage et sa grande culture. Modèle de la mère romaine, elle enseigna à ses deux fils réformateurs l'amour de la patrie. Octavie: sœur d'Octave, qui fut le rival puis l'allié d'Antoine; celui-ci l'épousa pour des raisons politiques, mais la délaissa pour Cléopâtre. Porcie (ou Porcia): dame romaine, fille de Caton et épouse de Brutus, type de la femme républicaine et stoïcienne. Elle se suicida en apprenant que son mari, vaincu par Octave et Antoine, s'était donné la mort. Ce sont trois exemples classiques de vertu et de patriotisme.

elle, c'est de cela. —Je me flatte, dit-il, que vous n'avez pas été en colère contre moi. —Point en colère du tout, lui répondit-elle. Il sortit désabusé, c'est-à-dire, abusé. Cécile écrivit sur une carte: «Je l'ai trompé, cela n'est pourtant pas bien agréable à faire.» J'écrivis: «Non, mais cela était nécessaire, et vous avez bien fait. Je suis intéressée, Cécile. Je voudrais qu'il ne tînt qu'à vous d'épouser ce petit lord. Ses parents ne le trouveraient pas trop bon; mais, comme ils auraient tort, peu m'importe. Pour cela, il faut tâcher de le tromper. Si vous réussissez à le tromper, il pourra dire: C'est une fille aimable, bonne, peu sensible de cette sensibilité à craindre pour un mari; elle sera sage, je l'aime, je l'épouserai. Si vous ne réussissez pas, s'il voit à travers votre réserve, il peut dire: Elle sait se vaincre, elle est sage, je l'aime, je l'estime, je l'épouserai.» Cécile me rendit les deux cartes en souriant. J'écrivis sur une troisième: «Au reste, je ne dis *tromper* que pour avoir plus tôt fait. Si je suis curieuse de lire une lettre qui m'est confiée, au point d'être tentée quelquefois de l'ouvrir, est-ce tromper que de ne l'ouvrir pas et de ne pas dire sans nécessité que j'en aie eu la tentation? Pourvu que je sois toujours discrète, la confiance des autres sera aussi méritée qu'avantageuse.» —Maman, me dit Cécile, dites-moi tout ce que vous voudrez; mais, quant à me rappeler ce que vous m'avez dit ou écrit, il n'en est pas besoin: je ne puis l'oublier. Je n'ai pas tout compris, mais les paroles sont gravées dans ma tête. J'expliquerai ce que vous m'avez dit par les choses que je verrai, que je lirai, par celles que j'ai déjà vues et lues, et ces choses-là je les expliquerai par celles que vous m'avez dites. Tout cela s'éclaircira mutuellement. Aidez-moi quelquefois, maman, à faire des applications comme autrefois quand vous me disiez: «Voyez cette petite fille, c'est cela qu'on appelle être propre et soigneuse; voyez celle-là, c'est cela qu'on appelle être négligente. Celle-ci est agréable à voir, l'autre déplaît et dégoûte.» Faites-en autant sur ce nouveau chapitre. C'est tout ce dont je crois avoir besoin, et à présent je ne veux m'occuper que de mon ouvrage.

Le jeune lord est venu comme on l'en avait prié. La partie d'échecs est fort bien allée. Milord me dit une fois pendant la soirée: Vous me trouverez bien bizarre, madame; je me plaignais avant-hier de ce que mademoiselle était trop peu attentive, ce soir je trouve qu'elle l'est trop. À son tour, il était distrait et rêveur. Cécile a paru ne rien voir et ne rien entendre. Elle m'a priée de lui procurer Philidor[12]. Si cela continue, je l'admirerai. Adieu; je répète ce que j'ai dit

12. *Analyse du jeu des échecs* (1749) de François André Danican, dit Philidor (1726–1795), compositeur d'opéras-comiques et le plus célèbre joueur d'échecs de son temps. Une nouvelle édition «considérablement augmentée» avait paru en 1777.

au commencement de ma lettre: cette fois-ci vous me devez des remerciements. J'ai rempli ma tâche encore plus exactement que je ne pensais; j'ai copié la lettre et les cartes. Je me suis rappelé ce qui s'est dit presque mot à mot.

### LETTRE XVI

[...] —Vous m'avez demandé, maman, m'a-t-elle dit, si je me consolerais de ne pas me marier. Il me semble que ce serait selon le genre de vie que je pourrais mener. J'ai pensé déjà plusieurs fois que, si je n'avais rien à faire que d'être une demoiselle au milieu de gens qui auraient des maris, des amants, des femmes, des maîtresses, des enfants, je pourrais trouver cela bien triste, et convoiter quelquefois, comme vous disiez l'autre jour, le mari ou l'amant de mon prochain; mais, si vous trouviez bon que nous allassions en Hollande ou en Angleterre tenir une boutique ou établir une pension, je crois qu'étant toujours avec vous et occupée, et n'ayant pas le temps d'aller dans le monde ni de lire des romans, je ne convoiterais et ne regretterais rien, et que ma vie pourrait être très douce. Ce qui manquerait à la réalité, je l'aurais en espérance. Je me flatterais de devenir assez riche pour acheter une maison entourée d'un champ, d'un verger, d'un jardin, entre Lausanne et Rolle, ou bien entre Vevey et Villeneuve, et d'y passer avec vous le reste de ma vie. —Cela serait bon, lui ai-je dit, si nous étions sœurs jumelles; mais, Cécile, je vous remercie: votre projet me plaît et me touche. S'il était encore plus raisonnable, il me toucherait moins. —On meurt à tout âge, a-t-elle dit, et peut-être aurez-vous l'ennui de me survivre. —Oui, lui ai-je répondu; mais il est un âge où l'on ne peut plus vivre, et cet âge viendra dix-neuf ans plus tôt pour moi que pour vous. Nos paroles ont fini là, mais non pas nos pensées. Six heures ont sonné, et nous sommes sorties, car nous ne passons plus de soirées à la maison, à moins que nous n'ayons véritablement du monde, c'est-à-dire des femmes aussi bien que des hommes. Jamais je n'étais moins sortie de chez moi que pendant le mois passé, et jamais je ne suis tant sortie que ce mois-ci. [...]

# Documents et lectures complémentaires

# *Julie de Lespinasse*

(1732–1776)

De Julie de Lespinasse l'histoire a retenu deux images quelque peu contradictoires: la salonnière, «Muse de l'Encyclopédie», célébrée par Diderot dans son *Rêve de d'Alembert,* et la grande amoureuse dont les passions et les malheurs secrets, ainsi que les dons littéraires, ne furent révélés qu'avec la publication de sa correspondance plus de trente ans après sa mort. Qui fut Julie de Lespinasse?

Fille naturelle de la comtesse Julie-Claude-Hilaire d'Albon, Julie-Jeanne-

Julie de Lespinasse par Drouais (Bibliothèque nationale de France)

Éléonore de Lespinasse vit le jour à Lyon. Au moment de son baptême, des parents fictifs lui furent attribués, et ainsi elle passa son enfance auprès de sa mère tout en ignorant le secret de sa naissance. À la mort de celle-ci, l'adolescente sans ressources put échapper au couvent en s'installant chez la fille aînée de la comtesse en tant que gouvernante. Ce fut pour elle une période de malheur et d'humiliations; c'est à cette époque aussi qu'elle aurait découvert que la dame qui l'exploitait était en réalité sa demi-sœur et que son beau-frère, Gaspard de Vichy-Chamrond, n'était autre que son père. Cette paternité reste, cependant, à prouver. Sur le point de se réfugier dans un couvent, elle fut sauvée par la sœur de Vichy-Chamrond, la célèbre Marie du Deffand qui tenait à Paris un salon brillant, un des premiers à répandre la pensée des Lumières. De 1754 à 1764 cette provinciale sans fortune sera la fidèle demoiselle de compagnie et lectrice de la salonnière vieillissante, presque aveugle, et de plus en plus exigeante. Les habitués du célèbre salon (dont d'Alembert, Turgot, Condorcet, Marmontel, La Harpe), séduits par son charme et son esprit, prirent l'habitude de passer des moments délicieux à s'entretenir avec la jeune femme avant que la marquise du Deffand n'apparaisse. Ce crime de lèse-majesté, une fois découvert, ne manqua pas de provoquer une brouille entre les deux femmes; la marquise chassa sans ménagement sa protégée et lui en voulut jusqu'à sa mort de lui avoir volé ses fidèles. Plusieurs d'entre eux suivirent en effet Lespinasse, rue Saint-Dominique, dans un modeste salon où ils l'avaient aidée à s'établir. Le mathématicien et co-rédacteur de l'*Encyclopédie,* d'Alembert, qui l'aima platoniquement d'un amour ambigu—il était connu pour ses goûts homosexuels—jamais payé de retour, vint habiter un des appartements de cette maison et devint un des pôles d'attraction d'une nouvelle communauté intellectuelle qui accueillait tous les jours, de cinq heures à neuf heures, écrivains, philosophes, encyclopédistes (Turgot, Condorcet, Helvétius, Grimm, Malesherbes, Marmontel, Condillac, Diderot, Chamfort, Suard, Bernardin de Saint-Pierre...) et étrangers de renom (David Hume, Ferdinando Galiani, Lord Shelburne, parmi d'autres), les esprits les plus illustres et les plus progressistes de l'époque.

Son salon devint «le laboratoire de l'Encyclopédie», là où il fallait être reçu pour entrer à l'Académie française: sans fortune et sans nom, sans grande beauté, Julie de Lespinasse triomphait sur la scène publique. Peu importait sa condition sociale douteuse; elle retenait ses convives par son charme, par son art de la conversation et du débat, et par sa grande culture—autodidacte, elle connaissait l'anglais, l'italien, et l'espagnol, lisait les classiques et les contemporains, Montaigne et Plutarque, Shakespeare et Racine, Richardson et Rousseau,

Diderot et Sterne, Sévigné et Voltaire. Les éloges de ses amis nous livrent le secret de son succès: «l'art de dire à chacun ce qui lui convient; et cet art [...] consiste à ne parler jamais de vous aux autres, et beaucoup d'eux. [...] vous leur plaisez par l'effet qu'ils font sur vous, par l'espèce de jouissance qu'éprouve leur amour-propre en voyant à quel point vous sentez leurs agréments» (d'Alembert); «elle était toujours exempte de personnalité [...]. Elle était l'âme de la conversation, et elle ne s'en faisait jamais l'objet. Son grand art était de mettre en valeur l'esprit des autres» (Guibert). Ce fut donc au prix d'une totale abnégation de soi-même que la salonnière triompha, ce qui intensifia son dégoût caché de la vie, son côté dépressif et suicidaire, qui remontait à sa jeunesse troublée et l'avait déjà conduite à l'abus de l'opium chez la marquise du Deffand. «*À quoi bon?*» confiait-elle à son ami Condorcet en 1774, «Il n'y a qu'une chose qui y résiste: c'est la passion, et c'est celle de l'amour, car toutes les autres resteraient sans réplique.» Seule l'amour passion, affirmation d'une sensibilité morbide mais authentique derrière le masque social, pouvait combler le vide de son existence.

En 1766, elle fit la connaissance d'un jeune grand d'Espagne, le marquis de Mora, fils du nouvel ambassadeur et de douze ans son cadet. Ils s'aiment d'un amour passionné et réciproque, mais leur amour est contrarié. La famille du jeune homme met obstacle à son mariage avec une femme plus âgée, pauvre et bâtarde de surcroît, et Mora, tuberculeux, souvent éloigné d'elle pour des raisons de santé ou de famille, doit enfin quitter Paris pour se soigner à Madrid. Déjà atteinte de la même maladie, souffrant cruellement de leur séparation et de ses inquiétudes pour son amant, Julie de Lespinasse rencontre en 1772 un jeune colonel brillant et ambitieux, Jacques-Antoine-Hippolyte, comte de Guibert, âgé de vingt-cinq ans, auteur de tragédies et d'un *Essai général de tactique* dont Napoléon fera un de ses livres de chevet pendant ses campagnes militaires. Elle le prend d'abord pour confident, mais finit par tomber follement amoureuse de lui et, le 10 février 1774 dans sa loge d'Opéra, elle devient sa maîtresse. Or, cette même nuit à Bordeaux, Mora, en route vers Paris pour y retrouver Julie, est terrassé par une hémoptysie fatale. Sa longue agonie lui laissera le temps d'adresser à sa maîtresse ces derniers mots d'amour et de confiance: «J'allais vous revoir, il faut mourir; quelle affreuse destinée! Vous m'avez aimé et vous me faites encore éprouver un sentiment doux. Je meurs pour vous.» Julie s'accuse d'avoir provoqué cette mort, à distance, par son infidélité; plus que jamais, sa passion fatale pour Guibert sera assombrie par le remords, par les reproches, et par la culpabilité. Et, dans son esprit tourmenté, la mort «d'amour» de Mora lui apparaîtra comme un idéal. En 1775, fidèle à ses ambitions, Guibert se mariera avec une jeune femme riche et bien née. Mais Julie de Lespinasse continuera à fréquenter l'homme qu'elle considère tantôt comme un bourreau tantôt comme un sauveur. L'année suivante, épuisée par des alternatives de haine et d'amour, de douleur et de plaisir, rongée par la tuberculose, ne dormant ni ne mangeant presque plus et avalant des doses énormes d'opium, Julie de Lespinasse se laissera mourir. Quand elle expire dans la nuit du 22 mai, le dévoué d'Alembert est à ses côtés. Sa mort le laisse inconsolable, d'autant plus qu'il découvre, en classant ses papiers, sa passion pour Mora. Suprême ironie et preuve du secret absolu qui entourait la liaison avec Guibert, c'est celui-ci que d'Alembert choisit comme confident de son chagrin: «je n'ai jamais été le premier objet de son cœur; j'ai perdu seize ans de ma vie et j'ai soixante ans. [...] Tout est perdu pour moi et je n'ai plus qu'à mourir.»

Ce ne sera qu'en 1809 que les lettres passionnées que Julie de Lespinasse adressa au comte de Guibert seront connues du public. C'est la veuve de Guibert elle-même qui les fit paraître, avec des suppressions importantes visant surtout à embellir l'image de son mari. Tout le XIX$^{e}$ siècle en raffolera comme les nombreuses rééditions en témoignent, car Julie de Lespinasse semblait incarner le mythe romantique de la femme martyre de la passion. Mais par sa sensibilité aiguë et par le scénario amoureux qu'elle vécut, elle est bien fille de son propre siècle, au même titre que par son existence publique de femme de tête et salonnière. Et le drame amoureux intime où elle s'exalte et s'affirme s'inscrit en fait dans une longue tradition littéraire qui remonte aux *Héroïdes* d'Ovide et aux célèbres *Lettres portugaises* (1669), roman d'amour par lettres issu de la plume d'un homme (Guilleragues) et considéré comme un modèle d'épistolarité féminine. Dans cette tradition épistolaire, à laquelle appartiennent également les romans par lettres contemporains que Julie de Lespinasse chérissait et où elle se reconnaissait—notamment *Clarisse Harlowe* de Samuel Richardson (1748) et *Julie, ou la Nouvelle Héloïse* de Jean-Jacques Rousseau (1761)—la douleur féminine est idéalisée. L'amant est absent ou indigne, mais l'héroïne trouve sa raison d'être et l'ultime expression de sa subjectivité dans la souffrance amoureuse («Adieu, aimez-moi toujours, et faites-moi souffrir encore plus de maux», s'écrie la religieuse portugaise), dans un sacrifice qui la conduit le plus souvent à la mort, accès au sublime par le pathétique et preuve du caractère absolu et transcendant de son amour. C'est précisément ce modèle masculin de l'épistolarité féminine que des romancières telles que Graffigny (*Lettres d'une Péruvienne*, 1747) et Riccoboni (par exemple, dans ses *Lettres de Mistriss Fanni Butlerd,* 1757) mettront en question, créant des héroïnes qui refusent les implications de ce scénario masochiste et qui dépassent parfois la lettre d'amour vers d'autres formes d'expression de soi. À la différence de Lespinasse, ces romancières cherchent à briser le cadre étroit où la culture entendait confiner et marginaliser l'écriture des femmes.

Julie de Lespinasse a donc beau revendiquer, pour mieux la valoriser, l'unicité de son expérience, sa non-conformité aux modèles littéraires, qu'il s'agisse des romans de Riccoboni (voir la lettre du 1er juillet 1775), ou bien d'œuvres qu'elle prise, comme les tragédies de Racine ou les romans de Prévost (*Manon Lescaut,* 1731), elle reste dans ces confins. Elle a beau proclamer: «il n'y a point de mots qui puissent exprimer la force d'une passion qui se nourrit de larmes et de remords, et qui ne se propose que deux choses: aimer ou mourir. Il n'y a rien de cela dans les livres, mon ami; et j'ai passé avec vous certaine soirée qui paraîtrait exagérée si on la lisait dans *Prévost,* l'homme du monde qui a le mieux connu tout ce que cette passion a de doux et de terrible» (15 juillet 1775), elle ne s'écarte pas de cette tradition. Calquée, sciemment ou non, sur des modèles littéraires, cette correspondance passionnée avec le comte de Guibert est loin d'être, comme on a pu le prétendre aussi, l'épanchement «naturel» et «spontané» d'une âme en peine; il s'agit d'une création artistique. Dans un style dépouillé, à la fois passionné et analytique, dans une langue classique aux accents raciniens («Vous savez bien que quand je vous hais, c'est que je vous aime avec un degré de passion qui égare ma raison», fin juillet 1774), Julie de Lespinasse transforme sa vie en un roman épistolaire et son destin de femme malade et d'amante malheureuse en celui d'héroïne tragique. Elle se montre ainsi digne de rivaliser avec les grands écrivains dont la peinture des passions la transportait d'admiration. Si elle fut victime de l'équivalence culturelle entre passion féminine, souffrance et mort, et si de son vivant elle ne publia jamais rien, Julie de Lespinasse trouva néanmoins dans l'amour le moyen de s'affirmer comme sujet du discours et d'exercer ses propres dons littéraires, ayant tant favorisé ceux des autres. Elle est une des grandes épistolières de son siècle et ses lettres d'amour sont parmi les plus belles de la littérature française.

# Lettres de Julie de Lespinasse au Comte de Guibert
(Extraits)

## LETTRE IV

Dimanche, 30 mai 1773[1].

[...] Ho! vous verrez comme je sais bien aimer! Je ne fais qu'aimer, je ne sais qu'aimer; [...] je n'ai qu'une pensée, et cette pensée remplit mon âme et toute ma vie. [...]

## LETTRE XX

Ce dimanche, trois heures et demie [1773]

Mon ami, je ne vous verrai pas, et vous me direz que ce n'est pas votre faute; mais si vous aviez eu la millième partie du désir que j'ai de vous voir, vous seriez là, je serais heureuse. Non, j'ai tort, je souffrirais, mais je n'envierais pas les plaisirs du ciel. Mon ami, je vous aime comme il faut aimer, avec excès, avec folie, transport et désespoir. Tous ces jours passés, vous avez mis mon âme à la torture; je vous ai vu ce matin, j'ai tout oublié, et il me semblait que je ne faisais pas assez pour vous en vous aimant de toute mon âme, en étant dans la disposition de vivre et de mourir pour vous. Vous valez mieux que tout cela. Oui, si je ne savais que vous aimer, ce ne serait rien, en effet; car y a-t-il rien de plus doux et de plus naturel que d'aimer à la folie ce qui est parfaitement aimable? Mais, mon ami, je fais mieux qu'aimer, je sais souffrir; je saurais renoncer à mon plaisir pour votre bonheur. Mais voilà quelqu'un qui vient troubler le plaisir que j'ai à prouver que je vous aime.

Savez-vous pourquoi je vous écris? C'est parce que cela me fait du bien. Vous ne vous en seriez jamais douté, si je ne vous l'avais dit. Mais, mon Dieu, où êtes-vous? Si vous avez du plaisir, je ne dois plus me plaindre de ce que vous m'enlevez le mien.

Mon ami, dites-moi ce que vous ferez et ce que vous avez fait.

1. Texte établi d'après l'édition du comte de Villeneuve-Guibert, *Correspondance entre Mademoiselle de Lespinasse et le Comte de Guibert* (Paris: Calmann-Lévy, 1906), avec des modifications légères et peu fréquentes de la ponctuation et des italiques, suivant le plus souvent l'édition originale de 1809, reprise par Sainte-Beuve et Eugène Asse (fin du XIXe siècle).

## LETTRE XXVI

De tous les instants de ma vie. [1774]

Mon ami, je souffre, je vous aime, et je vous attends[2].

## LETTRE XXVII

Ce mardi au soir. [1774]

[...] Au milieu de tous les *grimauds* et de tous les *cuistres*, les *sots*, les *pédants*, les abominables gens avec lesquels j'ai passé ma journée, je n'ai pensé qu'à vous et à vos folies, je vous ai regretté, je vous ai désiré avec autant de passion que si vous étiez la créature la plus aimable et la plus raisonnable qui existât. Je ne peux pas m'expliquer le charme qui me lie à vous. Vous n'êtes pas mon ami, vous ne pouvez pas le devenir. Je n'ai aucune sorte de confiance de vous, ni en vous. Vous m'avez fait le mal le plus profond et le plus aigu qui puisse affliger et déchirer une âme honnête; vous me privez, peut-être pour jamais, dans ce moment-ci, de la seule consolation que le Ciel accordait aux jours qui me restait à vivre. Enfin, que vous dirai-je? vous avez tout rempli: le passé, le présent et l'avenir ne me présentent que douleur, regrets et remords. Hé bien, mon ami, je pense, je juge tout cela, et je suis entraînée vers vous par un attrait, par un sentiment que j'abhorre, mais qui a le pouvoir de la malédiction et de la fatalité. Vous faites bien de ne m'en pas tenir compte: je n'ai pas le droit de rien exiger de vous, car mon souhait le plus ardent est que vous ne fassiez rien pour moi.

Que diriez-vous de la disposition d'une malheureuse créature qui se montrerait à vous pour la première fois, agitée, bouleversée par des sentiments si divers et si contraires? Vous la plaindriez, votre bon cœur s'animerait, vous voudriez secourir, soulager cette infortunée. Hé bien, mon ami, c'est moi, et ce malheur, c'est vous qui le faites: et cette âme de feu et de douleur est de votre création. Ha! je vous crois encore comme Dieu, vous devez bien vous repentir de votre ouvrage. [...]

2. Texte intégral de la lettre.

## LETTRE CXXXVII[3]

Samedi, 1er juillet 1775, avant la poste.

Le trouble et l'agitation de mes idées et de mon âme m'ont privée longtemps de l'usage de mes facultés. J'éprouvais ce que dit Rousseau[4], qu'il y a des situations qui n'ont ni mots ni larmes. J'ai passé huit jours dans les convulsions du désespoir; j'ai cru mourir, je voulais mourir, et cela me paraissait plus aisé que de renoncer à vous aimer. Je me suis interdit les plaintes et les reproches; il me semblait qu'il y aurait eu de la bassesse à parler de mon malheur à celui qui le faisait volontairement. Votre pitié m'aurait humiliée et votre insensibilité aurait révolté mon âme; en un mot, je sentais que, pour conserver quelque mesure, il fallait garder le silence et vous attendre. Peut-être me trompais-je, mais je croyais que, dans cette circonstance vous me deviez quelques soins et, sans vous supposer ni beaucoup de tendresse, ni beaucoup d'intérêt pour moi, je croyais devoir compter sur ce que l'honnêteté et mon malheur vous prescriraient.

J'attendais donc; et au bout de plus de dix jours d'absence, je reçus de Courcelles[5] un billet qui est un chef-d'œuvre de froideur et de dureté. J'en fus indignée, j'en conçus de l'horreur pour vous; j'en eus bientôt pour moi, lorsque je vins à considérer que c'était pour vous—pardonnez-le-moi—oui, que c'était pour vous, que je voyais cruel et malhonnête, que j'avais pu me rendre si coupable envers ce qu'il y a jamais eu de plus digne d'être aimé. Je m'abhorrais, la vie ne me paraissait plus supportable, j'étais déchirée par la haine et par les remords, et, dans mon désespoir, j'arrêtai avec moi-même le jour, le moment où je me délivrerais du poids qui m'accablait. Je fixai la mort, elle était le terme de tous mes maux. Il faut que ce moment terrible fasse taire toutes les passions, car, de ce moment-là, je me sentis froide et calme. Je me promis de ne plus ouvrir vos lettres; je voulais ne plus m'occuper de ce que j'avais aimé: mes derniers jours devaient être employés à adorer ce que j'ai perdu; et, en effet je ne fus plus poursuivie par votre pensée.

3. Première lettre après le mariage de Guibert avec Mademoiselle Louise-Alexandrine Boutinon des Hayes de Courcelles, le 1er juin 1775.

4. Jean-Jacques Rousseau (1712–78), l'un des plus grands philosophes du XVIIIe siècle, était aussi l'écrivain préféré de l'épistolière. La correspondance de celle-ci est parsemée d'allusions à son chef-d'œuvre, *Julie ou la Nouvelle Héloïse* (1761), roman par lettres qui marque le triomphe du courant de la sensibilité dans la seconde moitié du siècle.

5. Du château de Courcelles où était Guibert.

Cependant, s'il m'arrivait d'avoir quelques instants de sommeil, je me réveillais avec effroi par le son de ces horribles mots: *Vivez, vivez; je ne suis pas digne du mal que je vous fais.* Non, non, m'écriais-je, vous n'étiez pas digne d'être aimé: mais, moi, il fallait que j'aimasse éperdument pour devenir aussi coupable. Je vous vois aujourd'hui ce que vous êtes, je vois que vous avez fait une action vile pour douze mille livres de rente[6]; je vois que vous n'avez pas craint de me réduire au désespoir, pour me faire servir de remplissage dans un temps que vous vouliez employer à rompre une liaison[7] que vous ne pouviez conserver en vous mariant; pour mettre quelque honnêteté dans vos procédés avec madame de Montsauge, il vous a peu importé de m'avilir, et de me faire perdre le seul bien qui me restait: l'estime de moi-même.

Vous avez eu la cruauté de me retenir à la vie, et de m'attacher à vous; sans doute que c'était pour me rendre la mort plus nécessaire. Ha! que vous me paraissiez cruel et méchant! Qu'il m'en coûtait pour m'éloigner de vous et pour renoncer à la vie! Mais pourquoi mourir, me disais-je quelquefois en retournant sur moi, et en me sentant aimée et entourée de gens qui voudraient faire ma consolation et mon bonheur. Pourquoi faire croire à l'homme que je hais que je n'ai pu vivre sans l'aimer? En mourant, ce ne serait pas même m'en venger, car il ne connaît ni le remords ni la vertu. Je sentais mon âme se fortifier en m'éloignant de vous. [...]

Votre mariage, en me faisant connaître votre âme toute entière, a repoussé et fermé la mienne à jamais. Il a été un temps où j'aurais mieux aimé que vous fussiez malheureux que méprisable: ce temps n'est plus.

Ho! non, ne croyez point que je suive vos conseils, et que je prenne mes modèles dans les romans de madame Riccoboni[8]: les femmes que la légèreté

6. Lespinasse relève les motifs d'intérêt qui firent conclure ce mariage. Publiée par les soins de la veuve de Guibert, l'édition originale de 1809 supprime cette fin de paragraphe.

7. Liaison avec Madame de Montsauge que Guibert avait rompue à cause de Julie de Lespinasse. Guibert continua cependant à la fréquenter en ami, ce qui ne manqua pas de renouveler les accès de jalousie chez Lespinasse.

8. Auteur de romans épistolaires célèbres et très populaires. Classée par la critique traditionnelle parmi les auteurs de romans sentimentaux, genre estimé «mineur» et «féminin», Marie-Jeanne Riccoboni a été redécouverte et revalorisée par la critique féministe moderne. On compte parmi ses meilleurs romans: *Lettres de Mistriss Fanni Butlerd* (1757) et *Lettres de Milady Juliette Catesby* (1759). La situation de Fanni Butlerd présente en effet bien des analogies avec celle de Julie: bourgeoise et pauvre, elle devient la maîtresse d'un lord qui l'abandonne pour faire un mariage brillant avec une jeune femme noble et riche. Mais, à la différence de Julie, Fanni se révolte en son nom et en celui de

ou le libertinage égarent peuvent, en effet, se conduire d'après les maximes et les principes de roman. Elles se font illusion, elles croient être douces et généreuses, lorsqu'elles ne sont que froides, basses et méprisables; elles n'ont point aimé, elles ne sauraient haïr; en un mot, elles ne connaissent que la galanterie, leur âme n'a pu atteindre à la hauteur de l'amour et de la passion, et madame Riccoboni elle-même n'a pu s'y élever, même par l'imagination.

Mon Dieu! que je fus blessée de ce rapprochement que vous faisiez de mon malheur à cette situation de roman! Que vous me parûtes froid et peu honnête! Que je me trouvai supérieure à vous, en me sentant capable d'une passion que vous ne pouviez même pas juger! Mais il faut terminer cette longue lettre qui vous mettra en état de juger plus sainement de ma disposition actuelle. Je vous ai rendu compte de tout ce que j'ai éprouvé: j'y ai mis la même vérité que j'ai toujours eue avec vous, et par une suite de cette vérité qui m'est sacrée, je ne vous dirai point que je désire votre amitié, ni que j'en ai pour vous: ce sentiment ne peut avoir de douceur et de charme que lorsqu'il est fondé sur l'estime et la confiance, et vous savez si vos procédés et votre conduite ont dû m'en inspirer. Adieu, souffrez-moi le mouvement d'orgueil et de vengeance qui me fait trouver du plaisir à vous prononcer que je vous pardonne, et qu'il n'est plus en votre pouvoir de me faire connaître la crainte, sous quelque rapport que ce puisse être. [...]

### LETTRE CCV

Mardi, six heures du soir, janvier 1776.

Je ne veux pas, mon ami, que, dans le peu de jours qui me restent à vivre, vous puissiez en passer un sans vous souvenir que vous êtes aimé à la folie par la plus malheureuse de toutes les créatures. Oui, mon ami, je vous aime. Je veux que cette triste vérité vous poursuive, qu'elle trouble votre bonheur; je veux que le poison qui a défendu ma vie, qui la consume, et qui sans doute la terminera, répande dans votre âme cette sensibilité douloureuse, qui du moins vous disposera à regretter ce qui vous a aimé avec le plus de tendresse et de passion. Adieu, mon ami, ne m'aimez pas, puisque cela serait contre votre devoir et contre votre volonté, mais souffrez que je vous aime, et que je

---

son sexe. Au lieu de succomber au rôle de victime prévu par le scénario conventionnel de la femme séduite et abandonnée, Fanni se venge en publiant ses lettres à son amant, transformées par cet acte en un réquisitoire contre les hommes.

vous le redise cent fois, mille fois, mais jamais avec l'expression qui réponde à ce que je sens.

Mon ami, venez dîner demain chez madame Geoffrin[9]. J'ai si peu à vivre, que rien de ce que vous ferez pour moi ne pourra tirer à conséquence pour l'avenir. Mon Dieu, l'avenir! Que je plaindrais ceux qui l'attendraient s'ils vous aimaient!

Mais adieu. J'ai du monde là. Qu'il est pénible de vivre en société, lorsqu'on n'a qu'une pensée!

## LETTRE CCXXXVIII[10]

Samedi, quatre heures, mai 1776.

Vous êtes trop bon, trop aimable, mon ami. Vous voudriez ranimer, soutenir une âme qui succombe enfin sous le poids et la durée de la douleur. Je sens tout le prix de ce que vous m'offrez, mais je ne le mérite plus.

Il a été un temps où être aimée de vous ne m'aurait rien laissé à désirer; hélas! peut-être cela eût-il éteint mes regrets, ou du moins, en aurait adouci l'amertume! J'aurais voulu vivre; aujourd'hui je ne veux plus que mourir. Il n'y a point de dédommagement, point d'adoucissement à la perte que j'ai faite; il n'y fallait pas survivre. Voilà, mon ami, le seul sentiment d'amertume que je trouve dans mon âme contre vous. Mais, mon Dieu, que le funeste mouvement qui vous a entraîné vers moi dans ce moment, m'a coûté de larmes, de douleur, et enfin ma vie y succombe!...

Je voudrais bien savoir votre sort; je voudrais bien que vous fussiez heureux par votre situation, car vous ne serez jamais bien malheureux par votre caractère et par vos sentiments. J'ai reçu votre lettre à une heure; j'avais une fièvre ardente. Je ne puis vous exprimer ce qu'il m'a fallu de peine et de temps pour la lire; je ne voulais pas remettre à aujourd'hui, et cela me donnait presque le délire.

J'espère de vos nouvelles ce soir.

Adieu, mon ami; si jamais je revenais à la vie, j'aimerais encore l'employer à vous aimer, mais il n'y a plus de temps.

9. Le salon de Marie-Thérèse Geoffrin (1699–1777) accueillait artistes, savants, écrivains et philosophes et était renommé dans toute l'Europe, de même que celui de Lespinasse, comme un des hauts lieux de la République des Lettres. Il fleurit entre 1749 et 1776.

10. Avant dernière lettre de Julie de Lespinasse, sans doute pour elle son adieu à Guibert.

## LETTRE CCXL[11]

Mardi, quatre heures, mai 1776.

Mon ami, je vous aime; c'est un calmant qui engourdit ma douleur. Il ne tient qu'à vous de le changer en poison, et de tous les poisons ce sera le plus prompt et le plus violent.

Hélas! je me trouve si mal de vivre, que je suis prête à implorer votre pitié et votre générosité pour m'accorder ce secours. Il terminerait une agonie douloureuse qui bientôt pèsera sur votre âme.

Ha! mon ami, faites que je vous doive le repos; par vertu, soyez cruel une fois!

Je m'éteins, adieu.

11. Suivant toute probabilité, la dernière lettre que Julie de Lespinasse ait écrite, quelques heures seulement avant sa mort. Guibert la veillait dans une chambre voisine; une crise de convulsions l'ayant laissée défigurée, elle lui avait interdit de la revoir.

# *Sophie de Condorcet*

(1764–1822)

Sophie de Grouchy, marquise de Condorcet, philosophe et femme d'action, est l'auteur de *Lettres sur la sympathie* (1798). Dernier traité du bonheur publié au XVIII$^{e}$ siècle, ces lettres sont aussi un art de vivre en société et une synthèse originale de la pensée politique et morale des Lumières.

Née en 1764 en Normandie, au château de Villette, Sophie de Grouchy fut d'abord éduquée par sa mère, femme très instruite et modèle de bienfaisance. Grâce à son exemple, Sophie comprit que «le vrai bien de la vie sociale» était

---

Sophie de Condorcet (Bibliothèque nationale de France)

«le bonheur d'aimer les hommes et de les servir» (*Lettres sur la sympathie*). Très douée pour les études, elle lut les philosophes et les encyclopédistes, se passionna pour les discussions philosophiques, étudia le clavecin, la guitare et la harpe, prit des leçons de peinture d'Élisabeth Vigée-Lebrun, et composa des poèmes. Elle prit part aussi à l'éducation de son frère, le futur maréchal de Grouchy. Un oncle qui fut son mentor et qui la confirma dans la voie philosophique des Lumières, le juriste réformateur Charles Dupaty, lui trouvait «infiniment de raison et même d'esprit» et un style digne de Sévigné. Grâce à Dupaty la jeune femme de vingt-deux ans fit la connaissance du marquis de Condorcet, philosophe et mathématicien de renom, membre de l'Académie française, secrétaire perpétuel de l'Académie des Sciences, et directeur de la monnaie. Condorcet fut séduit par les grâces, la beauté et l'esprit de Sophie. Malgré la différence d'âge (le philosophe avait alors quarante-deux ans), il y eut entre eux une parfaite communion intellectuelle: tous les deux étaient athées et animés par le même idéal de justice sociale. Leur mariage fut célébré au château de Villette en décembre 1786.

De 1787 en 1789, Sophie de Condorcet tint à Paris un salon qui fut le centre de l'Europe éclairée. Chamfort, Beaumarchais, Volney, le général Lafayette, Cabanis, le poète André Chénier, Grimm, Adam Smith, Thomas Paine, Thomas Jefferson, Alfieri, Beccaria, toute l'élite intellectuelle de l'Europe et de l'Amérique s'y retrouve. Pendant cette période également, Sophie de Condorcet fréquente le «Lycée» où Condorcet et d'autres philosophes enseignent l'histoire et les sciences à des femmes distinguées, elle participe activement aux combats politiques de son mari, notamment pour les droits des Noirs et pour l'établissement d'un gouvernement républicain, et elle l'incite à examiner la condition féminine. Grâce en bonne partie à son influence et à son exemple, le marquis de Condorcet deviendra le plus grand féministe du XVIIIe siècle, défendant l'égalité et les droits des femmes dans ses *Lettres d'un bourgeois de New Haven à un citoyen de Virginie* (1787) et, peu de temps après la naissance de leur fille Éliza, dans son article retentissant, «Sur l'admission des femmes au droit de cité» (1790). Dans ses *Cinq Mémoires pour l'instruction publique* (1790–91), il affirmera le principe de l'instruction publique, laïque et gratuite, commune aux hommes et aux femmes. Pour sa part, en 1791 et 1792, Sophie traduit et diffuse des textes révolutionnaires de Thomas Paine et de Sir James Macintosh. Seule femme parmi les cinq membres fondateurs—dont Paine et Condorcet—de la première société républicaine en France (1791), elle s'affiche courageusement en tant que militante républicaine. Elle participe aussi en égale à la rédaction de leur revue, *Le Républicain,* entreprise si dangereuse que la publication doit être suspendue au bout de quelques semaines seulement, de crainte d'arrestations intempestives.

L'année 1793 est pour les Condorcet celle des malheurs. Accusés d'infidélité à leur classe par les nobles, ils sont également traqués par les révolutionnaires jacobins. Décrété d'arrestation, puis condamné à mort par la Convention pour ses rapports avec les Girondins et son acte d'opposition à la nouvelle constitution, Condorcet est obligé de se cacher. Les Jacobins l'ayant aussi dénoncé, Sophie, pour sauver sa vie et celle de leur fille, en janvier 1794 demande le divorce. En mars, Condorcet quitte son refuge, est arrêté et, deux jours plus tard, se donne la mort en prison pour échapper à la guillotine. C'est pourtant dans ces circonstances tragiques que, fidèles à leurs convictions, chacun rédige en 1793 un lumineux acte de foi en le progrès, la bonté, et le bonheur humains: *Esquisse d'un tableau historique des progrès de l'esprit humain* que Sophie encourage son mari à écrire et qu'elle préfacera et publiera en 1795, et *Lettres sur la sympathie* qu'elle ne fera paraître qu'en 1798 et que Condorcet, dans son testament, recommandait à sa fille pour son éducation. «L'école de la douleur et de l'adversité», affirme Sophie, «est si efficace pour rendre les hommes plus compatissants et plus humains» (*Lettres sur la sympathie*).

En 1795, alors qu'elle termine la traduction de la *Théorie des sentiments moraux* d'Adam Smith à la suite de laquelle paraîtront les *Lettres sur la sympathie,* Sophie de Condorcet rencontre Maillia Garat, journaliste de petite envergure. Il devient son amant et elle lui adresse, de 1797 à 1800, des lettres d'amour dignes de celles de Julie de Lespinasse. Elle s'efforce de vivre concrètement avec lui l'amour idéal qu'elle définit avec feu dans la septième lettre sur la sympathie (voir ci-dessous), de retrouver dans cette relation les rapports de tendresse et de générosité, les échanges intellectuels, l'encouragement réciproque, le travail en commun et le bel idéal, qui l'avaient unie à Condorcet. Incapable d'une telle élévation morale, Garat l'humiliera et la délaissera pour son amie, Aimée de Coigny, la «Jeune Captive» chantée par André Chénier. Du fond de son désespoir, cette femme remarquable—veuve du grand féministe Condorcet et qui a milité elle-même en faveur de la dignité et des droits de son sexe—pour ne pas perdre entièrement son amant, proposera un ménage à trois avilissant: «Jamais un reproche, une plainte ne viendra troubler ta vie et celle d'Aimée. Je serai pour elle une amie fidèle! Qu'elle me laisse baiser tes mains, t'offrir et à elle, tout ce que j'ai, tous les soins de ma tendresse, t'environner encore des vœux que je n'ai pu remplir.»

Revenue de ses illusions amoureuses, Sophie de Condorcet se consacre à la publication des *Œuvres complètes* de son mari (1801–1804), ouvre un nouveau salon où elle accueille les idéologues, dont Claude Fauriel qui deviendra son compagnon. Comme sa contemporaine Germaine de Staël, elle a des démêlés avec Bonaparte. Au Premier Consul, qui n'aime point que les femmes s'occupent de politique, elle répliquera: «Dans un pays où on leur coupe la tête, il est bien naturel qu'elles aient envie de savoir pourquoi!» Le reste de sa carrière sera voué, conformément à l'exemple de sa mère et de son mari et à la théorie exprimée dans ses *Lettres sur la sympathie,* à l'exercice d'œuvres de bienfaisance. Un mois avant sa mort, toujours fidèle aux idéals de son mari, elle préparera la réédition de l'*Esquisse d'un tableau historique des progrès de l'esprit humain,* car «il faut répéter les vérités importantes, non seulement jusqu'à ce que tous les hommes éclairés les aient adoptées, mais aussi jusqu'à ce que les défenseurs intéressés des abus qu'elles proscrivent, soient réduits au silence» (*Lettres sur la sympathie*).

C'était dans un même but de lucidité et de bonheur collectif qu'elle avait présenté ses huit *Lettres sur la sympathie* en appendice à sa traduction de la *Théorie des sentiments moraux* d'Adam Smith, ouvrage très prisé par les philosophes pour son analyse de la sympathie comme origine de la morale. Prenant pour interlocuteur Condorcet («mon cher C...»), elle entreprend avec «témérité» de suppléer aux omissions du philosophe écossais en remontant aux causes de la sympathie et de modifier ou de combattre quelques-unes de ses assertions, se laissant aller à ses propres idées «au lieu de suivre» simplement celles de Smith. De même qu'Émilie du Châtelet (*Discours sur le bonheur,* 1779) et Mary Wollstonecraft—qui affirme aussi l'importance de la sympathie et les liens entre sagesse, vertu, et liberté dans sa *Défense des droits de la femme* (*A Vindication of the Rights of Woman,* 1792)—Sophie de Condorcet entend participer à part entière au débat philosophique et apporter sa propre contribution à la réflexion sur le bonheur et la morale des philosophes les plus renommés de son temps: Voltaire, Rousseau, Condorcet, Beccaria, aussi bien que Smith. Définie par la philosophe comme «la disposition que nous avons à sentir d'une manière semblable à celle d'autrui», la sympathie est ce qui fait que le bonheur de l'individu ne peut se concevoir sans le bonheur de tous. Se généralisant, cette sympathie naturelle devient bienveillance universelle, sentiment de l'humanité. Toute la philosophie politique et morale de Sophie de Condorcet se fonde ainsi sur la sympathie, équilibre harmonieux entre la sensibilité, origine de nos sentiments moraux, et la raison, origine de nos idées morales (le bien et le mal, la justice et l'injustice), comme base des relations humaines dans une société réformée, égalitaire et républicaine, société où les droits naturels de chacun seraient respectés et où s'épanouirait enfin le bonheur de tous. Défendant en conséquence les droits naturels de la femme, elle condamne le mariage arrangé et soutient le principe du divorce. Sophie de Condorcet concilie dans sa théorie de la sympathie comme base de la morale l'évidence des sens, une sensibilité morale née de nos premières expériences physiques et morales personnelles de la douleur ou du plaisir, avec la réflexion rationnelle; elle réunit le sensualisme de philosophes tels que Condillac (*Traité des sensations,* 1754) et Helvétius (*De l'esprit,* 1758), qui développent en France les idées empiristes de John Locke (*Essai sur l'entendement humain,* 1690), avec le rationalisme des philosophes des Lumières; elle tire des sentiments des concepts moraux abstraits. Surtout, elle contribue à la théorie morale la notion de l'origine physique de la sympathie. Les *Lettres sur la sympathie* furent très appréciées par les contemporains; Germaine de Staël écrivit à la philosophe: «il y a dans ces lettres une autorité de raison, une sensibilité vraie, mais dominée, qui fait de vous une femme à part.»

## Lettres sur la sympathie
(Extraits)

### PREMIÈRE LETTRE

[J]e n'avais pas encore lu la *Théorie des sentiments moraux* de Smith: j'avais ouï dire du mal de la traduction française de cet ouvrage célèbre, et je n'entendais pas assez l'anglais pour lire l'original: j'ai osé enfin l'entreprendre; mais au lieu de suivre les idées du philosophe d'Edimbourg, je me suis laissé aller aux miennes. En lisant ses chapitres sur la sympathie, j'en faisais d'autres sur le même sujet: je vous les écrirai successivement, afin que vous me jugiez; je ne dis pas que vous nous jugiez, car je suis loin de prétendre au parallèle.

Vous savez que le sujet des premiers chapitres est la sympathie. Smith s'est borné à en remarquer l'existence, et à en exposer les principaux effets: j'ai regretté qu'il n'eût pas osé remonter plus haut; pénétrer jusqu'à sa première cause; montrer enfin comment elle doit appartenir à tout être sensible, et susceptible de réflexion. Vous verrez comment j'ai eu la témérité de suppléer à ces omissions.

La sympathie est la disposition que nous avons à sentir d'une manière semblable à celle d'autrui. [...]

QUATRIÈME LETTRE

Vous avez vu, mon cher C...[1], que nous sympathisons avec les peines et les plaisirs physiques, à proportion de la connaissance que nous avons, par notre propre expérience, de leur force et de leurs effets: de même nous sympathisons en général avec les peines et les plaisirs moraux, suivant que nous en sommes nous-mêmes susceptibles: je dis en général, parce qu'il y a sans doute des cœurs assez sensibles pour être touchés des peines qu'ils n'éprouveraient pas dans les mêmes circonstances qui les font éprouver à d'autres, c'est-à-dire des peines que l'imagination seule peut apprécier; et alors, comme pour les peines physiques qu'on n'a pas éprouvées, la sympathie est excitée par l'idée vague de la douleur.

Cette opinion est contraire à celle de l'illustre Smith, dont je vais combattre encore quelques assertions. Vous me trouverez peut-être téméraire: mais en convenant que Smith est regardé à juste titre comme un des premiers philosophes de l'Europe, il me semble que sur des objets qui tiennent moins à des connaissances profondes, qu'à des observations sur soi-même, tous ceux qui réfléchissent peuvent prétendre au droit de discuter. [...]

[N]ous sympathisons avec le désir de faire du bien à un autre, parce qu'il y a en nous un sentiment qui nous porte à faire du bien à tous, qui nous y fait trouver une jouissance personnelle; et nous ne sympathisons pas avec la haine, parce que n'ayant pas en nous un sentiment qui nous porte à faire du mal à tous, il faut un motif particulier à la sympathie pour la haine, comme à la haine même. Si cette observation est vraie, me direz-vous, mon cher C..., pourquoi existe-t-il des êtres qui voient avec plaisir tourmenter leurs semblables, qui ont en quelque sorte besoin de se venger du bonheur des autres, et qui n'apprennent point ce qui le trouble, sans une joie secrète? Pourquoi? C'est que, dans la société, un système vicieux de législation, au lieu de réunir les intérêts des individus, n'a fait trop longtemps que les séparer, et les opposer entre eux. L'avidité

1. L'édition posthume de 1830 des *Lettres sur la sympathie* donne pour interlocuteur Pierre-Jean-Georges Cabanis (1757–1808), beau-frère de la philosophe. Dans *Rapports du physique et du moral de l'homme* (1802) ce médecin et philosophe avait fait allusion à l'ouvrage de Sophie de Condorcet. Mais il est bien plus probable que, écrivant en 1793, celle-ci s'adresse à son époux, qui signait parfois d'un C... ses écrits, comme le note Jean-Paul de Lagrave dans son édition des *Lettres sur la sympathie* (pp. 67–68). Notre texte est basé sur cette édition.

de jouir ayant conduit les hommes[2] au point que tous ne peuvent satisfaire à la fois ces fantaisies sociales qui, changées en habitudes, ont usurpé le nom de besoins, ils prennent facilement, dès l'enfance, l'habitude de regarder les maux et les biens des autres comme une donnée de plus ou de moins que leur laisse la fortune pour leurs propres jouissances. L'homme civilisé, s'il est gouverné par les préjugés et par des mauvaises lois, est donc naturellement envieux et jaloux, et il l'est davantage à proportion que les vices des institutions sociales l'éloignent de la nature, corrompent sa raison et font dépendre son bonheur de la satisfaction d'un plus grand nombre de besoins.

[...] La civilisation, telle qu'elle existe encore chez la moitié des nations européennes, est donc ennemie de la bonté de l'homme, comme de sa félicité. Quel travail immense ne reste-t-il pas alors à faire à l'éducation, non pour développer ou diriger la nature, mais seulement pour en conserver les inclinations bienfaisantes, pour empêcher qu'elles ne soient étouffées par ces préjugés si accrédités et si communs qui corrompent dans leur source les sentiments de l'humanité et de l'égalité, sentiments aussi nécessaires au bonheur moral de chaque individu, qu'au maintien de l'équité et de la sécurité dans tous les rapports de l'ordre social! [...]

## SEPTIÈME LETTRE

[...] L'ordre actuel de la société chez tous les peuples dont le gouvernement n'a pas pour base les droits naturels des hommes, est donc l'unique cause des obstacles que l'ambition et la vanité apportent aux mouvements de la conscience[3]; et dans une société bien ordonnée, la conscience suffirait presque toujours pour réprimer ces obstacles, puisqu'alors l'ambition et la vanité, si elles acquéraient quelque degré de force, seraient d'accord avec la raison et la justice.

C'est à ces mêmes institutions vicieuses que l'on doit imputer les actions contraires à la morale, dont l'amour est le motif.

Nous n'entendons point ici par amour, ce sentiment tendre, profond, souvent généreux et toujours délicat, dont le premier plaisir est celui d'aimer; le premier but, la douceur de l'être; le soin le plus constant, celui du bonheur et du repos de son objet; qui attache plus de prix à la possession qu'à la jouissance; qui ne

2. Comme ses contemporains, Sophie de Condorcet emploie les mots «l'homme» et «les hommes» pour signifier l'humanité en général.

3. Le but de cette lettre est d'examiner les intérêts humains qui peuvent motiver l'injustice: la passion de l'amour, l'argent, l'ambition, et l'amour-propre ou la vanité.

sait ni usurper ni tromper, qui veut tout recevoir, tout accorder, tout mériter par le cœur, et ne connaît de volupté que celle qu'il prépare et qu'il approuve lui-même. Ce n'est point cette passion qui est commune; car elle suppose une sympathie mutuelle, difficile à rencontrer, plus difficile encore à reconnaître; un caractère généreux, enfin une force de sensibilité rare, et presque toujours accompagnée de quelques qualités supérieures: ce n'est pas non plus cette passion qui doit porter souvent à l'injustice; car ce dévouement réciproque qui inspire des deux côtés tous les sacrifices, et qui ne permet cependant d'en accepter aucun de vraiment nuisible à l'un des deux, cet oubli involontaire de soi-même pour se transporter dans l'existence et dans le bonheur de ce qu'on aime, en est la suite et le caractère; d'ailleurs, ces sentiments, par leur durée et leur délicatesse, triomphent presque toujours paisiblement des obstacles, et leur générosité, leur désintéressement, les rend ordinairement pour eux-mêmes des juges presque aussi sévères que la conscience. L'intérêt d'être injuste, ne peut donc avoir, en général, ici pour motif, que le désir de posséder telle femme ou de l'avoir possédée. Séparons maintenant de ce désir ce que la société a pu y ajouter de force, en excitant, par des institutions vicieuses, l'orgueil et la vanité: nous trouverons d'abord que l'inégalité produite par les lois, et qui leur survivra longtemps, a seule créé cette classe oisive pour laquelle la galanterie est une occupation, un amusement et un jeu; qu'elle seule amène la facilité d'immoler des victimes à cette passion, la rend instrument et complice de l'ambition et de la cupidité. Supposons ensuite que cette même inégalité et les lois imaginées pour la soutenir, cessent de réduire la plupart des mariages à n'être que des conventions et des marchés de fortune, dont la conclusion rapide ne permet de reconnaître que longtemps après si les convenances personnelles s'y rencontrent, et où le prix de l'amour, commandé plutôt qu'obtenu, est adjugé en même temps que la dot, avant que l'on sache si l'on peut aimer, et surtout s'aimer; supposons enfin que l'homme cesse d'imposer à son cœur si inconstant, et à sa volonté plus variable encore, des liens indissolubles, et dès lors incompatibles avec sa nature, dont la mobilité et la fière indépendance ne peuvent être captivées que par le sentiment habituel de la liberté; supposons que le divorce soit permis chez tous les peuples; supposons même qu'en faveur de la faiblesse humaine et des besoins plus durables d'un sexe, il soit possible, comme à Rome, de former des unions passagères que la loi ne flétrisse point, dont elle détermine les conditions; dès lors, on voit à la fois, et que la plupart des actions injustes que l'amour (ou plutôt la dégradation de l'amour) peut faire commettre, n'auront plus de motifs; et que cette passion elle-même perdrait, par la facilité de se satisfaire, la force dangereuse qu'elle recevait des obstacles mêmes. C'est donc la société qui, en mettant trop longtemps des entraves aux unions qu'un goût mutuel eût formées; en établissant entre les deux sexes (sous prétexte de maintenir la vertu), des barrières qui rendaient presque impraticable cette connaissance mutuelle des esprits et des cœurs, nécessaire cependant pour former des unions vertueuses et durables; en excitant et en intéressant la vanité des hommes à la corruption des femmes; en rendant plus difficiles les plaisirs accompagnés de quelque sentiment; en étendant la honte au-delà de ce qui la mérite réellement, comme l'incertitude de l'état des enfants, la violation d'une promesse formelle, des complaisances avilissantes, une facilité qui annonce la faiblesse et le défaut d'empire sur soi-même: ce sont, dis-je, tous ces abus de la société qui ont donné naissance aux passions dangereuses et corrompues qui ne sont pas l'amour, et qui l'ont rendu si rare.

Je n'ai presque considéré ici ces passions que par rapport aux hommes; mais il serait aisé d'appliquer aux femmes tout ce que j'ai dit des hommes à ce sujet, et de justifier cette opinion d'un philosophe plus sage encore que célèbre: «Les fautes des femmes sont l'ouvrage des hommes, comme les vices des peuples sont le crime de leurs tyrans.» [...]

# *Anne-Thérèse de Lambert*

(1647–1733)

Anne-Thérèse de Marguenat de Courcelles, marquise de Lambert, relie la préciosité du XVII$^{e}$ siècle à la nouvelle philosophie des Lumières. Elle marque la transition vers un âge nouveau de mise en question des autorités et des préjugés fondée sur la raison et le sentiment, mais elle donne une inflexion originale à cette mise en question, en la centrant sur la femme. À l'aube des Lumières, elle témoigne de la pertinence d'une tradition féminine dont elle s'inspire et qu'elle revendique, tout en l'adaptant aux nouvelles conditions sociales. Mais

Anne-Thérèse de Lambert (Bibliothèque nationale de France)

dans l'histoire littéraire son image tend à être assagie et la part de sédition dans ses œuvres camouflée. On prend à la lettre son apparent conformisme à la modestie et à l'obscurité que les bienséances exigeaient de son sexe, pour mieux la minorer, alors qu'il s'agit en fait d'une stratégie habile destinée à faire passer ses audaces féministes. De plus, ces œuvres elles-mêmes, maillons importants d'une longue chaîne d'écrits féminins, sont occultées, malgré le succès qu'elles connurent, en faveur de l'image de l'hôtesse du premier salon philosophique du XVIIIe siècle, lieu d'action d'*hommes* célèbres—image plus conforme aux stéréotypes féminins.

La réputation littéraire de la marquise de Lambert en son temps se fit sur deux textes, circulés d'abord parmi les habitués de son salon, puis publiés—les seuls à l'avoir été, et cela malgré elle—de son vivant: *Avis d'une mère à sa fille* (composés probablement entre 1688 et 1692, publiés en 1728 avec les *Avis d'une mère à son fils*) et *Réflexions nouvelles sur les femmes* (composées pendant la Régence, 1715–23, et publiées en 1727). Dans ces œuvres, la marquise de Lambert aborde le thème de l'éducation des filles, thème qui reviendra avec insistance jusqu'à la Révolution, de Fénelon à Condorcet en passant par Graffigny, Le Prince de Beaumont, Louise d'Épinay (*Conversations d'Émilie*, 1774–82), Stéphanie-Félicité de Genlis (*Adèle et Théodore, ou, Lettres sur l'éducation*, 1782) et Charrière. Retrouvant certains arguments de Madeleine de Scudéry, elle réclame le droit des femmes à l'instruction et à l'écriture. Face à la dissipation de la Régence, elle prône un retour à l'ancienne galanterie pour régler les rapports entre les sexes, et propose, à l'instar des précieuses, une métaphysique de l'amour, fruit du plein épanouissement de la femme et garant du bonheur de tous. Les *Avis d'une mère à son fils et à sa fille* et les *Réflexions nouvelles sur les femmes* connurent de nombreuses rééditions avant d'être recueillis après sa mort parmi les *Œuvres* de l'auteur, elles-mêmes éditées une quinzaine de fois entre 1747 et la Révolution et traduites en anglais (cinq éditions entre 1749 et 1781), en allemand et en espagnol.

Née à Paris en 1647, Anne-Thérèse de Marguenat de Courcelles perdit son père, maître ordinaire en la Chambre des Comptes, quand elle n'avait pas encore trois ans. Elle fut élevée par sa mère, femme d'une inconduite notoire, issue d'une famille de riche bourgeoisie parisienne, qui épousa en secondes noces François le Coigneux de Bachaumont, célèbre bel esprit, poète et épicurien, disciple de Descartes et Gassendi. Bachaumont initia sa belle-fille à la vie mondaine et cultiva ses heureuses dispositions pour l'étude. Grâce à lui, Anne-Thérèse put compenser par des lectures et des conversations les carences de l'éducation qu'elle avait reçue au couvent. Adolescente, elle se plaisait à lire dans la solitude et à faire «de petits extraits» de ce qui la frappait le plus, relevant les expressions ingénieuses et notant surtout les «réflexions fines sur le cœur humain» que ses lectures lui inspiraient (Fontenelle, *Mercure de France,* août 1733). Ainsi se mit en place la méthode de travail de l'écrivaine: ses écrits seront des créations personnelles à partir de la lecture d'autres textes qu'elle assimile, prolonge, et modifie.

En 1666, Anne-Thérèse épousa Henri de Lambert, officier de cavalerie, d'une grande famille noble du Périgord. Son mari ayant été nommé lieutenant général, puis en 1684 gouverneur de la ville et du duché de Luxembourg, elle l'y suivit pour l'aider à représenter le roi, ouvrant un salon, la Chambre verte, inspiré de la Chambre bleue de la marquise de Rambouillet. Mais Henri mourut soudainement en 1686 et le même mois elle perdit aussi une fille. Veuve, chargée de deux enfants, Monique-Thérèse (née en 1669) et Henri-François (né en 1677), Anne-Thérèse de Lambert dut s'engager dans de longs et pénibles procès pour rentrer en possession de sa fortune et défendre les intérêts de ses enfants. Grâce à son courage et à son habileté, elle finit par gagner. Maîtresse enfin d'un bien considérable et délivrée de tout souci matériel, la marquise ouvrit vers 1710—peut-être dès 1693—un salon littéraire parisien où jusqu'à sa mort elle rassembla l'élite des gens du monde et des gens de lettres.

Réaction contre la grossièreté des mœurs, comme l'avaient été les premiers salons précieux, son salon se distingue des autres maisons par la nature de ses activités: le jeu endémique étant banni, c'est la conversation qui constitue le principal divertissement. Les habitués des mardis et des mercredis de la marquise discutent littérature, science, philosophie, et morale; ils se font lecture de leurs ouvrages et portent des jugements sur les livres nouveaux. L'ambiance à la fois précieuse et sérieuse, le mélange de badinage ingénieux et de débat systématique, traduisent le projet social et philosophique de l'hôtesse: restaurer l'atmosphère de la ruelle précieuse—donc la politesse et la conversation raffinées, le bon goût, les bonnes mœurs, et le prestige des femmes—et maintenir la tradition intellectuelle des cercles cartésiens, tout en accueillant la nouvelle philosophie éclairée.

Si Lambert s'inspire surtout de la Chambre bleue de la marquise de Rambouillet, image à ses yeux de l'âge d'or de la civilisation française, elle a aussi d'autres modèles féminins, Henriette d'Angleterre, Anne Lefèvre Dacier, Marguerite de La Sablière (voir les *Réflexions*), Ninon de Lenclos—femmes doctes, salonnières, femmes d'esprit et de goût. Cependant, depuis le succès des comédies de Molière, l'opinion menace de ridicule les femmes savantes et les «bureaux d'esprit» présidés par des femmes. Pour qu'elle réussisse son projet, il faudra donc qu'elle évite tout excès. Afin que ses assemblées ne ressemblent pas trop à des réunions d'académie, elle reçoit des personnes de qualité issues de milieux différents et s'assure du raffinement de sa table. Stratégie astucieuse qui lui permet d'exercer une influence capitale sur la vie mondaine, littéraire, et académique—on appelle en effet son salon l'antichambre de l'Académie française, tant son pouvoir de décision sur les élections est reconnu. La marquise de Lambert accueille à l'hôtel de Nevers Fontenelle, en quelque sorte la vedette du salon, Marivaux, qui lui rend hommage sous les traits de Madame de Miran dans *La Vie de Marianne,* Montesquieu, La Motte, Sacy, Crébillon père, les jésuites Buffier et Cheminais, l'abbé de Choisy, la duchesse du Maine, l'actrice Adrienne Lecouvreur, Marie-Catherine d'Aulnoy, Catherine Bernard, Charlotte-Rose de La Force, Charlotte-Thérèse Aïssé, Henriette de Murat... Le roman féminin et particulièrement la nouvelle y sont bien reçus; la marquise elle-même composera *La Femme hermite,* nouvelle dans la tradition féminine classique qui doit beaucoup aux *Malheurs de l'amour* de Catherine Bernard. Parce qu'elle sut ménager l'opinion tout en se servant de son intelligence et de sa sensibilité, Anne-Thérèse de Lambert réussit à donner le ton à l'époque nouvelle et à perpétuer la tradition féminine des salons. Plus tard, de grandes salonnières prendront sa relève, contribuant à élaborer la philosophie des Lumières: Claudine-Alexandrine de Tencin, puis, à l'apogée du mouvement philosophique, Marie-Thérèse Geoffrin et Marie du Deffand, suivies de Julie de Lespinasse et Suzanne Necker.

S'il fallut du doigté pour imposer dans son salon un nouvel avatar de la préciosité, encore plus en fut requis pour faire connaître au public ses écrits sans «déroger». Car une femme de condition qui écrit des livres est tenue pour déshonorée. Elle s'expose, de plus, au ridicule. Lambert offre un exemple particulièrement révélateur des moyens mis en œuvre par les femmes pour concilier pudeur et ambition, pour être à la fois «femme» et auteur, et même avancer des idées hardies. Ainsi, elle vise d'abord un public très restreint: son fils, sa fille, le cercle d'amis à qui elle fait lecture de ses manuscrits dans son salon. Elle insiste aussi qu'elle écrit avant tout pour elle-même: «c'est moi qui m'instruis», «ces réflexions me sont de nouveaux engagements pour travailler à la vertu» (*Avis d'une mère à sa fille*). Elle rappelle sans arrêt dans sa correspondance qu'elle ne destine pas ses œuvres à la publication. Pourtant, comme on l'a remarqué très tôt, elle écrit avec beaucoup de soin. Qui plus est, elle offre ses manuscrits à des membres de son cercle qui, eux, selon l'usage, ne manqueront pas de la «trahir» en permettant qu'on en prenne des copies, copies qui pourront ensuite circuler parmi des lecteurs moins intimement liés à la marquise et tomber enfin entre les mains de libraires qui les publieront sans son autorisation. C'est, en peu de mots, l'histoire de la publication des *Avis* et des *Réflexions*. Quand celles-ci sont imprimées à partir d'un manuscrit «dérobé», elle va jusqu'à racheter au libraire toute l'édition, geste radical sans doute destiné à la sauver des railleries qu'un livre aussi audacieux ne manquerait pas de provoquer, mais qui a en même temps pour effet d'augmenter la curiosité du public. Et quand en 1729 paraît à Londres une traduction faite à partir d'un exemplaire qui a échappé à cette tentative d'anéantissement de l'édition, elle insiste: «Je n'ai jamais pensé, Monsieur, qu'à être ignorée, et à demeurer dans le néant où les hommes ont voulu nous réduire» (lettre à Saint-Hyacinthe), qualifiant les *Réflexions* d'«amusements de mon loisir», comme, dans la lettre où elle les confie sous le sceau du secret à l'abbé de Choisy, elle les appelle «mes débauches d'esprit». Fausse modestie et respect scrupuleux des bienséances qui préservent et la femme et ses idées, tout en attirant l'attention sur son originalité. Même si elle ne cesse de se défendre de toute ambition littéraire, sans doute souhaite-t-elle pour le moins une édition posthume puisqu'elle confie ses manuscrits à des amis sûrs. Ainsi, son ami Fontenelle fournira un grand nombre d'écrits et corrigera le manuscrit lorsque ses *Œuvres* paraîtront, enfin sans danger pour sa réputation, après sa mort. Outre les écrits déjà mentionnés, ce recueil contient des traités, des discours, et des portraits, genres tous liés aux salons, dont *Traité de l'amitié*, *Traité de la vieillesse* (elle s'intéresse à la condition féminine à tous les âges de la vie), *Réflexions sur les richesses*, *Discours sur le sentiment d'une Dame qui croyait que l'amour convenait aux femmes lors même qu'elles n'étaient plus jeunes* (il s'agit peut-être de Ninon de Lenclos), *Discours sur la délicatesse d'esprit et de sentiment*, *Discours sur la différence qu'il y a de la réputation à la considération*.

En 1731 la marquise perdit sa fille Monique-Thérèse, comtesse de Saint-Aulaire, qui, veuve depuis 1709, avait passé sa vie auprès d'elle. Ses dernières années furent également assombries par la maladie. Enfin, en 1733, Anne-Thérèse de Lambert mourut à Paris, en pleine possession de ses facultés, «généralement regrettée à cause des grandes qualités de son cœur et de son esprit» (Fontenelle, *Mercure de France*).

Les *Avis d'une mère à sa fille* furent adressés à Monique-Thérèse au moment où celle-ci sortait du couvent pour entrer dans le monde. S'il est vrai que Lambert suit d'assez près le traité de Fénelon, *De l'éducation des filles* (1687), et qu'elle retrouve par moments la pensée et les propos de Montaigne, la portée de ces *Avis* est tout autre. Leur grande originalité est de faire entendre une voix de femme qui puise dans son expérience personnelle de la condition féminine pour transmettre à une autre femme, telles les vieilles femmes du folklore, les codes et les secrets de la culture. Nous y retrouvons un trait caractéristique de ce genre de transmission du savoir de mère à fille ou de femme à femme: un mélange de conformisme et de sédition (voir *Le Magasin des enfants* de Le Prince de Beaumont, 1756, et la pédagogie de Madame de Chartres dans *La Princesse de Clèves* de Lafayette). Il faut que la fille sache à quoi s'attendre dans le monde et qu'elle puisse, dans les limites que la société lui assigne, s'épanouir et trouver le bonheur. Point de vue doublement original: la voix d'une femme et d'un parent se substitue à celle des clercs, auteurs de la plupart des traités pédagogiques de l'époque, et, loin d'insister sur la religion et sur l'au-delà comme dans ces traités chrétiens, les *Avis d'une mère à sa fille* (et *à son fils*) sont tournés vers ce monde et vers les bienséances, ce qui réoriente le genre en le rapprochant des traités de bonne conduite. Cette nouvelle orientation contribua à leur célébrité en France et en Angleterre.

Les *Avis d'une mère à sa fille* débutent sur un ton polémique qui peut surprendre: il s'agit d'une dénonciation véhémente de l'inégalité sexuelle en matière d'éducation, d'une protestation contre les inconséquences d'une société sexiste qui forme les femmes à la frivolité pour ensuite leur reprocher les limites de cette éducation. Depuis Christine de Pizan se rencontrent des variations sur ce leitmotiv de la littérature féminine. Derrière les conseils de pudeur, de vertu, de domesticité, de modération (des plaisirs, de l'imagination, de la culture des talents et des agréments, du goût pour le roman et pour certaines disciplines) qui jalonnent le traité, une voix sourde de révolte contenue et de regrets se fait entendre: «il faut éviter le monde et l'éclat, qui prennent toujours sur la pudeur, et se contenter d'être à soi-même son propre spectateur. Les vertus des femmes sont difficiles, parce que la gloire n'aide pas à les pratiquer: Vivre chez soi; ne régler que soi et sa famille; être simple, juste et modeste; vertus pénibles, parce qu'elles sont obscures.» Si par malheur sa fille en venait à violer la pudeur et l'honnêteté, il faudrait qu'elle paraisse «avec un air humilié», car «c'est une espèce de réparation que le public demande [...]. Prévenez la malignité naturelle qui est dans tous les hommes: mettez-vous à la place que leur orgueil vous destine. *Ils vous veulent humiliée*»(nous soulignons).

Analyse négative et conseils pratiques qui se doublent de conseils plus positifs: fuir les passions et le monde afin de trouver le repos, afin de se ménager une retraite, un espace à soi—Lambert reprend à son compte ces motifs du classicisme féminin. «Faites usage de la solitude [...]: ayez quelques heures dans la journée pour lire et pour faire usage de vos réflexions. [...] C'est là où la vérité donne ses leçons, où les préjugés s'évanouissent, où la prévention s'affaiblit, et où l'opinion, qui gouverne tout, commence à perdre ses droits.» La pédagogie féminine de Lambert consiste surtout à cultiver son esprit pour arriver à penser juste et à être heureuse. Elle propose donc d'orienter la curiosité vers certaines matières insolites pour une femme, hardiesse cachée sous des formules négatives: «Je ne blâmerais pas même un peu de philosophie, surtout de la nouvelle» (il s'agit du cartésianisme, fondement des Lumières). Il faudra aussi cultiver son cœur pour être vertueuse, car pour Lambert la conscience morale n'est pas une affaire de prescriptions mais de sentiment intérieur. Dans cette pédagogie, qui trouvera des échos dans tout le XVIII^e siècle, tout concourt, en somme, à donner à la jeune fille, en dépit de tout ce qui la brime, un esprit indépendant, une force personnelle, et une parfaite maîtrise d'elle-même.

Fruit d'une lente maturation, les *Réflexions nouvelles sur les femmes* vont beaucoup plus loin. Il s'agit d'un plaidoyer ardent en faveur de son sexe et d'un réquisitoire véhément contre les mœurs sous la Régence qui ont substitué au savoir féminin la licence, mœurs attribuées, bien plus explicitement que dans les *Avis d'une mère à sa fille,* à l'autorité abusive et tyrannique des hommes. Par le ton et par les propos, les *Réflexions* peuvent être considérées comme un manifeste féministe de la néo-préciosité que Lambert chercha d'abord à répandre dans son salon. L'influence de Madeleine de Scudéry s'y fait partout sentir. Ainsi, moins un comportement féminin défensif comme dans les *Avis,* la pudeur prend ici cette allure rude et glorieuse qu'elle revêt chez Scudéry. À côté de l'éloge de la marquise de Rambouillet, on retrouve également les arguments de Scudéry contre la femme objet et en faveur de la liberté intellectuelle, ainsi que ses propos sur les inconséquences de l'éducation ordinaire des femmes. La défense des capacités féminines rappelle *Les Femmes illustres*: des exemples célèbres, preuves des qualités mondaines, intellectuelles, critiques, et littéraires des femmes, sont allégués pour défendre leur droit à l'étude et à l'écriture. Seulement, l'empire du ridicule exige maintenant une défense encore plus vigoureuse des productions littéraires et du savoir féminins. Il faut protester de plus contre la tradition littéraire canonique qui petit à petit se constitue, fondée sur des critères de jugement qui jouent contre les écrits féminins et les genres associés aux femmes (d'où le plaidoyer en faveur du roman). Alors Lambert revendique le jugement fondé sur *le goût,* qu'elle définit, en s'appuyant sur des autorités féminines et masculines, en termes de qualités «féminines»: l'imagination, le sentiment, et le savoir mondain qu'on peut acquérir au contact des dames dans les salons, qualités qui permettent de juger par soi-même la valeur d'une œuvre littéraire au lieu de suivre la raison et les règles établies.

Le dernier développement des *Réflexions,* ébauché à la fin de notre extrait, est une envolée lyrique en faveur d'une métaphysique de l'amour, union des cœurs inspirée de l'amour platonique des précieuses. Réconciliant innocence et plaisir, sensibilité et raison, cette galanterie néo-précieuse devient pour la femme le moyen le plus sûr de trouver le bonheur et le repos, de se soustraire à la servitude attachée à l'amour et d'assurer sa gloire.

Anne-Thérèse de Lambert veut tout. Qu'on reconnaisse chez la femme à la fois l'esprit et le cœur, le savoir et la grâce, les qualités «masculines» et «féminines». Et qu'on préserve, à son exemple, une culture à deux voix où les femmes puissent se faire entendre aussi bien que les hommes.

## Avis d'une mère à sa fille
(Extrait)

On a dans tous les temps négligé l'éducation des filles; l'on n'a d'attention que pour les hommes; et comme si les femmes étaient une espèce à part, on les abandonne à elles-mêmes sans secours, sans penser qu'elles composent la moitié du monde; qu'on est uni à elles nécessairement par les alliances; qu'elles font le bonheur ou le malheur des hommes, qui toujours sentent le besoin de les avoir raisonnables; que c'est par elles que les maisons s'élèvent ou se détruisent; que l'éducation des enfants leur est confiée dans la première jeunesse, temps où les impressions se font plus vives et plus profondes. Que veut-on qu'elles leur inspirent, puisque dès l'enfance on les abandonne elles-mêmes à des gouvernantes, qui, étant prises ordinairement dans le peuple, leur inspirent des sentiments bas, qui réveillent toutes les passions timides, et qui mettent la superstition à la place de la religion? Il fallait bien plutôt penser à rendre héréditaires certaines vertus, en les faisant passer de la mère aux enfants, qu'à y conserver les biens par des substitutions. Rien n'est donc si mal entendu que l'éducation qu'on donne aux jeunes personnes: on les destine à plaire; on ne leur donne des leçons que pour les agréments; on fortifie leur amour-propre; on les livre à la mollesse, au monde et aux fausses opinions; on ne leur donne jamais des leçons de vertu ni de force. Il y a une injustice, ou plutôt une folie, à croire qu'une pareille éducation ne tourne pas contre elles.

## Réflexions nouvelles sur les femmes
(Extrait)

Il a paru, depuis quelque temps, des romans faits par des dames, dont les ouvrages sont aussi aimables qu'elles: l'on ne peut mieux les louer. Quelques personnes, au lieu d'en examiner les grâces, ont cherché à y jeter du ridicule. Il est devenu si redoutable, ce ridicule, qu'on le craint plus que le déshonorant.

Il a tout déplacé, et met où il lui plaît la honte et la gloire. Le laisserons-nous le maître et l'arbitre de notre réputation? Je demande ce qu'il est; on ne l'a point encore défini. Il est purement arbitraire, et dépend plus de la disposition qui est en nous que de celle des objets. Il varie et relève, comme les modes, du seul caprice. Il a pris le savoir en aversion. À peine le pardonne-t-il à un petit nombre d'hommes supérieurs en esprit; mais pour ce qui est des personnes du grand monde, s'ils osent savoir, on les appelle pédants. La pédanterie cependant est un vice de l'esprit, et le savoir en est l'ornement. Si l'on passe aux hommes l'amour des lettres, on ne le pardonne pas aux femmes. On dira que je prends un ton bien sérieux pour défendre les enfants de la reine de Lydie[1]; mais qui ne serait blessé de voir attaquer des femmes aimables qui s'occupent innocemment, quand elles pourraient employer leur temps suivant l'usage d'à présent? J'attaquerai les mœurs du temps, qui sont l'ouvrage des hommes. La honte n'est plus pour les vices, elle se garde pour ce qui s'appelle le ridicule. Son pouvoir s'étend plus loin qu'on ne pense. Il est dangereux de le répandre sur ce qui est bon. L'imagination une fois frappée ne voit plus que lui.

Un auteur espagnol disait que le livre de *Don Quichotte* avait perdu la monarchie d'Espagne, parce que le ridicule qu'il a répandu sur la valeur, que cette nation possédait autrefois dans un degré si éminent, en a amolli et énervé le courage.

Molière, en France, a fait le même désordre par la comédie des *Femmes savantes*. Depuis ce temps-là, on a attaché presque autant de honte au savoir des femmes qu'aux vices qui leur sont le plus défendus. Lorsqu'elles se sont vues attaquées sur des amusements innocents, elles ont compris que, honte pour honte, il fallait choisir celle qui leur rendait davantage; et elles se sont livrées au plaisir.

1. L'allusion est assez obscure. Peut-être s'agit-il de la femme de Candaule, roi de Lydie, dont l'histoire est racontée par Hérodote (*Histoires*, I, 8–13). Candaule croyait avoir la femme la plus belle du monde et invita son favori Gygès à se cacher dans leur chambre pour admirer la beauté exceptionnelle de son corps nu. La reine s'en aperçut. Offensée, le lendemain elle fit venir Gygès et lui proposa ce choix: assassiner le roi, l'épouser et assumer lui-même le trône ou bien être tué. Poussé par la reine, Gygès tua Candaule dans son sommeil d'un coup de poignard, mettant fin à la dynastie des Héraclides. Mais un oracle prédit que les Héraclides se vengeraient sur la postérité de Gygès, dans la cinquième génération, ce qui arriva en effet. L'existence des enfants de la reine n'est évoquée que de cette façon très oblique. Il faut noter qu'Hérodote ne donne jamais le nom de la reine.

Le désordre s'est accru par l'exemple, et a été autorisé par les femmes en dignité; car la licence et l'impunité sont les privilèges de la grandeur: Alexandre nous l'a appris. On vint un jour lui dire que sa sœur aimait un jeune homme; que leur intrigue était publique; et qu'elle se respectait peu: «Il faut bien», dit-il, «lui laisser sa part de la royauté, qui est la liberté et l'impunité.»

La société a-t-elle gagné dans cet échange du goût des femmes? Elles ont mis la débauche à la place du savoir; le précieux qu'on leur a tant reproché, elles l'ont changé en indécence. Par là, elles se sont dégradées, et sont déchues de leur dignité; car il n'y a que la vertu qui leur conserve leur place, et il n'y a que les bienséances qui les maintiennent dans leurs droits. Mais plus elles ont voulu ressembler aux hommes de ce côté-là, et plus elles se sont avilies.

Les hommes, par la force plutôt que par le droit naturel, ont usurpé l'autorité sur les femmes: elles ne rentrent dans leur domination que par la beauté et par la vertu. Si elles peuvent joindre les deux, leur empire sera plus absolu. Mais le règne de la beauté est peu durable: on l'appelle une courte tyrannie; elle leur donne le pouvoir de faire des malheureux, mais il ne faut pas qu'elles en abusent.

Le règne de la vertu est pour toute la vie: c'est le caractère des choses estimables de redoubler de prix par leur durée, et de plaire par le degré de perfection qu'elles ont, quand elles ne plaisent plus par le charme de la nouveauté. Il faut penser qu'il y a peu de temps à être belle, et beaucoup à ne l'être plus; que, quand les grâces abandonnent les femmes, elles ne se soutiennent que par les parties essentielles et par les qualités estimables. Il ne faut pas qu'elles espèrent allier une jeunesse voluptueuse et une vieillesse honorable. Quand une fois la pudeur est immolée, elle ne revient pas plus que les belles années: c'est elle qui sert leur véritable intérêt; elle augmente leur beauté, elle en est la fleur; elle sert d'excuse à la laideur; elle est le charme des yeux, l'attrait des cœurs, la caution des vertus, l'union et la paix des familles.

Mais si elle est une sûreté pour les mœurs, elle est aussi l'aiguillon des désirs: sans elle, l'amour serait sans gloire et sans goût; c'est sur elle que se prennent les plus flatteuses conquêtes; elle met le prix aux faveurs. La pudeur, enfin, est si nécessaire aux plaisirs qu'il faut la conserver, même dans les temps destinés à la perdre[2]. Elle est aussi une coquetterie raffinée, une espèce d'enchère que les belles personnes mettent à leurs appas, et une manière délicate d'augmenter leurs charmes en les cachant. Ce qu'elles dérobent aux yeux leur est rendu par

2. Cf. «Les femmes devraient conserver leur vertu même dans les moments destinés à la perdre» (Ninon de Lenclos).

la libéralité de l'imagination. Plutarque dit qu'il y avait un temple dédié à Vénus la «Voilée». «On ne saurait», dit-il, «entourer cette déesse de trop d'ombres, d'obscurité de mystères.» Mais à présent l'indécence est au point de ne vouloir plus de voile à ses faiblesses.

Les femmes pourraient dire: Quelle est la tyrannie des hommes! Ils veulent que nous ne fassions aucun usage de notre esprit ni de nos sentiments. Ne doit-il pas leur suffire de régler tout le mouvement de notre cœur, sans se saisir encore de notre intelligence? Ils veulent que la bienséance soit aussi blessée quand nous ornons notre esprit que quand nous livrons notre cœur. C'est étendre trop loin leurs droits.

Les hommes ont un grand intérêt à rappeler les femmes à elles-mêmes et à leurs premiers devoirs. Le divorce que nous faisons avec nous-mêmes est la source de tous nos égarements. Quand nous ne tenons pas à nous par des goûts solides, nous tenons à tout. C'est dans la solitude que la vérité donne ses leçons, et où nous apprenons à rabattre du prix des choses que notre imagination sait nous surfaire. Quand nous savons nous occuper par de bonnes lectures, il se fait en nous insensiblement une nourriture solide qui coule dans les mœurs.

Il y avait autrefois des maisons où il était permis de parler et de penser; où les Muses étaient en société avec les Grâces. On y allait prendre des leçons de politesse et de délicatesse; les plus grandes Princesses s'y honoraient du commerce des gens d'esprit.

Madame Henriette d'Angleterre, qui aurait servi de modèle aux Grâces, donnait l'exemple. Sous un visage riant, sous un air de jeunesse qui ne semblait promettre que des jeux, elle cachait un grand sens et un esprit sérieux. Quand on traitait ou qu'on disputait avec elle, elle oubliait son rang, et ne paraissait élevée que par sa raison. Enfin l'on ne croyait avancer dans l'agrément et dans la perfection qu'autant qu'on avait su plaire à Madame. Un Hôtel de Rambouillet, si honoré dans le siècle passé, serait le ridicule du nôtre. On sortait de ces maisons comme des repas de Platon, dont l'âme était nourrie et fortifiée. Ces plaisirs spirituels et délicats ne coûtaient rien aux mœurs ni à la fortune, car les dépenses d'esprit n'ont jamais ruiné personne. Les jours coulaient dans l'innocence et dans la paix. Mais à présent, que ne faut-il point pour l'emploi du temps, pour l'amusement d'une journée! Quelle multitude de goûts se succèdent les uns aux autres! La table, le jeu, les spectacles. Quand le luxe et l'argent sont en crédit, le véritable honneur perd le sien.

On ne cherche plus que ces maisons où règne un luxe honteux. Ce maître de la maison, que vous honorez, songez, en l'abordant, que souvent c'est l'injustice et le larcin que vous saluez. Sa table, dites-vous, est délicate; le goût règne chez lui. Tout est poli, tout est orné, hors l'âme du maître. Il oublie, dites-vous, ce qu'il est. Eh! comment ne l'oublierait-il pas? Vous l'oubliez vous-même. C'est vous qui tirez le rideau de l'oubli et de l'orgueil devant ses yeux. Voilà les inconvénients, pour les deux sexes, où conduit l'éloignement des lettres et du savoir: car les Muses ont toujours été l'asile des mœurs.

Les femmes ne peuvent-elles pas dire aux hommes: Quel droit avez-vous de nous défendre l'étude des sciences et des beaux-arts? Celles qui s'y sont attachées n'y ont-elles pas réussi, et dans le sublime et dans l'agréable? Si les poésies de certaines dames avaient le mérite de l'antiquité, vous les regarderiez avec la même admiration que les ouvrages des Anciens à qui vous faites justice.

Un auteur très respectable[3] donne au sexe tous les agréments de l'imagination: «Ce qui est de goût est», dit-il, «de leur ressort, et elles sont juges de la perfection de la langue.» L'avantage n'est pas médiocre.

Or, que ne doit-on pas aux agréments de l'imagination? C'est elle qui fait les poètes et les orateurs: rien ne plaît tant que ces imaginations vives, délicates, remplies d'idées riantes. Si vous joignez la force à l'agrément, elle domine, elle force l'âme et l'entraîne; car nous cédons plus certainement à l'agrément qu'à la vérité. L'imagination est la source et la gardienne de nos plaisirs. Ce n'est qu'à elle qu'on doit l'agréable illusion des passions. Toujours d'intelligence avec le cœur, elle sait lui fournir toutes les erreurs dont il a besoin; elle a droit aussi sur le temps; elle sait rappeler les plaisirs passés, et nous fait jouir par avance de tous ceux que l'avenir nous promet; elle nous donne de ces joies sérieuses qui ne font rire que l'esprit; toute l'âme est en elle, et, dès qu'elle se refroidit, tous les charmes de la vie disparaissent.

Parmi les avantages qu'on donne aux femmes, on prétend qu'elles ont un goût fin pour juger des choses d'agrément. Beaucoup de personnes ont défini le goût. Une dame[4] d'une profonde érudition a prétendu que c'est «une harmonie, un accord de l'esprit et de la raison»; et qu'on en a plus ou moins, selon que cette harmonie est plus au moins juste. Une autre personne a prétendu que le goût est une union du sentiment et de l'esprit, et que l'un et l'autre, d'intelligence, forment ce que l'on appelle le *jugement*. Ce qui fait croire que le goût tient plus au sentiment qu'à l'esprit, c'est qu'on ne peut rendre raison de ses goûts, parce qu'on ne sait point pourquoi on sent; mais on rend toujours raison de ses opinions et de ses connaissances. Il n'y a aucun rapport, aucune liaison nécessaire entre les goûts. Ce n'est pas la même chose entre les vérités. Je crois

3. Le P. Malebranche. [Note d'Anne-Thérèse de Lambert.]

4. Madame Dacier. [Note d'Anne-Thérèse de Lambert.]

donc pouvoir amener toute personne intelligente à mon avis. Je ne suis jamais sûre d'amener une personne sensible à mon goût: je n'ai point d'attrait pour l'attirer à moi. Rien ne se tient dans les goûts; tout vient de la disposition des organes et du rapport qui se trouve entre eux et les objets. Il y a cependant une justesse de goût, comme il a une justesse de sens. La justesse de goût juge de ce qui s'appelle agrément, sentiment, bienséance, délicatesse, ou fleur d'esprit (si on ose parler ainsi), qui fait sentir dans chaque chose la mesure qu'il faut garder. Mais, comme on n'en peut donner de règle assurée, on ne peut convaincre ceux qui y font des fautes. Dès que leur sentiment ne les avertit pas, vous ne pouvez les instruire. De plus, le goût a pour objet des choses si délicates, si imperceptibles, qu'il échappe aux règles. C'est la nature qui le donne; il ne s'acquiert pas. Le goût est d'une grande étendue; il met de la finesse dans l'esprit, et vous fait apercevoir d'une manière vive et prompte, sans qu'il en coûte rien à la raison, tout ce qu'il y a à voir dans chaque chose. C'est ce que veut dire Montaigne quand il assure que les femmes ont un «esprit primesautier». Dans le cœur, le goût donne des sentiments délicats; et dans le commerce du monde, une certaine politesse attentive, qui nous apprend à ménager l'amour-propre de ceux avec qui nous vivons. Je crois que le goût dépend de deux choses; d'un sentiment très délicat dans le cœur, et d'une grande justesse dans l'esprit. Il faut donc avouer que les hommes ne connaissent pas la grandeur du présent qu'ils font aux dames, quand ils leur passent l'esprit du goût.

Ceux qui attaquent les femmes ont prétendu que l'action de l'esprit, qui consiste à considérer un objet, était bien moins parfaite dans les femmes, parce que le sentiment qui les domine les distrait et les entraîne. L'attention est nécessaire; elle fait naître la lumière, pour ainsi dire, approche les idées de l'esprit, et les met à sa portée; mais chez les femmes, les idées s'offrent d'elles-mêmes, et s'arrangent plutôt par sentiment que par réflexion: la nature raisonne pour elles, et leur en épargne tous les frais. Je ne crois donc pas que le sentiment nuise à l'entendement: il fournit de nouveaux esprits, qui illuminent de manière que les idées se présentent plus vives, plus nettes et plus démêlées; et pour preuve de ce que je dis, toutes les passions sont éloquentes. Nous allons aussi sûrement à la vérité par la force et la chaleur des sentiments que par l'étendue et la justesse des raisonnements; et nous arrivons toujours par eux plus vite au but dont il s'agit que par les connaissances. La persuasion du cœur est au-dessus de celle de l'esprit, puisque souvent notre conduite en dépend: c'est à notre imagination et à notre cœur que la nature a remis la conduite de nos actions et de ses mouvements.

La sensibilité est une disposition de l'âme qu'il est avantageux de trouver dans les autres. Vous ne pouvez avoir ni humanité ni générosité sans sensibilité. Un seul sentiment, un seul mouvement du cœur a plus de crédit sur l'âme que toutes les sentences des philosophes. La sensibilité secourt l'esprit et sert la vertu. On convient que les agréments se trouvent chez les personnes de ce caractère; les grâces vives et soudaines, dont parle Plutarque, ne sont que pour elles. Une dame, qui a été un modèle d'agrément[5], sert de preuve à ce que j'avance. On demandait un jour à un homme d'esprit de ses amis «ce qu'elle faisait et ce qu'elle pensait dans sa retraite. Elle n'a jamais pensé», répondit-il, «elle ne fait que sentir.» Tous ceux qui l'ont connue conviennent que c'était la plus séduisante personne du monde, et que les goûts, ou plutôt les passions, se rendaient maîtres de son imagination et de sa raison, de manière que ses goûts étaient toujours justifiés par sa raison, et respectés par ses amis. Aucun de ceux qui l'ont connue n'a osé la condamner qu'en cessant de la voir, parce que jamais elle n'avait tort en présence. Cela prouve que rien n'est si absolu que la supériorité de l'esprit qui vient de la sensibilité et de la force de l'imagination, parce que la persuasion est toujours à sa suite.

Les femmes, d'ordinaire, ne doivent rien à l'art. Pourquoi trouver mauvais qu'elles aient un esprit qui ne leur coûte rien? Nous gâtons toutes les dispositions que leur a données la nature: nous commençons par négliger leur éducation; nous n'occupons leur esprit à rien de solide; et le cœur en profite: nous les destinons à plaire; et elles ne nous plaisent que par leurs grâces ou par leurs vices. Il semble qu'elles ne soient faites que pour être un spectacle agréable à nos yeux. Elles ne songent donc qu'à cultiver leurs agréments, et se laissent aisément entraîner au penchant de la nature: elles ne se refusent pas à des goûts qu'elles ne croient pas avoir reçus de la nature pour les combattre.

Mais ce qu'il y a de singulier, c'est qu'en les formant pour l'amour, nous leur en défendons l'usage. Il faudrait prendre parti: si nous ne les destinons qu'à plaire, ne leur défendons pas l'usage de leurs agréments; si vous les voulez raisonnables et spirituelles, ne les abandonnez pas quand elles n'ont que cette sorte de mérite. Mais nous leur demandons un mélange et un ménagement de ces qualités, qu'il est difficile d'attraper et de réduire à une mesure juste. Nous leur voulons de l'esprit; mais pour le cacher, l'arrêter, et l'empêcher de rien produire. Il ne saurait prendre l'essor, qu'il ne soit aussitôt rappelé par ce qu'on nomme *bienséance*. La gloire, qui est l'âme et le soutien de toutes les productions de l'esprit, leur est refusée. On ôte à leur esprit tout objet, toute

5. Madame de La Sablière. [Note d'Anne-Thérèse de Lambert.]

espérance; on l'abaisse; et, si j'ose me servir des termes de Platon, «on lui coupe les ailes». Il est bien étonnant qu'il leur en reste encore.

Les femmes ont pour elles une grande autorité: c'est Saint-Évremond. Quand il a voulu donner un modèle de perfection, il ne l'a pas placé chez les hommes. «Je crois», dit-il, «moins impossible de trouver dans les femmes la raison des hommes que dans les hommes les agréments des femmes.» Je demande aux hommes, de la part de tout le sexe, que voulez-vous de nous? Vous souhaitez tous de vous unir à des personnes estimables, d'un esprit aimable et d'un cœur droit: permettez-leur donc l'usage des choses qui perfectionnent la raison. Ne voulez-vous que des grâces qui favorisent les plaisirs? Ne vous plaignez donc pas si les femmes étendent un peu l'usage de leurs charmes.

Mais, pour donner aux choses le rang et le prix qu'elles méritent, distinguons les qualités estimables et les agréables. Les estimables sont réelles et sont intrinsèques aux choses; et, par les lois de la justice, ont un droit naturel sur notre estime. Les qualités agréables, qui ébranlent l'âme, et qui donnent de si douces impressions, ne sont point réelles ni propres à l'objet; elles se doivent à la disposition de nos organes et à la puissance de notre imagination. Cela est si vrai qu'un même objet ne fait pas les même impressions sur tous les hommes; et que souvent nos sentiments changent, sans qu'il y ait rien de changé dans l'objet.

Les qualités extérieures ne peuvent être aimables par elles-mêmes; elles ne le sont que par les dispositions qu'elles trouvent en nous. L'amour ne se mérite point: il échappe aux plus grandes qualités. Serait-il donc possible que le cœur ne pût dépendre des lois de la justice, et qu'il ne fût soumis qu'à celles du plaisir? Quand les hommes voudront, ils réuniront toutes ces qualités, et ils trouveront des femmes aussi aimables que respectables. Ils prennent sur leur bonheur et sur leur plaisir, quand ils les dégradent. Mais de la manière dont elles se conduisent, les mœurs y ont infiniment perdu, et les plaisirs n'y ont pas gagné.

Tout le monde convient qu'il est nécessaire que les femmes se fassent estimer; mais n'avons-nous besoin que d'estime, et ne nous manquera-t-il plus rien? Notre raison nous dira que cela doit suffire; mais nous abandonnons aisément les droits de la raison pour ceux du cœur. Il faut prendre la nature comme elle est. Les qualités estimables ne plaisent qu'autant qu'elles peuvent nous devenir utiles; mais les aimables nous sont aussi nécessaires pour occuper notre cœur. Car nous avons autant besoin d'aimer que d'estimer. On se lasse même d'admirer, si ce qu'on admire n'est aussi fait pour plaire. Ce n'est pas même assez que le sexe nous plaise; il semble qu'il soit obligé de nous toucher.

Le mérite n'est pas brouillé avec les grâces: lui seul a droit de les fixer; sans lui, elles sont légères et fugitives. De plus, la vertu n'a jamais enlaidi personne; et cela est si vrai que la beauté, sans mérite et sans esprit, est insipide; et que le mérite fait pardonner la laideur. [...]

# *Olympe de Gouges*

(1748–1793)

> La femme a le droit de monter sur l'échafaud;
> elle doit avoir également celui de monter à la Tribune.
> —Olympe de Gouges, *Déclaration des droits*
> *de la femme et de la citoyenne*

Ce n'était pas une femme d'élite. Jeune fille, elle ne reçut pas d'éducation soignée; elle dut à peine apprendre à lire et à écrire, comme le suggère la signa-

Olympe de Gouges, miniature attribuée à Ingres père
(Bibliothèque nationale de France)

ture malhabile qu'elle apposa, à l'âge de dix-sept ans, à son acte de mariage. Enfant, elle parlait non pas le français mais l'occitan et adulte, elle maîtrisait mal la syntaxe du français, l'orthographe et la ponctuation. L'écriture demeurant pour elle une tâche plus laborieuse que le discours oral, elle préféra dicter ses œuvres à des secrétaires. Vu sa naissance (née bourgeoise, elle se disait, et fut sans doute, bâtarde d'un marquis) et son genre de vie (très libre), elle fut exclue pour la plupart—ou s'exclut elle-même—des réseaux d'influence masculins et féminins. Et pourtant Olympe de Gouges, cette marginale peu instruite, mais curieuse, cultivée—point analphabète comme le veut une légende à laquelle elle-même contribua en prétendant ne savoir ni lire ni écrire—cette autodidacte d'une intelligence rare, fière de posséder un génie «naturel», se réclama en tant que femme de la pensée des Lumières pour s'engager passionnément dans le grand mouvement politique et social de la Révolution et osa entamer à l'âge de trente ans, par le biais du théâtre, notoirement fermé aux femmes dramaturges, une carrière de femme de lettres. Elle nous laissa une œuvre originale, abondante, philosophiquement et politiquement audacieuse. De cette production, il subsiste une douzaine de pièces de théâtre (bien d'autres sont perdues), de nombreuses préfaces polémiques, deux romans, des écrits philosophiques, et une foule d'écrits politiques (pamphlets, brochures, affiches, articles de journaux, lettres adressées à l'Assemblée, au peuple, au roi, à la reine, à d'autres personnages politiques) parmi lesquels l'un des plus remarquables documents féministes de l'époque révolutionnaire, document tout à la fois empreint de l'esprit de liberté de son temps et étonnamment prophétique et moderne: *Déclaration des droits de la femme et de la citoyenne* (1791).

Défendant les intérêts de son sexe et ses convictions humanitaires, Olympe de Gouges s'arrogea le rôle de femme d'action et de conscience de la Révolution. C'était sortir du rôle privé de mère et d'épouse au foyer que prônaient à la suite de Jean-Jacques Rousseau (*Julie, ou La Nouvelle Héloïse,* 1761; *Émile, ou de l'éducation,* 1762) les révolutionnaires, en particulier les Jacobins qu'Olympe de Gouges invectiva publiquement avec une témérité inouïe. Les révolutionnaires furent en effet, à de rares exceptions près, d'une misogynie rétrograde. De même qu'on a pu poser la question, «les femmes ont-elles eu une Renaissance?» (Joan Kelly, 1984), de même on est en droit de demander «les femmes ont-elles eu une Révolution?» Leur participation et l'expression de leurs revendications de femmes au début de la Révolution (voir *Griefs et plaintes des femmes mal mariées,* 1789; *Cahier des doléances et réclamations des femmes par Mme B*** B****, 1789; et leurs discours, pétitions, demandes et requêtes adressés à l'Assemblée, aux états généraux, au roi) suscitèrent une vive réaction antiféministe.

En dépit de quelques gains, parfois temporaires, comme le droit au divorce (accordé en 1792, restreint dès 1795 et encore plus en 1804, interdit en 1816), la Révolution fut pour elles le point de départ d'un rétrécissement de leur champ d'action—elles furent littéralement reléguées au foyer en 1795 par un décret de la Convention nationale—et d'une énorme régression qui sera consacrée en 1804 par le Code Civil de Napoléon. Dans un tel contexte, le parti pris d'Olympe de Gouges ne pouvait que déclencher la virulence des antiféministes. Il leur fallait faire taire cette voix dangereuse de propagandiste, cette voix déplacée de femme qui avait «oublié les vertus qui conviennent à son sexe» (*Feuille du salut public,* 17 novembre 1793), qui n'avait pas craint de s'attaquer violemment, jusque depuis sa prison, à Robespierre et à ses juges: «Apôtres de l'anarchie des massacres, je vous ai dénoncés depuis longtemps à l'humanité; voilà ce que vous n'avez pu me pardonner. [...] En me précipitant dans les cachots, vous avez prétendu vous défaire d'une surveillante nuisible à vos complots. Frémissez, Tyrans modernes! Ma voix se fera entendre du fond de mon sépulcre» (*Olympe de Gouges au Tribunal révolutionnaire,* affiche qu'elle fit placarder partout dans Paris, 1793). Aussi Olympe de Gouges fut-elle guillotinée pendant la Terreur, le 3 novembre 1793, quinze jours après Marie-Antoinette, cinq jours avant Manon Roland (épouse d'un ancien ministre en fuite, elle rédigea en prison ses *Mémoires*)—deux égéries qui cristallisaient, avec elle, l'antiféminisme régnant —quatre jours après l'interdiction des clubs et rassemblements féminins. Vilipendée en tant que «virago» et «femme-homme» que «l'oubli des vertus de son sexe [...] a conduite à l'échafaud» (Pierre-Gaspard Chaumette rappelant à des femmes républicaines que leur rôle «naturel» était les soins du ménage et non la parole publique, *Courrier républicain,* 11 novembre 1793), on la fit passer pour folle: «née avec une imagination exaltée», Olympe de Gouges «prit son délire pour une inspiration de la nature» (*Feuille du salut public,* 17 novembre 1793). Au XIXe siècle, on la classera parmi les «enragées de la Révolution» (Charles Nodier) et, au XXe, la médecine baptisera son ambition: «"paranoïa reformatoria," c'est-à-dire à idées réformatrices» (avis du Docteur Guillois qui en 1904 se penchera sur son «cas»). La discréditant en tant que folle et faisant de sa fin une leçon aux femmes qui seraient tentées de suivre son exemple, les antiféministes triomphants donnèrent le ton aux historiens et biographes misogynes à venir. Pendant plus d'un siècle fut propagée une image négative de la personne d'Olympe de Gouges, au détriment des faits et de son œuvre.

Olympe de Gouges naquit Marie Gouze, le 7 mai 1748 à Montauban, officiellement fille d'un boucher, Pierre Gouze, et d'Anne-Olympe Mouisset. Mais toute sa vie et dans son roman autobiographique, *Mémoire de Madame de Valmont*

(1788), elle se dira la fille naturelle du marquis Jean-Jacques Le Franc de Pompignan, dramaturge, traducteur et poète dévot, peu connu aujourd'hui sauf en tant que cible de la satire de Voltaire. Pompignan fut une présence dans la vie de la petite Marie, jusqu'à ce qu'Anne-Olympe, devenue veuve en 1749, se remarie en 1753. Le marquis quitta alors Montauban et se maria à son tour, oubliant la mère et la fille. Malgré ses désaveux, parfois assez ambigus, il y a peu de doute que ce soit lui le véritable père d'Olympe, laquelle se vantera toujours d'avoir hérité de lui son génie littéraire. En 1765, à l'âge de dix-sept ans, on la marie à un homme plus âgé, «ni riche ni bien né» (*Mémoire de Madame de Valmont*) qu'elle n'aime point, Louis-Yves Aubry, officier de bouche puis traiteur à Montauban, à qui elle donne un fils, Pierre, l'année suivante. Son mari meurt en 1766 peu de temps après cette naissance.

Veuve et libre, c'est alors qu'elle prend le nom d'Olympe de Gouges, symbole d'une identité glorieuse qu'elle entend se forger par elle-même en dehors des confins du mariage. Olympe, un des prénoms de sa mère, comporte, pense-t-elle, «quelque chose de céleste»; la particule nobiliaire la rattache à l'aristocratie paternelle, au beau monde, au milieu littéraire; Gouges, déformation de Gouze, son nom de jeune fille, marque le refus de son identité conjugale. Elle signera ses œuvres Olympe de Gouges ou Madame de Gouges, ne se nommant jamais, selon la coutume, veuve Aubry ni Madame Aubry. Comme George Sand, elle aurait pu dire: «[Le nom] qu'on m'a donné, je l'ai fait moi-même et moi seule, après coup par mon labeur» (Sand, *Histoire de ma vie*). Ce nom signifie en effet pour elle son autonomie, son auto-création à travers la parole en dehors de toute détermination patriarcale. Il signale aussi la constitution de son identité de femme d'action et de femme de lettres. «Je suis mon ouvrage», proclamera-t-elle (préface à la pièce, *Le Philosophe corrigé*, 1787).

En 1767, elle monte à Paris avec son amant, Jacques Biétrix de Rozières, entrepreneur de transports militaires, homme bien né et aisé qui va lui assurer un soutien financier et avec qui elle va vivre en union libre pendant une vingtaine d'années, refusant le mariage comme «le tombeau de la confiance et de l'amour» (*Déclaration des droits de la femme et de la citoyenne*). Commence alors une période «galante» où elle s'adonne au luxe et aux plaisirs de la capitale, dépensant beaucoup aussi pour l'éducation de son fils. Son non-conformisme sexuel et sa beauté lui acquièrent une réputation de courtisane, mais il est peu probable qu'elle ait fait métier de galanterie, quoiqu'elle ait pu avoir des liaisons. Elle fréquente des gens bien nés et des personnages influents, tel Philippe, duc d'Orléans, futur Philippe-Égalité, qui fut peut-être son amant, à qui elle dédiera les deux premiers tomes de ses *Œuvres* en 1788.

En 1778, elle renonce à cette vie galante pour se tourner vers la littérature, s'entourant désormais d'amis du monde littéraire et théâtral, de journalistes et d'intellectuels, dont Louis-Sébastien Mercier, théoricien du théâtre et auteur du *Tableau de Paris* (1781–88), qui l'aidera et l'encouragera dans sa carrière littéraire. Des critiques du siècle suivant attribueront ce changement au «retour de l'âge» (elle n'avait que trente ans!) et à une perte de ses charmes féminins, tant les aspirations littéraires d'une femme signifiaient encore pour eux une perte de féminité. À cette époque, Olympe de Gouges cherche à se rapprocher du marquis de Pompignan, lui demandant de l'aider à entrer en littérature, mais il lui répond avec une misogynie semblable, reflet des préjugés et de la gynophobie de l'époque: «Si [...] les personnes de votre sexe deviennent conséquentes et profondes dans leurs ouvrages, que deviendrons-nous, nous autres hommes, aujourd'hui si superficiels et si légers? [...] Les dames nous feront la loi [...]. Tant qu'elles n'auront pas le sens commun, elles seront adorables. [...] Les femmes peuvent écrire mais il leur est défendu, pour le bonheur du monde, de s'y livrer avec prétention» (*Mémoire de Madame de Valmont*). Insoumise, Olympe de Gouges affrontera avec détermination et bravade ces préjugés contre les femmes auteurs: «La littérature est une passion qui porte jusqu'au délire. [...] Il m'a pris fantaisie de faire fortune, je veux la faire, et je la ferai» (Préface à sa pièce *Le Couvent, ou les vœux forcés*, 1792). Comme elle est de culture orale occitane, parle français avec un fort accent méridional, et ne maîtrise pas bien l'écriture du français, elle n'échappera pas à l'accusation, courante lorsqu'il s'agit d'une femme, qu'elle n'a pas écrit ses œuvres. En même temps, on ne manquera pas de lui reprocher son style négligé et ses fautes. Mais ce qui est faiblesse selon les autres, sous sa plume devient atout et méthode, preuve rousseauiste d'authenticité et source d'originalité: «Je n'ai pas l'art d'écrire, je ne sais que parler un langage naturel. [...] Je suis l'élève de la Nature; [...] je ne dois rien aux connaissances des hommes [...] et lorsque je compose, il n'y a rien sur la table que de l'encre, du papier et des plumes. [...] Je prétends à l'originalité [...] et l'on ne peut me la disputer, puisque c'est à mon ignorance que je la dois. Je me plais à m'en vanter hautement; [...] laissez-moi cette chère ignorance qui fait mon seul mérite et qui doit me promettre beaucoup d'indulgence pour les fautes dont fourmillent mes productions» (Préface, *Le Philosophe corrigé*). «Je fais trophée de mon ignorance, je dicte avec mon âme», professe-t-elle fièrement (préface à la pièce *L'Homme généreux*, 1786).

«Qu'on ne me prête pas le ridicule de croire que mes pièces soient des chefs-d'œuvre» (préface à la pièce *Molière chez Ninon, ou le siècle des grands hommes*, 1788): pendant deux siècles on s'est plu à prendre à la lettre ces propos conventionnels de modestie féminine, à tourner en dérision l'immodestie provocante qu'Olympe de Gouges affiche, au contraire, la plupart du temps, et donc à rejeter son théâtre comme étant trop vite et trop mal écrit, trop marqué par les circonstances et ainsi devenu illisible, trop fidèle aux clichés du drame ou du théâtre révolutionnaire (scènes de reconnaissance, naufrages, coïncidences suspectes, sentimentalité, ton pathétique ou mélodramatique) et à son style déclamatoire et pompeux. Depuis le bicentenaire de la Révolution en 1989 une nouvelle appréciation de son théâtre est en cours, facilitée par de nouvelles éditions, les premières depuis le XVIIIe siècle. On découvre chez elle un sens réel de la dramaturgie et, la replaçant dans le contexte théâtral de son temps, de l'originalité, voire de l'audace, dans le choix et le traitement des thèmes.

Elle ne réussit pas à faire monter la plupart de ses pièces et elle dut les publier à compte d'auteur pour les faire connaître. Mais Olympe de Gouges fut néanmoins une des rares femmes dramaturges à être jouées au XVIIIe siècle: quatre de ses pièces furent représentées, dont la première, chose plus rare encore, à la Comédie-Française où les femmes auteurs étaient particulièrement honnies. Cette pièce, *L'Esclavage des Noirs,* fut cependant jouée dans des circonstances tumultueuses, fin 1789, et seulement après quatre ans de luttes entre la dramaturge et la Comédie. Celle-ci l'avait reçue en 1785 (sous le titre *Zamor et Mirza, ou l'heureux naufrage*) mais céda ensuite aux instances des colons qui voulaient en empêcher la représentation et la refusa. Olympe de Gouges fit pression sur les comédiens; elle fut menacée à son tour d'une lettre de cachet qui l'eût expédiée à la Bastille. Pourquoi? Parce que cinq ans avant la création d'une société des Amis des Noirs, et bien avant d'autres écrits de philosophes réformateurs sur ce sujet d'actualité, Olympe de Gouges y dénonce l'esclavage et le racisme et s'insurge contre l'inhumanité des colons. *L'Esclavage des Noirs* tomba au bout de trois représentations qui furent minées par le mauvais jeu intentionnel des comédiens et perturbées par des affrontements entre abolitionnistes et chahuteurs recrutés par les colons anti-abolitionnistes. Cette expérience fut typique. Les démêlés constants d'Olympe de Gouges avec le Théâtre français, détaillés dans ses préfaces caustiques et dans des essais («Mémoire contre la Comédie-Française», 1790; *Les Comédiens démasqués, ou Madame de Gouges ruinée par la Comédie-Française pour se faire jouer,* 1789), s'expliquent non seulement par son sexe («il faut de la barbe au menton pour faire un bon ouvrage dramatique», trancha un de ses critiques), mais aussi par sa défense inlassable des opprimés en tous genres, donc par son choix des sujets les plus controversés de son temps, sujets tabous qu'elle fut souvent la première à porter sur la scène: l'esclavage, l'emprisonnement pour dettes dans *L'Homme généreux* (elle offrit de donner la recette des premières représentations pour rembourser les dettes d'un père de famille), le divorce dans *La Nécessité du divorce* (1790).

Plusieurs pièces expriment, de plus, ses convictions féministes. Elle dénonce les vœux forcés chez les jeunes filles sans dot dans *Le Couvent, ou les vœux forcés,* affirme les droits des enfants illégitimes dans *L'Esclavage des Noirs.* Elle plaide en faveur de l'égalité sexuelle et de la participation active des femmes au pouvoir politique dans *Molière chez Ninon, ou le siècle des grands hommes* et *Mirabeau aux Champs-Élysées* (1791), pièces où c'est la figure inattendue de la courtisane Ninon de Lenclos qui incarne son idéal féminin et lui sert de porte-parole pour dénoncer la condition des femmes. Dans *Mirabeau aux Champs-Élysées,* elle fait de Ninon la championne de la solidarité féminine («rarement on voit applaudir les femmes à une belle action, à l'ouvrage d'une femme») et lui fait tenir des propos sur l'éducation et l'émancipation féminines qui anticipent la *Déclaration des droits de la femme*: «en vain l'on fera de nouvelles lois, en vain l'on bouleversera les royaumes; tant qu'on ne fera rien pour élever l'âme des femmes, tant qu'elles ne contribueront pas à se rendre plus utiles, plus conséquentes, tant que les hommes ne seront pas assez grands pour s'occuper sérieusement de leur véritable gloire, l'État ne peut prospérer.» Dans la préface à *L'Homme généreux,* elle proteste contre l'exclusion des femmes de tout pouvoir («on ne s'est pas encore avisé de nous ôter celui d'écrire, cela est fort heureux») et, dans un essai philosophique, *Le Bonheur primitif de l'Homme, ou les Rêveries patriotiques* (1789), elle propose la création d'un second théâtre national où, cette fois, à l'encontre de la Comédie-Française, seules seraient jouées les femmes auteurs.

En 1788, avec la publication de sa première brochure politique, elle se lance corps et âme dans la Révolution. Désormais, tous ses écrits, pièces et roman (*Le Prince philosophe,* 1789, publié en 1792) aussi bien qu'un nombre impressionnant d'affiches, de brochures, de pamphlets et de lettres dont elle inondera la scène publique jusqu'à sa mort, vont manifester son engagement total et sans réserves ni égard pour sa sûreté dans l'activité révolutionnaire. Infatigable, elle assiste à tous les débats, ceux des états généraux à Versailles, ceux des Assemblées Constituante puis Législative à Paris, fréquente les cafés et les clubs politiques sans toutefois y adhérer, gardant précieusement une indépendance farouche qui garantit sa liberté d'opinion. Si ses partis pris sont souvent très nets—elle offre de prendre la défense de Louis XVI lors de son procès; suicidaire, elle affichera ses sympathies pour les Girondins au moment où ils sont pourchassés par Robespierre et Marat—elle ne se rangera jamais dans aucun camp. Elle se tient au courant de tout, déménageant sans arrêt pour se rapprocher du cœur de l'action, là où la parole des hommes politiques a la force d'un acte. En 1789, elle envisage de créer un journal sous le titre *L'Impatient,* mais n'en obtient pas l'autorisation. Ses écrits politiques deviennent alors une sorte de chronique des événements en même temps que des actes eux-mêmes où, à l'instar des députés et des dirigeants, elle propose un vaste programme de réforme sociale. Par le biais de l'écrit, elle monte symboliquement à la Tribune et participe à l'actualité du débat, cherchant à infléchir l'opinion à tous les niveaux de la société. Pour se faire entendre, elle publie à compte d'auteur ses projets et ses analyses politiques, souvent sous forme d'affiches à destination du peuple qu'elle fait placarder dans tout Paris, puis de brochures ou de pamphlets, sous forme également d'«avis pressants» ou bien de lettres ouvertes à des personnages haut placés ou à des groupes (les femmes, le peuple, les représentants de la Nation, les Français, la Convention), et elle se ruine. Consciente de l'impact des symboles sur l'opinion, elle participe régulièrement à des fêtes civiques, défile aux côtés des féministes militantes Etta Palm et Théroigne de Méricourt, et conduit un cortège de femmes lors d'une cérémonie officielle, afin d'imposer une nouvelle image de la femme en tant que citoyenne faisant partie d'un corps social.

Son programme social, qui développe les principes démocratiques des Lumières —liberté, justice, égalité—révèle sa clairvoyance et sa perspicacité, son idéal d'humanisme et de concorde, sa générosité, son engagement en faveur de tous les déshérités, son dévouement à la cause du peuple et des femmes. En avance sur son temps, elle propose dans ses *Remarques patriotiques* (1788) un programme d'assistance sociale: des maisons d'accueil saines et propres pour «les ouvriers sans travail, les vieillards sans force, les enfants sans appui» et les veuves sans soutien, des ateliers publics pour les ouvriers sans emploi. Dans *Projets utiles et salutaires* (1789), elle dénonce l'hygiène déplorable qui transforme les maternités en mouroirs, s'occupe des droits des mères célibataires et des enfants naturels. Pour résoudre la crise fiscale du pays, elle propose dans son premier écrit politique, *Lettre au peuple ou projet d'une Caisse patriotique,* un impôt volontaire, donnant elle-même l'exemple du «don patriotique» en confiant le quart de ses revenus annuels à l'Assemblée nationale (*Action héroïque d'une Française, ou La France sauvée par les femmes,* 1789). Pour financer le programme d'assistance sociale, elle réclame un impôt sur le luxe. Ses propositions sont appréciées par Mirabeau, lui qui croit que la Révolution ne peut se faire sans la participation des femmes: «Nous devons à une ignorante de grandes découvertes!» Mais, pour la plupart, elles sont accueillies avec dérision ou indifférence car venant de la part d'une femme: «Je donne cent projets utiles: on les reçoit; mais je suis femme: on n'en tient pas compte» (*Compte moral,* 1792).

Toujours modérée nonobstant ses excès rhétoriques, Olympe de Gouges est foncièrement contre la violence et le sang, ce qui la conduit à des prises de position dangereuses. Séparant la personne de la fonction, elle s'oppose à l'exécution du roi (1793); alors qu'une loi récente interdit de prôner tout autre régime que «républicain, un et indivisible», elle tente d'éviter la guerre civile qu'annoncent les insurrections en province contre la dictature jacobine, en proposant un plébiscite sur la forme du gouvernement—monarchique, républicaine ou fédérative—ce qui lui vaudra d'être arrêtée et condamnée à mort (*Les Trois urnes, ou le salut de la patrie,* affiche, 1793). Ainsi elle se distingue comme la seule femme guillotinée sous la Révolution pour avoir composé et disséminé des écrits politiques. Cherchant à concilier les différentes factions, elle déplaît aux royalistes par ses idées démocratiques, aux républicains par son soutien jusqu'au 10 août 1792 (chute définitive de la monarchie, le roi est «suspendu de ses fonctions») d'une monarchie constitutionnelle. Pour avoir cru à la liberté d'opinion et dénoncé la tyrannie sanglante de Robespierre dans des écrits incendiaires tels que *Pronostic sur Maximilien Robespierre, par un animal amphibie* et *Réponse à la justification de Maximilien Robespierre* (1792), elle paya de sa vie.

Avec son texte le plus célèbre, *Déclaration des droits de la femme et de la citoyenne,* Olympe de Gouges se taille une place de pionnière dans l'histoire du féminisme. C'est la première œuvre à envisager de manière synthétique l'égalité des droits et des responsabilités civils et politiques de la femme, devançant de plusieurs mois la publication en Angleterre de *Défense des droits de la femme* (*A Vindication of the Rights of Woman,* 1792) par Mary Wollstonecraft. Cette *Déclaration* polémique est le fruit de la désillusion d'Olympe de Gouges. Elle a compris que l'universalité et l'égalité de principe proclamées dans la *Déclaration des droits de l'homme et du citoyen* (adoptée par l'Assemblée nationale en 1789, incorporée comme préambule à la Constitution en 1791) se limitent dans la pratique aux hommes, et que les femmes ont donc été flouées par la Révolution. «L'homme» ne se réfère pas à toute l'humanité, mais seulement à certains individus: des propriétaires de sexe masculin, estimés capables d'assumer les responsabilités de citoyen.

La question des droits de la femme avait pourtant été soulevée avec force par certains des architectes de la Constitution. Le féministe le plus marquant fut le marquis de Condorcet qu'Olympe de Gouges connaissait. Elle partageait ses vues féministes et anti-esclavagistes et fréquentait le salon tenu par sa femme, Sophie de Condorcet, laquelle se souviendra de la célèbre formule de son amie, mise en exergue ici, dans sa boutade à Napoléon (voir l'introduction à Sophie de Condorcet). Dans deux écrits mémorables, *Lettres d'un bourgeois de New*

*Haven à un citoyen de Virginie* (1787) et «Sur l'admission des femmes au droit de cité» (1790), Condorcet avait défendu au nom de la raison et de la justice l'égalité des femmes, et défini leurs «droits naturels», parmi lesquels le droit au divorce, l'éligibilité pour les mêmes places que les hommes, le droit à une éducation soignée, le droit de vote. «N'est-ce pas en qualité d'êtres sensibles, capables de raison, ayant des idées morales, que les hommes ont des droits? Les femmes doivent donc avoir absolument les mêmes, et cependant jamais, dans aucune constitution appelée libre, les femmes n'ont exercé le droit de citoyens», avait-il écrit dans les *Lettres*. Mais ces réflexions théoriques ne furent pas traduites en actes. Rédigée avant que la Constitution ne soit agréée par le roi (voir le post-scriptum), la *Déclaration des droits de la femme* constitue une dernière tentative de la part d'Olympe de Gouges pour faire reconnaître les droits et l'égalité de la femme. L'agressivité coutumière de l'auteur y est intensifiée par ce climat d'urgence. Mais ses paroles n'eurent malheureusement pas plus d'effet que les idées de Condorcet et, avec l'acceptation de la Constitution par le roi, l'Assemblée constituante se sépara sans en tenir compte. Elles connurent le même sort chez ses concitoyennes. Cependant, en articulant des revendications féminines modernes, elles inspireront les féministes du XIXe et du XXe siècles, dont Jeanne Deroin pendant la Révolution de 1848 et Hubertine Auclert sous la Troisième République. Mais les Françaises ne deviendront pleinement citoyennes qu'en 1944, en obtenant enfin le droit de vote.

Afin d'en relever les inconséquences et les exclusions, la *Déclaration des droits de la femme* est calquée ironiquement sur les *Droits de l'homme* (voir les annexes), comportant comme son modèle dix-sept articles touchant les mêmes droits, précédés d'un préambule. C'est parfois par le simple ajout du mot «femme» ou «Citoyennes» qu'Olympe de Gouges accuse et compense à la fois l'exclusion réelle des femmes des *Droits de l'homme,* créant dans son texte un double effet de critique et de redressement d'un tort. Certains articles développent cet effet en insistant sur les implications spécifiques, parfois inattendues, du droit en question pour la femme; ainsi, l'article XI, traitant de la liberté d'expression, débouche sur l'affirmation du droit d'une mère de nommer sans se porter préjudice le père de son enfant naturel, cause chère à l'auteur. Ces changements de mots et de perspective joints à la présence d'un cadre très étendu (lettre dédicatoire à la reine, apostrophe aux hommes, postambule adressé aux femmes les appelant à s'unir et à reconnaître et leurs droits et leur oppression, prototype du contrat social entre l'homme et la femme, appel à l'affranchissement des «hommes de couleur», anecdote personnelle illustrant l'injustice sous le nouveau régime, et post-scriptum) créent un document d'une portée vraiment révolutionnaire où la femme figure comme sujet, au même titre que l'homme. «La femme naît libre et demeure égale à l'homme en droits» (article I).

Aux droits civils et politiques des femmes, Olympe de Gouges associe leurs droits sexuels et économiques. Dans la *Forme du contrat social de l'homme et de la femme,* elle redéfinit le mariage en tant qu'union libre, limitée à la durée des «penchants mutuels», sanctionne l'adultère et assure l'égalité des droits entre enfants nés «d'une inclination particulière» et les autres. Réclamant l'égalité d'accès des femmes aux fonctions et emplois publics (article VI) et insistant sur l'importance pour l'État du travail des femmes et de leur participation à la vie publique, elle bouleverse l'image de la républicaine vertueuse que les révolutionnaires voulaient imposer. D'accord avec Rousseau, elle pense que c'est à la femme de régénérer l'ordre social, mais elle mine les conclusions du philosophe sur la place «naturelle» de la femme dans la société dont les révolutionnaires s'inspiraient. En même temps, elle récuse un pouvoir qui s'exerce par les moyens traditionnels de la féminité, par «l'administration nocturne des femmes», emblème de leur corruption et résultat de leur oppression sous l'Ancien Régime. Anticipant le féminisme récent, elle reconnaît que, sans la solidarité des femmes, leur cause est perdue, et elle lie l'oppression sexuelle à l'oppression de race et de classe.

La *Déclaration des droits de la femme et de la citoyenne* articule le féminisme à un moment critique de l'histoire où le principe de l'universalité, se mettant en place, révèle ses contradictions: l'exclusion de l'autre. Prise elle-même dans les contradictions du discours révolutionnaire, pour mieux défendre *l'égalité* des sexes, Olympe de Gouges doit recourir à *la différence* sexuelle, à la spécificité féminine face à l'universel masculin, se heurtant alors à toutes les ambiguïtés de la notion d'une nature féminine. Ainsi se met en place le paradoxe fondamental du féminisme moderne. La question de la différence sexuelle polarisera les féministes françaises du XX^e siècle, dressant une Simone de Beauvoir, qui milite en faveur de l'égalité, contre une Hélène Cixous ou une Luce Irigaray, qui revendiquent la spécificité féminine.

Osant passer outre aux barrières de sexe et de classe, Olympe de Gouges fut dans sa vie comme dans ses écrits une femme impulsive et fréquemment imprudente, géniale mais parfois naïve, courageuse et souvent visionnaire: une grande figure révolutionnaire.

# Déclaration des droits de la femme et de la citoyenne

## À LA REINE

Madame[1],

Peu faite au langage que l'on tient aux Rois, je n'emploierai point l'adulation des Courtisans pour vous faire hommage de cette singulière production. Mon but, Madame, est de vous parler franchement; je n'ai pas attendu, pour m'exprimer ainsi, l'époque de la liberté: je me suis montrée avec la même énergie dans un temps où l'aveuglement des despotes punissait une si noble audace.

Lorsque tout l'Empire vous accusait et vous rendait responsable de ses calamités, moi seule, dans un temps de trouble et d'orage, j'ai eu la force de prendre votre défense. [...]

Il n'appartient qu'à celle que le hasard a élevée à une place éminente, de donner du poids à l'essor des Droits de la Femme[2], et d'en accélérer les succès. Si vous étiez moins instruite, Madame, je pourrais craindre que vos intérêts particuliers ne l'emportassent sur ceux de votre sexe. [...]

On ne vous fera jamais un crime de travailler à la restauration des mœurs, à donner à votre sexe toute la consistance dont il est susceptible. Cet ouvrage n'est pas le travail d'un jour, malheureusement pour le nouveau régime. Cette Révolution ne s'opérera que quand toutes les femmes seront pénétrées de leur déplorable sort, et des droits qu'elles ont perdus dans la société. Soutenez, Madame, une si belle cause; défendez ce sexe malheureux, et vous aurez bientôt pour vous une moitié du Royaume, et le tiers au moins de l'autre.

Voilà, Madame, voilà par quels exploits vous devez vous signaler et employer votre crédit. Croyez-moi, Madame, notre vie est bien peu de chose, surtout pour une Reine, quand cette vie n'est pas embellie par l'amour des Peuples, et par les charmes éternels de la bienfaisance. [...]

Je suis avec le plus profond respect, Madame, votre très humble et très obéissante servante,

De Gouges

1. Nous reproduisons ici la quasi-totalité du texte. Seuls la dédicace à la Reine Marie-Antoinette, l'épisode du cocher à la fin et le post-scriptum ont été abrégés.

2. Pour l'essentiel et sauf à prêter à confusion, la typographie de l'époque a été conservée, notamment l'emploi, comme ici, de lettres capitales pour certains noms communs. La ponctuation très particulière d'Olympe de Gouges reflète l'oralité qu'elle cultiva comme un style «naturel» et sans «art» fait pour communiquer la vérité au cœur.

Marie-Antoinette de Lorraine-Habsbourg, reine de France,
par Élisabeth-Louise Vigée-Le Brun
(Musée nationale du château de Versailles; Photo Réunion des musées nationaux/Art Resource, NY)

### LES DROITS DE LA FEMME

Homme, es-tu capable d'être juste? C'est une femme qui t'en fait la question; tu ne lui ôteras pas du moins ce droit. Dis-moi? qui t'a donné le souverain empire d'opprimer mon sexe? ta force? tes talents? Observe le créateur dans sa sagesse; parcours la nature dans toute sa grandeur, dont tu sembles vouloir te rapprocher, et donne-moi, si tu l'oses, l'exemple de cet empire tyrannique[3].

Remonte aux animaux, consulte les éléments, étudie les végétaux, jette enfin

3. De Paris au Pérou, du Japon jusqu'à Rome, le plus sot animal, à mon avis, c'est l'homme. [Note d'Olympe de Gouges.]

Olympe de Gouges, dessin anonyme à la mine de plomb, acquarellé (Musée du Louvre, collection Rothschild; Photo Art Resource, NY)

un coup d'œil sur toutes les modifications de la matière organisée; et rends-toi à l'évidence quand je t'en offre les moyens; cherche, fouille et distingue, si tu le peux, les sexes dans l'administration de la nature. Partout tu les trouveras confondus, partout ils coopèrent avec un ensemble harmonieux à ce chef-d'œuvre immortel.

L'homme seul s'est fagoté un principe de cette exception. Bizarre, aveugle, boursouflé de sciences et dégénéré, dans ce siècle de lumières et de sagacité, dans l'ignorance la plus crasse, il veut commander en despote sur un sexe qui a reçu toutes les facultés intellectuelles; il prétend jouir de la Révolution, et réclamer ses droits à l'égalité, pour ne rien dire de plus.

DÉCLARATION DES DROITS DE LA FEMME ET DE LA CITOYENNE

À décréter par l'Assemblée nationale dans ses dernières séances ou dans celle de la prochaine législature.

## Préambule

Les mères, les filles, les sœurs, représentantes de la Nation, demandent d'être constituées en Assemblée nationale. Considérant que l'ignorance, l'oubli ou le mépris des droits de la femme, sont les seules causes des malheurs publics et de la corruption des gouvernements, ont résolu d'exposer dans une déclaration solennelle, les droits naturels, inaliénables et sacrés de la femme, afin que cette déclaration constamment présente à tous les membres du corps social, leur rappelle sans cesse leurs droits et leurs devoirs, afin que les actes du pouvoir des femmes, et ceux du pouvoir des hommes pouvant être à chaque instant comparés avec le but de toute institution politique, en soient plus respectés, afin que les réclamations des Citoyennes, fondées désormais sur des principes simples et incontestables, tournent toujours au maintien de la Constitution, des bonnes mœurs, et au bonheur de tous.

En conséquence, le sexe supérieur en beauté comme en courage dans les souffrances maternelles, reconnaît et déclare, en présence et sous les auspices de l'Être suprême, les Droits suivants de la Femme et de la Citoyenne.

## Article Premier

La femme naît libre et demeure égale à l'homme en droits. Les distinctions sociales ne peuvent être fondées que sur l'utilité commune.

## II

Le but de toute association politique est la conservation des droits naturels et imprescriptibles de la Femme et de l'Homme: ces droits sont la liberté, la propriété, la sûreté, et surtout la résistance à l'oppression.

## III

Le principe de toute souveraineté réside essentiellement dans la Nation, qui n'est que la réunion de la femme et de l'homme: nul corps, nul individu, ne peut exercer d'autorité qui n'en émane expressément.

IV

La liberté et la justice consistent à rendre tout ce qui appartient à autrui; ainsi l'exercice des droits naturels de la femme n'a de bornes que la tyrannie perpétuelle que l'homme lui oppose; ces bornes doivent être réformées par les lois de la nature et de la raison.

V

Les lois de la nature et de la raison défendent toutes actions nuisibles à la société: tout ce qui n'est pas défendu par ces lois, sages et divines, ne peut être empêché, et nul ne peut être contraint à faire ce qu'elles n'ordonnent pas.

VI

La loi doit être l'expression de la volonté générale; toutes les Citoyennes et Citoyens doivent concourir personnellement, ou par leurs représentants, à sa formation; elle doit être la même pour tous: toutes les Citoyennes et tous les Citoyens, étant égaux à ses yeux, doivent être également admissibles à toutes les dignités, places et emplois publics, selon leurs capacités, et sans autres distinctions que celles de leurs vertus et de leurs talents.

VII

Nulle femme n'est exceptée; elle est accusée, arrêtée, et détenue dans les cas déterminés par la loi. Les femmes obéissent comme les hommes à cette loi rigoureuse.

VIII

La loi ne doit établir que des peines strictement et évidemment nécessaires, et nul ne peut être puni qu'en vertu d'une loi établie et promulguée antérieurement au délit et légalement appliquée aux femmes.

IX

Toute femme étant déclarée coupable, toute rigueur est exercée par la loi.

X

Nul ne doit être inquiété pour ses opinions même fondamentales; la femme a le droit de monter sur l'échafaud; elle doit avoir également celui de monter à la Tribune; pourvu que ses manifestations ne troublent pas l'ordre public établi par la loi.

XI

La libre communication des pensées et des opinions est un des droits les plus précieux de la femme, puisque cette liberté assure la légitimité des pères envers les enfants. Toute Citoyenne peut donc dire librement, *je suis mère d'un enfant qui vous appartient,* sans qu'un préjugé barbare la force à dissimuler la vérité; sauf à répondre de l'abus de cette liberté dans les cas déterminés par la loi.

XII

La garantie des droits de la femme et de la citoyenne nécessite une utilité majeure; cette garantie doit être instituée pour l'avantage de tous, et non pour l'utilité particulière de celles à qui elle est confiée.

XIII

Pour l'entretien de la force publique, et pour les dépenses d'administration, les contributions de la femme et de l'homme sont égales; elle a part à toutes les corvées, à toutes les tâches pénibles; elle doit donc avoir de même part à la distribution des places, des emplois, des charges, des dignités et de l'industrie.

XIV

Les Citoyennes et Citoyens ont le droit de constater par eux-mêmes, ou par leurs représentants, la nécessité de la contribution publique. Les Citoyennes ne peuvent y adhérer que par l'admission d'un partage égal, non seulement dans la fortune, mais encore dans l'administration publique, et de déterminer la quotité[4], l'assiette[5], le recouvrement et la durée de l'impôt.

4. Le montant de la part que chacun(e) doit payer.

5. Matière assujettie à l'impôt, déterminée en quantité et qualité (*Le Petit Robert*).

XV

La masse des femmes, coalisée pour la contribution à celle des hommes, a le droit de demander compte, à tout agent public, de son administration.

XVI

Toute société, dans laquelle la garantie des droits n'est pas assurée, ni la séparation des pouvoirs déterminée, n'a point de Constitution; la Constitution est nulle, si la majorité des individus qui composent la Nation, n'a pas coopéré à sa rédaction.

XVII

Les propriétés sont à tous les sexes réunis ou séparés; elles ont pour chacun un droit inviolable et sacré; nul ne peut en être privé comme vrai patrimoine de la nature, si ce n'est lorsque la nécessité publique, légalement constatée, l'exige évidemment, et sous la condition d'une juste et préalable indemnité.

POSTAMBULE

Femme, réveille-toi; le tocsin de la raison se fait entendre dans tout l'univers; reconnais tes droits. Le puissant empire de la nature n'est plus environné de préjugés, de fanatisme, de superstition et de mensonges. Le flambeau de la vérité a dissipé tous les nuages de la sottise et de l'usurpation. L'homme esclave a multiplié ses forces, a eu besoin de recourir aux tiennes pour briser ses fers. Devenu libre, il est devenu injuste envers sa compagne. Ô femmes! femmes, quand cesserez-vous d'être aveugles? Quels sont les avantages que vous avez recueillis dans la Révolution? Un mépris plus marqué, un dédain plus signalé. Dans les siècles de corruption vous n'avez régné que sur la faiblesse des hommes. Votre empire est détruit; que vous reste-t-il donc? la conviction des injustices de l'homme. La réclamation de votre patrimoine, fondée sur les sages décrets de la nature; qu'auriez-vous à redouter pour une si belle entreprise? le bon mot du législateur des noces de Cana? Craignez-vous que nos législateurs Français, correcteurs de cette morale, longtemps accrochée aux branches de la politique, mais qui n'est plus de saison, ne vous répètent: femmes, qu'y a-t-il de commun entre vous et nous? Tout, auriez-vous à répondre. S'ils s'obstinaient, dans leur faiblesse, à mettre cette inconséquence en contradiction avec leurs principes; opposez courageusement la force de la raison aux vaines prétentions de supériorité; réunissez-vous sous les étendards de la philosophie; déployez toute l'énergie de votre caractère, et vous verrez bientôt ces orgueilleux, nos[6] serviles adorateurs rampants à vos pieds, mais fiers de partager avec vous les trésors de l'Être Suprême. Quelles que soient les barrières que l'on vous oppose, il est en votre pouvoir de les affranchir; vous n'avez qu'à le vouloir. Passons maintenant à l'effroyable tableau de ce que vous avez été dans la société; et puisqu'il est question, en ce moment, d'une éducation nationale, voyons si nos sages législateurs penseront sainement sur l'éducation des femmes.

Les femmes ont fait plus de mal que de bien. La contrainte et la dissimulation ont été leur partage. Ce que la force leur avait ravi, la ruse leur a rendu; elles ont eu recours à toutes les ressources de leurs charmes, et le plus irréprochable ne leur résistait pas. Le poison, le fer, tout leur était soumis; elles commandaient au crime comme à la vertu. Le gouvernement français, surtout, a dépendu, pendant des siècles, de l'administration nocturne des femmes; le cabinet n'avait point de secret pour leur indiscrétion; ambassade, commandement, ministère, présidence, pontificat[7], cardinalat; enfin tout ce qui caractérise la sottise des hommes, profane et sacré, tout a été soumis à la cupidité et à l'ambition de ce sexe autrefois méprisable et respecté, et depuis la Révolution, respectable et méprisé.

Dans cette sorte d'antithèse, que de remarques n'ai-je point à offrir! je n'ai qu'un moment pour les faire, mais ce moment fixera l'attention de la postérité la plus reculée. Sous l'ancien régime, tout était vicieux, tout était coupable; mais ne pourrait-on pas apercevoir l'amélioration des choses dans la substance même des vices? Une femme n'avait besoin que d'être belle ou aimable; quand elle possédait ces deux avantages elle voyait cent fortunes à ses pieds. Si elle n'en profitait pas, elle avait un caractère bizarre, ou une philosophie peu commune, qui la portait aux mépris des richesses; alors elle n'était plus considérée que comme une mauvaise tête; la plus indécente se faisait respecter avec de l'or; le commerce des femmes était une espèce d'industrie reçue dans la première classe, qui, désormais, n'aura plus de crédit. S'il en avait encore, la Révolution serait perdue, et sous de nouveaux rapports, nous serions toujours corrompus;

6. Nous suivons ici l'édition établie par Olivier Blanc, identique à celle de Benoîte Groult; le texte de 1791 donne «non» à la place de «nos», leçon qu'on retrouve parfois dans des sources récentes (comme Mousset, 2003).

7. M. de Bernis, de la façon de Mme de Pompadour. [Note d'Olympe de Gouges.] François-Joachim de Pierres, cardinal de Bernis (1715–1794): prélat et homme politique français qui commença sa carrière en gagnant la faveur de Madame de Pompadour par ses vers légers et ses talents de causeur (*Le Petit Robert des Noms propres*).

cependant la raison peut-elle se dissimuler que tout autre chemin à la fortune est fermé à la femme que l'homme achète, comme l'esclave sur les côtes d'Afrique. La différence est grande; on le sait. L'esclave commande au maître; mais si le maître lui donne la liberté sans récompense, et à un âge où l'esclave a perdu tous ses charmes, que devient cette infortunée? Le jouet du mépris; les portes même de la bienfaisance lui sont fermées; elle est pauvre et vieille, dit-on; pourquoi n'a-t-elle pas su faire fortune? D'autres exemples encore plus touchants s'offrent à la raison. Une jeune personne sans expérience, séduite par un homme qu'elle aime, abandonnera ses parents pour le suivre; l'ingrat la laissera après quelques années, et plus elle aura vieilli avec lui, plus son inconstance sera inhumaine; si elle a des enfants, il l'abandonnera de même. S'il est riche, il se croira dispensé de partager sa fortune avec ses nobles victimes. Si quelque engagement le lie à ses devoirs, il en violera la puissance en espérant tout des lois. S'il est marié, tout autre engagement perd ses droits. Quelles lois reste-t-il donc à faire pour extirper le vice jusque dans la racine? Celle du partage des fortunes entre les hommes et les femmes, et de l'administration publique. On conçoit aisément que celle qui est née d'une famille riche, gagne beaucoup avec l'égalité des partages. Mais celle qui est née d'une famille pauvre, avec du mérite et des vertus; quel est son lot? La pauvreté et l'opprobre. Si elle n'excelle pas précisément en musique ou en peinture, elle ne peut être admise à aucune fonction publique, quand elle en aurait toute la capacité. Je ne veux donner qu'un aperçu des choses, je les approfondirai dans la nouvelle édition de tous mes ouvrages politiques que je me propose de donner au public dans quelques jours, avec des notes.

Je reprends mon texte quant aux mœurs. Le mariage est le tombeau de la confiance et de l'amour. La femme mariée peut impunément donner des bâtards à son mari, et la fortune qui ne leur appartient pas. Celle qui ne l'est pas, n'a qu'un faible droit: les lois anciennes et inhumaines lui refusaient ce droit sur le nom et sur le bien de leur père, pour ses enfants, et l'on n'a pas fait de nouvelles lois sur cette matière. Si tenter de donner à mon sexe une consistance honorable et juste, est considéré dans ce moment comme un paradoxe de ma part, et comme tenter l'impossible, je laisse aux hommes à venir la gloire de traiter cette matière; mais, en attendant, on peut la préparer par l'éducation nationale, par la restauration des mœurs et par les conventions conjugales.

## FORME DU CONTRAT SOCIAL DE L'HOMME ET DE LA FEMME

Nous N et N, mus par notre propre volonté, nous unissons pour le temps de notre vie, et pour la durée de nos penchants mutuels, aux conditions suivantes: Nous entendons et voulons mettre nos fortunes en communauté, en nous réservant cependant le droit de les séparer en faveur de nos enfants, et de ceux que nous pourrions avoir d'une inclination particulière, reconnaissant mutuellement que notre bien appartient directement à nos enfants, de quelque lit qu'ils sortent, et que tous indistinctement ont le droit de porter le nom des pères et mères qui les ont avoués, et nous imposons de souscrire à la loi qui punit l'abnégation de son propre sang. Nous nous obligeons également, en cas de séparation, de faire le partage de notre fortune, et de prélever la portion de nos enfants indiquée par la loi; et, au cas d'union parfaite, celui qui viendrait à mourir, se désisterait de la moitié de ses propriétés en faveur de ses enfants; et si l'un mourait sans enfants, le survivant hériterait de droit, à moins que le mourant n'ait disposé de la moitié du bien commun en faveur de qui il jugerait à propos.

Voilà à peu près la formule de l'acte conjugal dont je propose l'exécution. À la lecture de ce bizarre écrit, je vois s'élever contre moi les tartufes, les bégueules, le Clergé et toute la séquelle infernale. Mais combien il offrira aux sages de moyens moraux pour arriver à la perfectibilité d'un gouvernement heureux! j'en vais donner en peu de mots la preuve physique. Le riche Épicurien sans enfants, trouve fort bon d'aller chez son voisin pauvre augmenter sa famille. Lorsqu'il y aura une loi qui autorisera la femme du pauvre à faire adopter au riche ses enfants, les liens de la société seront plus resserrés, et les mœurs plus épurées. Cette loi conservera peut-être le bien de la communauté, et retiendra le désordre qui conduit tant de victimes dans les hospices de l'opprobre, de la bassesse et de la dégénération des principes humains, où, depuis longtemps, gémit la nature. Que les détracteurs de la saine philosophie cessent donc de se récrier contre les mœurs primitives, ou qu'ils aillent se perdre dans la source de leurs citations[8].

Je voudrais encore une loi qui avantageât les veuves et les demoiselles trompées par les fausses promesses d'un homme à qui elles se seraient attachées; je voudrais, dis-je, que cette loi forçât un inconstant à tenir ses engagements,

8. Abraham eut des enfants très légitimes d'Agar, servante de sa femme. [Note d'Olympe de Gouges.]

ou à une indemnité proportionnée à sa fortune. Je voudrais encore que cette loi fût rigoureuse contre les femmes, du moins pour celles qui auraient le front de recourir à une loi qu'elles auraient elles-mêmes enfreinte par leur inconduite, si la preuve en était faite. Je voudrais, en même temps, comme je l'ai exposé dans *Le Bonheur primitif de l'Homme,* en 1788[9], que les filles publiques fussent placées dans des quartiers désignés. Ce ne sont pas les femmes publiques qui contribuent le plus à la dépravation des mœurs, ce sont les femmes de la société. En restaurant les dernières, on modifie les premières. Cette chaîne d'union fraternelle offrira d'abord le désordre, mais par les suites, elle produira à la fin un ensemble parfait.

J'offre un moyen invincible pour élever l'âme des femmes; c'est de les joindre à tous les exercices de l'homme: si l'homme s'obstine à trouver ce moyen impraticable, qu'il partage sa fortune avec la femme, non à son caprice, mais par la sagesse des lois. Le préjugé tombe, les mœurs s'épurent, et la nature reprend tous ses droits. Ajoutez-y le mariage des prêtres; le Roi, raffermi sur son trône, et le gouvernement français ne saurait plus périr.

Il était bien nécessaire que je dise quelques mots sur les troubles que cause, dit-on, le décret en faveur des hommes de couleur, dans nos îles. C'est là où la nature frémit d'horreur; c'est là où la raison et l'humanité, n'ont pas encore touché les âmes endurcies; c'est là surtout où la division et la discorde agitent leurs habitants. Il n'est pas difficile de deviner les instigateurs de ces fermentations incendiaires: il y en a dans le sein même de l'Assemblée nationale: ils allument en Europe le feu qui doit embraser l'Amérique. Les Colons prétendent régner en despotes sur des hommes dont ils sont les pères et les frères; et méconnaissant les droits de la nature, ils en poursuivent la source jusque dans la plus petite teinte de leur sang. Ces Colons inhumains disent: notre sang circule dans leurs veines, mais nous le répandrons tout, s'il le faut, pour assouvir notre cupidité, ou notre aveugle ambition. C'est dans ces lieux les plus près de la nature, que le père méconnaît le fils; sourd aux cris du sang, il en étouffe tous les charmes; que peut-on espérer de la résistance qu'on lui oppose? la contraindre avec violence, c'est la rendre terrible, la laisser encore dans les fers, c'est acheminer toutes les calamités vers l'Amérique. Une main divine semble répandre par tout l'apanage de l'homme, *la liberté*; la loi seule a le droit de réprimer cette liberté, si elle dégénère en licence; mais elle doit être égale pour tous, c'est elle surtout qui doit renfermer l'Assemblée nationale dans son décret, dicté par la prudence et par la justice. Puisse-t-elle agir de même

9. Publié en 1789.

pour l'État de la France, et se rendre aussi attentive sur les nouveaux abus, comme elle l'a été sur les anciens qui deviennent chaque jour plus effroyables! Mon opinion serait encore de raccommoder le pouvoir exécutif avec le pouvoir législatif, car il me semble que l'un est tout et que l'autre n'est rien; d'où naîtra, malheureusement peut-être, la perte de l'Empire Français. Je considère ces deux pouvoirs, comme l'homme et la femme[10] qui doivent être unis, mais égaux en force et en vertu, pour faire un bon ménage. [...]

[Pour finir, Olympe de Gouges raconte une expérience qu'elle a eue avec un cocher qui lui réclamait plus que ce qu'elle lui devait.]

Je m'obstine à ne vouloir lui donner que son dû, car l'être équitable aime mieux être généreux que dupe[11]. Je le menace de la loi, il me dit qu'il s'en moque, et que je lui payerai deux heures. Nous arrivons chez un commissaire de paix, que j'ai la générosité de ne pas nommer, quoique l'acte d'autorité qu'il s'est permis envers moi mérite une dénonciation formelle. Il ignorait sans doute que la femme qui réclamait sa justice était la femme auteur de tant de bienfaisance et d'équité. Sans avoir égard à mes raisons, il me condamne impitoyablement à payer au cocher ce qu'il demandait. Connaissant mieux la loi que lui, je lui dis: *Monsieur, je m'y refuse, et je vous prie de faire attention que vous n'êtes pas dans le principe de votre charge.* Alors cet homme, ou, pour mieux dire, ce forcené s'emporte, me menace de la Force si je ne paye à l'instant, ou de rester toute la journée dans son bureau. Je lui demande de me faire conduire au tribunal de département ou à la mairie, ayant à me plaindre de son coup d'autorité. Le grave magistrat, en redingote poudreuse et dégoûtante comme sa conversation, m'a dit plaisamment: *cette affaire ira sans doute à l'Assemblée nationale? Cela se pourrait bien,* lui dis-je; et je m'en fus moitié furieuse et moitié riant du jugement de ce moderne Bride-Oison[12], en disant: *c'est donc là l'espèce d'homme qui*

10. Dans le souper magique de M. de Merville, Ninon demande quelle est la maîtresse de Louis XVI? On lui répond, c'est la Nation, cette maîtresse corrompra le gouvernement si elle prend trop d'empire. [Note d'Olympe de Gouges.]

11. Exemple d'illogisme, défaut qu'on a souvent reproché à l'auteur.

12. Brid'Oison: nom d'un personnage ridicule du *Mariage de Figaro* de Beaumarchais (1784), magistrat bégayant doté de «cette bonne et franche assurance des bêtes qui n'ont plus leur timidité» (Beaumarchais). À travers ce personnage cupide et obtus, le dramaturge critique la bêtise, les vices et les abus de la justice sous l'Ancien Régime. Un Brid'oison semblablement caractérisé figure également dans *Le mariage inattendu de Chérubin* (1784) qu'Olympe de Gouges donna comme une continuation de la pièce de Beaumarchais. Celui-ci en sabota la représentation, ce qui entraîna avec Olympe de Gouges un démêlé public très violent.

*doit juger un Peuple éclairé!* On ne voit que cela. Semblables aventures arrivent indistinctement aux bons Patriotes, comme aux mauvais. Il n'y a qu'un cri sur les désordres des sections et des tribunaux. [...] Que font ces juges de paix? que font ces commissaires, ces inspecteurs du nouveau régime? Rien que des sottises et des monopoles. L'Assemblée nationale doit fixer toute son attention sur cette partie qui embrasse l'ordre social.

P.S. [...] Cependant je ne puis m'empêcher d'arrêter la presse, et de faire éclater la pure joie, que mon cœur a ressentie à la nouvelle que le roi venait d'accepter la Constitution, et que l'Assemblée nationale—que j'adore actuellement, sans excepter l'abbé Maury et la Fayette est un dieu[13]—avait proclamé d'une voix unanime une amnistie générale. Providence divine, fais que cette joie publique ne soit pas une fausse illusion! Renvoie-nous, en corps, tous nos fugitifs, et que je puisse avec un peuple aimant, voler sur leur passage; et dans ce jour solennel, nous rendrons tous hommage à ta puissance.

(14 septembre 1791)

13. Syntaxe incohérente; exemple du style parlé et négligé d'Olympe de Gouges. Comme il arrive souvent dans ses écrits politiques, la précipitation et l'émotion du moment l'emportent ici sur la clarté.

# Bibliographie choisie

Outre une sélection des œuvres, ne figurent dans cette liste que les principaux ouvrages ayant servi à l'introduction générale, à la présentation des auteurs et à l'établissement des textes. Elle permettra aux lectrices et aux lecteurs de s'orienter dans une bibliographie sur les femmes écrivains qui, après des siècles de silence, est aujourd'hui en pleine expansion.

## Ouvrages généraux et anthologies


Albistur, Maïté et Daniel Armogathe. *Histoire du féminisme français.* Paris: Des femmes, 1977.

d'Alq, Louise (Alquié de Rieupeyroux, Louise). *Anthologie féminine: anthologie des femmes écrivains, poètes et prosateurs depuis l'origine de la langue française jusqu'à nos jours.* Paris: Bureaux des Causeries Familières, 1893.

Aubaud, Camille. *Lire les femmes de lettres.* Paris: Dunod, 1993.

Backer, Dorothy Anne Liot. *Precious Women.* New York: Basic Books, 1974.

Baird, J. L. «Introductory Essay on the Nightingale Tradition». In *Rossignol: An Edition and Translation.* Kent, Ohio: Kent State University Press, 1978. 1–53.

Barchilon, Jacques. *Le Conte merveilleux français de 1690 à 1790: cent ans de féerie et de poésie ignorées de l'histoire littéraire.* Paris: Champion, 1975.

Baumgartner, Emmanuèle, éd. et trad. *Pyrame et Thisbé, Narcisse, Philomena: trois contes du XII^e^ siècle imités d'Ovide.* Édition bilingue. Paris: Gallimard, 2000.

Béalu, Marcel. *Anthologie de la poésie féminine française.* Paris: Stock, 1953.

Beasley, Faith E. *Revising Memory: Women's Fiction and Memoirs in Seventeenth-Century France.* New Brunswick, N.J.: Rutgers University Press, 1990.

Beaumarchais, Jean-Pierre de, Daniel Couty, et Alain Rey, éd. *Dictionnaire des littératures de langue française.* Paris: Bordas, 1994.

Becquer, Annie, Bernard Cerquiglini, Nicole Cholewka, et al. *Femme, j'écris ton nom...: guide d'aide à la féminisation des noms de métiers, titres, grades et fonctions.* Paris: La Documentation française, 1999.

Berriot-Salvadore, Évelyne. *Les Femmes dans la société française de la Renaissance.* Genève: Droz, 1990.

Bersianik, Louky. *Les Agénésies du vieux monde.* Outremont, Québéc: Intégrale, 1982. Repris dans *La Main tranchante du symbole: textes et essais féministes.* Montréal: Les Éditions du remue-ménage, 1990. 238–57.

Bishop, Michael, éd. et trad. *Women's Poetry in France, 1965–1995: A Bilingual Anthology.* Winston-Salem, N.C.: Wake Forest University Press, 1997.

Bonnemaison-Paquin, Christine. «Un Paradoxe féminin: participation et mise en marge dans l'histoire littéraire». In *Masculin/Féminin: le XIXe siècle à l'épreuve du genre.* Chantal Bertrand-Jennings, éd. Toronto: Centre d'études du XIXe siècle Joseph Sablé, 1999. 215–26.

Brownlee, Marina S., Kevin Brownlee, et Stephen G. Nichols, éd. *The New Medievalism.* Baltimore: Johns Hopkins University Press, 1991.

Buck, Claire, éd. *Bloomsbury Guide to Women's Literature.* Londres: Bloomsbury, 1992.

Buffet, Marguerite. *Nouvelles Observations sur la langue française.* Paris: Imprimerie Cusson, 1668.

Byatt, A. S. «Fairy Stories: The Djinn in the Nightingale's Eye». Écrit pour Insel Verlag (mai 1995), <http://www.asbyatt.com/fairy.htm>.

Caws, Mary Ann, éd. *The Yale Anthology of Twentieth-Century French Poetry.* New Haven: Yale University Press, 2004.

Caws, Mary Ann, Mary Jean Green, Marianne Hirsch et Ronnie Scharfman, éd. *Écritures de femmes: nouvelles cartographies.* New Haven: Yale University Press, 1996.

Célestin, Roger, Éliane DalMolin et Isabelle de Courtivron, éd. *Beyond French Feminisms: Debates on Women, Politics, and Culture in France, 1981–2001.* New York: Palgrave Macmillan, 2003.

Cerquiglini, Jacqueline, éd. et trad. *Poètes du moyen âge: chants de guerre, d'amour et de mort.* Paris: Librairie Générale Française, 1987.

Chevalier, Jean et Alain Gheerbrant. *Dictionnaire des symboles.* Paris: Robert Laffont/Jupiter, 1982.

Chodorow, Nancy. *The Reproduction of Mothering: Psychoanalysis and the Sociology of Gender.* Berkeley: University of California Press, 1978.

Colvile, Georgiana M. M. et Katharine Conley, éd. *La Femme s'entête: la part du féminin dans le surréalisme.* Paris: Lachenal & Ritter, 1998.

Constant, Paule. *Un monde à l'usage des Demoiselles.* Paris: Gallimard, 1987.

Coulet, Henri. *Le Roman jusqu'à la Révolution.* Paris: Armand Colin, 1967.

Coulet, Henri, introd. et éd. *Nouvelles du XVIIIe siècle.* Paris: Gallimard (Bibliothèque de la Pléiade), 2002.

Deforges, Régine, éd. *Poèmes de femmes des origines à nos jours: anthologie*. Paris: Cherche Midi, 1993.

DeJean, Joan. «Classical Reeducation: Decanonizing the Feminine». *Yale French Studies* 75 (1988), 26–39. Repris dans *Displacements: Women, Tradition, Literatures in French*. Joan DeJean et Nancy K. Miller, éd. Baltimore: Johns Hopkins University Press, 1991. 22–36.

———. *Fictions of Sappho: 1546–1937*. Chicago: University of Chicago Press, 1989.

———. «"L'Ombre du classicisme": The French Novel's First Feminism». In *Dilemmes du roman: Essays in Honor of Georges May*. Catherine Lafarge, éd. Saratoga, Calif.: Anma Libri, 1989. 47–56.

———. *Tender Geographies: Women and the Origins of the Novel in France*. New York: Columbia University Press, 1991.

DeJean, Joan et Nancy K. Miller, éd. *Displacements: Women, Tradition, Literatures in French*. Baltimore: Johns Hopkins University Press, 1991.

Dezon-Jones, Élyane. *Les Écritures féminines*. Paris: Magnard, 1983.

Didier, Béatrice. «Écrire pour se trouver». In *Femmes en toutes lettres: les épistolières du XVIII^e^ siècle*. Marie-France Silver et Marie-Laure Girou Swiderski, éd. *Studies on Voltaire and the Eighteenth Century* 2000:04. Oxford: Voltaire Foundation, 2000. 243–48.

———. *L'Écriture-femme*. Paris: Presses Universitaires de France, 1981.

Dingley, R. J. «The Misfortunes of Philomel». *Parergon* 4 (1986), 73–86.

Duby, Georges et Michelle Perrot, éd. *Histoire des femmes en Occident*. 5 vols. Paris: Plon, 1991–92.

Duchêne, Roger. *Les Précieuses ou comment l'esprit vint aux femmes*. Paris: Fayard, 2001.

Duhet, Paule-Marie, éd. *Cahiers de doléances des femmes en 1789 et autres textes*. Paris: Des femmes, 1989.

Ezell, Margaret J. M. *Writing Women's Literary History*. Baltimore: Johns Hopkins University Press, 1993.

Ferrante, Joan. *To the Glory of Her Sex: Women's Role in the Composition of Medieval Texts*. Bloomington: Indiana University Press, 1997.

Finch, Alison. *Women's Writing in Nineteenth-Century France*. Cambridge: Cambridge University Press, 2000.

Flat, Paul. *Nos Femmes de lettres*. Paris: Perrin, 1909.

Gaudin, Colette. «France». In *Longman Anthology of World Literature by Women, 1875–1975*. Marian Arkin et Barbara Shollar, éd. New York: Longman, 1989. 1116–26.

Gauthier, Xavière. *Surréalisme et sexualité*. Paris: Gallimard, 1971.

Genlis, Stéphanie-Félicité de. *De l'influence des femmes sur la littérature française comme protectrices des lettres et comme auteurs; ou Précis de l'histoire des femmes françaises les plus célèbres*. Paris: Maradan, 1811.

Gilbert, Sandra Caruso Mortola et Susan Dreyfuss David Gubar. «Ceremonies of the Alphabet: Female Grandmatologies and the Female Authorgraph». In *The Female Autograph*. Domna Stanton, éd. New York: New York Literary Forum, 1984. 23–52.

Giraudon, Liliane et Henri Deluy, éd. *Poésies en France depuis 1960: 29 femmes: une anthologie*. Paris: Stock, 1994.

Goldsmith, Elizabeth C., éd. *Writing the Female Voice: Essays on Epistolary Literature*. Boston: Northeastern University Press, 1989.

Goldsmith, Elizabeth C. et Dena Goodman, éd. *Going Public: Women and Publishing in Early Modern France*. Ithaca: Cornell University Press, 1995.

Goodman, Dena. *The Republic of Letters: A Cultural History of the French Enlightenment*. Ithaca: Cornell University Press, 1992.

Gosset, Thierry, éd. *Femmes mystiques: époque médiévale* (anthologie). Paris: La Table Ronde, 1995.

Grande, Nathalie. *Stratégies de romancières: de* Clélie *à* La Princesse de Clèves *(1654–1678)*. Paris: Champion, 1999.

Greenberg, Wendy. *Uncanonical Women: Feminine Voice in French Poetry (1830–1871)*. Amsterdam: Rodopi, 1999.

Guéret-Laferté, Michelle. «De Philomèle à Philomena». In *La Déclaration amoureuse au moyen âge*. Aimé Petit, éd. Villeneuve d'Asq: Centre d'études médiévales et dialectales de Lille III, 1997. 45–56.

Gutwirth, Madelyn. *The Twilight of the Goddesses: Women and Representation in the French Revolutionary Era*. New Brunswick, N.J.: Rutgers University Press, 1992.

Haase-Dubosc, Danielle et Éliane Viennot, éd. *Femmes et pouvoir sous l'Ancien Régime*. Paris: Rivages, 1981.

Hannon, Patricia. *Fabulous Identities: Women's Fairy Tales in Seventeenth-Century France*. Amsterdam: Rodopi, 1998.

Harries, Elizabeth Wanning. *Twice Upon a Time: Women Writers and the History of the Fairy Tale*. Princeton, N.J.: Princeton University Press, 2001.

Hartman, Geoffrey H. «The Voice of the Shuttle: Language from the Point of View of Literature». In *Beyond Formalism*. New Haven: Yale University Press, 1970. 337–55. Trad. «La Voix de la navette, ou le langage considéré du point de vue de la littérature». *Poétique* 28 (1976), 398–412.

Hearne, Betsy. *Beauty and the Beast: Visions and Revisions of an Old Tale*. Chicago: University of Chicago Press, 1989.

Heymann, Brigitte et Lieselotte Steinbrügge, éd. *Genre-Sexe-Roman: de Scudéry à Cixous*. Frankfort: Peter Lang, 1995.

Hirsch, Marianne. *The Mother/Daughter Plot: Narrative, Psychoanalysis, Feminism*. Bloomington: Indiana University Press, 1989.

———. «Mothers and Daughters». *Signs* 7, No. 1 (Automne 1981), 200–222.

Hollier, Denis, éd. *A New History of French Literature*. Cambridge, Mass.: Harvard University Press, 1989.

Holmes, Diana. *French Women's Writing 1848–1994*. Londres: Athlone, 1996.

Horer, Suzanne et Jeanne Socquet. *La Création étouffée*. Paris: Horay, 1973.

Houssin, Monique et Élisabeth Marsault-Loi. *Écrits de femmes*. Paris: Messidor, 1986.

Hules, Virginia T. «A Topography of Difference». Introd. *French Feminist Criticism: Women, Language, and Literature: An Annotated Bibliography*. Elissa Gelfand et Virginia T. Hules, éd. New York: Garland, 1985. xv–lii.

Irigaray, Luce. *Ce Sexe qui n'en est pas un*. Paris: Minuit, 1977.

———. *Le Corps-à-corps avec la mère*. Ottawa: Éditions de la Pleine Lune, 1981.

———. *Éthique de la différence sexuelle*. Paris: Minuit, 1984.

———. *Et l'une ne bouge pas sans l'autre*. Paris: Minuit, 1979.

———. *J'aime à toi*. Paris: Grasset, 1992.

———. *Je, tu, nous: pour une culture de la différence*. Paris: Grasset, 1990.

———. *Parler n'est jamais neutre*. Paris: Minuit, 1985.

———. *Speculum de l'autre femme*. Paris: Minuit, 1974.

Jardine, Alice. *Gynesis: Configurations of Woman and Modernity*. Ithaca: Cornell University Press, 1985.

———. «Gynesis». *Diacritics* 12 (été 1982), 54–65.

Jardine, Alice A. et Anne M. Menke, éd. *Shifting Scenes: Interviews on Women, Writing, and Politics in Post-68 France*. New York: Columbia University Press, 1991.

Jomand-Baudry, Régine et Jean-François Perrin, éd. *Le Conte merveilleux au XVIII^e siècle: une poétique expérimentale*. Paris: Kimé, 2002.

Jones, Ann Rosalind. *The Currency of Eros: Women's Love Lyric in Europe, 1540–1620*. Bloomington: Indiana University Press, 1990.

———. «New Songs for the Swallow: Ovid's Philomela in Tullia d'Aragona and Gaspara Stampa». In *Refiguring Woman: Perspectives on Gender and the Italian Renaissance*. Marilyn Migiel et Juliana Schiesari, éd. Ithaca: Cornell University Press, 1991. 263–77.

———. «Surprising Fame: Renaissance Gender Ideologies and Women's Lyric». In *The Poetics of Gender*. Nancy K. Miller, éd. New York: Columbia University Press, 1986. 74–95.

Joplin, Patricia Klindienst. «The Voice of the Shuttle Is Ours». *Stanford Literature Review* 1, No. 1 (printemps 1984), 25–53.

Jordan, Constance. *Renaissance Feminism: Literary Texts and Political Models*. Ithaca: Cornell University Press, 1990.

Joukovsky, Françoise, éd. *Images de la femme au XVI^e siècle*. Paris: La Table Ronde, 1995.

Kaplan, Carla. «The Language of Crisis in Feminist Theory». In *«Turning the Century»: Feminist Theory in the 1990s*. Glynis Carr, éd. *Bucknell Review* (1992), 68–89.

Kavanagh, Julia. *French Women of Letters: Biographical Sketches*. Leipzig: Bernhard Tauchnitz, 1862.

Kelly-Gadol, Joan. «Did Women Have a Renaissance?» In *Becoming Visible: Women in European History*. Renate Bridenthal et Claudia Koonz, éd. Boston: Houghton Mifflin, 1977. 137–64. Repris dans *Women, History, and Theory: The Essays of Joan Kelly*. Chicago: University of Chicago Press, 1984. 19–50.

Keralio (Robert), Louise Félicité Guinemet de. *Collection des meilleurs ouvrages français composés par des femmes*. 14 vols. Paris: Lagrange, 1786–89.

Kibédi-Varga, A. «Romans d'amour, romans de femmes, à l'époque classique». *Revue des sciences humaines* 44, No. 168 (octobre–décembre 1977), 517–24.

Klindienst, Patricia. «Epilogue to "The Voice of the Shuttle Is Ours"». 1996 <http://www.english.ucsb.edu/faculty/ayliu/research/klindienst2/html>.

Krief, Huguette, éd. *Vivre libre et écrire, anthologie des romancières de la période révolutionnaire (1789–1800)*. Oxford: Voltaire Foundation et Paris: Presses de l'Université de Paris-Sorbonne, 2005.

Kristeva, Julia. «La Femme, ce n'est jamais ça». *Tel Quel* 59 (automne 1974), 19–26. Repris dans *Polylogue*. Paris: Seuil, 1977. 517–24.

———. *La Révolution du langage poétique*. Paris: Seuil, 1974.

———. «Le Temps des femmes». *34/44: Cahiers de recherche de science des textes et documents*. 5 (hiver 1979), 5–19. Repris dans *Les Nouvelles maladies de l'âme*. Paris: Fayard, 1993. 297–331.

———. «Unes femmes». *Les Cahiers du GRIF* 7 (1975), 22–27. Repris dans *Les Cahiers du Grif: le langage des femmes*. Bruxelles: Éditions Complexe, 1992. 57–66.

Kruger, Kathryn Sullivan. «The Greek Web: Arachne and Philomela, Penelope and Helen of Troy». In *Weaving the Word: The Metaphorics of Weaving in Female Textual Production*. Selinsgrove, Pa.: Susquehanna University Press, 2001. 53–86.

Lacassin, Francis, éd. et préf. *Si les fées m'étaient contées: 140 contes de fées de Charles Perrault à Jean Cocteau*. Paris: Omnibus, 2003.

Lanser, Susan S. «Toward a Feminist Narratology». *Style* 20, No. 3 (automne 1986), 341–63.

Lanser, Susan Sniader et Evelyn Torton Beck. «[Why] Are There No Great Women Critics? And What Difference Does It Make?» In *The Prism of Sex: Essays in the Sociology of Knowledge*. Julia A. Sherman et Evelyn Torton Beck, éd. Madison: University of Wisconsin Press, 1979. 79–91.

Lanson, Gustave, éd. *Choix de lettres du XVIIe siècle*. Paris: Hachette, 1904.

Larnac, Jean. *Histoire de la littérature féminine en France*. Paris: Kra, 1929.

La Rochefoucauld, Edmée de. *Femmes d'hier et d'aujourd'hui*. Paris: Grasset, 1969.

Larsen, Anne R. «"Un honneste passetems": Strategies of Legitimation in French Renaissance Women's Prefaces». *L'Esprit créateur* 30, No. 4 (hiver 1990), 11–22.

Larsen, Anne R. et Colette H. Winn, éd. *Writings by Pre-Revolutionary French Women: From Marie de France to Élisabeth Vigée-Lebrun*. New York: Garland, 2000.

Lazard, Madeleine. *Les Avenues de Fémynie: les femmes et la Renaissance.* Paris: Fayard, 2001.

———. *Images littéraires de la femme à la Renaissance.* Paris: Presses Universitaires de France, 1985.

Le Doeuff, Michèle. *Le Sexe du savoir.* Paris: Aubier, 1998.

Lemirre, Élisabeth. Préface. *Le Cabinet des Fées.* t. 1. Élisabeth Lemirre, éd. Arles: Philippe Picquier, 1988. 5–16.

Lemirre, Élisabeth, éd. *Le Cabinet des Fées,* contes choisies. Arles: Philippe Picquier, 2000.

Lerner, Gerda. *The Creation of Feminist Consciousness: From the Middle Ages to Eighteen-seventy.* New York: Oxford University Press, 1993.

———. *Why History Matters: Life and Thought.* New York: Oxford University Press, 1997.

Levy, Darline Gay, Harriet Branson Applewhite et Mary Durham Johnson, éd. et trad. *Women in Revolutionary Paris, 1789–1795.* Urbana: University of Illinois Press, 1979.

Lougee, Carolyn C. *Le Paradis des femmes: Women, Salons, and Social Stratification in Seventeenth-Century France.* Princeton, N.J.: Princeton University Press, 1976.

Maître, Myriam. *Les Précieuses: naissance des femmes de lettres en France au XVII^e^ siècle.* Paris: Champion, 1999.

Makward, Christiane et Madeleine Cottenet-Hage. *Dictionnaire littéraire des femmes de langue française: de Marie de France à Marie NDiaye.* Paris: Karthala, 1996.

Marand-Fouquet, Catherine. *La Femme au temps de la Révolution.* Paris: Stock/Laurence Pernoud, 1989.

Marcus, Jane. «Liberty, Sorority, Misogyny». In *The Representation of Women in Fiction.* Carolyn G. Heilbrun et Margaret R. Higonnet, éd. Baltimore: Johns Hopkins University Press, 1983. 60–98.

———. «Still Practice, A/Wrested Alphabet: Toward a Feminist Aesthetic». *Tulsa Studies in Women's Literature* 3, Nos 1–2 (printemps-automne 1984), 79–97.

Marks, Elaine. «Lesbian Intertextuality». In *Homosexualities and French Literature.* George Stambolian et Elaine Marks, éd. Ithaca: Cornell University Press, 1979. 353–77.

———. «Women and Literature in France». *Signs* 3, No. 4 (1978), 832–42.

Marks, Elaine et Isabelle de Courtivron, éd. *New French Feminisms.* Amherst: University of Massachusetts Press, 1980.

Mathieu-Castellani, Gisèle. *La Quenouille et la lyre.* Paris: José Corti, 1998.

May, Georges. «Féminisme et roman». In *Le Dilemme du roman au XVIII^e^ siècle.* Paris: Presses Universitaires de France; New Haven: Yale University Press, 1963. 204–45.

Michel, Natacha et Martine de Rougemont. *Le Rameau subtil: prosatrices françaises entre 1364 et 1954.* Paris: Hatier, 1993.

Miller, Nancy K. *French Dressing: Women, Men and Ancien Régime Fiction*. New York: Routledge, 1995.

———. *Subject to Change: Reading Feminist Writing*. New York: Columbia University Press, 1988.

Mistacco, Vicki. «The Metamorphoses of Philomel». *Écriture courante: Essays on French and Francophone Women*. Numéro spécial *Women in French Studies*. Cathy Yandell et Mary Rice-Defosse, éd. (2005), 205–18.

Mistacco, Vicki, éd. *Breaking the Sequence: Women, Literature, and the Future*. Wellesley College Center for Research on Women, Working Paper No. 93, 1982.

Moulin, Jeanine. *Huit siècles de poésie féminine*. Paris: Seghers, 1975.

———. *La Poésie féminine du XII^e au XIX^e siècle*. Paris: Seghers, 1966.

Nichols, Stephen G. «Medieval Women and the Politics of Poetry». In *Displacements: Women, Tradition, Literatures in French*. Joan DeJean et Nancy K. Miller, éd. Baltimore: Johns Hopkins University Press, 1991. 99–125.

Oliver, Kelly, éd. *French Feminism Reader*. Lanham, Md.: Rowman & Littlefield, 2000.

Ovide, *Les Métamorphoses*. Jean-Pierre Néraudau, éd. Georges Lafaye, trad. Paris: Gallimard, 1992.

———. *Les Métamorphoses*. t. II (Livres VI–X). Georges Lafaye, éd. et trad. Paris: Société d'Édition «Les Belles Lettres», 1928.

Paliyenko, Adrianna M. «(Re)placing Women in French Poetic History: The Romantic Legacy». *Symposium* 53, No. 4 (hiver 2000), 261–82.

Parker, Rozsika. *The Subversive Stitch: Embroidery and the Making of the Feminine*. Londres: Women's Press, 1984, réimpr. et rev., 1996.

Perrot, Michelle. *Les Femmes ou les silences de l'Histoire*. Paris: Flammarion, 1998.

Pfeffer, Wendy. *The Change of Philomel: The Nightingale in Medieval Literature*. New York: Peter Lang, 1985.

Picard, Raymond et Jean Lafond, éd. *Nouvelles du XVII^e siècle*. Paris: Gallimard (Bibliothèque de la Pléiade), 1997.

Planté, Christine. *La Petite Sœur de Balzac: essai sur la femme auteur*. Paris: Seuil, 1989.

Planté, Christine, éd. *Femmes poètes du XIX^e siècle: une anthologie*. Lyon: Presses Universitaires de Lyon, 1998.

Reynolds, Margaret, éd. *The Sappho Companion*. New York: Palgrave for Saint Martin's Press, 2001.

Robert, Raymonde. *Le Conte de fées littéraire en France de la fin du XVII^e siècle à la fin du XVIII^e siècle*. Nancy: Presses Universitaires de Nancy, 1982; éd. rev. et augm.; supplément bibliographique 1980–2000 établi par Nadine Jasmin avec la collab. de Claire Debru. Paris: Champion, 2002.

Roberts, Mary Louise. *Disruptive Acts: The New Woman in Fin-de-Siècle France*. Chicago: University of Chicago Press, 2002.

Roches, Madeleine des et Catherine des Roches. *Les Œuvres*. Anne R. Larsen, éd. Genève: Droz, 1993.

Rowe, Karen E. «Feminism and Fairy Tales». In *Don't Bet on the Prince: Contemporary Feminist Fairy Tales in North America and England*. Jack Zipes, éd. New York: Methuen, 1986. 209–26.

———. «To Spin a Yarn: The Female Voice in Folklore and Fairy Tale». In *Fairy Tales and Society: Illusion, Allusion, and Paradigm*. Ruth B. Bottigheimer, éd. Philadelphia: University of Pennsylvania Press, 1986. 53–74.

Santoro, Miléna. *Mothers of Invention: Feminist Authors and Experimental Fiction in France and Quebec*. Montréal: McGill-Queen's University Press, 2002.

Sarde, Michèle. *Regard sur les Françaises*. Paris: Stock, 1983.

Sartori, Eva Martin, éd. *The Feminist Encyclopedia of French Literature*. Westport, Conn.: Greenwood Press, 1999.

Sartori, Eva Martin et Dorothy Winne Zimmerman, éd. *French Women Writers: A Bio-Bibliographical Source Book*. New York: Greenwood Press, 1991.

Sauvé, Rachel. *De l'éloge à l'exclusion: les femmes auteurs et leurs préfaciers au XIX^e siècle*. Saint-Denis: Presses Universitaires de Vincennes, 2000.

Schultz, Gretchen. *The Gendered Lyric: Subjectivity and Difference in Nineteenth-Century French Poetry*. West Lafayette, Ind.: Purdue University Press, 1999.

Séché, Alphonse. *Les Muses françaises: anthologie des femmes poètes*. 2 vols. Paris: Louis Michaud, 1908.

Seifert, Lewis C. *Fairy Tales, Sexuality, and Gender in France, 1690–1715: Nostalgic Utopias*. Cambridge: Cambridge University Press, 1996.

Showalter, Elaine. «Feminist Criticism in the Wilderness». *Critical Inquiry* 8, No. 2 (hiver 1981), 179–205.

———. «Piecing and Writing». In *The Poetics of Gender*. Nancy K. Miller, éd. New York: Columbia University Press, 1986. 222–47.

Silver, Marie-France et Marie-Laure Girou Swiderski, introd. In *Femmes en toutes lettres: les épistolières du XVIII^e siècle*. Marie-France Silver et Marie-Laure Girou Swiderski, éd. *Studies on Voltaire and the Eighteenth Century* 2000:04. Oxford: Voltaire Foundation, 2000. 1–5.

Slama, Béatrice. «De la "littérature féminine" à "l'écrire-femme": différence et institution». *Littérature* 44 (décembre 1981), 51–71.

———. «Femmes écrivains». In *Misérable et glorieuse la femme du XIX^e siècle*. Jean-Paul Aron, éd. Bruxelles: Éditions Complexe, 1984. 213–48. [Première éd., Paris: Fayard, 1980.]

Snyder, Jane McIntosh. *The Woman and the Lyre: Women Writers in Classical Greece and Rome*. Carbondale: Southern Illinois University Press, 1989.

Sorrell, Martin. éd. et trad. *Elles: A Bilingual Anthology of Modern French Poetry by Women*. «Epilogue/Afterword», Jacqueline Chénieux-Gendron. Exeter: University of Exeter Press, 1995.

Stanton, Domna, éd. *The Defiant Muse*. New York: Feminist Press, 1986.

Stephens, Sonya, éd. *A History of Women's Writing in France*. Cambridge: Cambridge University Press, 2000.

Stewart, Joan Hinde. «The Novelists and Their Fictions». In *French Women and the Age of Enlightenment*. Samia I. Spencer, éd. Bloomington: Indiana University Press, 1984. 197–211.

Storer, Mary Elizabeth. *Contes de fées du Grand Siècle*. New York: Publications of the Institute of French Studies, Columbia University, 1934.

Suleiman, Susan Rubin. *Subversive Intent: Gender, Politics and the Avant-Garde*. Cambridge, Mass.: Harvard University Press, 1990.

Sullerot, Évelyne. *Histoire et mythologie de l'amour: huit siècles d'écrits féminins*. Paris: Hachette, 1974.

Thébaud, Françoise. *Écrire l'histoire des femmes*. Fontenay/Saint Cloud: ENS Éditions, 1998.

Timmermans, Linda. *L'Accès des femmes à la culture (1598–1715): un débat d'idées de Saint-François de Sales à la marquise de Lambert*. Paris: Champion, 1993.

Trouille, Mary Seidman. *Sexual Politics in the Enlightenment: Women Writers Read Rousseau*. Albany: State University of New York, 1997.

Verdier, Gabrielle. «Figures de la conteuse dans les contes de fées féminins». *XVII[e] siècle* 180 (juillet–septembre 1993), 481–99.

Vickers, Nancy. «Diana Described: Scattered Woman and Scattered Rhyme». *Critical Inquiry* 8, No. 2 (hiver 1981), 265–79.

Warner, Marina. *Fantastic Metamorphoses, Other Worlds: Ways of Telling the Self*. Oxford: Oxford University Press, 2002.

———. *From the Beast to the Blonde: On Fairy Tales and Their Tellers*. New York: Farrar, Straus and Giroux, 1994.

Wilwerth, Évelyne. *Visages de la littérature féminine*. Bruxelles: Pierre Mardaga, 1987.

Winn, Colette H., éd. *Protestations et revendications féminines: textes oubliés et inédits sur l'éducation féminine (XVIe–XVIIe siècle)*. Paris: Champion, 2002.

Winn, Colette H. et Donna Kuizenga, éd. *Women Writers in Pre-Revolutionary France: Strategies of Emancipation*. New York: Garland, 1997.

Woolf, Virginia. *A Room of One's Own*. 1929. New York: Harcourt, Brace & World, 1957.

Yaguello, Marina. *Les Mots et les femmes*. Paris: Payot, 1978.

Zipes, Jack. *Fairy Tale as Myth/Myth as Fairy Tale*. Lexington: University Press of Kentucky, 1994.

———. *Fairy Tales and the Art of Subversion: The Classical Genre for Children and the Process of Civilization*. 1983. Réimpr. New York: Routledge, 1991.

Zipes, Jack, éd. *The Great Fairy Tale Tradition: From Straparola and Basile to the Brothers Grimm*. New York: Norton Critical Edition, 2001.

Zuchetto, Gérard. *Terre des troubadours XII^e–XIII^e siècles: anthologie commentée.* Paris: Éditions de Paris, 1996.

## Œuvres et ouvrages critiques

### SIMONE DE BEAUVOIR

#### *Œuvres*

*L'Invitée.* Paris: Gallimard, 1943.
*Le Sang des autres.* Paris: Gallimard, 1945.
*Les Bouches inutiles.* Paris: Gallimard, 1945.
*Pour une morale de l'ambiguïté.* Paris: Gallimard, 1947.
*L'Amérique au jour le jour.* Paris: P. Morihien, 1948.
*Le Deuxième sexe.* 2 vols. Paris: Gallimard, 1949.
*Les Mandarins.* Paris: Gallimard, 1954.
*Mémoires d'une jeune fille rangée.* Paris: Gallimard, 1958.
*La Force de l'âge.* Paris: Gallimard, 1960.
*La Force des choses.* Paris: Gallimard, 1963.
*Une Mort très douce.* Paris: Gallimard, 1964.
*Les Belles images.* Paris: Gallimard, 1966.
*La Femme rompue.* Paris: Gallimard, 1967.
*La Vieillesse.* Paris: Gallimard, 1970.
*Tout compte fait.* Paris: Gallimard, 1972.
*Quand prime le spirituel.* Paris: Gallimard, 1979.
*La Cérémonie des adieux,* suivi de *Entretiens avec Jean-Paul Sartre, août–septembre 1974.* Paris: Gallimard, 1981.
*Journal de guerre: septembre 1939–janvier 1941.* Paris: Gallimard, 1990.
*Lettres à Sartre, 1930–1939, 1940–1963.* 2 vols. Paris: Gallimard, 1990.
*Lettres à Nelson Algren: un amour transatlantique, 1947–1964.* Paris: Gallimard, 1997.

#### *Ouvrages critiques*

Bair, Deirdre. «In Summation: The Question of Conscious Feminism or Unconscious Misogyny in *The Second Sex*». *Simone de Beauvoir Studies* 1, No. 1 (automne 1983), 55–67.
———. *Simone de Beauvoir: A Biography.* New York: Summit Books, 1990.
Bauer, Nancy. *Simone de Beauvoir, Philosophy and Feminism.* New York: Columbia University Press, 2001.
Brosman, Catherine Savage. *Simone de Beauvoir Revisited.* Boston: Twayne, 1991.
Evans, Mary. *Simone de Beauvoir: A Feminist Mandarin.* Londres: Tavistock, 1985.
Evans, Ruth, éd. *Simone de Beauvoir's «The Second Sex»: New Disciplinary Essays.* Manchester: Manchester University Press, 1998.

Fallaize, Elizabeth, éd. *Simone de Beauvoir: A Critical Reader.* Londres: Routledge, 1998.

Francis, Claude et Fernande Gontier. *Simone de Beauvoir.* Paris: Perrin, 1985. [Biographie.]

Galster, Ingrid, éd. *Simone de Beauvoir:* Le Deuxième Sexe*: le livre fondateur du féminisme moderne en situation.* Paris: Champion, 2004.

Grosholz, Emily R., éd. *The Legacy of Simone de Beauvoir.* Oxford: Clarendon Press, 2004.

Jardine, Alice. «Interview with Simone de Beauvoir». *Signs* 5, No. 2 (hiver 1979), 224–36.

Le Doeuff, Michèle. «Simone de Beauvoir and Existentialism». *Feminist Studies* 6, No. 2 (été 1980), 278–89.

Lilar, Suzanne. *Le Malentendu du «Deuxième sexe».* Paris: Presses Universitaires de France, 1970.

Marks, Elaine. *Simone de Beauvoir: Encounters with Death.* New Brunswick, N.J.: Rutgers University Press, 1973.

Marks, Elaine, éd. *Critical Essays on Simone de Beauvoir.* Boston: G. K. Hall, 1987.

Moi, Toril. *Feminist Theory and Simone de Beauvoir.* Oxford: Blackwell, 1990.

———. *Simone de Beauvoir: The Making of an Intellectual Woman.* Oxford: Blackwell, 1994.

Perrot, Michelle. «Sa pensée devint une arme et une réalité» (interview par Béatrice Vallaeys). *Libération* (mardi 19 janvier 1999). [Le Quotidien *Libération.com.* Culture.]

Pilardi, Jo-Ann. «Self and Other in *The Second Sex*». In *Simone de Beauvoir Writing the Self: Philosophy Becomes Autobiography.* Westport, Conn.: Greenwood Press, 1999. 25–38.

Rétif, Françoise. *Simone de Beauvoir: l'autre en miroir.* Paris: L'Harmattan, 1998.

Rodgers, Catherine. «Contemporary French Feminism and *Le Deuxième sexe*». *Simone de Beauvoir Studies* 13 (automne 1996), 78–88.

———. *«Le Deuxième Sexe» de Simone de Beauvoir: un héritage admiré et contesté.* Paris: L'Harmattan, 1998.

Schwarzer, Alice. *Simone de Beauvoir aujourd'hui: six entretiens.* Paris: Mercure de France, 1984.

«Simone de Beauvoir et la lutte des femmes». *L'Arc* 61 (1975).

«Simone de Beauvoir: Witness to a Century». *Yale French Studies* 72 (1987).

Simons, Margaret A. *Beauvoir and «The Second Sex»: Feminism, Race, and the Origins of Existentialism.* Lanham, Md.: Rowman & Littlefield, 1999.

Simons, Margaret A., éd. *Feminist Interpretations of Simone de Beauvoir.* University Park: Pennsylvania State University Press, 1995.

Tidd, Ursula. *«Le Deuxième sexe».* In *Simone de Beauvoir: Gender and Testimony.* Cambridge: Cambridge University Press, 1999. 31–57.

Zéphir, Jacques. *Le Néo-Féminisme de Simone de Beauvoir: trente ans après «Le Deuxième sexe».* Paris: Denoël-Gonthier, 1982.

———. «Simone de Beauvoir et la femme: féminisme authentique ou misogynie inconsciente?» *Simone de Beauvoir Studies* 1, No. 1 (automne 1983), 6–20.

MARIE DE FRANCE

*Œuvres*

*Fables*. Charles Brucker, éd. Paris: Peeters, 1998.

*Lais*. Traduits, présentés, et annotés par Laurence Harf-Lancner. Paris: Librairie Générale Française, 1990.

*Lais de Marie de France*. Présentés, traduits et annotés par Alexandre Micha. Paris: Garnier-Flammarion, 1994.

*Les Lais de Marie de France*. Jeanne Lods, éd. Paris: Champion, 1959.

*Les Lais de Marie de France*. Jean Rychner, éd. Paris: Champion, 1966.

*Les Lais de Marie de France, traduits de l'ancien français*. Pierre Jonin, éd. Paris: Champion, 1975.

*The Lais of Marie de France. Translated, with an Introduction and Notes*. Robert Hanning et Joan Ferrante, éd. New York: Dutton, 1978.

*Ouvrages critiques*

Bloch, R. Howard. *The Anonymous Marie de France*. Chicago: University of Chicago Press, 2003.

Bruckner, Matilda Tomaryn. «Textual Identity and the Name of a Collection: Marie de France's *Lais*». In *Shaping Romance: Interpretation, Truth, and Closure in Twelfth-Century French Fictions*. Philadelphia: University of Pennsylvania Press, 1993. 157–206.

Burgess, Glyn S. *The Lais of Marie de France: Text and Context*. Athens: University of Georgia Press, 1987.

Cargo, Robert T. «Marie de France's *Le Laüstic* and Ovid's *Metamorphoses*». *Comparative Literature* 18 (printemps 1966), 162–66.

Dufournet, Jean, éd. *Amour et merveille: les «Lais» de Marie de France*. Paris: Champion, 1995.

Faust, Diana M. «Women Narrators in the *Lais* of Marie de France». In *Women in French Literature*. Michel Guggenheim, éd. Saratoga, Calif.: Anma Libri, 1988. 17–27.

Ferrante, Joan. «The French Courtly Poet: Marie de France». In *Medieval Women Writers*. Katharina M. Wilson, éd. Athens: University of Georgia Press, 1984. 64–89.

Freeman, Michelle A. «Marie de France's Poetics of Silence: The Implications for a Feminine *Translatio*». *PMLA* 99, No. 5 (octobre 1984), 860–83.

Huchet, Jean-Charles. «Nom de femme et écriture féminine au Moyen Âge: les *Lais* de Marie de France». *Poétique* 48 (novembre 1981), 407–30.

Malvern, Marjorie M. «Marie de France's Ingenious Uses of the Authorial Voice and Her Singular Contribution to Western Literature». *Tulsa Studies in Women's Literature* 2, No. 1 (printemps 1983), 21–41.

Maréchal, Chantal A., éd. *In Quest of Marie de France, A Twelfth-Century Poet*. Lewiston, N.Y.: Edwin Mellen Press, 1992.

McCash, June Hall. «*La vie seinte Audree*: A Fourth Text by Marie de France?» *Speculum* 77 (2002), 744–77.

Mickel, Emanuel J., Jr. *Marie de France*. New York: Twayne, 1974.

Nichols, Stephen G. «Working Late: Marie de France and the Value of Poetry». In *Women in French Literature*. Michel Guggenheim, éd. Saratoga, Calif.: Anma Libri, 1988. 7–16.

Vitz, Evelyn Birge. «The *Lais* of Marie de France: Narrative Grammar and the Literary Text». In *Medieval Narrative and Modern Narratology: Subjects and Objects of Desire*. New York: New York University Press, 1989. 149–75.

## LES TROBAIRITZ

### *Œuvres*

Bec, Pierre, éd. et trad. *Chants d'amour des femmes-troubadours*. Paris: Stock, 1995.

Bogin, Meg. *Les Femmes troubadours, suivi de poèmes traduits de la langue d'oc par Jeanne Faure-Cousin*. Paris: Denoël/Gonthier, 1978.

Bruckner, Matilda Tomaryn, Laurie Shepard, et Sarah White, éd. et trad. *Songs of the Women Troubadours*. New York: Garland, 1995.

Rieger, Angelica, éd. *Trobairitz: Der Beitrag der Frau in der altokzitanischen höfischen Lyrik*. Edition des Gesamtkorpus. Tübingen: Max Niemeyer Verlag, 1991.

### *Ouvrages critiques*

Bec, Pierre. «"Trobairitz" et chansons de femme: contribution à la connaissance du lyrisme féminin au moyen âge». *Cahiers de civilisation médiévale* 22 (1979), 235–62.

Bruckner, Matilda Tomaryn. «Fictions of the Female Voice: The Women Troubadours». *Speculum* 67, No. 4 (octobre 1992), 865–91.

Dronke, Peter. «Personal Poetry by Women: The Eleventh and Twelfth Centuries». In *Women Writers of the Middle Ages: A Critical Study of Texts from Perpetua to Marguerite Porete*. Cambridge: Cambridge University Press, 1984. 84–106.

———. «The Provençal Trobairitz: Castelloza». In *Medieval Women Writers*. Katharina M. Wilson, éd. Athens: University of Georgia Press, 1984. 131–52.

Finke, Laurie A. «The Rhetoric of Desire in the Courtly Lyric». In *Feminist Theory, Women's Writing*. Ithaca: Cornell University Press, 1992. 29–74.

Nelli, René. *L'Érotique des troubadours*. Toulouse: Édouard Privat, 1963.

Paden, William D., éd. *The Voice of the Trobairitz*. Philadelphia: University of Pennsylvania Press, 1989.

Shapiro, Marianne. «The Provençal *Trobairitz* and the Limits of Courtly Love». *Signs* 3 (1978), 560–71.

## LA BÉGUINE ANONYME

### *Œuvres*

Bechmann, E. «Drei Dits de l'âme aus der Handschrift Ms. Gall. Oct. 28 der Königlichen Bibliothek zu Berlin». *Zeitschrift für romanische Philologie* 13 (1889), 35–84.

### *Ouvrages critiques*

Epiney-Burgard, G. et E. Zum Brunn. *Femmes troubadours de Dieu.* Turnhout (Belgique): Éd. Brepols, 1988.

Régnier-Bohler, Danielle. «Voix littéraires, voix mystiques». In *Histoire des femmes en Occident.* vol. 2, Christiane Klapisch-Zuber, éd. Paris: Plon, 1991. 443–500.

Wilson, Katharina M. «Introduction». In *Medieval Women Writers.* Athens: University of Georgia Press, 1984. vii–xxix.

## CHANSON DE MALMARIÉE

### *Œuvres et ouvrages critiques*

Bec, Pierre. *La Lyrique française au Moyen Âge (XII^e–XIII^e siècles).* 2 vols. Paris: Picard, 1977–78.

Doss-Quinby, Eglal, Joan Tasker Grimbert, Wendy Pfeffer et Elizabeth Aubrey, éd., introd., et trad. *Songs of the Women «Trouvères».* New Haven: Yale University Press, 2001.

Dronke, Peter. *The Medieval Lyric.* Woodbridge, Suffolk: D. S. Brewer, 3^e éd., 1996.

Earnshaw, Doris. *The Female Voice in Medieval Romance Lyric.* New York: Peter Lang, 1988.

Le Gentil, Pierre. *La Littérature française du Moyen Âge.* Paris: Armand Colin, 1968.

Zink, Michel. «Troubadours et trouvères». In *Précis de littérature française du Moyen Âge.* Daniel Poirion, éd. Paris: Presses Universitaires de France, 1983. 129–53.

## CHRISTINE DE PIZAN

### *Œuvres*

*Cent Ballades d'Amant et de Dame.* Texte établi et présenté par Jacqueline Cerquiglini. Paris: Union Générale d'Éditions, 1982.

*Le Chemin de longue étude.* Andrea Tarnowski, éd. et trad. Paris: Librairie Générale Française, 2000.

*Christine de Pisan.* Introduction, choix et adaptation par Jeanine Moulin. Paris: Seghers, 1962.

*Le Ditié de Jeanne d'Arc.* Angus J. Kennedy et Kenneth Varty, éd. Oxford: Society for the Study of Medieval Languages and Literature, 1977.

*Epistre Othea.* Gabriella Parussa, éd. Genève: Droz, 1999.

*Le Livre de l'advision-Cristine*. Christine Reno et Liliane Dulac, éd. Paris: Champion, 2001.

*Le Livre de la Cité des Dames*. Texte traduit et présenté par Thérèse Moreau et Eric Hicks. Paris: Stock, 1986; 1992.

*Le Livre de la Mutacion de Fortune*. Suzanne Solente, éd. 4 vols. Paris: Picard, 1958–1966.

*Le Livre des faits et bonnes mœurs du roi Charles V le Sage*. Eric Hicks et Thérèse Moreau, éd. et trad. Paris: Stock, 1997.

*Le Livre des trois vertus*. Charity Cannon Willard, éd. Texte établi en collab. avec Eric Hicks. Paris: Champion, 1989.

*Le Livre du corps de policie*. Angus J. Kennedy, éd. Paris: Champion, 1998.

*The Love Debate Poems of Christine de Pizan*. Barbara K. Altmann, éd. Gainesville: University Press of Florida, 1998.

*Œuvres poétiques*. Maurice Roy, éd. 3 vols. Paris: Firmin Didot, 1886–96. Réimpr. New York: Johnson, 1965.

*Poems of Cupid, God of Love: Christine de Pizan's «Epistre au Dieu d'Amours» and «Dit de la Rose»; Thomas Hoccleve's «The Letter of Cupid»*. Thelma S. Fenster et Mary Carpenter Erler, éd et trad. Leiden: E. J. Brill, 1990.

*The Selected Writings of Christine de Pizan: New Translations, Criticism*. Renate Blumenfeld-Kosinski et Kevin Brownlee, trad. Renate Blumenfeld-Kosinski, éd. New York: W. W. Norton, 1997.

*The Writings of Christine de Pizan*. Charity Cannon Willard, éd. New York: Persea Books, 1994.

*Ouvrages critiques*

Brabant, Margaret, éd. *Politics, Gender, and Genre: The Political Thought of Christine de Pizan*. Boulder: Westview Press, 1992.

Brown-Grant, Rosalind. *Christine de Pizan and the Moral Defence of Women*. Cambridge: Cambridge University Press, 1999.

Brownlee, Kevin. «Martyrdom and the Female Voice: Saint Christine in the *Cité des Dames*». In *Images of Sainthood in Medieval Europe*. Renate Blumenfeld-Kosinski et Timea Szell, éd. Ithaca: Cornell University Press, 1991. 115–135.

Hall, Colette T. et Derk Visser. «La Réécriture d'une métaphore utopique: les sources bibliques de Christine de Pizan dans *La Cité des dames*». In *Réécriture des mythes: l'utopie au féminin*. Joëlle Cauville et Metka Zupan ci c, éd. Amsterdam: Rodopi, 1997. 21–34.

Hicks, Eric, éd. *Au champ des escriptures: III^e^ Colloque international sur Christine de Pizan*. Paris: Champion, 2000.

Kelly, Joan. «Early Feminist Theory and the *Querelle des Femmes*, 1400–1789». In *Women, History, and Theory: The Essays of Joan Kelly*. Chicago: University of Chicago Press, 1984. 65–109.

Laennec, Christine Moneera. «Christine Antygrafe: Authorial Ambivalence in the Works of Christine de Pizan». In *Anxious Power: Reading, Writing, and Ambivalence in Narrative by Women*. Carol J. Singley et Susan Elizabeth Sweeney, éd. Albany: State University of New York Press, 1993. 35–49.

Quilligan, Maureen. «Allegory and the Textual Body: Female Authority in Christine de Pizan's *Livre de la Cité des Dames*». In *The New Medievalism*. Marina S. Brownlee, Kevin Brownlee, et Stephen G. Nichols, éd. Baltimore: Johns Hopkins University Press, 1991. 272–300.

Richards, Earl Jeffrey. «The Medieval "femme auteur" as a Provocation to Literary History: Eighteenth-Century Readers of Christine de Pizan». In *The Reception of Christine de Pizan from the Fifteenth Through the Nineteenth Centuries: Visitors to the City*. Glenda K. McLeod, éd. Lewiston, N.Y.: Edwin Mellen Press, 1991. 101–50.

Richards, Earl Jeffrey, avec Joan Williamson, Nadia Margolis, et Christine Reno, éd. *Reinterpreting Christine de Pizan*. Athens: University of Georgia Press, 1992.

Schibanoff, Susan. «Taking the Gold out of Egypt: The Art of Reading as a Woman». In *Gender and Reading: Essays on Readers, Texts, and Contexts*. Elizabeth A. Flynn et Patrocinio P. Schweickart, éd. Baltimore: Johns Hopkins University Press, 1986. 83–106.

Sommers, Paula. «Marguerite de Navarre as Reader of Christine de Pizan». In *The Reception of Christine de Pizan from the Fifteenth Through the Nineteenth Centuries: Visitors to the City*. Glenda K. McLeod, éd. Lewiston, N.Y.: Edwin Mellen Press, 1991. 71–82.

Willard, Charity Cannon. *Christine de Pizan: Her Life and Works*. New York: Persea Books, 1984.

———. «The Franco-Italian Professional Writer». In *Medieval Women Writers*. Katharina M. Wilson, éd. Athens: University of Georgia Press, 1984. 333–63.

## PERNETTE DU GUILLET

### *Œuvres*

*Rymes*. Françoise Charpentier, éd. Paris: Gallimard, 1983. (Contient aussi les *Œuvres poétiques* de Louise Labé.)

*Rymes*. Victor E. Graham, éd. Genève: Droz, 1968.

*Poètes du XVIe siècle*. Albert-Marie Schmidt, éd. Paris: Gallimard (Bibliothèque de la Pléiade), 1953.

### *Ouvrages critiques*

Boney, Jan. «"Ardeur de veoir": Reading Knowledge in Pernette du Guillet's *Rymes*». *L'Esprit Créateur* 30, No. 4 (hiver 1990), 49–60.

DellaNeva, Joann. «*Mutare/Mutatus*: Pernette du Guillet's Actaeon Myth and the Silencing of the Poetic Voice». In *Women in French Literature*. Michel Guggenheim, éd. Saratoga, Calif.: Anma Libri, 1988. 47–55.

Donaldson-Evans, Lance. «The Taming of the Muse: The Female Poetic Voice in Pernette du Guillet's *Rymes*». In *Pre-Pléiade Poetry*. Jerry C. Nash, éd. Lexington, Ky.: French Forum, 1985. 84–96.

James, Karen Simroth. «Pernette du Guillet: Spiritual Union and Poetic Distance». *French Literature Series*, 16 (1989), 27–37.

Jondorf, Gillian. «Petrarchan Variations in Pernette du Guillet and Louise Labé». *Modern Language Review* 71 (1976), 766–78.

Jones, Ann Rosalind. «Assimilation with a Difference: Renaissance Women Poets and Literary Influence». *Yale French Studies* 62 (1981), 135–53.

———. «The Renaissance Neoplatonist». In *Women Writers of the Renaissance and Reformation*. Katherina M. Wilson, éd. Athens: University of Georgia Press, 1987. 219–31.

———. «Self-Commemoration Through Dialogue in Pernette du Guillet and Tullia Aragona». In *The Currency of Eros: Women's Love Lyric in Europe, 1540–1620*. Bloomington: Indiana University Press, 1990. 79–117.

Mathieu-Castellani, Gisèle. «La Parole chétive: les *Rymes* de Pernette du Guillet». *Littérature* 73 (février 1989), 47–60.

———. «Parole d'Écho? Pernette au miroir des *Rymes*». *L'Esprit Créateur* 30, No. 4 (hiver 1990), 61–71.

Perry, T. Anthony. «Pernette du Guillet's Poetry of Love and Desire». In *Erotic Spirituality: The Integrative Tradition from Leone Ebreo to John Donne*. University: University of Alabama Press, 1980. 53–67.

Read, Kirk D. «Poolside Transformations: Diana and Actaeon Revisited by French Renaissance Women Lyricists». In *Renaissance Women Writers: French Texts/American Contexts*. Anne R. Larsen et Colette H. Winn, éd. Detroit: Wayne State University Press, 1994. 38–54.

Saulnier, Verdun L. «Étude sur Pernette du Guillet et ses *Rymes*». *Bibliothèque d'Humanisme et Renaissance* 4 (1944), 7–119.

Winn, Colette H. «Le Chant de la nouvelle née: les *Rymes* de Pernette du Guillet». *Poétique* 78 (1989), 207–17.

———. «Le Procès du même et de l'autre: Pernette du Guillet et le mythe ovidien de Diane et Actéon». In *Les Représentations de l'autre du Moyen Âge au XVII^e siècle*. Évelyne Berriot-Salvadore, éd. Saint-Étienne: Publications de l'Université de Saint-Étienne, 1995. 263–71.

## LOUISE LABÉ

### *Œuvres*

*Œuvres poétiques.* Françoise Charpentier, éd. Paris: Gallimard, 1983. (Contient aussi les *Rymes* de Pernette du Guillet.)

*Œuvres complètes.* François Rigolot, éd. Paris: Flammarion, 1986; éd. corrigée et mise à jour, 2004.

### *Ouvrages critiques*

Baker, Deborah Lesko. *The Subject of Desire: Petrarchan Poetics and the Female Voice in Louise Labé.* West Lafayette, Ind.: Purdue University Press, 1996.

Berriot, Karine. *Louise Labé: la belle rebelle et le François nouveau.* Paris: Seuil, 1985.

Cameron, Keith. *Louise Labé: Renaissance Poet and Feminist.* New York: Berg, 1990.

Demerson, Guy, éd. *Louise Labé: les voix du lyrisme.* Saint-Étienne: Institut Claude Longeon; Paris: CNRS, 1990.

Giudici, Enzo. *Louise Labé: essai.* Paris: Nizet, 1981.

Jondorf, Gillian. «Petrarchan Variations in Pernette du Guillet and Louise Labé». *Modern Language Review* 71 (1976), 766–78.

Jones, Ann Rosalind. «Assimilation with a Difference: Renaissance Women Poets and Literary Influence». *Yale French Studies* 62 (1981), 135–53.

———. «City Women and Their Audiences: Louise Labé and Veronica Franco». In *Rewriting the Renaissance: The Discourses of Sexual Difference in Early Modern Europe.* Margaret W. Ferguson, Maureen Quilligan, et Nancy J. Vickers, éd. Chicago: University of Chicago Press, 1986. 299–316.

———. «Eros Equalized: Literary Cross-Dressing and the Defense of Women in Louise Labé and Veronica Franco». In *The Currency of Eros: Women's Love Lyric in Europe, 1540–1620.* Bloomington: Indiana University Press, 1990. 155–200.

Kuperty-Tsur, Nadine. «Éloquence et effets de sincérité chez Louise Labé». In *Éloquence et vérité intérieure.* Carole Dornier et Jürgen Siess, éd. Paris: Champion, 2002. 41–59.

Lazard, Madeleine. *Louise Labé, Lyonnaise.* Paris: Fayard, 2004. [biographie]

Prine, Jeanne. «Louise Labé: Poet of Lyon». In *Women Writers of the Renaissance and Reformation.* Katherina M. Wilson, éd. Athens: University of Georgia Press, 1987. 132–57.

Rigolot, François. «Gender vs. Sex Difference in Louise Labé's Grammar of Love». In *Rewriting the Renaissance: The Discourses of Sexual Difference in Early Modern Europe.* Margaret W. Ferguson, Maureen Quilligan, et Nancy J. Vickers, éd. Chicago: University of Chicago Press, 1986. 287–98.

———. *Louise Labé Lyonnaise ou la Renaissance au féminin.* Paris: Champion, 1997.

Yandell, Cathy. «By Virtue of Their *Vertu*: Amplified Time in Pernette du Guillet and Louise Labé». In *Carpe Corpus: Time and Gender in Early Modern France.* Newark: University of Delaware Press, 2000. 85–127.

Zamaron, Fernand. *Louise Labé, dame de franchise.* Paris: Nizet, 1968.

## HÉLISENNE DE CRENNE

### Œuvres

*Les Angoisses douloureuses qui procèdent d'amour.* Jean-Philippe Beaulieu, éd. Saint-Étienne: Publications de l'Université de Saint-Étienne, 2005.

*Les Angoysses douloureuses qui procedent d'amours.* Christine de Buzon, éd. Paris: Champion, 1997.

*Les Angoysses douloureuses qui procedent d'amours (1538), Première partie.* Paule Demats, éd. Paris: Les Belles Lettres, 1968.

*Les Angoisses douloureuses qui procèdent d'amours (Première partie).* Jérôme Vercruysse, éd. Paris: Minard, 1968.

*Les Epistres familieres et invectives.* Jerry C. Nash, éd. Paris: Champion, 1996.

*Œuvres.* Paris: Estienne Grouleau, 1560. Genève: Slatkine, 1977.

*A Renaissance Woman: Hélisenne's Personal and Invective Letters.* Paul J. Archambault et Marianna M. Mustacchi, éd. et trad. Syracuse: Syracuse University Press, 1986.

*The Torments of Love.* Lisa Neal, éd. et introd. Lisa Neal et Steven Rendall, trad. Minneapolis: University of Minnesota Press, 1996.

### Ouvrages critiques

Beaulieu, Jean-Philippe. «Erudition and Aphasia in Hélisenne de Crenne's *Les Angoysses douloureuses qui procedent d'amours*». *L'Esprit Créateur* 29, No. 3 (automne 1989), 36–42.

Beaulieu, Jean-Philippe et Diane Desrosiers-Bonin, éd. *Hélisenne de Crenne: l'écriture et ses doubles.* Paris: Champion, 2004.

Debaisieux, Martine. «"Des Dames du temps jadis": fatalité culturelle et identité féminine dans *Les Angoysses douloureuses*». *Symposium* 41, No. 1 (printemps 1987), 28–41.

Guillerm, Luce. «La prison des textes ou *Les angoysses douloureuses qui procedent d'amours* d'Hélisenne de Crenne (1538)». *Revue des sciences humaines* 67, No. 196 (octobre–décembre 1984), 9–23.

Lajarte, Philippe de. «Une autobiographie à géométrie variable: *Les Angoysses douloureuses* d'Hélisenne de Crenne». *Bibliothèque d'Humanisme et Renaissance* 60, No. 2 (1998), 297–321.

Nash, Jerry C. «"Exerçant œuvres viriles": Feminine Anger and Feminist (Re)Writing in Hélisenne de Crenne». *L'Esprit Créateur* 30, No. 4 (hiver 1990), 38–48.

Robbins-Herring, Kitty Delle. «Champion of Women's Rights: Hélisenne de Crenne». In *Women Writers of the Renaissance and Reformation*. Katharina M. Wilson, éd. Athens: University of Georgia Press, 1987. 177–218.

Wood, Diane S. *Hélisenne de Crenne: At the Crossroads of Renaissance Humanism and Feminism*. Teaneck, N.J.: Fairleigh Dickinson University Press, 2000.

## MARGUERITE DE NAVARRE

### *Œuvres*

*L'Heptaméron*. Michel François, éd. Paris: Garnier, 1967.

*L'Heptaméron*. Simone de Reyff, éd. Paris: Flammarion, 1982.

*L'Heptaméron*. Renja Salminen, éd. Genève: Droz, 1999.

*L'Heptaméron*, Gisèle Mathieu-Castellani, éd. Paris: Librairie Générale Française, 1999.

*L'Heptaméron*. Nicole Cazauran, éd. Paris: Gallimard, 2000.

*The Heptameron*. Trad. et introd. P. A. Chilton. Harmondsworth: Penguin Books, 1984.

*Œuvres choisies*. H. P. Clive, éd. 2 vols. New York: Appleton-Century-Crofts, 1968.

### *Ouvrages critiques*

Blaisdell, C. J. «Marguerite de Navarre and Her Circle (1492–1549)». In *Female Scholars: A Tradition of Learned Women Before 1800*. J. R. Brink, éd. Montréal: Eden Press Women's Publications, 1980. 36–53.

Cazauran, Nicole. *L'Heptaméron de Marguerite de Navarre*. Paris: CDU et SEDES, 1976.

Jourda, Pierre. *Marguerite d'Angoulême, duchesse d'Alençon, reine de Navarre (1492–1549): étude biographique et littéraire*. 2 vols. Paris: Champion, 1930. Genève: Slatkine, 1978.

Lyons, John D. «The *Heptameron* and Unlearning from Example». In *Exemplum: The Rhetoric of Example in Early Modern France and Italy*. Princeton, N.J.: Princeton University Press, 1989. 72–117.

Lyons, John D. et Mary B. McKinley, éd. *Critical Tales: New Studies of the Heptameron and Early Modern Culture*. Philadelphia: University of Pennsylvania Press, 1993.

Mathieu-Castellani, Gisèle. *La Conversation conteuse: les Nouvelles de Marguerite de Navarre*. Paris: Presses Universitaires de France, 1992.

Tetel, Marcel. «The *Heptameron*, A Simulacrum of Love». In *Women Writers of the Renaissance and Reformation*. Katharina M. Wilson, éd. Athens: University of Georgia Press, 1987. 99–108.

———. *Marguerite de Navarre's Heptameron: Themes, Language, and Structure*. Durham, N.C.: Duke University Press, 1973.

Thysell, Carol. *The Pleasure of Discernment: Marguerite de Navarre as Theologian.* Oxford: Oxford University Press, 2000.

### MADELEINE DE SCUDÉRY

#### *Œuvres*

*Artamène, ou Le Grand Cyrus.* 10 vols. Paris: Courbé, 1649–53. Genève: Slatkine, 1975.

*Clélie, histoire romaine.* 10 vols. Paris: Courbé, 1654–60. Genève: Slatkine, 1975.

*Clélie, histoire romaine.* Chantal Morlet-Chantalat, éd. Première Partie- . Paris: Champion, 2001– (publication en cours).

*Les Femmes illustres, ou les Harangues héroïques.* Première partie. Paris: Sommaville et Courbé, 1642.

*Les Femmes illustres, ou les Harangues héroïques.* Paris: Côté-femmes, 1991.

#### *Ouvrages critiques*

Aronson, Nicole. *Mademoiselle de Scudéry.* Boston: Twayne, 1978.

———. *Mademoiselle de Scudéry, ou le voyage au pays de Tendre.* Paris: Fayard, 1986.

DeJean, Joan. «Sappho's Leap: Domesticating the Woman Writer». *L'Esprit Créateur* 25, No. 2 (été 1985), 14–21.

Duggan, Anne E. «Lovers, Salon, and State: *La Carte de Tendre* and the Mapping of Socio-Political Relations». *Dalhousie French Studies* 36 (automne 1996), 15–22.

Godenne, René. *Les Romans de Mademoiselle de Scudéry.* Genève: Droz, 1983.

Greenberg, Caren. «The World of Prose and Female Self-Inscription in Scudéry's *Les Femmes illustres*». *L'Esprit Créateur* 23, No. 2 (été 1983), 37–44.

Hannon, Patricia. «Desire and Writing in Scudéry's "Histoire de Sapho"». *L'Esprit Créateur* 35, No. 2 (été 1995), 37–50.

Krajewska, Barbara. *Du cœur à l'esprit, Mademoiselle de Scudéry et ses samedis.* Paris: Kimé, 1993.

Rathery, E. J. B. [Edme-Jacques-Benoît] et Boutron. *Mademoiselle de Scudéry, sa vie et sa correspondance, avec un choix de ses poésies.* Paris: Léon Techener, 1873. Genève: Slatkine, 1971.

Stanton, Domna. «The Fiction of *Préciosité* and the Fear of Women». *Yale French Studies* 62 (1981), 107–34.

### MARIE-MADELEINE DE LAFAYETTE

#### *Œuvres*

*Œuvres complètes.* Roger Duchêne, éd. Paris: François Bourin, 1990.

*La Princesse de Clèves.* Jean Mesnard, éd. Paris: Garnier-Flammarion, 1996.

*Romans et nouvelles.* Alain Niderst, éd. Paris: Dunod-Classiques Garnier, 1997.

*Ouvrages critiques*

Beasley, Faith E. et Katharine Ann Jensen, éd. *Approaches to Teaching Lafayette's «The Princess of Clèves»*. New York: Modern Language Association of America, 1998.

Danahy, Michael. «*La Princesse de Clèves*: A Space of the Future». In *The Feminization of the Novel*. Gainesville: University of Florida Press, 1991. 101–25.

DeJean, Joan. «Lafayette's Ellipses: The Privileges of Anonymity». *PMLA* 99, No. 5 (octobre 1984), 884–902.

Duchêne, Roger. *Madame de Lafayette: la romancière aux cent bras*. Paris: Fayard, 1988.

Francillon, Robert. *L'Œuvre romanesque de Mme de Lafayette*. Paris: José Corti, 1973.

Genette, Gérard. «Vraisemblance et motivation». In *Figures II*. Paris: Seuil, 1969. 71–99.

Green, Anne. *Privileged Anonymity: The Writings of Madame de Lafayette*. Oxford: Legenda, 1996.

Hirsch, Marianne. «A Mother's Discourse: Incorporation and Repetition in *La Princesse de Clèves*». *Yale French Studies* 62 (1981), 67–87.

Kamuf, Peggy. *Fictions of Feminine Desire: Disclosures of Héloïse*, 1982.

Laugaa, Maurice. *Lectures de Madame de Lafayette*. Paris: Armand Colin, 1971.

Malandain, Pierre. *Madame de Lafayette: «La Princesse de Clèves»*. Paris: Presses Universitaires de France, 1985.

Miller, Nancy K. «Emphasis Added: Plots and Plausibilities in Women's Fiction». *PMLA* 96, No. 1 (janvier 1981), 36–48. Repris dans Nancy K. Miller, *Subject to Change: Reading Feminist Writing*. New York: Columbia University Press, 1988. 25–46.

## NINON DE LENCLOS

*Œuvres*

*Correspondance authentique de Ninon de Lenclos, comprenant un grand nombre de lettres inédites et suivie de «La Coquette vengée»*. Émile Colombey, éd. Paris: E. Dentu, 1886. Genève: Slatkine, 1968.

*Lettres de Ninon de Lenclos*, précédées de *Mémoires sur sa vie par A. Bret*. Paris: Garnier, s.d. (Lettres apocryphes au marquis Charles de Sévigné, attribuées à Louis Damours; elles sont aussi attribuées à Claude-Prosper Jolyot de Crébillon.)

*Lettres au marquis de Sévigné ou L'art de se faire aimer*. Paris: L'Arche, 1999. (Attribuées, sous réserve, à Louis Damours.)

*Lettres sur la vieillesse: Ninon de Lenclos, Saint Évremond*. René Bonnette, éd. Toulouse: Ombres, 2001.

*Ouvrages critiques*

Brière, Annie. *Ninon de Lenclos, courtisane et grande dame de Paris*. Lausanne: Éditions Rencontre, 1967.

Duchêne, Roger. *Ninon de Lenclos: la courtisane du Grand Siècle.* Paris: Fayard, 1984; *Ninon de Lenclos ou la manière jolie de faire l'amour.* Nouv. éd. augm. Paris: Fayard, 2000.

Dulong, Claude. «Ninon de Lenclos et ses amis». In *L'Amour au XVII$^{e}$ siècle.* Paris: Hachette, 1969. 179–202.

Hinds, Leonard. «The Critique of the "Philosophes de Ruelles" in Ninon de Lenclos's *La Coquette vengée*». *Seventeenth-Century French Studies* 21 (1999), 173–82.

Magne, Émile. *Ninon de Lenclos.* Paris: Éditions d'Art et de Littérature, 1912. Nouvelle éd. Paris: Émile-Paul Frères, 1925.

## MARIE DE SÉVIGNÉ

### *Œuvres*

*Correspondance.* Roger Duchêne, éd. 3 vols. Paris: Gallimard (Bibliothèque de la Pléiade), 1972–78.

*Lettres.* Bernard Raffali, éd. Paris: Garnier-Flammarion, 1976.

*Lettres choisies.* Roger Duchêne, éd. Paris: Gallimard, 1988.

### *Ouvrages critiques*

Allentuck, Harriet Ray. «My Daughter/Myself: Emotional Roots of Madame de Sévigné's Art». *Modern Language Quarterly* 43, No. 2 (juin 1982), 121–37.

Bonvalet, Nicole. «Études parallèles: lorsque les femmes lisent Madame de Sévigné». *Œuvres et critiques* 5, No. 1 (automne 1980), 121–42.

Cordelier, Jean. *Madame de Sévigné par elle-même.* Paris: Seuil, 1967.

Duchêne, Roger. *Naissance d'un écrivain: Madame de Sévigné.* Paris: Fayard, 1996.

———. *Madame de Sévigné ou la chance d'être femme.* Paris: Fayard, 1982; *Madame de Sévigné,* éd. rev. et augm., 2002.

———. «Madame de Sévigné: une nouvelle épistolarité». *Bulletin de la Société des Professeurs Français en Amérique,* 1990, 41–57.

Farrell, Michèle Longino. *Performing Motherhood: The Sévigné Correspondence.* Hanover, N.H.: University Press of New England, 1991.

Goldsmith, Elizabeth C. *Exclusive Conversations: The Art of Interaction in Seventeenth-Century France.* Philadelphia: University of Pennsylvania Press, 1988.

———. «Madame de Sévigné's Epistolary Retreat». *L'Esprit Créateur* 23, No. 2 (été 1983), 70–79.

Horowitz, Louise K. «The Correspondence of Madame de Sévigné: Letters or Belles-Lettres?» *French Forum* 6, No. 1 (janvier 1981), 13–27.

Jensen, Katharine A. «Writing and Mother Love: The Letters of Mme de Sévigné». *French Literature Series* 16 (1989), 38–52.

Lassana, Marie-Magdeleine. «La Correspondance de Madame de Sévigné à sa fille: paradigme du ravage». In *Entre mère et fille: un ravage.* Paris: Fayard, 2000. 21–115.

Montfort, Catherine R. «From Public to Private Sphere: The Case of Mme de Sévigné and Mme de Staël». In *Literate Women and the French Revolution of 1789*. Catherine R. Montfort, éd. Birmingham, Ala.: Summa Publications, 1994. 111–26.

———. «Mme de Sévigné: Seventeenth-Century Feminist?» *French Studies* 50, No. 2 (avril 1996), 144–56.

Stanton, Domna. «From the Maternal Metaphor to Metonymy and History: Seventeenth-Century Discourses of Maternity and the Case of Sévigné». In *The Mother in/and French Literature*. (*French Literature Series* 27.) Buford Norman, éd. Amsterdam: Rodopi, 2000. 1–32.

Sweetser, Marie-Odile. «Madame de Sévigné, écrivain sans le savoir?» *Cahiers de l'Association internationale des études françaises* 39 (mai 1987), 141–57.

Williams, Charles G. S. *Madame de Sévigné*. Boston: Twayne, 1981.

## MARIE-CATHERINE D'AULNOY

### *Œuvres*

*Le Cabinet des Fées*. t. 1: *Contes de Madame d'Aulnoy*. Élisabeth Lemirre, éd. Arles: Philippe Picquier, 1988; Arles: Picquier poche, 1994.

*Le Cabinet des Fées: Contes de Madame d'Aulnoy*. Élisabeth Lemirre, éd. 3 vols. Arles: Philippe Picquier, 1994–96.

*Contes I: Les Contes des Fées*. Philippe Hourcade, éd.; introd. par Jacques Barchilon. Paris: Société des Textes Français Modernes, 1997.

*Contes II: Contes nouveaux ou Les Fées à la Mode*. Philippe Hourcade, éd.; introd. par Jacques Barchilon. Paris: Société des Textes Français Modernes, 1998.

Madame d'Aulnoy. *Contes des Fées* suivis de *Contes nouveaux ou les Fées à la mode*. Nadine Jasmin, éd. *Bibliothèque des Génies et des Fées*. No. 1. Paris: Champion, 2004.

### *Ouvrages critiques*

Defrance, Anne. *Les contes de fées et les nouvelles de Madame d'Aulnoy (1690–1698): l'imaginaire féminin à rebours de la tradition*. Genève: Droz, 1998.

Farrell, Michèle. «Celebration and Repression of Feminine Desire in Mme d'Aulnoy's Fairy Tale: *La Chatte Blanche*». *L'Esprit Créateur* 29, No. 3 (automne 1989), 52–64.

Hoffmann, Kathryn A. «Matriarchal Desires and Labyrinths of the Marvelous: Fairy Tales by Old Regime Women». In *Women Writers in Pre-Revolutionary France: Strategies of Emancipation*. Colette H. Winn et Donna Kuizenga, éd. New York: Garland, 1997. 281–97.

Jasmin, Nadine. *Naissance du conte féminin: mots et merveilles: les contes de fées de Madame d'Aulnoy (1690–1698)*. Paris: Champion, 2002.

Jyl, Laurence. *Madame d'Aulnoy ou la fée des contes*. Paris: Robert Laffont, 1989.

Mainil, Jean. *Madame d'Aulnoy et le rire des fées: essai sur la subversion féerique et le merveilleux comique sous l'Ancien Régime*. Paris: Kimé, 2001.

Thirard, Marie-Agnès. *Les Contes de fées de Madame d'Aulnoy: une écriture de subversion.* Villeneuve d'Ascq: Presses Universitaires du Septentrion, 2003.

## CATHERINE BERNARD

### *Œuvres*

*Le Commerce galant, ou Lettres tendres et galantes de la jeune Iris et de Timandre.* Catherine Bernard et Jacques Pradon. Texte établi, présenté et annoté par Franco Piva. Fasano: Schena et Paris: Nizet, 1996.

Mademoiselle Lhéritier, Mademoiselle Bernard, Mademoiselle de la Force, Madame Durand, Madame d'Auneuil. *Contes.* Raymonde Robert, éd. *Bibliothèque des Génies et des Fées.* No. 2. Paris: Champion, 2005.

*Inès de Cordoue, nouvelle espagnole.* Paris: Jouvenel et Jouvenel, 1696. Réimpr. avec une préface de René Godenne. Genève: Slatkine, 1979.

*Œuvres.* t. 1. *Romans et nouvelles.* Textes établis, présentés et annotés par Franco Piva. Fasano: Schena et Paris: Nizet, 1993. t. 2. *Théâtre et poésie.* Textes établis, présentés et annotés par Franco Piva. Fasano: Schena et Paris: Didier érudition, 1999.

### *Ouvrages critiques*

Ekstein, Nina. «Appropriation and Gender: The Case of Catherine Bernard and Bernard de Fontenelle». *Eighteenth-Century Studies* 30, No. 1 (1996), 59–80.

Niderst, Alain. «À propos de Catherine Bernard». *Papers on French Seventeenth Century Literature* 26, No. 51 (1999), 425–37.

Perrault, Charles. *Contes.* Textes établis avec introd. [...] notes et glossaire par Gilbert Rouger. Paris: Garnier, 1967.

Plusquellec, Catherine. «Qui était Catherine Bernard?» *Revue d'histoire littéraire de la France* 84, No. 4 (1985), 667–69.

Ringham, Felizitas. «*Riquet à la Houppe*: conteur, conteuse». *French Studies* 52, No. 3 (juillet 1998), 291–304.

## JEANNE MARIE LE PRINCE DE BEAUMONT

### *Œuvres*

*Contes et autres écrits.* Barbara Kaltz, éd. Oxford: Voltaire Foundation, 2000.

*Le Magasin des enfants ou dialogues entre une sage gouvernante et plusieurs de ses élèves de la première distinction.* Londres: J. Haberkorn, 1756.

*Le Magasin des enfans ou dialogues d'une sage gouvernante avec ses élèves.* Louise Sw.-Belloc, éd. Paris: Garnier Frères, 1883.

*Le Magasin des enfants. La Belle et la Bête et autres contes de Mme Leprince de Beaumont.* Élisabeth Lemirre, éd. Arles: Philippe Picquier, 1995.

### *Ouvrages critiques*

Artigas-Menant, Geneviève. *Lumières clandestines: les papiers de Thomas Pichon*. Paris: Champion, 2001.

Bacchilega, Cristina. *Postmodern Fairy Tales: Gender and Narrative Strategies*. Philadelphia: University of Pennsylvania Press, 1997. 72–81.

Clancy, Patricia A. «A French Writer and Educator in England: mme Le Prince de Beaumont». *Studies on Voltaire and the Eighteenth Century* 201: 195–208. Oxford: Voltaire Foundation, 1982.

Debru, Claire. «*Le Magasin des enfans* (1756) ou le conte de fées selon une gouvernante: pratiques de la réécriture chez Madame Le Prince de Beaumont». In *Le Conte de fées au XVIII*e *siècle: une poétique expérimentale*. Régine Jomand-Baudry et Jean-François Perrin, éd. Paris: Kimé, 2002. 151–63.

Deguise, Alix. «Madame Leprince de Beaumont: conteuse ou moraliste?» In *Femmes savantes et femmes d'esprit: Women Intellectuals of the French Eighteenth Century*. Roland Bonnel et Catherine Rubinger, éd. New York: Peter Lang, 1994. 156–82.

Lemirre, Elisabeth, éd. *Le Cabinet des Fées*. t. 2. Arles: Philippe Picqier, 1988; Arles: Picquier poche, 1996.

Robain, Jean Marie. *Madame Leprince de Beaumont intime*. Paris: La Page et la plume, 1996.

Stewart, Joan Hinde. «Speech and Saintliness: *Jeanne Le Prince de Beaumont*». In *Gynographs: French Novels by Women of the Late Eighteenth Century*. Lincoln: University of Nebraska Press, 1993. 24–49.

## GABRIELLE DE VILLENEUVE

### *Œuvres*

*La Belle et la Bête*. Jacques Cotin et Elisabeth Lemirre, éd. Paris: Gallimard (Le Promeneur, Le Cabinet des Lettrés), 1996.

*La Jeune Amériquaine et les Contes marins*. 5 vols. La Haye: Aux dépens de la Compagnie, 1740–41.

### *Ouvrages critiques*

Girou-Swiderski, Marie-Laure. «La Belle ou la Bête? Madame de Villeneuve, la méconnue». In *Femmes savantes et femmes d'esprit: Women Intellectuals of the French Eighteenth Century*. Roland Bonnel et Catherine Rubinger, éd. New York: Peter Lang, 1994. 99–128.

Hubert, Judd. «A Reactionary Feminist Novelist: Gabrielle de Villeneuve». *L'Esprit Créateur* 29, No. 3 (automne 1989), 65–75.

Remy, Paul. «Une version méconnnue de "La Belle et la Bête"». *Revue belge de philologie et d'histoire* 35, No. 1 (1957), 5–18.

Stewart, Joan Hinde. «"Les vieilles fées, ou un bizarre assortiment"». *Dix-huitième siècle* 36 (2004), 197–209.

### FRANÇOISE DE GRAFFIGNY

#### *Œuvres*

*Cénie*. In *Femmes dramaturges en France (1650–1750)*. Perry Gethner, éd. Paris: Biblio 17, 1993.

*Choix de lettres*. English Showalter, éd. Oxford: Voltaire Foundation, 2001.

*Correspondance de Madame de Graffigny*. J. A. Dainard, English Showalter, et al., éd. Oxford: Voltaire Foundation, 1985– (15 vols., publication en cours).

*Lettres d'une Péruvienne*. Gianni Nicoletti, éd. Bari: Adriatica Editrice, 1967.

*Lettres d'une Péruvienne*. In *Lettres portugaises, Lettres d'une Péruvienne et autres romans d'amour par lettres*. Bernard Bray et Isabelle Landy-Houillon, éd. Paris: Garnier-Flammarion, 1983.

*Lettres d'une Péruvienne*. Colette Piau-Gillot, préface. Paris: Côté-femmes, 1990. [Édition peu fiable, recommandée seulement pour la préface, pp. 7–21.]

*Lettres d'une Péruvienne*. Joan DeJean et Nancy K. Miller, éd. New York: Modern Language Association of America, 1993.

*Lettres d'une Péruvienne*. In *Romans de femmes du XVIIIe siècle*. Raymond Trousson, éd. Paris: Robert Laffont, 1996.

*Lettres d'une Péruvienne*. Jonathan Mallinson, éd. Oxford: Voltaire Foundation, 2002.

#### *Ouvrages critiques*

Altman, Janet Gurkin. «Graffigny's Epistemology and the Emergence of Third-World Ideology». In *Writing the Female Voice*. Elizabeth Goldsmith, éd. Boston: Northeastern University Press, 1989. 172–202.

———. «Making Room for "Peru": Graffigny's Novel Reconsidered». In *Dilemmes du roman: Essays in Honor of Georges May*. Catherine Lafarge, éd. Saratoga, Calif.: Anma Libri, 1989. 33–46.

Daniels, Charlotte. «Françoise de Graffigny's *Lettres d'une Péruvienne* and the Privatization of the Family». In *Subverting the Family Romance: Women Writers, Kinship Structures, and the Early French Novel*. Lewisburg, Pa.: Bucknell University Press, 2000. 19–56.

Douthwaite, Julia V. «The Exotic Other Becomes Cultural Critic: Montesquieu's *Lettres persanes* and Mme de Graffigny's *Lettres d'une Péruvienne*». In *Exotic Women: Literary Heroines and Cultural Strategies in Ancien Régime France*. Philadelphia: University of Pennsylvania Press, 1992. 74–139.

Grayson, Vera L. «Écrire son identité: la genèse des *Lettres d'une Péruvienne*». In *Femmes en toutes lettres: les épistolières du XVIIIe siècle*. Marie-France Silver et Marie-Laure Girou Swiderski, éd. *Studies on Voltaire and the Eighteenth Century* 2000:04. Oxford: Voltaire Foundation, 2000. 33–40.

Hartmann, Pierre. «Les *Lettres d'une Péruvienne* dans l'histoire du roman épistolaire». In *Vierge du Soleil/Fille des Lumières: la «Péruvienne» de Mme de Grafigny et ses «Suites»*. Groupe d'études du XVIIIe siècle, Université de Strasbourg II, Travaux et recherches, vol. 5. Strasbourg: Presses universitaires de Strasbourg, 1989. 93–111.

Hogsett, Alice Charlotte. «Graffigny and Riccoboni on the Language of the Woman Writer». In *Eighteenth-Century Women and the Arts*. Frederick M. Keener et Susan E. Lorsch, éd. New York: Greenwood Press, 1988. 119–27.

Jensen, Katharine A. «Writing as a *Péruvienne* or How Women Came to the Epistolary Novel: Françoise de Graffigny». In *Writing Love: Letters, Women, and the Novel, 1605–1776*. Carbondale: Southern Illinois University Press, 1995. 84–125.

MacArthur, Elizabeth J. «Devious Narratives: Refusal of Closure in Two Eighteenth-Century Epistolary Novels». *Eighteenth-Century Studies* 21, No. 1 (automne 1987), 1–20.

Mallinson, Jonathan, éd. *Françoise de Graffigny, femme de lettres: écriture et réception. Studies on Voltaire and the Eighteenth Century*. 2004:12. Oxford: Voltaire Foundation, 2004.

Miller, Nancy K. «Authorized Versions». *French Review* 61, No. 3 (février 1988), 405–13.

———. «The Knot, the Letter, and the Book: Graffigny's *Peruvian Letters*». In *Subject to Change: Reading Feminist Writing*. New York: Columbia University Press, 1988. 125–61.

———. «Men's Reading, Women's Writing: Gender and the Rise of the Novel». *Yale French Studies* 75 (1988), 40–55. Repris dans *French Dressing*. New York: Routledge, 1995. 53–68; et dans *Displacements: Women, Tradition, Literatures in French*. Joan DeJean et Nancy K. Miller, éd. Baltimore: Johns Hopkins University Press, 1991. 37–54.

Roulston, Christine. «Seeing the Other in Mme de Graffigny's *Lettres d'une Péruvienne*». *Eighteenth-Century Fiction* 9, No. 3 (avril 1997), 309–26.

Showalter, English. «Authorial Self-Consciousness in the Familiar Letter: The Case of Madame de Graffigny». *Yale French Studies* 71 (1986), 113–30.

———. *Françoise de Graffigny: Her Life and Works. Studies on Voltaire and the Eighteenth Century*. 2004:11. Oxford: Voltaire Foundation, 2004.

———. «Graffigny at Cirey: A Fraud Exposed». *French Forum* 21, No. 1 (janvier 1996), 29–44.

———. «Les *Lettres d'une Péruvienne*: Composition, publication, suites». *Archives et Bibliothèques de Belgique* 54, Nos. 1–4 (1983), 14–28.

———. «A Woman of Letters in the French Enlightenment: Madame de Graffigny». *British Journal for Eighteenth-Century Studies* 1 (1978), 89–104.

———. «Writing off the Stage: Women Authors and Eighteenth-Century Theater». *Yale French Studies* 75 (septembre 1988), 95–111. Repris dans *Displacements: Women, Tradition, Literatures in French*. Joan DeJean et Nancy K. Miller, éd. Baltimore: Johns Hopkins University Press, 1991. 144–62.

Undank, Jack. «Graffigny's Room of Her Own». *French Forum*, 13 (1988), 297–318.

Whatley, Janet. «The Eighteenth-Century Canon: Works Lost and Found». *French Review* 61, No. 3 (février 1988), 414–20.

Wolfgang, Aurora. «Intertextual Conversations: The Love-Letter and the Footnote in Madame de Graffigny's *Lettres d'une Péruvienne*». *Eighteenth-Century Fiction* 10, No. 1 (octobre 1997), 15–28.

## ISABELLE DE CHARRIÈRE

### Œuvres

*Caliste, ou, Lettres écrites de Lausanne*. Claudine Herrmann, éd. Paris: Des femmes, 1979.

*Isabelle de Charrière, une aristocrate révolutionnaire: écrits, 1788–94*. Isabelle Vissière, éd. Paris: Des femmes, 1988.

*Lettres de Mistriss Henley publiées par son amie*. Joan Hinde Stewart et Philip Stewart, éd. New York: Modern Language Association of America, 1993.

*Lettres neuchâteloises, Lettres de Mistriss Henley, Lettres écrites de Lausanne*. In *Romans de femmes du XVIII*e *siècle*. Raymond Trousson, éd. Paris: Robert Laffont, 1996.

*Lettres trouvées dans des portefeuilles d'émigrés*. Colette Piau-Gillot, éd. Paris: Côté-femmes, 1993.

*Sir Walter Finch et son fils William*. Valérie Cossy, éd. Paris: Desjonquères, 2000.

*Œuvres complètes*. Jean-Daniel Candaux, C. P. Courtney, Pierre H. Dubois, Simone Dubois-De Bruyn, Patrice Thompson, Jeroom Vercruysse et Dennis M. Wood, éd. 10 vols. Amsterdam: G. A. Van Oorschot, 1979–84.

*Une Liaison dangereuse: correspondance avec Constant d'Hermenches, 1760–1776*. Isabelle et Jean-Louis Vissière, éd. Paris: Éditions de la Différence, 1991.

### Ouvrages critiques

Daniels, Charlotte. «The Mother-Daughter Plot in Isabelle de Charrière's *Lettres écrites de Lausanne*». In *Subverting the Family Romance: Women Writers, Kinship Structures, and the Early French Novel*. Lewisburg, Pa.: Bucknell University Press, 2000. 57–102.

Didier, Béatrice. «Belle de Charrière ou la constance d'écrire». In *L'Écriture-femme*. Paris: Presses Universitaires de France, 1981. 93–110.

Godet, Philippe. *Madame de Charrière et ses amis*. 2 vols. Genève: A. Julien, 1906. Genève: Slatkine, 1973.

Jackson, Susan K. «The Novels of Isabelle de Charrière, or, A Woman's Work Is Never Done». *Studies in Eighteenth-Century Culture* 14 (1985), 299–306.

Jensen, Katharine Ann. «Mirrors, Marriage, and Nostalgia: Mother-Daughter Relations in Writings by Isabelle de Charrière and Elisabeth Vigée-Lebrun». *Tulsa Studies in Women's Literature* 19, No. 2 (automne 2000), 285–313.

Lanser, Susan Sniader. «Dying for Publicity: *Mistriss Henley*'s Self-Silencing» et «Romantic Voice: The Hero's Text». In *Fictions of Authority: Women Writers and Narrative Voice*. Ithaca: Cornell University Press, 1992. 141–75.

Letzter, Jacqueline. *Intellectual Tacking: Questions of Education in the Works of Isabelle de Charrière*. Amsterdam: Rodopi, 1998.

MacArthur, Elizabeth J. «Devious Narratives: Refusal of Closure in Two Eighteenth-Century Novels». *Eighteenth-Century Studies* 21, No. 1 (automne 1987), 1–20.

Sherman, Carol L. «Charrière's Family Albums». In *Women Writers in Pre-Revolutionary France: Strategies of Emancipation*. Colette H. Winn et Donna Kuizenga, éd. New York: Garland, 1997. 43–54.

Starobinski, Jean. «Les *Lettres écrites de Lausanne* de Madame de Charrière: inhibition psychique et interdit social». In *Romans et lumières au XVIII^e^ siècle*. Paris: Éditions sociales, 1979. 130–51.

Stewart, Joan Hinde. «Mapping the Quotidian: *Isabelle de Charrière*» et «Economies: *Marie Jeanne Riccoboni and Isabelle de Charrière*». In *Gynographs: French Novels by Women of the Late Eighteenth Century*. Lincoln: University of Nebraska Press, 1993. 96–132.

Vissière, Isabelle. «Une Intellectuelle face au mariage: Belle de Zuylen (Madame de Charrière)». In *Femmes savantes et femmes d'esprit: Women Intellectuals of the French Eighteenth Century*. Roland Bonnel et Catherine Rubinger, éd. New York: Peter Lang, 1994. 273–95.

Went-Daoust, Yvette. «*Lettres écrites de Lausanne*: "J'ai un foible pour mon sexe"». In *Isabelle de Charrière (Belle de Zuylen): de la correspondance au roman épistolaire*. Amsterdam: Rodopi, 1995. 117–26.

———. «Madame de Charrière et l'impératif du mariage». In *Sexualité, mariage et famille au XVIII^e^ siècle*. Olga B. Cragg, éd., avec la collaboration de Rosena Davison. Québec: Les Presses de l'Université Laval, 1998. 173–83.

Whatley, Janet. «Letters to a Libertine: The Correspondence of Belle de Zuylen and Constant d'Hermenches». In *Women Writers in Pre-Revolutionary France: Strategies of Emancipation*. Colette H. Winn et Donna Kuizenga, éd. New York: Garland, 1997. 335–48.

## ANNE-THÉRÈSE DE LAMBERT

### *Œuvres*

*Œuvres*. Robert Granderoute, éd. Paris: Champion, 1990.

### *Ouvrages critiques*

Beasley, Faith E. «Anne-Thérèse de Lambert and the Politics of Taste». *Papers on French Seventeenth Century Literature* 19, No. 37 (1992), 337–44.

Fassiotto, Marie-José. *Madame de Lambert (1647–1733), ou, le féminisme moral.* New York: Peter Lang, 1984.

Fontenelle, Bernard Le Bovier de. «Abrégé de la vie de Madame la Marquise de Lambert». *Mercure de France* (août 1733).

Granderoute, Robert. «De "L'Éducation des filles" aux "Avis d'une mère à sa fille": Fénelon et Madame de Lambert». *Revue d'Histoire littéraire de la France* 87, No. 1 (janvier–février 1987), 15–30.

Marchal, Roger. *Madame de Lambert et son milieu. Studies on Voltaire and the Eighteenth Century* 289: 1–798. Oxford: Voltaire Foundation, 1991.

Sainte-Beuve, Charles-Augustin. «Madame de Lambert et Madame Necker». In *Causeries du Lundi.* t. 4. 2^e^ éd. Paris: Garnier, 1853. 165–81.

Willeford, Anne. «A Woman-Centered Philosophy: An Alternative to Enlightenment Thought (1700–1750)». In *Presenting Women Philosophers.* Cecile T. Tougas and Sara Ebenreck, éd. Philadelphia: Temple University Press, 2000. 213–24.

## JULIE DE LESPINASSE

### *Œuvres*

*Correspondance entre Mademoiselle de Lespinasse et le Comte de Guibert.* Comte de Villeneuve-Guibert, éd. Paris: Calmann-Lévy, 1906.

*Lettres à Condorcet.* Jean-Noël Pascal, éd. Paris: Desjonquères, 1990.

*Lettres de Julie de Lespinasse, suivies de ses autres œuvres et de lettres de Mme du Deffand, de Turgot, de Bernardin de Saint-Pierre.* Eugène Asse, éd. Paris: Charpentier, 1876. Genève: Slatkine, 1994.

*Mon ami je vous aime.* Choix de lettres et préface de Chantal Thomas. Paris: Mercure de France, 1996.

*Lettres.* Jacques Dupont, éd. et introd. Paris: La Table Ronde, 1997.

### *Ouvrages critiques*

Blondeau, Catherine. «Lectures de la correspondance de Julie de Lespinasse: une étude de réception». *Studies on Voltaire and the Eighteenth Century* 308 (1993), 223–32.

Bouissounouse, Janine. *Julie de Lespinasse, ses amitiés—sa passion.* Paris: Hachette, 1958.

Carrell, Susan Lee. *Le Soliloque de la passion féminine ou le dialogue illusoire.* Tübingen: Gunter Narr; Paris: Jean-Michel Place, 1982.

Coudreuse, Anne. «Figures: vers l'invention d'un langage». In *Le Goût des larmes au XVIII^e^ siècle.* Paris: Presses Universitaires de France, 1999. 235–95.

Curtis, Judith. «The *Épistolières*». In *French Women and the Age of Enlightenment.* Samia I. Spencer, éd. Bloomington: Indiana University Press, 1984. 226–41.

Dikman, Màrta. «Triangle épistolaire—triangle amoureux: les lettres de Mlle de Lespinasse au comte de Guibert». In *Les Femmes de lettres: écriture féminine ou spécificité*

*générique?* Benoît Melançon et Pierre Popovic, éd. Montréal: CULSEC, Université de Montréal, 1994. 61–74.
Goodman, Dena. «Julie de Lespinasse: A Mirror for the Enlightenment». In *Eighteenth-Century Women and the Arts.* Frederick M. Keener et Susan E. Lorsch, éd. New York: Greenwood Press, 1988. 3–10.
Jensen, Katharine Ann. «The Double Legacy of Writing Love: Marie-Jeanne Riccoboni and Julie de Lespinasse». In *Writing Love: Letters, Women, and the Novel in France, 1605–1776.* Carbondale: Illinois University Press, 1995. 126–56.
Landy-Houillon, Isabelle. «Introduction». In *Lettres portugaises, Lettres d'une Péruvienne, et autres romans d'amour par lettres.* Bernard Bray et Isabelle Landy-Houillon, éd. Paris: Flammarion, 1983. 15–56.
Pascal, Jean-Noël. «La Muse de l'Encyclopédie». In *Femmes savantes et femmes d'esprit: Women Intellectuals of the French Eighteenth Century.* Roland Bonnel et Catherine Rubinger, éd. New York: Peter Lang, 1994. 243–65.
———. «Quelques réflexions sur Julie de Lespinasse et la lettre d'amour: de la tragédie au roman». In *Femmes en toutes lettres: les épistolières du XVIII*[e] *siècle.* Marie-France Silver et Marie-Laure Girou Swiderski, éd. *Studies on Voltaire and the Eighteenth Century* 2000:04. Oxford: Voltaire Foundation, 2000. 155–64.
Ségur, Pierre-Maurice-Henri, Marquis de. *Julie de Lespinasse.* Paris: Calmann-Lévy, 1906.
Siess, Jürgen. «Effusion amoureuse et échange intellectuel: la pratique épistolaire de Julie de Lespinasse». In *L'Épistolaire, un genre féminin?* Christine Planté, éd. Paris: Champion, 1998. 117–31.

## SOPHIE DE CONDORCET

### *Œuvres*

*Lettres sur la sympathie,* suivies de *Lettres d'amour.* Texte présenté et annoté par Jean-Paul de Lagrave. Montréal: L'Étincelle, 1994.

### *Ouvrages critiques*

Boissel, Thierry. *Sophie de Condorcet, femme des Lumières.* Paris: Presses de la Renaissance, 1988.
Brookes, Barbara. «The Feminism of Condorcet and Sophie de Grouchy». *Studies on Voltaire and the Eighteenth Century* 189: 297–361. Oxford: Voltaire Foundation, 1980.
Brown, Karin. «Madame de Condorcet's Letters on Sympathy». In *Presenting Women Philosophers.* Cecile T. Tougas and Sara Ebenreck, éd. Philadelphia: Temple University Press, 2000. 225–237.

## OLYMPE DE GOUGES

### *Œuvres*

*Déclaration des droits de la femme et de la citoyenne*, suivi de *Préface pour les dames ou Le portrait des femmes*. Emanuèle Gaulier, postf. Paris: Mille et une nuits, 2003.

*Écrits politiques, 1788–91*. Olivier Blanc, éd. Paris: Côté-femmes, 1993.

*Écrits politiques, 1792–93*. Olivier Blanc, éd. Paris: Côté-femmes, 1993.

*L'Esclavage des Noirs, ou L'Heureux naufrage*. Préf. de Éléni Varikas. Paris: Côté-femmes, 1989.

*Mémoire de Madame de Valmont, 1788*. Paris: Indigo & Côté-femmes, 1995.

*Mémoire de Madame de Valmont* (1788). In *Romans de femmes du XVIIIe siècle*. Raymond Trousson, éd. Paris: Robert Laffont, 1996.

*Œuvres*. Benoîte Groult, éd. Paris: Mercure de France, 1986.

*Œuvres complètes. t. I. Théâtre*. Félix-Marcel Castan, éd. Montauban: Cocagne, 1993.

*Théâtre politique*. Préf. de Gisela Thiele-Knobloch. Paris: Côté-femmes, 1991.

*Théâtre politique II*. Préf. de Gisela Thiele-Knobloch. Paris: Côté-femmes, 1993.

### *Ouvrages critiques*

Blanc, Olivier. *Marie-Olympe de Gouges, une humaniste à la fin du XVIIIe siècle*. Paris: Éditions René Viénet, 2003.

———. *Olympe de Gouges: une femme de libertés*. Éd. rev. et augm. Paris: Syros-Alternatives, 1989.

Harth, Erica. «Olympe de Gouges: "Placed and displaced..."». In *Cartesian Women: Versions and Subversions of Rational Discourse in the Old Regime*. Ithaca: Cornell University Press, 1992. 213–34.

Maclean, Marie. «Revolution and Opposition: Olympe de Gouges and the *Déclaration des droits de la femme*». In *Literature and Revolution*. David Bevan, éd. Amsterdam: Rodopi, 1989. 171–82.

Mousset, Sophie. *Olympe de Gouges et les droits de la femme*. Paris: Félin, 2003.

Nesci, Catherine. «La Passion de l'impropre: lien conjugal et lien colonial chez Olympe de Gouges». In *Corps/Décors: Femmes, orgie, parodie*. Catherine Nesci, éd. en collaboration avec Gretchen Van Slyke et Gerald Prince. Amsterdam: Rodopi, 1999. 45–56.

Scott, Joan Wallach. «The Imagination of Olympe de Gouges». In *Mary Wollstonecraft and 200 Years of Feminisms*. Eileen James Yeo, éd. Londres: Rivers Oram Press, 1997. 36–45.

———. «Rereading the History of Feminism» et «The Uses of Imagination: Olympe de Gouges in the French Revolution». In *Only Paradoxes to Offer: French Feminists and the Rights of Man*. Cambridge, Mass.: Harvard University Press, 1996. 1–18; 19–56.

Vanpée, Janie. «*La Déclaration des Droits de la Femme et de la citoyenne*: Olympe De Gouges's Re-Writing of *La Déclaration des Droits de l'homme*». In *Literate Women and *the French Revolution of 1789*. Catherine R. Montfort, éd. Birmingham, Ala.: Summa Publications, 1994. 55–79.

———. «Revendication de la légitimité: les performances révolutionnaires d'Olympe de Gouges». In *Sexualité, mariage et famille au XVIII*[e] *siècle*. Olga B. Cragg, éd., avec la collaboration de Rosena Davison. Québec: Les Presses de l'Université Laval, 1998. 217–32.

———. «Taking the Podium: Olympe de Gouges's Revolutionary Discourse». In *Women Writers and the French Revolution: Strategies of Emancipation*. Colette H. Winn et Donna Kuizenga, éd. New York: Garland, 1997. 299–312.

Verdier, Gabrielle. «From Reform to Revolution: The Social Theater of Olympe de Gouges». In *Literate Women and the French Revolution of 1789*. Catherine R. Montfort, éd. Birmingham, Ala.: Summa Publications, 1994. 189–221.

# CRÉDITS

L'éditeur a fait tout son possible pour obtenir les droits de reproduction. En cas d'erreur, veuillez contacter Vicki Mistacco aux bons soins de la Yale University Press. Les corrections seront incluses dans les éditions ultérieures. Pour les crédits photographiques, voir les légendes des photos. L'auteur tient à remercier chaleureusement les maisons d'édition, les ayants droit et les agences photographiques qui ont autorisé la reproduction des textes et des photos.

Simone de Beauvoir, *La Force des choses,* © Éditions Gallimard, 1963.

Simone de Beauvoir, *Le Deuxième sexe,* © Éditions Gallimard, 1949, renouvelé en 1976.

Marie de France, *Lais,* «Prologue» et «Le Laüstic», Pierre Jonin, traducteur, Paris: Champion, 1975.

Marie de France, *Lais,* «Guigemar», © Librairie Générale Française, 1990, pour l'introduction, la traduction et les notes par Laurence Harf-Lancner.

La Comtesse de Die («A chantar m'er de so qu'ieu non volria», «Fin ioi me don' alegranssa»), Castelloza («Ja de chantar non degr'aver talan»), Domna H. («Rosin, digatz m'ades de cors»), extraits des *Femmes Troubadours,* Meg Bogin, éditrice; Jeanne Faure-Cousin, traductrice. Paris: Denoël/Gonthier, 1978.

La Comtesse de Die, «J'ai été dans une dure angoisse...», traduction de Jacqueline Cerquiglini, d'après celle de Jacques Roubaud, dans *Poètes du Moyen Âge,* © Hachette, 1987.

La Béguine anonyme («Dit de l'âme», extraits), *Huit siècles de poésie féminine,* traduction de Jeanine Moulin, © Seghers, 1975.

Chanson de malmariée, «Pourquoi me bat mon mari...», traduction de Jacqueline Cerquiglini, d'après celle de Jacques Roubaud, dans *Poètes du Moyen Âge,* © Hachette, 1987.

Christine de Pisan, «C'est douce chose que mariage», *Huit siècles de poésie féminine*, traduction de Jeanine Moulin, © Seghers, 1975.

Christine de Pizan, «Seulette suis» et «J'ai ici écrit cent ballades», traduction de Jacqueline Cerquiglini dans *Poètes du Moyen Âge*, © Hachette, 1987.

Christine de Pisan, «De triste cœur, chanter joyeusement», «Je suis veuve, seulette et noir vêtue», «Que ferons-nous de ce mari jaloux?», *Christine de Pisan*, traductions de Jeanine Moulin, © Seghers, 1962.

Christine de Pizan, *La Cité des Dames* (extraits). Texte traduit et présenté par Thérèse Moreau et Eric Hicks, © Éditions Stock, 1986, 1992, 1996, 2000.

Pernette du Guillet, *Rymes*, édition de Françoise Charpentier, © Éditions Gallimard, 1983.

Louise Labé, *Œuvres poétiques*, édition de Françoise Charpentier, © Éditions Gallimard, 1983.